KB237020

한국 자전의 역사

이 책을 쓴 **박형익**은 프랑스 폴 발레리 대학교 언어학과에서 언어학 학사와 석사 과정을 마치고, 파리 7대학교 언어학과에서 「'주다' 동사 구문의 어휘 문법」으로 언어학 박사 학위를 받았다.

1988년부터 지금까지 경기대학교 국어국문학과에 교수로 재직하고 있으며, 고려대와 이화여대의 대학원 등 여러 곳에 출강하였다.

한국사전학회 회장(2009∼2010), 국어심의회 위원(2010∼2011) 등을 역임하였다. 현재 한국어학회 연구위원회 위원장, 한말연구학회 이사 등을 맡고 있다.

「한국어-프랑스어 상용 동사 사전」(1987, LADL, Université de Paris 7), 「한국의 사전과 사전학」(2004, 월인), 「신어 사전의 분석」(2005, 한국문화사), 「심의린 편찬 보통학교 조선어사전」(2005, 태학사), 「언문 쥬히 보통문즈집」(2007, 박이정), 「한국 어문 규정의 이해」(2008, 공저, 태학사) 등의 저서와 다수의 논문을 발표하였다.

# 한국 자전의 역사

인지
붙이는 곳

**초판 인쇄** 2012년 11월 9일 | **초판 발행** 2012년 11월 19일

**지은이** 박형익

**펴낸이** 이대현 | **편집** 이소희

**펴낸곳** 도서출판 역락 | **등록** 제303-2002-000014호(등록일 1999년 4월 19일)

**주소** 서울시 서초구 반포4동 577-25 문창빌딩 2층

**전화** 02-3409-2058(영업부), 2060(편집부) | **팩시밀리** 02-3409-2059

**전자우편** youkrack@hanmail.net

ISBN 978-89-5556-017-6 93710

정가 40,000원

■ 잘못된 책은 교환해 드립니다

이 저서는 2007년 정부(교육인적자원부)의 재원으로 한국학술진흥재단의 지원을 받아 수행된 연구임(KRF-2007-812-A00148).

This work was supported by the Korea Research Foundation Grant funded by the Korean Government(Ministry of Education & Human Resources Development). (KRF-2007-812-A00148)

# 한국 자전의 역사

박 형 익

역락

**책을 내면서**


필자는 한자 사전 또는 한자 사전과 한자어 사전의 성격을 지닌 자전에 관심을 가지고 있으면서 오래 전부터 다음과 같은 의문을 품었다.

- 자전은 어떤 것들이 있을까?
- 자전은 누가 언제 만들었을까?
- 자전은 어떤 방법으로 만들었을까?
- 사전이 있는데 왜 자전을 따로 만들어 사용할까?
- 사전과 자전은 어떤 점이 같고 어떤 점이 다른가?
- 우리는 언제 자전을 사용하는가?

이와 같은 여러 가지 궁금한 점을 이해하기 위하여 우선 자전에 관하여 연구한 논문과 저서 그리고 지금까지 발행된 자전을 직접 수집하여 그 내용을 조사해 보기로 하였다. 그러나 이 두 작업의 결과는 그리 만족스러운 것은 아니었다. 국내에서 편찬된 자전들의 체계적인 목록이나 한국 자전에 관한 종합적인 논의를 찾아보기 어려웠기 때문이다.

국내에서 발행된 한자 자전은 그 편찬의 역사가 짧지 않고 종류도 다양하지만 아직까지 사전학적인 방법을 적용하여 이루어진 자전에 관한 체계적인 논의는 찾아보기 어렵다. 몇몇 소수의 특정한 자전들의 내용에 관한 논의 등이 이루어져 왔을 뿐이다. 게다가 지금까지 국내에서 출판된 한자 자전의 목록도 부분적으로 소개되었을 뿐 아직 총체적으로 제시된 적도 없다.

그래서 필자는 자전을 직접 수집하면서 자전 목록을 작성하기로 하였다. 지금까지 1945년 이전에 국내에서 발행된 자전들을 중심으로 수집하였는데, 자전의 수집 작업과 동시에 자전 목록을 지속적으로 보완해 왔다.

이러한 기초적인 작업을 시작한 이후 제법 많은 시간이 흘렀다. 지금은 잘 찾아볼 수 없는 1945년 이전에 발행된 자전들을 꾸준히 수집하여 왔고, 또 편찬된 자전들의 목록도 발행 시기별로 작성해 왔다. 오랜 기간 동안에 수집한 자전들이 양적으로 점차 만족할 만한 수준에 이르면서 우선 '한국 자전의 역사'라는 제목으로 원고를 작성해보기로 하였다. 그리하여 다른 일들은 제쳐놓고 수집한 자전과 자전에 관한 논저들을 읽으면서 원고를 써왔다. 이제 용기를 내어 이 원고의 내용을 독자들이 읽어보기 쉽게 한 권의 책으로 펴내고자 한다.

이 책에서는 한국 자전의 내용뿐만 아니라 한국 자전과 관련된 여러 가지 문제들을 함께 논의하고자 한다. 즉 자전과 자전에 관련된 용어들의 개념 문제, 자전의 정의, 자전의 형성 과정, 한국 자전의 연구 흐름 등에 관하여 살펴본 다음에 지금까지 발행된 한국 자전의 종류와 대표적인 한국 자전들의 특징을 간략하게 소개하고자 한다.

이러한 연구 결과는 앞으로 우리 자전의 편찬 역사를 보다 세밀하게 기술할 때에나 자전의 구조와 특징을 보다 정밀하게 분석하는 데에 활용할 수 있을 것이다. 그리고 사전학, 문자학, 한자학, 한국 한자의 의미, 한자음의 변화, 한국 한자어, 한국어 어휘의 역사, 한국어의 어원 등의 분야를 연구하는 데에도 이용할 수 있을 것이다.

자료를 수집하고 정리하여 그 내용과 특징을 이해하는 일은 충분한 시간과 인내심, 그리고 적합한 전문 지식을 필요로 한다. 특히 이미 오래 전에 발행되어 잘 구해볼 수 없는 옛 자료들을 찾고 정리하여 그 핵심적인 내용을 이해하여 설명하는 것은 간단한 일이 아니다. 이런 작업의 어려움은 필자의 입장을 자주 곤란하게 만들었지만, 수집하여 조사한 결과를 더 이상 덮어두고 무한정 보완해나갈 수만 없어, 일단 매듭을 지어 이제 여기에서 펼쳐보이고자 한다.

끝으로 옛 자료의 수집을 바탕으로 시작하여 맺게 된 이 조그마한 작업이 앞으로의 자전 연구는 물론 한자어 사전이나 한자 및 한자어 사전과 관련된 여러 분야를 연구하는 데에 적절하게 활용될 수 있기를 기대한다.

2012년 10월 15일
박형익

상위 표제항(주표제항)=표제자

【人】(사람인)天地間動物中最靈貴者也。(ニン) (ジン) ヒト。
人口 ❶사람의수효。 ❷世上사람들의공론。「人口의曾炙함」
人工 天然的이안이고機械力으로나사람의 腦力이나 體力으로맨든것。
「人工呼吸·人工의美」
…… 이하 생략 ……
人生七十古來稀 사람의 壽命이 平均七十歲까지사는사람이네로붓
허드물다는말

〈「모범 선화 사전」(1928/1933: 19~20)〉

하위 표제항(부표제항)=하위 표제어+하위 표제문

「모범 선화 사전」에서는 위와 같이 상위 표제항(또는 주표제항)인 표제자 '人' 아래에 하위 표제항(또는 부표제항)으로 '人口', '人工' 등의 한자어[13]와 두보(杜甫, 712년~770년)의 '곡강시(曲江詩)'에 나오는 문장 '인생 칠십 고래 희(人生七十古來稀)'[14]를 표제항으로 선정함으로써 한자 사전만이 아닌 한자 어 사전, 한자 구절 사전, 한문 사전의 역할도 할 수 있도록 하였다.

그리고 '사람인'과 같이 상위 표제항의 발음 정보 '인'을 별도로 기술하지 않고 한글로 표기한 뜻풀이 '사람'의 뒤에 붙여 놓았는데, 운자는 기술하지 않았으며, 일본어로도 표제자의 발음과 의미를 제시하였다. 또 하위 표제항의 발음 정보는 제시하지 않았으며, 한글과 한자를 혼용하여 뜻풀이를 기술하였으며, 용례 정보도 기술해 놓은 경우도 있다.

「모범 선화 사전」의 이러한 거시 구조의 체계는 「신자원」(1950)이나 「한한 대사전」(1964) 등에서도 찾아볼 수 있다.

---

13) 이 사전에서는 '숙어'로 표현하였다.
14) 칠십 살까지 사는 사람은 예로부터 드물다는 뜻을 나타낸다.

【人】 인圓 人
　　　사람(動物之最靈者). 남(他).
[人家] 인가 사람이 사는 집. [後漢書] 旣到太陽, 止於--.
[人家近處] 인가근처 사람의 집들이 있는 가까운 곳.
…… 이하 생략 …… <「신자원」(1950: 35)>


【人】 인(眞) ㉠사람 ㉡남 「他-」　㉢인격 「自然-. 法-」 ㉣과실의 씨
　　　(果實之心). ≒仁
[人家 인가] 사람이 사는 집
[人家近處 인가근처] 사람이 사는 집들이 가까운 곳
… 이하 생략 … <「한한 대사전」(1963: 69)>


이와 같이 「신자원」과 「한한 대사전」에서는 '인'과 같은 발음 정보뿐만 아니라 '사람(動物之最靈者)'이나 '과실의 씨(果實之心)'처럼 뜻풀이 정보도 국한문 혼용으로 기술하지 않고 우선 한글로 기술한 다음 한자로 적은 한자어를 괄호 속에 넣어 제시하였다.

한편 1961년에 86판으로 발행된 「신옥편」에서 기술한 표제자 '人'의 내용을 옮겨 보면 다음과 같다.

(人) (사람인)天地間動物中最靈貴者也 <「신옥편」(1961: 4)>

이 자전은 포켓판으로 발행되었는데, '人'과 같이 각 표제자의 훈음을 괄호 속에 표시한 다음에 표제자의 뜻풀이를 한자로 짧게 기술해 놓았다. 「신옥편」의 뜻풀이는 「모범 선화 사전」, 「신자원」, 「한한 대사전」에서 기술한 뜻풀이보다 훨씬 간략할 뿐만 아니라 하위 표제항도 수록하지 않았다. 그럼에도 불구하고 「신옥편」은 휴대하기 편리하게 가로 10.4cm, 세로 14.8cm 크기의 포켓판으로 제작되어 판수를 거듭하여 발행되었던 대표적

인 자전 중의 하나로 남게 되었다.

「대한한 사전(大漢韓辭典)」(장삼식 편저, 1964)에서는 아래와 같이 표제자 人
에 관하여 기술하고 있다.

【人】212 (인) [集韻]而鄰切 圓 入 ㅅㅁㄴ jen²
　　❶사람인(動物最靈者). [書經]惟-萬物之靈。 …… 중략 ……
[人家: 인가] 사람이 사는 집。人戶。
…… 중략 ……
[人稀地廣: 인희지광] 사람은 적고 땅은 넓음。
◎家-, 臣-, 故- …… 중략 …… 好-。

〈「대한한 사전」(1964: 58~61)〉

이와 같은 거시 구조와 미시 구조의 기술 방법은 「교학 대한한 사전」
(1998)과 「민중 포켓 한자 사전」(1973)에서도 똑같이 찾아볼 수 있는데, 「민
중 포켓 한자 사전」(1973)의 표제자 人의 정보를 인용하면 다음과 같다.[15]

【人】부수 <중학> 인 | 사람 | 平圓 丿 人
　　<자원> 상형 ㅅ (A) ㅅ (B) 大 (C) ㄱ (D) 3000년 전 囚 「人」은
　　　　사람이 옆을 본 모양. 옛날에는 사람을 나타내는 글자
　　　　를 여러 가지 모양으로 썼으나 뜻의 구별은 없었음.
　　　　나중에 왼쪽을 본 (A)는 「人」, 오른쪽을 본 (B)는 「匕비」,
　　　　그것의 거꾸로 된 모양은 「七화」, 앞을 보는 (C)는 「大대」,
　　　　무릎 꿇는 모양 (D)는 「卩절」로 나누어졌음. 이밖에 「立
　　　　립」「從종」「比비」「衆중」 따위 사람의 모양에서 생긴 글
　　　　자가 많음.
　　　　뜻 ①사람인 ㉠인간. 「人生인생」 ㉡백성. 신민(臣民). 「人
　　　　民인민」 ㉢어떤 사람. ㉣제 구실을 하는 사람. ㉤

15) 원래 세로로 쓴 것을 여기에서는 가로로 적었다.

> 뛰어난 사람。현인(賢人)。「無人무인」 ㉮인품。성
> 질。「爲人위인」 ㉯사람의 모양으로 만든 상(像)。㉰
> 사람을 세는 수사(數詞)。「五人오인」「三人삼인」 ㉱사
> 람이 하는 일。하늘이 하는 일인 자연에 대하여 부
> 자연을 이름。②사람마다인 매인(每人)。매인이。
> 「家給人足가급인족」 ③남인 타인(他人)。
>
> 【人家 인가】사람이 사는 집
> 【人各有能有不能 인각유능유불능】사람은 각기 재능이 달라 능한
>   　　　　일과 능치 못한 일이 있음。
> 【人間 인간】①사람。②세상(世上)。속세(俗世)
>   　　　　…… 중략 ……
> 【人和 인화】인심(人心)이 화합(和合)함。마음이 서로 맞음。
>   ●佳人가인 歌人가인 …… 중략 …… 行人행인 賢人현인
>
> 〈「민중 포켓 한자 사전」(1973: 81~84)〉

이상과 같은 내용에서 이 한자 사전은 책명과는 달리 한자어 사전의 내용도 포함되어 있는 것을 확인할 수 있다.

이 한자 사전은 중학생과 고등학생의 한자 및 한문 공부를 위해 편찬되었는데, 중학생 학습 한자와 고등학생 학습 한자에 해당하는 표제자의 경우에는 표제자의 바로 뒤에 '<중학>'과 '<고교>'로 표시해 놓았다.

그리고 표제자의 자원을 설명하고, 뜻풀이를 기술한 다음 표제자로 시작하는 한자어들을 가나다순으로 배열하였다. 또 마지막으로 표제자로 끝나는 한자어들을 나열해 놓았다. 이 마지막 부분과 자원의 내용은 위에서 나열한 자전에서는 찾아볼 수 없으므로 자전의 정의에 이 부분을 나타내는 내용을 포함할 필요가 있다.

「뉴 에이스 한한 사전」(1989)에서는 다음과 같이 '人'의 정보를 기술하고 있다.

【人】 사람 인 ｜眞口ㄣ｜しん, にん(ヒト)
　　　　　　　(ren) ｜man, people
　　源 象形. 서 있는 사람 모양을 본뜸.
　　풀이 ①사람. 인간(人間). ¶惟—萬物之靈＜書經＞ ②백성(百姓). ¶勤恤
　　　　—隱＜後漢書＞ ③남. 타인(他人). ¶修己以安—＜論語＞/—我. ④
　　　　어떤 사람. ¶今有—見君則映其—目＜韓非子＞
　【人家】 しんか (인가) 사람이 사는 집. 민가(民家). ¶白雲生處有—＜杜
　　　　牧＞
　　　　…… 중략 ……
　　▷ 佳-, 家-, …… 중략 …… 黑-

〈「뉴 에이스 한한 사전」(1989: 75〜78)〉

지금까지 살펴본 내용에 따르면 위 자전들의 미시 구조나 거시 구조는 모두 동일하지 않고 조금씩 차이가 있음을 알 수 있다. 따라서 우리는 한국 자전의 정의를 시대별로 또는 자전별로 각각 다르게 내릴 수 있는 가능성이 있음을 확인하였으며, 여러 자전들의 차이점과 공통점에 기초하여 새로운 자전의 정의를 제안할 수 있음을 알게 되었다.

먼저 자전에 사용된 책명을 살펴보자. 「전운 옥편」, 「국한문 신옥편」, 「자전 석요」, 「일선 대자전」, 「신옥편」 등처럼 한자만 표제항으로 배열하고 표제자로 시작하는 한자어를 하위 표제항으로 선정하지 않은 경우에는 '옥편(玉篇)'이나 '자전(字典)'이라는 용어를 책명에 사용하였다. 「신자전」에서도 표제자를 포함하는 한자어를 하위 표제항으로 늘 선정하지는 않았다. 그런데 「모범 선화 사전」이나 「한한 대사전」 등과 같이 한자를 상위 표제항으로 선정하고 한자어를 하위 표제항으로 배열한 경우에는 '사전(辭典)'이라는 용어를 책명에 사용하였다. 다만 「신자원」에서는 '자원(字源)'이라는 용어를 사용하였다. 책명에 사용한 용어가 다른 이 두 경우 모두 한자 1자를 상위 표제항으로 선정하고 표제자로 시작하는 한자어들을 하위 표제항으로 선정하였다. 따라서 우리는 '옥편', '자전', '사전', '자원' 등의 책명에 따라 거시 구조의 차이가 있음을 확인할 수 있다.

우선 하위 표제항은 없고 한자 1자만을 표제항으로 선정한 한자 사전이 있다. 이러한 한자 사전으로는 「전운 옥편(全韻玉篇)」(1796년 이후), 「국한문 신옥편(國漢文新玉篇)」(1908), 「자전 석요(字典釋要)」(1909), 「일선 대자전(日鮮大字典)」(1912), 「신자전(新字典)」(1915), 「신옥편」(1949) 등이 있다.

또 상위 표제항으로 한자를 선정하고 하위 표제항으로 한자어와 관용 표현[16]을 선정한 한자 및 한자어 사전(辭典)이 있다. 이러한 것으로는 「모범 선화 사전(模範鮮和辭典)」(1928), 「신자원」(1950), 「한한 대사전」(1963), 「목인법 교육 한자 한자어 사전」(조한구, 1994, 성심 도서) 등을 들 수 있다.[17]

그리고 한자가 아닌 한자어만을 표제항으로 선정한 한자어 사전이 있다. 예를 들면, 「한중 한자어 비교 사전」(염광호·위청, 2006, 역락), 「신약 한자어 사전」(김태주 편저, 2007, 관광교통문화사) 등이 있다.[18]

「한중 한자어 비교 사전」(염광호·위청, 2006, 역락)에서는 한국 한자어만을

16) 한자어와 관용 표현을 합쳐 '숙어'라고 표시한 자전으로는 「민중 포켓 한자 사전」 등이 있다.
17) '한자어'가 아닌 '한자 단어'가 사용된 「한자 단어 사전」(교학사, 1985)에서는 한국 음의 가나다순으로 표제자를 배열한 다음 표제자의 첫음절 글자로 시작하는 한자어를 하위 표제항으로 선정해 놓았다.
18) 책명에 한자어가 포함되어 있는 사전으로는 「한자어·한자말 얼른 찾기 사전」(교학사 편집부, 1988/1992/1994/2008), 「일한 한자어 비교 사전」(신동한 편저, 1991, 시사일본어사), 「동음이의 한자어 사전」(이과진 편, 경상북도 교육 연구원), 「동아 간명 한자어 사전」(동아출판사 편집부, 1995/1996), 「한국 후기 한자어 검색 사전」(한국 정신 문화 연구원, 1997), 「일한 한자어 비교 사전」(신동한 엮음, 1999), 「동의보감 한자어 사전」(서정길, 2000, 목과 토), 「동아 간명 한자어 사전(東亞 簡明漢字語辭典)」(편집부, 2000/2003/2005/2008, 두산동아), 「한중 한자어 비교 사전」(주양곤, 2004, 동양문고), 「한자어 빨리 찾기 사전」(교학사, 2005), 「뜻도 모르고 자주 쓰는 우리 한자어 사전」(이재운·조규천 편저, 2005, 책이 있는 마을), 「한자어 의미 연원 사전」(김언종·조영호, 2008, 다운샘), 「한자어 빨리 찾기 사전」(김동길, 2005/2008, 교학사), 「한국 한자어 속담 사전」(이종욱, 2005, 이회), 「우리말 한자어 속뜻 사전」(전광진. 2007/2010, LBH교육출판사), 「삼위일체 한자어 사전」(편집부 엮음, 2008, 구상) 등이 있다.

골라 표제어를 한글로 적은 다음에 괄호 안에 한자어를 제시하였다. 그리고 표제어를 가나다순으로 배열하여 미시 정보를 기술해 놓았다.

인간(人間) 명 ① 人 rén=사람. ¶~의 존엄성. 人的尊嚴。 réndezûnyán
② 人間 rénjiān 사람이 사는 세상.
〈「한중 한자어 비교 사전」(2006: 221)〉

그런데 「한국 한자어 사전」(1992, 단국대 동양학 연구소)처럼 책명과는 달리 표제자를 부수별로 분류한 다음 획수별로 배열하였고, 또 표제자로 시작하는 한자어들을 하위 표제항으로 선정하여 가나다순으로 배열하였다.

人 사람 인
【人鑑 인감】 조선 김일경(金一鏡)의 자(字).
【人疳疾 인감질】 매우 요긴할 때 쓸 만한 사람이 없어 애태우는 일.
…… 중략 ……
【人釁 인흔】 사람으로 말미암아 일어나는 재앙.≪高麗史 120, 吳思忠
傳≫ 天變可消, 人釁不作, 能保無窮之業也.
〈「한국 한자어 사전」(1992: 233~236)〉

위에서 살펴보듯이 ‘人’을 상위 표제항으로 선정해 놓고 그 뒤에 ‘사람 인’을 적은 다음 ‘人’으로 시작하는 ‘人鑑 인감’, ‘人疳疾 인감질’ 등 모두 74개의 한자어와 관용 표현들을 우리 고문헌에서 찾아 하위 표제항으로 선정하여 가나다순으로 배열하였다. 이 책의 ‘일러두기’에서 밝히고 있듯이, 이 사전은 한자어 사전일 뿐만 아니라 한자 사전도 겸하고 있으므로 한국 한자 및 한자어 사전이다. 다만 표제자의 뜻풀이는 기술하지 않고 표제자의 훈과 음만 간단하게 붙여 놓고 하위 표제항의 뜻풀이만 기술해 놓아 이 사전이 한자 사전보다는 한자어 사전을 지향하고 있음을 짐작할 수 있다.

「한국 한자어 사전」(1992, 단국대 동양학 연구소)에서는 상위 표제항인 표제자는 부수별로 배열하고 각 부수 안에서는 획수 순서로 배열하였는데, 하위 표제항인 한자어와 관용 표현들은 한자어의 한국 발음의 가나다순으로 배열하였다.

그런데 이와 동일한 방법으로 거시 구조를 구성하지만 '한자어 사전'이라는 책명을 사용하지 않고 '한자 사전'이라는 책명을 사용한 「민중 포켓 한자 사전」 등도 있다.

「한한 대사전(漢韓大辭典)」(1999, 단국대 동양학 연구소)에서 '人'에 관하여 기술한 내용을 인용해보기로 한다.

人

| R | 甲文 | λ | 金文 | ㇏ | 金文 | 兀 | 小篆 |
|---|---|---|---|---|---|---|---|
| 鐵191·1 | | 王孫鐘 | | 會姬無郵壺 | | 說文·人部 | |

인 眞 ⊕ ≪廣韻≫ 如鄰切 rén
≪說文, 人部≫ 人, 天地之性最貴者也. 此籀文, 象臂脛之形
●一사람. ≪易, 設卦≫ 立人之道, 曰仁與義.≪書, 舜典≫神人以和. ≪列子, 黃帝≫ 有七尺之骸, 手足之異, 戴髮含齒, 倚而趣者, 謂之人.
…… 중략 ……
【人間 인간】
…… 중략 ……
【人犧 인희】사람을 제사의 희생(犧牲)으로 씀. 또는 그 희생으로 쓰이던 사람.

〈「한한 대사전(漢韓大辝典)」(1999: 791~808)〉

이 사전의 '일러두기'에서는 한자의 자전과 사전(詞典)의 성격을 겸한 책이며, 백과 사전적인 사전(辭典)임을 밝히고 있다. 한자를 표제자 즉 상위 표제항으로 선정하고 그 한자로 시작하는 한자어를 하위 표제항으로 배열하고 있으므로 '한한(漢韓)'의 '한(漢)'은 문자인 한자를 가리키는 것으로 볼 수 있고, '한(韓)'은 문자가 아닌 언어인 한국어를 나타낸다.

위의 예에서 보듯이 자전에서 표제자는 표제항(entry)에 속하는데, 하위 표제항을 별도로 선정하는 경우에는 표제자는 상위 표제항이 된다. 즉 상위 표제항 아래에 표제자를 포함하는 2자 이상의 한자로 이루어진 한자어와 관용 표현을 하위 표제항으로 선정한다. 이때에 표제자는 표의 문자의 원래 특성으로 보아 단어로 다룰 수도 있지만 글자 즉 한자 1자로 상위 표제항이 된 것으로 볼 수 있다.[19] 한자 사전과 한자어 사전은 표제항의 차이로 구분할 수 있다. 한자 사전은 한자 1자가 상위 표제항으로 선정한 경우이고, 한자어 사전은 한자가 아닌 한자어의 음을 가나다순서로 배열한 것이다. 한자를 상위 표제항으로 선정하고 그 한자를 포함하는 한자어를 하위 표제항으로 선정한 경우는 한자와 한자어 사전으로 구분할 수 있다.

그러나 한자를 부수별로 배열한 한자 사전이 아닌 한자어를 가나다순으로 배열한 한자어 사전의 경우에는 1자로 이루어진 표제항 즉 표제자가 표제어로 처리된 것으로 볼 수 있다. 예를 들면, 「한중 한자어 비교 사전」(염광호·위청, 2006: 302)에서 표제항으로 선정한 '답(畓)', '시(時)', '차(車)', '차(差)', '차(次)', '총(銃)', '추(錘)' 등이다.

한편 하위 표제항이 없이 표제자 하나만 등재되어 있는 경우도 있다. 「한국 한자어 사전」(1992: 260)에서 '擊(격)'의 속자로 기술한 '伐 칠 격'이 그

---

19) '표제자' 이외에도 '표제항'에는 '표제어', '표제구', '표제문' 등이 포함된다. 보통 언어 사전에서는 주로 단어를 표제항으로 내세우므로 표제항 대신에 표제어라는 용어를 사용하는 경우가 많다. 음소, 자소, 형태소 등의 단위가 표제항으로 선정되는 경우도 있으므로 이것들을 가리키는 각각의 용어들이 필요하다. 예를 들면, '표제음소', '표제자소', '표제형태소' 등등. 그리고 표제구와 표제문은 대부분 관용 표현인 경우가 많은데, 이것들은 관용 표현 사전인 경우에는 부표제항(하위 표제항)이 아닌 독립적인 상위 표제항으로 등재된다. 그러나 언어 사전에서는 보통 이것들을 주표제항(상위 표제항)이 아닌 부표제항으로 배열한다. 만약 '올림말'이라는 용어를 '표제항'과 같은 개념으로 다룬다면 표제자, 표제어, 표제구 등을 가리키는 용어들을 새롭게 만들어 사용해야 할 것이다. 또 '표제어'를 '올림말'과 동일한 의미로 사용한다면 '표제자'나 '표제구' 등을 가리키는 용어들을 별도로 마련해야 할 것이다.

예이다.

또 「한국 한자어 사전」(1992: 894)에서는 '돗'이라는 음을 표기하기 위하여 '도(道)'와 자음 'ㅅ'을 나타내는 '질(叱)'을 합쳐서 만든 '䢔(돗)'을 표제자로 등재하였는데, 이 한자를 포함하는 하위 표제항은 하나도 선정하지 않았다. 다만 이 한자는 음은 '돗'이고, 뜻은 없으며, 주로 사람 이름에 쓰인다고 설명하였다.

이상과 같이 살펴본 내용을 고려하면 한국 자전은 한자만을 표제자로 등재하다가 점차 한자를 상위 표제항으로 선정하고 한자와 하위 표제항으로 선정한 한자어와 관용 표현들에 관한 여러 가지 정보를 사용자가 편리하게 찾아볼 수 있도록 부수별로 또 획수별로 표제자를 배열한 자전으로 발전하였다고 말할 수 있다. 그리고 한국 한자어를 상위 표제항이나 하위 표제항으로 선정하는 한국 한자어 사전도 등장하였음을 알 수 있다.

따라서 한국 자전은 표제자인 한자를 부수와 획수별로 배열한 다음, 각 표제자의 수록 번호, 형태, 사용 빈도, 발음, 정의, 용례, 서체 등에 관한 여러 정보와 표제자로 시작하거나 표제자로 끝나는 한자어와 관용 표현 등에 관한 정의와 용례 등의 정보를 편리하고 빠르게 검색할 수 있도록 만든 한자 및 한자어 사전이라고 정의할 수 있다.

이와 같이 자전에서는 표제항으로 한자 1자를 선정하므로 여기에서는 먼저 한자에 관한 사항을 자전과 관련하여 살펴본 다음 자전의 정의를 보다 자세하게 제시하고자 한다. 그리고 자전과 더불어 사용하고 있는 옥편, 사전 등의 용어에 관한 의미를 보다 자세하게 살펴봄으로써 이 용어들의 사용에 관한 문제점을 해결하고자 한다.

## 1.2. 한자와 사서

한자는 약 2,300년 이전 고대 중국의 주(周, 기원전 1046년~기원전 256년)나라[20] 또는 진(秦, 기원전 221년~기원전 206년)나라[21] 때부터 사용해 오는 표의 문자로 알려져 있다. 여기에서는 한자의 기원, 한자의 서체, 한자의 속성, 한자의 발전을 살펴봄으로써 한자와 사서가 가지고 있는 관련성을 찾아보도록 하자.

### (1) 한자의 기원

누가 언제 한자를 만들었는가는 정확하게 알 수 없다. 「역경(易經)」[22]이나 후한(後漢, 기원전 202년~220년)의 학자 허신(쉬신; 許愼, 30년~124년)이 지은 「설문 해자(說文解字)」 등에서는 성인(聖人)이나 창힐(창지에; 倉頡 또는 蒼頡) 등이 한자를 만들었다고 설명하고 있으며, 8괘(八卦) 기원설과 하도(河圖) 낙서(洛書) 기원설 등도 소개하고 있다.

### ① 하도 낙서 기원설

「하도」는 중국 고대의 왕이었던 복희(伏羲)[23]가 황하(황허; 黃河)[24]에서 얼

---

20) 주나라에서는 왕실의 일족과 공신을 요지에 보내 그곳을 다스리도록 하는 봉건 제도를 처음으로 시행했다.

21) 진나라는 중국을 최초로 통일하면서 문자 통일을 위한 정책을 시행하였다. 당시 중국의 여러 지역에서 사용했던 한자의 종류와 자형이 달라 중앙 관리와 지방 관리 사이의 의사소통이 제대로 이루어지지 않았다고 한다. 따라서 표준 한자 자형을 정하는 작업이 필요했다.

22) 「역경」은 원래 중국 고대 왕이었던 복희(伏羲)가 만든 8괘로 점을 치는 방법을 설명한 점술서였는데, 이 책에 음양 철학과 우주론 등의 내용이 첨가되어 유교의 경전으로 되었다. 주(周)나라 문왕(文王, ?~?)이 지었다고 전해지는 「역경」은 「역」 또는 「주역」이라고도 한다.

23) 8괘를 만든 복희는 중국 고대의 전설로 남아 있는 제왕인데, 그는 3황 5제 중에서 최초의 왕이었다.

은 그림이고, 「낙서」는 하나라(夏, 기원전 2050년~기원전 1600년) 임금 우(禹)
가 낙수(洛水)25)에서 얻은 글을 가리킨다. 우(禹)는 이 둘을 가지고 천하를
다스리는 '홍범 구주(弘範九疇)'26)를 만들었다고 전해진다.

　「주역(周易)」27) '계사(繫辭) 상(上)'에서는 황하(黃河)에서는 그림이 나오고,
낙수(洛水)에서는 글이 나와, 성인이 이것을 본받았다고 설명하였다. 이러한
내용에서 한자의 기원을 찾는 설명을 하도 낙서 기원설이라고 한다.


　② 갑자(甲子) 기원설

　「할관자(鶡冠子)」28) '근질편(近迭篇)'에서는 고대 중국의 왕 창힐(창지에; 倉
頡 또는 蒼頡)이 한자를 만들었는데, 갑자29)의 방법을 따랐다고 하였다. 이
러한 내용을 한자의 기원으로 보는 설명을 갑자 기원설이라고 한다.


　③ 결승(結繩) 기원설, 8괘 기원설, 서계(書契) 기원설

　「주역(周易)」 '계사(繫辭) 하(下)'에서 상고 시기에는 새끼에 매듭을 지은
결승으로 사실을 기록하였으며,30) 그 이후에는 성인(聖人)이 사물을 나타내
는 기호인 서계(書契)를 만들어 결승을 대체하였다고 하였다. 그리고 복희

---

24) 황하는 중국 티베트 고원의 북쪽에 있는 쿤룬 산맥에서 발원하여 황해로 흘러 들어오는
　　강으로, 길이가 5,464킬로미터인 중국에서 두 번째로 긴 강이다.
25) 낙수 유역은 중국 동부 허난 성(하남 성; 河南省) 서북쪽과 섬서 성(陝西省) 동남쪽에 걸
　　친 지역을 가리킨다.
26) '홍범'은 '큰 법'이라는 뜻을 나타내고, '구주'는 9개 조항을 가리킨다. 따라서 '홍범 구
　　주'는 하나라 왕이었던 우(禹)의 통치 이념인 9개 조항 큰 법을 가리킨다.
27) 「주역」은 유교 다섯 경전의 하나로 「역경」이라고도 한다. 「주역」은 사물의 형상을 음과
　　양으로 나누어 설명하고, 또 64괘를 가지고 철학과 윤리학 등의 관점에서 풀이한 책이다.
28) 「할관자」는 「갈관자(鶡冠子)」라고도 하는데, 산새의 깃털로 만든 모자를 쓰고 숨어 사는
　　사람 또는 그가 쓴 책을 가리킨다. 여기에서는 책을 가리킨다.
29) 갑자는 10천간(天干)과 12지지(地支)를 가리키며, 이 둘을 순환하여 배열하면 60갑자가
　　나온다. 중국 사람들은 이것을 이용하여 연, 월, 일, 시간을 나타냈다.
30) 정현(鄭玄)은 중요한 일은 매듭을 크게 하고, 사소한 일은 매듭을 작게 맨다고 주석하였
　　다(이재석 역·호기광 저, 1997: 25).

(伏羲)는 사람의 몸과 우주 만물에서 찾은 모양으로 8괘를 만들었다고 하였다.[31] 보통 결승에서 한자의 기원을 찾는 설명을 결승 기원설이라고 하며, 8괘에서 한자의 기원을 찾는 견해를 8괘 기원설이라고 한다.

한편 「설문 해자」 서문에서는 성인이 결승 대신에 나무에 홈을 새긴 서계를 사용하여 사실을 기록하였는데, 서계에 기록된 문자를 한자의 기원으로 삼는 서계 기원설도 있다.

④ 조수(鳥獸) 족적(足跡) 기원설

「설문 해자」의 서문에서는 창힐이라는 사람이 짐승들의 발자취를 보고 짐승을 구별할 수 있다는 사실을 깨닫고 한자를 처음으로 만들었다고 설명하고 있다. 이러한 내용을 한자의 기원으로 보는 설명을 조수 족적 기원설이라고 한다.

이상과 같이 한자를 처음으로 만든 사람에 관한 가설들을 살펴보았다. 그런데 많은 수의 한자를 한 사람이 혼자 만들었다는 이런 설명은 적절하지 못하며, 창힐 등이 당시 사용하고 있었던 한자들을 정리하여 통일하였을 것이라는 의견도 제기되었다.

(2) 한자의 서체

「설문 해자」 서문에서는 진 나라 시(스; 始) 황제의 재상이었던 이사(리쓰; 李斯, ?~기원전 210년) 등이 중국의 문자를 통일하고자 소전(小篆)[32]을 만들

---

31) 복희 8괘는 우주 창조의 설계도에 사용되는 8가지 부호인 '☰, ☱, ☲, ☳, ☴, ☵, ☶, ☷'를 가리킨다. 각 부호의 차례대로 '건(乾), 태(兌), 리(離), 진(震), 손(巽), 감(坎), 량(艮), 곤(坤)'의 이름을 붙였다.
32) 전서(篆書)는 소전과 대전(大篆)으로 구분할 수 있다. 후한의 반고(빤꾸; 班固, 32년~92년)는 소전을 진전(秦篆)이라고 하였다. 대전은 서주(西周)의 선왕(宣王) 때에 태사(太史)였던

었다고 소개하였다. 이 소전은 중국 최초의 공용 문자인데, 이후에는 예서(隸書)를 널리 사용하였다가 해서(楷書)를 사용하였다. 아래의 소전, 예서, 해서의 서체 그림은 네이버 지식 백과(http://terms.naver.com)에서 따온 것이다.[33]

  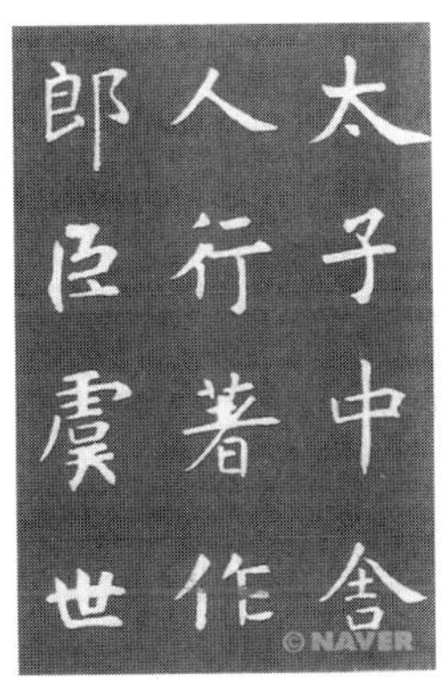

소전: 태산 각석          예서: 조전비          해서: 공자묘 당비

## (3) 한자의 속성과 사서

고대 중국 사람들은 하나의 한자에 하나의 음과 하나의 의미를 붙여 사용하였다. 그들에게 한자는 아래에 제시한 '山(산)'과 '川(천)'의 예처럼 실제로 존재하여 우리가 눈으로 직접 확인할 수 있는 자연의 형체이었다. 그래서 그들은 한자의 형태인 자형(字形)과 한자의 음인 자음(字音)과 한자의 의미인 자의(字意)는 한자가 지니고 있는 3가지 속성으로 생각하게 되었다.

山 [shān]  둘레보다 높게 솟은 땅덩이.
川 [chuān] 시내보다는 크고 강보다는 작은 물줄기.

실물  형태  음          의미

주(籀)가 만든 것이라고 하여 주문(籀文)이라고도 한다. 소전은 대전을 간략화한 글자체이다. 소전으로 적은 것은 태산 각석(泰山刻石), 낭사태 각석(瑯邪台刻石) 등이 남아 있다.
33) 한국사전연구사 편집부에서 펴낸 「미술 대사전(용어편)」(1998)의 그림을 인용한 것이다.

그리하여 그들은 한자의 의미, 형태, 음의 3가지 요소를 연구하는 소학 (小學)[34]이라는 학문 분야를 만들어 연구하였다. 소학을 처음으로 시작한 사람으로는 두림(杜林), 또는 허신(許愼)과 정현(鄭玄) 또는 양웅(揚雄)과 허신 (許愼)을 든다.[35]

그리고 한자의 의미, 형태, 음 3가지 종류의 각각 다른 실용적 기능을 가진 개별적인 사서(辭書)[36]인 훈고서, 자서,[37] 운서를 펴냈다.

34) 학문 분야를 가리키는 이 '소학'과는 달리 주(周)나라(기원전 1046년~기원전 256년) 귀족의 자제들이 8살부터 다녔던 학교도 '소학(小學)'이라고 하는데, 그들은 소학을 졸업한 다음 15살에 '대학(大學)'에 들어갔다. 그리고 서한(西漢)(기원전 206년~기원후 8년) 때 유향(劉向)·유흠(劉歆) 부자가 펴낸 도서 분류 목록인 「칠략(七略)」에서 처음으로 주나라 이후에 나온 자서와 육서를 연구하는 분야를 '소학'으로 분류하였다. 또 송(宋)나라(960 년~1270년) 주희(朱熹, 1130년~1200년)가 소년들에게 유학을 가르치기 위한 학습서를 그의 제자 유자징(劉子澄, 1163년~1232년)에게 편집하도록 한 다음 그가 교열하고 가필 하여 1187년에 완성한 「소학(小學)」이라는 책도 있다. 그리고 청(淸)나라(1636년~1912 년) 때에 간행된 「4고 전서 총목 제요(四庫全書總目提要)」에서는 '소학'을 '훈고, 자서, 운서' 3가지로 분류하고 있다. 따라서 '소학'이라는 용어는 여러 가지 다른 의미를 나타 낸다는 사실을 알 수 있다.
35) 「한서(漢書)」의 '두업전(杜鄴傳)'에서는 세상에서 소학을 말한 것은 두림(杜林)이 처음이 라고 하였다. 또 마건충(馬建忠)은 「마 씨 문통(馬氏文通)」 '서(序)'에서 정현(鄭玄)과 허 신(許愼) 등의 연구에서 소학이 비롯되었다고 하였다. 그리고 황작(黃焯)의 「문자 성운 훈고 필기(文字聲韻訓詁筆記)」(1983: 262, 상해고적출판사)에서는 소학은 본래 양웅(揚 雄)과 허신(許愼)의 학문을 일컫는다고 하였다(이재석 역·호기광(胡奇光) 저, 1997: 22). 흔히 정현(鄭玄)의 「시경(詩經)」 전본(箋本)과 「예경(禮經)」 주본(注本) 그리고 「설문 해자」 를 합쳐 허정(許鄭)의 학문이라고 부른다.
36) 중국에서는 '자전(字典)'과 '사전(詞典)'을 구별하며, 이 둘을 합쳐 '사서(辭書)'라고 한다.
37) 북한에서 발행한 「조선말 대사전」(1992)에서는 '자서'를 '자전이나 사서를 아울러 이르 는 말'로 풀이하였다. 「표준 국어 대사전」(1999)에서는 '자서'를 '자전'의 동의어(자서= 자전)로 기술하였으며, '자전'은 '옥편', '자림', '자서', '자휘'의 유의어(자전≒옥편)로 처리하였다. 또 '옥편'은 '자전'의 동의어(옥편=자전)로 제시하였다. 그리고 '사서(辭書)' 는 '사전(辭典)'의 동의어로 기술하였으며, '사전(辭典)'은 '말광', '사림(辭林)', '사서(辭 書)', '어전(語典)'의 유의어로 처리하였다. 한편 「사해(辭海)」(서신성(舒新城) 외, 1937)에 서는 자서는 다음과 같이 설명하고 있다. 자서는 육서(六書)에 의거하여 자체(字體)를 해 석한 것인데, 자체에 따라 분류한 훈고서를 자서라고 한다. 또 자체가 구성된 원인을 해 석한 것과 성음이나 훈고를 상술한 것을 아울러 자서라고 한다. 옛날의 자서로 지금까지 존재하는 것으로는 「설문 해자」, 「옥편」 등이 있으며, 요즘 자전이라 부르는 것은 모두 자서이다. 이상과 같은 설명에 따르면, 표제항 '자서', '자전', '옥편', '사서', '사전(辭 典)'에서 동의어와 유의어로 처리한 결과는 일정하지 않음을 확인할 수 있다.

먼저 한자의 의미에 관한 논의를 정리한 훈고서(의서)로는 「이아(爾雅)」(저자 미상, 기원전 2세기 무렵), 「석명(釋名)」(유희(劉熙), 후한[38] 말기), 「방언(方言)」(양웅(揚雄), 17) 등을 찾아볼 수 있다.

그리고 우리가 눈으로 볼 수 있는 한자의 형태인 글자체(자체, 글꼴, 서체)에 관하여 설명한 「삼창(三蒼; 三倉)」[39](=「창힐편(蒼頡篇)」), 「설문 해자(說文解字)」[40] (허신(許愼), 100년 무렵), 「자림(字林)」(여침(呂忱)), 「옥편(玉篇)」(고야왕(顧野王), 543), 「용감 수감(龍龕手鑑)」[41](행균(行均), 997?), 「유편(類編)」(사마 광(司馬光), 1069), 「오음 편해(五音篇海)」(한도소(韓道昭), 1208), 「자휘(字彙)」(매응조(梅膺祚), 1615) 등의 자서가 간행되었다.

끝으로 우리가 귀로 들을 수 있는 한자의 음을 운별로 분류하여 시를 지을 때에 압운[42]의 범위를 찾아보기 쉽게 만든 「절운(切韻)」(육법언(陸法言),

---

38) 후한(後漢)은 기원전 202년에서 기원후 220년까지 낙양(뤄양; 洛陽)에서 중국을 통치한 왕조이다.

39) 「고려사」 권제7 29장에 나오는 「삼창」은 어린이 한자 학습서인 「창힐편(蒼頡篇)」, 「원력편(爰歷篇)」, 「박학편(博學篇)」 3편을 합친 것을 가리킨다. 이 3편을 합친 것을 첫 번째 편명과 같은 「창힐편」이라고도 한다. 여기서 '삼창'은 3편으로 이루어진 '창힐편'이라는 뜻을 나타낸다. 55장의 분량으로 이루어진 「삼창」은 4자 1구의 형식으로 1장에 60자씩 모두 3,300자를 수록하였다. 그 내용의 일부가 글씨를 쓰는 대나무인 죽간에 적혀진 것이 전해지고 있다(최영애, 1995: 55).

40) 「설문 해자」가 나오기 이전에 주나라 때에 어린이 한자 학습서인 「사주(史籒)」 15편이 있었다. 그리고 진나라 때에 한자를 통일하기 위하여 자전을 만들었는데, 이사(李斯, 기원전 280년~기원전 208년)의 「창힐편(倉頡篇)」, 조고(趙高, ?~기원전 207년)의 「원력편(爰歷篇)」, 호무경(胡毋敬)의 「박학편(博學篇)」이 대표적인 것이다. 한나라 초기에는 이 세 책을 합쳐 약 3,300자를 수록한 「창힐편(倉頡篇)」(=「삼창」)을 만들었다. 그리고 반고(빤꾸; 班詁)의 「예문지(藝文志)」에 따르면 서한(西漢) 때에는 사마상여(쓰마 시앙르우; 司馬相如, 기원전 179년~기원전 117년)의 「범장편(凡將篇)」, 스여우(사유; 史游)의 「급취편(急就篇)」, 리츠앙(이장; 李長)의 「원상편(元尙篇)」, 양시옹(양웅; 楊雄, 기원전 53년~18년)의 「훈찬편(訓纂篇)」과 「창힐 훈찬편(蒼頡訓纂篇)」 등의 자서가 만들어졌다고 하였다(최영애, 1995: 55). 동한 때에 이르러 이러한 자서 및 자전들과 유흠(劉歆, ?~23년)과 정중(鄭衆, ?~83년) 등의 연구 결과를 집대성한 「설문 해자」가 등장하였다.

41) 「용감 수감」 또는 「용감 수경(龍龕手鏡)」이라고 한다.

42) 압운은 시행(詩行)의 첫머리, 중간, 끝 등의 일정한 자리에 같은 운을 규칙적으로 단 운을 가리킨다.

601), 「광운(廣韻)」(진팽년(陳彭年) 외, 1008), 「예부 운략(禮部韻略)」(1037), 「증수 호주 예부 운략(增修互註禮部韻略)」(1161), 「임자 신간 예부 운략(壬子新刊禮部韻略)」(1252), 「중원 음운(中原音韻)」(주덕청(周德清), 1324) 등의 운서와 「운경(韻鏡)」(10세기 무렵) 등의 음절표인 운도(韻圖)가 나왔다.

이와 같이 사서(辭書)에는 자서, 운서, 훈고서가 포함되는데, 앞에서 살펴본 것과 같이 이 셋을 소학류(小學類)로 분류하기도 한다. 훈고서는 한자의 의미 즉 정의 정보에 관한 것으로 한자의 뜻을 풀이한 사전이다. 자서는 한자의 형태 정보에 관한 것으로 철자 사전의 성격을 지니고 있다. 운서는 한자의 발음 정보에 관한 것으로 한자 발음 사전이다. 그런데 이 셋의 특징을 모두 지니고 있거나 둘 이상의 특징을 가지고 있는 경우도 있으므로 이 셋은 서로 밀접한 관련을 맺을 수밖에 없다.

### (4) 한자의 발전

한자는 세월의 흐름에 따라 표의 문자의 성격에서 벗어나 하나의 한자에 하나의 뜻만이 있었던 표의성이 강한 처음의 본의(本義)에서 둘 이상의 여러 가지 새로운 의미 즉 전의(轉義)를 가지게 되어 중의성을 띄게 되었다.[43] 「이아」에서 예를 찾아보면, '厖(방)'은 '크다'의 뜻으로 사용되면서 '두텁다'라는 의미도 나타내게 되었으며, '廢(폐)'도 '크다'는 뜻을 나타내는데 「시경」에서는 '변하다'의 뜻으로도 사용하게 되었다.

이뿐만 아니라 둘 이상의 한자가 결합하여 다른 하나의 새로운 의미를 나타내는 단어와 외래어를 차용하여 사용함에 따라 원래의 한자가 지니고 있던 최초의 의미는 점점 변하게 되었다.[44]

---

43) 전의는 인신의(引伸義)라고도 하는데, 파생의(派生義)와 가차의(假借義)로 나눌 수 있다. 「이아」는 바로 이 전의를 설명한 중국 최초의 훈고서로 알려져 있다.
44) '훙파이(紅牌; 퇴장; red card)', '왕바(网吧; 피시방)', '차오스(超市; 슈퍼마켓)' 등 전문용

결국 1912년 청나라(淸, 1616년~1912년)가 멸망할 무렵에는 한자의 폐단을 개선하고자 한자를 표음화하고 글자의 형체 즉 자체를 간략화하자는 주장이 나오기에 이르렀다. 게다가 노신(魯迅, 1881년~1936년)과 전현동(錢玄同, 1887년~1939년) 등은 아예 한자를 폐지하자고까지 주장하였으며, 마오쩌둥(毛澤東, 1893년~1976년)은 한자의 표음화와 한자의 간략화를 추진하였다.[45]

1929년에 발표된 중국 정부의 통계에 따르면 중국의 문맹자는 약 4,887만 명이 넘고, 1970년대는 80%가 문맹이라서 한자를 습득하기에는 많은 어려움이 있음을 보여준다(김종오 역, 1974: 34).

육비규(陸飛逵)의 논문 '보통 교육에 속자를 채용하라'를 발단으로 시작된 한자 간략화의 주장은 1922년 전현동(錢玄同, 1887년~1939년), 여금희(黎錦熙, 1890년~1978년), 양수달(楊樹達), 육비규(陸飛逵) 등이 국어 통일 주비회(國語統一周備會)에 '현행 한자의 필획을 줄이는 방안'을 제출함으로써 본격적으로 제기되었다. 그 후에도 약 2,400자를 제시한 국어 통일 주비 회의 「간체 자보(簡體字譜)」(1935), 4,445자를 제안한 용경(容庚)의 「간체 자전(簡體字典)」(1936), 3,150자를 제시한 진광요(陳光堯)의 「상용 간자표(常用簡字表)」(1936), 약 1,700자를 제안한 자체 연구회(字體研究會)의 「간체자표(簡體字表)」 제1표(1937) 등 여러 가지 방안들이 제시되었는데, 마침내 1956년 전국 문자 개혁 위원회에서 515자의 간체자와 54개의 편방을 간략화한 '한자 간화 방안(漢字簡化方案)'을 공포하게 되었다.

그리고 1913년 소집된 독음 통일회에서는 표음 문자로 장병린(章炳麟, 1869년~1936년)이 고안한 새로운 문자인 '유문(紐文)'을 조금 수정한 38자의 '주음 자모(注音字母)'를 채택하였다. 1952년 설치된 중국 문자 개혁 연구

어, 신어, 외래어 등에서 그 예를 쉽게 찾아볼 수 있다(강춘화, 2003).
[45] 중국의 한자 정책에 관한 내용은 김종오 역(1974)를 참고하였다.

위원회에서는 중국어에 주음을 달고 보통화(普通話)를 보급시키기 위하여 1958년에 '한어 병음 방안(漢語拼音方案)'을 공포하였다.

이러한 한자의 간략화와 표음화에 관한 지속적인 노력의 결과로 현재 중국에서는 간자체(簡體字)와 한어 병음 부호를 사용하고 있다. 즉 옛 한자 자체인 번체자(繁體字)를 간략하게 만들어 사용하고 있는데, 이것을 간자체, 간화 한자(簡化漢字), 간화자(簡化字), 수두자(手頭字)라고 한다. 그리고 한자의 발음을 기록하기 위해서 로마자를 사용하는데, 이것을 병음(拼音)이라고 한다.46)

이처럼 중국 한자의 의미나 발음 또는 형태가 조금씩 변화한 경우나 완전히 형태가 다른 다수의 한자들이 새롭게 등장하는 예를 쉽게 찾아볼 수 있다. 게다가 한자는 표의 문자이지만 상형, 지사, 회의뿐만 아니라 변과 방을 사용하여 새로운 글자를 만드는 형성(形聲)이라는 방법에 따라 만들어진 글자가 80%가 넘는다. 따라서 새로운 한자가 필요하다면 형성을 사용해 만들어내는 것은 전혀 어색하지 않다.

이런 현상은 중국뿐만 아니라 한자를 사용하는 다른 나라에서도 가능한 일로 그 예를 쉽게 찾아볼 수 있다.47) 그래서 한자의 형태, 음, 의미의 세

---

46) 한자를 로마자로 표기하는 방법을 제안한 것으로는 이태리 선교사 마테오 리치(Matteo Ricci, 1552년~1610년)의 「정 씨 묵원(程氏墨苑)」, 벨기에 선교사 니콜라 트리고(Nicolas Trigault, 1577년~1628년)의 「서유 이목자(西儒耳目資)」(1626) 등이 있다. 그리고 노당장(盧戇章, 1854년~1928년)은 한자의 발음을 적기 위하여 로마자를 변형한 55개의 자모 글자인 '절음 신자(切音新字)'를 고안하였으며, 왕조(王照, 1859년~1933년)은 독립된 문자 체계로 한자의 일부분을 골라 중국어의 50모 12운 4성을 표기할 수 있는 '관화 자모(官話字母)'를 만들었다. 이밖에도 오경항(吳敬恒)의 「두아 자모(豆芽字母)」(1895), '관화 자모'를 보완하여 만든 노내선(勞乃宣, 1845년~1921년)의 「증정 합성 간자보(增訂合聲簡字譜)」(1905), 채석용(蔡錫勇)의 「전음 쾌자(轉音快字)」(1896) 등이 있다. 이밖에 선교사들은 중국의 방언 사전도 펴냈는데, 모리슨(Morrison, Robert, 1782년~1834년)의 「광동어 사전(廣東語辭典)」(1828), 메드허스트(Medhurst, W.H., 1796년~1857년)의 「복건어 사전(福健語辭典)」(1832) 등이 있다.

47) 한자는 그 원산지인 중국은 물론 한국, 일본, 베트남 등에서 사용하고 있는 문자이다. 따라서 중국, 일본, 한국 한자의 공통점과 차이점을 살펴보아야 하며, 현존하는 한자와 현

가지 요소는 시간의 흐름에 따라서 언어 대중의 쓰임에 따라 자연스럽게 변화하거나 또는 국가의 계획적인 언어 정책으로 수행되는 한자 개혁의 방법에 따라 크게 달라질 수 있다는 것을 알 수 있다.

따라서 처음에는 한자 단위의 단순한 목록으로 충분했지만 새로운 단어들의 출현이 점차 증가함에 따라 새롭게 등장한 한자의 목록과 또 기존의 한자들이 결합하여 이루어진 새로운 의미를 나타내는 한자어들의 목록을 작성하는 것이 필요하다는 것을 쉽게 짐작할 수 있다. 게다가 현대 중국어 어휘는 단음절어가 아닌 다음절어가 대부분이다.

이러한 한자의 특징은 자모 글자를 어휘 표기에 사용하는 표음 문자와는 달리 표제자만이 선정하거나 또는 글자 1자를 상위 표제항으로 선정하고 상위 표제항으로 시작하거나 끝나는 한자어들을 하위 표제항으로 선정해 놓은 자전의 출현을 요구한다. 7만여 개가 넘는 각 한자의 자형 구조와 변천 과정, 출현 경위와 발전 과정, 발음, 의미, 서체 등의 정보를 검색할 수 있는 자전이 필요하게 된다.

즉 이러한 표의 문자의 특성에 따라 한자를 표제항으로 선정한 한자 사전인 자전에서 한자를 상위 표제항으로 선정하고 이 상위 표제항으로 시작하거나 끝나는 한자어들을 하위 표제항으로 선정한 한자와 한자어 사전을 거쳐 1음절 한자와 함께 2음절 이상의 한자어들을 상위 표제항으로 선정하는 한자어 사전인 언어 사전도 등장하게 되었다.

재 사용하고 있는 한자의 수도 정확하게 조사하는 것이 필요하다. 유니코드에 수록된 한자는 74,000자 이상인데, 국제 협의 기구 IRG를 통해 새로운 한자를 계속 추가하고 있다. 「설문 해자」(기원전 약 100년)에는 9,353자, 「옥편」(543)에는 16,917자, 「강희 자전」(1716)에는 42,174자, 「중화 대자전(中華大字典)」(1914)에는 48,200자, 「중문 대자전(中文大字典)」(1973)에는 49,905자, 「한어 대자전(漢語大字典)」(1986)에는 54,665자, 「중화 자해(中華字海)」(1994)에는 87,019자, '한자 뱅크'(베이징 궈안(國安) 자문설비공사)에는 91,251자가 수록되어 있다. 또 한국, 중국, 일본 등 각국 사서의 비교에 관한 연구도 필요하다.

그래서 한자는 표의 문자로서의 역할만 하는 것이 아니라 이제 모든 한자가 단어로 기능하는 표어 문자(表語文字)로 기능할 수 있는 단계로 진입하였다고 볼 수 있다. 다시 말하면, 한자라는 문자가 표의 문자에서 형성(形聲)이라는 방법을 거쳐 점차 표음 문자로 발전하는 단계의 수순을 밟고 있는 것이다.


## 1.3. 옥편·자전·사전


중국, 한국, 일본 등에서는 한자 사전, 한자 및 한자어 사전, 한자어 사전을 '자림(字林), 자원(字苑, 字源), 자통(字通), 자관(字貫), 자휘(字彙)'라고도 한다. 그리고 '사서(辭書), 사림(辭林), 자서(字書), 자류(字類), 자해(字海), 석사서(釋辭書), 어전(語典), 유서(類書), 사원(辭源), 사해(辭海)' 등의 용어를 사용하기도 한다.

여기에서는 우리가 널리 사용하고 있는 '자전(字典), 옥편(玉篇), 사전(辭典, 辞典, 辤典, 詞典, 事典)' 3가지 용어들이 실제로 어떻게 쓰이고 있는지 살펴봄으로써 자전의 의미를 보다 정확하게 이해하고자 한다.

### (1) 옥편

'옥편(玉篇)'이라는 용어는 중국에서는 고유 명사인 책명으로만 사용된다. 「옥편(玉篇)」은 543년 중국 남조(南朝) 시대 양(梁)의 고야왕(顧野王, 519년~581년)이 엮은 자전인데, 우리는 이 책명에서 따온 '옥편'이라는 용어를 자전을 가리키는 것으로 사용해 왔다.

「옥편」은 한자를 부수법48)에 따라 분류하여 배열한 다음 표제자의 자형을 육서(六書)인 상형(象形), 상사(象事), 상의(象意), 상성(象聲), 전주(轉注), 가차

(假借)의 원리에 따라 풀이한 중국 최초의 자서인 「설문 해자(說文解字)」(허신 (許愼), 100)와 「설문 해자」의 증보판인 「자림(字林)」(여침(呂忱), 280)에 뒤이어 편찬된 자서이자 훈고서이다.

「옥편」에는 16,917개의 한자가 542개의 부수로 분류되어 있는데, 부수 는 자형과는 상관없이 의미가 같은 종류별로 정리하여 배열하였다. 표제자 는 당시의 예서체(隸書體)로 표기하였으며, 반절(反切)[49]이라는 표음법에 따 라 발음 정보를 기술하였고, 용례 정보를 풍부하게 제시한 점에서 「옥편」 은 새로운 형태의 자서로 인정을 받았다.

이밖에도 '옥편'을 책명으로 사용한 것으로는 송나라(宋, 960년~1279년) 진종(眞宗, 997년~1022년 재위) 때에 진팽년(陳彭年), 오예(吳鋭), 구옹(邱雍) 등 이 칙명을 받아 1013년에 편찬한 「대광익회 옥편(大廣益會玉篇)」[50] 등을 들 수 있다.

일본에서도 고야왕이 펴낸 「옥편」의 내용을 줄인 「전례 만상 명의(篆隸萬 象名義)」(구가이(空海), 774년~835년), 편찬 시기 미상)을 비롯하여 일본 최고 의 대규모 자전인 「신찬 자경(新撰字鏡)」(쇼쥬(昌住), 900년 무렵)과 「유취 명의 초(類聚名義抄)」(편찬자 미상, 1100년 무렵) 등도 「옥편」의 영향을 받아 편찬된 것으로 알려져 있다. 특히 무로마치(室町) 시대(1392년~1573년)의 초기 무렵 에 「대광익회 옥편」의 영향을 받아 「왜옥편(倭玉篇)」(편찬자 미상)이 편찬되었

---

48) 부수법이란 일정한 수의 부수를 선정하여 표제자를 그 부수의 획수에 따라 배열하는 방 법을 가리킨다.

49) 반절은 두 글자를 합하여 하나의 음을 나타내는 한자 발음 기호이다. 반절의 위쪽 글자 (상자; 上字)는 한자의 성모(聲母)를 나타내고, 반절의 아래쪽 글자(하자; 下字)는 한자의 운모(韻母)와 성조(聲調)를 나타낸다.

50) 674년 당(唐) 고종(高宗) 때에 손강(孫强)이 고야왕의 「옥편」을 증보하여 펴냈는데, 진팽 년 등은 손강이 증보한 것을 다시 대폭 수정하여 22,700여 개의 표제자를 수록한 「대광 익회 옥편」을 편찬하였다. 그리고 1414년(태종 14년)에 조선에서도 「대광익회 옥편」을 복각하였다. 이 복각본은 일본인 오구라 신페이(小倉進平) 소장본, 가나자와 쇼사부로(金 澤庄三郎) 소장본 등이 남아 있다.

는데, 이 '왜옥편(倭玉篇)'이라는 책명은 일본 한자 사전의 대명사로 사용되었다(장원철 옮김, 2003: 155~157).

그런데 '옥편'을 책명으로만 사용하는 중국과는 달리 한국에서는 '옥편'이라는 고유 명사를 보통 명사로 바꾸어 '자전(字典)', '한자 사전', '한자 및 한자어 사전', 또는 '한자어 사전'을 가리키는 데에 사용하기도 한다.

「신간 배자 예부 옥편(新刊排字禮部玉篇)」[51](또는 「신편 직음 예부 옥편(新編直音禮部玉篇)」, 편찬자 미상, 1464), 「운회 옥편(韻會玉篇)」[52](최세진, 1537년 12월 이후), 「삼운 성휘보 옥편(三韻聲彙補 玉篇)」(홍계희(洪啓禧), 1751), 「전운 옥편(全韻玉篇)」(편찬자 미상, 1790?) 등에서도 '옥편'이라는 용어가 책명으로 사용되었는데, 이 책들도 운서에 등재된 표제자들의 색인 역할을 담당한 것으로 자전의 성격을 지니고 있다.

---

51) 국립 중앙 도서관, 고려대 도서관, 서울대 규장각 등에 소장되어 있다. 2책으로 이루어져 있는 것의 표제는 '예부 운략(禮部韻略)'이며, 상권 내제는 '신간 배자 예부 옥편(新刊排字禮部玉篇)', '신편 직음 예부 옥편(新編直音禮部玉篇)'이고, 상권의 끝에는 '신편 유취 개정 예부 옥편(新編類聚改正禮部玉篇)'이라는 제목이 붙여져 있다. 하권의 내제는 '배자 예부 운략(排字禮部韻略)'으로 되어 있다. 판심제는 '예부운(禮部韻)'이다. 한편 '배자 예부 운략(排字禮部韻略)' 또는 '예부운(禮部韻)'이라는 표제를 붙여 1책으로 간행한 것은 부록으로 '신편 직음 예부 옥편(新編直音禮部玉篇)'을 붙여 놓았다. 이 책에서는 지금의 부수에 해당하는 한자 일람표의 순서에 따라 표제자를 364개의 항목으로 분류하였으며, 시를 지을 때에 한자의 운을 쉽게 찾아볼 수 있도록 상평성(上平聲), 하평성(下平聲), 상거성(上去聲), 입성(入聲)으로 나누어 표제자를 배열해 놓았다. 최현배(1961: 212)에서는 명(明)의 양수경(楊守敬)은 그의 저서 「방서지(訪書志)」에서 1463년(天順 8년, 세조 9년) 황종형(黃從兄)이 간행한 조선판 「예부운(禮部韻)」을 입수하였는데, 그 책에 음독(音讀)만 붙인 '옥편 직언(玉篇直言)'도 있었다고 하였다. 황종형이 청도 군수로 있을 때인 1464(세조 10년)에 김맹(金孟, 1410년~1483년)의 글씨로 만든 천순본(天順本)의 복각본 「예부 운략」이 있는데, 양수경이 언급한 편찬 시기와 다르다. 그리고 '옥편 직언'이라고 한 것은 음만 달은 '신편 직음 예부 옥편' 상권에 해당하는 것으로 보인다.

52) 중국의 운서 「고금 운회 거요(古今韻會擧要)」(웅충(熊忠), 1297)에 수록된 한자를 쉽게 찾아볼 수 있도록 339개의 부수에 따라 분류한 다음 평성, 상성, 거성, 입성에 따라 배열하고, 표제자의 운을 기술한 일종의 한자 색인으로 음과 뜻은 기술하지 않았다. 모두 2권으로 한국 사람이 펴낸 최초의 옥편으로 알려져 있다. 초판본은 을해자로 인쇄한 활자본으로 일본 존경각 문고(尊經閣文庫)에 소장되어 있다. 중간본인 목판본은 규장각, 일본 궁내성과 동양 문고(도요 문고; 東洋文庫) 등에 소장되어 있다.

지금까지 살펴본 내용에 따르면 다음과 같은 두 가지 사실을 알 수 있다. 첫째, 우리 나라53)에서 사용하는 '옥편'이라는 용어는 15세기 무렵부터 사용되었으므로 '옥편'이라는 용어는 '자전'이나 '사전(辭典, 事典, 辭典)'이라는 용어보다 먼저 사용되었음을 확인할 수 있다. 둘째, '옥편'이라는 용어는 중국과는 다르게 우리 나라에서는 한자 사전을 가리킨다. 아래의 한자 사전들에서도 찾아볼 수 있듯이, '옥편'이라는 용어는 현재까지 한자 사전의 책명으로 지속적으로 사용되고 있으며, '자전'이나 '한자 사전'보다 더 많이 사용되고 있다.54)

- 「국한문 신옥편(國漢文新玉篇)」(정익로, 1908)
- 「정정 증보 신옥편(訂正 增補 新玉篇)」(예수 교서회, 1911)
- 「한일선 신옥편」(정기성, 1921)
- 「일선문 신옥편」(심의갑, 1921)

---

53) 「표준 국어 대사전」에서는 '우리나라'로 붙여 썼지만, 교과서에는 '우리 나라'로 띄어 썼다. 여기에서는 교과서에서처럼 '우리 나라'로 띄어 썼다. 그리고 '우리 말', '우리 글'도 띄어 썼다.

54) '옥편'이 사용된 몇몇 예를 발행 순서대로 나열하였는데 보다 구체적인 예는 뒤에 제시한 자전 목록을 참고하여 확인할 수 있을 것이다. 한편 이봉운이 펴낸 「언문 옥편」(1897)은 사전이 아니다. 「독립 신문」 건양 2년(1897년) 2월 27일자 4면에 "이 달에 이봉운이 「언문 옥편」을 편찬 발행하다."라는 제목으로 "이봉운이라는 선비가 학부 관허를 인하여 언문 옥편을 만들어 발행하게 하였으되 언문의 이치를 소상히 알게 하고 이전에 언문 내인 사적도 자세히 내었고 다른 이치도 볼만하고 또 동몽도 학습하겠으니 제 군자는 사서 보시려거든 두 다리 아래 어의동 국문국으로 오시압. 건양 이년 이월 일 한 삼월 십이일"이라는 기사가 실렸다. 그리고 한국역사정보통합시스템, 국사편찬위원회, 「고종 시대사」, 「개항 100년 연표」 등에서는 이봉운이 지은 한국 최초의 근대 문법서인 「국문 정리」와 '언문 옥편'을 같은 책으로 보았다. 그런데 이응호(1976)이나 이병근(2000: 28)에서처럼 이봉운의 「국문 정리」에서 인용한 '언문 옥편'을 국어 사전으로 이해하여 국어 사전의 필요성을 지적하였다는 설명은 잘못된 것이다. 이 '언문 옥편'은 사전이 아닌 바로 문법책인 「국문 정리」를 가리키는 것이다. 따라서 주시경이 「국문론」(1897)에서 말한 "국문으로 옥편을 믄드러야 홀지라"의 국문으로 옥편을 만드는 일과 이봉운이 말한 '언문 옥편'은 다른 것으로 구별해야 할 것이다. 이봉운의 「국문 정리」는 14장의 목판본으로 간행되었다. 그는 권점으로 띄어쓰기를 하였으며, 국문을 애용하고 존중할 것을 주장했으며, 장단의 표시가 없음을 수치로 여겼다.

- 「일선 신옥편」(강의영, 1935)
- 「한일선 신옥편」(노익형, 1935)
- 「국한문 실용 신옥편」(문세영, 1949)
- 「국한 최신 홍자 옥편」(홍자출판사 편집부, 1958)
- 「콘사이스 상용 옥편」(동아출판사 사서부, 1966)
- 「국한 최신 홍자 옥편」(홍자출판사 편집부, 1973)
- 「민중서림 활용 옥편」(민중서림 편집국, 1983)
- 「한한 대사전」(단국대학교 부설 동양학 연구소, 1999~2008)
- 「동아 백년 옥편」(두산동아 편집부, 2008)
- 「금성판 실용 옥편」(금성출판사, 2008)
- 「한중일영 공용 한자 옥편 사전」(임광애, 2008).

## (2) 자전

'자전(字典)'이라는 용어는 1716년에 중국에서 펴낸 한자 사전인 「강희 자전(康熙字典)」에서 처음으로 사용되었다. 「강희 자전」은 장옥서(張玉書), 진정경(陳廷敬) 등이 모든 한자가 수록된 사전을 펴내라는 청(淸)나라 황제 성조(聖祖, 1661년~1722년 재위)의 칙명을 받아 「설문 해자」, 「옥편」, 「자휘(字彙)」, 「자휘보(字彙補)」 등을 비롯한 여러 한자 사전을 종합하여 편찬한 것이다.[55] 「강희 자전」을 보완한 것으로 「중화 대자전(中華大字典)」(1914), 「한어 대자전(漢語大字典)」 등이 있다. 그리고 중국의 신화사서사(新華辭書社)에서 펴낸 대표적인 소형 한자 사전인 「신화 자전(新華字典)」(1953/1965/1971)에서도 '자전'이라는 용어가 책명으로 사용되었다.

중국과 일본에서는 '옥편'을 우리 나라와는 달리 보통 명사로 사용하지

---

55) 「강희 자전」은 모두 42권으로 약 47,035자의 한자가 214개 또는 210개 부수로 분류하여 수록되어 있다. 성조의 연호가 '강희'이므로 사전의 책명에 이 연호를 사용하였다. 중국에서 펴낸 「강희 자전」 초판은 내부본(內府本)이라고 하는데, 1831년에 왕인지(王引之)가 처음으로 수정하였다. 그리고 중국사회과학원 문헌출판사에서 시디로 2008년에 만든 2차 수정본(57,557자 수록)도 있고, 인터넷에서도 검색할 수 있다. 일본에는 1780년에 처음으로 번각한 야스나가본(安永本)이 있다.

않는다. 그런데 '옥편'과는 달리 「강희 자전(康熙字典)」에서 책명으로 처음 사용된 '자전'이라는 용어는 중국, 일본, 한국에서 한자 사전을 가리키는 보통 명사로 사용하고 있다. 즉 한자를 표제자로 선정하여 부수별로 배열하여 표제자에 관한 미시 정보들을 기술한 한자 사전을 가리키는 용어로 '자전'을 사용하고 있다.

일반적으로 '자전'은 한자 1자를 상위 표제항으로 선정하여 그것을 부수별로 배열한 다음 다시 획수별로 배열하여 표제항의 발음 정보와 정의 정보 등을 기술하여 놓은 사전이다. 즉 자전은 사전 중에서 한자 사전을 가리키는데, 보통 표제자를 포함하는 한자어를 하위 표제항으로 선정해 놓았다. 흔히 자전에서는 한자의 부수를 찾기 어려운 경우에는 총획수로 찾아볼 수 있게 해 놓았다. 그리고 한자의 총획수로 찾기 어려운 경우를 대비하여 한자의 발음을 기준으로 색인을 만들어 놓았다.

아래의 한자 사전의 책명에서 '자전'이라는 용어가 사용된 것을 확인할 수 있는데, 한국에서 '자전'이라는 용어는 '옥편'보다 훨씬 늦게 사용하였으며, 요즘도 책명에 계속 사용하고 있음을 알 수 있다.

- 「자전 석요(字典釋要)」(지석영, 1909)
- 「신자전(新字典)」(최남선, 1915)
- 「한일선 대자전(漢日鮮大字典)」(이종성, 1918)
- 「보통학교 한자 자전」(심의린, 1925)
- 「일선 대자전」(송완식, 1935)
- 「모범 대자전」(문세영, 1944)
- 「학생 한한 자전」(김경탁, 1955)
- 「새 자전」(김민수, 1961)
- 「한한일영 신자전」(이가원·김우열 감수, 1973),
  … 중략 …
- 「한한 대자전」(민중서림 편집국, 2008)

그리고 한국에서는 한자 자전과 더불어 언어 사전에서도 '자전'이라는 용어를 사용한 경우가 있다. 예를 들면, 서양 선교사들이 펴낸 「한불 자전(韓佛字典)」(파리외방선교회, 1880), 「영한 자전(英韓字典)」(존즈, 1914), 「영선 자전(英鮮字典)」(언더우드, 1925) 등에서도 '자전'이라는 용어를 사용하고 있다. 이 세 가지 종류의 '자전'은 언어 사전 즉 두 언어 사전[56]을 가리키는데, 프랑스어의 'dictionnaire[57](사전)'이나 영어의 'dictionary[58](사전)'에 해당한다.

또 「자전 척독 완편(字典尺牘完篇)」(김우균, 1905), 「법원 선정 인명 용례 자전」(최준호 편저, 2000, 서초 법률), 「서체 자전」(남순복, 1985, 글벗사) 등 성격이 다른 여러 종류의 책에서도 '자전'이라는 용어를 책명으로 사용하기도 하였다.

한편 「한중일영 공용 한자 옥편 사전」(임광애 편저, 2008, 민중 닷컴)에서처럼 '옥편'과 '사전'을 함께 책명으로 사용한 경우도 있다. 그리고 '한자 자전', '전자 한자 자전', '중국어 자전', '한한 자전(漢韓字典)' 등의 용어를 사용한 사전도 찾아 볼 수 있다.

---

56) '한국어-한국어 사전'처럼 사전의 표제항과 미시 구조의 정보를 기술하는 데에 동일한 언어와 하나의 문자만을 사용한 사전을 '단일어 사전(monolingual dictionary)' 또는 '단일 언어 사전', '일언어 사전', '한언어 사전'이라 한다. '영어-한국어 사전'처럼 표제항과 미시 구조를 기술하는 데에 각각 다른 두 언어를 각각의 고유 문자를 사용하여 표기한 사전을 '두 언어 사전(bilingual dictionary)' 또는 '쌍 언어 사전', '두 개어 사전', '이중어 사전', '이중 언어 사전', '두 말 사전', '이개어 사전', '이언어 사전' 등으로도 부르고 있다. '이개어 사전'이나 '이언어 사전'은 '이 개', '이 언어'라고 하지 않고 '두 개', '두 언어'라고 하므로 '두 개어 사전', '두 언어 사전'이라고 하는 것이 바람직하다. 그리고 표제항과 미시 구조의 정보를 세 가지 이상의 다른 언어로 기술하며 각각의 고유 문자로 표기한 사전을 '다언어 사전(multilingual dictionary)' 또는 '다중어 사전'이라고 한다. 한편 '다중어 사전'과 구별하기 위하여 'polygot dictionary'를 '다국어 사전'이라고 한다.
57) 이 단어를 줄여서 'dico'라고 한다.
58) 'dictionary'는 라틴어 'dictio(말하는 행위)'와 'dictionarius(어휘 모음)'에서 온 것이다.

## (3) 사전

‘사전’이라는 용어는 한자로 ‘辭典’, ‘辞典’, ‘辤典’, ‘詞典’, ‘事典’으로 적는데, 표제항이 한자 1자가 아닌 경우에 널리 사용되었지만, 요즘은 표제자가 한자인 경우에도 ‘자전’이나 ‘옥편’ 대신에 ‘사전’이라는 용어를 책명으로 사용하고 있다. 한국 한자 사전을 가리키는 경우 ‘事典’이나 ‘詞典’이 사용된 예는 찾아보기 어렵다.[59]

‘事(일 사)’를 제외한 ‘辭(말씀 사)’, ‘辞(辭의 속자)’, ‘辤(辭의 속자)’, ‘詞(말 사)’는 ‘말’의 의미를 나타내고, ‘典(책 전)’은 ‘책’의 의미를 나타낸다. 중국어에서 ‘사(詞)’는 단어의 의미를 나타내는데, 중국에서는 ‘사전(辭典, 詞典)’을 ‘자전(字典)’과 구분하여 사용한다. 즉 ‘자전’은 한자 1자를 표제자로 선정한 한자 사전이지만, ‘사전(詞典)’은 한자 1개의 표제자를 상위 표제항으로 배열하고, 그 표제자가 포함되어 있는 여러 단어나 관용 표현들을 하위 표제항으로 배열한 다음 표제항의 발음 정보와 정의 정보를 기술한 한자와 한자어 사전을 가리킨다.

‘사전(辭典, 詞典)’이라는 용어는 표제항이 표제자가 아닌 경우를 제외한 경우에 널리 사용되고 있다. ‘사전(辭典)’은 어떤 범위 안에서 쓰이는 어휘를 모아서 일정한 순서로 배열하여 싣고 그 각각의 발음, 의미, 어원, 용법 등의 정보를 제시한 책이다. ‘사전(辭典)’은 ‘말광’, ‘사림(辭林)’, ‘사서(辭書)’, ‘어전(語典)’이라 하기도 한다. 중국에서는 ‘사전(詞典)’이라는 용어를 사용하기도 하는데, ‘자전’과 ‘사전(辭典, 詞典)’을 통칭하기 위해 ‘사서(辭書)’라는 용어를 사용한다.

59) 「한한 대사전(漢韓大辭典)」(단국대 동양학 연구소, 1999)의 ‘일러두기’에서는 이 사전은 한자의 자전과 사전(詞典)의 성격을 겸한 책이며, 백과 사전적인 사전(辭典)임을 밝히고 있다. 이병근(2000: 189)에서도 지석영의 「언문(言文)」(1909) 상편을 한자어(한문 구절 포함) 19,000여 개를 국문과 한문으로 대조시켜 제시한 ‘詞典’이라고 하였다. 이 두 경우는 ‘사전(辭典)’이라는 용어 대신에 ‘사전(詞典)’을 사용한 예이다.

‘사전(事典)’은 여러 가지 사항을 모아 일정한 순서로 배열하고 그 각각의 사항을 풀이한 책을 가리킨다. ‘사전(事典)’은 표제항을 선정하여 찾아보기 쉽게 일정하게 배열하고 미시 정보를 기술한 점은 ‘사전(辭典)’과 같다. 그러나 ‘사전(辭典)’의 표제항의 미시 정보의 대부분은 간략한 언어 정보이지만, ‘사전(事典)’에서는 사물이나 사항에 관한 언어 정보 이외의 광범위한 정보를 미시 구조에 자세하게 기술한다. 그래서 백과 사전(百科事典)은 ‘사전(辭典)’을 사용하지 않고 ‘사전(事典)’을 사용하는데, 이 둘의 구분을 잘못하여 사용하는 경우도 있다.

전문 용어 사전(辭典)의 경우에는 책명으로 ‘용어 사전(辭典)’이나 ‘용어집’이라는 표현을 사용하기도 한다(예: 「현대 시사 용어 사전(辭典)」(독서신문사, 1973, 독서출판사), 「지리 용어 사전(辭典)」(윤경자 편저, 1954, 수문각), 「물리·화학·요업·공업 용어집」(과학 기술 용어 제정 위원회, 1955, 문교부), 「수학·건축공학·토목공학 용어집」(과학 기술 용어 제정 위원회, 1956, 문교부)). 그러나 ‘사전(事典)’인 경우에는 책명으로 ‘용어 사전’이나 ‘용어집’이라는 표현을 사용하지 않는다(예: 「최신 지리학 사전(事典)」(김영제·김치학 편저, 1955, 학우사), 「논문 사전(事典)」(장경학·방기환, 1957, 선진문화사), 「과학 대사전(事典)」(김익달, 1958, 학원사) 등).

한편 대규모의 한자 사전의 경우 현재 중국에서는 ‘자전’이라는 용어를 선호하여 사용하고 있다(예: 「한어 대자전(漢語大字典)」 표제자 54,665개). 대표적인 중형 사전으로는 「사원(辭苑)」(1915/1983), 「사해(辭海)」(1936/1979) 등이 있는데, 이 두 사전의 경우 ‘자전’이나 ‘사전’이라는 용어를 책명으로 사용하지 않았다.

널리 사용된 소형 사전으로는 「신화 자전(新華字典)」(1953/1965/1971, 표제자 8,500개)을 들 수 있는데, 이 사전은 ‘자전’을 책명으로 사용하고 있다. 그런데 한국(예: 「대한한 사전(大漢韓辭典)」 표제자 41,386개; 「명문 한한 대자전(明文漢韓大字典)」 표제자 51,853개)과 일본(「大漢和辭典」, 모로하시 테츠지(諸橋轍次, 표제자 48,902개), 그리고 타이완(「中文大辭典」 표제자 49,905개)에서는 '자전'보다는 '사전(辭典)'이라는 용어를 선호하고 있다.

아래에 한자 사전의 책명으로 '사전(辭典)'을 사용한 경우를 몇몇 제시하는데, 우리 나라의 한자 사전의 경우 「모범 선화 사전(模範鮮和辭典)」(정경석 외, 1928)에서 '사전'이라는 용어를 처음으로 사용하기 시작한 것으로 보인다.[60] 이 사전에서 처음으로 상위 표제항의 표제자로 이루어진 한자어를 하위 표제항으로 선정하기 시작하였다.

- 「모범 선화 사전(模範鮮和辭典)」(정경석 외, 1928/1933)
- 「신수 일한선 대사전(新修 日漢鮮大辭典)」(송완식, 1937)
- 「실용 일선 대사전(實用 日鮮大辭典)」(영창서관 편, 1938)
- 「실용 선화 대사전(實用 鮮和大辭典)」(송완식, 1938)
- 「실용 내선 대사전(實用 鮮和新辭典)」(송완식, 1943)
- 「증보 정정 모범 선화 사전(增補訂正模範 鮮和辭典)」(정경석 외, 1944)
- 「신수 국한문 대사전(新修 國漢文大辭典)」(송완식, 1946)
- 「최신 국한 대사전(最新 國漢大辭典)」(사전편찬회, 1954)
- 「한한 대사전(漢韓大辭典)」(동아출판사 사서부, 1963)
    … 중략 …
- 「한한 대사전(漢韓大辭典)」(단국대학교 부설 동양학 연구소, 1999)
    … 중략 …
- 「민중 엣센스 한자 사전」(민중서림 편집부, 2003)
- 「금성 필수 한자 사전」(금성출판사 사서부, 2003)

'사전'을 책명에 사용한 위 사전에는 '선화', '일한선', '일선', '내선', '국한문', '국한', '한한' 등이 앞에 붙어 있는데, 여기에서 사용된 '화(和),

---

[60] 이 한자 사전의 내용과 책명이 동일한 것을 1933년에 박문서관에서 초판으로 펴냈는데, 표제는 '모범 선화 사전(模範 鮮和辭典)'으로 되어 있고, 내제는 '모범 선화 사전(模範 鮮和辭典)'으로 되어 있는데, 여기에서는 내제를 적었다.

일(日), 내(內)'는 일본 한자와 일본 한자어를 가리키고, '선(鮮)'은 조선어를 가리킨다. 그리고 '국한문'과 '국한'은 국문과 한문을 나타내고, '한한'은 '한자(또는 한자어)와 한국어를 나타낸다.

그런데 이 용어들은 사전의 성격을 정확하게 나타내지 못하고 있다. 실제로 「신수 일한선 대사전(新修 日漢鮮大辭典)」(송완식 편, 1937, 영창서관)과 「실용 일선 대사전(實用 日鮮大辭典)」(영창서관 편, 1938, 영창서관), 그리고 「신수 국한문 대사전(新修 國漢文大辭典)」(송완식 편, 1946, 영창서관)은 내용이 모두 동일하나 책명은 다르다. 또 「실용 선화 대사전(實用 鮮和大辭典)」(송완식, 1938, 영창서관)과 「실용 내선 대사전(實用 內鮮大辭典)」(송완식, 1943, 영창서관)도 내용은 같지만 책명이 다르다. 그리고 이 두 종류 사전도 체계는 같고, 하위 표제항의 배열 순서와 분량만이 다를 뿐이다.

「모범 선화 사전(模範 鮮和辭典)」(정경석 외, 1928, 동양서원)에서는 「일선 대자전(日鮮 大字典)」(박중화, 1912, 광동서국·보급서관)처럼 표제자의 훈과 음을 한글로 적은 다음 정의 정보를 한자로 기술한 다음에 일본어로 다시 미시 정보를 기술하고 있다. 「일선 대자전(日鮮 大字典)」(1912)에는 없는 표제자가 포함된 한자어들을 표제항으로 선정하여 한국어와 일본어로 정의 정보를 기술해놓았다. 그런데 「실용 일선 대사전(實用 日鮮大辭典)」(1938)에서는 표제자의 일본 발음을 한글로 적고, 표제자가 포함된 한자어의 일본 발음은 일본 글자로 표기하고 한국 발음은 한글로 표기해 놓았다. 그래서 '선일'이나 '선내'로 하지 않고 '일선', '내선'으로 하여 일본 한자어-조선어 사전의 성격을 드러내고자 하였다.

결국 '자전' 대신에 '사전'이라는 용어를 사용하고, 일본 한자 사전의 체계로 변하면서, 정의 정보만 한글과 한자로 기술하는 '일선'이나 '내선' 사전이 출현하게 되었다. 그러다가 '국한문' 사전과 '국한' 사전을 거쳐 '한한' 사전을 사용하다가 '한자 사전'을 사용하게 되었다. 이러한 무분별한 용어 사용이나 그 의미의 불명확성 때문에 '국한'이나 '한한' 등의 수식어 없이 '옥편'을 더 많이 책명으로 선호하고 있는 것일지도 모른다.

한편 '한자어 사전', '한문 사전' 등을 사용한 경우도 있다(예: 「한중 한자어 비교 사전」(염광호·위청, 2006, 역락), 「알기 쉬운 실용 한문 사전」(창신문화사 편집부, 1958)). 또 '자원(字源)'이나 '옥편 사전'이라는 용어를 쓰는 경우도 있다(예: 「국한 최신 대자원(國漢最新大字源)」(홍자출판사 편집부, 1963), 「한중일영 공용 한자 옥편 사전」(임광애 편저, 2008, 민중닷컴)).


## 1.4. 자전과 사전


앞에서 살펴본 것처럼 「모범 선화 사전(模範 鮮和辭典)」(정경석 외, 1928, 동양서원), 「신자원(新字源)」(오한근, 1950, 사서출판사), 「한한 대사전(漢韓大辭典)」(동사출판사 사서부, 1963, 동아출판사) 등에서는 표제자 즉 상위 표제항이 포함된 한자어를 하위 표제항으로 수록하고 있는데, 그 내용을 살펴보면 다음과 같다.

「모범 선화 사전」(1928)에서는 표제항 '午(오)'를 다음과 같이 기술하고 있다.

> 【午】(낫오)晝也方名의南也
> (ゴ)ウマ。
> 午前 夜十二時로晝十二時되기까지。
> 午後 晝十二時로夜十二時되기까지。
> 午餐 점심。
> 午食 前同。
> 午砲 晝十二時를알외는大砲。
> 午睡 낫잠。

> 午眠 前同。
> 午寢 前同。

또 「신자원」(1950)에서는 ‘午’의 하위 표제항으로 ‘午末(오말), 午夢(오몽), 午飯(오반), 午方(오방), 午睡(오수), 午夜(오야), 午月(오월), 午人(오인), 午前(오전), 午正(오정), 午正砲(오정포), 午餐(오찬), 午寢(오침), 午砲(오포), 午風(오풍), 午後(오후)’를 선정하였다.

그리고 「국어 대사전」(이희승, 1961)에서는 ‘오(午)’를 다음과 같이 기술하고 있다.

> 오 : ³(午)명 [[민]]①십이지(十二支)의 일곱째. ②↗오시(五時).③↗오방 (午方). <「국어 대사전」(1961: 2078)>

그리고 ‘오(午)’를 포함하고 있는 아래와 같은 어휘를 표제항으로 수록하였다.

> 오간(午間), 오계(午鷄), 오고(午鼓), 오년(午年), 오때(午-), 오료(午療), 오말(午末), 오몽(午夢), 오반(午飯), 오밤중(午-中), 오방(午方), 오보(午報), 오생(午生), 오수(午睡), 오시(午時), 오시화(午時花), 오야(午夜), 오열(午熱), 오월(午月), 오인(午人), 오일(午日), 오전(午前), 오전반(午前班), 오정(午正), 오정포(午正砲), 오좌(午坐), 오좌자향(午坐子向), 오중(午中), 오찬(午餐), 오찬회(午餐會), 오천(午天), 오초(午初), 오침(午寢), 오포(午砲), 오풍(午風), 오하(午下), 오후(午後), 오후반(午後班).

그런데 「모범 선화 사전」(1928)에 수록되어 있는 표제항 ‘오면(午眠)’과 ‘오식(午食)’은 「신자원」(1950)과 「국어 대사전」(이희승, 1961)에서는 찾아볼 수 없다.

이제 「한한 대사전」(1963)의 표제자 '역(亦)'을 아래에 옮겨보기로 하자.

> 【亦】 역 陌 ㉠또(又)「-是」㉡클. 늑奕 ㉢모두(總) ㉣어조사(助詞)
> [亦是 역시] 또한
> [亦如是 역여시] 이것도 또한
> [亦然 역연] 이 또한 그러함
> [亦叅其中 역참기중] 남의 일에 참여함

〈「한한 대사전」(1963: 67)〉

그리고 「국어 대사전」(이희승, 1961)에는 똑같은 표제항들이 아래와 같이 등재되어 있다.

> 역10(亦) 閉 또한. 역시. <「국어 대사전」(1961: 2018)>
> 역시²(亦是) 閉 ①또한. ②전에 생각했던 대로 ★-네가 제일이구나. <「국어 대사전」(1961: 2021)>
> 역-여시(亦如是) 閉 이것도 또한. 이도 역시. <「국어 대사전」(1961: 2021)>
> 역연¹(亦然) 몡 또한 그러함. — -하다 혱하변 <「국어 대사전」(1961: 2021)>
> 역참 기중(亦叅其中) 몡 남의 일에 참여함. — -하다 재하변 <「국어 대사전」(1961: 2018)>

'오(午)'와 '역(亦)' 이외에도 「국어 대사전」(이희승, 1961)에서는 다수의 1음절 한자어를 표제항으로 선정하고 있는데, 이것들 중에는 자전에도 등재되어 있는 것들이 많다. 아래의 '각(閣)', '각(殼)'은 자전과 사전 모두에 수록되어 있는 경우인데, '각(殼)'의 뜻풀이의 기술에 사용된 '껍데기'는 「국어 대사전」(이희승, 1961)에 표제항으로 선정되어 있으며, 또다시 '각(殼)'으로 '껍데기'의 뜻풀이를 기술해놓았다.

【殼】 각 覺㉠껍질 ㉡내리칠 <「한한 대사전」(1964: 885)>
각⁴ (殼) 몡 껍데기. <「국어 대사전」(1961: 35)>
껍데기 몡 ①달걀·조개 같은 것의 겉을 싼 단단한 물질. 각(殼). ②속
　　　것을 빼 내고 겉에 남은 것. ③<비> 아버지를 조롱하여 같은
　　　또래끼리 일컫는 말. 1)·2):>깝대기. <「국어 대사전」(1961: 482)>

【閣】 각 落㉠층 집, 누각(樓) ㉡관청 이름 ㉢찬장 ㉣복도(複道)㉤貴
　　　人의 칭호 ㉥곧은 모양, 개구리 우는 소리. → 閣閣 <「한한 대
　　　사전」(1964: 1431)>
각⁵(閣) 몡 높은 집. <「국어 대사전」(1961: 35)>


위 예에서 우리는 한국어-한국어 사전인 「국어 대사전」(이희승, 1961)에
서 자전인 「한한 대사전」(동아출판사, 1964)에서와 마찬가지로 1음절 한자
하나를 표제항으로 선정하고 있음을 확인할 수 있다.61) 그리고 「한한 대사
전」의 하위 표제항에 배열된 한자어들이 「국어 대사전」(이희승, 1961)에서는
상위 표제항으로 선정되어 있음을 알 수 있다.

따라서 이런 경우에는 자전과 국어 사전62)을 구별함에 있어 표제항이
한자인지 단어인지를 따지는 것은 절대적인 기준이라고 말하기 어렵다. 보
통 한국 자전에서는 하나의 한자를 상위 표제항으로 선정하고 그 표제자
를 포함하고 있는 한자어를 하위 표제항으로 배열한다. 그런데 한국어 사
전에서는 단어뿐만 아니라 한자와 1음절 한자어도 상위 표제항으로 선정
하기 때문이다.

「연세 한국어 사전」(1998)을 제외하고 「국어 대사전」(이희승, 1961)뿐만 아

---

61) 「국어 대사전」에 수록된 1음절 한자어는 모두 조사하고, 그 뜻으로 제시한 어휘를 다시
　　표제어로 등재한 이와 같은 경우를 찾아보는 작업은 흥미로울 것이다.
62) 「표준 국어 대사전」에서는 '국어사전'으로 붙여 쓰고 있으나 여기에서는 '국어 사전'으
　　로 띄어 썼다. 그리고 '백과 사전'으로 띄어 썼다.

니라 「우리 말 큰 사전」(한글학회, 1992: 각06 殼, -각02 閣), 「새 우리 말 큰 사전」(신기철·신용철, 1988: 각4(殼), -각2(閣)), 「동아 새 국어 사전」(이기문 감수, 1990: 각(殼), 각(閣)), 「금성판 국어 대사전」(김민수 외, 1996: 각05 殼, 각06 閣), 「표준 국어 대사전」(국립국어연구원, 1999: 각10 殼, 각11 閣), 「조선말 대사전」(사회과학원 언어연구소 편, 1992: 각06 [명] 閣, 각07 [명] 殼), 「고려대 한국어 대사전」(고려대학교 민족문화연구원, 2009: 각6(殼), 각2(閣)) 등의 국어 사전에서도 '각(殼)'과 '각(閣)'을 표제항으로 선정하여 놓았다.

결국 한국 자전과 한국어 사전의 가장 뚜렷한 차이점은 표제항의 배열 방법과 표제항의 표기 방법에서 찾을 수 있다. 즉 한국 자전에서는 표제자를 거시 구조의 상위 표제항으로 배열하고, 그 표제자를 포함하는 한자어나 관용 표현을 하위 표제항으로 배열한다. 그러나 한국어 사전에서는 표제자와 표제어 모두 거시 구조의 상위 표제항으로 배열한다는 점이다. 그리고 이 둘의 차이점은 한글로 표기한 것과 한자로 표기한 것의 순서에서도 찾을 수 있다.

## 1.5. 용어 사용의 문제

지금까지 '옥편', '자전', '사전' 등의 용어를 출판된 책명과 관련을 지어 생각해보았다. 실제로 우리가 한자 사전이나 한자어 사전을 펴낸다면 어떤 책명을 사용하는 것이 적절할까? 이 문제를 해결하기 위한 몇 가지 조건을 제시해보기로 한다.

① 한자는 중국 이외의 국가에서도 사용하고 있으며, 각국에서 스스로 한자를 만들어 쓰기도 한다. 즉 한자로 표기하거나 표기할 수 있는 어휘라

고 해서 이 어휘를 사용하는 모든 나라에서 동일한 의미를 나타내고 있는 것은 아니다. 그리고 중국에서는 간자체를 만들어 사용하고 있지만 한국에서는 중국의 간자체를 사용하지 않는다. 따라서 한국, 중국, 타이완, 일본, 베트남 등 한자를 사용하는 국명을 책명에 명기하는 것이 바람직할 것이다.

② '옥편'은 중국에서는 고유 명사로만 사용하고 한자 사전을 통칭하는 용어로는 사용하지 않는다. 한국에서는 고유 명사가 아닌 보통 명사로 '옥편'을 사용하고 있다. 따라서 '옥편'을 책명으로 사용한다면 중국에서는 오해할 여지가 충분히 있을 것이다.

③ '자전'은 한자 사전과 한자어 사전의 성격을 동시에 가지고 있다. 따라서 한자 사전과 한자어 사전의 구별이 필요하다. 한국의 경우 한자 사전을 만들 때에는 표제자를 한자의 부수별로 배열할 수도 있고, 한자의 음별로 가나다순으로 배열할 수도 있다. 그리고 의미별로도 표제자를 배열할 수 있다. 한자를 기준으로 검색하려면 한자의 부수와 획수를 알아야 하는데, 한자어 사전은 한자어의 한국 발음의 가나다순으로 배열함으로써 한자의 부수와 획수를 모르더라도 한자어를 검색할 수 있는 사전을 만들 수 있다. 즉 한자 사전과 한자어 사전은 구조의 특징이 완전히 다르다. 그래서 한자 사전과 한자어 사전의 구별을 분명히 할 수 있도록 해야 한다. 상위 표제항인 표제자를 부수와 획수를 이용하여 배열하고, 표제자를 포함하고 있는 한자어들 즉 표제자의 용례인 한자어들을 하위 표제항으로 배열하는 것이 한자 사전 즉 자전이다. 한자 사전은 부수와 획수로 표제자를 배열하는 것이 가장 뚜렷한 특징인데, 하위 표제항에 여러 한자어들을 선정하므로 한자어 사전의 속성도 지니고 있다. 그런데 한자어 사전은 표제자를 상위 표제항으로 배열하는 것이 아니라 한자가 아닌 한자어만을 표제항으로 선정한다. 그래서 한자어 배열을 부수와 획수에 따라 배열하지 않고 고유어처럼 한자어를 배열할 수 있다. 즉 한국어 사전의 표제항에서 한자어만

골라 만든 한국 한자어 사전과 구조가 같아지므로 한자를 표제항으로 선정한 한자 사전과는 성격이 다르다.

④ '사전'은 한자로 '辭典', '辞典', '辤典', '詞典', '事典' 등 여러 방법으로 적을 수 있으므로 이들을 구분하기 위해서는 한글과 한자를 병기해야 하는 불편함이 있다. 중국에서는 '자전'과 '사전'을 구분하여 사용하고, 또 그것을 통칭하여 '사서(辭書)'라고 한다.

이상과 같은 내용을 고려한다면 '한국 한자 및 한자어 사전', '한국 자전', '한국 한자 사전', '한국 한자어 사전', '한국 옥편' 등의 용어를 책명으로 사용할 수 있는데, 이 가운데 가장 구체적인 책명은 '한국 한자 및 한자어 사전'이다. 표제항이 한자어인 한자어 사전도 있는데, 한자 사전과 한자어 사전을 합쳐 부르는 '사서'라는 용어를 사용하는 것도 하나의 방법이 될 수 있다.


## 자전의 정의 참고 논저


강춘화, 2003, 「중국 신조어 최전선」, 서울: 바다출판사.

고인덕 옮김·시라카와 시즈카(白川靜) 지음, 2008, 「한자의 세계」, 서울: 솔출판사.

공재석, 2002, 한대 동몽의 자서 「급취편」 연구, 「한국학 연구」 16, 서울: 고려대 한국학 연구소. 215-272.

권택룡 역, 1988, 「중국 문자학 개설」, 대구: 형설출판사; 林尹, 1970, 「文字學概說」, 臺灣: 正中書局.

김동성, 1949, 「한문학 상식」, 서울: 을유문화사.

김상홍, 2000, 한문 교육용 기초 한자 1,800자 조정의 기본 방향, 「한문 교육 연구」 15, 한국한문교육학회.

김상홍·정우상·이동환·신용호·심경호, 2000, 한문교육용 기초한자 1,800자 조정에 관한 연구, 「한문 교육 연구」 14, 한국한문교육학회.

김언종, 2001, 「한자의 뿌리」, 서울: 문학동네.

김언종·박재양 역·아쓰지 데쓰지(阿辻哲次) 저, 1994, 「한자의 역사」, 서울: 학민사.

김용걸, 2002, 「한자 자형의 세계」, 서울: 성신여자대학교 출판부.

김종오 역, 1974, 「한자의 운명」, 서울: 정음사; 倉石武四郎(구라이시 다케시로), 1952, 「漢字の運命」, 東京: 岩波書店.

김해수, 1996, 「고대 한어」, 서울: 한국문화사.

박상균, 1986, 한국 「자서」의 서지적 연구, 「논문집」 19-1, 수원: 경기대학교 연구교류처. 243-269.

서원남, 2003, 중국 자서 편찬사에 대한 고찰, 「동양학」 34, 서울: 단국대학교 동양학연구소. 143-159.

손예철, 2003, 「중국 문자학」, 서울: 아카넷.

심경호 옮김·시라카와 시즈카(白川靜) 지음, 2005, 「한자 백 가지 이야기」, 서울: 황소자리.

심경호 옮김·아쓰지 데쓰지(阿辻哲次) 지음, 2008, 「한자학: 「설문해자」의 세계」, 서울: 보고사.

양동숙 역·龍宇純 저, 1981, 「중국 문자학사」, 서울: 범학사.

양동숙 역·龍宇純 저, 1987, 「중국 문자학」, 서울: 학연사.

양동숙, 2006, 「그림으로 배우는 중국 문자학」, 서울: 차이나하우스.

양원석, 2009, 한문 교육용 기초 한자의 자형과 자서에 대한 관견, 「동양한문학연구」 28, 동양한문학회. 133-152.

윤철규 옮김·시라카와 시즈카(白川靜) 지음, 2009, 「한자의 기원」, 서울: 이다미디어.

이경원, 2005, 중국 역대 자서에 나타난 이체자 등급의 속성에 대한 연구 –한대 「설문」에서 청대 「강희자전」까지–, 「중국 언어 연구」 21, 한국중국언어학회. 391-420.

이규갑, 2000, 「한자가 궁금하다」, 서울: 학민사.

이규갑 옮김, 2007, 「현대 한자학」, 서울: 학고방; 蘇培成, 2002, 「現代漢字學綱要」, 北京: 北京大學出版社.

이규갑, 2009, 「한자학 교정」, 서울: 차이나하우스.

이기문, 1972, 한자의 석에 관한 연구, 「동아논총」 11, 부산: 동아대. 118-136.

이돈주, 1992, 「한자학 총론」, 서울: 박영사.

이영주, 2000, 「한자 자의론」, 서울: 서울대학교 출판부.

이응호, 1976, 국어 사전 편찬 제안에 대한 연구, 「명대논문집」 9, 서울: 명지대학교. 117-150.

이재석 역·胡奇光 저, 1997, 「중국 소학사」, 서울: 동문선.

이홍진 역·裘錫圭 저, 2001, 「중국 문자학」, 서울: 신아사.

자오전뒤(趙振鐸), 2001, 『字典论』, 上海: 上海辞书出版社.

장원철 옮김, 2003, 『한자에 도전한 중국』, 서울: 산처럼; 大島正二(오시마 쇼지), 2003, 『漢字と中國人』, 東京: 岩波書店.

최영애, 1995, 『한자학 강의』, 서울: 통나무.

하영삼 옮김, 1991, 『고문자학 첫 걸음』, 서울: 동문선; 李學勤, 1985, 『古文字學初階』, 北京: 中華書局.

하영삼, 1998, 『한자의 세계(기원에서 미래까지)』, 부산: 늘함께.

하영삼 옮김, 2000, 『한어문자학사』, 서울: 동문선; 黃德寬·陳秉新, 1990, 『漢語文字學史』, 安徽: 安徽教育出版社.

# 2 자전의 형성 과정

중국에서는 한자의 형태를 연구하는 분야를 '문자학'이라 하고, 한자의 음을 연구하는 분야를 '음운학'이라고 하며, 한자의 의미를 연구하는 분야를 '훈고학'이라고 한다. 그리고 이 세 분야를 합쳐 '소학'63)이라고 한다(이재석 역, 1997: 1).

그리고 백과 사전과 같은 방법으로 편찬한 책을 보통 '유서(類書)'라 부르고, 언어 사전의 방식으로 편찬한 것을 '소학서(小學書)'라고 한다. 유서는 중국의 경서,64) 사서,65) 자서, 시, 부(賦)66) 등의 여러 책들에 수록되어 있

---

63) 소학의 개념은 시대에 따라 변해 왔다. 주나라(周) 때에 소학은 대학(大學)과 상대적인 것으로 귀족 자제를 위하여 설치한 초급 학교를 가리켰다. 서한(西漢)의 유향(劉向)과 유흠(劉歆) 부자(父子)의 「칠략(七略)」에서 소학은 주진(周秦) 이래의 자서와 육서의 학문을 가리켰다. 송나라 때 구양수(歐陽修)의 「숭문 총목 서석(崇文總目敍釋)」 '소학류(小學類)'에서부터 소학은 문자학, 음운학, 훈고학을 합쳐 부르는 용어로 사용하게 되었다(이재석 역, 1997: 8~11).
64) 경서(經書)는 유교의 사상과 교리를 적은 책인 「역경」, 「서경」, 「시경」, 「예기」, 「춘추」, 「대학」, 「논어」, 「맹자」, 「중용」 등을 가리킨다.
65) 사서(史書)는 역사를 기술한 책이다.
66) 부(賦)는 원래 「시경」의 표현 방법 중에서 작가의 생각이나 사물을 있는 그대로 드러내 보이는 직서 묘사를 가리킨다.

는 내용을 항목별로 분류하여 찾아보기 쉽게 편집한 책들을 총칭한다. 이미 앞에서 살펴본 것과 같이 한자는 형태, 음, 의미의 세 부분으로 이루어져 있다. 한자의 이 세 부분을 각각 별도로 설명하거나 또는 두 부분 이상을 같이 기술한 책들이 있는데 이것을 소학서라고 한다.

소학서에는 한자의 의미 즉 자의(字意)를 풀이한 책인 '훈고서(訓詁書)' 또는 '의서(義書)', 한자의 형태인 자형(字形)을 기술한 '자서(字書)', 그리고 한자의 발음인 자음(字音)을 기준으로 한자를 배열한 '운서(韻書)'가 있다.[67]

그런데 흔히 한자를 만드는 방법으로 상형(象形), 지사(指事), 회의(會意), 형성(形聲), 전주(轉注), 가차(假借)의 육서(六書)를 든다.

상형 문자는 물체의 형상을 본떠서 만드는 글자로 '山(뫼 산)'처럼 산의 모양을 본떠서 만든 것을 가리킨다. 지사 문자는 모양으로는 나타내지 못하는 추상적인 개념인 수나 공간을 가리키는 '一(한 일)'이나 '上(윗 상)'과 같은 글자를 말한다. 회의 문자는 상형 문자와 지사 문자 중에서 두 가지 이상의 글자를 결합하여 만든 글자이다. 예를 들면, '日(날 일)'과 '月(달 월)'을 합쳐 '明(밝을 명)'을 만든 글자를 회의 문자라고 한다. 형성 문자는 글자의 절반은 뜻을 나타내고 글자의 절반은 음을 나타내는 두 부분을 합쳐 만든 글자이다. 예를 들면, '銅(구리 동)'처럼 금속의 뜻을 나타내는 '金(쇠 금)'과 [동]으로 발음하는 '同(한가지 동)'을 결합하여 만든 글자를 형성 문자라고 한다. 이런 4가지의 방법으로 만든 문자 중에서 형성 문자를 제외한 3가지 종류의 문자는 그 수가 매우 제한되어 있어 중국어 단어를 표기하는 데에는 어려움이 있다. 특히 상형 문자와 지사 문자는 1,000자가 넘지 않은 기초적인 한자인데, 상형 문자와 지사 문자 가운데에서 뽑은 214

---

67) 경전의 의미 해석의 표준으로는 공영달(孔穎達)의 「오경 정의(五經正義)」가 있고, 자형의 통일을 위하여 토대를 마련해 준 안사고(顔師古)의 「자양(字樣)」이 있으며, 자음의 통일을 이룬 육법언(陸法言)의 「절운(切韻)」이 있다(이재석 역, 1997: 189).

개의 한자가 부수자이다.

그래서 새로운 한자를 만든 것이 아니라 이미 사용하고 있는 한자들의 뜻과 음의 유사성을 이용하여 기존의 한자들을 새로운 용법으로 사용하게 되었는데, 전주와 가차의 방법이 그것이다. 이 두 방법은 표의 문자인 한자가 수적으로 지나치게 증가하는 문제점을 해결해 준다.

전주는 이미 사용하고 있는 한자의 원래 뜻과는 다르지만 비슷한 뜻으로 사용하는 방법이다. 예를 들면, '樂'은 음악(樂 풍류 악)을 하면 즐겁고(樂 즐거울 락) 좋아한다(樂 좋아할 요)라는 3가지 비슷한 뜻을 나타내므로 '즐거울 락(樂)'과 '좋아할 요(樂)'는 '풍류 악(樂)'을 이용하여 만든 전주 문자이다. 그런데 전주에 따라 만들어진 한자는 다수의 의미를 나타내게 되는 단점이 있다.

그리고 가차는 이미 존재하는 한자 발음의 유사성에 근거하여 새로운 뜻을 나타내는 문자로 사용하거나 글자 모양을 빌려서 사용하는 방법이다. 가차는 외래어, 의성어, 의태어 등을 표기하는 문자를 만들 때에 사용한다. '달러'의 모양을 나타내는 '弗(불)', '아시아'의 음역 표기 '亞細亞(아세아)', 의젓한 모양을 나타내는 '堂堂(당당)' 등을 가차 문자의 예로 들 수 있다.

한자를 운용하는 이러한 전주와 가차의 방법 때문에 글자 1자가 1개의 단어인 표의 문자를 만드는 원칙은 깨어지고, 같은 한자가 다른 뜻을 나타내는 단어가 되는 동자어(同字語) 또는 동자 이의어(同字異意語)들이 출현하게 되었다.

아무튼 상형, 지사, 회의로 만들어진 기본적인 한자들은 모두 한자의 형태인 자형으로 그 뜻을 나타내므로 한자의 형태는 한자의 의미와 밀접한 관계를 맺고 있음을 알 수 있다.

실제로 주나라(周, 기원전 1046년~기원전 256년) 초기 주공(週公, ?~?)[68]이 지은 「이아(爾雅)」와 후한(後漢, 25년~220년)의 허신(許愼, ?~?)이 지은 「설문

해자(說文解字)」는 자형으로 의미를 설명한다는 기본 원칙을 철저히 지키고 있으므로 「이아」와 「설문 해자」는 자서이면서 훈고서의 성격도 지니고 있다고 말할 수 있다. 그리고 당나라(唐, 618년~907년) 혜림(慧琳, 737년~820년)의 「일체경 음의(一切經音義)」69)와 당나라 학자 육덕명(陸德明, ?~?)의 「경전 석문(經典釋文)」70)은 훈고서와 운서의 성격을 동시에 지니고 있다. 특히 후한(後漢, 23년~220년) 학자 유희(劉熙, ?~?)는 그의 저서 「석명(釋名)」71)에서 한자 음으로 의미를 설명하는 방법을 시도하였다. 예를 들면, '道(길 도)'는 동일한 발음을 가진 한자 '導(이끌 도)'의 뜻과 같아서 '이끌다'라는 의미를 나타낸다는 것이다(하영삼 옮김, 2012: 3). 따라서 이 두 경우에서 보듯이 자서, 운서, 훈고서의 경계가 명확하지 않다는 것을 알 수 있다.

지금까지 살펴본 것처럼 한자의 형태, 음, 의미의 3가지 정보는 서로 밀접할 뿐만 아니라, 완전히 독립적인 것으로 각각 별도로 다루기도 어렵다. 게다가 자서, 운서, 훈고서의 내용들은 자전의 구조를 구성하는 내용의 일부이거나 또는 전체이므로 자전의 거시 구조뿐만 아니라 미시 구조의 정보와도 밀접한 관련성을 가질 수밖에 없어 자전의 형성 과정에서도 아주 중요한 요소로 작용한다.

여기에서는 중국, 일본 그리고 한국에서 펴낸 훈고서, 자서, 운서들의 특징을 차례대로 살펴보고, 이 3가지 종류의 책들이 자전과 맺고 있는 관

---

68) 주공은 주 왕조를 세운 문왕(文王)의 아들이며 무왕(武王)의 동생으로 주나라의 정치가였다. 무왕이 죽은 다음에 나이 어린 무왕의 아들 성왕이 제위에 오르자 섭정하였다.

69) 「일체경 음의」는 대장경에 수록되어 있는 여러 가지 경전에 나오는 어려운 한자와 한자어 등의 음과 의미를 해설한 불교 용어 사전이다.

70) 「경전 석문」은 14개의 경전을 편찬 순서대로 한자 형태의 같고 다름을 제시하고, 여러 학자가 기술한 한자의 음과 뜻을 나열한 책이다.

71) 「석명」은 한자의 뜻을 그 한자와 같은 음을 가진 한자가 나타내는 뜻으로 풀이한 일종의 어원 사전이다. 이 책의 12편 '언어에 대한 글자 풀이'를 번역한 하영삼(2012)를 참고할 수 있다.

련성을 생각해보기로 한다.


## 2.1. 훈고서


훈고서(訓詁書)에서 '훈(訓)'은 사람들에게 무엇을 풀이하여 말한다는 뜻을 나타내고, '고(詁)'는 옛 글자를 해석하는 의미를 나타낸다. 처음에는 '훈' 또는 '고'로 사용되다가 '훈고(訓詁)'로 합쳐 쓰이게 되었는데,72) 이 '훈고'는 고자(古字)와 고어(古語)를 현대어로 해석하고 주석을 달아서 풀이한다는 뜻을 나타낸다. 따라서 훈고서는 한자와 한자어의 뜻을 현대어로 풀이한 책이라고 할 수 있다.

훈고서는 때로 의서(義書)라고 부르기도 한다. 또 훈고서의 내용은 주로 한자의 의미를 풀이한 것이어서 자전의 미시 구조에 기술되어 있는 정의 정보와 일치하므로 훈고서를 자전이나 훈고용 사전(詞典)이라 부르기도 한다.

중국의 대표적인 훈고서로는 전한(前漢, 기원전 206년~8년) 때의 「이아(爾雅)」, 후위(後魏) 때의 「광아(廣雅)」, 한(漢, 기원전 206년~220년)나라 때의 「소이아(小爾雅)」와 「석명(釋名)」, 전한(前漢, 기원전 206년~8년) 말기 때 양웅(揚雄, 기원전 58년~18년)의 「방언(方言)」, 동진(東晉, 317년~420년) 때의 「이아주(爾雅注)」, 북송(北宋, 960년~1127년) 때의 「이아소(爾雅疏)」, 명나라(明, 1368년~1644년) 때의 「변아(變雅)」, 청나라(淸, 1616년~1912년) 때의 「별아(別雅)」와 「자관(字貫)」

---

72) '훈고(訓詁)'는 원래 중국 후한(後漢)의 반고(班固)가 지은 「한서(漢書)」 '예문지(藝文志)'에 수록되어 있는 '모시 고훈전(毛詩詁訓傳)'에서는 '고훈(詁訓)'이라고 하였고, 가의(賈誼)가 지은 「좌씨전 훈고(左氏傳訓故)」에서는 '훈고(訓故)'라고 하였다. 그러다가 서한(西漢, 또는 전한, 기원전 206년~8년) 말엽부터는 '훈고(訓詁)'를 사용하였다. 훈고의 전통적인 방식으로는 문자의 형체를 분석하여 자의를 해석하는 형훈(形訓), 소리가 같거나 비슷한 글자로 자의를 해석하는 음훈(音訓), 그리고 상용하고 있는 단어로 고어와 방언의 뜻을 풀이하는 의훈(義訓)을 들 수 있다(이재석 역, 1997: 55~61).

(왕석후(王錫侯), 1775) 등이 있다.

「이아」에서 시작된 훈고서는 후위(後魏)의 유학자 장읍(張揖)이 펴낸 「광아(廣雅)」와 당나라(唐, 618년~907년) 유학자 육덕명(陸德明)의 「경전 석문(經典釋文)」 등을 거쳐 당나라 불교학자 혜림(惠琳)이 불경 주석서인 「일체경 음의(一切經音義)」를 펴내는 데에 이르렀다.

여기에서는 중국 최초의 훈고서 「이아」를 비롯하여 「이아 도찬(爾雅圖贊)」, 「광아(廣雅)」, 「소이아(小爾雅)」, 「석명(釋名)」, 「이아 주소(爾雅注疏)」 등 중국의 대표적인 훈고서, 그리고 일본 훈고서와 한국에서 사용한 훈고서들을 살펴보기로 하자.


(1) 「이아(爾雅)」

「이아」는 소학서의 한 종류로 중국의 가장 오래된 대표적인 훈고서이며, 세계 최초의 백과 사전으로 취급된다. 「이아」는 '석명(釋名)' 또는 「이아」 속에 1편으로 분류되어 있는 '석언(釋言)'이라고도 한다.

3권 19편으로 이루어져 있는 「이아」는 한(漢, 기원전 206년~220년)나라 이전에 만들어졌으며, 저자 또는 편자는 분명하지 않다. 「이아」는 주공(周公, ?~?)[73] 또는 공자(孔子, 기원전 551년~기원전 479년)의 제자였던 자하(子夏, 기원전 507년~기원전 420년?)가 지었다고 하기도 하고, 또는 주나라(周, 기원전 1046년~기원전 256년)에서 한나라까지의 여러 학자들이 여러 가지 경서들에 수록되어 있는 본문의 뜻을 새겨서 풀이한 주석을 채록한 책이라고도 한다.

「이아」는 13경[74]의 하나로 중국의 가장 오래된 자전이며, 주석서[75]이자

73) 주나라를 세운 문왕(文王)의 아들이며, 무왕(武王)의 동생으로 이름은 단(旦)이다.
74) 13경은 유교에서 가장 중요한 경서 13종류를 가리킨다. 13경은 「역경(易經)」(또는 주역), 「서경(書經)」(또는 「상서」), 「시경(詩經)」(또는 「모시(毛詩)」라고도 한다.), 「주례(周禮)」, 「예기(禮記)」, 「의례(儀禮)」, 「춘추 좌전(春秋左傳)」(또는 「좌전」, 「좌씨전」), 「춘추 공양전(春秋公羊傳)」(또는 공양전), 「춘추 곡량전(春秋穀梁傳)」(또는 「곡량전」), 「논어(論語)」,

자해서76)이다. 「이아」는 5경 즉 「시경(詩經)」, 「서경(書經)」, 「주역(周易)」, 「예기(禮記)」, 「춘추(春秋)」에 수록된 한자들의 음과 뜻과 풀이하였으므로 여러 경전들의 내용을 해석하는 데에 도움을 주었다. 이뿐만 아니라 「이아」는 훈고학에서 한자의 뜻을 풀이할 때에도 지침서로 사용되었다.

 '이아'는 각 지역의 방언을 소통시켜 공동어인 바른 말 즉 아언(雅言)에 이르게 한다는 뜻을 나타낸다. 그런데 현재 「이아」는 전해지지 않으며, 서진(西晉, 265년~316년)의 학자 곽박(郭璞, 276년~324년)이 「이아」의 경문(經文)을 풀이하여 주석을 단 「이아주(爾雅注)」가 가장 오래된 것으로 남아 있다.77)

 오주(五洲) 이규경의 「오주 연문 장전 산고(五洲衍文長箋散稿)」78) 분류 오주 연문 장전 산고 경사편 4 경사 잡류 2 전작 잡설 '고금 서적 명목 변증설'에서 '이아'의 뜻을 설명하였다. 즉 한나라 유희(劉熙)의 「석명(釋名)」에서 '이아'를 풀이하였는데, '이(爾)'는 친한(昵) 것이고, '일(昵)'은 가깝다는 것이다. '아(雅)'는 의(義)이고 '의(義)'는 '정(正)'이다. 오방79)의 말이 같지 않아서 모두 '정(正)'에 가까운 것으로 주(主)를 삼는다고 하였다. 그리고 명(明, 1368년~1644년)나라 조환광(趙宦光)의 「설문 장전(說文長箋)」에는 '이(爾)'는 꽃 이름이고, '아(雅)'는 새 이름이니 초목과 조수(鳥獸)는 경학(經學)의 도움이 되기 때문에 '이아'라고 한다고 설명하였다.

---

 「효경(孝經)」, 「이아(爾雅)」, 「맹자(孟子)」이다. 그런데 「이아」는 당나라 태화(太和, 827년~835년) 연간에 12경의 하나가 되었다는 견해도 있다(이재석 역, 1997: 19).

75) 주석서(註釋書)는 원전의 단어나 문장의 뜻을 쉽게 풀이한 책이다.

76) 자해서(字解書)는 한자의 기본적인 의미를 풀이한 책이다.

77) 후한(後漢, 기원전 202년~220년)의 번광(樊光), 이순(李巡), 손염(孫炎) 등이 지은 「이아」의 주석서들은 현재 전해지지 않는다.

78) '오주(五洲)'는 이규경의 호이다. '연문(衍文)'은 잘못하여 글 속에 들어간 쓸데없는 글귀라는 뜻을 나타낸다. '장전(長箋)'은 경전의 어려운 부분을 해설하거나 그 부분에 관하여 저자의 생각을 길게 기술한 것을 가리킨다. '산고(散稿)'는 흩어진 원고를 뜻한다. 한국 고전 종합 디비 홈페이지(http://db.itkc.or.kr)에서 「오주 연문 장전 산고」의 번역문을 검색할 수 있다.

79) '오방(五方)'은 동, 서, 남, 북과 그 가운데를 가리킨다.

「이아」의 저자와 편찬 시기는 분명하지 않다. 「이아」의 편찬 시기는 전
국 시대(戰國時代, 기원전 403년~221년) 말기에서 전한(前漢, 기원전 206년~8년)
의 무제(武帝, 기원전 141년~기원전 87년 재위) 시대 사이로 추정한다. 「이아」
의 저자는 주공(週公, ?~기원전 104년?), 공자(孔子, 기원전 551년~기원전 479년)
또는 공자의 제자인 자공(子貢, 기원전 520년~기원전 456년)이라는 주장이 제
기되었다. 그리고 한 사람이 아닌 여러 사람들이 옛 문장을 수집하고 증보
하여 지었다는 견해도 있다.[80] 아무튼 이 책은 훈고서일뿐만 아니라 한자
를 해석한 자서(字書)로 가장 오래된 것이며 또 가장 오래된 자전으로 알려
져 있다.[81]

---

80) 주공이 「이아」를 지었다는 설명은 「성호 사설(星湖僿說)」, 「오주 연문 장전 산고(五洲衍文
長箋散稿)」 등에서 찾아볼 수 있다. 이익(李瀷, 1681년~1763년)의 「성호 사설」 제21권
'경사문 이아소(爾雅疏)'에는 태학생 곽성(郭盛)이 상서하는 내용이 실려 있다. 즉 "옛 사
람은 노자(老子)와 한비(韓非)를 구분하지 않고 하나의 전(傳)에 실었으며, 곽박(郭璞)이
지은 「이아」의 주(註)와 형병(邢昺)이 지은 「이아」의 소(疏)에서는 주공(周公)이 그의 뜻을
받아들이지 않음을 논하지 않더라도 선인이 땅 밑에서 원통하다고 일컫지 않겠는가?"라
고 하였다. 이 내용에 따르면 주(周)나라 무왕(武王)의 동생 주공이 「이아」를 지었음을 알
수 있다.
그리고 이규경(李圭景, 1788년~1856년)의 「오주 연문 장전 산고」 '분류 오주 연문 장전
산고 경사편 1-경전류 1(속) 「이아」에 대한 변증설(고전 간행회본 권44)'에서는 주공이
「이아」를 지었다고 하는 것은 중국 전한(前漢, 기원전 202년~8년) 때의 경학자 유향(劉
向, 기원전 77년~6년)이 후한(後漢, 23년~220년) 말기부터 삼국 시대(2세기 말기~3세
기 후반)에 활동한 정치가 "사일(史佚, ?~?)은 그의 아들에게 「이아」를 가르쳤다."라고
이야기한 것에 연유한다고 하였다. 그리고 위나라(魏, 기원전 403년~225년) 학자 장읍
(張揖)과 당나라(唐, 618년~907년) 학자 육덕명(陸德明, ?~?)도 「이아」는 주공이 지은 것
이라고 하였다고 했다.
그런데 「이아」의 편찬자와 정확한 편찬 시기는 알 수 없다는 의견도 있다. 「이아」에서
기술한 뜻풀이에는 여러 시대에 걸쳐 쓰인 동의어들이 나열되어 있고, 또 고서를 인용한
부분도 그 체제가 똑같지 않으므로 1명의 저자에 의하여 작성된 것으로 보기 어렵고, 다수
의 필자가 오랜 기간 동안에 작성한 것을 한군데에 모은 것으로 볼 수 있다고 주장한다.
81) 손민정(2004: 1)에서는 「이아」는 단어의 의미를 풀이한 책으로서, 현재 전하고 있는 중
국 최초의 사전이자 13경에 포함된다고 하였다. 그런데 여기에서 사용한 '사전'이라는
용어 대신에 '백과 사전'을 사용한 경우도 있다. 이충구 외 공역(2004)의 표지에는 '세계
에서 가장 오래된 한자 백과 사전'이라고 적었으며, 이재석 역(1997: 87)에서는 '중국 최
초의 백과 사전이면서 또한 세계 최초의 백과 사전'이라고 하였다.

한편 「홍재 전서(弘齋全書)」82) 제107권 경사 강의(經史講義) 44 총경(總經) 2 '이아(爾雅)'에는 다음과 같은 정조의 질의와 신하들의 답변이 있다.

> 정　조: 곽박(郭璞)의 서문에는 「이아」가 누구의 작품인지 결정하지 못했으며, 육덕명(陸德明)의 「석문(釋文)」에서 '석고(釋詁)'는 주공(周公)이 지은 것이라고 설명하였다. 그런데 「이아」의 저자에 관한 이런 논의 가운데 증거로 삼을 만한 분명한 글은 없다. 그리고 '석언(釋言)' 이하는 중니(仲尼)가 덧붙였다고 하거나, 자하(子夏)가 보충하였다고 하거나, 숙손통(叔孫通)이나 양문(梁文)이 보탠 것이라고 하기도 한다. 그런데 이러한 주장은 무엇을 근거로 말한 것인가?
>
> 안석임: '석고(釋詁)'는 주공(周公)이 지은 것이 아니며, 「이아」는 진한(秦漢) 시대에 처음으로 지어졌고, 후세 사람들이 증보한 다음에 완성되었습니다.
>
> 정　조: 「이아」에는 빠진 구절은 있어도 빠진 항목은 없으니 그 목차는 모두 주공(周公)이 정한 것이라고 하니 편찬에 관한 정확한 뜻을 강론하여 밝히지 않을 수 없겠다.
>
> 최창적: 「이아」의 편목이 모두 주공에게서 나왔다는 설명은 잘못되었습니다.

이상의 내용에 따르면, 「석고(釋詁)」는 주공(周公)이 지은 것이 아니며, 「이아」는 혼자 지은 책이 아니고 여러 사람이 증보하여 만들어진 것이라는 의견을 나타내고 있음을 알 수 있다.

게다가 「오주 연문 장전 산고」 분류 오주 연문 장전 산고 경사편 1 경전류 1(속) 이아 '「이아」에 대한 변증설'에는 다음과 같은 「이아」의 저자에

---

82) 「홍재 전서」는 1799년 규장각에서 조선 임금 정조의 시문, 윤음(임금의 말씀), 교지(임금이 내린 임명장, 해임장, 명령서) 등을 모아 편찬한 것으로 모두 184권 100책이다. 한국 고전 종합 디비 홈페이지(http://db.itkc.or.kr)에서 「홍재 전서」의 번역문을 검색할 수 있다.

관한 내용을 찾아볼 수 있다.

① 세상에서 「이아」를 주공이 지었다고 말하는 것은 유향(劉向)이 "사일(史佚)[83]은 그 아들에게 「이아」를 가르쳤다."고 말함으로써 그러는 것이다.

② 육덕명의 「석문(釋文)」에서 비로소 '석고(釋詁)'는 주공이 지었다고 하나, 위나라 장읍(張揖)이 육덕명보다 먼저 이 사실을 말했다.

③ '석언(釋言)' 이하는 중니(仲尼), 자하(子夏), 숙손통(叔孫通), 양문(梁文) 등이 증보했다고 설명하지만, 곽박(郭璞)의 서문에는 다만 중고(中古)에서 일어나서 한나라에서 융성했다고 했을 뿐이다.

④ 공자는 「이아」로써 옛날을 보면 글자를 충분히 분별할 수 있다고 하였으니, 부자(夫子) 이전에 「이아」가 있었다. 따라서 중니(仲尼), 자하(子夏) 등이 증보했다는 설명은 믿을 만한 것이 못된다.

결국 이 내용은 「이아」의 저자는 주공이 아니며, 후세의 학자들이 증보하였다는 것도 믿을 수 없다는 것이다. 따라서 「이아」의 저자는 주공이 아니라는 「홍재 전서」에 수록되어 있는 견해보다 더 부정적 의견이 「오주 연문 장전 산고」에 수록되어 있음을 알 수 있다.

한편 「이아」에서는 5경(五經) 즉 「시경(詩經)」, 「서경(書經)」, 「주역(周易)」, 「예기(禮記)」, 「춘추(春秋)」에 실려 있는 어휘와 일상에서 사용하는 한자어들을 뽑아서 아래와 같은 19편에 수록하였다.

권상: 1. 「석고(釋詁)」, 2. 「석언(釋言)」, 3. 「석훈(釋訓)」, 4. 「석친(釋親)」
권중: 5. 「석궁(釋宮)」, 6. 「석기(釋器)」, 7. 「석악(釋樂)」, 8. 「석천(釋天)」, 9. 「석지(釋地)」, 10. 「석구(釋丘)」, 11. 「석산(釋山)」, 12. 「석수(釋水)」
권하: 13. 「석초(釋草)」, 14. 「석목(釋木)」, 15. 「석충(釋蟲)」, 16. 「석어(釋魚)」, 17. 「석조(釋鳥)」, 18. 「석수(釋獸)」, 19. 「석축(釋畜)」

---

83) 사일은 성왕(成王) 때 사관(史官)이었던 윤일(尹逸)이다.

2,091개의 항목을 선정하여 4,300여개 단어의 뜻을 전국 시대(戰國時代, 기원전 403년~221년)와 진한 시대(秦漢時代, 기원전 221년~220년)의 언어로 풀이해 놓았다. 자주 사용되는 단어 2,000여 개가 623개의 항목에 포함되어 있는데, 「이아」에 수록된 전체 어휘의 절반 정도를 차지하고 있으며, 「석고(釋詁)」, 「석언(釋言)」, 「석훈(釋訓)」의 3편에 수록되어 있다. 나머지 16편에서는 사회 현상과 천문, 지리, 식물, 동물 등의 각종 자연 현상을 나타내는 명칭을 뜻풀이해 놓았다(김현철 외 역, 1997: 86).

그리고 「이아」에는 「시경」과 관련된 어휘가 10%를 차지하며, 「시경」을 제외한 나머지 경전의 어휘를 해석한 것이 약 40%를 차지한다(김현철, 1995). 그래서 「이아」는 「논어」, 「맹자」, 「중용」, 「대학」의 4서(四書)와 「시경」, 「서경」, 「주역」의 3경(三經) 중에서 「시경」을 해석하는 데에 필수적인 한자들을 뜻풀이한 책이라고 한다. 특히 유형원(柳馨遠, 1622년~1673년)의 학풍을 계승하여 조선 후기의 실학을 크게 일으킨 이익(李瀷, 1681년~ 1763년)의 「성호 사설(星湖僿說)」 '제20권 경사문 이아(爾雅)'에서는 "「시경」을 읽는 사람은 「이아」를 익히 읽지 않을 수 없다."고 하였다.

또 조선 후기의 실학자 이규경(李圭景, 1788년~1856년)의 「오주 연문 장전 산고」 '분류 오주 연문 장전 산고 경사편 1-경전류 1(속) 「이아」에 대한 변증설(고전 간행회본 권44)'에서도 「이아」와 6경의 관계를 설명하였다. 즉 경서를 공부하기 전에 「이아」를 읽어 글자의 뜻을 알아야 하는데, 5경에 「악기(樂記)」가 첨가된 6경(六經)을 「이아」로 고증하면 그 내용을 정확하게 이해할 수 있게 된다고 하였다. 그리고 6경과 「이아」의 내용을 대조하여 「이아」의 내용을 바로 잡을 수 있으니, 「이아」와 6경은 서로 뗄 수 없는 겉과 속이 된다고 하였다.

한편 「이아」에서 표제항의 뜻풀이를 기술하는 방법은 각 편마다 다른데 구체적으로 소개하면 다음과 같다.

① '석고(釋詁)'에서는 옛날부터 사용했던 같은 의미를 나타내는 한자와 한자어들을 나열한 다음 맨 끝에 당시에 통용되는 한자를 놓고 '야(也)'를 붙이는 방법을 사용하였다. 예를 들면 다음과 같다.

初哉首基肇祖元胎俶落權輿始<u>也</u>
(초(初), 재(哉), 수(首), 기(基), 조(肇), 조(祖), 원(元), 태(胎), 숙(俶), 락(落), 권여(權輿)는 시(始)이다.)

'시작'의 뜻을 나타내는 '시(始)'의 동의어를 '초(初)'에서부터 '권여(權輿)'까지 11개를 나열한 다음 '시작이다'의 뜻을 나타내는 '시야(始也)'를 붙여 놓았다.

② '석언(釋言)'에서는 하나의 한자와 '야(也)'로 기술하는 방법을 사용하였는데, 예를 들면 아래와 같다.

增益<u>也</u>
(증(增)은 익(益)이다.)

'증(增)'은 '더하다'의 뜻을 나타내는 '익(益)'으로 풀이하였다.

③ '석훈(釋訓)'에서는 같은 글자로 이루어진 첩자(疊字)를 모아 1개의 한자와 '야(也)'로 기술하는 방법을 사용하였다.

明明斤斤察<u>也</u>
(명명(明明), 근근(斤斤)은 찰(察)이다.)

같은 한자를 거듭 쓴 '명명(明明)'과 '근근(斤斤)'을 '살피다'의 뜻을 나타내는 '찰(察)'로 뜻풀이를 하였다.

④ '석친(釋親)'에서는 '위(爲)'나 '왈(曰)'을 사용하여 뜻풀이를 기술하였다.

父爲考母爲妣
(부(父)는 고(考)라 이르고, 모(母)는 비(妣)라 이른다.)

돌아가신 아버지는 '고(考)'라고 부르고, 돌아가신 어머니는 '비(妣)'라고 부른다고 풀이하였다.

婦稱夫之父曰舅 稱夫之母曰姑
(며느리는 남편의 아버지를 부를 때 구(舅)라 하고, 남편의 어머니를 부를 때 고(姑)라고 한다.)

또 '석천(釋天)'에서는 '위(爲)'나 '왈(曰)'뿐만 아니라 '위지(謂之)'도 뜻풀이에 사용하였다.

春爲蒼天
(춘(春)은 창천(蒼天)이라 한다.)
月在甲曰畢
(월(月)이 갑(甲)에 있으면 필(畢)이라 한다.)
東風謂之谷風
(동풍(東風)은 곡풍(谷風)이라 한다.)

⑤ '석궁(釋宮)', '석기(釋器)', '석악(釋樂)'에서는 '위지(謂之)'를 사용하여 기술하였다.

宮謂之室 室謂之宮

(궁(宮)은 실(室)이라 하고, 실(室)은 궁(宮)이라 한다.)
簡<u>謂之</u>筆
(간(簡)은 필(筆)이라 한다.)
大琴<u>謂之</u>離
(대금(大琴)은 이(離)라고 한다.)

'편지'를 나타내는 '간(簡)'을 '간찰'을 가리키는 '필(筆)'이라고 풀이하였다.

⑥ '석지(釋地)'에서는 '왈(曰)', '유(有)', '위지(謂之)' 등을 사용하였다.

河南<u>曰</u>豫州
(하남(河南)은 예주(豫州)라고 부른다.)
魯<u>有</u>大野
(노(魯)에는 대야(大野)가 있다.)
邑外<u>謂之</u>郊
(읍외(邑外)는 교(郊)라 이른다.)

⑦ '석구(釋丘)'에서는 '위(爲)'를 사용하거나 표제항과 뜻풀이를 그대로 연결하는 방법을 사용하였다.

丘一成<u>爲</u>敦丘
(구(丘)가 한 번 이루어지면 돈구(敦丘)라고 한다.)
上正章丘
(위가 바른 것은 장구(章丘)이다.)

⑧ '석산(釋山)'에서는 표제항과 뜻풀이를 그대로 연결하거나 또는 '위지(謂之)', '위(爲)', '왈(曰)', '야(也)'를 사용하였다.

河南華
(하남은 화산이다.)
石戴土謂之崔嵬
(돌이 위에 흙을 올려두면 최외(崔嵬)라고 한다.)
山有穴爲岫
(산에 구멍이 있으면 수(岫)라고 한다.)
山西旦夕陽
(산 서쪽은 석양(夕陽)이라 한다.)
梁山晉望也
(양산(梁山)은 진(晉)의 망제(望祭)이다.)


⑨ '석수(釋水)'에서는 '위(爲)', '왈(曰)', '야(也)'를 사용하였다.


泉一見一否爲瀸
(샘이 한 번은 보이고 한 번은 아니면 첨(瀸)이라고 한다.)
水醮旦厬
(물이 다하면 궤(厬)라 부른다.)
濫泉正出正出涌出也
(남천은 정출이고, 정출은 용출이다.)


넘쳐흐르는 샘인 '남천'은 곧게 나오는데, 곧게 나오는 것은 솟아오르는 것이라고 뜻풀이를 하였다. 즉 표제항 '남천(濫泉)'의 뜻을 풀이한 한자어 '정출(正出)'을 다시 '용출(涌出)'로 뜻풀이를 하였다.

이러한 방법은 '석어(釋魚)'에서도 찾아볼 수 있다.


蠑螈蜥蜴  蜥蜴蝘蜓  蝘蜓守宮也
(영원(蠑螈)은 석척(蜥蜴)이고, 석척(蜥蜴)은 언전(蝘蜓)이고, 언전(蝘蜓)은 수궁(守宮)이다.)

즉 도룡뇽목 영원과의 동물을 통칭하는 '영원(蠑蚖)'은 도마뱀을 나타내는 '석척(蜥蜴)'이고, '석척(蜥蜴)'은 도마뱀을 나타내는 '언전(蝘蜓)'이고, '언전(蝘蜓)'은 도마뱀을 나타내는 '수궁(守宮)'이라고 기술하였다.


⑩ '석초(釋草)', '석목(釋木)', '석충(釋蟲)', '석어(釋魚)', '석조(釋鳥)', '석수(釋獸)', '석축(釋畜)'에서는 대부분 '야(也)', '왈(曰)', '위(謂)', '위지(謂之)' 등을 사용하지 않고 표제항과 뜻풀이를 그대로 연결하는 방법을 사용하였다.

椴木槿
(단(椴)은 목근(木槿: 무궁화나무)이다.)
楲山榎
(도(楲: 가나무)는 산가(山榎: 개오동나무)이다.)
蟋蟀蛬
(실솔(蟋蟀)은 공(蛬: 귀뚜라미)이다.)
鰼鰌
(습(鰼)은 추(鰌: 미꾸라지)이다.)
鴡鳩王鴡
(저구(鴡鳩)는 왕저(王鴡: 물수리)이다.)
虪黑虎
(숙(虪)은 흑호(黑虎: 검은호랑이)이다.)
小領盜驪
(소령(小領)은 도려(盜驪: 천리마)이다.)


위의 ①과 같이 동일한 의미를 나타내는 한자와 한자어들을 나열한 다음 맨 끝에 뜻풀이에 해당하는 당시에 통용되는 한자를 놓고 '야(也)'를 붙이는 방법을 「이아」에서 채택하고 있으므로 「이아」는 중국에서 제일 오래된 동의어 사전이라고 한다. 그리고 위와 같이 여러 가지 뜻풀이 방법을 적용한 「이아」는 한자 백과 사전이나 자전의 원조 등으로도 불린다.

　　한편 「이아」의 내용을 모방하거나 주석을 단 유희(劉熙, ?~?)의 「석명(釋名)」, 그리고 곽박(郭璞, 276년~324년)이 「이아」의 경문(經文)을 풀이하여 주석을 단 「이아주(爾雅注)」와 형병(邢昺, 932~1010년)이 「이아」 경문과 「이아주」를 풀이한 「이아소(爾雅疏)」도 간행되었다. 이 「이아주」와 「이아소」 둘을 합쳐 「이아 주소(爾雅注疏)」라고 한다. 육덕명(陸德明, ?~?)은 「이아」의 경문과 곽박의 「이아주」의 문자를 풀이한 '이아 음의(爾雅音義)'를 그의 저서 「경전 석문(經典釋文)」에 수록하였다.

　　또 「이아」의 내용을 보완한 위나라 학자 장읍(張揖)의 「광아(廣雅)」, 한나라 학자 서복(徐復)의 「소이아(小爾雅)」 등도 간행되었는데, 이 책들도 널리 알려진 훈고서였다.

　　이밖에도 「이아」를 풀이한 책으로는 송나라 정초(鄭樵)의 「이아주(爾雅注)」, 나원(羅願)의 「이아익(爾雅翼)」, 청나라 강조석(姜兆錫)의 「이아 보주(爾雅補注)」, 소진함(邵晉涵)의 「이아 정의(爾雅正義)」, 학의행(郝懿行)의 「이아 의소(爾雅義疏)」, 대진(戴震)의 「이아 문자고(爾雅文字考)」, 임영종(任領從)의 「이아 주소 전보(爾雅注疏箋補)」 등도 있다.

　　그리고 우리 나라에서는 실학자 박제가, 정약용, 이경규 등을 제외하고 대부분의 유학자들은 「이아」에 관심을 두지 않았지만, 「이아」를 풀이한 윤휴(尹鑴, 1617년~1680년)의 「이아 친속기(爾雅親屬記)」, 계덕해(桂德海, 1708년~1755년)의 「이아 편목(爾雅篇目)」, 이규경(李圭景, 1788년~1856년)의 「독이아 변증설(讀爾雅辨證說)」 등이 있다.

　　「이아」는 주석서와 더불어 후대에 '아학(雅學)'이라는 연구 분야를 형성하여 아학에 관한 서적들에 영향을 주었으며, 양웅(揚雄, 기원전 53년~18년)의 「방언(方言)」과 허신(許愼, 58년~148년?)의 「설문 해자」 등에도 큰 영향을 미쳤다.

　　「이아」를 참고한 사실을 남긴 국내 기록은 「동사 강목(東史綱目)」, 「백호 전서」, 「성호 사설」, 「경세 유표」, 「다산 시문집」 등이 있다. 「이아」의 내용을 단순하게 인용하거나, 다른 책의 내용과 비교하거나, 또는 '이아'라는 용어와 「이아」라는 책에 관하여 설명한 예는 쉽게 찾아볼 수 있다.

「동사 강목」 제4 상 '갑인년 신라 진덕 여주 8년·태종 무열왕 원년, 고구려 왕 장 13년, 백제 왕 의자 14년(당 고종 영휘 5, 654)'에는 신라 사람 임 강수(任强首)가 「이아」를 읽었다는 기록이 남아 있다. 또 「동사 강목」 제8 상 '계묘년 인종 공효왕 원년(1123)'에는 식목 도감에서 국자감 학생은 「국어(國語)」,84) 「설문(說文)」,85) 「자림(字林)」,86) 「삼창(三倉)」,87) 「이아(爾雅)」까지 읽게 하였다는 기록이 남아 있다.

조선에서 「이아」의 '석친(釋親)' 내용을 인용한 예로는 남인의 선봉장이었던 윤휴(尹鑴, 1617년~1680년)의 「백호 전서」 제39권 잡저 '독서기 요경외전 하'에는 '이아 친속기(爾雅親屬記)'를 들 수 있다.

또 이익은 「성호 사설」 제20권 경사문 '이아'에서 「시경」을 읽는 사람은 「이아」를 익히 읽지 않을 수 없다면서, '개제(豈第)', '정정(丁丁)', '앵앵(嚶嚶)'의 뜻을 설명하였다.

그리고 「경세 유표」 '다산 정약용 연보'에 따르면, 정약용은 1801년 2월에 장기(長鬐)로 유배되었는데, 3월에 장기에 도착하여 「이아술(爾雅述)」 6권과 「기해 방례변(己亥邦禮辨)」을 지었는데, 겨울 옥사 때에 분실되었다고 한다. 게다가 정약용의 「다산 시문집」 제16권 묘지명 '자찬 묘지명'에는 정약용이 장기에 이르러서는 「기해 방례변」을 짓고, 「삼창 고훈(三倉詁訓)」을 고증하고, 「이아술」 6권을 짓고, 끊임없이 시를 읊으면서 스스로 소일

---

84) 「국어」는 춘추 시대의 역사책인데, 좌구명(左丘明)이 지은 책이다.
85) 후한 때 허신(許愼)이 지은 자전인 「설문 해자」를 줄여 지칭한 것이다.
86) 「자림」은 송나라 때 여침(呂忱)이 지은 책인데, 문자의 훈고를 적은 것이다.
87) 「삼창」은 한나라 초기의 사서이다.

하였다는 기록을 찾아볼 수 있다.

또 「다산 시문집」 제13권 서 '몽학 의휘 서'에는 다음과 같은 기록도 남아 있다.

> 나는 장기로 귀양을 갔다. 선배가 허여해준 것을 생각하고, 옛 사람의 말을 찾을 길이 없음을 슬퍼한 나머지 「이아」와 운서 등 몇 종류의 책을 가져다가 일용에 긴요한 것 6,500여 자를 뽑아서 의의에 따라 부문을 나누고 간략하게 해석하여 편집하니 모두 8권인데, 「이아 술의(爾雅述意)」라는 이름을 붙였다.
>
> 그리고 그 사례를 미루어 부연하고 더욱 자세하게 논술하여 일가의 훈고를 완성하려 했다. 그런데 그해 겨울에 또 체포되어 서울에 왔다가 다시 강진으로 귀양을 가게 되어, 그 책은 감옥에서 없어져 얻을 길이 없었다. 때마침 복암(伏菴) 이기양(李基讓)의 부음을 듣고 그 책을 두 번 다시 마음에 두지 않았다. 1804년(갑자년, 순조 4년) 겨울에 나의 형 천전(天全) 정약전이 흑산도 해중에서 나에게 책 1권을 보내왔는데, 그 제목을 보니 「몽학 의휘(蒙學義彙)」라고 하였다. 그리고 그 범례를 살펴보니 바로 내가 장기에서 편찬한 「이아 술의」의 옛 원고였는데, 거기에서 취택과 주석을 간략하게 한 것이었다. 아, 복암이 이미 세상을 떠나버렸으니 누구와 더불어 즐거워하랴. 그 의례(義例)와 문목(門目) 같은 것은 내 형의 편술에 갖추어졌으므로 다시 덧붙이지 않는다.

**「이아」 참고 논저**

① 이현숙, 1977, 「이아 연구: 석고 분석을 중심으로」, 석사 논문, 서울: 서울대. ② 양광석, 1983, 「이아」 고, 「동양철학연구」 4, 동양철학연구회. 69-84. ③ 이현숙, 1989, 「이아」를 이용한 「설문해자」 석례고, 「논문집」 24, 청주: 서원대학교. 133-153. ④ 이영주, 1991, 「고한어 동의어 연구」, 박사 논문, 서울: 서울대 대학원. ⑤ 이현숙, 1993, 「이아」 석훈 석례 연구, 「인문과학논문집」 2, 청주: 서원대 인문과학연구소. 117-141. ⑥ 김현철, 1995, 중국 역대 훈고학의 계승 관계 연구: 「이아」와 아학류 서적을 중심으로, 「중국학논총」 4, 한국중국문화학회. 335-370. ⑦ 성원경, 1996, 「자류주석」 연구, 「인문과학논총」 28, 서울: 건국대 인문과학연구소.

145-164. ⑧ 이현숙, 1998, 「이아」 석친 석례고, 「인문과학연구」 7, 청주: 서원대 인문과학연구소. 321-352. ⑨ 이충구, 1999, 「이아」 음의고, 「한중철학」 5, 한중철학회. 35-82. ⑩ 이현숙, 1999, 「이아」 석천 석례고, 「인문과학연구」 8, 청주: 서원대 인문과학연구소. 123-154. ⑪ 손민정, 2000, 목록을 통해 본 「이아」의 다중성 연구 -13경과 소학서의 사이에서-, 「중국어문학」 36, 영남중국어문학회. 283-302. ⑫ 손민정, 2001, 「이아」에서 훈어로 쓰인 단어의 중복 출현 현상 연구, 「중국문학」 36, 한국중국어문학회. 343-361. ⑬ 이충구, 2001, 「이아」 주석 고, 「두명 윤병로 교수 정년 기념 국어국문학 논총」, 서울: 국학자료원. 1119-1142. ⑭ 이현숙, 2001, 「이아」 석기 석례고, 「인문과학연구」 10, 청주: 서원대 인문과학연구소. 295-343. ⑮ 김화영, 2002, 「「이아 -문사적 연해」 역주와 개관」, 석사 논문, 부산: 동의대. ⑯ 이현숙, 2002, 「이아」 석궁 석례고, 「인문과학연구」 11, 청주: 서원대 인문과학연구소. 347-375. ⑰ 손민정, 2003, 「이아」에 나타난 다의어 연구, 「중국문학」 39, 한국중국어문학회. 257-274. ⑱ 이현숙, 2003, 「이아」 석악 석례고, 「인문과학연구」 12, 청주: 서원대 인문과학연구소. 237-261. ⑲ 손민정, 2004, 「「이아」의 어휘의미론적 연구」, 박사 논문, 서울: 서울대. ⑳ 손민정, 2004, 중국어 '죽다'류 어휘에 대한 고찰, 「중국문학」 41, 한국중국어문학회. 223-242. ㉑ 이은상, 2004, 고대 중국의 '새겨 넣기' 전통에 관한 시론, 「중국학논총」 18, 한국중국문화학회. 357-377. ㉒ 이충구 외 공역, 2004, 「이아주소」 1, 서울: 소명출판. 6-45. ㉓ 손민정, 2005, 「이아」를 통해 본 고대 중국인의 공간관, 「중국문학」 45, 한국중국어문학회. 1-14. ㉔ 신지언, 2005, 「이아」와의 비교를 통해 본 「석명」에서의 공간 이해 방식, 「중국어문학논집」 32, 중국어문학연구회. 181-197. ㉕ 이대엽, 2006, 「「훈몽자회」의 자학서로서의 특징 연구」, 석사 논문, 부산: 부산대. ㉖ 박정미, 2008, 「「이아」의 사의에 관한 연구: 석고, 석언, 석훈을 중심으로」, 석사 논문, 전주: 전북대 교육대학원. ㉗ 나진희, 2009, 「「이아」 이문의 동원 관계 연구」, 석사 논문, 서울: 한국외국어대학교. ㉘ 박홍수·나진희, 2009, 「이아」 석고의 통용자 소고, 「중국연구」 46, 서울: 한국외대 외국학 종합 연구 센터 중국연구소 63-85. ㉙ 서수백, 2009, 「「자류주석」의 사전적 체재 연구」, 박사 논문, 경산: 대구가톨릭대학교. ㉚ 유현아, 2009, 「시경」과 「이아」 석훈의 첩음 현상 비교, 「중국언어연구」 30, 한국중국언어학회. 421-439. ㉛ 최혜림, 2009, 「「이아」 석고의 분석을 통한 의의 관계 연구」, 석사 논문, 전주: 전북대. ㉜ 노용필, 2010, 한국 고대 문자학과 훈고학의 발달, 「진단학보」 10, 진단학회. 1-30. ㉝ 유동청, 2010, 「한중 동물명 비교 연구」, 박사 논문, 서울: 경희대. ㉞ 구희경, 2011, 「석명」 서를 통해 본 유희의 언어관 연구, 「중국언어연구」 35, 한국중어중문학회. 123-143. ㉟ 정명수·장동우 옮김·周大璞 지음, 1997, 「훈고학의 이해」,

서울: 동과서. ㊱ 김현철 외 역·濮之珍 저, 1997, 「중국언어학사」, 서울: 신아사. ㊲ 이재석 역·胡奇光 저, 1997, 「중국소학사」, 서울: 동문선.

### (2) 「방언(方言)」

서한(西漢, 기원전 206년~8년)의 양웅(揚雄, 기원전 53년~18년)은 한나라(漢, 기원전 206년~220년) 때에 감찰을 관장하는 관리, 지방 관리, 변경에서 낙양으로 돌아온 군인 등을 통해 광범위한 지역 방언을 수집하고 조사하여 27년에 걸쳐 「유헌사자 절대어석 별국 방언(輶軒使者絶代語釋別國方言)」[88]을 지었다. 이 책에는 약 9,000자가 수록되어 있는데, 나중에 「방언(方言)」 또는 「양자 방언(楊子方言)」으로 줄여 부르게 되었다. 「방언」은 산실되어 남아 있지 않고, 1200년에 심양(尋陽) 태수 이맹전(李孟傳)이 각본한 송나라본과 명나라본, 청나라본 등이 남아 있을 뿐이다.

그리고 진나라 곽박(郭璞)은 양웅의 「방언」에 주를 붙여 「방언주(方言注)」를 지었다. 청나라 때에 「방언」의 미비점을 보충한 항세준(杭世駿)의 「속방언(續方言)」과 이 책을 보완한 정제성(程際盛)의 「속방언보(續方言補)」, 서내창(徐乃昌)의 「속방언 우보(續方言又補)」, 정선갑(程先甲)의 「광속 방언 급습유(廣續方言及拾遺)」, 장신의(張愼儀)의 「속방언 신교보(續方言新校補)」 등이 출간되었다. 그리고 대진(戴震)은 명나라본 「방언」을 교주하여 「방언 소증(方言疏證)」을 지었다. 또 전역(錢繹)은 음으로 자의를 해석하는 데에 중점을 둔 「방언

---

88) '유헌사자'는 주나라와 진나라 때에 수레를 타고 각 지방의 방언, 동요, 민가 등을 수집했던 관리를 가리킨다. 주나라와 진나라에서는 해마다 8월에 여러 지방에 유헌사자를 파견하여 방언을 수집하게 하고, 그들이 돌아오면 수집한 방언을 책으로 엮어 밀실에 보관하였다. 그리하여 황제는 그것을 참고하여 각 지역의 민간 대중들의 동향을 이해하고자 하였다. 또 '절대어석'은 앞 시기의 말을 풀이함을 가리키는데, 방언뿐만 아니라 옛말도 풀이하였음을 나타낸다. 그리고 '별국 방언'은 한나라와 그 이전 시기의 국가, 지역 등의 방언을 수록하였음을 나타낸다(이병관 외, 1999: 59-60).

전소(方言箋疏)」 13권을 1851년에 완성하였다(이재석 역, 1997: 442-445).

「방언」에서는 「이아」에 수록된 한자들을 기준으로 삼고, 몇몇 한자의 의미를 보충하여 기술하고, 또 각 한자가 사용되었던 나라를 제시하였다. 아래에 「이아」, 「방언」, 「이아주」에 수록된 내용을 인용하여 비교해보기로 한다.

① 「이아」 석고 제1: 여(如), 적(適), 지(之), 가(嫁), 조(徂), 서(逝)는 '가다(往)'이다(如適之嫁徂逝, 往也).

② 「방언」 권1: 가(嫁), 서(逝), 조(徂), 적(適)은 '가다(往)'이다. 집에서 나가는 것을 '가(嫁)'라고 하는데, 여자가 시집을 가는 것이 '가(嫁)'이다. '서(逝)'는 진(秦)나라와 진(晉)나라의 말이다. '조(徂)'는 제(齊)나라 말이다. '적(適)'은 송(宋)나라와 노(魯)나라 말이다. '왕(往)'은 범어이다(嫁逝徂適, 往也. 自家而出謂之嫁, 由女而出謂嫁也. 逝, 秦晉語也. 徂, 齊語也. 適, 宋魯語也. 往, 梵語也.).

③ 「이아주」: 「방언」에서는 "집에서 나가는 것을 '가(嫁)'라고 하는데, 딸이 시집가는 것을 '가(嫁)'라고 하는 것과 같다."고 하였다(方言云 自家而出謂之嫁, 猶女出爲嫁).

경전의 고훈(古訓)을 모아 나열한 「이아」에는 6자를 제시하였다. 그런데 「방언」에는 「이아」에서 제시한 '여(如)'와 '지(之)'는 없는데, 그 이유는 밝히지 않았다. 나머지 4개 글자는 「이아」와 「방언」에 동일하게 나열되어 있다.

「이아」에는 '가다'의 뜻을 나타내는 '왕(往)'으로 각 글자의 의미를 단순하게 제시하는데 그치고 말았지만, 「방언」에서는 '가(嫁)'의 의미를 자세하게 기술하였다. 곽박의 「이아주」에서는 '가(嫁)'의 의미를 풀이한 「방언」의 내용을 그대로 인용하였을 뿐이다.

「이아」와는 달리 「방언」에서는 각 나라에서 '가다' 즉 '왕(往)'의 의미로 사용된 한자들을 구분하여 설명하였다. 위의 예에서는 진(秦), 진(晉), 제(齊), 송(宋), 노(魯)에서 사용한 말로 구분하였다.89)

그리고 「방언」에서 '왕(往)'은 한나라 때에 전국적으로 통용되었던 단어인 범어(凡語)로 분류하였는데, 범어와 같은 뜻을 나타내는 범통어(凡通語), 통명(通名), 사방의 통어(四方之通語)라는 용어도 사용하였다.90)

지금까지 살펴본 것처럼 훈고학은 「이아」에서 비롯되어 「방언」에서 자세하게 설명되었으므로 6경의 심오한 뜻과 각 지역에서 달리 사용되는 말은 이 두 책에 대체로 갖추어져 있다는 왕인지(王引之)의 「경적 찬고(經籍纂詁)」의 서문의 내용에 공감할 수 있을 것이다.

우리 나라에서 「방언」을 단순히 언급하거나 그 내용을 인용하거나 또는 「방언」을 간단하게 소개한 경우는 정조(正祖)의 「홍재 전서(弘齋全書)」 제91권 경사 강의 28 시 8 '북산지십(北山之什)', 「순암집(順菴集)」 순암 선생 문집 제10권 '동사 문답(東史問答)' '성호 선생에게 올린 편지, 병자년', 정약용의 「다산 시문집(茶山詩文集)」 제21권 '서(書)' '두 아들에게 답함', 이규경의 「오주 연문 장전 산고」 분류 오주 연문 장전 산고 경사편 1-경전류 1 예경-예기 '기후 월령에 대한 변증설'과 경사편 1-경전류 2 '소학-자서', 안정복의 「동사 강목」 부록 하권 '열수고', 이익의 「성호 사설」 제2권 천지문 '패산'과 「성호 사설」 제8권 인사문 '조선 방음', 한치윤의 「해동 역사」 제28권 풍속지 '방언', 조호익의 「지산집」 가례고증 제1권 '사당'과 가례

---

89) 나라 이름뿐만 아니라 주(州), 군(郡), 강, 산 등의 이름을 제시하였다. 변방 지역으로 조선(당시 낙랑군), 구(甌), 함곡관(函谷關) 등을 제시한 경우도 있다.

90) 양웅은 한나라 때에 사용되었던 통어(通語)를 '범통어(凡通語)', '모모지간 통어(某某之間通語)', '모통어(某通語)' 3가지로 분류하였다. '모모지간 통어'는 어느 지역과 어느 지역에서의 통어로 두 개 이상의 지역에서 통용되는 단어를 가리키는데, '사방 이어이 통자(四方異語而通字)라고도 한다. '모통어'는 비교적 범위가 넓은 지역에서 통용되는 단어를 가리킨다(이재석 역, 1997: 109-110).

고증 제6권 '상례', 김정희의 「완당집」 완당 전집 제8권 '잡지', 김장생의 「사계 전서」 제23권 가례 집람 도설 '삼대 시대의 궁려도 하' 등에서 찾아 볼 수 있다.

---

**「방언」 참고 논저**

① 김현철 외 역·濮之珍 저, 1997, 「중국언어학사」, 서울: 신아사. ② 이재석 역·胡 奇光 저, 1997, 「중국소학사」, 서울: 동문선. ③ 이병관 외, 1999, 「중국언어학사」 상, 서울: 보성. ④ 이충구 외 공역, 2004, 「이아주소」 1, 서울: 소명출판. ⑤ 진류 (陳榴), 2005, 「方言」 中 '朝鮮' 語詞的 解讀, 「중어중문학」, 45, 영남중국어문학회. 581-593. ⑥ 이연승, 2007, 「양웅(揚雄): 어느 한대(漢代) 지식인의 고민」, 파주: 태 학사.

---

### (3) 「석명(釋名)」(213년 이전)

중국 한(漢, 기원전 202년~220년)나라 말기의 훈고학자 유희(劉熙, ?~?)는 백과 사전의 성격을 지닌 「이아」를 모방하여 1,502개의 사물의 명칭을 27 개 부문으로 분류하여 뜻풀이한 「석명」을 펴냈다.

8권 27편으로 이루어진 「석명」에는 오늘날 존재하지 않는 가구와 그릇 에 관한 기록이 포함되어 있어 중요한 자료로 다루어진다. 「석명」에서는 고대 전적의 해석에 중점을 둔 「이아」와는 달리 한나라 문화, 제도, 풍속 등에 관련된 고유 명칭의 해석을 중요하게 여겼다. 그래서 「석명」은 동한 (東漢)의 새로운 사회 모습을 엿볼 수 있도록 해 준다.

「석명」과 「이아」에서 적용한 어휘 분류의 방법은 같다. 그러나 「이아」와 는 달리 「석명」에서는 음이 비슷한 어휘는 뜻도 관련이 있다는 성훈(聲訓) 의 방법을 적용하여 성음(聲音)에 따라 뜻풀이를 하였다. 예를 들면, 다음과 같다.

우(雨)는 우(羽)이다. 새 깃털의 움직임이 마치 흩어지는 것 같다(雨羽也 如鳥羽動則散也). <「석명」 석천(釋天)>

토(土)는 토(吐)이다. 토하여 만물을 만든다(土吐也 吐生萬物也). <「석명」 석지(釋地)>


어원을 해설하고자 한 이러한 자원 연구의 시도는 긍정적으로 평가되기도 하지만 억지에 지나지 않는다는 견해도 있다.

명나라(明, 1368년~1644년) 때의 낭규금(郞奎金, ?~?)은 「석명」을 「일아(逸雅)」라는 이름으로 바꿔 「이아」, 「소이아(小爾雅)」, 「광아(廣雅)」, 「비아(埤雅)」와 함께 5아(五雅)라고 불렀다.

「석명」을 풀이한 책으로는 청나라(淸, 1636년~1912년) 때의 학자 필원(畢沅, 1730년~1797년)이 지은 「석명 소증(釋名疏證)」과 청나라 말기 때의 학자 왕선겸(王先謙, 1842~1917년)이 지은 「석명 소증보(釋名疏證補)」 등이 있다. 「석명 소증」에서는 「후한서(後漢書)」, 「문원전(文苑傳)」에 기록되어 있는 유진(劉珍)의 「석명」을 유희가 보충하여 완성하였으며, 삼국 시대 오나라(吳, 229년~280년)의 위소(韋昭)가 관직에 관한 내용을 보충하였을 것이라고 설명하였다.

한편 정약용의 「다산 시문집」 제10권 설 '현안 도설(懸眼圖說)', 김장생의 「사계 전서(沙溪全書)」 제25권·제26권·제27권·제35권·제36권, 이익의 「성호사설」 제5권 만물문 '번영'·'연지'·'잠도', 이규경의 「오주 연문 장전 산고」 인사편 1-인사류 2·경사편 1-경전류 1·경사편 1-경전류 1(속), 김정희의 「완당집」 완당 전집 제1권 변 '격물변'·'성운변', 정경세의 「우복집」 제9권 서 '김사계의 문목에 답한 편지', 이유원의 「임하 필기」 제35권 벽려신지, 「종묘 의궤」 제1책 '종묘의 등가와 헌가 악기 도설', 조호익의 「지산집」 가례고증 제1권·제3권·제6권, 이덕무의 「청장관 전서」 제52권 '이목구심서

5', 한치윤의 「해동 역사」 제3권·해동 역사 인용 서목, 정조의 「홍재 전서」 제51권·제72권·제79권·제87권·제110권·제115권, 류장원의 「상변 통고」 인용 서목·제2권·제4권·제29권·제30권 등에서 「석명」의 내용을 인용하였다. 특히 이규경의 「오주 연문 전장 산고」 인사편 1-인사류 1 신형(身形) '지체의 석명에 대한 변증설'에서는 「석명」의 미비점을 보충하였다.

---

**「석명」 참고 논저**

① 김현철 외 역·濮之珍 저, 1997, 「중국언어학사」, 서울: 신아사. ② 이재석 역·胡奇光 저, 1997, 「중국소학사」, 서울: 동문선. ③ 이병관 외, 1999, 「중국언어학사」 상, 서울: 보성. ④ 오제중, 2003, 유희 「석명」 연구, 「중국언어연구」 17, 한국중국언어학회. 395-415. ⑤ 구희경, 2011, 「석명」 서(序)를 통해 본 유희의 언어관 연구, 「중국언어연구」 35, 한국중국언어학회. 123-143. ⑥ 권혁준, 2011, 동한 「석명」의 성모에 관한 몇 가지 문제, 「중국학논총」 31, 서울: 고려대 중국학연구소 1-42. ⑦ 하영삼 역·유희 저, 2012, 「석명: 언어에 대한 글자 풀이」, 서울: 지식을 만드는 지식.

---

### (4) 「소이아(小爾雅)」

「이아」와 다른 고서에 없는 내용이 「소이아」에만 포함되어 있어 「소이아」는 「이아」의 미비한 점을 보충하여 만든 훈고서라고 하며, 줄여서 「소아(小雅)」라고도 한다.

「소이아」의 저자에 관한 여러 가설이 있다. 「소이아」는 후세 사람들이 정리한 것으로 저자가 분명하지 않다는 대진(戴震), 단옥재(段玉裁) 등의 주장과 왕숙(王肅, 195년~256년)이 위조한 것이라는 장용(臧鏞, 1767년~1811년) 등의 가설, 그리고 옛 소학서가 「공총자(孔叢子)」에 유입되었다는 호승공(胡承珙, 1776년~1832년) 등의 설명이 있다. 이 세 가지 주장에서 대진(戴震) 등의 설명이 비교적 합리적인 것으로 받아들여지고 있다(김현철 외 역, 1997: 198-202).

허신(許愼, 58년~147년)이 100년에 지은 「설문 해자」에 「소이아」의 내용이 인용되어 있으므로 「소이아」는 「설문 해자」 이전에 만들어졌음을 확인할 수 있다. 「소이아」는 공자의 9세손 공부(孔鮒)가 펴낸 「공총자(孔叢子)」 제11편에 수록되어 전해지고 있다.

「소이아」는 모두 13편으로 분류되어 있는데, 374개의 한자의 의미와 물명의 뜻을 풀이해 놓았다. 「소이아」의 1편부터 10편까지는 「이아」에는 없는 한자를 수록하여 풀이했거나 「이아」의 해석 내용을 보충하여 넓혔다고 하여 분류 명칭에 '광(廣)' 자를 붙였다. 즉 '광고(廣詁), 광언(廣言), 광훈(廣訓), 광의(廣義), 광명(廣名), 광복(廣服), 광기(廣器), 광물(廣物), 광조(廣鳥), 광수(廣獸)'가 그것이다. 그리고 11편에서 13편까지는 「이아」에 없는 '도(度), 량(量), 형(衡)'을 첨가하였는데, 여기에는 '광(廣)'을 붙이지 않았다.

이와 같이 「소이아」에서는 19권으로 되어 있는 「이아」의 분류를 합병하거나 분리하여 증보하였는데, 뜻풀이를 하는 방법은 「이아」를 그대로 모방하였다.

그리고 「소이아」에서 설명한 경전의 내용을 고증한 책으로는 다음과 같은 것들이 있다.

① 「소이아소(小爾雅疏)」(왕후(王煦), 8권)
② 「소이아 훈찬(小爾雅訓纂)」(송상봉(宋翔鳳), 6권)
③ 「소이아 의증(小爾雅義證)」(호승공(胡承珙), 13권)
④ 「소이아 의증(小爾雅義證)」(호세기(胡世琦))
⑤ 「소이아 소증(小爾雅疎證)」(갈기인(葛其仁), 5권)
⑥ 「소이아 소증(小爾雅疏證)」(담정치(譚正治))
⑦ 「소이아 약주(小爾雅約註)」(주준성(朱駿聲), 1권)
⑧ 「소이아주(小爾雅註)」(임조린(任兆麟), 8권)

한편 김정희(金正喜)의 「완당집(阮堂集)」 완당 전집 제1권 변(辨) '격물변'

에는 「소이아」의 광고장(廣詁章)에 나오는 '격(格)'의 뜻을 인용하였다. 그리
고 조호익의 「지산집」 가례 고증 제2권 '심의제도'에서 「소이아」의 '백세
포(白細布)'의 뜻풀이를 인용하였다.

---

**「소이아」 참고 논저**

① 이현숙, 1984, 「소이아」 광고 석례, 「서원대학교 논문집」 13, 청주: 서원대. 103-
125. ② 김현철 외 역·濮之珍 저, 1997, 「중국언어학사」, 서울: 신아사. ③ 이재석
역·胡奇光 저, 1997, 「중국소학사」, 서울: 동문선. ④ 이병관 외, 1999, 「중국언어학
사」 상, 서울: 보성.

---

### (5) 「광아(廣雅)」(227년~232년 사이)

「광아」는 위나라(魏, 220년~265년)[91]의 학자 장읍(張揖)이 「삼창(三蒼)」[92]과
「설문 해자(說文解字)」 등을 참고하여 「이아」를 증보하여 3권으로 편찬한 훈
고서이다. 장읍(張揖)은 「이아」에는 없는 경전의 주석을 보충하고 또 새로
생겨난 의미를 첨가하여 위나라 태화(太和, 227년~232년) 연간에 「광아」를
완성하였다.

수나라(隋, 581년~618년)의 조헌(曺憲)은 「광아」를 10권으로 나누어 펴냈
는데, 수나라 양제(煬帝, 569년~618년)의 시호[93]가 광(廣)이어서 임금의 시호
를 책명에 쓸 수가 없게 되자 「박아(博雅)」라는 책명으로 바꾸었다.

「광아」는 「이아」와 같은 형식을 취했으며, 18,150자를 수록하고 있다.
장읍은 「광아」에서 중국 고서의 한자와 한자 어구를 해석하고, 경서를 고

---

91) 중국의 위나라는 춘추 전국 시대의 위(衛, ?~기원전 209년), 전국 시대의 위(魏, 기원전
403년~기원전 225년), 삼국 시대의 위(魏, 220년~265년), 남북조 시대의 위(魏 또는 북
위(北魏), 386년~534년)가 있다.
92) 「삼창」은 「창힐편(蒼頡篇)」, 「원력편(爰歷篇)」, 「박학편(博學篇)」 3편을 합친 것이다.
93) 시호(諡號)는 왕이나 학덕이 높은 선비들이 사망한 이후에 공덕을 찬양하여 국왕이 내려
주던 호를 가리킨다.

증하고, 주석을 붙였다. 「이아」의 내용을 확대한 「광아」에는 「이아」에서 찾아볼 수 없는 고훈과 나중에 새로 생겨난 의미가 첨가되어 있다. 그래서 「광아」는 「이아」의 형식을 따랐으나 「이아」와는 다른 독자적인 내용으로 이루어져 있다고 한다.

청나라(淸, 1616년~1912년)의 훈고학자 왕염손(王念孫, 1744년~1832년)은 「광아」를 증보한 「광아 소증(廣雅疏證)」과 「석대(釋大)」를 지었다. 그는 한자음으로써 한자의 뜻 즉 자원(어원)을 밝히려고 노력함으로써 훈고학을 어원학으로 발전시켰다.

한편 정약용의 「다산 시문집」 제8권, 이익의 「성호 사설」 제2권·제3권·제5권·제7권, 유득공의 「연대 재유록」, 이규경의 「오주 연문 장전 산고」 경사편 1-경전류 1, 이유원의 「임하 필기」 제1권·제2권·제35권, 이덕무의 「청장관 전서」 제34권·제53권, 한치윤의 「해동 역사」 제42권, 정조의 「홍재 전서」 제51권·제91권 등에서 「광아」의 내용을 인용하거나 「광아」에 관하여 언급하였다.

---

**「광아」 참고 논저**

① 최남규, 1996, 청 왕염손 「광아소증」의 첩어 연구, 「중국어문학」, 28, 영남중국어문학회. 383-418. ② 김현철 외 역·濮之珍 저, 1997, 「중국언어학사」, 서울: 신아사. ③ 이재석 역·胡奇光 저, 1997, 「중국소학사」, 서울: 동문선.

---

### (6) 「이아주(爾雅注)」

중국 동진(東晉, 317년~420년)의 훈고학자 곽박(郭璞, 276년~324년)은 유흠(劉歆), 번광(樊光), 이순(李巡), 손염(孫炎) 등 10여 명 학자들이 주석한 내용을 참고하여 「이아(爾雅)」의 내용에 보기 쉽게 주석을 붙여 「이아주(爾雅注)」를 펴냈다.

「이아주」 이외에도 곽박(郭璞)이 「이아」를 주석한 책으로는 「이아음(爾雅音)」, 「이아도(爾雅圖)」, 「이아 도찬(爾雅圖贊)」 등이 있으나 「이아주」만 전해진다(이재석 역, 1997: 233).

곽박은 「이아」를 주석하였을 뿐만 아니라 「방언」과 「삼창」도 주석하여 그 내용을 비교하였다. 그는 「방언주(方言注)」에서 「이아주」에서처럼 강동(江東) 방언을 인증하였는데, 한나라 때부터 진나라 시기까지의 방언 역사의 면모를 살펴볼 수 있다.

한편 「이아 도찬」은 「이아」에다가 그림과 해설을 붙여 만든 책으로 2권으로 이루어져 있다.94) 「고려사」95)와 중국의 「구당서(舊唐書)」96)의 내용에 따르면 고려(918년~1392년)에서 「이아 도찬」을 사용했음을 알 수 있다. 「고려사」 권 제10에는 병오년에 송나라 황제가 중국에서는 구할 수 없어 이자겸 등에게 주었던 고려에서 가져올 책 100종류의 목록에 「이아 도찬」이 포함되어 있다.

「이아(爾雅)」의 경문(經文)과 곽박의 「이아주」, 형병의 「이아소(爾雅疏)」가 수록된 「이아 주소(爾雅注疏)」는 1967년에 타이완 태북(台北)의 예문인서관(藝文印書館)에서 영인한 것이 고려대 도서관과 충남대 도서관 등에 소장되어 있다.

---

「이아주」 참고 논저

① 이충구 외, 2004, 「이아주소(爾雅注疏)」 1~6, 서울: 소명출판. ② 최형주·이준녕

---

94) 이규경의 「오주 연문 장전 산고」 '경사편1, 경전류 1, 경전 총설'에서는 「이아 도찬」의 편자를 무명씨로 제시하였다.
95) 「고려사」는 김종서, 정인지, 이선제 등이 1449년에 편찬하기 시작하여 1451년에 완성한 고려 시대의 역사책이다.
96) 「구당서」는 중국 후진(後晉) 유구(劉昫) 등이 10세기에 편찬한 당나라 왕조의 정사를 기술한 책이다. 이 책에는 중국 당나라와 고려의 외교, 문화 등의 교류에 관한 기록이 남아 있다.

편저, 2001, 「이아주소(爾雅注疏)」, 서울: 자유문고. ③ 정명수·장동우 역, 1997, 「훈고학의 이해」, 서울: 동과서. ④ 이재석 역·胡奇光 저, 1997, 「중국소학사」, 서울: 동문선.

### (7) 「이아 주소(爾雅注疏)」

동진(東晉, 317년~420년) 시대의 곽박(郭璞, 276년~324년)이 「이아」의 내용에 주석을 단 「이아주(爾雅注)」와 북송(北宋, 960년~1126년) 때의 형병(邢昺, 932년~1010년)이 「이아주」에 「이아」에 나오는 구와 절의 뜻을 풀이한 소(疏)를 첨가하여 만든 「이아소(爾雅疏)」를 합쳐 「이아 주소(爾雅注疏)」라고 부른다. 즉 이 책은 「이아」의 주석서인 「이아주」와 「이아주」를 다시 설명한 「이아소」를 합친 것인데, 여기서 주(注)는 경(經)의 뜻을 해석하여 분명하게 드러나게 하는 것을 가리킨다.

곽박은 「이아주」의 서문에서 18년 동안 「이아」에 주를 달아 「이아주」를 펴냈다고 설명했다. 그는 「이아」는 서로 다른 어휘를 모두 모은 것으로 동일한 것을 달리 부르는 명칭들을 구분하여 적은 것이라고 소개하였다. 그는 「이아」의 내용을 보충하고 정리하기 위해 옛말을 모으고 외국어도 관찰하였으며, 세상에서 부르는 노래나 속된 뜻도 채집하여 반영하였으며, 또 음도(音圖)도 만들었다고 밝히고 있다.

형병은 「이아소」의 서문에서 「이아」는 유학자들이 가르치던 수단이며, 후학들이 숨은 뜻을 찾는 도구이고, 책을 주석하기 위하여 처음으로 읽어야 할 책이며, 경서의 가장 핵심이라고 하였다. 그리고 그는 「이아」의 주석서를 만든 사람으로는 한(漢, 기원전 202년~220년)나라 때의 유흠(劉歆, 기원전 53년?~25년?), 번광(樊光), 이순(李巡), 위나라 때의 손염(孫炎)97) 등과 동진(東

---

97) 숙연 손염은 「이아 음의(爾雅音義)」를 만들었다. 이규경의 「오주 연문 전장 산고」 분류 오주 연문 장전 산고 경사편 1 경전류 2 소학-훈고 '반절과 번뉴에 대한 변증설'에는 「이

晉) 때의 곽경순(郭景純)[98] 등이 있는데, 오직 곽박의 주해만이 학자들의 본보기가 되었으며, 곽박의 주석서를 근본으로 삼아 「이아소」를 만들었다고 하였다.

형방의 소는 제1편 '석고'부터 제20편 '석축'까지 찾아볼 수 있으나, 곽박의 주는 제5편 '석친'에서부터 찾아볼 수 있다. 아래에 곽박의 주(注)와 형방의 소(疏)의 예를 들어보자.

**璆琳玉也**(구림(璆琳: 아름다운 옥)은 옥(玉)이다.)
곽박의 주: '구림(璆琳)'은 미옥(美玉: 아름다운 옥)의 이름이다.
형병의 소: 곽박은 '구림(璆琳)'은 '미옥(美玉)'의 이름이라고 했다. 「서
　　　　　경」 우공(禹貢) 양주(梁州)에서는 '궐공구철은루(厥貢璆鐵銀
　　　　　鏤)'라고 하였으며, 옹주(雍州)에서는 '구림랑간(球琳琅玕)'
　　　　　이라고 했다.

〈「이아 주소」 제7편 석기(釋器)〉

**簡謂之畢**(간(簡: 편지)은 필(畢)이라고 한다.)
곽박의 주: 지금의 '간찰(簡札: 편지)'을 뜻한다.
형병의 소: '간(簡)'은 대나무 조각이다. 옛날에는 종이가 없어 대쪽에
　　　　　글을 써서 보냈으므로 '간찰(簡札)'이라 했으며, 일명 '필
　　　　　(畢)'이라고 한다. 「예기」, '학기(學記)' 편의 '신기점필(呻其
　　　　　佔畢)'은 다만 '외워서 대쪽에 기록하여 보여주는 글'이라
　　　　　는 뜻에서 '간위필야(簡爲畢也)'라고 하였다.

〈「이아 주소」 제7편 석기(釋器)〉

이 예에서 곽박의 주는 뜻풀이를 보충해 놓은 반면에 형병의 소에서는 「서경」, 「예기」 등 경서에서 사용된 의미를 찾아서 제시하였음을 알 수 있다.

앞에서 살펴본 것과 같이 이익은 「성호 사설」 제20권 경사문 '이아'에

───────────────

　　아 음의」의 편찬 경위가 설명되어 있다.
98) 경순(景純)은 곽박(郭璞)의 자(字)이다.

서 「이아」를 「시경」과 관련을 지어 설명하였으며, 그리고 제21권 경사문 '이아소'에서는 송나라 사람 형병(邢昺)에게 명령하여 '이아소'를 짓게 하였는데, 형병은 두호(杜鎬), 손석(孫奭) 등 8명과 함께 「이아소」를 만들었다고 하였다. 그리고 「성호 사설」 제22권 경사문 '위서' 등에서 「이아소」의 내용에 관하여 설명하였다.

「이아 주소」 참고 논저

① 최형주·이준녕, 2001, 「이아주소」, 서울: 자유문고. ② 이충구 외 공역, 2004, 「이아주소」 1~6, 서울: 소명출판.

(8) 일본 훈고서

일본의 훈고서로는 「이아」를 모방하여 미나모토노시타고우(源順, 911년~983년)가 934년 무렵 헤이안 시대(平安 時代)에 편찬한 「왜명 유취초(倭名類聚鈔)」,[99] 가이바라 요시후루(具原好古)가 1694년에 펴낸 「와지카(和爾雅)」, 아라이 하쿠세키(新井白石)가 1719년에 펴낸 「동아(東雅)」 등이 있다. 그리고 가이바라 에키켄(具原益軒)이 1700년에 「석명」을 모방하여 만든 「일본 석명(日本釋名)」이 있다(장원철 옮김, 2003: 51~95).

일본 훈고서 참고 논저

① 장원철 옮김·오시마 쇼지 지음, 2003, 「한자에 도전한 중국」, 서울: 산처럼.

---

99) 「왜명초」라는 약칭을 쓰기도 한다. 「왜명 유취초」는 일본의 각종 사물 명칭을 부(部)와 유(類)별로 분류해 놓은 책이다. 나와 도우엔(那波道円: 1595년~1648년)의 서문이 있는 1617년에 20권으로 출간된 것과 카리야 에키사이(狩谷棭齊: 1775년~1835년)가 「왜명 유취초」에 주석을 달아 1883년에 10권으로 출간한 「전주 왜명 유취초(箋注倭名類聚抄)」가 현존한다.

### (9) 한국의 훈고서 활용

한국에서 우리 학자가 직접 저술한 훈고서는 찾아볼 수 없으나, 중국의 훈고서를 수입하여 사용한 기록은 「삼국 사기」, 「고려사」, 「구당서」 등에 남아 전해진다. 그런데 기록에 남아 있는 이 훈고서들은 중국에서 직접 수입한 것인지 또는 국내에서 번각한 것인지 확인하기는 쉽지 않다.

중국의 「구당서(舊唐書)」 '고려전(高麗傳)'에는 고구려(기원전 37년~668년) 사람들은 서적을 매우 좋아하며, 5경(五經)과 「사기(史記)」, 「한서(漢書)」, 「후한서(後漢書)」, 「삼국지(三國志)」, 「진춘추(晉春秋)」, 「옥편(玉篇)」, 「자통(字統)」, 「자림(字林)」, 「문선(文選)」 등을 즐겨 읽었다는 내용을 찾아볼 수 있다. 여기서 고구려에서는 중국의 자서 「옥편」, 「자통」, 「자림」을 사용한 사실을 확인할 수 있는데, 이 책들이 중국에서 직접 수입한 책인지 또는 고구려에서 번각한 책인지는 확인할 수 없다.

신라(기원전 57년~935년) 태종 무열왕(602년~661년) 때의 한문학자 강수(强首, ?~692년)가 중국 훈고서 「이아」를 공부하였다는 기록을 김부식(金富軾, 1075년~1151년)이 1145년에 완성한 「삼국 사기(三國史記)」의 권46에 수록되어 있는 아래의 '강수 열전(强首列傳)'의 기록에서 찾아볼 수 있다.[100]

> 드디어 스승에게 나아가 「효경(孝經)」, 「곡례(曲禮)」, 「이아(爾雅)」, 「문선(文選)」을 읽었는데(遂就師讀孝經曲禮爾雅文選) <「삼국 사기」 권46 강수 열전>

---

[100] 강수는 이밖에도 「효경(孝經)」, 「예기(禮記)」의 '곡례편(曲禮篇)', 「문선(文選)」 등의 중국 책을 학습함으로써 중국 한문으로 작성된 외교 문서를 능숙하게 번역할 수 있었고 또 한문으로 답서도 작성할 수 있는 능력을 인정받아 오늘날 차관급에 해당하는 사찬(沙湌)이라는 17관등 가운데 6두품에 속하는 8등의 벼슬을 하였다. 그리고 강수는 설총(薛聰, ?~?)과 함께 「구경」을 해석하였는데, 강수는 설총, 최치원(崔致遠, 857년~?)과 함께 신라의 3대 문장가로 꼽힌다.

한편 노용필(2010: 21~22)에서는 「삼국 사기」 46 '설총전'에 나오는 아래의 내용에서 '방언'을 「국역 삼국 사기」(이병도, 1977)에서처럼 '이두'로 해석하지 않고 중국의 훈고서인 「방언」으로 풀이하였다.

> 방언으로 9경을 해독하여 후생을 훈도하였으므로 지금까지 학자들이 종주로 삼고 있다(以方言讀九經, 訓導後生, 至今學者宗之). <「삼국 사기」 46 '설총전'>

즉 설총은 양웅(揚雄)이 지은 「방언」의 도움을 얻어 9경을 해독했다는 것이다. 9경에 나타나는 지명, 이체자, 벽자 등을 정확하게 해독하려면 이 「방언」을 활용해야 가능하다는 것이다.

그러나 설총(薛聰, ?~?)은 이두를 집대성하고 9경을 신라 말로 읽고 가르쳤다고 알려져 있다.[101] 그리고 설총은 강수와 함께 9경을 해석하였는데, 강수가 읽었다는 책 중에는 「이아」는 있지만 「방언」은 없으며, 「방언」은 「이아」를 보완하여 만든 책인 점을 고려한다면 이런 해석은 보다 구체적인 검증 작업이 필요하다.

게다가 이덕무의 「청장관 전서」 제59권 앙엽기 6 '정한강의 서학'에서 신라 때 선비를 뽑는 데 「설문」과 「자림」을 사용하였다는 내용을 찾아볼 수 있다.

또 조선 초기에 김종서(金宗瑞, 1390년~1453년), 정인지(鄭麟趾, 1396년~1478년) 등이 1449년에 편찬하기 시작하여 1451년에 완성한 「고려사(高麗史)」 권74 '국학'에는 다음과 같은 내용이 있다. 여기에서도 「방언」은 없으며, 「이아」는 포함되어 있다.

---

101) 이덕무(李德懋)의 「청장관 전서(靑莊館全書)」 제60권 앙엽기(盎葉記) 7 '우리 나라 활자의 시초'에는 삼한 시대에 설총이 만든 방언 문자를 이두라고 한다는 내용을 찾아볼 수 있다.

"여가가 있으면 꼭 겸하여 글씨를 하루에 한 장씩 쓰며, 아울러 「국어
(國語)」, 「설문(說文)」, 「자림(字林)」, 「삼창(三蒼)」, 「이아(爾雅)」를 학습한다."

한편 「고려사」 '세가(世家)' 권10 선종 8년(1091년)에는 이자(李資) 등이 송
나라(宋, 960년~1279년)에서 귀국하여 왕에게 다음과 같이 보고하였다는 내
용이 있다.

"송나라 임금이 우리 나라에 있는 서적은 좋은 판본이 많다는 말을 듣
고 접대를 담당하는 관원인 관반(館伴)에게 지시하여 구하고자 하는 서적
의 목록을 써주면서 '비록 권수가 부족한 것이 있더라도 꼭 베껴서 보내
라.'고 하였습니다. 그 목록은 다음과 같습니다."

여기에 언급된 목록에는 진나라의 여침(呂忱)이 편찬한 「여침 자림(呂忱字
林)」 7권, 양나라 고야왕(顧野王)이 펴낸 「고옥편(古玉篇)」 30권, 「이아 도찬(爾
雅圖贊)」 2권, 진나라 때에 이사(李斯) 등이 편찬한 「삼창(三蒼)」 3권 등과 같
은 훈고서와 자서가 포함되어 있다.

이러한 기록은 우리가 중국에서 펴낸 「이아」 등의 훈고서를 수입하거나
번각하여 활용함으로써 중국 서적이나 외교 문서 등을 능숙하게 다룰 수
있었음을 보여주는 증거가 된다.

최근에 국내에서 「이아 주소」(최형주·이준영, 2001)과 「이아 주소」(이충구·임
재완·김병헌·성당제, 2005) 등 「이아 주소」의 번역판이 출간되어 자전을 편찬
할 때나 중국 고전을 읽을 때에 도움을 주고 있다.

---

**한국의 훈고서 참고 논저**

① 이병도, 1977, 「국역 삼국사기」, 서울: 을유문화사. ② 노용필, 2010, 한국 고대
문자학과 훈고학의 발달, 「진단학보」 110, 진단학회. 1-30. ③ 한국의 지식 콘텐츠
(http://www.krpia.co.kr) 「고려사」.

## 훈고서 참고 논저

구희경, 2011, 「석명」 서(序)를 통해 본 유희의 언어관 연구, 「중국언어연구」 35, 한국
　　　중국언어학회. 123-143.

권혁준, 2011, 동한 「석명」의 성모에 관한 몇 가지 문제, 「중국학논총」 31, 서울: 고려
　　　대 중국학연구소. 1-42.

김현철 외 역·濮之珍 저, 1997, 「중국언어학사」, 서울: 신아사.

김현철, 1995, 중국 역대 훈고학의 계승 관계 연구: 「이아」와 아학류 서적을 중심으로,
　　　「중국학논총」 4, 한국중국문화학회. 335-370.

김화영, 2002, 「「이아–문사적 연해」 역주와 개관」, 석사 논문, 부산: 동의대.

나진희, 2009, 「「이아」 이문의 동원 관계 연구」, 석사 논문, 서울: 한국외국어대학교.

노용필, 2010, 한국 고대 문자학과 훈고학의 발달, 「진단학보」 110, 진단학회. 1-30.

박상제, 2002, 「다산 경학의 훈고학적 성격 연구」, 석사 논문, 진주: 경상대.

박정미, 2008, 「「이아」의 사의에 관한 연구: 석고, 석언, 석훈을 중심으로」, 석사 논문,
　　　전주: 전북대 교육대학원.

박흥수·나진희, 2009, 「이아」 석고의 통용자 소고, 「중국연구」 46, 서울: 한국외대 외
　　　국학 종합 연구 센터 중국연구소. 63-85.

서수백, 2009, 「「자류주석」의 사전적 체재 연구」, 박사 논문, 경산: 대구가톨릭대학교.

성원경, 1996, 「자류주석」 연구, 「인문과학논총」 28, 서울: 건국대 인문과학연구소.
　　　145-164.

손민정, 2000, 목록을 통해 본 「이아」의 다중성 연구 –13경과 소학서의 사이에서–, 「중
　　　국어문학」 36, 영남중국어문학회. 283-302.

손민정, 2001, 「이아」에서 훈어로 쓰인 단어의 중복 출현 현상 연구, 「중국문학」 36,
　　　한국중국어문학회. 343-361.

손민정, 2003, 「이아」에 나타난 다의어 연구, 「중국문학」 39, 한국중국어문학회.
　　　257-274.

손민정, 2004ㄱ, 「「이아」의 어휘의미론적 연구」, 박사 논문, 서울: 서울대.

손민정, 2004ㄴ, 중국어 '죽다'류 어휘에 대한 고찰, 「중국문학」 41, 한국중국어문학회.
　　　223-242.

손민정, 2005, 「이아」를 통해 본 고대 중국인의 공간관, 「중국문학」 45, 한국중국어문
　　　학회. 1-14.

송용준, 1998, 훈고학의 이해, 「중국어문학」 31-1, 영남중국어문학회. 435-439.

신지언, 2005, 「이아」와의 비교를 통해 본 「석명」에서의 공간 이해 방식, 「중국어문학

논집」 32, 중국어문학연구회. 181-197.

양광석, 1983, 「이아」 고, 「동양철학연구」 4, 동양철학연구회. 69-84.

양원석, 2007, 「조선 후기 문자훈고학 연구」, 박사 논문, 서울: 고려대.

오제중, 2003, 유희 「석명」 연구, 「중국언어연구」 17, 한국중국언어학회. 395-415.

유동청, 2010, 「한중 동물명 비교 연구」, 박사 논문, 서울: 경희대.

유현아, 2009, 「시경」과 「이아」 석훈의 첩음 현상 비교, 「중국언어연구」 30, 한국중국
언어학회. 421-439.

이대엽, 2006, 「「훈몽자회」의 자학서로서의 특징 연구」, 석사 논문, 부산: 부산대.

이돈주, 1977, 한자의 훈고와 그 조례에 대한 고찰, 「한국언어문학」 15, 한국언어문학
회. 41-62.

이병관 외, 1999, 「중국언어학사」, 상, 서울: 보성.

이병도, 1977, 「국역 삼국사기」, 서울: 을유문화사.

이연승, 2007, 「양웅(揚雄): 어느 한대(漢代) 지식인의 고민」, 파주: 태학사.

이영주, 1991, 「고한어 동의어 연구」, 박사 논문, 서울: 서울대.

이영주, 2000, 「한자 자의론」, 서울: 서울대출판부.

이은상, 2004, 고대 중국의 '새겨 넣기' 전통에 관한 시론, 「중국학논총」 18, 한국중국
문화학회. 357-377.

이재석 역, 1997, 「중국소학사」, 서울: 동문선; 胡奇光, 1987, 「中國小學史」, 上海: 上海
古蹟出版社.

이재석, 1989, 훈고학의 성격 규정에 관한 일고, 「중국문학연구」 7, 한국중문학회.
281-304.

이충구 외 공역, 2004, 「이아 주소(爾雅注疏)」 1~6, 서울: 소명출판.

이충구, 1999, 「이아」 음의고, 「한중철학」 5, 한중철학회. 35-82.

이충구, 2001, 「이아」 주석 고, 「두명 윤병로 교수 정년 기념 국어국문학 논총」, 서울:
국학자료원. 1119-1142.

이현숙, 1977, 「이아 연구: 석고 분석을 중심으로」, 석사 논문, 서울: 서울대.

이현숙, 1984, 「소이아」 광고 석례, 「서원대학 논문집」 13, 청주: 서원대. 103-125.

이현숙, 1989, 「이아」를 이용한 「설문해자」 석례고, 「논문집」 24, 청주: 서원대. 133-
153.

이현숙, 1993, 「이아」 석훈 석례 연구, 「인문과학논문집」 2, 청주: 서원대 인문과학연
구소. 117-141.

이현숙, 1998, 「이아」 석친 석례고, 「인문과학연구」 7, 청주: 서원대 인문과학연구소.
321-352.

이현숙, 1999, 「이아」 석천 석례고, 「인문과학연구」 8, 청주: 서원대 인문과학연구소.

123-154.

이현숙, 2001, 「이아」 석기 석례고, 「인문과학연구」 10, 청주: 서원대 인문과학연구소. 295-343.

이현숙, 2002, 「이아」 석궁 석례고, 「인문과학연구」 11, 청주: 서원대 인문과학연구소. 347-375.

이현숙, 2003, 「이아」 석악 석례고, 「인문과학연구」 12, 청주: 서원대 인문과학연구소. 237-261.

장원철 옮김, 2003, 「한자에 도전한 중국」, 서울: 산처럼; 大島正二(오시마 쇼지), 2003, 「漢字と中國人」, 東京: 岩波書店.

전광진 편역·中國大百科全書 言語文學編輯委員會 지음, 「중국 문자 훈고학 사전」, 서울: 동문선.

정명수·장동우 역, 1997, 「훈고학의 이해」, 서울: 동과서; 周大璞, 1993, 「訓詁學草稿」, 武昌: 武漢大學出版社.

정인숙, 1988, 훈고학 약론, 「어문연구」 13, 대구: 경북대 어학연구소. 131-144.

주강훈, 2005, 중국 전통 훈고학과 사휘학의 관계, 「순천향 인문과학 논총」 16, 순천향 대학교 인문과학연구소. 175-184.

진류(陳榴), 2005, 「方言」 中 '朝鮮' 語詞的 解讀, 「중어중문학」 45, 영남중국어문학회. 581-593.

최남규, 1996, 청 왕염손 「광아소증」의 첩어 연구, 「중국어문학」 28, 영남중국어문학회. 383-418.

최형주·이준녕 편저, 2001, 「이아주소(爾雅注疏)」, 서울: 자유문고.

최혜림, 2009, 「「이아」 석고의 분석을 통한 의의 관계 연구」, 석사 논문, 전주: 전북대.

하영삼 역·유희 저, 2012, 「석명: 언어에 대한 글자 풀이」, 서울: 지식을 만드는 지식.

한국의 지식 콘텐츠 http://www.krpia.co.kr

한연석, 2011, 훈고학 초탐, 「동방한문학」 48, 동방한문학회. 263-301.

## 2.2. 자서

중국 한자의 통일 사업은 중국의 정치적 통일을 위해서 시행되었는데, 문자 통일을 서동문(書同文)이라고 한다. 진나라 시(始) 황제가 중국을 통일

했을 때에 문자 통일 사업인 '서동 문자(書同文字)' 정책을 펼쳐 중국의 각 국에서 사용하는 속체자(俗體字)를 폐기하고 정체자(正體字)로 문자를 통일시키려고 노력하였다. 그리하여 문자 통일의 사업을 펼친 결과를 정리하여 자서(字書)로 펴내 언어 대중에게 보급하여 사용하도록 하였다.

실제로 전한(前漢) 원제(元帝, 기원전 49년~기원전 33년 재위) 때에 사유(史游)가 편찬한 「급취편(急就篇)」102)은 한자를 속성으로 습득할 수 있도록 만든 아동을 위한 문자 학습서로 사용되었다. 게다가 당시 9,000자 이상의 한자를 아는 사람이면 관리로 선발하도록 하였다.

이렇게 진나라의 문자 통일 정책을 수행하는 과정에서 생겨난 중국의 자서103)는 한자의 만들어진 과정에 관하여 해설하기 위해서 한자를 의미별 또는 유별이나 부별로 분류하여 그 의미를 기술한 책으로 소학(小學)104)과 밀접한 관련을 맺고 있다.

대표적인 중국 자서로는 「설문 해자(設文解字)」(허신(許慎), 100), 「고금 자고(古今字詁)」(장읍(張揖)), 「자림(字林)」(여침(呂忱), 280), 「자통(字統)」(양승경(楊承慶)),

---

102) 이 책은 상용 한자 약 1,900자를 31장으로 나누어 학습자가 외우기 쉽도록 만든 것이다.

103) 여기서 '자서'는 당나라 안원손(顔元孫, ?~714년)이 그의 4대 조부 안사고(顔師古)가 지은 「자양(字樣)」을 증보하여 펴낸 「간록 자서(干祿字書)」에서 비롯된 것으로 본다. 「간록 자서」라는 책명에서 '간록(干祿)' 즉 '녹(祿)을 구하는' 관리 지망생들이 배워야 할 자체서(字體書)임을 짐작할 수 있다. 1권으로 이루어진 이 글자체 사전에는 800여 개의 표제자를 평성, 상성, 거성, 입성 4성에 따라 4부로 나누어 수록하고, 각 부는 다시 206운으로 분류하여 배열해 놓았다. 「간록 자서」에서는 표제자의 글자체를 '속(俗)', '통(通)', '정(正)'으로 구분하였는데, 표제자의 뜻풀이는 기술하지 않았다. 그래서 안사고((顔師古)의 「자양(字樣)」에 뒤이어 나온 두연업(杜延業)의 「군서 신정 자양(群書新定字樣)」, 안원손(顔元孫)의 「간록 자서(干祿字書)」, 구양융(歐陽融)의 「경전 분호 정자(經典分毫正字)」, 당나라 현종(玄宗)의 「개원 문자 음의(開元文字音義)」, 장참(張參)의 「오경 문자(五經文字)」, 당나라 현도(玄度)의 「신가 구경 자양(新加九經字樣)」 등을 자양서(字樣書)라고 부른다(이재석 역, 1997: 188-192). 이 책들은 자형의 통일을 위하여 저작된 자양서인데, 여기에서는 자양서를 따로 분류하지 않고 자서에 포함시켜 설명하였다.

104) '소학'의 개념은 시대에 따라 다른데, 여기서 '소학'은 주진 시대 이래의 자서와 육서의 학문을 가리킨다.

「고금 문자(古今文字)」(강식(江式)), 「옥편(玉篇)」(고야왕(顧野王), 543), 「자양(字樣)」(안사고(顏師古)), 「간록 자서(干祿字書)」(안원손(顏元孫)), 「오경 문자(五經文字)」(장참(張參), 776), 「용감 수경(龍龕手鏡)」(행균(行均), 997), 「대광익회 옥편(大廣益會玉篇)」(진팽년(陳彭年), 1013), 「유편(類編)」(사마 광(司馬光) 외, 1069), 「오음 편해(五音篇海)」(한효언(韓孝彦)·한도소(韓道昭), 1208), 「자휘(字彙)」(매응조(梅膺祚), 1615), 「정자통(正字通)」(장자열(張自烈), 1670), 「강희 자전(康熙字典)」(장옥서(張玉書) 등, 1716), 「중화 대자전(中華大字典)」(육비규(陸費逵) 등, 1915), 「한어 대자전(漢語大字典)」(한어대자전 편집위원회, 1991), 「중화 자해(中華字解)」(냉옥룡(冷玉龍) 등, 1994) 등이 있다.105) 여기에서는 몇몇 자서들의 특징을 간략하게 살펴보도록 한다.

### (1) 「설문 해자(說文解字)」(121)

후한(後漢 또는 동한(東漢), 서기전 202년~220년) 때 경학자 허신(許慎, 58년 무렵~147년 무렵)은 서기 100년부터 시작하여 121년까지 약 22년에 걸쳐 「설문 해자」를 완성하였다.106)

「설문 해자」는 한자를 부수에 따라 분류하여 배열한 중국의 가장 오래된 자서이다. 「설문 해자」의 원본은 전해지지 않으며, 송나라 서현(徐鉉)이 펴낸 교정본이 남아 있다. 「설문 해자」는 본문 14권과 서목(敍目) 1권으로

---

105) 「설문 해자」에는 9,353자, 「자림」에는 12,824자, 「옥편」에는 16,917자, 「용감 수경」에는 26,430여 자, 「유편」에는 약 31,000자, 「오음 편해」에는 54,595자, 「자휘」에는 33,179 자, 「정자통」에는 33,658자, 「강희 자전」에는 42,174자, 「한어 대자전」에는 약 56,000자 의 표제자가 선정되어 있다(장원철 옮김, 2003: 120). 국내에서 번각된 것으로는 「용감 수경」, 「자휘」 등이 있으나, 이 책들의 간행에 관한 사항은 정확하게 알려지지 않고 있다.

106) 허신의 생몰 연대는 정확하게 알려지지 않았다. 허신은 30년에서 166년 사이에 생존했 을 것으로 보는 견해도 있다(하영삼 옮김, 2000: 50). 그는 경전을 두루 널리 배워 오경 (五經) 즉 「시경(詩經)」, 「서경(書經)」, 「주역(周易)」, 「예기(禮記)」, 「춘추(春秋)」의 내용을 잘 이해한 고문 경학자이었다. 그리하여 그는 「오경 이의(五經異義)」, 「효경 고문설(孝經 古文說)」, 「회남자주(淮南子注)」 등도 지었으나 모두 산실되고 전해지지 않고 오직 「설문 해자」만이 남아 있을 뿐이다.

이루어져 있다.

「설문 해자」는 글자 그대로 '문자'와 '설해'의 두 부분으로 이루어져 있다. 「설문 해자」의 서문에서 창힐(倉頡)이 서계(書契)[107]를 사물의 형태를 본떠서 만들었으므로 이것은 문(文)이고, 이 문(文)의 형(形)과 성(聲)을 합쳐 만든 것은 자(字)라고 하였다. 그리고 '설해'는 주석을 가리키는데, 자의를 풀이한 부분과 자형을 분석한 부분으로 이루어져 있다.

「설문 해자」에서 표제자는 전서체로 적고 고문(古文)[108]인 주문(籒文),[109] 소전(小篆) 등 1,163개의 이체자를 제시하였다. 다시 말하면, 허신(許愼)은 한자의 형태와 의미가 서로 연관성이 있다는 점을 고려하여 대전체(大篆體), 소전체(小篆體) 등의 자형을 분석하여 한자가 만들어진 과정에 따라 파생 한자의 근본이 되는 기본 문자들을 확정하였다. 아래의 「설문 해자」의 '인(人)' 부에서 그 예를 찾아볼 수 있다.

人 천지의 태어난 것 가운데 가장 귀한 것이다. 이것은 주문이다. 팔과 다리의 모양을 본땄다. 인에 속하는 모든 것은 인에 따른다.

위에서 표제자 '인(人)'은 전서체로 표기하였다. 그런 다음 표제자의 뜻

107) 서계는 사물을 나타내는 부호 즉 글자를 가리킨다.
108) '고문(古文)'은 중국 고대 문자 즉 중국 고대 자체(字體)를 가리킨다. 허신은 「설문 해자」 서문에서 '고문'을 한나라 때에 발굴된 고문 경전의 서체를 가리키는 용어로 사용하였다. 그러나 실제로 「설문 해자」에서는 진나라 전서체로 기록한 책을 제외한 모든 서적에서 사용된 문자를 가리키는 뜻으로 사용하였다(김근 역, 1986/1994: 44).
109) '주문(籒文)'은 중국 고대의 자체의 하나로 대전체(大篆體)를 가리킨다. '주문'은 서주(西周)의 금문(金文)으로부터 나온 자체인데 서진(西秦)에서 통용되었다. 자형이 복잡하였으므로 진나라 시(始) 황제 때에 주문을 간략한 형태로 줄인 소전(小篆)이 등장하게 되었다.

을 기술하였다. 그리고 표제자의 서체가 전서체인 주문(籀文)임을 설명하였다. 표제자 '인(人)'은 팔과 다리의 모양을 본뜬 상형 문자임을 표시하였다. 끝으로 '인(人)' 부에 속하는 모든 한자는 '인(人)'의 뜻을 따른다고 기술하였다.

「설문 해자」에서는 허신(許愼) 자신이 만들어낸 부수법에 따라 표제자를 540개의 부수로 나누어 배열하였으며, 9,353개의 표제자를 선정하여 그 뜻을 133,441개의 한자로 풀이하였다.

그리고 허신(許愼)은 자형의 구조를 6서의 원리에 따라 한자의 의미를 기술하였다. 즉 지사, 상형, 형성, 회의, 전주, 가차의 6서에 따라 표제자의 자형을 분석하여 기술하였다.

한편 자서의 금자탑으로 불리는 「설문 해자」를 보완하여 만든 자서로는 「자림(字林)」, 「옥편(玉篇)」, 「자휘(字彙)」 등이 있다. 특히 「옥편」에서는 소전(小篆)을 중요하게 다룬 「설문 해자」와는 달리 해서(楷書)를 선택하였다.

「설문 해자」를 교감하거나 교정하고 또는 주석을 다는 작업도 여럿 이루어졌다. 이양빙(李陽氷)은 「설문 해자」를 교정하여 간행하였고, 서개(徐鍇)는 「설문 해자」를 주석하여 「설문 해자 계전(說文解字繫傳)」을 펴냈다. 송나라 초기에 서현(徐鉉), 구중정(句中正) 등은 「설문 해자」의 교정본을 펴냈다. 북송 때에 이도(李燾)는 「설문 해자 오음 운보(說文解字五音韻譜)」를 펴냈다.

「설문 해자」를 해석한 것으로는 청나라 단옥재(段玉裁)의 「설문 해자주(說文解字注)」가 널리 알려져 있다. 청나라 모진(毛晉)과 모의(毛扆) 부자는 「설문 해자」를 간정하였고, 단옥재(段玉裁)는 이 책을 교감하여 「급고각 설문정(汲古閣說文訂)」을 펴냈으며, 「설문 해자」를 주석한 「설문 해자주(說文解字注)」를 1780년에 착수하여 1808년에 완성하였다. 단옥재(段玉裁)는 한자의 음으로 뜻을 삼는다는 원칙을 통하여 상고의 언어를 살펴보아야 한다고 하였다.

이외에도 「설문 해자」를 주석한 계복(桂復)의 「설문 해자 의증(說文解字義

림」에서는 「설문 해자」와 같이 540개의 부수로 표제자를 분류하여 배열하였으며, 「설문 해자」보다 3,471자가 늘어난 12,824개의 한자를 수록하였다고 하였다. 이것은 「설문 해자」보다 이체자를 더 많이 수록한 결과이다. 그리고 한자의 뜻풀이는 「설문 해자」와 같은 경우가 많다고 설명하였다.

또 「위서(魏書)」 91 열전 79 '강식전(江式傳)'에 따르면, 「자림」에서는 고자(古字), 주자(籀字), 기자(奇字), 혹자(惑字)를 구별하여 예서체로 적었는데, 전자(篆字)의 뜻과 다르지 않게 기술하였다고 한다.

정약용의 「경세 유표」 제1권 예관지속, 안정복의 「동사 강목」 제8 상, 김장생의 「사계 전서」 제16권 경서변의·예기 '옥조', 이익의 「성호 사설」 제4권 만물문 '녹청'·제25권 경사문 '반합', 이규경의 「오주 연문 장전 산고」 경사편 1-경전류 2 소학-자서·소학-운서, 김정희의 「완당집」 완당전집 제1권 변 '상서금고문변 하', 조호익의 「지산집」 가례 고증 제6권 상례, 이덕무의 「청장관 전서」 제59권 앙엽기, 한치윤의 「해동 역사」 제42권·제44권 등에서 「자림」에 관한 내용을 찾아볼 수 있다.

「구당서(舊唐書)」 '고려' 조에는 고려 세속에서는 '서적을 좋아하여 큰 거리에 편당(扁堂)을 지어 아이들이 독서하고 활쏘기를 연습하게 하였다. 책으로는 「오경(五經)」, 「사기(史記)」, 「한서(漢書)」, 범엽(范曄)의 「후한서(後漢書)」, 「삼국지(三國志)」, 손성(孫盛)의 「진춘추(晉春秋)」, 「옥편(玉篇)」, 「자통(字統)」, 「자림(字林)」이 있었으며, 「문선(文選)」을 좋아하여 소중하게 여겼다.'는 기록을 찾아볼 수 있다.

「자림」에 관한 연구는 「설문 해자」와는 비교할 수 없을 정도로 활발하게 이루어지지 않고 있다.

「자림」 참고 논저

① 김현철 외 옮김·복지진 저, 1997, 「중국언어학사」, 서울: 신아사. ② 이재석 역·호기광 저, 1997, 「중국 소학사」, 서울: 동문선. ③ 이병관 외, 1999, 「중국언어학사」 상, 서울: 보성. ④ 하영삼 옮김·황덕관 외 지음, 2000, 「한어문자학사」, 서울: 동문선. ⑤ 장원철 옮김·오시마 쇼지 지음, 2003, 「한자에 도전한 중국」, 서울: 산처럼. ⑥ 노용필, 2010, 한국 고대 문자학과 훈고학의 발달, 「진단학보」, 110, 진단학회. 1-30.

### (3) 「자통(字統)」

「자통(字統)」은 북위(北魏, 386년~534년)의 양승경(楊承慶)이 지은 자서이다. 「자통」은 「옥편(玉篇)」과 더불어 중국 남북조 시대의 대표적인 자전으로 알려져 있다.

「자통」은 산실되어 현재 전해지지 않는다. 다만 청나라 황석(黃奭)이 편집한 「황 씨 일서고(黃氏逸書考)」에 수록되어 있는 '양승경 자통(楊承慶字統)'에서 「자통」의 일부를 찾아볼 수 있다.[111] 그리고 청나라 마국한(馬國翰)의 「옥함 산방 집일서(玉函山房輯佚書)」에 집본이 포함되어 있다.

당나라 봉연(封演)이 펴낸 「봉 씨 문견기(封氏聞見記)」에는 「자통」에 관한 다음과 같은 내용이 수록되어 있다.

후위(後魏)의 양승경(楊承慶)이 「자통(字統)」 20권을 편찬하였는데, 「설문해자」보다 4,381자가 많은 13,734자를 수록하였다. 그리고 「자통」은 「설문해자」의 체제를 바탕으로 삼았으나, 자체(字體)는 자주 다르게 기술하였다.

「자통」은 한어(漢語)의 사용 권장과 낙양(洛陽) 발음을 정음으로 삼는 북위(北魏)의 문자 규범화 정책에 따르고, 또 불교 경전의 번역이 대대적으로

---

111) 노용필(2010: 10~11)에서는 「황 씨 일서고(黃氏逸書考)」에 수록되어 있는 「자통」의 그림을 복사하여 소개하고, 상해고적출판사(上海古蹟出版社)에서 1998년에 펴낸 「황 씨 일서고」와 1972년 대북(臺北)의 예문인서관(藝文印書館)에서 펴낸 「황 씨 일서고」에 수록되어 있는 「자통」의 인용 서명과 인용 횟수를 비교하여 표로 정리하였다.

이루어짐에 따라 「자림」보다 더 많은 수의 한자를 수록하게 되었다.

한편 이규경의 「오주 연문 장전 산고」 경사편 1-경전류 2 소학-운서, 한치윤의 「해동 역사」 제44권 예문지 3-경적 3 '중국 서목 1' 등에서 「자통」에 관한 내용을 찾아볼 수 있다. 「설문 해자」나 「자림」의 경우와는 달리 앞의 두 경우를 제외하고 「자통」에 관한 내용은 다른 고전에서 찾아보기 어렵다. 따라서 국내에서 「자통」은 다른 자서에 비해 덜 사용되었음을 짐작할 수 있다. 게다가 「설문 해자」와는 대조적으로 「자통」의 구조 분석이나 「설문 해자」, 「자림」, 「옥편」 등 다른 자서와의 비교에 관한 연구는 거의 이루어지지 않고 있다.

「구당서(舊唐書)」 '고려' 조에는 고려 세속에서는 '서적을 좋아하여 큰 거리에 편당(扁堂)을 지어 아이들이 독서하고 활쏘기를 연습하게 하였다. 책으로는 「오경(五經)」, 「사기(史記)」, 「한서(漢書)」, 범엽(范曄)의 「후한서(後漢書)」, 「삼국지(三國志)」, 손성(孫盛)의 「진춘추(晉春秋)」, 「옥편(玉篇)」, 「자통(字統)」, 「자림(字林)」이 있었으며, 「문선(文選)」을 좋아하여 소중하게 여겼다.'는 기록을 찾아볼 수 있다.

---

**「자통」 참고 논저**

① 이재석 역·호기광 저, 1997, 「중국 소학사」, 서울: 동문선. ② 하영삼 옮김·황덕관 외 지음, 2000, 「한어문자학사」, 서울: 동문선. ③ 노용필, 2010, 한국 고대 문자학과 훈고학의 발달, 「진단학보」, 110, 진단학회. 1-30.

---

### (4) 「옥편(玉篇)」[112](543)

남조(南朝) 시대의 양나라 학자 고야왕(顧野王, 519년~581년)은 543년에 예서체[113]로 표기한 표제자의 발음 정보를 반절을 이용하여 제시하고, 표제

---

112) 「옥편」에 관한 내용은 장원철 옮김(2003: 149~157)을 많이 참고하였다.

자의 새로운 의미를 용례를 찾아 기술한 자서 「옥편」114)을 펴냈다.

「옥편」에서는 「설문 해자」의 체제와 내용에 근거하여 16,917개의 표제자를 선정하여 542부수에 따라 배열하였다.115) 그런데 부수의 배열은 「설문 해자」와는 달리 글자의 형태가 비슷한 정도에 따라 배열하지 않고, 같은 종류의 의미를 나타내는 부수들로 나누어 배열하였다. 따라서 「옥편」은 자서이면서 의서의 특징도 함께 지니고 있다.

이뿐만 아니라 「설문 해자」와는 달리 「옥편」에서는 모든 글자 아래에 반절로 주를 달고, 경서 주석서 등의 옛 문헌116)에서 용례를 인용하여 표제자의 다양한 의미를 보다 정확하게 기술하고자 했다.

고야왕(顧野王) 자신이 쓴 「옥편」의 서문에 따르면, 고야왕은 당시 경서의 훈고에 다른 견해가 나타나고, 한자의 서체가 달라지고, 한자의 뜻풀이가 일치하지 않고, 자서의 전승 과정에서 오류가 많이 생겨서 이들을 바로잡고자 하였다고 설명하였다. 그리하여 옛 문헌에서 용례를 찾아 표제자의 바른 뜻풀이를 기술하고자 하였으며, 표제자의 서체는 예서체로 통일하였으며, 옛 글자와 이체자에는 자세한 주석을 붙였다.

이처럼 예서체로 쓴 표제자의 발음 정보를 처음으로 제시하였고, 또 표제자가 사용된 용례를 옛 문헌에서 찾아 뜻풀이를 기술해놓은 「옥편」은 새

---

113) 표제자를 전서(篆書)보다는 간략하고 해서(楷書)에 가까운 예서체(隸書體)로 표기했다는 사실은 남송의 이도(李燾)가 펴낸 「설문 해자 오음 운보(說文解字五音韻譜)」 자서의 설명에 따른 것이다. 「옥편」의 예서체는 나중에 해서체로 되었다(장원철 옮김, 2003: 149~150)

114) 국내에서는 자전을 가리켜 '옥편'이라고 흔히 부른다. 고야왕이 지은 책명인 고유 명사 「옥편」을 자전의 뜻을 나타내는 보통 명사 '옥편'으로 바꾸어 사용하는 것이다.

115) 16,917자를 수록하였다는 내용은 「봉 씨 문견기(封氏聞見記)」, '문자편'에 기록되어 있는 것을 인용한 것이다. 「옥편」에서는 「설문 해자」나 「자림」보다 더 많은 한자를 수록하였다.

116) 위(魏, 220년~265년)와 진(晉, 265년~420년) 시대 이전의 경서 주석서, 자서, 제자백가서, 역사서, 문학서 등을 가리킨다.

로운 형식을 도입한 자서라고 불린다. 이러한 「옥편」은 많은 독자들의 호응을 받아 당나라와 송나라에 걸쳐 널리 사용되었다.

　「옥편」은 시대의 흐름에 따라 그 내용이 변화하였는데, 당나라 때에 손강(孫强, ?~?)이 주석을 삭제하여 펴낸 상원본(上元本) 「옥편」(674)과 주석을 간략하게 줄여 편찬한 약본(또는 약초본) 「옥편」이 있다. 약본이 널리 사용되자 원본 「옥편」의 대부분은 사라지고 현재 당나라 때에 만든 고사본(古寫本) 7권이 일본의 오래된 절이나 신사에 남아 있을 뿐이다. 원본 「옥편」에는 모두 16,917자가 수록되어 있는데, 일본에 남아 있는 「옥편」 잔권에는 원본의 1/8에 해당하는 2,100자가 수록되어 있다(하영삼 옮김, 2000: 102).

　송나라(宋, 960년~1127년) 진팽년(陳彭年, 961년~1017년) 등이 상원본 「옥편」을 토대로 재편집한 「대광익회 옥편(大廣益會玉篇)」 38권을 1013년에 펴냈다. 이 자서가 완본으로서 현존하는 가장 오래된 「옥편」으로 전해진다. 또 사마 광(司馬光, 1019년~1086년) 등 송나라 학자들이 「옥편」을 보충하여 1069년에 「유편(類編)」 45권을 펴냈다.

　「옥편」은 일본의 자서에도 큰 영향을 미쳤다. 구가이(空海, 774년~835년)가 「옥편」을 간략하게 줄여 펴낸 「전례 만상 명의(篆隷萬象名義)」, 쇼주(昌住)가 표제자의 의미를 일본어로 풀이하여 펴낸 「신찬 자경(新撰字鏡)」(900년 무렵), 「전례 만상 명의」를 토대로 편찬한 「유취 명의초(類聚名義抄)」(1100년 무렵), 「대광익회 옥편」의 영향을 받아 펴낸 「왜옥편(矮玉篇)」 등이 있다.

　「구당서(舊唐書)」 '고려' 조에는 고려 세속에서는 '서적을 좋아하여 큰 거리에 편당(扁堂)을 지어 아이들이 독서하고 활쏘기를 연습하게 하였다. 책으로는 「오경(五經)」, 「사기(史記)」, 「한서(漢書)」, 범엽(范曄)의 「후한서(後漢書)」, 「삼국지(三國志)」, 손성(孫盛)의 「진춘추(晉春秋)」, 「옥편(玉篇)」, 「자통(字統)」, 「자림(字林)」이 있었으며, 「문선(文選)」을 좋아하여 소중하게 여겼다.'는 기록을 찾아볼 수 있다.

「옥편」 참고 논저

① 김현철 외 옮김·복지진 저, 1997, 「중국언어학사」, 서울: 신아사. ② 이재석 역· 호기광 저, 1997, 「중국 소학사」, 서울: 동문선. ③ 김애영, 2000, 「전예만상명의」 반절 상자 연구, 「중국어문학논집」 15, 중국어문학연구회. 261-283. ④ 하영삼 옮 김·황덕관 외 지음, 2000, 「한어문자학사」, 서울: 동문선. ⑤ 김시연·이규갑, 2001, 원본 「옥편」 잔권 흠(欠)부 고, 「중국어문학지」 9-1, 중국어문학회. 193-229. ⑥ 김 시연, 2001, 원본 「옥편」 잔권 언(言)부 이체 편방 고, 「중국어문학논집」 17, 중국어 문학연구회. 5-36. ⑦ 김애영, 2001, 원본 「옥편」 잔권 고문 연구, 「중어중문학」 27, 한국중어중문학회. 113-138. ⑧ 김시연, 2002, 원본 「옥편」 잔권 사부 표제자 자형 고, 「중국어문학논집」 19, 중국어문학연구회. 7-29. ⑨ 김시연, 2002, 「옥편」 잔권 난자 고석, 「중국어문학지」 11, 중국어문학회. 447-468. ⑩ 김시연, 2003, 「옥편」 잔권 고문 자형의 유래 고찰, 「중국어문학지」 13, 중국어문학회. 337-364. ⑪ 이경 원, 2003, 원본, 송본 「옥편」 언(言)부 이체자의 내원 및 등급 속성의 변화에 대한 비교 연구 -「옥편」 두 판본의 특징, 가치, 교감의 득실을 겸하여 논함-, 「중국언어 연구」, 16, 한국중국언어학회. 357-402. ⑫ 장원철 옮김·오시마 쇼지 지음, 2003, 「한 자에 도전한 중국」, 서울: 산처럼. 149-157. ⑬ 김애영, 2006, 오대음의서에 인용된 「옥편」의 인용 유형 고, 「중국어문학논집」 41, 중국어문학연구회. 7-25. ⑭ 노용필, 2010, 한국 고대 문자학과 훈고학의 발달, 「진단학보」 110, 진단학회. 1-30. ⑮ 이 경원, 2010, 「설문」, 「옥편」, 「오경문자」, 「자휘」 부수 수량·목록 비교 연구, 「중국어 교육과연구」, 12, 한국중국어교육학회. 147-163. ⑯ 정소임·백종인, 2010, 「전예만 상명의」에 나타나는 중뉴 현상, 「중국언어연구」, 33, 한국중국언어학회. 1-25. ⑰ 정 소임·백종인, 2011, 「전예만상명의」의 중뉴운 중 설치음의 분류 문제, 「인문학연구」, 85, 대전: 충남대 인문과학연구소. 331-345.


### (5) 「오경 문자(五經文字)」[117](776)

「오경 문자」는 당나라 사람 장참(張參, 714~786년 이전)[118]이 776년에 편

---

117) 「오경 문자」 부분은 이병관 외(1999: 187~190)에 설명한 내용을 주로 참고하였다. 이 병관 외(1999: 189)에서는 당나라 사람 현도(玄度)가 「오경 문자」를 토대로 삼아 그 미 비점을 보완하여 펴낸 「신가 구경 자양(新加九經字樣)」을 「오경 문자」의 뒤에 붙여 사 용하였다고 한다.

118) 이병관 외(1999: 187)에서는 '장참'이라고 하였고, 이경원(2010ㄷ)에서는 '장삼'으로 썼다.

찬한 자서이다. 이 책은 5경의 글자체의 변화와 음과 뜻을 설명한 자서인데, 모두 3권으로 이루어져 있다. 「오경 문자」는 처음에는 태학(太學)의 벽에 써놓았다가 당나라 문종(文宗, 826~840년 재위) 때에 석각으로 바꾸었다. 청나라 마왈로(馬曰璐)의 모각본(摹刻本)이 「후지부족재 총서(後知不足齋叢書)」에 수록되었다가 「총서 집성(叢書集成)」에 영인되어 수록되었다.[119]

「오경 문자」에서는 2,990개[120] 한자를 수록하였으며, 「설문 해자」와 「자림」의 부수를 참고하여 160부수로 나누었다. 「오경 문자」에서 「설문 해자」, 「자림」, 「옥편」 등과는 달리 160부로 나눈 것은 명나라 매응조(梅膺祚)가 「자휘(字彙)」에서 214부로 나누는 데에 영향을 주었다.

주부수만 있는 「옥편」과는 달리 처음으로 해서체 부형(附形) 부수를 제시해 놓았으므로 「오경 문자」는 해서체 부수 자형의 근거를 제시한 최초의 자서로 불리운다.

「오경 문자」에서는 「설문 해자」나 「옥편」에서 표제자는 없고 부수자만 있는 것은 부수자로 선택하지 않았으며, 표제자가 적은 부수자는 관련이 있는 부수자로 통합하였고, 중복된 부수자는 하나로 통합하였다(예: 추(隹), 수(雔), 잡(雥)은 '추(隹) 부' 하나로 통합하였다). 그리하여 「옥편」의 부수를 통합하고 부수를 감소하여 해서 자형에 맞는 부수 체계를 세웠다. 게다가 글자체의 바름과 틀림 그리고 아속을 분명하게 구분하였다.

그리고 「오경 문자」의 표제자 발음은 당시의 현실음으로 제시하였으며, 이체자들의 뜻을 서로 비교하여 그 차이점을 자세하게 기술하였다.

한편 서경순의 「몽경당 일사」 제4편 15일(계묘), 이규경의 「오주 연문 장

---

119) 「오경 문자」는 정통 자서로 보지 않고 자서의 형태를 지닌 자양서로 보는 경우도 있다(이경원, 2010ㄱ: 147).
120) 「오경 문자」 '서례(序例)'에서는 3,253자로 제시하였다. 그런데 중복된 글자가 256자이므로 실제로 수록된 글자는 2,990자이다.

전 산고」 경사편 1-경전류 1 '십삼경 주소 및 제가 경해와 오경 사서 대전에 대한 변증설' 등에서 「오경 문자」에 관한 내용을 찾아볼 수 있다.

---

「오경 문자」 참고 논저

① 이병관 외, 1999, 「중국언어학사」 상, 서울: 보성. ② 이경원, 2010ㄱ, 「설문」, 「옥편」, 「오경문자」, 「자휘」 부수 수량·목록 비교 연구, 「중국어교육과연구」 12, 한국중국어교육학회. 147-163. ③ 이경원, 2010ㄴ, 「오경문자」 부수 배열에 구현된 자양학 이론에 대한 연구, 「중국학논총」 31-1, 한국중국문화학회. 63-89. ④ 이경원, 2010ㄷ, 장삼 「오경문자」의 해서 부수 자형 확립에 대한 공헌, 중국어문논총」 46, 중국어문연구회. 49-71.

---

### (6) 「용감 수경(龍龕手鏡)」[121] (행균(行均), 997)

「용감 수경」은 중국 요나라(遼, 916년~1125년)의 스님 행균(行均, ?년~?년)[122]이 승려의 독경과 염불을 돕기 위해 한자에 주음과 석의를 붙여 997년에 펴낸 대장경의 자서이다.[123] 원본 「용감 수경」은 사라지고, 남송(南宋, 1127년~1279년) 때에 한림학사 포종맹(蒲宗孟)이 「용감 수감(龍龕手鑑)」이라는 제목으로 바꾸어 번각한 것이 남아있다.

'용감'은 불경(佛經)을 나타내며, '수경'은 손거울이므로 '용감 수경'은 불경에 수록되어 있는 문자들의 형태, 음, 의미를 손거울처럼 명확하게 비추어내는 책이라는 뜻을 가리킨다.

「용감 수경」 권1의 서문은 두 엽[124]인데, 제1엽은 후인이 보충하여 쓴

---

121) 이 책의 원형인 「용감 수감(龍龕手鑑)」은 없어졌으며, 남송 때에 「용감 수경」이라는 명칭으로 바뀌어 간행되었다. '용감'은 '대장경(일체경)'을 가리키는데, '용감'을 '수경'에 비추어 글자의 옳고 그름을 구분한다는 뜻에서 유래되었다고 한다(장원철 옮김, 2003: 162).
122) 행균은 요나라 6대 황제 성종(聖宗, 982년~1031년 재위) 때의 사람이다.
123) 강호천(1990), 정경일(1998)에서는 「용감 수경」을 운서로 소개하였다. 정경일(1998)의 '3.3. 「용감 수경」'에서는 이 책을 자서라고 했다가 또 운서라고 하기도 하였다.

것이다. 광곽(匡郭)[125]은 21.1cm(또는 26.9cm)×19.3cm로 동일하지 않다. 각 반엽은 9항 16자인데, 17자인 경우도 있다. 목차의 제1엽도 후인이 보충하여 쓴 것이다. 모두 98쪽인데 흥부(興部) 95 이하에 1쪽이 빠졌다. 권3과 권4는 송광사 귀장본으로 권3의 13쪽과 권4의 95쪽의 분량으로 1책으로 합본된 것이다. 상하가 단변이고, 좌우가 쌍변이며, 반페이지 광곽은 25.5cm× 18.8cm이다. 9항 16자이고, 소자는 두 줄이며, 판심 상하가 백구이고 상흑 어미이다. 권4의 마지막 부분에 권득령(權得齡)의 책임 아래에 나주(羅州)에서 간행하였다는 내용이 적혀 있어 고려 때에 번각한 사실을 입증할 수 있다(김창기 역, 1930).[126]

한편 「용감 수경」은 조선 시대에 2차에 걸쳐 증보되어 개판되었다. 1472년(성종 3년)에 인수(仁粹) 왕비가 세조, 예종, 덕종의 명복과 정희(貞熹) 대왕대비, 왕과 왕비의 만수무강을 기원하기 위해 「몽산 화상 법어 약록(蒙山和尙法語略錄)」, 「선종 영가집(禪宗永嘉集)」 등 29가지 책을 간행하였는데, 이 책들에는 김수온(金守溫, 1410년~1481년)이 쓴 동일한 발문(跋文)이 각각 수록되어 있다. 김수온의 발문에는 그때 간행한 책의 제목이 열거되어 있는데, 이 서목에 「용감 수경」 50부가 포함되어 있다. 또 「몽산 화상 법어 약록(蒙山和尙法語略錄)」에는 1472년(성종 3년) 인수 대비가 「용감 수경」 50벌을 찍게 하였다는 내용도 수록되어 있다. 그런데 이 「용감 수경」은 현재 국내에서는 찾아볼 수 없다.

일본의 내각 문고(內閣文庫)에 혜각 존자(慧覺尊者) 신미(信眉)의 장서인이 있는 「용감 수경」이 소장되어 있는데, 이 책의 형태나 난외의 각수(刻手) 등

---

124) 엽은 종이를 세는 단위인데, 1장을 가리킨다.
125) 광곽은 본문의 네 주변을 둘러싸고 있는 검은 선이다. 사주 단변, 사주 쌍변, 좌우 쌍변 등이 있다.
126) "나주 목관 조각 4권 입93장 사록 장서기 차 양온령 권득령(羅州牧官彫刻四卷入九十三丈司錄掌書記借良溫令權得令)"이라는 문장이 있다.

을 보면 세조(世祖, 1455년~1468년) 재위 초기에 간행된 것으로 추정할 수 있는데, 1472년에 간행된 것이거나 그보다 앞선 시기에 간행한 것으로 추정한다. 그리고 세조 초기의 간행본을 1563년(명종 18년) 황해도 귀진사(歸眞寺)에서 복각한 「용감 수경」이 있는데, 이 복각본은 현재 전해지고 있다. 이 때에 개판된 「용감 수감」의 판목이 황해도 귀진사(歸眞寺)에 소장되어 있는데 훼손된 부분이 많다고 한다.

그리고 중국에는 남송(南宋) 때에 「용감 수감(龍龕手鑑)」이라는 책명으로 바꾸어 간행한 것이 전해지고 있는데, 그 내용은 고려판 「용감 수경」과는 다소 차이가 있다. 중국의 「용감 수경」은 모 씨 급고각(汲古閣) 귀장본, 강 안 부 씨 쌍감루장(雙鑑樓藏) 송간본(宋刊本), 속고일 총서본(續古逸叢書本), 사 부 총간 속편본(四部叢刊續編本), 허죽재본(虛竹齋本), 명초본(明抄本), 청초본(清抄本), 명영 송초본(明影宋抄本) 등이 있다. 그리고 「몽계 필담(夢溪筆談)」(심괄(深括)), 「군재 독서지(郡齋讀書志)」(조공무(晁公武)), 「문헌 통고」(마서림(馬端臨)), 「10가 재양 신록」(전대흔(錢大昕)), 「중국 선본서 제요」(왕중민(王重民)) 등에서 「용감 수경」에 관한 설명을 찾아볼 수 있다(허태일, 1992: 37~38).

「용감 수경」의 원본은 현재 중국에서는 찾아볼 수 없고, 11세기 고려 때에 간행한 번각본만이 고본(孤本)으로 전해지고 있다. 이 번각본은 고려 판 「용감 수경」으로 부르는데, 금강산 유점사에 권1이 있었는데 현재 보존 여부를 확인할 수 없다. 최남선 소장본 「용감 수경」 권3과 권4는 현재 고 려대 아세아 문제 연구소에서 소장하고 있다.[127] 권3과 권4의 원본은 고 려 시대에 복각한 것으로 추정하고 있는데, 권4의 끝에서 권득령(權得齡)[128] 이 책임을 맡아 나주(羅州)에서 간행하였다는 사실만 확인할 수 있다.

1928년 4월 3일에 「용감 수경」 권1을 경성 제국 대학 법문학부에서 후

127) 「용감 수경」 권3과 권4는 보물 130호로 지정되었다가 국보 제291호로 승격되었다.
128) 권득령의 생몰 연대를 알 수 없으므로 책의 간행 시기를 정확하게 알 수 없다.

지스카 지카시(藤塚隣)의 해제를 붙인 「용감 수경」 영인본을 발행하였다. 그
리고 1929년 3월 25일에 최남선 소장본인 「용감 수경」 권3, 권4를 경성
제국 대학 법문학부에서 영인하여 발행하였다. 이 영인본은 국립 중앙 도
서관 등에 소장되어 있다. 그리고 1975년, 1976년, 1977년, 1995년에 아
세아 문화사에서 한국학 문헌 연구소의 해제를 붙인 영인본을 간행하였다.
이 책의 원문은 국가 기록 유산 홈페이지(http://www.memorykorea.go.kr)에서
도 찾아볼 수 있다.

  고려 때에 번각한 고려판 「용감 수경」은 4권으로 관판 목판본이며, 표
제자는 모두 26,430개이다. 검색의 편리성을 고려하여 부수자는 평성, 상
성, 거성, 입성의 순서로 배열하였으며, 각 부에 속하는 한자도 평성, 상성,
거성, 입성의 순서로 배열하였다. 특히 「용감 수감」의 부수는 「설문 해자」
와는 다르게 302개가 감소하였는데, 「설문 해자」에 없는 부수 'ㅗ(두)', '光
(광)', '基(기)' 등을 새롭게 설정하였다.

  그리고 표제자를 소전체에 따라 부수를 정한 「설문 해자」와는 달리 해
서체[129]를 기준으로 삼아 240개 부수별로 우선 배열한 다음 같은 부수 안
에서 표제자를 다시 4성에 따라 배열하였다. 그리고 정체자[130](正體字)뿐만
아니라 속체자[131](俗體字), 고체자[132](古體字), 금체자[133](今體字) 등의 자체(字

---

129) 당나라 현종은 해서체로 문자를 통일함으로써 한나라에서 통용했던 예서체는 해서체의
    옛날 명칭이 되어 버렸다. 해서체로 통일되어 정자법이 정착되어 가는 과정에서 필획
    의 글자를 바로잡고 속체자와 와자를 규정하려는 작업이 이루어졌다. 안원손(顔元孫)의
    「간록 자서(干祿字書)」 이후로 나온 곽충서(郭忠恕)의 「패휴(佩觿)」, 장유(張有)의 「복고
    편(復古編篇)」, 이종주(李從周)의 「자통(字通)」, 행균(行均)의 「용감 수경(龍龕手鏡)」, 이문
    중(李文仲)의 「자감(字鑒)」, 초횡(焦竑)의 「속서간오(俗書刊誤)」, 섭병경(葉秉敬)의 「자란(字
    攣)」, 용계서(龍啓瑞)의 「자학거우(字學擧隅)」 등이 그 결과물이다(이재석 역, 1997: 192).
130) 전통 한자를 정체자(정자)라고 부르는데, 현재 중국에서는 정체자가 획수가 적은 간체
    자(簡體字; 간자)로 대체되었으므로 정체자를 번체자(繁體字) 또는 노자(老字)로 부른다.
131) 글자의 형태는 다르나 음과 뜻이 같은 이체자를 정체자 또는 통용자와 비교하는 측면
    에서 속체자, 혹체자, 중문(重文)이라고 한다. 이체자는 고금자(古今字)와는 달리 언제든
    지 서로 바꿔 쓸 수 있다.

體)를 제시했다. 뜻을 잘 아는 상용자는 표제자로 선정하지 않고, 주로 불
전에 나오는 어려운 한자들을 표제자로 선정하였다.

---

**「용감 수경」 참고 논저**

① 김창기 역, 1930, 고려판 「용감수경」 해설, 「불교」 67호, 경성: 불교사. 29-38;
후지스카 지카시(藤塚隣), 1929, 고려판 「용감수경」 해설(高麗版龍龕手鏡解說), 경성:
경성제국대학 법문학부. ② 최완수, 1967, 보화각(葆華閣) 소장 「용감수감」에 대하
여, 「고고미술」 제8권 제7호(통권 84호), 한국미술사학회. 319-322. ③ 김근수,
1975, 「용감수경」 해제, 한국학문헌연구소 편, 「용감수경」, 서울: 아세아문화사. ④
반중규, 1983, 「용감수경」과 사본 각본의 관계, 「민족문화논총」, 4, 경산: 영남대 민
족문화연구소. ⑤ 윤인현, 1986, 「운회옥편」의 「고금운회거요」에 대한 색인성, 석사
논문, 서울: 중앙대. ⑥ 김경일, 1987, 「용감수감」 소고, 「중국어문학」 13-1, 영남중
국어문학회. 277-291. ⑦ 김애영, 1988, 「용감수경 부수 연구」, 석사 논문, 서울: 연
세대 대학원. ⑧ 강호천, 1990, 중국 운학의 전래, 「우암논총」, 6, 청주: 청주대 대학
원. 1-23. ⑨ 허태일, 1992, 고려판 영인 요각 「용감수경」 약고, 「한국학연구」, 4, 인
천: 인하대 한국학연구소. 37-43. ⑩ 하영삼, 1995, 중국 한자자전 부수배열체계의
변천, 「중국어문론집」 10, 대한중국학회. 31-56. ⑪ 이재석 역·호기광 저, 1997, 「중
국 소학사」, 서울: 동문선. ⑫ 정경일, 1998, 성운학의 도입과 고려시대의 운서, 「순
천향어문논집」 5, 순천향어문학연구회. 485-504. ⑬ 강신항, 2000, 「한국의 운서」,
서울: 태학사. ⑭ 장원철 옮김·오시마 쇼지 지음, 2003, 「한자에 도전한 중국」, 서
울: 산처럼. ⑮ 신상현, 2006, 조선본 「용감수감」의 판본과 특징에 대한 고찰, 「한문
학보」, 14, 우리한문학회. 393-424. ⑯ 심괄(深括) 지음, 최병규 옮김, 2007, 「몽계필
담(상)」, 서울: 범우사. ⑰ 신상현, 2009, 「조선시대 한자 자형 연구」, 박사 논문, 서
울: 고려대 대학원. ⑱ 강신항, 2010, 「용비어천가」 내 반절, 「광운」 '반절', 「용감수
경」 반절 대조표, 「한국학 연구」, 7, 한국어연구회.

---

132) 같은 뜻을 가진 글자인데 형태가 옛날부터 사용해 오던 글자를 고자(古字) 또는 고체자
라고 한다.
133) 같은 뜻을 가진 글자로 고체자보다 후대에 등장한 글자를 금자(今字) 또는 금체자라고
한다. 고체자와 금체자를 합쳐 고금자라고 한다. 금체자는 고체자의 의미 중에서 하나
의 뜻만 나타내는 경우가 많으므로 고체자 대신에 사용할 수 없지만, 고체자는 금체자
대신에 사용할 수 있다.

### (7) 「대광익회 옥편(大廣益會玉篇)」(1013)

고야왕(顧野王)의 「옥편」(543)은 여러 차례 수정되었다. 당나라 고종 때인 674년에 손강(孫强)은 원본 「옥편」의 내용을 수정하고 표제자를 첨가하여 상원본(上元本) 「옥편」을 펴냈다. 또 송나라 진종(眞宗, 968년~1022년) 때에 진팽년(陳彭年, 961년~1017년) 등은 황제의 명령을 받아 손강(孫强)이 수정한 「옥편」의 내용을 토대로 삼아 증보하고 수정하여 1013년에 「대광익회 옥편(大廣益會玉篇)」 38권을 펴냈다. 그래서 이 자전을 「증수 옥편(增修玉篇)」이라고도 한다.

현재 「설문 해자」를 토대로 만들어진 「옥편」(고야왕, 543), 상원본 「옥편」(손강, 674)과 원본의 주석을 많이 삭제한 약초본(略抄本)들은 전해지지 않는다. 따라서 「대광익회 옥편」이 현존하는 가장 오래된 완본 「옥편」이 되었다.

송나라 장사준(張士俊)이 간행한 「대광익회 옥편」 장본(張本)이 널리 알려져 있는데, 「소학 휘함(小學彙函)」에 실려 있다. 이 자전에 수록된 기본 표제자는 모두 28,989자로 16,917자를 수록한 「옥편」(고양왕, 543)보다 12,072자가 많다.

「대광익회 옥편」은 일찍부터 우리 나라에 수입되었다. 조선 초기인 1414년(태종 14년)에 중국의 광근서당(廣勤書堂)에서 펴낸 「대광익회 옥편」을 복각하였는데 30권으로 이루어진 이 책은 현재 전해지지 않는다. 또 세조(1455년~1468년) 때에 을해자로 복각한 것이 남아 있다.

한편 「조선 왕조 실록」 태종 12년 임진 8월 7일(기미) '사관 김상직에게 충주 사고의 책을 바치도록 명하다'에 사관 김상직에게 명령하여 충주 사고의 서적을 갖다 바치게 하였다는 기록이 남아 있는데, 그 서적 가운데 「대광익회 옥편」이 포함되어 있음을 확인할 수 있다.

1414년 복각본은 일본 사람 오구라 신페이(小倉進平, 1882년~1944년), 가

나자와 쇼사부로(金澤庄三郎, 1872년~1967년) 등이 소장하고 있었다고 알려져 있다. 그리고 을해자 복각본은 규장각 한국학 연구원에 소장되어 있다(가람古貴 495.13J563dv.5/10; 마이크로필름 M/F73-102-6-E). 1책 영본(낙질본)으로 표제자는 22,700여 개이다. 표제자는 542부로 나누어 형태, 의미, 음에 따라 배열하였다.

「대광익회 옥편」 영인본은 1989년 경인문화사에서 발행한 「(화각본) 사서 자전 집성」 2에 포함되어 있다.

일본에서는 1854년 「증속 대광익회 옥편 대전(增續大廣益會玉篇大全)」 12책을 펴냈는데, 가나자와 쇼사부로(金澤庄三郎) 소장본이 남아 있다.

「대광익회 옥편」에서는 22,561개의 표제자를 542개의 부수로 나누어 수록하였는데, 「옥편」보다 표제자는 5,644개 더 늘어났다. 그러나 「옥편」에 있는 뜻풀이는 많이 줄어들었는데, 고야왕이 개인적으로 첨가한 한자의 주석과 문헌에서 인용한 부분도 많이 삭제되었다(하영삼 옮김, 2000: 103-108).

---

**「대광익회 옥편」 참고 논저**

① 이재석 역·호기광 저, 1997, 「중국 소학사」, 서울: 동문선. ② 하영삼 옮김·황덕관 외 지음, 2000, 「한어문자학사」, 서울: 동문선. ③ 장원철 옮김·오시마 쇼지 지음, 2003, 「한자에 도전한 중국」, 서울: 산처럼.

---

### (8) 「유편(類篇)」134)(1069)

사마 광(司馬光, 1019년~1086년)135) 등 송나라 학자들은 1069년에 자서 「유편(類篇)」136) 15권137)을 펴냈다. 「유편」은 사마 광(司馬光)이 단독으로 저

---

134) 여기서 작성한 「유편」에 관한 글은 하영삼 옮김(2000)의 내용을 주로 참고하여 작성하였다.

135) 북송의 학자로 「자치 통감(資治通鑑)」, 「고문 효경주(古文孝經注)」, 「대학 중용의(大學中庸儀)」, 「서의(書儀)」, 「역설(易說)」, 「계사주(繫辭注)」, 「잠허(潛虛)」 등의 저서를 남겼다.

술한 것으로 알려져 있지만, 송나라 학자 왕수(王洙) 등이 편찬 작업을 시작하여 약 28년[138]만에 사마 광이 완성한 것으로 보는 것이 타당하다(장원철 옮김, 2003: 158~159).

「유편」의 '후부기(後附記)'에는 「유편」의 편찬 경위를 설명하는 다음과 같은 내용이 있다.

> 지금 「집운」[139]에는 첨자가 이미 많고, 고야왕의 「옥편」과 서로 통하지 않아 참고할 수 없고 화합하지도 않는다. 수운관에게 요구하여 새로운 운을 더 보태어 별도로 「유편」을 만들어 「집운」과 더불어 시행하고자 합니다(今脩集韻添字旣多　與顧野王玉篇不相參協　欲乞委脩韻官　將新韻添入別爲類編　與集韻副施行).

따라서 「집운(集韻)」(1039)의 편찬 책임자인 한림학사 정도(丁度, 990년~1053년)[140]는 「집운」을 거의 다 완성할 무렵 운서 「집운」에 호응하는 자서 「유편」을 편찬할 것을 임금에게 건의하여 운서와 그 운서에 호응하는 자서 한 쌍을 칙명[141]에 따라 편찬하게 되었음을 확인할 수 있다. 이 「집운」과 「유편」은 운서와 자서가 짝으로 편찬된 최초의 예이다.

「유편」은 「설문 해자」의 체재를 본받아 전체 목록을 권말에 붙이고, 540부수로 나누었다. 「옥편」에서는 표제자를 해서체로 표기하였기 때문에 부수 배열 방법은 「설문 해자」의 그것과 다르다. 그런데 「유편」에서 선택한 부수자 종류와 부수 배열 방법은 「설문 해자」와 대부분 동일하다. 따라서

---

136) 장원철 옮김(2003: 158)에는 '類編'으로 되어 있는데, '類篇'의 잘못으로 보인다.
137) 「설문 해자」의 체례를 모방하여 15권으로 나누었는데, 각 권은 상중하 3권으로 나누어져 있기 때문에 모두 45권이라고도 한다.
138) 하영삼 옮김(2000: 108)에는 27여 년이 걸렸다고 하였다.
139) 「집운」의 서문에 따르면 수록된 글자는 53,525자이다.
140) 송나라 학자로 「집운(集韻)」, 「예부 운략(禮部韻略)」 등을 저술하였다.
141) 칙명은 임금의 명령을 가리킨다.

「유편」에서는 새롭게 생겨난 한자들을 어떤 부수에 포함시켜야 하는지를 해결해야 하는 어려움이 따른다. 그래서 「유편」의 '범례'에서는 부수가 분별되지 않을 경우에는 형태의 유사성에 따라 표제자를 배열하였다고 설명하였다(하영삼 옮김, 2000: 112~113).

「유편」에서 표제자 '⊥'의 내용을 번역하면 다음과 같다.

> ⊥ 높다는 뜻이다. 이것은 고문의 '上(상)' 자이며, 지사자이다. '⊥'에 속하는 모든 것은 '⊥'에 따른다. 간혹 '上'으로 표기하기도 하며, 고문에서는 '二'로 적는다. 음은 '시장절(是掌切)'이다. 上의 음은 또 '시량절(時亮切)'로도 읽는다. 귀속자는 모두 3자이고, 중복음은 2자이다.

위의 예에서 보듯이, 「유편」에서는 표제자의 뜻을 기술하고, 각 표제자의 서체를 고문, 주문, 전서, 예서 등으로 나열하였으며, 반절을 제시하였다. 그런데 「옥편」처럼 반절음을 먼저 제시하고 뜻풀이를 기술한 경우도 있으며, 표제자의 발음이 여러 가지일 경우에는 다시 반절음을 붙이고 뜻풀이를 기술하였다. 각종 이체자가 고문, 주문, 전서 가운데 어디에 속하는지를 설명하였다. 그리고 표제자의 귀속자와 중복음의 숫자를 붙여 놓았는데, 같은 부수에 속하는 글자는 「설문 해자」와는 달리 평성, 상성, 거성, 입성의 순서와 「집운」의 운부 차례에 따라 배열하였다(하영삼 옮김, 2000: 110~111).

「유편」의 서문에서는 기본 표제자는 모두 31,319자이고, 한자 1자가 여러 가지 음을 지니고 있는 중복음(重複音: 일자 다음)의 글자가 21,846자로 「대광익회 옥편」보다 24,176자가 더 많이 수록되어 있다고 설명하였다.

---

「유편」 참고 논저

① 하영삼 옮김·황덕관 외 지음, 2000, 「한어문자학사」, 서울: 동문선. ② 장원철 옮김·오시마 쇼지 지음, 2003, 「한자에 도전한 중국」, 서울: 산처럼.

### (9) 「오음 편해(五音篇海)」[142](1208)

「오음 편해(五音篇海)」는 금나라(金, 1115년~1234년) 음운학자 한효언(韓孝彦, ?~?)이 편찬하고, 1208년에 그의 아들 음운학자 한도소(韓道昭, ?~?)가 증보하여 완성하였다.

「오음 편해」에서는 54,595개의 표제자를 444개의 부수로 나누어 「용감 수감」보다 더 편리하게 찾아볼 수 있도록 하였다. 「오음 편해」에서는 자서 중에서 처음으로 같은 부수자에 포함되는 표제자들을 획수가 적은 것부터 많은 것까지의 순서로 배열하여 사용자가 편리하게 검색할 수 있도록 하였다.[143] 그런데 이 자서에서는 부수자를 획수에 따라 배열하지 않고, 5음[144] 36자모[145]의 체계에 따라 분류하여 배열하였다. 이러한 배열 방법은 음운학에 지식이 없는 일반 독자들이 사용하기에 불편하였다. 검색하기에 불편한 이러한 점을 개선하기 위한 자서인 「자휘(字彙)」가 등장하게 되었다(장원철, 2003: 165~167).

---

**「오음 편해」 참고 논저**

① 장원철 옮김·오시마 쇼지 지음, 2003, 「한자에 도전한 중국」, 서울: 산처럼.

---

142) 원래의 책명은 「개병 오음 유취 사성 편해(改併五音類聚四聲篇海)」이며, 「사성 편해(四聲篇海)」라고도 한다. 「중국 역사 박물관」 7(강영매 옮김, 2004: 73)에 따르면 한효언은 「사성 편해」 15권을 펴냈는데, 「옥편」의 542개의 부수를 36자모의 순서에 따라 배열하고 동일한 운모의 부수자는 평성, 상성, 거성, 입성에 따라 배열하였다고 하였다. 그리고 「유편」과 「용감 수감」 등의 자서를 토대로 잡부 37개를 더하여 모두 579개의 부수를 설정하였다고 한다.

143) 「오음 편해」에서 인용한 자서로는 「옥편」, 「유편」, 「용감 수감」, 「수진옥경(搜眞玉鏡)」 등이 있다. 이것들 중에서 「수진옥경」은 도교와 관련이 있을 것으로 보아 「오음 편해」가 도교와 밀접한 관련이 있음을 주장하는 오가와 다마키(小川環樹)의 논의도 있다. 자서의 부수 배열에 큰 변혁을 가져왔던 「용감 수감」과 「오음 편해」는 유교가 아닌 불교와 도교에서 비롯되었다는 점은 중국 문화사에서 특기할 사실이다(장원철 옮김, 2003: 166~167).

144) 5음은 아음, 설음, 순음, 치음, 후음으로 어두 자음인 성모(聲母)를 발음할 때의 조음 위치를 가리킨다.

145) 36자모는 성모를 나타내는 대표 글자이다.

## (10) 「자휘(字彙)」(1615)

명나라 사람 매응조(梅膺祚)는 1615년(명나라 신종 만력 43년)에 「자휘(字彙)」를 완성하였는데, 이 책은 표제자를 검색하기 편리하게 제작된 최초의 자서로 알려져 있다. 「자휘」는 「정운(正韻)」, 「설문 해자(說文解字)」, 「운회(韻會)」 등을 참고하여 펴낸 자전이다. 「자휘」는 12간지[146]에 따라 12집으로 분류하여 간행되었는데, 부록을 합쳐 모두 14권이다. 「자휘」의 권1에는 매응조의 형 매정조(梅鼎祚)가 1615년에 쓴 서문과 '범례', '총목'이 수록되어 있으며, 부록으로 '운필(運筆)', '종고(從古)', '준시(遵時)', '고금 통용(古今通用)', '검자(檢字)' 등이 수록되어 있다. 서문에서는 「자휘」의 편찬 방법과 취지를 설명하였다. '운필'에서는 70여 개의 한자를 적는 차례를 설명하였고, '종고'에서는 160여 개의 한자들의 자원과 육서의 뜻을 밝혔다. '준시'에서는 당시 통용되었던 120여 개의 한자와 그것들의 옛 서체를 함께 열거하였으며, '고금 통용'에서는 옛 서체(예: 又)와 당시 서체(예: 友) 둘 모두 사용하는 130여 개의 한자들의 차이를 설명하였다. 「자휘」의 마지막 책의 부록에는 명나라 이세택(李世澤, 1716년~1777년)이 지은 등운도인 「운법 횡도(韻法橫圖)」와 저자 미상인 「운법 직도(韻法直圖)」가 부록으로 덧붙여져 있다. 이 「운법 횡도」에는 매응조가 쓴 '소서(小序)'가 수록되어 있다.

「자휘」에서는 경사(經史)에 나오는 한자는 물론 당시 통용되었던 속자를 포함한 33,179개의 표제자를 수록하였는데, 표제자는 해서(楷書)를 기본으로 삼았다.

매응조는 「오경 문자(五經文字)」에서 160개 부수로 나누었던 것에 영향을 받아 「설문 해자」의 540개 부수를 해서의 필획에 따라 대폭 축소하였다.

---

146) 12간지는 자(子), 축(丑), 인(寅), 묘(卯), 진(辰), 사(巳), 오(午), 미(未), 신(申), 유(酉), 술(戌), 해(亥)를 가리킨다.

즉 표제자는 1획부터 17획까지 획수 순서대로 214개의 부수로 나누어 배열하였다.

「자휘」에서는 「오음 편해」와 같이 동일한 부수자에 속하는 표제자들을 획수(자획)에 따라 배열하여 한자를 찾아보기 쉽게 실용적으로 만들었다. 그런데 부수자를 5음 36자모에 따라 배열한 「오음 편해」와는 달리 「자휘」에서는 214개 부수자도 획수가 적은 것부터 많은 것의 순서로 배열하였다. 이러한 부수자의 배열 방법은 「강희 자전(康熙字典)」, 「사해(辭海)」(1937) 등에서도 채택되었다. 그리고 같은 부수자에 포함되는 표제자들도 획수가 적은 것부터 많은 것의 순서로 배열하여 표제자를 찾아보기 쉽게 했다는 점에서 오늘날 대부분 자전들의 표제자 배열 방법의 효시가 된다.

그리고 제1책 후반부의 '검자(檢字)'에는 부수 찾기가 어려운 한자들을 사용자가 찾아보기 쉽게 획순에 따라 배열해 놓았다. 또 각 권의 앞부분에 각 부수와 그 부수가 실려 있는 면을 표시하여 사용자가 편리하고 쉽게 검색할 수 있도록 표를 만들어 놓았다. 사용자의 검색을 편리하게 해주는 이러한 배열 방법과 부수표는 표제자를 찾기 어려운 「설문 해자」, 「옥편」 등에서는 전혀 찾아볼 수 없는 새로운 것이다.

「설문 해자」에서 한 일(一) 부로 시작하여 '돼지 해(亥)' 부로 끝나는 전서체 540개의 부수와 부수 검색법이 처음으로 만들어졌다. 「설문 해자」에서 각 부수에 수록한 표제자는 일정한 규칙이 없이 배열되어 있어 표제자를 찾아보기 어렵다. 그래서 송나라 서현(徐鉉)의 「설문 해자 전운보(說文解字篆韻譜)」에서는 「설문 해자」에 수록되어 있는 표제자를 「절운(切韻)」의 상평성 제1부 '동(東)'에서 시작하여 입성 제34부 마지막 1부 '법(法)'으로 끝나는 운보 순서대로 배열하였다. 즉 표제자를 부수로 분류하여 제시하지 않았다. 그런데 이런 운보에 따라 표제자를 배열하면 글자의 형태는 있지만 그 글자의 음을 모르는 한자들은 배열할 수 없는 어려움이 발생한다. 진나라 고야왕(顧野王)의 「옥편」에서는 「설문 해자」의 부수 배열 방법을 기초로 하여 542개의 해서체 부수를 설정하였는데, 각 부수에 배열한 표제자를 검색하기는 여전히 어려웠다. 표제자를 검색하는 이러한 어려움을 극복하여 사용자에게 검색의 편리함을 제공한 자전은 「자휘」가 처음이다.

이처럼 획수에 따라 한자를 검색할 수 있도록 「자휘」에서 처음으로 선택한 표제자의 배열 방법은 「자휘」 이후에 편찬된 장자열(張自烈)의 「정자통(正字通)」, 청나라 때에 간행된 「강희 자전(康熙字典)」 등 대표적인 여러 자전들에서 채택됨으로써 중국 자전의 표제자 배열의 일반적인 방법이 되었다.

「자휘」에서는 표제자의 발음을 반절로 먼저 제시한 다음 직음으로 기술하였다. 예를 들면, 표제자 '력(力)'의 음을 반절자 '랑적(郎狄)'으로 제시하였고, 직음은 '력(曆)'으로 기술하였다.

「자휘」에서는 「설문 해자」와 「이아」처럼 표제자의 뜻을 풀이했는데, 송나라의 시문이나 당시(唐詩)를 예로 들면서 출전을 제시하였다. 그리하여 「자휘」는 이전의 자전보다 표제자의 뜻풀이가 명확하게 기술되어 있다.

「자휘」의 내용을 보완하거나 책명을 인용한 책으로는 「정자통(正字通)」, 「자휘보(字彙補)」, 「옥당 자휘(玉堂字彙)」, 「동문 자휘(同文字彙)」, 「문성 자휘(文成字彙)」 등이 있다.

국내 번각판 「자휘」의 간행 시기와 간행자는 알려지지 않고 있으며, 모두 14책으로 이루어져 있다. 제1책은 '세목(細目)'이고, 2책부터 13책까지는 12간지를 붙인 '자집(子集)'부터 '해집(亥集)'까지이며, 제14책은 '운법도(韻法圖)'이다.

「자휘」는 국립 중앙 도서관, 서울대 규장각, 고려대 도서관 등에 소장되어 있다.

「자휘」 참고 논저

① 이재석 역·호기광 저, 1997, 「중국 소학사」, 서울: 동문선. ② 정영지, 2000, 「운법횡도」 중의 증자·개자의 고찰, 「중국어문학」 35, 영남중국어문학회. 245-262. ③ 하영삼 옮김·황덕관 외 지음, 2000, 「한어문자학사」, 서울: 동문선. ④ 김태경, 2002, 「운법직도」·「운법횡도」에 보이는 몇 가지 음운 현상, 「중국어문학논집」 21, 중국어문학연구회. 89-119. ⑤ 김태경, 2003ㄱ, 「운법직도」·「운법횡도」의 음운 체계, 「중국어문학논집」 22, 중국어문학연구회. 7-42. ⑥ 김태경, 2003ㄴ, 「「운법직도」·「운법횡도」 연구」, 박사 논문, 서울: 연세대 대학원. ⑦ 김하종, 2003, 「부수 규범화에 관한 연구 -「설문해자」 540부수와 「자휘」 214부수를 통하여-」, 석사 논문, 제주: 제주대학교 대학원. ⑧ 장원철 옮김·오시마 쇼지 지음, 2003, 「한자에 도전한 중국」, 서울: 산처럼. ⑨ 이경원, 2010, 「설문」, 「옥편」, 「오경문자」, 「자휘」 부수 수량 목록 비교 연구, 「중국어 교육과 연구」 12-12, 한국중국어교육학회. 147-163. ⑩ 김영경, 2011, 「자휘」 부수 소고, 「중국문학연구」 45, 한국중문학회. 411-448. ⑪ 이조당, 2011, 부수 검색법의 발전 과정을 통해 본 숫자의 역할, 「민족문화」 38, 서울: 한국고전번역원. 27-51.

(11) 「정자통(正字通)」(1670)

「정자통」은 1670년 명나라 장자열(張自烈, 1564년~1650년)이 펴낸 자서인데, 청나라 초기에 요문영(廖文英)이 「정자통」의 내용을 새롭게 편집하여 간행하였다.

「정자통」에는 「자휘」에 수록된 한자 33,179개에 새로운 한자 360개와 이체자 119개가 더 첨가되어 모두 33,658자가 등재되어 있다.

그리고 「정자통」에서는 「자휘」를 구본으로 삼아 표제자의 뜻풀이를 기술하면서 인용 정보의 출전을 새롭게 명시하였다. 또 「정자통」에서는 「자휘」의 형식을 따라 '일(一)' 부에서 '약(龠)' 부까지 214부로 나누어 배열한 다음 획수별로 다시 배열하였다. 그리고 「정자통」의 필획 수에 따라 표제자를 검색하는 방법과 표제자의 배열 순서도 「자휘」와 같다. 따라서 「정자통」은 「자휘」의 내용과 형식을 토대로 편찬되었음을 알 수 있다.

그런데 「정자통」에서는 「자휘」와는 달리 인용문의 앞뒤 문장을 함께 제시하였으며, 표제자의 이체자들을 별도의 표제자로 선정하지 않고 하나의 표제자에 모두 모아 설명하였다. 「정자통」에서는 「자휘」의 내용을 수정하고 증보하면서 「설문 해자」의 내용을 비판하였다.

이러한 「정자통」의 구조적 특징은 청나라 때인 1716년에 편찬된 「강희 자전(康熙字典)」으로 이어진다. 청나라 학자들이 「자휘」와 「정자통」을 경시하였음에도 불구하고 「강희 자전」은 「정자통」의 내용과 형식을 참고하고 보충하여 편찬되었다.

「정자통」에 관한 내용은 정약용의 「경세 유표」 제9권 전제 별고 2, 이규경의 「오주 연문 장전 산고」 인사편 1-인사류 2 씨성·시호, 「오주 연문 장전 산고」 경사편 1-경전류 2 소학-자서·소학-운서, 「오주 연문 장전 산고」 경사편 2-도장류 1 도장총설, 「오주 연문 장전 산고」 경사편 4-경사 잡류 2 전적 잡설, 「오주 연문 장전 산고」 경사편 5-논사류 2 인물-중국편·인물-제왕, 이유원의 「임하 필기」 제32권 순일편·제34권 화동옥삼편·제35권 벽려신지, 이덕무의 「청장관 전서」 제55권 앙엽기 2·3·5·7, 한치윤의 「해동 역사」 인용 서목 중국서 목록·제27권 물산지 2 어류, 정조의 「홍재 전서」 제162권 일득록 2 문학 2 등에서 찾아볼 수 있다.

---

**「정자통」 참고 논저**

① 김현철 외 옮김·복지진 저, 1997, 「중국언어학사」, 서울: 신아사. ② 이재석 역·호기광 저, 1997, 「중국 소학사」, 서울: 동문선. ③ 이병관 외, 1999, 「중국언어학사」 상, 서울: 보성. ④ 하영삼 옮김·황덕관 외 지음, 2000, 「한어문자학사」, 서울: 동문선.

---

지금까지 살펴본 자서들에는 표제자의 발음 정보도 기술하거나 표제자를 부수별로 나누고 획수에 따라 찾아보기 쉽게 배열한 특징을 찾아볼 수

있다. 이러한 특징을 지니고 있는 자서들은 자전의 형태로 점차 발전하게 되므로 자서와 자전은 형식적으로나 내용적으로 밀접한 관계를 맺고 있음은 의심할 여지가 없다.


## 자서 참고 논저

강호천, 1990, 중국 운학의 전래, 「우암논총」 6, 청주: 청주대 대학원. 1-23.

공재석, 1981, 진시황의 한자 통일과 각석, 「중국문학」 8, 한국중국어문학회. 155-166.

교보문고 http://www.kyobobook.co.kr

국가 전자 도서관 http://www.dlibrary.go.kr

권중택, 2009, 「설문해자의 부수」, 서울: 서울출판사.

금하연, 2010, 「(개정판) 성부 중심 「설문해자」」, 서울: 일월산방.

금하연, 2012, 「부수 중심 체계에 대한 비판과 성부 중심 활용 연구」, 석사 논문, 서울: 고려대 대학원.

김 근, 1981, 「「설문해자」 부수의 자차(字次)와 그 의의」, 석사 논문, 서울: 서울대 대학원.

김 근 역·육종달 지음, 1986, 「설문해자 통론」, 대구: 계명대학교출판부.

김경숙, 1999, 「설문해자」 '독고'에 반영된 *-n 운미의 방언 현상, 「진리논단」 3, 천안: 천안대. 401-415.

김경일, 1987, 「용감수경」 소고, 「중국어문학」 13, 영남중국어문학회.

김근수, 1975, 「용감수경」 해제, 한국학문헌연구소 편, 「용감수경」, 서울: 아세아문화사.

김동진, 1997, 「설문해자」의 재검토, 「인문사회과학연구」 12, 공주: 공주대 인문사회과학연구소. 37-57.

김동진, 2001, 「설문해자」에 나타난 중국 고대 사회상 고, 「중국어문학논집」 18, 중국어문학연구회. 49-66.

김미진, 2006, 「「설문해자」 여부(女部)에 반영된 고대 여성 이미지 고찰」, 석사 논문, 부산: 부산대.

김선례, 1990, 「육서 소고」, 석사 논문, 전주: 전북대 대학원.

김순희, 1996, 「설문해자익징」 연구, 「한국문헌정보학회지」 30-1, 한국문헌정보학회. 69-88.

김순희, 1997, 「설문해자익징」과 「설문해자」의 비교, 「문헌정보학논집」 7, 대전: 충남대 사회과학대학 문헌정보학과. 207-236.

김순희, 2005, 「「설문해자익징」에 관한 연구」, 서울: 한국학술정보(주).

김시연, 2001, 원본 「옥편」 잔권 언(言)부 이체 편방 고, 「중국어문학논집」 17, 중국어문학연구회. 5-36.

김시연, 2002ㄱ, 「옥편」 잔권 난자 고석, 「중국어문학지」 11, 중국어문학회. 447-468.

김시연, 2002ㄴ, 원본 「옥편」 잔권 사부 표제자 자형 고, 「중국어문학논집」 19, 중국어문학연구회. 7-29.

김시연, 2003, 「옥편」 잔권 고문 자형의 유래 고찰, 「중국어문학지」 13, 중국어문학회. 337-364.

김시연·이규갑, 2001, 원본 「옥편」 잔권 흠(欠)부 고, 「중국어문학지」 9-1, 중국어문학회. 193-229.

김아영, 2012, 「「설문해자」 중 '가족'과 관련된 한자의 문화적 의미」, 석사 논문, 서울: 한국외대 대학원.

김애영, 1988, 「용감수경 부수 연구」, 석사 논문, 서울: 연세대 대학원.

김애영 외 역, 1998, 「설문해자주」 15편 번역, 「중국어문논역총간」 2, 중국어문논역학회. 245-275.

김애영 외 역, 1999ㄱ, 「설문해자주」 15편 번역(2), 「중국어문논역총간」 3, 중국어문논역학회. 145-183.

김애영 외 역, 1999ㄴ, 「설문해자주」 15편 번역(3), 「중국어문논역총간」 4, 중국어문논역학회. 401-443.

김애영, 2000, 「전예만상명의」 반절 상자 연구, 「중국어문학논집」 15, 중국어문학연구회. 261-283.

김애영, 2001, 원본 「옥편」 잔권 고문 연구, 「중어중문학」 27, 한국중어중문학회. 113-138.

김애영, 2006, 오대음의서에 인용된 「옥편」의 인용 유형 고, 「중국어문학논집」 41, 중국어문학연구회. 7-25.

김영경, 2007, 「설문해자익징」에 나타난 박선수의 문자 이론에 대한 고찰, 「중국학」 29, 대한중국학회. 1-30.

김영경, 2011, 「자휘」 부수 소고, 「중국문학연구」 45, 한국중문학회. 411-448.

김영섭, 2003, 「「설문해자」 고문이 해서에 끼친 영향 연구」, 석사 논문, 서울: 연세대 대학원.

김유연, 2001, 「「설문해자」 '주문(籀文)' 연구」, 석사 논문, 서울: 한양대.

김유연, 2008, 「설문해자」에 수록된 천간, 지지에 대한 고찰, 「중국어문논총」 39, 중국어문연구회. 1-36.

김유연, 2009ㄱ, 『설문해자』 '중문(重文)' 연구」, 박사 논문, 서울: 한양대 대학원.

김유연, 2009ㄴ, 「설문해자」에서 '중문'으로 수록한 '전문(篆文)' 고, 「중국어문학논집」 54, 중국어문학연구회. 7-43.

김은희, 2008, 「설문해자」 무종속자 부수 연구, 「중국어문학논집」 48, 중국어문학연구회. 7-31.

김은희, 2009, 갑골문 '잉여 기호(점, 필선)'의 변화와 「설문해자」의 자형 재분석, 「중국언어연구」 29, 한국중국언어학회. 241-258.

김은희, 2010ㄱ, 갑골문 부수와 「설문해자」 부수의 비교 연구, 「중국어문학논집」 64, 중국어문학연구회. 7-31.

김은희, 2010ㄴ, 「설문해자」의 동형이의 자소 연구, 「중국어문학논집」 60, 중국어문학연구회. 35-55.

김은희 옮김·왕닝 외 지음, 2010ㄷ, 『설문해자」와 중국 고대 문화」, 서울: 학고방.

김지연, 2007, 『설문해자」 'ㄏ' 부자(部字)의 의미 연구」, 석사 논문, 서울: 한국외대 대학원.

김창기 역, 1930, 고려판 「용감수경」 해설, 「불교」 67호, 경성; 불교사. 29~38; 후지스카 지카시(藤塚隣), 1929, 高麗版龍龕手鏡解說, 경성: 경성제국대학 법문학부.

김태경, 2002, 「운법직도」·「운법횡도」에 보이는 몇 가지 음운 현상, 「중국어문학논집」 21, 중국어문학연구회. 89-119.

김태경, 2003ㄱ, 「운법직도」·「운법횡도」의 음운 체계, 「중국어문학논집」 22, 중국어문학연구회. 7-42.

김태경, 2003ㄴ, 『운법직도」·「운법횡도」 연구」, 박사 논문, 서울: 연세대 대학원.

김태완, 2003, 「설문해자」의 일(一) 부 상형자와 한국어 어휘의 음운 상관 관계 고찰, 「중국학보」 47, 한국중국학회. 23-41.

김태완, 2007, 「설문해자」 부수의 사서 귀납 원칙 및 부내자 배열 원칙과 부수와의 관계 고찰, 「중국인문과학」 37, 중국인문학회. 25-41.

김하종, 2003, 「부수 규범화에 관한 연구 -「설문해자」 540부수와 「자휘」 214부수를 통하여-」, 석사 논문, 제주: 제주대학교 대학원.

김현철 외 옮김·복지진 저, 1997, 「중국언어학사」, 서울: 신아사.

김혜경, 2009, 박선수의 「설문해자익징」에 대하여, 「동북아 문화연구」 20, 동북아시아 문화학회. 5-29.

김혜경, 2010, 「박선수 「설문해자익징」의 간지론(干支論) 연구: 허신의 「설문해자」와 비교를 통해」, 박사 논문, 경산: 영남대 대학원.

김홍진, 1979, 「설문해자」 서고석(敍考釋), 「국민대학교 논문집」 16-1, 서울: 국민대.

123-136.

나도원, 2007, 「설문해자」 이(耳) 계열자에 나타난 의미 지향 시탐, 「중국어문학논집」 45, 중국어문학연구회. 49-64.

남풍현, 2007, 고대 한국에 있어서 한적, 불전의 전래와 수용에 대하여, 「서지학보」 31, 한국서지학회. 5-35.

노용필, 2010, 한국 고대 문자학과 훈고학의 발달, 「진단학보」 110, 진단학회. 1-30.

류동춘, 2007, 「설문해자주」 부수자 역해, 「중국어문학」 50, 영남중국어문학회. 527-530.

명혜정, 2010, 「현응(玄應) 「일체경음의」의 설해 연구: 「설문」 인용문 중심으로」, 박사 논문, 대전: 충남대 대학원.

문관수·이기훈, 2011, 갑골문자를 통한 「설문해자」의 자원 해석 오류 유형 고찰, 「동방한문학」 46, 동방한문학회. 249-279.

문준혜, 1994ㄱ, 「「설문해자」의 부수 선정 원칙 연구」, 석사 논문, 서울: 이화여대 대학원.

문준혜, 1994ㄴ, 「설문해자」의 부수 선정 원칙 연구, 「이화형원」 6, 서울: 이대 인문과학대학 중어중문학과. 16-41.

문준혜, 2007ㄱ, 「설문해자익징」의 해제와 역해의 실례, 「중국어문논역총간」 20, 중국어문논역학회. 23-51.

문준혜, 2007ㄴ, 「설문해자익징」의 내용 분류에 따른 대표자 역주, 「중국문학」 50, 한국중국어문학회. 275-291.

문준혜, 2008ㄱ, 「「설문해자익징」 해설자 역해」, 박사 논문, 서울: 서울대 대학원.

문준혜, 2008ㄴ, 박선수와 「설문해자익징」, 「규장각」 32, 서울대 규장각 한국학연구원. 157-184.

문준혜, 2008ㄷ, 「설문해자익징」의 문자 해설, 「중국문학」 55, 한국중국어문학회. 125-146.

문준혜, 2010ㄱ, 「설문해자」의 수용 양상 –청대 설문학의 성립과 발전을 중심으로–, 「중국문학」 62, 한국중국어문학회. 41-65.

문준혜, 2010ㄴ, 「설문해자익징」과 「설문고주보」 비교 고찰, 「중국어문학지」 32, 중국어문학회. 253-279.

문준혜, 2011, 「설문해자익징」의 저본 연구, 「중국어문학지」 35, 중국어문학회. 161-188.

박상수, 2011, 「「설문해자」와 「육서심원」의 부수 비교 연구: 편제 방식과 자해를 중심으로」, 석사 논문, 성남: 단국대 대학원.

박준영, 2012, 「중국 선진 시기 귀신 관념의 형성과 전개 연구: 「설문해자」 '귀(鬼)' 부(部)를 중심으로」, 석사 논문, 서울: 명지대 교육대학원.

박한나, 2007, 「부수자의 형의 분석을 통한 신체 어휘의 유형 및 의미 변화 연구」, 석사 논문, 서울: 동국대.

반중규, 1983ㄱ, 「용감수경」과 사본 각본의 관계, 「민족문화논총」, 4, 경산: 영남대 민족문화연구소.

서  권, 2010, 「「설문해자」 전문(篆文) 연구」, 박사 논문, 제주: 제주대 대학원.

서영근, 2005, 갑골문과 비교를 통한 「설문」 부수자의 오류 연구, 「서예학연구」, 7, 한국서예학회. 146-171.

서영근, 2009, 「「설문해자」 부수형의 고찰」, 서울: 한국학술정보.

서울대학교 중앙도서관 http://library.snu.ac.kr

서원남, 2003ㄱ, 중국 자서 편찬사에 대한 고찰, 「동양학」, 34, 서울: 단국대 동양학연구소.

서원남, 2003ㄴ, 「사기」 삼가주에 인용된 「설문」 초탐, 「중국언어연구」, 16, 한국중국언어학회. 307-337.

서원남, 2008, 「설문해자주」에 인용된 「사기」 연구, 「중국학연구」, 45, 중국학연구회. 3-37.

서한용, 2006, 「설문석례」의 '육서총설' 편에 대한 고찰, 「한자한문연구」, 2, 서울: 고려대 한자한문연구소. 215-239.

손  청, 2009, 「「설문해자」에 인용된 선진(先秦)부터 서한말(西漢末)까지의 '통인설(通人說)' 연구」, 석사 논문, 서울: 한양대.

손예철, 1995, 「설문해자」 '성형' 고, 「중국문학」, 23, 한국중국어문학회. 269-282.

손예철, 1998, 「설문해자」 중의 고문 성형 성성고, 「중국어문학」, 32, 영남중국어문학회. 533-555.

손예철, 1999, 「설문해자」에 나타난 형성자 의부 성형고, 「중국문학」, 31, 한국중국어문학회. 251-269.

손예철, 2000, 「설문해자」 중(中)의 기타 중문(重文)의 성형·성성 고, 「중국학보」, 42-1, 한국중국학회. 137-165.

손예철, 2001, 「설문해자」 소전체 중복자 연구, 「중국문학」, 35, 한국중국어문학회. 303-323.

손예철, 2005, 「설문해자」 '노(老)' 부자 형음의고, 「중국학보」, 51, 한국중국학회. 3-27.

손환철, 2010, 「설문해자」 부수자 중의 회의자 성형(省形) 고, 「중국문학」, 65, 한국중국어문학회. 143-177.

송지현, 2009, 「「설문해자」 형성 전자(專字) 연구」, 석사 논문, 부산: 부산외대.

신상현, 2006, 조선본 「용감수감」의 판본과 특징에 대한 고찰, 「한문학보」, 14, 우리한문학회. 393-424.

신상현, 2009, 「조선 시대 한자 자형 연구」, 박사 논문, 서울: 고려대 대학원.

신현규, 2008, 한자 자원 학습에서 「설문해자」의 재고, 「어문연구」 36-1, 한국어문교육
　　　연구회. 487-508.

심경호 역·아쓰지 데쓰지 저, 2008, 「한자학: 「설문해자」의 세계」, 서울: 보고사.

양동숙, 1984ㄱ, 「설문해자」 중의 고문 연구, 「논문집」, 25, 서울: 숙대. 239-262.

양동숙, 1984ㄴ, 「설문해자」 부수의 유변, 「중국학보」 24-1, 한국중국학회. 23-50.

양원석, 2011, 19세기 조선에서의 단옥재 학문에 대한 인식 및 「설문해자주」 수용 양
　　　상, 「우리어문연구」 39, 우리어문학회. 119-145.

염정삼, 2002, 한자가 보여주는 순환론적 세계관 -「설문해자」를 통하여-, 「중국문학이
　　　론」 1, 한국중국문학이론학회. 13-31.

염정삼, 2003, 「「설문해자주」 부수자 역해」, 박사 논문, 서울: 서울대 대학원.

염정삼, 2004, 「설문해자주」를 통해 본 단옥재의 문자관, 「중어중문학」 34, 한국중어중
　　　문학회. 1-23.

염정삼, 2007ㄱ, 「설문해자주」 제1편(상) '일(一)', '상(上)' 부 부속자 번역, 「중국문학」
　　　50, 한국중국어문학회. 261-273.

염정삼, 2007ㄴ, 「설문해자주」 제1편(상) -'시(示)' 부 부속자 번역(1)-, 「중국문학」 51,
　　　한국중국어문학회. 189-218.

염정삼, 2007ㄷ, 「「설문해자주」 부수자 역해」, 서울: 서울대학교출판부.

염정삼, 2009, 상형성에 의한 중국 문자 의미 분류에 관하여 -「설문해자」의 예를 중심
　　　으로-, 「중국문학」 58, 한국중국어문학회. 297-318.

염정삼, 2011, 「설문해자」 서(敍) 주해(1), 「중국문학」 68, 한국중국어문학회. 233-250.

오제중, 2002, 「설문해자」 가차에 관한 소고, 「인문과학논총」 38, 서울: 건국대 인문과
　　　학연구소. 113-132.

오제중, 2005, 「설문해자」 독약(讀若) 고, 「중국언어연구」 20, 한국중국언어학회. 233-
　　　254.

오제중, 2009ㄱ, 「설문해자」 고문의 내용 및 자례 분석, 「중어중문학」 44, 한국중어중
　　　문학회. 439-467.

오제중, 2009ㄴ, 「설문해자」 주문과 「사주편」 연구, 「중국언어연구」 30, 한국중국언어
　　　학회. 237-270.

오제중, 2010, 청대의 「설문해자」 고문 연구에 관한 고찰, 「중국언어연구」 33, 한국중
　　　국언어학회. 289-314.

유재윤, 1999, 「설문해자」의 육서 연구, 「한문교육연구」 13-1, 한국한문교육학회. 153-
　　　191.

유정기, 1973, 「설문자전」, 서울: 통문관.

유현아, 2009, 「설문해자주」 제12편의 의미 파생 규칙에 대한 시론, 「비교문화연구」
    13-2, 서울: 경희대 비교문화연구소. 365-377.
윤창준, 2002, 「설문해자」 표제자 선정 원칙 중의 변례 고, 「중국어문학논집」 19, 중국
    어문학연구회. 59-85.
윤창준, 2004, 한자의 표의, 표음 방식의 특징 고찰 -「설문해자」 혹체 중의 형부, 성부
    대체자를 중심으로-, 「중국학보」 49, 한국중국학회. 17-37.
윤창준, 2005, 「설문해자」 혹체 중의 별자류 고찰, 「중국학연구」 31, 중국학연구회.
    149-166.
윤창준, 2006, 「설문해자」 속자 고찰 -단옥재 「설문해자주」와의 비교를 통하여-, 「중
    국언어연구」 23, 한국중국언어학회. 219-239.
윤창준, 2007, 「설문해자」 혹체 중 회의자 편방 대체 분석, 「중어중문학」 41, 한국중어
    중문학회. 69-80.
윤창준, 2008, 「설문해자」 혹체 중 형성자 형부 대체자 분석, 「중국언어연구」 26, 한국
    중국언어학회. 301-317.
윤창준, 2009, 「설문해자」 중문(重文) 연구, 「중국언어연구」 28, 한국중국언어학회.
    207-226.
이강로, 2005, 「설문해자」를 통한 한자 자형에 대한 소론, 「한글」 269, 한글학회.
    219-233.
이경숙, 2005, 석고 문자형과 「설문해자」 소전자형에 대한 고찰 및 비교, 「한문학보」
    12, 우리한문학회. 511-534.
이경숙, 2006, 「설문해자」의 중문과 정문의 자형 구조 관계에 대한 소고, 「한문학보」
    15, 우리한문학회. 469-491.
이경원, 2003, 원본, 송본 「옥편」 언(言)부 이체자의 내원 및 등급 속성의 변화에 대한
    비교 연구 -「옥편」 두 판본의 특징, 가치, 교감의 득실을 겸하여 논함-, 「중국
    언어연구」 16, 한국중국언어학회. 357-402.
이경원, 2010ㄱ, 「설문」, 「옥편」, 「오경문자」, 「자휘」 부수 수량·목록 비교 연구, 「중국
    어교육과연구」 12, 한국중국어교육학회. 147-163.
이경원, 2010ㄴ, 「오경문자」 부수 배열에 구현된 자양학 이론에 대한 연구, 「중국학논
    총」 31-1, 한국중국문화학회. 63-89.
이경원, 2010ㄷ, 장삼 「오경문자」의 해서 부수 자형 확립에 대한 공헌, 중국어문논총」
    46, 중국어문연구회. 49-71.
이규갑, 1991, 「한자의 기원과 조자 방법의 변천 연구」, 박사 논문, 서울: 연세대.
이규경, 19세기 중엽, 「오주 연문 장전 산고」.
이병관 외, 1999, 「중국언어학사」 상, 서울: 보성.

이병관, 2000ㄱ, 「설문해자」 역주(1), 「중국어문학논집」 14, 중국어문학연구회. 293-311.
이병관, 2000ㄴ, 「설문해자」 역주(2), 「중국어문학논집」 15, 중국어문학연구회. 225-259.
이병관, 2002ㄱ, 「설문해자」 역주(3), 「중국어문학논집」 20, 중국어문학연구회. 127-166.
이병관, 2002ㄴ, 「설문해자」 역주(4), 「중국어문학논집」 21, 중국어문학연구회. 67-88.
이병관, 2003, 「설문해자」 역주(5), 「중국어문학논집」 24, 중국어문학연구회. 65-87.
이병관, 2004ㄱ, 「설문해자」 역주(6), 「중국어문학논집」 26, 중국어문학연구회. 7-29.
이병관, 2004ㄴ, 「설문해자」 역주(7), 「중국어문학논집」 27, 중국어문학연구회. 7-30.
이병관, 2005ㄱ, 「설문해자」 역주(9), 「중국어문논역총간」 14, 중국어문논역학회. 417-
    448.
이병관, 2005ㄴ, 「설문해자」 역주(11), 「중국어문논역총간」 16, 중국어문논역학회. 343-
    368.
이병관, 2006ㄱ, 「설문해자」 역주(12), 「중국어문논역총간」 17, 중국어문논역학회. 285-
    305.
이병관, 2006ㄴ, 「설문해자」 역주(13), 「중국어문논역총간」 18, 중국어문논역학회. 307-
    330.
이병관, 2007ㄱ, 「설문해자」 역주(14), 「중국어문논역총간」 19, 중국어문논역학회. 293-
    310.
이병관, 2007ㄴ, 「설문해자」 역주(15), 「중국어문논역총간」 21, 중국어문논역학회. 477-
    500.
이병관, 2008ㄱ, 「설문해자」 역주(16), 「중국어문논역총간」 22, 중국어문논역학회. 399-
    425.
이병관, 2008ㄴ, 「설문해자」 역주(17), 「중국어문논역총간」 23, 중국어문논역학회. 487-
    510.
이병관, 2008ㄷ, 「설문해자」 역주 제9편 상(上) 1, 「중국어문논총」 36, 중국어문연구회.
    317-341.
이병관, 2008ㄹ, 「설문해자」 역주 제9편 상(上) 2, 「중국어문논총」 37, 중국어문연구회.
    297-320.
이병관, 2009ㄱ, 「설문해자」 역주(18), 「중국이문논역총간」 24, 중국어문논역학회. 655-
    677.
이병관, 2009ㄴ, 「설문해자」 역주(19), 「중국어문논역총간」 25, 중국어문논역학회. 387-
    408.
이병관, 2010ㄱ, 「설문해자」 역주(20), 「중국어문논역총간」 26, 중국어문논역학회. 493-
    514.
이병관, 2010ㄴ, 「설문해자」 역주(21), 「중국어문논역총간」 27, 중국어문논역학회. 413-

435.

이병관, 2011ㄱ, 「설문해자」 역주(22), 「중국어문논역총간」, 28, 중국어문논역학회. 373-
394.

이병관, 2011ㄴ, 「설문해자」 역주(23), 「중국어문논역총간」, 29, 중국어문논역학회. 415-
436.

이상기, 2009, 진(秦) 문자와 「설문」과의 관계에 대한 고찰, 「중국인문과학」 42, 중국인
문학회.

이승희, 2006, 「「설문해자」 부수(540부)와 한한 자전 부수(214부)의 비교 연구」, 석사
논문, 전주: 전북대.

이완재, 1999, 「박선수 연구」, 서울: 집문당.

이은정, 1996, 「「설문해자」 성성(省聲) 연구」, 석사 논문, 서울: 한양대.

이의활, 1984, 이서본 「설문해자」 유전 소고, 「중국어문학」, 8-1, 영남중국어문학회.
209-223.

이재석 역·호기광 저, 1997, 「중국 소학사」, 서울: 동문선.

이조당, 2011, 부수 검색법의 발전 과정을 통해 본 숫자의 역할, 「민족문화」, 38, 서울:
한국고전번역원. 27-51.

이충구, 2006, 자원 연구와 한자 교육: 「설문해자」에 나타난 한자 자원 연구, 「한자한
문교육」 17, 한국한자한문교육학회. 95-119.

이치수, 1986, 「설문해자 통론」, 「중국어문학」, 12-1, 영남중국어문학회. 351-352.

이현숙, 1989, 「이아」를 이용한 「설문해자」 석례 고, 「서원대학 논문집」, 24, 청주: 서원
대. 133-153.

임선영, 2009, 「이양영(李陽永)의 「설문해자」 연구: 「설문계전(說文繫傳)·거망편(祛妄篇)」
을 중심으로」, 박사 논문, 서울: 한양대 대학원.

임진호·정순옥, 2002, 「설문해자」에 인용된 「시경」 석례 연구, 「중국인문과학」, 24, 중
국인문학회. 37-60.

임현설, 2005, 「「설문해자」 동체 회의자 연구」, 석사 논문, 서울: 한국외대 대학원.

장 용, 2012, 부수 ‘충(蟲)’이 갖는 의미 범주에 대한 고찰 –「설문해자」와 「현대 한어
사전」의 ‘충부’를 중심으로, 「중국언어연구」 40, 한국중국언어학회. 141-166.

장원철 옮김·오시마 쇼지 지음, 2003, 「한자에 도전한 중국」, 서울: 산처럼.

장은영, 2006, 「「설문해자」 중 ‘노예’·‘형벌’ 관련 한자의 의미 확장 연구」, 석사 논문,
서울: 한국외대.

장재웅, 2001, 「설문해자주」에 보이는 단옥재의 합운 유형 연구, 「중국어문학논집」, 17,
중국어문학연구회. 103-133.

장혜영, 2003ㄱ, 갑골문을 통한 「설문해자」 1편의 오류 수정, 「중국언어연구」, 17, 한국

중국언어학회. 429-449.

장혜영, 2003ㄴ, 갑골문을 통한 「설문해자」 2편 상(上)의 오류 수정, 「중국연구」 32, 서울: 한국외대 외국학종합연구센터 중국연구소. 49-62.

장혜영, 2005, 갑골문을 통한 「설문해자」 2편 하(下)의 자형 풀이 고찰, 「중국문화연구」 6, 중국문화연구학회. 75-95.

장혜영, 2007, 갑골문을 통한 「설문해자」 3편 상의 자형 풀이 고찰(IV), 「중국문화연구」 10, 중국문화연구학회. 79-101.

정경일, 1998, 성운학의 도입과 고려시대의 운서, 「순천향어문논집」 5, 순천향어문학연구회. 485-504.

정소임·백종인, 2010, 「전예만상명의」에 나타나는 중뉴 현상, 「중국언어연구」 33, 한국중국언어학회. 1-25.

정소임·백종인, 2011, 「전예만상명의」의 중뉴운 중 설치음의 분류 문제, 「인문학연구」 85, 대전: 충남대 인문과학연구소. 331-345.

정애라, 2009, 「「설문해자」 '심(心)' 부자(部字)의 인지언어학적 고찰: 심리 공간으로 은유되는 자(字)를 중심으로」, 석사 논문, 서울: 한국외대 대학원.

정영지, 2000, 「운법횡도」 중의 증자·개자의 고찰, 「중국어문학」 35, 영남중국어문학회. 245-262.

정옥순, 1993, 「「설문해자」에 인용된 「시경」의 석례 연구」, 석사 논문, 서울: 중앙대.

정학순, 1997, 「「설문해자」 독고(讀苦) 연구: 경서(經書), 군서(群書), 통인설(通人說) 인용을 중심으로」, 석사 논문, 서울: 한양대.

지수옥, 2010, 「이포(李圃)의 「갑골문 문자학」 자소 연구: 「설문해자」 부수자와의 비교를 중심으로」, 석사 논문, 제주: 제주대 대학원.

진광호, 1986, 「설문해자」 형성자 결구 고, 「중국어문학」 12-1, 영남중국어문학회. 225-238.

차상원, 1954, 「설문해자」 부수 고, 「논문집」 1, 서울: 서울대. 77-90.

최남규, 1992, 대서본 「설문해자」 성성자 고변, 「중국어문학」 20-1, 영남중국어문학회. 281-292.

최영택, 1992, 「「설문해자」의 성성자(省聲字)에 대한 연구: 은주본(殷注本)을 중심으로」, 석사 논문, 광주: 전남대 대학원.

최영택, 1993, 「설문해자」에 나타난 문자 자유(孳乳) 계통에 대한 연구, 「중국인문과학」 12, 중국인문학회. 1-38.

하수용, 2000, 「「설문해자」 회의자 연구」, 석사 논문, 부산: 부산대 교육대학원.

하영삼, 2000, 박선수 「설문해자익징」의 문자 이론과 해석 체계의 특징, 「중국어문학」 38, 영남중국어문학회. 453-491.

하영삼 옮김·황덕관 외 지음, 2000, 「한어문자학사」, 서울: 동문선.
하영삼, 2001, 박선수 「설문해자익징」의 문자 이론과 해석 체계의 특징, 「중국어문학」 38, 영남중국어문학회. 453-491.
하영삼, 2007, 「설문해자」 목(目)·견(見) 계열자를 중심으로 살펴본 중국의 시각 사유, 「중국문학」 52, 한국중국어문학회. 267-298.
한국 고전 종합 디비 http://db.itkc.or.kr
한국학 중앙 연구원 http://www.aks.ac.kr
허 벽, 1976, 육서와 「설문해자」, 「인문과학」 36, 서울: 연세대 인문과학연구소. 25-44.
허태일, 1992, 고려판 영인 요각 「용감수경」 약고, 「한국학연구」 4, 인천: 인하대 한국학연구소. 37-43.

## 2.3. 운서

위나라 손염(孫炎)[147] 등은 한자의 발음을 표시하기 위해 반절(半切)을 만들었다. 반절은 두 글자를 합하여 하나의 음을 나타내는 한자 발음 기호이다. 반절 상자(上字: 앞 글자)는 한자의 성모(聲母: 자음)를 나타내고, 반절 하자(下字: 뒷 글자)는 한자의 운모(韻母: 모음)와 성조(聲調)를 나타낸다. 예를 들면, '東 德紅切'에서 표제자 '東'의 발음은 반절자 '德(덕)'과 '紅(홍)'으로 제시했다. 따라서 표제자 '東'의 발음은 반절 상자 '德(덕)'의 자음인 '[ㄷ]'와 반절 하자 '紅(홍)'의 모음 '[옹]'을 합친 '[동]'인 것이다.

중국 한자의 음은 자음인 성모, 모음인 운모, 그리고 고저 악센트(pitch accent)인 성조로 이루어져 있다. 이러한 한자의 음의 구성 성분 특히 반절 하자 즉 모음(운모)를 분류 기준으로 삼아 한자를 분류하여 배열한 한자 발음 사전을 흔히 운서(韻書)라고 부른다.[148] 따라서 운서는 성운학(聲韻學)[149]

147) 손염은 그의 저서 「이아 음의(爾雅音義)」에서 반절을 정리하였다. 손염의 반절로 음을 표시하는 방법은 후대에 널리 사용되었으며, 중국 성운학을 탄생시켰다.

의 연구 결과를 모두 모아 검색하기 편리하게 만든 한자 발음 사전으로 볼수 있다.

한편 중국에서 한시(漢詩)를 지을 때에 압운(押韻)이라는 형식을 갖추어야하는데, 압운은 일정한 곳에 동일한 운(韻)을 가진 한자를 사용하여 음률의효과를 나타내는 시의 형식을 가리킨다.

운(韻; rhyme)은 한자의 음절에서 자음 즉 성모를 제외한 운두(韻頭), 운복(韻腹), 운미(韻尾), 성조(聲調; tone)이거나 또는 이것들을 성조의 차이 등에따라 다시 나눈 것이다. 다시 말하면 운(韻)은 성조의 차이에 따라 평성, 상성, 거성, 입성의 4성으로 나누어지며,150) 이것을 다시 그 유사성에 따라

---

148) 「수서(隨書)」 반휘전(潘徽傳)에 따르면, 위나라 사람 이등(李登)의 저서 「성류(聲類)」는 성모와 운모를 분석하고, 처음으로 청탁을 판별하고, 궁상(宮商) 즉 오성(五聲)으로 표제자를 나눈 것으로 자서인 「삼창」, 「설문 해자」와는 다르다고 하였다. 따라서 「성류」는 자서가 운서로 향하는 과도 단계의 책임을 알 수 있다. 한편 「성류」를 토대로 삼아 여정(呂靜)은 「운집(韻集)」을 완성하였고, 남북조 시대에 사성(四聲)이 발견됨에 따라 심약(沈約)의 「사성보(四聲譜)」, 주언륜(周彦倫)의 「사성 절운(四聲切韻)」 등의 운서가 편찬되었다.

149) 중국의 성운학(또는 운학)은 편운학(編韻學)과 등운학(等韻學)으로 나눈다. 편운학은 운서의 편찬에 필요한 체재, 형식 등을 연구하는 분야이고, 등운학은 한자음을 체계적으로 기술하기 위한 목적으로 연구하는 분야이다.
  우리 나라에서 한자음을 논의한 것으로는 신숙주가 쓴 「동국 정운」의 서문, 「화담집(花潭集)」(서경덕, 1605)에 수록된 '성음해(聲音解)', 「경세 정운(經世正韻)」(최석정, 1678), 「화동 정음 통석 운고(華東正音通釋韻考)」(박성원, 1747), 「화동 정음 통석」(박성원, 영조 때 간행), '황극 경세서(皇極經世書)'를 수록한 「이수 신편(理數新編)」 권12(황윤석, 1774), 「운학 본원(韻學本源)」(황윤석, 영조 때 간행), 「오음정(五音正)」(이광사, 정조 때 간행), 「사칠 정음 운고(四七正音韻考)」(박경가, 1835) 등이 있다. 그리고 「훈민 정음」을 연구한 논의로는 「훈민 정음」 서문과 해례(정인지 외, 1446), 「훈민 정음 운해(訓民正音韻解)」(신경준, 1750), 「훈민 종편(訓民宗編)」(이사질, 영조 때 간행), 「만우재집(晩寓齋集)」(금영택, 정조 때 간행), '자모변(字母辯)'이 수록되어 있는 「이재 유고(頤齋遺稿)」(황윤석, 1829), 「주영편(晝永編)」(정동유), 「언문지(諺文志)」(유희, 1824), 「언음 첩고(諺音捷考)」(석범 또는 시곡병부(詩谷病夫), 1846), 「언문 변증설(諺文辨證說)」(이규경), 「자류 주석(字類註釋)」(정윤용, 1856), 「동문 자모 분해(東文字母分解)」(강위, 1869), 「광견 잡록(廣見雜錄)」(노정섭, 1886), 「음경(音經)」(권정선, 1906) 등이 있다(유창균, 1969: 112-165).

150) 송나라 왕응린(王應麟)은 창힐(蒼頡)은 문자를 만들었고, 손염(孫炎)은 반절의 창시자이며, 심약(沈約)은 사성의 창시자라고 말하였다.

분류한 것을 가리킨다. 옛날에는 200여 운이 있었는데 나중에 100여 운으로 정리되었다.

압운은 운복, 운미, 성조가 같을 때에 이루어지는데, 이 조건을 만족하는 글자를 압운자라고 한다. 압운은 그 위치에 따라 두운(頭韻), 요운(腰韻), 각운(脚韻)151)으로 나눌 수 있다. 즉 시행(詩行)의 첫째 음에서 반복되는 운(韻)은 두운, 시행의 중간에서 반복되는 운(韻)은 요운, 시행의 마지막 음에서 반복되는 운(韻)은 각운이라고 한다. 보통 압운이라고 하면 각운만을 가리킨다.

각 시행의 동일한 위치에 음조(音調)가 비슷한 글자를 규칙적으로 사용하는데, 이 글자를 운자(韻字)라고 한다. 그리고 중국 운서는 우선 평성, 상성, 거성, 입성의 4가지 성조로 구별한 다음, 같은 성조를 가진 한자들을 운모를 기준으로 분류하고, 다시 운모가 같은 한자들을 성모를 기준으로 나누어 배열한 책이다. 이렇게 운모와 성모를 기준으로 한자를 배열하는 것은 시(詩)와 부(賦)152)를 지을 때에 같은 운모를 가지고 있는 한자 즉 운자들을 한군데 모아서 압운의 형식을 편리하게 구성할 수 있도록 하기 위함이다.

중국 운서는 중국 한자 발음 사전에 포함되는 한자 운(韻) 사전이다. 그런데 실제로 사용자들이 운자들을 찾아보기는 쉽지 않아서 한자의 자형이나 자획에 따라 표제자인 한자를 운서보다 훨씬 쉽게 찾아볼 수 있는 옥편을 만들어 운서를 보완하는 책으로 사용하였다. 따라서 운서에 수록되어 있는 운자들을 쉽게 찾아볼 수 있도록 운서에 수록된 한자들을 형태별로

---

151) '백발삼천장(白髮三千丈) 녹수사개장(綠愁似箇長)'에서 '丈'과 '長'이 각운을 맞추기 위해 사용한 한자 즉 운자이다.
152) 부(賦)는 한문체에서 글귀 끝에 운을 달고 흔히 대(對)를 맞추어 짓는 글이나 과거 문장에서 여섯 글자로 한 글귀를 만들어 짓는 글을 가리킨다.

다시 배열하여 만든 옥편은 운서와 뗄 수 없는 밀접한 관계를 맺고 있다. 운서를 보완하기 위하여 펴낸 옥편의 예를 들면 아래와 같다.

<table>
<tr><td align="center">운서</td><td></td><td align="center">옥편</td></tr>
<tr><td align="center">「집운(集韻)」</td><td></td><td align="center">「유편(類篇)」</td></tr>
<tr><td align="center">「배자 예부 운략(排字禮部韻略)」</td><td>—</td><td align="center">「신편 직음 예부 옥편(新編直音禮部玉篇)」</td></tr>
<tr><td align="center">「신간 배자 예부 운략(新刊排字禮部韻略)」</td><td>—</td><td align="center">「신간 배자 예부 운략 옥편」</td></tr>
<tr><td align="center">「고금 운회 거요(古今韻會擧要)」</td><td>—</td><td align="center">「운회 옥편(韻會玉篇)」</td></tr>
<tr><td align="center">「삼운 성휘(三韻聲彙)」</td><td>—</td><td align="center">「삼운 성휘보 옥편(三韻聲彙補 玉篇)」</td></tr>
<tr><td align="center">「규장 전운(奎章全韻)」</td><td>—</td><td align="center">「전운 옥편(全韻玉篇)」</td></tr>
</table>

한편 '운서'는 「동국 정운(東國正韻)」, 「어정 규장 전운(御定奎章全韻)」, 「삼운 통고(三韻通考)」 등과 같이 보통 한자의 음을 기준으로 분류하여 배열한 것을 가리킨다. 그런데 운서 중에는 간혹 한자의 뜻을 풀이해 놓은 것도 있으며, 「운부군옥(韻府群玉)」과 같이 여러 가지 사실들을 음을 기준으로 분류해 놓은 백과 사전도 있다.153)

널리 알려진 중국 운서를 시대별로 살펴보면 다음과 같다.154)

위나라(魏, 220년~265년) 이등(李登)의 「성류(聲類)」155) 10권와 「성류(聲類)」

---

153) 훈고서, 자서, 운서는 어린이 한자 학습서인 몽구서(蒙求書)와 더불어 소학서(小學書)로 분류하기도 한다. 「대동 운부군옥(大東韻府群玉)」, 「유원 총보」, 「지봉 유설」, 「신편 고금 사문 유취」, 「고금 도서 집성」 등과 같은 유서(類書)는 백과 사전의 성격을 지닌 것으로 분류한다. 운을 분류 기준으로 삼아 표제자를 분류하여 배열한 자전으로는 「운부군옥(韻府群玉)」 등이 있다. 1437년 6월에 편찬된 「운부군옥」은 운으로 분류하여 배열하고 참고할 만한 고사성어의 원전도 수록해 놓은 이 책은 중국의 한자 자전으로 1435년에 세종이 강원도 감사 유계문(柳季聞)에게 처음으로 간행하게 하였으며, 강릉과 원주에서 2년 동안 판각한 일종의 백과 사전이다. 1437년 6월에 간행된 것은 20권 10책 목판본으로 중국인 음시부(陰時夫)가 지은 「운부군옥」을 우리 나라에서 처음으로 간행한 것이다. 이 책은 1989년 3월 18일 대전광역시 유형문화재 제13호로 지정되었는데, 대전광역시 대덕구 중리동에 사는 김영한 씨가 소장하고 있다.

154) 중국 운서에 관한 내용은 김현철 외 역(1997)과 이재석 역(1997)을 참고하여 작성하였다.

155) 「성류(聲類)」는 현재 전해지지 않는다. 「봉 씨 문견기(封氏聞見記)」에는 이등(李登)이 「성류」 10권을 지었는데, 모두 11,520자가 수록되어 있고, 오경에서 표제자를 선택하였으

를 본받아 만든 진나라(晉, 265년~420년) 여정(呂靜)의 「운집(韻集)」 5권이 있다. 이 두 운서는 궁(宮), 상(商), 각(角), 치(徵), 우(羽) 오성(五聲)으로 표제자를 배열하였으며 부(部)를 기준으로 삼지는 않았다.

남북조(南北朝, 420년~589년) 시대에는 사성(四聲)과 운목(韻目)을 기준으로 표제자를 배열한 운서인 심약(沈約)의 「사성보(四聲譜)」와 주언륜(周彦倫)의 「사성 절운(四聲切韻)」 등이 편찬되었다.156)

수나라(隋, 581년~618년) 때에 육법언(陸法言)은 남방 학자 안지추(顔之推), 북방 학자 노사도(盧思道) 등이 음운에 관하여 토론한 기록과 앞서 편찬된 운서들을 참고하여 「절운(切韻)」(601)을 편찬하였다.157) 육법언(陸法言)은 「절운」을 편찬하기 위해 양나라 하후영(夏侯咏)의 「운략(韻略)」, 북제(北齊, 550년~577년) 양휴지(陽休之)의 「운략(韻略)」과 이개(李槪)의 「음보(音譜)」, 수나라 두대경(杜臺卿)의 「운략(韻略)」 등의 운서를 참고하였으며, 「절운」은 당시 시운(詩韻)의 표준이 되었다. 「절운」에 표제자를 더하고 주를 단 운서 가운데 널리 알려진 것으로는 왕인후(王仁煦)의 「간류 보결 절운(刊謬補缺切韻)」을 들 수 있는데, 이 책은 「왕운(王韻)」이라고도 한다.

당나라(唐, 618년~907년) 때의 운서로는 육법언(陸法言)의 「절운(切韻)」을 근거로 하여 표제자를 늘리고 주를 첨가하여 만든 손면(孫愐)의 「당운(唐韻)」

---

며, 부(部)로 분류하지 않았다는 기록이 남아 있다.

156) 삼국 시대(위, 촉, 오), 진, 남북조 시대를 통틀어 육조 시대(220년~589년)라고 하는데, 이 시기의 운서로는 이개(李槪)의 「음보(音譜)」 4권, 왕해(王該)의 「오음운(五音韻)」 5권과 「문장 음운(文章音韻)」 2권, 편찬자 미상 「운집(韻集)」 10권, 주연(周硏)의 「성운(聲韻)」 41권(육법언은 「절운」 서문에서 주사언(周思言)의 「음운(音韻)」이라고 하였다), 장량(張諒)의 「사성 운림(四聲韻林)」 28권, 단홍(段弘)의 「운집(韻集)」 8권, 편찬자 미상 「군옥전운(群玉典韻)」 5권, 양휴지(楊休之)의 「운략(韻略)」 1권, 편찬자 미상 「찬운초(纂韻鈔)」 10권, 유선경(劉善經)의 「사성 지귀(四聲指歸)」 1권, 주언륜(周彦倫)의 「사성 절운(四聲切韻)」, 심약(沈約)의 「사성(四聲)」 1권, 하후영(夏侯詠)의 「사성 운략(四聲韻略)」, 석정홍(釋靜洪)의 「운략(韻略)」 3권 등을 들 수 있다. 이 운서들은 모두 전하지 않는다(김현철 외 역, 1997: 255-256).

157) 「봉 씨 문견기(封氏聞見記)」에는 「절운」에 수록된 글자는 12,158자라고 설명하였다.

(713년~741년 사이)과 「당운(唐韻)」을 교정한 이주(李舟)의 「절운(切韻)」을 꼽을 수 있다.

송나라(宋, 960년~1279년) 때의 운서로는 황제의 칙명으로 진팽년(陳彭年) 등이 편찬한 관판본 「광운(廣韻)」158)(1008), 「광운(廣韻)」에서 중요한 글자만 선택하여 과거 시험 때에 사용할 수 있도록 구옹(邱雍) 등이 만든 「운략(韻略)」,159) 정도(丁度, 990년~1053년) 등이 「운략」을 바탕으로 「광운」의 주를 수정하여 편찬한 「예부 운략(禮部韻略)」(1037),160) 황제의 칙명을 받아 정도(丁度) 등이 편찬한 관판본 「집운(集韻)」161)(1039), 모황(毛晃)과 모거정(毛居正) 부자(父子)의 「증수 호주 예부 운략(增修互註禮部韻略)」162)(1162), 「광운」 206운을 160운으로 합병하여 만든 한도소(韓道昭)의 「오음 집운(五音集韻)」(1212), 왕문욱(王文郁)의 「평수 신간 예부 운략(平水新刊禮部韻略)」(1229), 장천석(張天錫)의 「초서 운회(草書韻會)」(1231), 유연(劉淵, ?~310년)의 「임자 신간 예부 운략(壬子新刊禮部韻略)」(1252) 등을 들 수 있다.

원나라(元, 1271년~1368년) 때의 운서로는 황공소(黃公紹)의 「고금 운회(古今韻會)」(1292), 유연(劉淵)의 「임자 신간 예부 운략」을 바탕으로 107운으로

---

158) 「광운」을 논의한 것으로는 진례(陳澧, 1810년~1882년)의 「절운고(切韻考)」, 등현학(鄧顯鶴)의 「옥편 광운 교간 찰기(玉篇廣韻校刊札記)」, 유반농(劉半農)의 「십운 휘편(十韻彙編)」, 장세록(張世祿)의 「광운 연구(廣韻研究)」, 주조모(周祖謨)의 「광운 교감기(廣韻校勘記)」 등이 있다(김현철 외 역, 1997: 325-329).

159) 「운략」은 「광운」의 간략본으로 지금은 남아 있지 않다.

160) 「예부 운략」과 「임자 신간 예부 운략」 등에서 '예부'를 붙인 것은 예부에서 과거 시험을 관장했기 때문인데, 이 두 책은 과거 시험을 볼 때에 사용하는 운서로 만들어졌다. 「예부 운략」은 「광운」에 수록된 24,194자를 9,590자로 줄여서 과거 시험을 볼 때에 사용하도록 개편한 것인데, 모황(毛晃)과 모거정(毛居正) 부자(父子)는 1162년에 「예부 운략」에 2,655자를 더하여 「증수 호주 예부 운략(增修互注禮部韻略)」을 펴냈다.

161) 「집운」에 관한 논의로는 방성규(方成珪)의 「집운 고정(集韻考正)」, 단옥재(段玉裁)의 「집운 교본고(集韻校本稿)」, 황간(黃侃)의 「집운 성류표(集韻聲類表)」, 시직경(施則敬)의 「집운본(集韻本)」, 백척주(白滌州)의 「집운 성류고(集韻聲類考)」 등이 있다(김현철 외 역, 1997: 337-342).

162) 「증수 호주 예부 운략(增修互註禮部韻略)」에 관한 논의로는 김영찬(2002) 등이 있다.

나눈 웅충(熊忠)의 「고금 운회 거요(古今韻會擧要)」(1297), 주종문(朱宗文)의 「몽고 자운(蒙古字韻)」(1308), 주덕청(周德淸, 1277년~1365년)의 「중원 음운(中原音韻)」(1324), 팍스파(八思巴) 라마의 「몽고 운략(蒙古韻略)」163) 등이 있다.

명나라(明, 1368년~1644년) 때의 운서로는 장보(章黼)의 「운학 집성(韻學集成)」, 악소봉(樂韶鳳)과 송렴(宋濂, 1310년~1381년) 등이 칙명을 받아 편찬한 관판본 「홍무 정운(洪武正韻)」(1375), 주권(朱權, 1378년~1448년)의 「경림 아운(瓊林雅韻)」(1398), 난무(蘭茂, 1396년~1476년)의 북방음 체계 운서인 「운략 이통(韻略易通)」(1442) 등이 있다.

청나라(淸, 1616년~1912년) 때에는 「운략 이통(韻略易通)」을 첨삭하여 만든 필공진(畢拱辰)의 「운략 회통(韻略匯通)」(1642), 번등봉(樊騰鳳)의 「오방 원음(五方元音)」(1643년에서 1722년 사이) 등의 운서를 들 수 있다.

한편 국내에서는 고려 광종(光宗, 925년~975년, 949년~975년 재위) 9년(958년)부터 시부(詩賦)164)로써 과거가 실시되어 고려 중기 이후에는 한시를 지을 수 있는 능력이 일반인의 교양 척도가 됨으로써 운서는 중요하게 다루어졌다. 한시를 지을 때에 압운자를 사용해야 하는데, 운서를 통해서 압운자를 찾아야 하기 때문에 운서는 반드시 지니고 있어야 하는 중요한 책이었다.165)

고려(918년~1392년) 중기 즉 12세기 초반 이후에 국내에서 사용한 중국 운서로는 중국에서 과거 시험을 볼 때에 사용하기 위하여 편찬한 206운 계통의 운서인 「예부 운략(禮部韻略)」(정도(丁度) 외, 1037), 106운 계통의 운서

---

163) 대표적인 몽골 운서로는 「몽고 운략(蒙古韻略)」, 「몽고 자운(蒙古字韻)」, 「몽고 운편(蒙古韻編)」, 「화하 동음(華夏同音)」 등이 있다(유창균, 1974: 23).

164) '시부(詩賦)'는 '시(詩)'와 '부(賦)'를 가리키는데, '부(賦)'는 여섯 글자로 한 글귀를 만들어 짓는 글이다.

165) 이규경의 「오주 연문 장전 산고」 경사편 1-경전류 2 소학-운서 '운학이 곧 음학이라는 데에 대한 변증설'에서는 그의 할아버지 이덕무가 「규장 전운」을 편집할 때에 참고한 도서 목록을 소개하였다.

인 「평수 신간 예부 운략(平水新刊禮部韻略)」(왕문욱(王文郁), 1229), 107운 계통인 「임자 신간 예부 운략」(유연(劉淵), 1252)와 「고금 운회 거요(古今韻會擧要)」(웅충(熊忠), 1297) 등이 있었다.166) 그리고 106운 계통의 운서인 「신간 배자 예부 운략(新刊排字禮部韻略)」(1300), 76운으로 분류한 「홍무 정운(洪武正韻)」(악소봉(樂韶鳳) 외, 1770) 등이 있었다.167)

고려 때부터 과거 시험용으로 사용한 운서는 운목의 수가 106운(韻)인 「신간 배자 예부 운략(新刊排字禮部韻略)」을 가장 많이 사용하였는데, 1463년(세조 9년)과 1524년(중종 19년)에 「신간 배자 예부 운략(新刊排字禮部韻略)」168)이 간행되었다. 그리고 「고금 운회 거요(古今韻會擧要)」(1573), 「예부 운략(禮部韻略)」(1574), 「배자 예부 운략(排字禮部韻略)」(1615/1661/1678/1679), 「홍무정운(洪武正韻)」(1770) 등도 복각되거나 중간되었다(강신항, 2000: 23).

그런데 「고금 운회 거요(古今韻會擧要)」는 분량이 많아 과거 시험을 준비

---

166) 모휘(毛麾)의 「평수운(平水韻)」 계열에는 106운과 107운으로 되어 있는 두 종류의 운서가 있다. 107운은 상성 '형(逈)'과 '증(拯)'을 합하지 않고, 106운은 이 둘을 합병한 차이뿐이다. 「평수 신간 예부 운략(平水新刊禮部韻略)」(왕문욱(王文郁), 1229), 「초서 운회(草書韻會)」(장천석, 1231), 「운부군옥」(음시부, 송나라 말기에서 원나라 초기 사이) 등은 106운 계열의 운서이다. 107운 계열의 운서로는 「임자 신간 예부 운략」(유연(劉淵), 1252)와 「고금 운회 거요(古今韻會擧要)」(웅충(熊忠), 1297) 등이 있다(이재석, 1997: 267).

167) 강신항(2000: 23)에서는 구옹(邱雍)·척륜(戚綸) 등이 「예부 운략(禮部韻略)」(1037)을 편찬하였다고 설명하였다. 그러나 이재석 역(1997: 268)과 김현철 외 역(1997: 342~343)에 따르면, 구옹(邱雍) 등이 편찬한 운서는 「광운(廣韻)」의 축약본인 「운략(韻略)」이며, 정도(丁度, 990년~1053년) 등이 구옹(邱雍) 등의 「운략(韻略)」을 바탕으로 「광운(廣韻)」의 주에서 밝힌 독용(獨用)한 운 13곳을 고쳐서 편찬한 운서가 「예부 운략(禮部韻略)」(1037)이라고 설명하였다. 여기에서는 후자의 설명을 따랐다.

168) 권1과 권2의 끝에 '大德庚子良月梅溪書院刊行'라고 적혀 있는 「신간 배자 예부 운략」은 '유창균·강신항, 1961, 「국어학사」, 서울: 민중서관, 20쪽'과 '유창균, 1966, 「동국정운의 편찬에 관한 연구」, 대구: 형설출판사, 3쪽'에서는 고려 시대 복각판으로 해석하였다. 그러나 '안병희, 1972, 임진란 직전의 국어사 자료에 관한 2, 3 문제에 대하여, 「진단학보」, 33, 진단학회.'에서는 이 책은 고려판이 아니고, 중국 원간본임을 밝혔다. 즉 '대덕(大德)'은 원나라 연호이고, '매계 서원(梅溪書院)'은 중국 북경 평강로(平江路) 천심교(天心橋) 남쪽에 있었던 서점을 가리키는 것으로 설명하였다.

하는 데에는 널리 사용되지 않았다. 그런데 조선에서 운서를 편찬할 때에 가장 많이 참고한 운서는 「신간 배자 예부 운략」이 아닌 「고금 운회 거요(古今韻會擧要)」이었다.

그리고 한자음을 정리하여 표준 한자음을 제시한 운서를 만들기 위해 중국의 「홍무 정운(洪武正韻)」을 활용하였는데, 국내에서는 1752년(영조 28년)에 교서관에서 복각되었다.169) 또 1770년(영조 46년)에 홍계희는 영조(英祖, 1724년~1776년 재위)의 명령으로 「홍무 정운(洪武正韻)」을 교정하여 개간하였는데, 그는 영조가 말한 내용을 정리하여 이 책의 서문으로 수록하였다. 그리고 「홍무 정운(洪武正韻)」을 번역한 「홍무 정운 역훈(洪武正韻譯訓)」도 간행되었다.

훈고서와 자서의 경우와는 달리 국내에서 「홍무 정운 역훈(洪武正韻譯訓)」, 「사성 통고(四聲通攷)」, 「사성 통해(四聲通解)」 등처럼 중국 한자음을 기술한 운서가 간행되었다. 또 「동국 정운(東國正韻)」,170) 「규장 전운(奎章全韻)」, 「삼운 통고(三韻通考)」, 「삼운 보유(三韻補遺)」, 「증보 삼운 통고(增補三韻通考)」 등처럼 한국 한자음을 한글로 표기하거나 또는 한자만으로 제시하여 국내에서 편찬한 운서들도 간행되었다. 게다가 중국 한자음과 조선 한자음을 같이 제시한 박성원의 「화동 정음 통석 운고(華東正音通釋韻考)」와 홍계희의 「삼운 성휘(三韻聲彙)」도 간행되었다.

따라서 여기에서는 앞에서 중국 훈고서와 자서를 설명한 방법과는 달리

---

169) '이숭녕, 1981, 「세종 대왕의 학문과 사상」, 서울: 아세아문화사.'에서는 「홍무 정운」은 1752년(영조 28년)에 교서관에서 복각되고, 1770년(영조 46년)에 홍계희의 서문이 실린 것이 유일하다고 하였다.

170) 보통 운서에서는 표제자의 음뿐만 아니라 뜻도 제시하고 있다. 국내에서 편찬된 「삼운 보유」에서는 「고금 운회 거요(古今韻會擧要)」처럼 표제자의 뜻을 자세하게 기술하였고, 「삼운 통고」, 「증보 삼운 통고」, 「화동 정음 통석 운고」, 「삼운 성휘」, 「규장 전운」 등에서는 표제자의 뜻을 아주 간략하게 제시하였다. 그러나 「동국 정운」에서는 표제자의 뜻을 아예 제시하지 않았다.

「신간 배자 예부 운략(新刊排字禮部韻略)」(1463/1524)처럼 국내에서 복각한 운서들과 「홍무 정운 역훈(洪武正韻譯訓)」(1455)처럼 우리 학자들이 편찬한 운서들을 중심으로 그 특징들을 간략하게 살펴보도록 한다.

### (1) 「신간 배자 예부 운략(新刊排字禮部韻略)」(1463/1524)

송나라 1007년(진종(眞宗) 경덕(景德) 4년)에 「광운(廣韻)」을 수정할 때 진종(眞宗, 968~1022년)의 명령에 따라 척륜(戚綸), 구옹(丘雍) 등이 「광운(廣韻)」의 내용을 축약하여 만든 간략본(簡略本)을 편찬하였는데, 이 책을 「운략(韻略)」으로 명명하였다.

정도(丁度, 990년~1053년) 등은 이 「운략(韻略)」을 바탕으로 「광운(廣韻)」의 주에서 밝힌 독용(獨用)한 운(韻) 13곳을 고쳐서 「예부 운략(禮部韻略)」(1037)을 펴냈다.

「예부 운략(禮部韻略)」(1037)은 예부에서 과거 시험 응시자들이 시(詩)나 부(賦)를 지을 때에 운(韻)을 찾기 위하여 편찬한 운서이다. 주로 과거에 응시하는 선비들을 위하여 과거를 관장하는 주무 부서인 예부(禮部)의 명칭을 붙인 것이다.

그러나 책이 완성된 이후에 훈이 없는 한자, 음이 혼란하고 의심스러운 한자, 중복하여 선정한 한자가 많다고 하여 1037년(인종(仁宗) 경우(景祐) 4년)에 「광운」을 다시 중수(重修)하여 「집운(集韻)」으로 명명하고, 「운략」은 「예부 운략」이라 하였다.

정도(丁度) 등은 「예부 운략(禮部韻略)」을 다시 교정하여 「배자 예부 운략(排字禮部韻略)」을 펴냈는데, 이 책을 「예부 운략(禮部韻略)」이라고도 한다.

또 왕문욱(王文郁)은 106운 계통의 운서인 「평수 신간 예부 운략(平水新刊禮部韻略)」(1229)을 펴냈는데, 한시(漢詩)의 압운을 찾을 때에 애용되어 이 책을 시운(詩韻) 또는 평수운(平水韻)이라고도 하였다.

그리고 1252년에 유연(劉淵)은 「예부 운략(禮部韻略)」을 107운으로 줄여서 「임자 신간 예부 운략(壬子新刊禮部韻略)」을 펴냈다.

「예부 운략」에서는 「광운(廣韻)」(1008)에 수록된 24,194개의 표제자를 9,590자로 줄이고, 「광운(廣韻)」의 206운목의 분류 방법은 그대로 유지하였다. 「예부 운략」은 「광운」을 중수하여 만든 「집운」의 간본(簡本)으로 「집운」 가운데서 대량의 괴벽자(怪僻字)171)를 삭제하고, 상용자로 인정될 수 있는 9,590자를 수록하였다. 그리고 매운(每韻)에 독용(獨用), 동용(同用) 또는 혼용(混用)을 밝히고, 반절(反折)과 주석(註釋)은 훈자(訓字)를 적은 다음에 운자(韻字)가 들어간 어휘를 열거하고 있다. 글자의 주석은 대개 1자에서 4자 이내로 기본적이고 상용적인 의미를 간략하게 달고 있다.

「예부 운략」은 206운, 106운 등 여러 종류가 있다. 고려 때부터 사용한 「예부 운략」은 106운 평수본인 「평수 신간 운략」(1229)을 바탕으로 한 것이다.

신간으로는 「임자 신간 예부 운략(壬子新刊禮部韻略)」(1297)이 있으며, 조선 시대에 복각하거나 중간한 것으로는 「예부 운략」(1574) 등이 있다.

「배자 예부 운략」(1678)은 '배자 예부 운략 상평성 1(排字禮部韻略上平聲一)', '배자 예부 운략 하평성 2(排字禮部韻略下平聲二)', '배자 예부 운략 상거성 동운 유집 3(排字禮部韻略 上去聲同韻類集三)', '배자 예부 운략 입성 4(排字禮部韻略入聲四)'로 4권으로 구성되어 있는데, 여기에 옥편본(玉篇本)은 없다.

그런데 우리 나라 간본(刊本) 가운데 세조(世祖) 10년(1464) 청도 각본(淸道刻本)과 이것의 번각본(飜刻本) 및 중종(中宗) 35년(1540) 안변 각본(安邊刻本) 등은 상성과 거성을 분리하여 5권으로 구성되어 있다.

표제자 검색의 편리를 위하여 「신간 배자 예부 옥편(新刊排字禮部玉篇)」을

---

171) 괴벽자는 자주 쓰지 않는 괴상한 글자를 가리킨다.

부록으로 붙이고 있는데, '신간 배자 예부 옥편 목록'과 '신편 직음 예부 옥편(新編直音禮部玉篇)'으로 이루어져 있다.

　조선에서 복각하거나 중간한 것으로는 「배자 예부 운략」(1615, 1661, 1678, 1679)과 「신간 배자 예부 운략」(1429, 1464, 1524, 1540, 1546, 1615, 1661, 1678, 1679) 등이 있는데, 국립 중앙 도서관 소장본, 고려대 도서관 소장본, 규장각 한국학 연구원 소장본(奎中2033) 등이 있다.


　한편 「예부 운략」은 지속적으로 수정되고 증보되어 국자감(國子監)에서 발행하였는데, 이렇게 발간된 것을 감본(監本)이라고 부른다.172) 「예부 운략」 초간본과 감본, 그리고 감본 수정본 등을 출간된 시기별로 정리하면 다음과 같다.

> ① 「예부 운략(禮部韻略)」(1037): 정도(丁度), 이숙(李淑), 송기(宋祁), 정전(鄭戩), 왕수(王洙), 가창조(賈昌朝) 등이 「운략(韻略)」을 바탕으로 「광운(廣韻)」의 주를 수정하여 편집한 운서. 처음의 책명은 「경우 운략(景祐韻略)」이다. 206운.
>
> ② 「증수 호주 예부 운략(增修互注禮部韻略)」(1162): 모황(毛晃)과 모거정(毛居正) 부자(父子)가 「예부 운략」에 2,655자를 더하여 펴낸 운서이다. 「예부 운략」을 수정하고 증보한 운서이다. 206운.
>
> ③ 「배자 예부 운략(排字禮部韻略)」: 정도(丁度) 등이 「예부 운략(禮部韻略)」을 다시 교정하여 금나라(1115년~1234년)와 원나라(1271년~1368년) 때에 펴낸 운서인데, 이 책을 「예부 운략(禮部韻略)」이라고도 한다. 106운.
>
> ④ 「평수 신간 예부 운략(平水新刊禮部韻略)」(1229): 왕문욱(王文郁)이 펴낸 운서이다. 106운. 「신간 운략(新刊韻略)」이라고도 한다.

---

172) 감본은 국가에서 제정한 표준으로 사용되는 책이므로 새로운 감본이 나오면 그 이전에 발간된 감본은 더 이상 사용하지 않는다.

⑤ 「임자 신간 예부 운략(壬子新刊禮部韻略)」(1252): 유연(劉淵)이 펴낸
  운서이다.  107운.
⑥ 「고금 운회 거요(古今韻會擧要)」(1297): 유연(劉淵)의 「임자 신간 예부
  운략」을 바탕으로 펴낸 웅충(熊忠)의 운서.  107운.


조선에서도 106운목으로 분류한 「신간 배자 예부 운략」이 1463년(세조 9
년)부터 복각되어 간행되었다.[173]  1524년(갑신년) 가을에 황해도에서 「신간
배자 예부 운략」이 간행되었으나 소장처는 밝혀지지 않고 있으며, 5권 가
운데 1권은 옥편이다. 이 「신간 배자 예부 운략」은 106운으로 왕문욱(王文
郁)의 「평수 신간 예부 운략(平水新刊禮部韻略)」을 복각한 것으로 본다(강신항
(2000: 30), 신우선(2010)).

조선 때에 복각한 「배자 예부 운략」으로는 다음과 같은 것들이 있다(강
식진(1993), 강신항(2000: 23), 이현선(2008: 32~33)).[174]


⑦ 1464년: 「신간 배자 예부 운략」 <갑신(甲申) 천순본(天順本). 5권 2
  책.>
⑧ 1506년~1544년 사이: 「배자 예부 운략」 <을해자본(乙亥字本). 5권 2
  책.>


---

173) 안병희(1970)에서는 이겸노 소장본에 기록된 '순천 8년 갑신 7월 일 경상도 청도군'이
   라는 간기에 따라서 「신간 배자 예부 운략」은 1300년이 아닌 1463년에 복각된 것이라
   고 밝혔다.
174) 권1과 권2의 끝에 '大德庚子良月梅溪書院刊行'라고 적혀 있는 「신간 배자 예부 운략」은
   '유창균·강신항, 1961, 「국어학사」, 서울: 민중서관.' 20쪽과 '유창균, 1966, 「동국정운
   의 편찬에 관한 연구」, 대구: 형설출판사.' 3쪽에서는 '오구라 신페이(小倉進平), 1940,
   「증정 조선어학사(增訂 朝鮮語學史)」, 東京: 刀江書院.' 503쪽부터 508쪽까지의 설명처
   럼 고려 시대 복각판으로 해석하였다. 그러나 '안병희, 1972, 임진란 직전의 국어사 자
   료에 관한 2, 3 문제에 대하여, 「진단학보」 33, 진단학회.'에서는 이 책은 고려판이 아
   니고, 중국 원간본임을 밝혔다. 즉 '대덕(大德)'은 원나라 연호이고, '매계 서원(梅溪書
   院)'은 중국 북경 평강로(平江路) 천심교(天心橋) 남쪽에 있었던 서점을 가리키는 것으
   로 설명하였다. 여기에서는 1300년에 '매계 서원(梅溪書院)'에서 간행한 「신간 배자 예
   부 운략」은 제외하였다.

⑨ 1524년: 「신간 배자 예부 운략」 <황해도 갑신(甲申) 가정본(嘉靖本). 5권. 1권은 옥편.>

⑩ 1540년: 「배자 예부 운략」 <함경 학성 각본. 7권 1책>

⑪ 1545년~1608년 사이: 「배자 예부 운략」 <5권 2책>

⑫ 1573년: 「예부 운략」 <영동본(永同本). 만력(萬曆) 원년에 간행. 영동에서 간행된 목판본으로 통문관 사장이었던 이겸로(李謙魯) 소장본이다.>

⑬ 1615년: 「배자 예부 운략」 <도주(道州) 만력본. 만력 43년 을묘년에 정민도(丁敏道)가 쓴 '중간 발(重刊跋)'과 손기양(孫起陽)이 쓴 '구본서(舊本序)'가 있다. 서문에는 1573년 영동본을 저본으로 하여 박경부(朴慶傳)와 박경윤(朴慶胤) 형제가 복각한 사실을 밝히고 있다. 그리고 「삼운통고(三韻通考)」가 청탁의 차이를 제시하지 않았으므로 성음이 그릇될 우려가 있어 이 책을 편찬한다고 설명하였다.>

⑭ 1658년: 「배자 예부 운략」 <평양 중간본>

⑮ 1661년: 「배자 예부 운략」

⑯ 1678년: 「배자 예부 운략」 <무신자본. 강희 17년. 5권 2책. '예부 운략 범례(禮部韻略凡例)'이 있는데, 중국 원본의 범례가 아니고, 이 책의 간행에 관계되는 사항들이 적혀 있다. 권말에 '훈민 정음 서문(訓民正音 序文)', '황극 경세 성음도(皇極經世聲音圖)', '예부운 범례(禮部韻凡例)'가 수록되어 있다.>

⑰ 1679년: 「배자 예부 운략」 <강희 18년 중간본. 5권 2책. 권해(權瑎, 1639년~1743년)의 '중간 발(重刊跋)에는 1615년 도주 만력본을 박경부의 재종손 박동부(朴東傅)가 을미년(만력 47년)에 중간하였음을 밝히고 있다. 「신간 배자 예부 옥편」이 포함되어 있다.>

⑱ 1718년: 「배자 예부 운략」 <기성본(箕城本)>

⑲ 1734년: 「배자 예부 운략」 <갑인본. 영조 10년 간행. 권말에 '甲寅春月 鏡城府刊'이라는 간기와 강세황(姜世晃, 1712년~1791년)이 1780년경에 쓴 '고책판 유처고(古冊版有處攷)'에서 경성부에 「배자 예부 운략」의 책판이 있다고 한 내용으로 보아 간행 시기를 추정할 수 있다.>

금 운회 거요」라는 이름으로 펴냈다. 이 운서는 줄여서 「운회(韻會)」라고도 하는데, 원나라 황공소(黃公紹)의 「고금 운회(古今韻會)」를 웅충(熊忠)이 거요(擧要)하여 즉 요점을 추리고, 또 빠진 것을 보충하고, 주석을 더하여 30권 10책으로 펴낸 것이다.[178]

이 운서는 고려 중기 과거가 실시된 이후에 사용되었다. 그러나 「몽고 자운」과 음운 체계가 비슷한 이 책은 조선의 세종 초기까지 국내에서 번각되지는 못했다. 그러다가 1434년(세종 16년)에 신인손(辛引孫) 등이 대선사(大禪師) 홍조(洪照) 등에게 경연(經筵)에 소장되어 있던 「고금 운회 거요」를 저본으로 삼아 목판으로 판각하게 하여 목판본으로 「고금 운회 거요」를 간행했다.[179] 이 「고금 운회 거요」는 4권 1책으로 이루어져 있으며, 1993년에 보물 제1158호로 지정되었다. 1573년(선조 6년)에 중간되었으며, 웅충(熊忠)의 자서는 없고 이식(李植)의 발문이 있는 판본도 있다.

1432년 경상도 관찰 출척사로 부임한 신인손(辛引孫)은 「고금 운회 거요」를 간행하기 위하여 경연(經筵)[180]에 소장되어 있던 「고금 운회 거요」 2부를 받아 그것을 경주와 밀양에 보내 인출하게 하였다. 그리하여 1434년(세종 16년) 밀양에서 30권 10책(또는 12책) 목판본으로 번각되었다. 그리고 이 책은 1593년에도 간행되었다. 국립 중앙 박물관에 1434년에 번각된 「고금

---

178) 중국 운서는 한도소(韓道昭)의 「오운 집운(五韻集韻)」, 유연(劉淵)의 「임자 신간 예부 운략(壬子新刊禮部韻略)」, 웅충(熊忠)의 「고금 운회 거요(古今韻會擧要)」에 의해 한 차례씩 바뀌었다(김현철 외 옮김, 1997: 353).

179) 신인손이 1432년 겨울에 경상도 관찰 출척사로 부임하여 이 책을 간행하려고 했으나 책을 구하지 못해 이듬해에 왕에게 아뢰어 강연에서 소장하던 책을 2권 받았다. 그는 이 책을 경주와 밀양에 보내 인출하게 하였으니, 약 5개월 이후에 책이 간행되었다. 신인손 이외에 도사 박근(朴根), 경주 부윤 김을신(金乙辛), 밀양 부사 임종선(任從善) 등의 관리가 간행 사업에 관여하였고, 판각 작업에는 홍조 이외에 20명의 승려와 이종생(李從生) 등 모두 109명이 동원되었다.

180) '경연'은 임금이 학문과 기술을 강론하거나 연마하고, 또 신하들과 국정을 협의하던 장소이다.

운회 거요」 4권(권27~30) 1책이 소장되어 있는데, 보물 제1158호로 지정되었다. 1975년 아세아 문화사에서 로젠(Rosen, Staffan)의 해제를 붙여 「고금 운회 거요」를 영인하여 발행하였다.

「고금 운회 거요」에서는 유연(劉淵, ?~310년)이 임자년에 새롭게 간행한 「임자 신간 예부 운략(壬子新刊禮部韻略)」(1252)에서 선정한 107운에 따라 표제자를 나누어 7음, 4등, 36자모의 순서에 따라 배열하였는데, 실제로 운(韻)와 성(聲)을 분류할 때에는 당시의 음을 참고하였다.

한편 '세종 실록' 1444년(세종 26년) 2월 16일자의 내용에 따르면 세종은 집현전 학사181)들과 수양 대군182)(首陽大君, 1417년~1468년), 안평 대군(安平大君, 1418년~1453년)에게 새로 만든 문자인 언문 즉 훈민 정음으로 「운회(韻會)」를 번역할 것을 명령했던 사실을 확인할 수 있다.183) 세종은 당시에

---

181) 집현전은 1420년(세종 2년) 4월에 유능한 인재를 양성하고 학문 풍토를 증진시키기 위해서 경복궁 수정전(修政殿)에 설치되었다. 집현전은 도서관 기능을 하면서 왕과 세자를 교육하고, 또 국가 과제를 연구하며, 왕의 자문 기구의 역할을 수행하였다. 집현전에서 「훈민 정음」, 「농사 직설(農事直設)」(1429), 「의방 유취(醫方類聚)」(1445), 「치평 요람(治平要覽)」(1445), 「동국 정운(東國正韻)」(1447), 「석보 상절(釋譜詳節)」(1447), 「용비어천가(龍飛御天歌)」(1447), 「월인천강지곡(月印千江之曲)」(1449), 「고려사(高麗史)」(1451), 「세종 실록 오례의(五禮儀)」(1474), 「팔도 지리지(八道地理志)」(1478), 「삼강 행실(三綱行實)」 등의 책을 펴냈다. 널리 알려진 집현전 학사로는 강희안(姜希顔, 1417년~1464년), 박팽년(朴彭年, 1417년~1456년), 성삼문(成三問, 1418년~1456년), 신숙주(申叔舟, 1417년~1475년), 이개(李塏, 1417년~1456년), 정인지(鄭麟趾, 1396년~1478년), 최항(崔恒, 1409년~1474년) 등이 있다.

182) 수양 대군은 안평 대군의 친형으로 조선 제4대 왕(1418년~1450년 재위) 세종(世宗, 1397년~1450년)과 소헌 왕후(昭憲王后, 1395년~1446년) 사이에 태어난 둘째 아들이다. 그는 그의 친형이자 세종의 첫째 아들인 조선 제5대 왕 문종(文宗, 1414년~1452년)이 죽은 다음에 그의 조카인 단종(端宗, 1441년~1457년)이 조선 제6대 왕으로 즉위하자 권람(權擥, 1416년~1465년), 한명회(韓明澮, 1415년~1487년), 정인지, 신숙주 등의 협조를 얻어 단종의 측근이었던 황보 인(皇甫仁, ?~1453년), 김종서(金宗瑞, 1383년~1453년) 등과 단종의 지지 세력이었던 집현전 학사 성삼문, 하위지, 이개, 유성원, 박팽년, 유응부 등과 친동생인 안평 대군 등을 1453년(단종 1년) 계유 정난(癸酉靖難)으로 제거하고 조선 제7대 왕 세조(世祖, 1455년~1468년 재위)가 되었다.

183) 그리고 이규경의 「오주 연문 장전 산고」 경사편 1-경전류 2 소학-자서 '「설문」에 대한 변증설', 「오주 연문 장전 산고」 경사편 4-경사 잡류 2 전적 잡설, 「오주 연문 장전 산

널리 사용했던 원나라 사람 웅충(熊忠)이 엮은 「고금 운회 거요(古今韻會擧要)」
(1297)에 수록된 한자들의 음을 한글로 표기하도록 하였으나, 이 작업이 완
성되었다는 기록은 찾아볼 수 없다. 한편 최세진은 운서 「고금 운회 거요」
의 색인처럼 사용할 수 있는 옥편인 「운회 옥편(韻會玉篇)」을 1537년 12월
이후에 펴냈다.

---

**「고금 운회 거요」 참고 논저**

① 유창균, 1968, 「고금운회거요」의 반절과 「동국정운」의 비교, 「동양문화」, 8, 경
산: 영남대. ② 서병국, 1973, 중국 운학이 훈민정음 제정에 미친 영향에 관한 연
구, 「교육연구지」, 15, 대구: 경북대 사범대학. 25-52. ③ 정인승·성원경, 1973, 「동
국정운」 연구: 원본 교주를 시도하는 「고금운회거요」와 재구편과 비교하면서, 「학
술지(인문·사회·자연과학 통합편)」, 15, 서울: 건국대. 45-84. ④ 박병채, 1984, 한국
판 초간본 「고금운회거요」에 대하여, 「새결 박태권 선생 회갑 기념 논총」, 부산: 제
일문화사. 243-256. ⑤ 윤인현, 1986, 「「운회옥편」의 「고금운회거요」에 대한 색인성」,
석사 논문, 서울: 중앙대 대학원. ⑥ 왕옥지, 1989, 「「고금운회거요」와 「광운」의 입

고」 경사편 1-경전류 2 소학-운서, 윤증(尹拯)의 「명재 유고」 제31권 잡저 수록, 이색
(李穡)의 「목은집」 목은 문고 제10권 설 맹주에 대한 설, 윤휴(尹鑴)의 「백호 전서」 제
15권 서 권사성에 답함·제39권 잡저 독서기 효경 외전 하, 김장생의 「사계 전서」 제14
권 경서 변의 서전·중용·맹자·논어·소학·대학, 「사계 전서」 제16권 경서변의 예기, 「사
계 전서」 제17권·제18권·제19권·제20권 근사록 석의, 「사계 전서」 제25권·제26권·제27
권·제28권·제29권·제30권 가례 집람, 「사계 전서」 제36권 의례 문해, 신흠(申欽)의 「상
촌집」 상촌 선생집 제36권 서독 사계에 답함, 이익의 「성호 사설」 제11권 인사문·제제
29권 시문문, 송시열의 「송자 대전」 제97권·제129권 서, 「송자 대전」 제133권 잡저, 이
긍익의 「연려실 기술」 별집 제19권 역대 전고 맥국, 정경세의 「우복집」 제14권 잡저,
이이의 「율곡 전서」 율곡 선생 전서 제32권 어록, 최한기의 「인정」 제20권 교인문 1 문
자, 최한기의 「인정」 제8권 교인문 1 문자·제20권 용인문1, 이유원의 「임하 필기」, 벽려
신지, 조호익의 「지산집」 가례고증 제3권·제6권·제7권, 「지산집」 심경질의고오·역상설
제3권, 이덕무의 「청장관 전서」 제6권 영처 잡고 2, 「청장관 전서」 제55권 앙엽기 2·제
60권 앙엽기 7, 「청장관 전서」 부 간본 아정 유고 제4권 문-전, 변계량의 「춘정집」 춘
정속집 제3권 부록 태종 실록, 이황의 「퇴계집」 퇴계 선생 문집 제7권·제29권·계몽전
의·언행록 4, 어숙권의 「패관 잡기」 제4권, 서거정의 「필원 잡기」 제2권, 권상하의 「한
수재집」 한수재 선생 문집 7권·8권·10권·12권, 한치윤의 「해동 역사」 제31권 관씨지,
「조선 왕조 실록」 등에서도 「고금 운회 거요」에 관한 내용을 찾아볼 수 있다.

성자 비교 연구」, 석사 논문, 서울: 성균관대 대학원. ⑦ 강호천, 1990, 중국 운학의 전래, 「우암논총」, 6, 청주: 청주대 대학원. 1~23. ⑧ 조희무, 1991, 「중원음운」과 「고금운회거요」의 입성자음 비교 연구, 「중국인문과학」 10, 중국인문학회. 67-94. ⑨ 권혁준, 1992, 「고금운회거요」 /ɦ/ 운미 운의 음운 체계, 「중국어문논총」 5, 중국어문연구회. 117-147. ⑩ 권혁준, 1993, 「고금운회거요」 /m/ 운미 운의 음운 체계 연구, 「중국어문논총」 6, 중국어문연구회. 27-46. ⑪ 문효근, 1993, 「훈민정음」 제자 원리 1, 「세종학연구」, 8, 서울: 세종대왕기념사업회. 3-86. ⑫ 조희무, 1993, 「고금운회거요」의 제작과 체재, 「중국인문과학」 12, 중국인문학회. 61-76. ⑬ 권혁준, 1994, 「고금운회거요」 /w/ 운미 운의 음운 체계, 「중국어문논총」 7, 중국어문연구회. 7-30. ⑭ 권혁준, 1995ㄱ, 「「고금운회거요」의 음운 체계 연구 –「사성통해」의 「운회」 음을 중심으로–」, 박사 논문, 서울: 고려대 대학원. ⑮ 권혁준, 1995ㄴ, 「고금운회거요」의 성모 체계, 「중국어문논총」, 8, 중국어문연구회. 23-50. ⑯ 김태완, 1995, 「고금운회거요」와 「몽고자운」의 중고 입성자 처리와 「중원음운」 입파 삼성의 자체 해설, 「중국인문과학」, 14, 중국인문학회. 185-205. ⑰ 왕옥지, 1995ㄱ, 「고금운회거요」 성모고, 「중국인문과학」, 14, 중국인문학회. 169-184. ⑱ 왕옥지, 1995ㄴ, 「고금운회거요」의 입성자 고찰, 「중국문학연구」, 13, 한국중문학회. 229-248. ⑲ 조희무, 1995, 「고금운회거요」 성모 고, 「중국인문과학」, 14, 중국인문학회. 169-184. ⑳ 권혁준, 1996, 「고금운회거요」 음성 운 /ʔ/ 운미 운의 음운 체계, 「연구논문집」 5, 동해: 동해전문대학. 143-162. ㉑ 조희무, 1996, 「고금운회거요」 음계 연구, 「중국인문과학」, 15, 중국인문학회. 47-67. ㉒ 권혁준, 1997ㄱ, 「동국정운」과 「고금운회거요」의 通·宕·曾·梗 섭 음운 체계 비교, 「중국어문논총」, 12, 중국어문연구회. 15-39. ㉓ 권혁준, 1997ㄴ, 「동국정운」과 「고금운회거요」의 臻·山·便 섭 음운 체계 비교, 「중국어문논총」, 13, 중국어문연구회. 7-26. ㉔ 김현철 외 옮김·복지진 저, 1997, 「중국언어학사」, 서울: 신아사. ㉕ 왕옥지, 1997, 「몽고자운」과 「고금운회거요」의 관계 및 어음 근거 고찰, 「중국학」 12, 대한중국학회. 1-20. ㉖ 이재석 역·호기광 저, 1997, 「중국 소학사」, 서울: 동문선. ㉗ 조희무, 1997ㄱ, 「고금운회거요」의 입성 자모운 연구, 「중국인문과학」 16, 중국인문학회. 35-60. ㉘ 조희무, 1997ㄴ, 「고금운회거요」 양성 자모운 연구, 「인문과학연구」, 19, 광주: 조선대 인문과학연구소. 271-291. ㉙ 권혁준, 1998, 「동국정운」과 「고금운회거요」의 咸·深 섭 음운 체계 비교, 「중국어문논총」 14, 중국어문연구회. 7-26. ㉚ 정경일, 1998, 성운학의 도입과 고려시대의 운서, 「순천향어문논집」 5, 순천향어문학연구회. 485-504. ㉛ 조희무, 1998ㄱ, 「「고금운회거요」 연구」, 박사 논문, 광주: 전남대 대학원. ㉜ 조희무, 1998ㄴ, 「고금운회거요」 음성자 자운 연구, 「외국문화연구」, 21-1, 광주: 조선대 인문학연구소. 207-226. ㉝ 권혁준, 1999, 「동국정운」과 「고금운회거요」의 遇·果·假 섭 음운 체계 비교, 「논문집(신학·인문대학 편)」, 34, 용인: 강남대학교. 127-150. ㉞ 김은희, 1999, 「「고금운회거요」 36자모 연구」, 석사 논문, 제주: 제주대 대학원. ㉟ 조희무, 1999ㄱ, 「고금운회거요」의 운모 연구, 「중국어문학논집」 11, 중국어문학연구회. 395-430. ㊱ 조희무, 1999ㄴ, 「중원음운」과 「고금운회거요」의 비교 연구, 「중국인문과학」 19, 중국인문학회. 41-64. ㊲ 권혁준, 2000ㄱ, 「동국정운」과 「고금운회거요」의 止·蟹 섭 음운 체계 비교, 「중국언어연구」 12, 한국중국언어학회. 203-234. ㊳ 권혁준, 2000ㄴ, 「고금운회거요」에 반영된 중뉴 현상 및 그 상관 문제, 「중국어문논총」 19, 중국어문연구회. 155-190. ㊴ 김은희, 2000, 「「고금운회거요」 36자모 연구」, 석사 논문, 제주: 제주대. ㊵ 권혁준, 2001ㄱ, 「동국정운」과 「고금운회거요」의 效·流攝 음운 체계 비교, 「논문집」 38, 용인: 강남대. 1-16. ㊶ 권혁준, 2001ㄴ, 「동국정운」 輿 「고금운회거요」 之間的音位系統比較, 「중국학보」 43, 한국중국학회. 3-32. ㊷ 권혁준, 2002, 후기 중고 한어의 음운 체계, 「중국어문논총」 22, 중국어문연구회. 1-27. ㊸ 신용권, 2002ㄱ, 關于 「고금운회거요」的 음계 기출, 「중국문학」 38, 한국중국어문학회. 257-274. ㊹ 신용권, 2002ㄴ, 關於 「고금운회거요」 的 성모, 「중국어문학」 40, 영남중국어문학회. 443-461. ㊺ 김태경, 2003, 조기 관화의 입성에 대하여, 「중국어문학논집」 23, 중국어문학연구회. 43-65. ㊻ 배윤덕, 2003, 「사성통해」에 나타난 「운회」 연구, 「돈암어문학」 16, 돈암어문학회. 123-166. ㊼ 신용권, 2003ㄱ, 「고금운회거요」, 「몽고자운」과 「동국정운」, 「알타이학보」 13-1, 한국알타이학회. 185-207. ㊽ 신용권, 2003ㄴ, 「고금운회거요」의 입성운과 관련된 몇 가지 문제에 대하여, 「언어학」 37, 한국언어학회. 145-167. ㊾ 권혁준, 2004ㄱ, 근고 한어 성모 疑·魚·喩 모의 대립 문제, 「중국어문논총」 26, 중국어문연구회. 1-24. ㊿ 권혁준, 2004ㄴ, 근고 한어 성모·요모·합모 출현의 음운학적 의미, 「중국어문논총」 27, 중국어문연구회. 1-24. (51) 최재수, 2005, 「중원음운」과 「고금운회거요」 입성자음 비교 연구, 「중국학연구」 34, 중국학연구회. 109-124. (52) 왕옥지, 2006ㄱ, 원대 운서의 가치 및 출현 배경 고찰, 「중국어문학논집」 38, 중국어문학연구회. 41-64. (53) 왕옥지, 2006ㄴ, 원 이후 「몽고자운」·「고금운회거요」의 한·중 음운학적 가치 연구, 「중국학논총」 22-1, 한국중국문화학회. 1-15. (54) 이경희, 2007ㄱ, 원대 운서를 통한 북방 관화의 성모 체계 고찰, 「중국어문학논집」 44, 중국어문학연구회. 113-134. (55) 이경희, 2007ㄴ, 「몽고자운」의 입성 운미 소실에 관한 고찰, 「중국어문학논집」 45, 중국어문학연구회. 89-106. (56) 신용권, 2008, 「고금운회거요」의 판본에 대하여, 「인문과학연구」 11, 인천: 인하대 인문학연구소. (57) 왕옥지, 2009, 「몽고자운」과 「동국정운」의 성모·입성 체계에 대한 심층 고찰, 「중국어문논역총간」, 24, 중국어문논역학회. 413-430. ㉘ 조운성, 2010ㄱ, 「동국정운」의 운류와 「고금운회거요」의 반절 하자, 「인문연구」, 58, 경산: 영남대 인문과학연구소. 315-336. ㉙ 조운성, 2010ㄴ, 「동국정운」의 운류와 「고금운회거요」의 자모운, 「서강인문논총」, 28, 서울: 서강대 인문과학연구소. 203-225. ㉚ 조운성, 2011, 「동국정운」의 業모와 欲모, 「구결연구」, 26, 구결학회. 269-288.

### (3) 「삼운 통고(三韻通考)」(14??)

「삼운 통고(三韻通考)」는 고려 말기부터 조선 시대에 걸쳐 과거 시험을 치를 때에 널리 사용한 운서이다.[184] 「삼운 통고」에는 서문이나 발문이 없어 이 운서의 편찬에 관한 내용을 확인할 수 없다. 다만 다른 운서의 범례나 서문 등에서 「삼운 통고」에 관한 내용을 찾아볼 수 있을 뿐이다. 예를 들면, 「규장 전운(奎章全韻)」 범례에서 「삼운 통고(三韻通攷)」는 「예부 운략(禮部韻略)」, 「운부군옥(韻府群玉)」, 「홍무 정운(洪武正韻)」에 따라 편찬한 운서라고 설명하였다. 또 도주(道州) 만력본 「배자 예부 운략」(1615)의 서문에는 「삼운 통고」가 청탁의 차이를 분변하지 못하므로 성음이 그릇될 우려가 있어 편찬하였다고 설명하였다. 그리고 박두세(朴斗世, 1650년~1733년)의 「삼운 보유(三韻補遺)」(1702) 범례에는 「삼운 통고」의 편찬자는 모르며, 혹자는 일본에서 전해 온 것이라고 하는데, 옛날부터 널리 사용되었다는 내용이 수록되어 있다.

이익(李瀷, 1681년~1763년)은 「성호 사설」 제28권 시문문 '운고(韻考)'에서 다음과 같은 내용을 찾아볼 수 있다.

---

184) 최현배(1940: 190)에 따르면, 「지봉 유설」(이수광), 「성호 사설」(이익), 「앙엽기(盎葉記)」(이덕무) 등에서는 「삼운 통고」가 과거 시험장에서 필수적인 책이었음을 설명하고 있고, 「화동 정음 통석 운고」(박성원)과 「삼운 성휘」(홍계희)는 「삼운 통고」를 참고하여 편찬하였다고 하였다. '삼운 통고'는 '三韻通考' 또는 '三韻通攷'로 표기한다.

운(韻)의 사성보는 심약(沈約)에서 시작되고, 자(字)의 반절은 신공(神珙)에서 시작되었다. 후세의 자서(字書)는 고열의 편의를 위하여 부분별로 편방을 나누었지만, 역시 반절을 통해 그 운을 알게 되었다. 매(梅) 씨의 「자휘(字彙)」는 번다한 것을 삭제하고 요점만을 간추린 것으로 도합 33,179자이니 만족할 만하다.

지금 세상에 돌아다니는 「운고(韻考)」 1권은 심약(沈約)의 글[185]을 증보한 것이다. 생각해 보면, 서거정(徐居正, 1420년~1488년)의 「필원 잡기(筆苑雜記)」에서 세종이 유신(儒臣)에게 명령하여 책을 찬집하게 했다고 했는데, 바로 이 「운고(韻考)」를 두고 말한 것인 듯하다. 무릇 9,427자인데, 주문(籒文)과 고문(古文)을 계산하여 같은 자 479자를 제외하니 단지 9,348자로 1만 자에도 미치지 못한다.

도장경(屠長卿)은 심약(沈約)의 운서는 기준도 없이 부분별로 나눈 것인데 후인들이 오히려 그대로 따라 쓰고 있다고 몹시 빗대어 놀렸는데, 그의 말 역시 옳다. 나는 이따금 경서를 일일이 교감하면서 보는데, 「시경(詩經)」과 「서경(書經)」에 있는 글자만도 「운고」에 빠진 것이 매우 많으니 어찌 수치스럽고 한스러운일 아니겠는가. 나는 늘 육경에는 있으나 「운고」에는 없는 글자를 「운고」에 편입하고자 하나 힘이 아직 미치지 못하고 있다.

이익의 이러한 생각을 근거로 「삼운 통고」의 편찬 연대를 세종 연간으로 추정하나 불확실하고,[186] 이 책의 저자도 미상이다.

한편 「증보 문헌 비고」 권243에서는 「삼운 통고」가 우리 나라에서 간행된 최초의 운서라고 하였다. 이익의 「성호 사설」 제17권 인사문 '일본 충의'와 안정복의 「성호 사설 유선」 권8 하 '운고'에서는 「삼운 통고」는 우리가 일본에서 얻은 전적이며, 우리의 「이상국집(李相國集)」도 우리 나라에

---

185) 심약(沈約)의 글은 그가 지은 「사성 유보(四聲類譜)」를 가리킨다.
186) 오구라 신페이(1940)에 따르면 「삼운 통고」의 간행 시기는 「홍무 정운」의 간행 이전으로 추정했으며, 「운부군옥」을 토대로 편찬한 것이라고 하였다. 그리고 이 책은 중국에서 만들어진 것은 아닌데, 조선 또는 일본에서 편찬된 것인지는 분명하지 않다고 하였다(최현배, 1940: 190).

는 이미 산실되어 일본에서 구해와 복간하였다고 하였다. 이규경의 「오주 연문 장전 산고」 경사편 1-경전류 2 '소학-운서'에서도 이익이 설명한 이 와 같은 내용과 「삼운 통고」는 심약(沈約)이 심사하여 정한 것이라는 유형 원의 틀린 설명을 지적하는 내용을 찾아볼 수 있다.187) 이수광의 「지봉 유 설」 권7 경서부 '서적'에서 「삼운 통고」는 일본에서 나온 것으로 열람하기 편리하여 지금까지 사용하고 있다고 하였다. 이덕무의 「청장관 전서」 제24 권 편서 잡고 '규장 전운 범례'에서는 「삼운 통고」가 나오게 된 연유를 모 른다면서 세종 때에 유신들에게 명령하여 편정된 것 같다고 하였다. 그리 고 「예부 운략(禮部韻略)」, 「운부군옥(韻府群玉)」, 「홍무 정운(洪武正韻)」 등을 토대로 삼았는데, 주해가 두세 글자에 지나지 않아도 선비들이 모범으로 삼았으니 그들이 박식하지 못함은 이상한 일이 아니라고 하였다. 또 「청장 관 전서」 제60권 앙엽기 7 '삼운 통고(三韻通考)'에서는 「삼운 통고」에 수록 된 표제자는 9,732자이고 김제겸(金濟謙, 1680년~1722년)이 1,798자를 첨가 하여 과거 시험장에서 통용할 수 있어 편리하고 긴용한 책으로 삼고 있다. 그러나 이 책의 편찬자는 누구인지 모른다고 하면서 이수광의 「지봉 유설」 처럼 일본에서 간행되어 조선에 유입된 것인지도 모른다고 하였다. 이밖에 도 권상하(權尙夏, 1641년~1721년)의 「한수대 선생 문집」 제32권 묘표 '승지 정공 묘표', 정조(正祖)의 「홍재 전서」 제9권 서인 2 '정음 통석서', 「홍재

---

187) 심약전(沈約傳)에는 「사성 유보(四聲類譜)」는 있어도 「삼운 통고」는 없으므로 유형원의 설명은 틀렸다는 것이다. 또 '삼운'으로 부르는 것은 원나라 주덕청(周德淸)의 「중원 음 운(中原音韻)」에 삼성을 병행하였으므로 잇달아 '삼운(三韻)'이라는 명칭을 사용했다는 것이다. 고려에서도 삼성(三聲)의 운을 따랐고, 조선 초기에도 원나라와 고려의 운을 통 용하면서 「삼운 통고(三韻通考)」라는 책을 금과옥조처럼 받들었다. 그 이후에 김제겸이 성효기와 더불어 「증보 삼운 통고(增補三韻通攷)」를 지었으며, 성효기는 또 「삼운 성휘 (三韻聲彙)」를 지었다. 그러나 이것은 「중원 음운」이 삼성을 병행한 잘못에 기인하는 것이라는 것이다. 그리고 「삼운 통고」로 '사성'의 옛 이름마저 잃어버리게 되었다가 정 조 때에 「어정 규장 전운」에 이르러서야 비로소 사성(四聲)의 원래 법칙에 부합하게 되 었다고 설명하였다.

전서」 제165권 일득록 5 '문학 5', 「홍재 전서」 제183권 군서 표기 5 명찬 1 '규장 운서 8권' 등에 「삼운 통고」와 관련된 내용을 찾아볼 수 있다.

「삼운 통고」는 여러 종류의 이본이 있다.[188] 목판본 78장의 분량으로 이루어진 원판 「삼운 통고」, 무신자(戊申字) 활자본 83장의 분량으로 이루어진 수정판 「삼운 통고」 등이 있다. 이 이본들은 국립 중앙 도서관, 서울대 일사 문고 등에 소장되어 있으며, 권덕규(權悳奎, 1890년~1950년) 소장본과 송석하(宋錫夏, 1904년~1948년) 소장본 등도 있다고 알려져 있다.

9,732개의 한자를 표제자로 선정한 「삼운 통고」에는 한자음을 반절이나 한글로 표기하지 않았고, 표제자인 한자만 나열하여 2자 또는 3자로 뜻풀이를 간략하게 한자로 기술해놓았다.

중국 운서 「배자 예부 운략(排字禮部韻略)」에서는 평성 29운, 상성 30운, 거성 30운, 입성 17운 모두 106운으로 나눈 다음 하나의 운에 속하는 한자들을 다시 성모별로 나누어 배열하였다. 그리하여 1면에 성조와 운모가 동일한 표제자가 수록되는 것이다.

그런데 「삼운 통고」에서는 중국 운서 「배자 예부 운략(排字禮部韻略)」과 다르게 표제자를 배열하였다. 1면을 3단으로 분할하여 평성, 상성, 거성에 속하는 한자를 각각 나열하는 체제로 바꾸어 배열하였다. 그리고 당시 표준음으로 사용했던 중국 북방 현실음에서 입성이 소멸된 것을 고려하여 입성 표제자는 책의 뒷부분에 별도로 모아 놓았다.

따라서 「삼운 통고」는 4성으로 나눈 중국 운서 「배자 예부 운략(排字禮部韻略)」과는 달리 1면을 3단으로 나누어 평성, 상성, 거성에 속하는 한자를 배열해 놓은 운서라고 말할 수 있다. 즉 1면을 3단으로 분할하여 상단에는 평성에 속하는 한자들을 배열하고, 중단에는 상성에 속하는 한자들을 배열

---

188) 하혜정(1997: 48)에서는 29부의 「삼운 통고」가 전해지고 있으며, 현전하는 이본은 10종류가 있다고 설명하였다.

하였으며, 하단에는 거성에 속하는 한자들을 배열하였다.

「삼운 통고」의 3단 체제를 따르면서 표제자 수를 증보한 조선의 운서로는 박두세(朴斗世, 1650년~1733년)의 「삼운 보유(三韻補遺)」(1702)와 김제겸·성효기의 「증보 삼운 통고(增補 三韻通考)」(1702~1722년 사이)가 있다.

「삼운 보유(三韻補遺)」는 박두세가 「삼운 통고」를 수정하여 증보하고 또 출처를 분명히 밝히고 주석을 자세하게 달아서 1702년(숙종 28년)에 편찬한 운서이다. 5권 2책으로 이루어진 이 책의 원래 이름은 「삼운 통고 보유(三韻通考補遺)」이다.

「증보 삼운 통고(增補三韻通考)」는 1702년부터 1722년 사이에 김제겸(金濟謙, 1680년~1722년)과 성효기(成孝基)가 「운회(韻會)」, 「자휘(字彙)」, 「정자통(正字通)」 등을 참고하여 「삼운 보유」를 증보하여 펴낸 운서이다.

또 「삼운 통고」의 표제자의 음을 언문으로 표기하여 펴낸 박성원의 「화동 정음 통석 운고(華東正音通釋韻考)」(1747)도 「삼운 통고」와 같은 계열의 운서이다. 그리고 홍계희(洪啓禧, 1703년~1771년)의 「삼운 성휘(三韻聲彙)」(1751)도 「삼운 통고」와 동일한 체제를 갖추었는데, 표제자의 배열 순서만 다를 뿐이다. 「어정 규장 전운(御定 奎章全韻)」(1796)은 「삼운 통고」와는 달리 한 면을 4단으로 나누는 체제를 도입했는데, 이 두 운서는 한 면에 삼성 또는 사성을 모두 열거한 점에서 공통점을 가진다. 지금까지 설명한 「삼운 통고」 계열의 운서들은 모두 「배자 예부 운략(排字禮部韻略)」과 같은 106운 계열에 속하는 운서이다.

「삼운 통고」 참고 논저

① 강신항, 1969, 한국 운서에 관한 기초적인 연구(1), 「논문집」, 14, 서울: 성균관대. 1-18. ② 하혜정, 1997ㄱ, 「조선조 운서의 독자성 연구」, 박사 논문, 서울: 중앙대 대학원. ③ 하혜정, 1997ㄴ, 조선 운서의 정음관 분석, 「동양고전연구」, 8, 동양

고전학회. 149-182. ④ 조현주, 1998, 「『삼운통고』 연구」, 석사 논문, 부산: 부산대 대학원. ⑤ 강식진, 1999, 조선의 운서 연구(2) -「삼운통고」를 중심으로-, 「인문논총」, 54, 부산: 부산대 인문학연구소. 1-36. ⑥ 정경일, 2002, 「한국 운서의 이해」, 서울: 아카넷. 40-51. ⑦ 이장희, 2003, 「삼운통고」의 저본에 대하여, 「어문학」 80, 한국어문학회. 105-122.

### (4) 「동국 정운(東國正韻)」(1448)

「동국 정운(東國正韻)」은 신숙주(申叔舟, 1417년~1475년), 최항(崔恒, 1409년~1474년), 성삼문(成三問, 1418년~1456년), 박팽년(朴彭年, 1417년~1456년), 이개(李塏, 1417년~1456년), 강희안(姜希顔, 1417년~1464년), 이현로(李賢老, ?~1453년), 조변안(曹變安, 1413년~1473년), 김증(金曾, 1413년~1456년) 등이 세종의 명령을 받아 1447년(세종 29년) 9월에 완성하여 1448년(세종 30년) 10월에 출판되었다.[189]

「동국 정운」은 우리 나라 최초의 운서로, 6권 6책으로 이루어져 있다. 이 책은 활자본인데, 간송 미술관에 권1과 권6이 소장되어 있으며, 건국대학교 박물관에 6권 완질본이 소장되어 있다.[190]

이 책은 제목 그대로 우리 나라의 바른 음을 수록한 운서로 중국의 「홍무 정운(洪武正韻)」과 대비된다. 「동국 정운」은 세종 때에 혼란스러웠던 우리 한자음을 통일하여 표준음을 정하려는 의도로 편찬되었다.

---

189) 「동국 정운」 편찬 작업에 동궁(東宮)은 감장(監掌)의 역할을 맡았는데, 진양 대군과 안평 대군은 그 보좌역을 수행했다. 그리고 신숙주와 성삼문은 주무를 담당하였고, 최항과 박팽년은 우리 한자음을 사정하였고, 조변안과 김증은 중국 한자음에 관하여 자문하였으며, 강희안은 교정과 정리 업무를 수행하였다.

190) 간송 미술관에 소장되어 있는 「동국 정운」 권1과 권6은 국보 제71호로 지정되었다. 이 책은 경북 안동에서 발견되었는데, 1958년 통문관에서 영인하였다. 그리고 건국대학교 박물관에 소장되어 있는 6권 6책 완질본 「동국 정운」은 국보 제142호로 지정되었다. 이 책은 중종 때 문신 심언광(沈彦光)의 집안에 전해 내려오던 것으로 강릉의 심교만(沈敎萬)의 집에서 발견되었는데, 건국대학교 출판부에서 1973년에 영인하여 발행하였다.

세종은 1443년 음력 12월에 훈민 정음(언문)을 만들었고, 1444년 2월에는 「사성 통고(四聲通攷)」, 「홍무 정운 역훈(洪武正韻譯訓)」, 「동국 정운」을 편찬하게 하였고, 또 웅충(熊忠)의 「고금 운회 거요(古今韻會擧要)」를 번역하도록 명령하였다. 그런데 「고금 운회 거요」의 번역본이 간행되었다는 기록은 찾아볼 수 없으며, 이 번역서 대신에 「동국 정운」이 편찬되었다는 주장이 제기되었다. 즉 「고금 운회 거요」의 반절음을 우리 나라 음으로 번역하여 언문으로 표기하고, 훈민 정음 초성 차례에 따라 표제자를 배열한 것이 「동국 정운」이라는 것이다.

신숙주의 「동국 정운」 서문에 제시된 「동국 정운」의 편찬 방침은 다음과 같다.

　　(ㄱ) 민간에 널리 사용되고 있는 관습 한자음을 채택한다.
　　(ㄴ) 옛 서적을 참고한다.
　　(ㄷ) 하나의 한자가 여러 가지 음으로 실현되는 경우에는 가장 널리 사용되는 음을 기준으로 삼는다.
　　(ㄹ) 어떤 운자가 다른 운에 통용되는 협운에서 벗어나지 않도록 고려한다.

이런 편찬 방침에 따라 「동국 정운」은 「고금 운회 거요」의 체계를 본따 91운 23자모로 분류하였다. 또 당시에 사용했던 조선 한자들의 표준 발음을 표음 문자인 언문으로 표기하였다. 입성 [ㄷ]는 민간에 널리 발음되는 [ㄹ]로 바꾸면서 입성의 자질을 나타내기 위하여 'ㄹㆆ'으로 표기하였다.

본문은 운목을 운별로 표시하고 표제자는 음각으로 표기하였다. 표제자 바로 밑에는 언문으로 음을 표기하였다. 그런 다음 표제자에 속하는 한자들을 평성, 상성, 거성, 입성의 순서로 배열하였다. 표제자의 뜻풀이는 기술하지 않았다.

「동국 정운」은 언문으로 한자음을 최초로 표기한 운서인 점에서 중요한 가치를 지닌다. 그러나 「동국 정운」은 편집 방침과는 달리 송나라 등운학과 명나라 「홍무 정운」의 언어 정책을 지나치게 따랐으므로 현실음과 거리가 있는 규범적인 우리 한자 발음 사전으로 남게 되었다. 「동국 정운」의 한자음은 불경 언해서의 한자음 표기를 위해 주로 사용되었다가 16세기 초기부터는 아예 사용하지 않게 되었다.

「동국 정운」에 관한 내용은 신숙주의 「국조 보감」 제11권 세조조 2, 서거정의 「사가집」 사가 문집 보유 제1권, 이긍익의 「연려실 기술」 제3권 세종조 고사본말 '찬술과 제작', 이규경의 「오주 연문 장전 산고」 경사편 1-경전류 3 '경전 잡설', 이덕무의 「청장관 전서」 제60권 앙엽기 7 '삼운 통고', 「조선 왕조 실록」 등에서 찾아볼 수 있다.

---

**「동국 정운」 참고 논저**

① 김민수, 1958, 「동국정운」 해제, 「한글」 123, 한글학회. 98-112. ② 김철헌, 1958, 「동국정운」 초성 고, 「국어국문학」 19, 국어국문학회. 107-132. ③ 김철헌, 1959, 「동국정운」 운모 고, 「국어국문학」 21, 국어국문학회. 1-90. ④ 유창균, 1959, 「동국정운」에 나타난 모음의 특색, 「논문집」 2, 대구: 청구대. ⑤ 남광우, 1964, 「동국정운」식 한자음 성조의 연구, 「논문집」 9, 서울: 중앙대. 9-34. ⑥ 이동림, 1964, 「동국정운」의 연구(I) ─특히 91운 23자모와 「훈민정음」 11모음의 책정에 관하여─, 「논문집」 1, 서울: 동국대. 91-124. ⑦ 유창균, 1965ㄱ, 「동국정운」 연구(I), 「어문학」 12, 한국어문학회. 12-36. ⑧ 유창균, 1965ㄴ, 「동국정운」 연구, 「진단학보」 28, 진단학회. 97-134. ⑨ 이동림, 1965, 「동국정운」의 연구(I) ─그 등운도 작성을 중심으로─, 「국어국문학」 30, 국어국문학회. 21-50. ⑩ 남광우, 1966, 「「동국정운」식 한자음 연구」, 서울: 한국연구원. ⑪ 유창균, 1966ㄱ, 「동국정운」 연구(II), 「어문학」 14, 한국어문학회. 21-58. ⑫ 유창균, 1966ㄴ, 「동국정운」 서(序) 고, 「아세아연구」 9-2, 서울: 고려대 아세아문제연구소 107-146. ⑬ 유창균, 1966ㄷ, 「「동국정운」 연구(복원편)」, 서울: 형설출판사. ⑭ 이동림, 1966ㄹ, 「동국정운」 연구, 「논문집」 3·4 합집, 서울: 동국대학교. 89-104. ⑮ 유창균, 1967ㄱ, 「「동국정운」의 편찬에 관한 연구」, 박사 논문, 서울: 서울대 대학원. ⑯ 유창균, 1967ㄴ, 「동국정운」식 한자음의 기층

에 대한 시론, 「진단학보」 31, 진단학회. 115-142. ⑰ 유창균, 1968, 「고금운회거요」의 반절과 「동국정운」의 비교, 「동양문화」 8, 경산: 영남대. ⑱ 이동림, 1967ㄱ, 유창균 저 「「동국정운」 연구」의 해석, 「동악어문논집」 5, 동악어문학회. 1-48. ⑲ 이동림, 1967ㄴ, 「동국정운」 연구(III) −재구 방법과 결론−, 「논문집」 3·4, 서울: 동국대. 89-104. ⑳ 유창균, 1969, 「「동국정운」 연구(연구편)」, 서울: 형설출판사. ㉑ 이동림, 1970ㄱ, 「동국정운」 연구(연구편), 서울: 동국대 국어국문학과 연구실 339호. ㉒ 이동림, 1970ㄴ, 「동국정운」 연구(재구편), 서울: 동국대 국어국문학과 연구실 339호. ㉓ 박병채, 1971, 서평 −이동림 저 「「동국정운」 연구」, 「아세아연구」 14-1, 서울: 고려대 아세아문제연구소. 217-223. ㉔ 성원경, 1971, 「동국정운」과 「홍무정운역훈」의 비교 연구, 「학술지」 12, 서울: 건국대. ㉕ 김선기, 1972, 「동국정운」의 ㅃ, ㄸ, ㄲ의 음가, 「한글」 150, 한글학회. 3-16. ㉖ 성원경, 1972, 해제: 「동국정운」 완질본에 대하여, 「겨레어문학」 6, 겨레어문학회. 306-308. ㉗ 정인승·성원경, 1973, 「동국정운」 연구: 원본 교주를 시도하는 「고금운회거요」와 재구편과 비교하면서, 「학술지(인문·사회·자연과학 통합편)」 15-1, 서울: 건국대. 45-84. ㉘ 정영주, 1979, 「「동국정운」 후음 'ㆆ' 초성 고」, 석사 논문, 서울: 건국대 대학원. ㉙ 백인빈, 1981, 「반치음 △ 음가의 재구: 「동국정운」을 중심으로」, 석사 논문, 서울: 건국대 대학원. ㉚ 권재선, 1985, 세종의 어제 「동국정운」과 신숙주 등의 반절, 「인문과학연구」 3, 대구: 대구대. 1-12. ㉛ 남진석, 1985, 「「동국정운」의 'ㆍ' 음 연구」, 석사 논문, 서울: 명지대 대학원. ㉜ 한태동, 1985, 「동국정운」 연구, 「연세논총(인문편)」 21-1, 서울: 연세대 대학원. 279-320. ㉝ 우민섭, 1986, 「동국정운」 탁성모 고, 「논문집」 15, 전주: 전주대. 11-25. ㉞ 성원경, 1989, 한국에서 최초로 한자에 표음한 「동국정운」 고, 「인문과학논총」 21, 서울: 건국대 인문과학연구소. 159-174. ㉟ 문선규, 1991, 「동국정운」의 '疑' (業)모자음 표기에 대하여, 「들메 서재극 박사 환갑 기념 논문집」, 대구: 계명대학교출판부. 303-325. ㊱ 이동림, 1993, 「동국정운」 초성자모 23자의 책정과 그 해석, 「국어학」 23, 국어학회. 1-40. ㊲ 김무림, 1996, 「동국정운」의 편운에 대하여, 「한국어학」 3, 한국어학회. 117-133. ㊳ 강신항, 1997, 「동국정운」 음계의 성격, 「(성재 이돈주 선생 화갑 기념) 국어학 연구의 새 지평」, 논총간행위원회, 서울: 태학사. 13-35. ㊴ 김무림, 1997, 「동국정운」의 편운과 「훈민정음」의 중성, 「(성재 이돈주선생 화갑 기념) 국어학 연구 새 지평」, 논총간행위원회, 서울: 태학사. 37-58. ㊵ 권혁준, 1997ㄱ, 「동국정운」과 「고금운회거요」의 通·宕·曾·梗 섭 음운 체계 비교, 「중국어문논총」 12, 중국어문연구회. 15-39. ㊶ 권혁준, 1997ㄴ, 「동국정운」과 「고금운회거요」의 臻·山·便 섭 음운 체계 비교, 「중국어문논총」 13, 중국어문연구회. 7-26. ㊷ 이돈주, 1997, 「동국정운」 서(序)의 '眛於紐 躡之

要' 고, 「국어국문학연구」 19, 익산: 원광대 인문과학대학 국어국문학과. 75-91. ㊸ 하혜정, 1997, 「조선조 운서의 독자성 연구」, 박사 논문, 서울: 중앙대 대학원. ㊹ 권혁준, 1998, 「동국정운」과 「고금운회거요」의 咸·深 섭 음운 체계 비교, 「중국어문논총」 14, 중국어문연구회. 7-26. ㊺ 정경일, 1998, 조선시대의 운서 이용 양상, 「한국어학」 7-1, 한국어학회. 259-281. ㊻ 권혁준, 1999, 「동국정운」과 「고금운회거요」의 遇·果·假 섭 음운 체계 비교, 「논문집(신학·인문대학 편)」, 34, 용인: 강남대학교. 127-150. ㊼ 권혁준, 2000, 「동국정운」과 「고금운회거요」의 止·蟹 섭 음운 체계 비교, 「중국언어연구」 12, 한국중국언어학회. 203-234. ㊽ 권혁준, 2001, 「동국정운」과 「고금운회거요」의 效·流 섭 음운 체계 비교, 「논문집」 38, 용인: 강남대. 1-16. ㊾ 박경송, 2002, 「동국정운」에 나타난 조선 음운학자들의 중고 한어 음운 연구, 「중국언어연구」 15, 한국중국언어학회. 317-343. ㊿ 신용권, 2003, 「고금운회거요」, 「몽고자운」과 「동국정운」, 「알타이학보」 13-1, 한국알타이학회. 185-207. (51) 우창균, 2004, 「몽고운략」과 「동국정운」, 「국어사연구」 4, 국어사학회. 7-23. (52) 김지형, 2005, 「동국정운」식 한자음에서의 '·'의 음가, 「어문연구」 33-1, 한국어문교육연구회. 85-108. (53) 왕옥지, 2008, 「동국정운」과 「몽고자운」의 실제 분운 체계 비교 연구, 「중국어문논역총간」 23, 중국어문논역학회. 139-166. (54) 이현선, 2008, 「「동국정운」 한자음 심원 연구」, 석사 논문, 서울: 이화여대 대학원. (55) 강신항, 2009, 조선 초기 한자음과 「동국정운」 한자음 비교 표, 「한국학연구」 6, 한국어연구회. (56) 왕옥지, 2009, 「몽고자운」과 「동국정운」의 성모, 입성 체계에 대한 심층 고찰, 「중국어문논역총간」 24, 중국어문논역학회. 413-430. (57) 조운성, 2010ㄱ, 「동국정운」의 운류와 「고금운회거요」의 반절 하자, 「인문연구」 58, 경산: 영남대인문과학연구소. 315-336. (58) 조운성, 2010ㄴ, 「동국정운」의 운류와 「고금운회거요」의 자모운, 「서강인문논총」 28, 서울: 서강대 인문과학연구소. 203-225. (59) 백수연, 2011, 「「광운」과 「동국정운」의 비교를 통한 한중 현대 초성 음가 연구」, 석사 논문, 전주: 전북대 교육대학원. (60) 이재홍, 2011, 「동국정운」, 서울: 어문학사. (61) 임다영, 2011, 「「동국정운」 한자음과 현실음의 비교 연구」, 석사 논문, 서울: 연세대 대학원. (62) 조운성, 2011ㄱ, 「동국정운」의 業모와 欲모, 「구결연구」 26, 구결학회. 269-288. (63) 조운성, 2011ㄴ, 「「동국정운」 한자음의 성모와 운모 체계 연구」, 박사 논문, 서울: 연세대 대학원.

### (5) 「홍무 정운 역훈(洪武正韻譯訓)」(1455)

명나라 태조(太祖, 1368년~1398년 재위)는 중국의 남방음을 반영한 표준 한자음을 정하기 위하여 악소봉(樂韶鳳), 송렴(宋濂) 등에게 운서를 편찬하도록 명령하였다. 그리하여 그들은 1375년(홍무(洪武) 8년)에 「홍무 정운(洪武正韻)」을 완성하여 편찬하였다.191)

「홍무 정운(洪武正韻)」은 「예부 운략」의 운부를 수정하여 76부의 운으로 분류하였는데, 「훈민 정음」과 「동국 정운」을 지을 때에 「홍무 정운(洪武正韻)」을 참고하였다.

세종은 중국과 어음이 통하지 않아 반드시 통역관에 의지해야만 하는 사실을 보고 「홍무 정운(洪武正韻)」에 제시된 당시 중국 표준 한자음을 언문으로 번역하라는 명령을 신숙주(申叔舟, 1417년~1475년) 등에게 내렸다. 그리하여 신숙주는 성삼문(成三問, 1418년~1456년) 등과 함께 중국에 직접 가서 문의하거나 또는 조선에 오는 중국 사신들과 「홍무 정운(洪武正韻)」의 한자음에 관하여 토의하여 도움을 얻고, 또 요동(遼東)192)에 13번이나 가서 당시 그곳에 유배 중이었던 명나라 한림학사 황찬(黃瓚)에게 도움을 받아 「홍무 정운 역훈(洪武正韻譯訓)」을 지었다.

신숙주(申叔舟, 1417년~1475)와 성삼문(成三問, 1418년~1456년), 조변안(曹變安, 1413년~1473년), 김증(金曾, 1413~1456년), 손수산(孫壽山, ?~?) 5명은 「홍무 정운」의 7음을 맞추고 4성을 조절하는 등의 작업을 마무리하여 1455년(단종 3년) 음력 2월에 「홍무 정운 역훈(洪武正韻譯訓)」 16권 8책을 완성하였다.193)

---

191) 김영찬(2002: 13)에서는 1373년에 악소봉(樂韶鳳), 송렴(宋濂) 등이 조서를 받들어 편찬 것으로 설명하였다. 국내에서는 영조 때에 「홍무 정운」을 복각하였다.

192) 지금의 요녕성(遼寧省) 동남부 지역을 가리킨다.

193) 화산 서방의 주인이었던 이성의(李聖儀) 씨는 자신이 소장하고 있던 보물 제417호로 지정된 「홍무 정훈 역훈」 초간 낙질본 7책(권1~2, 1책 결본)을 1974년 고려대 중앙도서관에 기증하였다. 서문이 실린 1책이 없으나, 신수주의 「보한재집」에 「홍무 정운 역훈」의 서문이 수록되어 있다. 그리고 권3, 7, 8이 낙질본이어서 결손 부분을 복원하는 작업이 박병채(1974)에서 이루어졌다. 「홍무 정운(洪武正韻)」(1375)를 1770년 영조 때 번각하였으며, 1987년 대제각에서 영인하였다. 그리고 박병채 교수가 「사성 통해」(1517)과 「속첨 홍무 정운」(16세기 전후)를 참고하여 결손 부분을 복원한 것을 포함한 「홍무

「홍무 정운 역훈」 권1~2 1책이 결본이라서 서문과 범례의 내용을 원본에서는 찾아볼 수 없다. 그런데 신숙주의 「보한재집(保閑齋集)」에 「홍무 정운 역훈」의 서문이 수록되어 있고, 최세진의 「사성 통해(四聲通解)」의 권말에 수록되어 있는 「사성 통고(四聲通攷)」의 범례가 「홍무 정운 역훈」의 범례와 같다. 따라서 이 두 책을 통해 「홍무 정운 역훈」 서문과 범례의 내용을 찾아볼 수 있게 되었다.

「홍무 정운 역훈」에서는 중국 운서 「홍무 정운(洪武正韻)」의 형식을 그대로 유지하고, 반절과 표제자를 뜻풀이한 내용도 그대로 인용하였다. 다만 표제자 앞에 31성모의 자모를 제시한 다음 표제자의 음을 언문으로 표기하여 제시하였다. 또 간혹 표제자 아래의 반절 다음에 당시의 표준 한자음인 중국 남방 지역의 발음과는 다르게 발음되는 중국 북방 지역의 발음을 속음으로 제시하였다. 그리고 같은 음으로 발음되는 한자들을 나열하였다.

「홍무 정운 역훈」에는 대표자 2,200자와 동운자 14,546자 모두 16,766개 표제자가 수록되어 있다. 중국 한자음을 언문으로 표기한 다음 성조를 방점으로 표시하고, 또 「홍무 정운(洪武正韻)」의 반절을 그대로 인용한 「홍무 정운 역훈」은 그 분량이 너무 많았다. 그래서 「홍무 정운 역훈」을 간략하게 줄인 운서가 등장하였는데, 그것이 바로 「사성 통고(四聲通攷)」(1455 또는 1475 이전)이다.

「사성 통고(四聲通攷)」는 1455년 또는 1475년 이전에 신숙주 등이 편찬하였다고 하는데 현재 전해지지 않는다. 최세진의 「사성 통해(四聲通解)」 상권의 서문에 수록되어 있는 「사성 통고」에 관한 내용과 하권에 수록되어 있는 '사성 통고 범례'를 통해 「사성 통고」의 편찬 유래와 그 내용의 일부를 알 수 있을 뿐이다. 「사성 통고」는 「홍무 정운 역훈」에 수록된 한자들

정운 역훈」 초간본을 영인하여 1974년 고려대 출판부에서 '영인 총서 제2집'으로 발행하였다.

을 모아 먼저 운별로 분류하고, 같은 운에 속하는 한자들은 31개 자모순으로 배열하였다. 또 같은 자모에 속하는 한자들은 평성, 상성, 거성, 입성의 순서로 배열하였다. 그리고 표제자의 뜻풀이는 삭제하고 표제자의 음만 한글로 표기하였다. 표제자의 앞에 표제자의 음을 한글로 표기하여 제시하였는데 때로 속음도 함께 제시하기도 하였다. 표제자의 발음을 한글로 표기한 다음 성조를 표시하기 위하여 방점을 찍었다. 그리하여 내용을 찾아보기에 불편한 「홍무 정운 역훈」을 간편하게 만들어 그것의 색인 즉 한자음 일람표처럼 제작한 「사성 통고」는 사용자가 표제자를 쉽게 찾아볼 수 있도록 편집한 것이다. 최세진은 이 「사성 통고」를 증보하여 1517년 「사성 통해」를 완성하였다.

그리고 「홍무 정운 역훈」의 결함을 보완하기 위하여 최세진194)(1473년?~1542년)이 16세기 초기에 편찬한 것으로 추정하는 「속첨 홍무 정운(續添洪武正韻)」이 있다. 「속첨 홍무 정운(續添洪武正韻)」은 통문관 사장이었던 이겸로 소장본으로 목판본이다. 이 책은 현재 상권 1장부터 105장 앞면까지만 전해지고 있는데, 「홍무 정운(洪武正韻)」 권9까지의 내용이다(김완진, 1966).

한편 「홍무 정운 역훈」 대신에 「홍무 정운 통고(洪武正韻通考)」로 기록한 「오주 연문 장전 산고」와 「해동 잡록」과 같은 경우도 있다.

이규경의 「오주 연문 장전 산고」 경사편 1-경전류 2 소학-운서 '운서에 대한 변증설 1'에는 다음과 같은 내용을 찾아볼 수 있다.

우리 나라의 음운에 있어서는 역사책의 기록으로 고증할 수는 없으나 신라·백제·고구려 때에 이미 중국과 통래하였고 삼국에 또한 문인이 있었으니 운서가 들어온 것도 반드시 그 무렵일 것이나 문헌이 없으므로

---

194) 그는 「사성 통해(四聲通解)」(1517), 「번역 노걸대(飜譯老乞大)」(1517년 이전), 「번역 박통사(飜譯朴通事)」(1515년경), 「노박 집람(老朴集覽)」(1515년경) 등도 펴냈다.

이제 고증할 길이 없다.

고려 광종 때에 과거를 마련하고 선비를 뽑았으니 운서는 마땅히 중국에서 시행된 「절운(切韻)」을 썼을 것이고, 그 이후로도 역대에 걸쳐 통용되었을 것이다. 본조에 들어와서도 처음에는 고려 때의 운서를 그대로 사용하다가 세종 때에 이르러 「홍무 정운 통고(洪武正韻通考)」와 「본국 정운(本國正韻)」을 편찬할 것을 명령하였다.

또 「해동 잡록」 4 본조 '신숙주'에는 신숙주가 「홍무 정운 통고(洪武正韻通考)」를 지었다는 기록을 찾아볼 수 있다.

**「홍무 정운 역훈」 참고 논저**

① 이숭녕, 1959, 「홍무정운역훈」에 관하여, 「국어국문학」 20, 국어국문학회. 51-53. ② 이숭녕, 1959, 「홍무정운 역훈」의 연구, 「진단학보」 20, 진단학회. 115-179. ③ 김완진, 1966, 「속첨 홍무정운」에 대하여, 「진단학보」 29·30, 진단학회. 351-370. ④ 이동림, 1968, 「홍무정운역훈」과 「사성통해」의 비교: 「사성통고」의 재구, 「논문집」 5, 서울: 동국대. 99-128. ⑤ 성원경, 1971, 「동국정운」과 「홍무정운역훈」의 비교 연구, 「학술지」 12, 서울: 건국대. ⑥ 정연찬, 1972, 「「홍무정운역훈」의 연구」, 서울: 일조각. ⑦ 박병채, 1974, 「홍무정운역훈」 해제, 「홍무정운역훈」(영인본), 서울: 고려대학교 출판부. ⑧ 최영애, 1980, 「홍무정운역훈」 성류 고, 「인문과학」 44, 서울: 연세대 인문과학연구소. 57-86. ⑨ 박병채, 1983, 「「홍무정운역훈」의 신연구」, 서울: 고려대 만족문화연구소 출판부. ⑩ 박성훈, 1987, 「홍무정운역훈」의 통용 운목 중 표기상의 오류와 그 유형(I), 「동양학」 17, 서울: 단국대 동양학연구소 383-421. ⑪ 강신항, 1988, 「홍무정운역훈」 가운의 한글 표음자에 대하여, 「꼭 읽어야 할 국어학 논문집」, 서울: 집문당. ⑫ 강신항, 1989, 「홍무정운역훈」 운모음의 한글 표음자에 대하여, 「국어국문학논총」 1, 서울: 탑출판사. ⑬ 김무림, 1990, 「「홍무정운역훈」의 음운론적 연구」, 박사 논문, 서울: 고려대 대학원. ⑭ 우민섭, 1990, 「홍무정운역훈」 속음의 ㅸ 종성 표기 고, 「새국어교육」 46-1, 한국국어교육학회. 87-94. ⑮ 김무림, 1999, 「「홍무정운역훈」 연구」, 서울: 월인. ⑯ 김태성, 2001, 「홍무정운역훈」 서(序) 석보, 「중국연구」 28, 서울: 한국외대 중국연구소 59-68. ⑰ 정경일, 2002, 「한국운서의 이해」, 서울: 아카넷. 129-176. ⑱ 안병희, 2004, 「홍무정운 역훈」과 그 권수의 편차에 대하여, 「한국어 연구」 2, 한국어연구회.

5-30. ⑲ 권은선, 2006, 「「홍무정운역훈」 중국어 음운 체계 연구」, 석사 논문, 서울: 한국외대. 김무림, 2006, 「홍무정운역훈」, 서울: 신구문화사. ⑳ 심소희, 2011, 「홍무정운」 서(序)를 통한 정음관 고찰, 「중국언어연구」, 35, 한국중국언어학회. 45-65. ㉑ 안영희, 2011, 「「홍무정운」에 나타난 중고 한어 3·4등운의 합병과 분화」, 석사 논문, 서울: 고려대 대학원. ㉒ 유효종, 2011, 「훈민정음 문자의 전환 방식에 대한 연구: 「홍무정운역훈」의 표기를 중심으로」, 박사 논문, 성남: 한국학중앙연구원. ㉓ 안영희, 2012, 「홍무정운역훈」 훈민정음 표기 '눼'의 음운론적 대응, 「제28회 전국 학술 대회 발표 논문집」, 구결학회. 189-206.

## 「사성 통고」 참고 논저

① 이동림, 1968, 「홍무정운역훈」과 「사성통해」의 비교: 「사성통고」의 재구, 「논문집」, 5, 서울: 동국대. 99-128. ② 유창균, 1973, 「사성통고」 재구의 실제적 문제, 「어문학」, 28, 한국어문학회. 99-127. ③ 유창균, 1974, 「「몽고운략」과 「사성통고」의 연구」, 서울: 형설출판사. ④ 강신항, 1976, 유창균 교수 저 「「몽고운략」과 「사성통고」의 연구」(1974), 「어문학」, 34, 한국어문학회. 253-256. ⑤ 강신항, 2002, 신숙주의 음운학, 「어문연구」, 30-4, 한국어문교육연구회. 349-375. ⑥ 김태성, 2002, 조선 신숙주의 중국어관, 「중국언어연구」, 14, 한국중국언어학회. 175-191. ⑦ 김지홍, 2012, 이른바 세종이 정한 「통고 사성도」에 대하여, 「규장각」, 40, 서울: 서울대 규장각 한국학연구원. 1-49.

## 「속첨 홍무 정운」 참고 논저

① 김완진, 1966, 「속첨 홍무정운」에 대하여, 「진단학보」, 29~30호, 진단학회. 351-370.

### (6) 「사성 통해(四聲通解)」(1517)

「사성 통해(四聲通解)」는 최세진이 「홍무 정운(洪武正韻)」을 토대로 하여 표제자의 뜻풀이가 없는 「사성 통고(四聲通考)」의 미비점을 보완하여 실제로 사용하기에 편리하게 1517년에 2권 2책으로 편찬한 책이다.

「사성 통해」에서는 「사성 통고」의 표제자를 삭제하기도 하고 또 수록되어 있지 않은 한자들을 2,636자를 첨가하여 모두 13,124자를 수록하였다.

그리고 「사성 통고」의 형식은 그대로 유지하면서 속음이 일치하지 않는 것을 개선하고자 하였다. 그리하여 평성, 상성, 거성, 입성에 속한 모든 표제자의 발음을 한글로 제시하였다.

「사성 통해」에서 뜻풀이는 대부분 한자로 기술하였는데, '금속호(今俗呼)'라고 이름을 붙인 당시에 사용했던 우리 말 어휘 470개[195)를 찾아볼 수 있다. 이 어휘는 최세진의 「훈몽 자회」(1527)의 자석과 밀접한 관련이 있다(박태권, 1991: 535).

「사성 통해」는 1527년에 을해자본으로도 발행되었는데, 여기에는 부록으로 '사성 통고 범례', '번역 노걸대 박통사 범례'가 수록되어 있다. 그리고 1614년(만력 42년) 12월 내사 오대산본은 규장각에 소장되어 있으며, 1656년(순치 13년) 내사본은 일본의 동양 문고에 소장되어 있다. 1973년 서울대 국어국문학과에서 1614년에 간행된 규장각 소장본을 영인하였으며, 홍문각에서 「사성 통해」 1614년판을 영인하여 1998년에 발행하였다.

「사성 통해」는 '사성 통해 서', '운모 정국(韻母定局)', '광운 36자모지도(字母之圖)', '운회 35자모지도', '홍무운 31자모지도', '범례 26조', '사성 통해 상', '사성 통해 하', '사성 통고 범례', '번역 노걸대 박통사 범례', '동정 자음(動靜字音)'으로 이루어져 있다.

---

**「사성 통해」 참고 논저**

① 김민수, 1957, 「사성통해」, 「한글」, 122, 한글학회. 524-533. ② 방종현, 1963, 「사성통해」 연구, 「일사 국어학 논집」, 서울: 민중서관. 285-310. ③ 강신항, 1966, 「사성통해」 권두의 자모표에 대하여, 「가람 이병기 박사 송수 논문집」. ④ 이동림, 1968, 「홍무정운역훈」과 「사성통해」의 비교: 「사성통고」의 재구, 「논문집」 5, 서울:

---

195) 강신항(1973: 35)에서는 자석은 주로 「고금 운회 거요」에서 취했는데, 자석 가운데에는 450여 단어에 걸쳐 물명 등을 우리 말로 기록한 것이 있다고 설명하였다.

동국대. 99-128. ⑤ 강신항, 1972, 「사성통해」의 편찬 경위, 「동교 민태식 박사 고희 기념 유교학 논총」, 서울: 발간위원회. ⑥ 강신항, 1972, 「사성통해」의 음계 연구 서설, 「진단학보」 34, 진단학회. 61-95. ⑦ 강신항, 1973ㄱ, 「사성통해」의 운류, 「동양학」 3, 서울: 단국대 동양학연구소 1-73. ⑧ 강신항, 1973ㄴ, 「「사성통해」 연구」, 서울: 신아사. ⑨ 강신항, 1973ㄷ, 「사성통해」의 성류, 「성균관대 논문집」 17, 서울: 성균관대. 31- 52. ⑩ 유창균, 1973, 「사성통고」 재구의 실제적 문제, 「어문학」 28, 한국어문학회. 99-127. ⑪ 강신항, 1974, 「「사성통해」 연구」, 박사 논문, 서울: 서울대 대학원. ⑫ 심우준, 1974, 「사성통해」, 「한국학」 2. ⑬ 유창균, 1974, 「사성통해」 음의 본질에 대하여, 「이선근 박사 한국학 논총」. ⑭ 정광, 1974, 「번역노걸대 「박통사」의 중국어음 표기 연구 -「사성통해」 가운내 제자의 중성 표기를 중심으로-」, 「국어국문학」 64, 국어국문학회. 1-26. ⑮ 박태권, 1977, 「사성통해」 속의 우리말 어휘(I), 「국어국문학」 13·14, 부산: 부산대 국어국문학과. 7-19. ⑯ 박태권, 1980, 「사성통해」 속의 우리말 어휘(II), 「연암 현평효 박사 회갑 기념 논총」. 339-416. ⑰ 박태권, 1983, 「훈몽자회」와 「사성통해」 연구 -표기와 음운 대조-, 「국어국문학」 21, 문창어문학회. 15-31. ⑱ 박태권, 1985, 「훈몽자회」와 「사성통해」 연구(2): 우리말 어휘의 조어법을 중심으로, 「어문논집」 24·25-1, 안암어문학회. 187-198. ⑲ 배윤덕, 1988, 「신경준의 「운해」 연구 -「사성통해」와 관련하여-」, 석사 논문, 서울: 연세대. ⑳ 박태권, 1991, 「사성통해」 속의 우리말 어휘, 「동방학지」 71·72, 서울: 연세대 국학연구원. 535-562. ㉑ 이재돈, 1995, 「사성통해」에 반영된 16세기 중국어 음계 연구, 「중국어문학지」 1, 중국어문학회. 215-251. ㉒ 강신항, 1997, 「사성통해」 권두 서문과 자모도에 대하여, 「국어국문학연구」 19, 익산: 원광대 국어국문학과. 1-17. ㉓ 강신항, 1998, 「사성통해」 범례에 대하여, 「세종학연구」 12·13, 서울: 세종대왕기념사업회. 89-101. ㉔ 이강로, 1999, 「사성통해」의 중성음과 실지의 중국 음과의 비교 연구, 「한힌샘 주시경 연구」 12, 한글학회. 123-168. ㉕ 강신항, 2000, 「한국의 운서」, 서울: 태학사. ㉖ 이강로, 2000ㄱ, 「「사성통해」의 연구」 상, 서울: 박이정. ㉗ 이강로, 2000ㄴ, 「사성통해」에 관련된 운서의 비교, 「한글」 249, 한글학회. 5-50. ㉘ 정경일, 2002, 「한국 운서의 이해」, 서울: 아카넷. 177-200. ㉙ 배윤덕, 2003, 「사성통해」에 나타난 운회 연구, 「돈암어문학」 16, 돈암어문학회. 123-166. ㉚ 장효만, 2003, 「사성통해」 양성운 -m미 연구, 「동양한문학연구」 18, 동양한문학회. 179-194. ㉛ 이강로, 2004, 「「사성통해」의 음운학적 연구」, 서울: 박이정. ㉜ 이영월, 2004ㄱ, 「「사성통해」를 통한 조기 관화 연구」, 박사 논문, 서울: 연세대 대학원. ㉝ 이영월, 2004ㄴ, 「사성통해」의 정음·속음·금속음 성격 고찰, 「중국어문학논집」 29, 중국어문학연구회. 119-131. ㉞ 이영월, 2005, 시론 「사성통해」 음계 특징, 「중국언어연구」, 21, 한국중국언어학회. 333-349. ㉟ 이영월·장재웅, 2005, 「사성통해」에 기재된 「중원음운」 주석 연구, 「중국학연구」, 32, 중국학연구회. 69-91. ㊱ 박태권, 2006, 최세진의 학문 세계와 「사성통해」, 「국어사연구」 6, 국어사학회. 8-16. ㊲ 김은희, 2008, 대역음 자료에 반영된 명대 관화: 「사성통해」를 중심으로, 「중국인문학회 정기학술대회 발표 논문집」, 중국인문학회. 124-129. ㊳ 이종구, 2008, 「사성통해」의 중국음 정음 표기음 재구, 「중국언어연구」, 26, 한국중국언어학회. 465-487. ㊴ 주성일, 2008ㄱ, 신숙주와 최세진의 중국어 정음관, 「중국학보」, 57, 한국중국학회. 53-82. ㊵ 주성일, 2008ㄴ, 「사성통해」 입성운의 금속음 고찰, 「중국문학연구」, 37, 한국중문학회. 375-405. ㊶ 주성일, 2009ㄱ, 「사성통해」 범례 고(1), 「중국문학연구」, 38, 한국중문학회. 115-150. ㊷ 주성일, 2009ㄴ, 「사성통해」 범례 고(2), 「중국문학연구」, 39, 한국중문학회. 215-245. ㊸ 주성일, 2011ㄱ, 「사성통해」에 반영된 근대 한어 어음 연구, 「중국문학연구」, 42, 한국중문학회. 293-327. ㊹ 주성일, 2011ㄴ, 「사성통해」에 반영된 근대 한어 음성운의 변화, 「중국문학연구」, 45, 한국중문학회. 355-379.

### (7) 「옥휘운(玉彙韻)」(1691)

「옥휘운(玉彙韻)」은 자전과 운서의 내용을 함께 지닌 책으로 1691년(숙종 17년) 함양 마천(馬川)에서 동호일인(東湖逸人)이 목판본으로 펴냈다. 「옥휘운」은 활자본으로 1권 1책인데, 규장각에 소장되어 있다.

「옥휘운」의 본문은 상하 2단으로 나누어져 있다. 상단에는 중국 음시부(陰時夫)의 「운부군옥(韻府群玉)」처럼 고사에서 찾은 숙어들을 운에 따라 배열하였다. 하단에는 「규장 전운(奎章全韻)」의 사성의 운자 순서와 같이 표제자를 배열하고 음과 뜻풀이를 기술해 놓았다.

「옥휘운」에는 이경우(李景羽)의 서문, 심정조(沈鼎祖)와 오환(吳煥)의 발문이 수록되어 있다.

이것과 비슷한 책으로 1812년에 이경우가 편찬한 「옥휘 운고(玉彙韻考)」가 있다. 이 책의 본문은 상하 2단으로 나누어져 있는데, 상단에는 하단에 수록한 한자를 운으로 하여 형성된 한자어를 배열하여 중국 음시부(陰時夫)

의 「운부군옥(韻府群玉)」의 내용을 인용하여 풀이하였고, 하단에는 106운 계열의 운서인 「증보 삼운 통고(增補三韻通考)」의 내용을 대부분 인용하여 수록하였다.

---

「옥휘운」 참고 논저

① 오구라 신페이(小倉進平), 1940, 「朝鮮語學史」, 東京: 刀江書院. ② 「한국 민족 문화 대백과 사전」(www.encykorea.aks.ac.kr) ③ 「두산 대백과 사전」(www.doopedia.co.kr)

---

### (8) 「화동 정음 통석 운고(華東正音通釋韻考)」(1747)

「화동 정음 통석 운고(華東正音通釋韻考)」는 박성원(朴性源, 1697년~1767년)이 「증보 삼운 통고」의 체재와 내용은 그대로 두고 한국 한자음과 중국 한자음을 처음으로 나란히 제시한 운서이다.

이 책은 2권 1책으로 1747년에 초간본이 나왔으며, 1787년(정조 11년)에 재판이 간행되었다. 재간본에는 우리 한자음은 당연히 중국 한자음을 으뜸으로 삼아야 한다는 정조가 쓴 서문이 수록되어 있다. 정조는 박성원이 한자음을 바로잡았다고 칭찬하며 내각에 명령하여 널리 반포하게 하고, 과거에 합격한 선비들에게 이 책을 상으로 주었다.

「화동 정음 통석 운고(華東正音通釋韻考)」는 국립 중앙 박물관, 규장각 등에 소장되어 있다. 규장각 소장본의 표제는 '화동 정음(華東正音)'이고, 판심제는 '정음 통석(正音通釋)'로 되어 있다. 그래서 「화동 정음 통석 운고」를 「정음 통석(正音通釋)」이라 줄여서 부르기도 한다.

「화동 정음 통석 운고(華東正音通釋韻考)」에서는 18세기 조선에서 통용되고 있었던 전체 한자의 실제 음을 기술하고자 하였다. 그리고 중국 한자음만 제시한 「홍무 정운 역훈」과 「사성 통해」나 조선 한자음만 제시한 「동국

정운」과는 달리 중국 한자음인 화음을 표제자 아래의 오른쪽에 제시하고, 조선 한자음인 동음을 표제자 아래의 왼쪽에 나란히 제시하였다. 이 운서가 가지고 있는 이러한 두 특징은 모두 우리 나라에서 처음으로 이루어진 것이라는 점에서 주목을 받는다.

「화동 정음 통석 운고(華東正音通釋韻考)」에 수록된 표제자는 11,377자로 「삼운 통고」보다 1,642자가 많다. 「삼운 통고」에 수록된 한자를 바탕으로 표제자를 선정하고, 표제자의 중국 음은 「사성 통해」를 토대로 삼아 기술하였다.

박성원은 1788년에 「화동 정음 통석 운고(華東正音通釋韻考)」의 자매편인 「화동 협음 통석(華東叶音通釋)」도 지었다. 이 운서는 조선 한자음과 중국 한자음의 차이를 밝힌 책인데, 영조 때에 필사한 것을 그의 아들인 박치영(朴致永)이 1788년(정조 12년)에 간행하였다. 「화동 협음 통석(華東叶音通釋)」에는 안우(安祐)의 발문이 수록되어 있으며, 규장각 등에 소장되어 있다.

---

**「화동 정음 통석 운고」 참고 논저**

① 이돈주, 1977, 「화동정음통석운고」의 속음자에 대하여, 「이숭녕 선생 고희 기념 국어국문학 논총」, 서울: 탑출판사. ② 김인경, 1986, 「화동정음통석운고」 고, 「동천 조건상 선생 고희 기념 논총」, 서울: 형설출판사. ③ 정경일, 1989, 「「화동정음통석운고」 한자음 성모 연구」, 박사 논문, 서울: 고려대. ④ 김인경, 1996, 「화동정음통석운고」의 두주에 관한 고찰, 「중국어문학」, 28-1, 영남중국어문학회. 465-495. ⑤ 정경일, 1996, 「화동정음」의 운모 체계, 「어문논집」 35, 서울: 고려대 국어국문학연구회. 75-96. ⑥ 배윤덕, 1999, 「화동정음통석운고」 연구, 「선청어문」 27-1, 서울대 국어교육학과. 509-526. ⑦ 강신항, 2000, 「한국의 운서」, 서울: 태학사. ⑧ 박추현, 2000, 영정조간 세 운서의 한국 한자음 고: 「화동정음통석운고」, 「삼운성휘」, 「규장전운」, 「중국언어연구」 11, 한국중국언어학회. 1-33. ⑨ 이돈주, 2000, 「화동정음통석운고」의 정속음과 「전운옥편」 한자음의 비교 고찰, 「한글」 249, 한글학회. 51-86. ⑩ 정경일, 2002, 「한국 운서의 이해」, 서울: 아카넷. ⑪ 이준환, 2004ㄱ, 「화동정음통석운고」의 속음에 대한 고찰: 성모를 대상으로, 「어문연구」 32-4, 한국어문교육연

구회. 163-189. ⑫ 이준환, 2004ㄴ, 한국 한자음 복수음자의 전승 양상과 그 의미 (1) -「화동정음통석운고」의 현실 음계적 성격을 중심으로-, 「대동문화연구」 48, 서울: 성균관대 대동문화연구원. 349-379. ⑬ 이준환, 2005, 근대 운서에 주기된 복수음자와 현대 한자음, 「국어학」 46, 국어학회. 67-95. ⑭ 강미훈, 2009, 「화동정음통석운고」 연구: 속음을 중심으로, 「중국어문학논집」 55, 중국어문학연구회. 51-71. ⑮ 강미훈, 2010ㄱ, 「화동정음통석운고」의 '通' 섭 연구, 「중국어문논집」 44, 중국어문연구회. 87-119. ⑯ 강미훈, 2010ㄴ, 「화동정음통석운고」의 '梗, 曾' 섭 연구, 「중국어문학논집」 62, 중국어문학연구회. 27-61. ⑰ 강미훈, 2011, 「화동정음통석운고」의 蟹 섭 연구, 「중국문학」 67, 한국중국어문학회. 215-256. ⑱ 나도원, 2012, 「화동정음」 중출자 연구, 「중국언어연구」 40, 한국중국언어학회. 1-29.

### (9) 「삼운 성휘(三韻聲彙)」[196](1751)

「삼운 성휘(三韻聲彙)」는 홍계희(洪啓禧, 1703년~1771년)가 「홍무 정운(洪武正韻)」, 「사성 통해」, 「삼운 통고」, 「증보 삼운 통고」 등을 참고하고 정충언(鄭忠彦)의 도움을 얻어 1746년(영조 22년)에 완성한 운서이다.

「삼운 성휘」 원간본에는 '신미 계하 운각 개판 동(辛未季夏芸閣開板冬)'이라는 간기가 있어, 홍계희가 이 책의 원고를 완성한 5년 뒤인 1751년에 운각(芸閣)에서 처음으로 찍어 냈었음을 알 수 있다. 그리고 이본으로는 1769년 '을축 계추 완영 개판(乙丑季秋完營開板)',[197] 을축 초추 영영 개판(己丑初秋嶺營開板) 등이 있다. 표제자의 수는 이본에 따라 다른데, 신미 원간본처럼 12,965자를 수록한 것과 을축 완영 개판본처럼 12,971자를 수록한 것이 있다.

「삼운 성휘」는 상권과 하권 2책으로 이루어져 있고, 「삼운 성휘보 옥편(三韻聲彙補 玉篇)」 1책이 「삼운 성휘」에 수록된 한자들을 편리하게 검색할

---

196) 「삼운 성휘」에 관한 보다 자세한 내용은 이 책의 뒷부분에 수록되어 있는 「삼운 성휘보 옥편」 해제의 내용을 참고할 수 있다.
197) 2005년 홍문각에서 이 책을 영인하여 발행하였다.

수 있도록 편집한 보충편으로 간행되었다.

「삼운 성휘」는 규장각, 장서각, 국립 중앙 도서관 등에 소장되어 있다. 2005년 홍문각에서 완영 개판본 「삼운 성휘」를 「삼운 성휘보 옥편」과 함께 영인하여 발행하였다.

「삼운 성휘」는 서(序), 범례(凡例), 홍무운 자모지 도(洪武韻字母之圖), 언자 초중종성지 도(諺字初中終聲之圖), 목록(目錄), 본문, 발(跋)로 이루어져 있다.

당시 영의정이었던 김재로(金在魯)가 쓴 이 책의 서문에 따르면, 홍계희는 영조의 명령으로 「홍무 정운(洪武正韻)」을 교정하여 개간하였음을 확인할 수 있다. 게다가 홍계희는 「홍무 정운」의 자모도를 「삼운 성휘」의 권두에 수록하면서 한자음을 기술하는 데에 기준으로 삼았다. 따라서 홍계희는 「홍무 정운」을 매우 중요한 운서로 다루었음을 알 수 있다.

「삼운 성휘」의 '범례'에는 '언자 초중종성지 도(諺字初中終聲之圖)'가 수록되어 있다. 이 그림에서 「훈민 정음」 예의편에 수록되어 있는 한자들을 그대로 인용하여 설명하였으며, 또 최세진의 「훈몽 자회」 범례에 제시된 초성과 종성에 통용될 수 있는 8자를 설명하는 데에 사용한 한자들로 8종성을 설명하였다. 그리고 이 그림의 한글 자모의 배열 순서는 현행의 배열 순서와 거의 같다. 여기서 제시한 한글 자모 수는 25자이다. 초성자는 초종성 통용 8자(ㄱ, ㄴ, ㄷ, ㄹ, ㅁ, ㅂ, ㅅ, ㅇ), 초성 독용 6자(ㅈ, ㅊ, ㅌ, ㅋ, ㅍ, ㅎ) 모두 14자이다.[198] ㅇ과 ㆆ은 ㅇ로 표기하고, ㅿ는 ㅅ과 ㅇ의 간음으로 처리하여 삭제했다. 중성자는 기본 11자(ㅏ, ㅑ, ㅓ, ㅕ, ㅗ, ㅛ, ㅜ, ㅠ, ㅡ, ㅣ, ·)와 합중성 2자(ㅘ, ㅝ), 중중성(重中聲)[199] 1자(ㅣ) 모두 14자로 「훈몽 자회」의 배열 순서와 같다.

---

198) 「훈몽 자회」에는 'ㅋ, ㅋ, ㅍ, ㅈ, ㅊ, ㅎ'의 순서로 나열되어 있는데, 「삼운 성휘」에는 'ㅈ, ㅊ, ㅌ, ㅋ, ㅍ, ㅎ'으로 배열되어 있다.
199) 다른 모음 뒤에 'ㅣ'가 결합하여 중모음이 되는 경우를 중중성이라 하였다.

「삼운 성휘」에서는 「삼운 통고」처럼 1면을 3단으로 나누어 상성, 평성, 거성에 속하는 한자들을 배열하였다. 그리고 한자 표제자를 한글 자모 글자의 순서로 배열하였다.

「삼운 성휘」에서는 한자의 조선 발음을 대권(大圈, ○) 안에 표시하였다. 그리고 대권 아래에 중국 한자음을 작은 한글로 표시하였다. 그런 다음 같은 음을 가진 한자들을 나열하였다. 각 한자 아래에 성모와 대권 안에 표시한 원래 음과 다르게 발음되는 음을 표시했는데, 방권(方圈, □) 안에는 성모를 제시하고, 원권(圓圈, ○) 안에는 원래의 음과 다르게 발음되는 음을 표시하였다.

106운 계열의 운서인 「삼운 성휘」는 당시의 조선 한자음을 기술하기보다는 「홍무 정운」의 한자음을 바탕으로 하여 편찬된 「사성 통해」의 중국 한자음을 따랐는데, 「화동 정음 통석 운고」와 같이 조선 한자음인 동음과 중국 한자음인 화음을 같이 제시하였다. 「삼운 성휘」는 이미 현실음과 차이가 있었던 「사성 통해」의 한자음을 따랐기 때문에 당시의 현실음을 반영하지 못하고 규범적인 운서로 편찬되었다.

따라서 「삼운 성휘」는 형식은 「삼운 통고」의 3단 체제를 따랐고, 내용은 「사성 통해」의 한자음을 기준으로 삼았으며, 「화동 정음 통석 운고」의 동음과 화음을 동시에 기술한 방법을 선택하였음을 알 수 있다.

그리고 「삼운 성휘」의 표제자 뜻풀이는 「증보 삼운 통고」의 뜻풀이와 대부분 동일한데 보다 자세하게 풀이한 경우도 찾아볼 수 있다.

「삼운 성휘」 참고 논저

① 남광우, 1974, 홍계희 찬 「삼운성휘」, 「한국학」, 2, 서울: 영신 아카데미 한국학 연구소. 68-69. ② 김순희, 1999, 담와 홍계희의 편간서에 대하여, 「국회도서관보」 263, 서울: 국회도서관. 77-97. ③ 이승자, 1999, 「「화동정음통석운고」와 「삼운성휘」

의 한자음 연구」, 석사 논문, 연변: 연변대; 이승자, 1999, 「조선 언어 연구」 5, 서울: 천지. ④ 강신항, 2000, 「한국의 운서」, 서울: 태학사. ⑤ 박추현, 2000, 영정조 간 세 운서의 한국 한자음 고: 「화동정음통석운고」, 「삼운성휘」, 「규장전운」, 「중국 언어연구」 11, 한국중국언어학회. 1-33. ⑥ 김태경, 2002, 「광운(廣韻)」의 반절음과 「전운옥편」, 「삼운성휘」의 한자음 비교, 「중국어문학논집」 19, 중국어문학연구회. 213-240. ⑦ 정경일, 2002, 「한국 운서의 이해」, 서울: 아카넷. ⑧ 이준환, 2003ㄱ, 「「삼운성휘」 한자음 성모 체계 고찰」, 석사 논문, 서울: 성균관대 대학원. ⑨ 이준환, 2003ㄴ, 「삼운성휘」 한자음에 나타난 성모의 표음 양상에 대하여, 「성균어문연구」 38, 성균관대 성균어문학회. 117-180. ⑩ 김해정, 2005, 완판본 「삼운성휘」 해제, 「삼운성휘」(상·하·보) 영인본, 서울: 홍문각. ⑪ 이준환, 2005, 근대 운서에 주기된 복수음자와 현대 한자음, 「국어학」 46, 국어학회. 67-95. ⑫ 이승영, 2009, 문화사적 관점에서의 한일 운서의 비교 대조 연구 -「삼운성휘」와 「취분운략(聚分韻略)」의 비교 대조를 중심으로-, 「일본학보」 80, 한국일본학회. 55-67. ⑬ 배윤덕, 2010, 한결 선생의 조선 시대 운학 연구, 「애산학보」 36, 애산학회. 131-50.

### (10) 「어정 규장 전운(御定奎章全韻)」(1796)

「어정 규장 전운(御定奎章全韻)」은 정조(正祖, 1752년~1800년; 1776년~1800년 재위)의 명령으로 이덕무(李德懋, 1741년~1793년)가 편집한 것을 윤행임, 서영보, 남공철, 이서구, 이가환, 성대중, 유득공, 박제가 등이 교열하여 펴낸 운서이다.[200]

200) 「증보 문헌 비고」 '예문지'와 「홍재 전서」 제183권 군서 표기 5 명찬 1 '규장 운서 8 권'에 따르면 정조가 서명응(徐命鷹) 등에게 편찬하게 한 운서는 1779년(기해년)에 8권 사본(寫本)으로 펴낸 「규장 운서(奎章韻瑞)」로 「규장 전운」과는 다르다(정경일, 2002: 286~287). 오구라 신페이(1940)에서는 이 두 책은 동일한 것으로 처음에는 「규장 운서」로 부르다가 나중에 「규장 전운」으로 개명하였다고 잘못 설명하였다. 김민수(1980)에서는 서명응과 이덕무가 1778년 편찬한 「규장 운서」를 이덕무가 1792년에 개찬하여 1796년에 간행할 때 「규장 전운」이라고 부르게 되었다고 설명했다.
「규장 운서」는 사성보(四聲譜), 음보(音譜), 악운(樂韻), 고운(古韻) 네 부분으로 이루어져 있다. 「규장 운서」에 관한 내용은 「오주 연문 장전 산고」 경사편 1-경전류 2 소학-운서 '운서에 대한 변증설 1'과 '운학이 곧 음학이라는 데에 대한 변증설', 「청장관 전서」 제12권 아정 유고 4-시 4 '규장 운서를 교열하면서 매미를 읊어 여러 동료들에게 보이다', 「청장관 전서」 제19권 아정 유고 11 서 5 '김직재에게', 「청장관 전서」 부 간본 아

　　이덕무의 「청장관 전서(靑莊館全書)」의 연보나 「증보 문헌 비고(增補文獻備考)」 권243 등에서는 「어정 규장 전운」의 형식은 명나라 「운학 집성(韻學集成)」을 따랐으며, 송나라 오역(吳棫)의 「운보(韻譜)」, 명나라 양신(楊愼)의 「고음 약례(古音略例)」, 청나라 소장형(邵長衡)의 「고금 운략(古今韻略)」, 「소 씨 운략(邵氏韻略)」, 「오 씨 운보(吳氏韻補)」, 「양 씨 고음(楊氏古音)」 등도 참고하여 만들었다고 설명하였다. 또 이규경의 「오주 연문 장전 산고」 경사편 1-경전류 2 소학-운서 '운학이 곧 음학이라는 데에 대한 변증설'에서는 그의 할아버지 이덕무가 「규장 전운」을 편집할 때에 참고한 도서 목록을 소개하였다.

　　2권 1책으로 간행되어 조선 후기에 널리 통용된 「어정 규장 전운」에는 서문과 발문은 없으며, 서문에 해당하는 '의례(義例)'와 106운의 순서를 적은 부목이 수록되어 있다. 이덕무의 「청장관 전서」 제24권 편서 잡고 4에 '규장 전운 범례'가 수록되어 있다.

　　「어정 규장 전운」은 판본의 크기가 다른 두 종류가 있는데, 판광(版匡)[201]의 크기가 21cm~22cm×16.5cm인 대본(大本)과 16cm~17.5cm×11.5cm인 소본(小本)이 있다. 포동(布洞) 중간본(1885) 등을 제외하면 대본에는 간기가 기록된 경우를 찾아보기 어렵지만 소본은 간기가 적혀 있는 것이 많다.

　　지금까지 알려진 소본의 이본으로는 양천(羊泉) 중간본(1828), 영영(嶺營) 장판본(1835), 무술 맹춘 용동(龍洞) 중간본(1838), 「어정 시운(禦定詩韻)」(1846), 신해(辛亥) 맹춘(孟春) 유천(由泉) 중간본(1851), 서계(西溪) 장판본(1860), 을축

───

　　정 유고 제5권 문 '각신 등이 어정 규장 운서를 드리는 데 대한 전', 「청장관 전서」 제24권 편서 잡고 4 '규장 전운 범례', 「홍재 전서」 제183권 군서 표기 5 명찬 1 '규장 운서 8권' 등에서 찾아볼 수 있다.

201) 판광은 책의 본문과 그 주변을 구분하기 위하여 각 판면의 네 둘레를 파놓아 인쇄하면 나타나는 선을 가리킨다.

본(乙丑本)(1865), 정해(丁亥) 야동(治洞) 신간본(1887), 미양서방(美陽書坊) 재행본(梓行本)(1889), 신구서림본(1913), 지물서책보본(1913), 회동서관본(1914), 동미서시본(1915), 한남서림본(1917), 을미 신간 영영 장판본(1919), 「증보 규장 전운 한선문 신옥편」(1919) 등이 있다.

특히 「어정 시운(御定詩韻)」은 다산 정약용의 교정본을 헌종(憲宗)의 명령을 받아 당시 규장각에서 근무했던 윤정현(尹定鉉)이 1846년에 연경제(研經齋)에서 펴낸 것이다. 이 책은 '어정 규장 전운'이라는 제목을 '어정 시운'으로 바꾸어 복각한 것인데, 「어정 규장 전운」(1796)의 '의례' 대신에 '범례'를 새롭게 붙였다. 미양서방(美陽書坊) 재행본(梓行本)(1889)으로도 발행된 이 교정본은 「어정 규장 전운」(1796)과 내용이 동일하나 수록된 한자의 수가 13,343자로 「어정 규장 전운」(1796)보다 2자가 감소하였다.202)

그리고 1919년 5월에 광동서국·회동서관·신구서림·유일서관에서 발행한 「증보 규장 전운 한선문 신옥편(增補奎章全韻 漢鮮文新玉篇)」에서는 13,347자를 수록하여 「어정 규장 전운」(1796)에 수록된 한자보다 4자가 증가하게 되었다.

「규장 전운」 '의례'에 따르면 표제자는 원(原) 10,964자, 증(增) 2,102자, 협(叶) 279자 모두 13,345자를 수록하였다. 여기서 원, 증, 협으로 분류한 것은 「규장 전운」의 저본인 「화동 정음 통석 운고」의 방법을 따른 것이다.

106운 계열의 운서인 「어정 규정 전운」에서는 3단 형식인 「삼운 통고」, 「화동 정음 통석 운고」, 「삼운 성휘」 등과는 달리 입성도 평성, 상성, 거성과 함께 묶어 1면을 4단으로 나누어 배열하였다. 이러한 방식을 선택한 것은 정조가 「삼운 통고」 등의 1면 3단 형식은 시를 지을 때에 적합하지 않

---

202) 13,345자를 수록한 「규장 전운」보다 앞서 간행된 운서에 수록된 표제자 수는 다음과 같다. 「예부 운략」(9,596자), 「삼운 통고」(9,732자), 「삼운 성휘」(12,965자), 「화동 정음 통석 운고」(11,377자).

다고 비판하면서 입성도 포함한 1면 4단 형식을 선호했기 때문이다.[203]

　「어정 규장 전운」의 '의례'에 따르면, 표제자의 배열 순서는 옛 운서에 따랐는데, 자모의 차례는 언문의 반절 순서에 따라 배열하였다고 설명하였다. 모음을 기준으로 우선 표제자를 배열하고, 같은 모음에 속하는 동음자들을 성모의 자모 순서로 배열하였다.

　「어정 규장 전운」에서는 표제자의 화음과 동음을 같이 제시하였는데, 중국 한자음인 화음은 원권(○) 안에 넣었고, 조선 한자음인 동음은 방권(□) 안에 넣었다. 그리고 「화동 정음 통석 운고」처럼 속음을 제시하지 않고 규범적인 한자음을 한글 자모의 순서에 따라 배열하였다. 화음은 「홍무정운(洪武正韻)」의 자모를 기준으로 삼았으므로 「화동 정음 통석 운고」보다 더 비현실적인 화음을 제시하였다. 한편 「어정 규장 전운」에 수록된 한자들을 찾기 쉽게 만든 자전인 「전운 옥편(全韻玉篇)」에서는 속음을 표시하였다.

---

**「어정 규장 전운」 참고 논저**

① 오구라 신페이(小倉進平), 1940, 「增訂 朝鮮語學史」, 東京: 刀江書院. ② 강신항, 1970, 한국 운서 연구 -「삼운성휘」와 「규장전운」을 중심으로-, 「성대문학」 15·16, 서울: 성균관대 국어국문학과. 15-33. ③ 남광우, 1974, 서명응 등 선 「규장전운」, 「한국학」 2, 서울: 영신 아카데미 한국학 연구소. 70-71. ④ 김민수, 1980, 「신국어학사」, 서울: 일조각. ⑤ 안광혜, 1981, 「규장전운」 고, 「문리대학보」 제40집, 서울: 중앙대 문리과대학 학도호국단. 252-261. ⑥ 김은주, 1982, 「奎章全韻」 華音之 研究」, 석사 논문, 타이완: 高雄師範大 國文研究所. ⑦ 佐藤進, 1983, 檢書官 李德懋 -「奎章全韻」の文化史研究序說-, 「朝鮮學報」 106, 朝鮮學會. 1-34. ⑧ 정경일, 1984, 「「규정전운」 연구」, 석사 논문, 서울: 고려대 고려대 대학원. ⑨ 김순희, 1988, 「「규장전운」의 서지학적 연구」, 석사 논문, 서울: 상명여대 대학원. ⑩ 김순희, 1990, 「규장전운」 판본 고, 「창립 10주년 기념 논문집」, 대전: 충남대 사회과학대학 문헌정보학과. 189-228. ⑪ 강신항, 1993, 「「규장전운」·「전운옥편」」, 서울: 박이정. ⑫ 이재돈,

---

203) 「홍재 전서」 제183권 군서 표기 5 명찬 1 '규장 운서 8권'과 '정조 실록' '정조 20년 8월' 등에 수록된 내용에 따른 것이다.

1993, 「중국어 음운학」, 서울: 서광학술자료사. ⑬ 이돈주, 1995, 「한자 음운학의 이해」, 서울: 탑출판사. ⑭ 김인경, 1996, 조선조 운서에 대한 소고, 「중국학논총」 5, 충청중국학회. 177-205. ⑮ 정경일, 1999, 「규장전운」의 체제와 한자음의 특징, 「인문논총」 3, 논산: 건양대 인문과학연구소 1-19. ⑯ 강신항, 2000, 「한국의 운서」, 서울: 태학사. ⑰ 박추현, 2000, 영정조간 세 운서의 한국 한자음 고 -「화동 정음 통석운고」, 「삼운성휘」, 「규장전운」-, 「중국언어연구」 11, 한국중국언어학회. 1-33. ⑱ 정경일, 2002, 「한국 운서의 이해」, 서울: 아카넷. ⑲ 신승운, 2004, 「규장전운」을 통해서 본 정조조의 서적 반사와 그 규모, 「한국도서관정보학회지」 35-4, 한국도서관정보학회. 293-316. ⑳ 정경일, 2006, 「교정 전운옥편」 속음의 유형별 고찰, 「우리어문연구」 27, 우리어문학회. 527-558. ㉑ 신상현, 2007, 18세기 운서 편찬과 청대 고음학 수용 연구 -특히 「규장전운」 편찬을 중심으로-, 「한문교육연구」 28, 한국한문교육학회. 297-328. ㉒ 구현아, 2008, 「「규장전운」의 화음 체계 연구」, 석사 논문, 서울: 이화여대 대학원. ㉓ 정경일, 2008, 「「규장전운」·「전운옥편」」, 서울: 신구문화사. ㉔ 안대회, 2010, 정조 어휘(御諱)의 개정: '이산'과 '이성' -「규장전운」의 편찬과 관련하여, 「한국문화」 52, 서울: 서울대 규장각 한국학연구원. 95-121.

지금까지 소개한 운서들은 아래와 같이 표제자의 발음 정보를 한글로 기술한 것과 한자로 기술한 것으로 분류할 수 있다.

① 표제자의 발음 정보를 한글로 기술한 운서: 「동국 정운」, 「홍무 정운 역훈」, 「사성 통고」, 「사성 통해」, 「화동 정음 통석 운고」, 「삼운 성휘」, 「화동 협음 통석」, 「어제 홍무 정운」, 「어정 규장 전운」, 「어정 시운」 등.

② 표제자의 발음 정보를 한자로 기술한 운서: 「신간 배자 예부 운략」, 「배자 예부 운략」, 「고금 운회 거요」, 「홍무 정운」, 「삼운 통고」 등.

①에서 「홍무 정운 역훈」, 「사성 통고」, 「사성 통해」, 「어제 홍무 정운」 등은 중국 한자의 음을 한글로 기술한 중국 한자 발음 사전이다. 이것을

제외한 「동국 정운」, 「화동 정음 통석 운고」, 「삼운 성휘」, 「화동 협음 통석」, 「어정 규장 전운」, 「어정 시운」 등은 당시 국내에서 사용했던 한자들의 한국 발음을 기술한 한국 한자 표준 발음 사전이다.

「동국 정운」과 「삼운 성휘」에서는 한글로 적은 발음에 해당하는 한자들을 열거하였다. 예를 들면, 「동국 정운」에서는 평성 '궁'을 '궁 平'으로 표시하여 먼저 표제자로 제시한 다음 그렇게 읽는 한자들 '揆(궁), 竞(궁), 矜(궁)' 등을 열거하였다. 그리고 거성 '궁'으로 읽는 한자들 '恆(궁), 鯥(궁)' 등을 열거하였다. 또 「삼운 성휘」에서는 1면을 가로로 3단을 나누어서 한글로 표기한 표제자를 각 단마다 제시하고, 첫째 단에는 평성 한자를 제시하고, 둘째 단에는 상성 한자를 배열하고, 셋째 단에는 거성 한자를 열거하였다.

사성의 정보를 제외한 이 운서들의 내용은 현재 우리가 사용하고 있는 한자 자전이나 국어 대사전의 뒷부분에 부록으로 실려 있는 자음 색인(字音索引) 또는 음별 색인의 형태로 남아 있다.

그런데 「화동 정음 통석 운고」에서는 「삼운 성휘」처럼 1면을 3단으로 나누어 평성, 상성, 거성으로 분류하였으나 한자를 표제자로 먼저 제시한 다음 그 아래 한글로 발음 정보를 기술하였다. 이처럼 한자를 표제자로 제시한 방법은 「어정 규장 전운」과 「어정 시운」에서도 마찬가지인데 1면에 평성, 상성, 거성, 입성 4단으로 나누어 놓았다.

훈고서와 자서에 이어 등장한 운서는 훈고서와 자서의 경우와는 달리 국내에서 편찬한 것들이 있고, 또 운서를 보충하여 편리하게 검색하기 위하여 옥편을 만들었고, 그리고 바로 이 옥편이 자전으로 발전하였다. 따라서 한국 운서와 그 보편인 옥편을 살펴보는 작업은 한국 자전 역사의 출발점을 이해하기 위하여 반드시 이루어져야 하는 것이다.

## 운서 참고 논저

강미훈, 2009, 「화동정음통석운고」 연구: 속음을 중심으로, 「중국어문학논집」 55, 중국어문학연구회. 51-71.

강미훈, 2010ㄱ, 「화동정음통석운고」의 '通' 섭 연구, 「중국어문논집」 44, 중국어문연구회. 87-119.

강미훈, 2010ㄴ, 「화동정음통석운고」의 '梗, 曾' 섭 연구, 「중국어문학논집」 62, 중국어문학연구회. 27-61.

강미훈, 2011, 「화동정음통석운고」의 '蟹' 섭 연구, 「중국문학」 67, 한국중국어문학회. 215-256.

강식진, 1993, 조선의 운서 연구(1) -「배자예부운략」·「배자예부옥편」을 중심으로-, 「중국학」 8, 대한중국학회. 27-52.

강식진, 1999, 조선의 운서 연구(2) -「삼운통고」를 중심으로-, 「인문논총」 54, 부산: 부산대 인문학연구소. 1-36.

강신항, 1966, 「사성통해」 권두의 자모표에 대하여, 「가람 이병기 박사 송수 논문집」.

강신항, 1969, 한국 운서에 관한 기초적인 연구(1), 「논문집」 14, 서울: 성균관대. 1-18.

강신항, 1970ㄱ, 한국 운서 연구 -「삼운성휘」와 「규장전운」을 중심으로-, 「성대문학」 15·16, 서울: 성균관대 국어국문학과. 15-33.

강신항, 1970ㄴ, 한국의 「예부운략」, 「국어국문학」 49·59, 국어국문학회. 1~7.

강신항, 1972ㄱ, 「사성통해」의 음계 연구 서설, 「진단학보」 34, 진단학회. 61-95.

강신항, 1972ㄴ, 「사성통해」의 편찬 경위, 「동교 민태식 박사 고희 기념 유교학 논총」, 서울: 발간위원회.

강신항, 1973ㄱ, 「사성통해」의 운류, 「동양학」 3, 서울: 단국대 동양학연구소. 1-73.

강신항, 1973ㄴ, 「「사성통해」 연구」, 서울: 신아사.

강신항, 1973ㄷ, 「사성통해」의 성류, 「성균관대 논문집」 17, 서울: 성균관대. 31-52.

강신항, 1974, 「「사성통해」 연구」, 박사 논문, 서울: 서울대 대학원.

강신항, 1976, 유창균 교수 저 「「몽고운략」과 「사성통고」의 연구」(1974), 「어문학」 34, 한국어문학회. 253-256.

강신항, 1988, 「홍무정운역훈」 가운의 한글 표음자에 대하여, 「꼭 읽어야 할 국어학 논문집」, 서울: 집문당.

강신항, 1989, 「홍무정운역훈」 운모 음의 한글 표음자에 대하여, 「국어국문학논총」 1, 서울: 탑출판사.

강신항, 1993, 「「규장전운」·「전운옥편」」, 서울: 박이정.

강신항, 1997ㄱ, 「동국정운」 음계의 성격, 「(성재 이돈주 선생 화갑 기념) 국어학 연구의 새 지평」, 논총간행위원회, 서울: 태학사. 13-35.

강신항, 1997ㄴ, 「사성통해」 권두 서문과 자모도에 대하여, 「국어국문학연구」 19, 익산: 원광대 국어국문학과. 1-17.

강신항, 1998, 「사성통해」 범례에 대하여, 「세종학연구」 12·13, 서울: 세종대왕기념사업회. 89-101.

강신항, 2000, 「한국의 운서」, 서울: 태학사.

강신항, 2002ㄱ, 신숙주와 운서, 「새국어생활」 12-3, 서울: 국립국어연구원. 43-56.

강신항, 2002ㄴ, 신숙주의 음운학, 「어문연구」 30-4, 한국어문교육연구회. 349-375.

강신항, 2003, 「한한 음운사」, 서울: 태학사.

강신항, 2009, 조선 초기 한자음과 「동국정운」 한자음 비교 표, 「한국학연구」 6, 한국어연구회.

구현아, 2008, 「「규장전운」의 화음 체계 연구」, 석사 논문, 서울: 이화여대 대학원.

권은선, 2006, 「「홍무정운역훈」 중국어 음운 체계 연구」, 석사 논문, 서울: 한국외대.

권재선, 1985, 세종의 어제 「동국정운」과 신숙주 등의 반절, 「인문과학연구」 3, 대구: 대구대. 1-12.

권혁준, 1992, 「고금운회거요」 /ɦ/ 운미 운의 음운 체계, 「중국어문논총」 5, 중국어문연구회. 117-147.

권혁준, 1993, 「고금운회거요」 /m/ 운미 운의 음운 체계 연구, 「중국어문논총」 6, 중국어문연구회. 27-46.

권혁준, 1994, 「고금운회거요」 /w/ 운미 운의 음운 체계, 「중국어문논총」 7, 중국어문연구회. 7-30.

권혁준, 1995ㄱ, 「「고금운회거요」의 음운 체계 연구 -「사성통해」의 운회음을 중심으로-」, 박사 논문, 서울: 고려대 대학원.

권혁준, 1995ㄴ, 「고금운회거요」의 성모 체계, 「중국어문논총」 8, 중국어문연구회. 23-50.

권혁준, 1997ㄱ, 「동국정운」과 「고금운회거요」의 通·宕·曾·梗 섭 음운 체계 비교, 「중국어문논총」 12, 중국어문연구회. 15-39.

권혁준, 1997ㄴ, 「동국정운」과 「고금운회거요」의 臻·山·便 섭 음운 체계 비교, 「중국어문논총」 13, 중국어문연구회. 7-26.

권혁준, 1998, 「동국정운」과 「고금운회거요」의 咸·深 섭 음운 체계 비교, 「중국어문논총」 14, 중국어문연구회. 7-26.

권혁준, 1999, 「동국정운」과 「고금운회거요」의 遇·果·假 섭 음운 체계 비교, 「논문집(신학·인문대학 편)」, 34, 용인: 강남대학교. 127-150.

권혁준, 2000ㄱ, 「동국정운」과 「고금운회거요」의 ‘止·蟹’ 섭 음운 체계 비교, 「중국언어연구」, 12, 한국중국언어학회. 203-234.

권혁준, 2000ㄴ, 「고금운회거요」에 반영된 중뉴 현상 및 그 상관 문제, 「중국어문논총」, 19, 중국어문연구회. 155-190.

권혁준, 2001, 「동국정운」과 「고금운회거요」의 ‘效·流’ 섭 음운 체계 비교, 「논문집」, 38, 용인: 강남대. 1-16.

김무림, 1990, 「「홍무정운역훈」의 음운론적 연구」, 박사 논문, 서울: 고려대 대학원.

김무림, 1996, 「동국정운」의 편운에 대하여, 「한국어학」, 3, 한국어학회. 117-133.

김무림, 1997, 「동국정운」의 편운과 「훈민정음」의 중성, 「(성재 이돈주 선생 화갑 기념) 국어학 연구 새 지평」, 논총간행위원회, 서울: 태학사. 37-58.

김무림, 1999, 「「홍무정운역훈」 연구」, 서울: 월인.

김무림, 2006, 「홍무정운 역호」. 서울: 신구문화사.

김민수, 1957, 「사성통해」, 「한글」 122, 한글학회. 524-533.

김민수, 1958, 「동국정운」 해제, 「한글」 123, 한글학회. 98-112.

김민수, 1980, 「신국어학사」, 서울: 일조각.

김선기, 1972, 「동국정운」의 ㅃ, ㄸ, ㄲ의 음가, 「한글」 150, 한글학회. 3-16.

김순희, 1988, 「「규장전운」의 서지학적 연구」, 석사 논문, 서울: 상명여대 대학원.

김순희, 1990, 「규장전운」 판본 고, 「창립 10주년 기념 논문집」 대전: 충남대 사회과학대학 문헌정보학과. 189-228.

김순희, 1999, 담와 홍계희의 편간서에 대하여, 「국회도서관보」, 263, 서울: 국회도서관. 77-97.

김영찬, 2002, 「「증수 호주 예부 운략(增修互注禮部韻略)」 연구」, 박사 논문, 서울: 서울대 대학원.

김완진, 1966, 「속첨 홍무정운」에 대하여, 「진단학보」, 29·30, 진단학회. 351-370.

김은희, 1999, 「「고금운회거요」 36자모 연구」, 석사 논문, 제주: 제주대 대학원.

김은희, 2008, 대역음 자료에 반영된 명대 관화: 「사성통해」를 중심으로-, 「중국인문학회 정기학술대회 발표 논문집」, 중국인문학회. 124-129.

김인경, 1985, 「화동정음통석운고」 고, 「동천 조건상 선생 고희 기념 논총」, 서울: 형설출판사. 111-130.

김인경, 1996, 「화동정음통석운고」의 두주에 관한 고찰, 「중국어문학」, 28-1, 영남중국어문학회. 465-495.

김인경, 1996, 조선조 운서에 대한 소고, 「중국학논총」, 5, 충청중국학회. 177-205.

김지형, 2005, 「동국정운」식 한자음에서의 ‘·’의 음가, 「어문연구」, 33-1, 한국어문교육연구회. 85-108.

김지홍, 2012, 이른바 세종이 정한 「통고 사성도」에 대하여, 「규장각」 40, 서울: 서울대 규장각 한국학연구원. 1-49.

김철헌, 1958, 「동국정운」 초성 고, 「국어국문학」 19, 국어국문학회. 107-132.

김철헌, 1959, 「동국정운」 운모 고, 「국어국문학」 21, 국어국문학회. 1-90.

김태경, 2002, 「광운(廣韻)」의 반절음과 「전운옥편」, 「삼운성휘」의 한자음 비교, 「중국어문학논집」 19, 중국어문학연구회. 213-240.

김태성, 2001, 「홍무정운역훈」 서(序) 석보, 「중국연구」 28, 서울: 한국외대 중국연구소. 59-68.

김태성, 2002, 조선 신숙주의 중국어관, 「중국언어연구」 14, 한국중국언어학회. 175-191.

김태완, 1995, 「고금운회거요」와 「몽고자운」의 중고 입성자 처리와 「중원음운」 입파 삼성의 자체 해설, 「중국인문과학」 14, 중국인문학회. 185-205.

김해정, 2005, 완판본 「삼운성휘」 해제, 「삼운성휘」(상·하·보) 영인본, 서울: 홍문각.

김현철 외 옮김·복지진 저, 1997, 「중국언어학사」, 서울: 신아사.

나도원, 2012, 「화동정음」 중출자 연구, 「중국언어연구」 40, 한국중국언어학회. 1-29.

남광우, 1964, 「동국정운」식 한자음 성조의 연구, 「논문집」 9, 서울: 중앙대. 9-34.

남광우, 1966, 「「동국정운」식 한자음 연구」, 서울: 한국연구원.

남광우, 1974, 홍계희 찬 「삼운성휘」, 「한국학」 2, 서울: 영신 아카데미 한국학 연구소. 68-69.

남광우, 1974, 서명응 등 찬 「규장전운」, 「한국학」 2, 서울: 영신 아카데미 한국학 연구소. 70-71.

남진석, 1985, 「동국정운」의 ‘·’ 음 연구」, 석사 논문, 서울: 명지대 대학원.

두산 대백과 사전 www.doopedia.co.kr

문선규, 1991, 「동국정운」의 ‘疑’ (業)모자음 표기에 대하여, 「들메 서재극 박사 환갑 기념 논문집」, 대구: 계명대학교출판부. 303-325.

박경송, 2002, 「동국정운」에 나타난 조선 음운학자들의 중고 한어 음운 연구, 「중국언어연구」 15, 한국중국언어학회. 317-343.

박병채, 1971, 서평 −이동림 저 「「동국정운」 연구」, 「아세아연구」 14-1, 서울: 고려대 아세아문제연구소. 217-223.

박병채, 1974, 「홍무정운역훈」 해제, 「홍무정운역훈」(영인본), 서울: 고려대학교 출판부.

박병채, 1983, 「「홍무정운역훈」의 신연구」, 서울: 고려대 만족문화연구소 출판부.

박병채, 1984, 한국판 초간본 「고금운회거요」에 대하여, 「새결 박태권 선생 회갑 기념 논총」, 부산: 제일문화사. 243-256.

박성훈, 1987, 「홍무정운역훈」의 통용 운목 중 표기상의 오류와 그 유형(I), 「동양학」

17, 서울: 단국대 동양학연구소. 383-421.

박추현, 2000, 영정조간 세 운서의 한국 한자음 고 -「화동 정음 통석 운고」, 「삼운성휘」, 「규장전운」-, 「중국언어연구」 11, 한국중국언어학회. 1-33.

박추현, 2000, 영정조간 세 운서의 한국 한자음 고: 「화동정음통석운고」, 「삼운성휘」, 「규장전운」, 「중국언어연구」 11, 한국중국언어학회. 1-33.

박태권, 1977, 「사성통해」 속의 우리말 어휘(I), 「국어국문학」 13·14, 부산: 부산대 국어국문학과. 7-19.

박태권, 1980, 「사성통해」 속의 우리말 어휘(II), 「연암 현평효 박사 회갑 기념 논총」. 399-416.

박태권, 1983, 「훈몽자회」와 「사성통해」 연구 -표기와 음운 대조-, 「국어국문학」 21, 문창어문학회. 15-31.

박태권, 1985, 「훈몽자회」와 「사성통해」 연구(2): 우리말 어휘의 조어법을 중심으로, 「어문논집」 24·25-1, 안암어문학회. 187-198.

박태권, 1991, 「사성통해」 속의 우리말 어휘, 「동방학지」 71·72, 서울: 연세대 국학연구원. 535-562.

박태권, 2006, 최세진의 학문 세계와 「사성통해」, 「국어사연구」 6, 국어사학회. 8-16.

방종현, 1963, 「사성통해」 연구, 「일사 국어학 논집」, 서울: 민중서관. 285-310.

배윤덕, 1988, 「신경준의 「운해」 연구 -「사성통해」와 관련하여-」, 석사 논문, 서울: 연세대.

배윤덕, 1999, 「화동정음통석운고」 연구, 「선청어문」 27-1, 서울: 서울대 국어교육학과. 509-526.

배윤덕, 2003, 「사성통해」에 나타난 「운회」 연구, 「돈암어문학」 16, 돈암어문학회. 123-166.

배윤덕, 2010, 한결 선생의 조선 시대 운학 연구, 「애산학보」 36, 애산학회. 131-150.

백수연, 2011, 「「광운」과 「동국정운」의 비교를 통한한중 현대 초성 음가 연구」, 석사 논문, 전주: 전북대 교육대학원.

백인빈, 1981, 「반치음 △ 음가의 재구: 「동국정운」을 중심으로」, 석사 논문, 서울: 건국대 대학원.

사토 스스무(佐藤進), 1983, 檢書官 李德懋 -「奎章全韻」の文化史硏究序說-, 「朝鮮學報」 106, 朝鮮學會. 1-34.

서병국, 1973, 중국 운학이 훈민정음 제정에 미친 영향에 관한 연구, 「교육연구지」 15, 대구: 경북대 사범대학. 25-52.

성원경, 1971, 「동국정운」과 「홍무정운역훈」의 비교 연구, 「학술지」 12, 서울: 건국대.

성원경, 1972, 해제: 「동국정운」 완질본에 대하여, 「겨레어문학」 6, 겨레어문학회. 306-

308.

성원경, 1989, 한국에서 최초로 한자에 표음한 「동국정운」고, 「인문과학논총」 21, 서울: 건국대 인문과학연구소. 159-174.

신상현, 2007, 18세기 운서 편찬과 청대 고음학 수용 연구 -특히 「규장전운」 편찬을 중심으로-, 「한문교육연구」 28, 한국한문교육학회. 297-328.

신승운, 2004, 「규장전운」을 통해서 본 정조조의 서적 반사와 그 규모, 「한국도서관정보학회지」 35-4, 한국도서관정보학회. 293-316.

신용권, 2003ㄱ, 「고금운회거요」, 「몽고자운」과 「동국정운」, 「알타이학보」 13-1, 한국알타이학회. 185-207.

신용권, 2003ㄴ, 「고금운회거요」의 입성운과 관련된 몇 가지 문제에 대하여, 「언어학」 37, 한국언어학회. 145-167.

신용권, 2008, 「고금운회거요」의 판본에 대하여, 「인문과학연구」 11, 인천: 인하대 인문학연구소.

신우선, 2010, 「排字禮部韻略」, 「新刊韻略」 及 「排韻字」 之間的關係, 「중국어문학논집」 62, 중국어문학연구회. 63-79.

심소희, 2011, 「홍무정운」 서(序)를 통한 정음관 고찰, 「중국언어연구」 35, 한국중국언어학회. 45-65.

심우준, 1974, 「사성통해」, 「한국학」 2, 서울: 영신 아카데미 한국학 연구소.

안광혜, 1981, 「규장전운」고, 「문리대학보」 제40집, 서울: 중앙대 문리과대학 학도호국단. 252-261.

안대회, 2010, 정조 어휘(御諱)의 개정: '이산'과 '이성' -「규장전운」의 편찬과 관련하여-, 「한국문화」 52, 서울: 서울대 규장각 한국학연구원. 95-121.

안병희, 2004, 「홍무정운 역훈」과 그 권수의 편차에 대하여, 「한국어 연구」 2, 한국어연구회. 5-30.

안영희, 2011, 「「홍무정운」에 나타난 중고 한어 3·4등운의 합병과 분화」, 석사 논문, 서울: 고려대 대학원.

안영희, 2012, 「홍무정운역훈」 훈민정음 표기 'ᆐ'의 음운론적 대응, 「제28회 전국 학술 대회 발표 논문집」, 구결학회. 189-206.

오구라 신페이(小倉進平), 1940, 「增訂 朝鮮語學史」, 東京: 刀江書院.

왕옥지, 1989, 「「고금운회거요」와 「광운」의 입성자 비교 연구」, 석사 논문, 서울: 성균관대 대학원.

왕옥지, 1995, 「고금운회거요」의 입성자 고찰, 「중국학연구」 13-1, 한국중문학회. 229-48.

왕옥지, 1997, 「몽고자운」과 「고금운회거요」의 관계 및 어음 근거 고찰, 「중국학」 12,

대한중국학회. 1-20.

왕옥지, 2006, 원 이후 「몽고자운」·「고금운회거요」의 한중 음운학적 가치 연구, 「중국학논총」, 22-1, 한국중국문화학회. 1-15.

왕옥지, 2008, 「동국정운」과 「몽고자운」의 실제 분운 체계 비교 연구, 「중국어문논역총간」, 23, 중국어문논역학회. 139-166.

왕옥지, 2009, 「몽고자운」과 「동국정운」의 성모, 입성 체계에 대한 심층 고찰, 「중국어문논역총간」, 24, 중국어문논역학회. 413-430.

우민섭, 1986, 「동국정운」 탁성모 고, 「논문집」, 15, 전주: 전주대. 11-25.

우민섭, 1990, 「홍무정운역훈」 속음의 ㅸ 종성 표기 고, 「새국어교육」, 46-1, 한국국어교육학회. 87-94.

우창균, 2004, 「몽고운략」과 「동국성운」, 「국어사연구」, 4, 국어사학회. 7-23.

유창균, 1959, 「동국정운」에 나타난 모음의 특색, 「논문집」, 대구: 청구대.

유창균, 1965ㄱ, 「동국정운」 연구(I), 「어문학」, 12, 한국어문학회. 12-36.

유창균, 1965ㄴ, 「동국정운」 연구, 「진단학보」, 28, 진단학회. 97-134.

유창균, 1966ㄱ, 「동국정운」 연구(II), 「어문학」, 14, 한국어문학회. 21-58.

유창균, 1966ㄴ, 「동국정운」 서(序) 고, 「아세아연구」, 9-2, 서울: 고려대 아세아문제연구소. 107-146.

유창균, 1966ㄷ, 「「동국정운」 연구(복원편)」, 서울: 형설출판사.

유창균, 1967ㄱ, 「「동국정운」의 편찬에 관한 연구」, 박사 논문, 서울: 서울대 대학원.

유창균, 1967ㄴ, 「동국정운」식 한자음의 기층에 대한 시론, 「진단학보」, 31, 진단학회. 115-142.

유창균, 1968, 「강희본 배자예부운략」 해제, 경산: 영남대 동양문화연구소

유창균, 1968, 「고금운회거요」의 반절과 「동국정운」의 비교, 「동양문화」, 8, 경산: 영남대. 5-30.

유창균, 1969, 「「동국정운」 연구(연구편)」, 서울: 형설출판사.

유창균, 1973, 「사성통고」 재구의 실제적 문제, 「어문학」, 28, 한국어문학회. 99-127.

유창균, 1974ㄱ, 「「몽고운략」과 「사성통고」의 연구」, 서울: 형설출판사.

유창균, 1974ㄴ, 「사성통해」 음의 본질에 대하여, 「한국학 논총: 하성 이선근 박사 고희 기념 논문집」, 서울: 형설출판사.

유창균, 1980, 선암서원 장판 「예부운략」에 대하여, 「한국학논집」, 7, 대구: 계명대 한국학연구소. 161-173.

유효종, 2011, 「훈민정음 문자의 전환 방식에 대한 연구: 「홍무정운역훈」의 표기를 중심으로」, 박사 논문, 성남: 한국학중앙연구원.

윤인현, 1986, 「「운회옥편」의 「고금운회거요」에 대한 색인성」, 석사 논문, 서울: 중앙대

대학원.

이강로, 1999, 「사성통해」의 중성음과 실지의 중국 음과의 비교 연구, 「한힌샘 주시경 연구」 12, 한글학회. 123-168.

이강로, 2000ㄱ, 「「사성통해」의 연구」 상, 서울: 박이정.

이강로, 2000ㄴ, 「사성통해」에 관련된 운서의 비교, 「한글」 249, 한글학회. 5-50.

이강로, 2004, 「「사성통해」의 음운학적 연구」, 서울: 박이정.

이경희, 2007, 원대 운서를 통한 북방 관화의 성모 체계 고찰, 「중국어문학논집」 44, 중국어문학연구회. 113-134.

이돈주, 1977, 「화동정음통석운고」의 속음자에 대하여, 「이숭녕 선생 고희 기념 국어국문학 논총」, 서울: 탑출판사. 221-248.

이돈주, 1995, 「한자 음운학의 이해」, 서울: 탑출판사.

이돈주, 1997, 「동국정운」 서(序)의 '眛於紐 躡之要' 고, 「국어국문학연구」 19, 익산: 원광대 인문과학대학 국어국문학과. 75-91.

이돈주, 2000, 「화동정음통석운고」의 정속음과 「전운옥편」 한자음의 비교 고찰, 「한글」 249, 한글학회. 51-86.

이동림, 1964, 「동국정운」의 연구(I) -특히 91운 23자모와 「훈민정음」 11모음의 책정에 관하여-, 「논문집」 1, 서울: 동국대. 91-124.

이동림, 1965, 「동국정운」의 연구(II) -그 등운도 작성을 중심으로-, 「국어국문학」 30, 국어국문학회. 21-50.

이동림, 1966, 「동국정운」 연구, 「논문집」 3·4 합집, 서울: 동국대학교. 89-104.

이동림, 1967ㄱ, 유창균 저 「「동국정운」 연구」의 해석, 「동악어문논집」 5, 동악어문학회. 1-48.

이동림, 1967ㄴ, 「동국정운」 연구(III) -재구 방법과 결론-, 「논문집」 3·4, 서울: 동국대. 89-104.

이동림, 1968, 「홍무정운역훈」과 「사성통해」의 비교: 「사성통고」의 재구, 「논문집」 5, 서울: 동국대. 99-128.

이동림, 1970ㄱ, 「동국정운」 연구(연구편), 서울: 동국대 국어국문학과 연구실 339호.

이동림, 1970ㄴ, 「동국정운」 연구(재구편), 서울: 동국대 국어국문학과 연구실 339호.

이동림, 1993, 「동국정운」 초성 자모 23자의 책정과 그 해석, 「국어학」 23, 국어학회. 1-40.

이숭녕, 1959ㄱ, 「홍무정운 역훈」의 연구, 「진단학보」 20, 진단학회. 115-179.

이숭녕, 1959ㄴ, 「홍무정운역훈」에 관하여, 「국어국문학」 20, 국어국문학회. 51-53.

이숭녕, 1981, 「세종 대왕의 학문과 사상」, 서울: 아세아문화사.

이승영 외, 2007, 日本の韻書と韓國の韻書, 「일본학보」 71, 한국일본학회. 111-124.

이승영, 2009, 문화사적 관점에서의 한일 운서의 비교 대조 연구 -「삼운성휘」와 「취분운략(聚分韻略)」의 비교 대조를 중심으로-, 「일본학보」 80, 한국일본학회. 55-67.

이승자, 1999, 「「화동정음통석운고」와 「삼운성휘」의 한자음 연구」, 석사 논문, 연변: 연변대; 이승자, 1999, 「조선 언어 연구」 5, 서울: 천지.

이영월, 2004ㄱ, 「「사성통해」를 통한 조기 관화 연구」, 박사 논문, 서울: 연세대 대학원.

이영월, 2004ㄴ, 「사성통해」의 정음·속음·금속음 성격 고찰, 「중국어문학논집」 29, 중국어문학연구회. 119-131.

이영월, 2005, 시론 「사성통해」 음계 특징, 「중국언어연구」 21, 한국중국언어학회. 333-349.

이영월, 2009, 「훈민정음」에 대한 중국 운서의 영향 관계 연구, 「중국학연구」 50, 중국학연구회. 255-274.

이영월·장재웅, 2005, 「사성통해」에 기재된 「중원음운」 주석 연구, 「중국학연구」 32, 중국학연구회. 69-91.

이장희, 2003, 「삼운통고」의 저본에 대하여, 「어문학」 80, 한국어문학회. 105-122.

이재돈, 1993, 「중국어 음운학」, 서울: 서광학술자료사.

이재돈, 1995, 「사성통해」에 반영된 16세기 중국어 음계 연구, 「중국어문학지」 1, 중국어문학회. 215-251.

이재석 역·호기광 저, 1997, 「중국 소학사」, 서울: 동문선.

이재흥, 2011, 「동국정운」, 서울: 어문학사.

이종구, 2008, 「사성통해」의 중국음 정음 표기음 재구, 「중국언어연구」 26, 한국중국언어학회. 465-487.

이준환, 2003ㄱ, 「「삼운성휘」 한자음 성모 체계 고찰」, 석사 논문, 서울: 성균관대 대학원.

이준환, 2003ㄴ, 「삼운성휘」 한자음에 나타난 성모의 표음 양상에 대하여, 「성균어문연구」 38, 성균관대 성균어문학회. 117-180.

이준환, 2004ㄱ, 「화동정음통석운고」의 속음에 대한 고찰: 성모를 대상으로, 「어문연구」 32-4, 한국어문교육연구회. 163-189.

이준환, 2004ㄴ, 한국 한자음 복수음자의 전승 양상과 그 의미(1) -「화동정음통석운고」의 현실 음계적 성격을 중심으로-, 「대동문화연구」 48, 서울: 성균관대 대동문화연구원. 349-379.

이준환, 2005, 근대 운서에 주기된 복수음자와 현대 한자음, 「국어학」 46, 국어학회. 67-95.

이현선, 2008, 「「동국정운」 한자음 심원 연구」, 석사 논문, 서울: 이화여대 대학원.

임다영, 2011, 「「동국정운」 한자음과 현실음의 비교 연구」, 석사 논문, 서울: 연세대 대학원.

장효만, 2003, 「사성통해」 양성운 -m미 연구, 「동양한문학연구」, 18, 동양한문학회. 179-194.

정　광, 1974, 「번역노걸대 『박통사』의 중국어음 표기 연구 -「사성통해」 가운내 제자의 중성 표기를 중심으로-, 「국어국문학」, 64, 국어국문학회. 1-26.

정경일, 1984, 『「규정전운」 연구」, 석사 논문, 서울: 고려대 고려대 대학원.

정경일, 1989, 『「화동정음통석운고」 한자음 성모 연구」, 박사 논문, 서울: 고려대.

정경일, 1996, 「화동정음」의 운모 체계, 「어문논집」, 35, 서울: 고려대 국어국문학연구회.

정경일, 1998ㄱ, 성운학의 도입과 고려시대의 운서, 「순천향어문논집」, 5, 순천향어문학연구회. 485-504.

정경일, 1998ㄴ, 조선 시대의 운서 사용 양상, 「한국어학」, 7-1, 한국어학회. 259-281.

정경일, 1999, 「규장전운」의 체제와 한자음의 특징, 「인문논총」, 3, 논산: 건양대 인문과학연구소. 1-19.

정경일, 2002, 「한국 운서의 이해」, 서울: 아카넷.

정경일, 2006, 「교정 전운옥편」 속음의 유형별 고찰, 「우리어문연구」, 27, 우리어문학회. 527-558.

정경일, 2008, 『「규장전운」·「전운옥편」』, 서울: 신구문화사.

정연찬, 1972, 『「홍무정운역훈」의 연구」, 서울: 일조각.

정영주, 1979, 『「동국정운」 후음 'ㆆ' 초성 고」, 석사 논문, 서울: 건국대 대학원.

정인승·성원경, 1973, 「동국정운」 연구: 원본 교주를 시도하는 「고금운회거요」와 재구편과 비교하면서, 「학술지(인문·사회·자연과학 통합편)」, 15-1, 서울: 건국대. 45-84.

조운성, 2010ㄱ, 「동국정운」의 운류와 「고금운회거요」의 반절 하자, 「인문연구」, 58, 경산: 영남대인문과학연구소. 315-336.

조운성, 2010ㄴ, 「동국정운」의 운류와 「고금운회거요」의 자모운, 「서강인문논총」, 28, 서울: 서강대 인문과학연구소. 203-225.

조운성, 2011ㄱ, 「동국정운」의 業모와 欲모, 「구결연구」, 26, 구결학회. 269-288.

조운성, 2011ㄴ, 『「동국정운」 한자음의 성모와 운모 체계 연구」, 박사 논문, 서울: 연세대 대학원.

조현주, 1998, 『「삼운통고」 연구」, 석사 논문, 부산: 부산대 대학원.

조희무, 1991, 「중원음운」과 「고금운회거요」의 입성자음 비교 연구, 「중국인문과학」, 10, 중국인문학회. 67-94.

조희무, 1993, 「고금운회거요」의 제작과 체재, 「중국인문과학」, 12, 중국인문학회. 61-76.

조희무, 1995, 「고금운회거요」 성모 고, 「중국인문과학」, 14, 중국인문학회. 169-184.

조희무, 1996, 「고금운회거요」 음계 연구, 「중국인문과학」, 15, 중국인문학회. 47-67.

조희무, 1997ㄱ, 「고금운회거요」의 입성 자모운 연구, 「중국인문과학」, 16, 중국인문학회. 35-60.

조희무, 1997ㄴ, 「고금운회거요」 양성 자모운 연구, 「인문과학연구」, 19, 광주: 조선대 인문과학연구소. 271-291.

조희무, 1998ㄱ, 「「고금운회거요」 연구」, 박사 논문, 광주: 전남대 대학원.

조희무, 1998ㄴ, 「고금운회거요」 음성자 자운 연구, 「외국문화연구」, 21-1, 광주: 조선대 인문학연구소. 207-226.

조희무, 1999ㄱ, 「고금운회거요」의 운모 연구, 「중국어문학논집」, 11, 중국어문학연구회. 395-430.

조희무, 1999ㄴ, 「중원음운」과 「고금운회거요」의 비교 연구, 「중국인문과학」, 19, 중국인문학회. 41-64.

조희무, 2001, 「예부운략」 연구 2, -운모를 중심으로-, 「동북아연구」, 14, 광주: 조선대 동북아연구소. 179-191.

조희무, 2002, 「예부운략」 연구 -성모를 중심으로-, 「생활지도연구」, 20, 광주: 조선대 학생지도연구소. 39-50.

주성일, 2008ㄱ, 신숙주와 최세진의 중국어 정음관, 「중국학보」, 57, 한국중국학회. 53-82.

주성일, 2008ㄴ, 「사성통해」 입성운의 금속음 고찰, 「중국문학연구」, 37, 한국중문학회. 375-405.

주성일, 2009ㄱ, 「사성통해」 범례 고(1), 「중국문학연구」, 38, 한국중문학회. 115-150.

주성일, 2009ㄴ, 「사성통해」 범례 고(2), 「중국문학연구」, 39, 한국중문학회. 215-245.

주성일, 2011ㄱ, 「사성통해」에 반영된 근대 한어 어음 연구, 「중국문학연구」, 42, 한국중문학회. 293-327.

주성일, 2011ㄴ, 「사성통해」에 반영된 근대 한어 음성운의 변화, 「중국문학연구」, 45, 한국중문학회. 355-379.

최영애, 1980, 「홍무정운역훈」 성류 고, 「인문과학」, 44, 서울: 연세대 인문과학연구소. 57-86.

최재수, 2005, 「중원음운」과 「고금운회거요」 입성자음 비교 연구, 「중국학연구」, 34, 중국학연구회. 109-124.

최현배, 1961, 「고친 한글갈」, 서울: 정음사.

하혜정, 1997ㄱ, 「조선조 운서의 독자성 연구」, 박사 논문, 서울: 중앙대 대학원.

하혜정, 1997ㄴ, 조선 운서의 정음관 분석, 「동양고전연구」, 8, 동양고전학회. 149-182.

한국 민족 문화 대백과 사전 www.encykorea.aks.ac.kr
한태동, 1985, 「동국정운」 연구, 「연세논총(인문편)」, 21-1, 서울: 연세대 대학원. 279-
    320.

## 2.4. 자전

'자전'이라는 용어를 처음으로 사용한 「강희 자전(康熙字典)」을 줄여서 '자전(字典)'이라고 부르다가 현재는 중국이나 한국에서 '자전'을 한자 사전(또는 한자와 한자어 사전)을 가리키는 일반 명사로 사용하게 되었다. 중국에서 '옥편'이라는 용어를 일반 명사로 사용하지 않고 '자전'이라는 용어를 일반 명사로 사용하는 태도는 국내에서 '자전' 대신에 고야왕의 「옥편」에서 따온 '옥편'이라는 용어를 더 많이 사용하는 태도와는 다르다.

앞에서 살펴본 것과 같이 중국의 훈고서, 자서, 운서는 각각 독립적인 체계를 갖추고 발전하였다. 그런데 이 세 가지 내용을 모두 포함하는 것은 물론 훈고서, 자서, 운서에서는 찾아볼 수 없는 용례나 자형 등에 관한 새로운 미시 정보와 기타 여러 하위 표제항들의 정보가 첨가되어 한곳으로 집대성되면서 새로운 근대적인 자전의 모습을 갖추게 되었다. 이러한 중국 자전의 출발로는 「강희 자전」을 든다.

그런데 국내에서는 중국과는 달리 운서의 보편인 옥편이 운서의 색인으로 활용할 수 있는 수준을 넘어 자전으로서도 충분히 활용될 수 있도록 미시 정보의 내용이 보충되어 편찬되었다. 이러한 옥편의 출발로 운서 「어정 규장 전운」의 보충편으로 펴낸 「전운 옥편(全韻玉篇)」을 들 수 있다.

따라서 중국과 한국의 '자전'과 '옥편'이라는 용어 사용의 차이는 한자 사전의 본격적인 출발점이 되는 중국의 「강희 자전」과 한국의 「전운 옥편」

이라는 책명에서 그 원인을 찾아볼 수도 있을 것이다.

여기에서는 대표적인 자전으로 알려진 중국의 자서의 전통을 이은 「강희 자전」과 한국 운서 「어정 규장 전운」의 보충편으로 펴낸 「전운 옥편」을 간략하게 살펴보기로 한다.

### (1) 「강희 자전(康熙字典)」(1716)

「강희 자전(康熙字典)」은 청나라 때인 1710년(강희 49년) 강희제(康熙帝, 1654년~1722년; 1661년~1722년 재위)의 칙명에 따라서 장옥서(張玉書), 진정경(陳廷敬) 등 30여 명이 5년에 걸쳐 「설문 해자(說文解字)」와 그 이후로 간행된 자서 「자휘(字彙)」(매응조(梅膺祚), 1615), 「정자통(正字通)」(1670) 등과 운서 「당운(唐韻)」, 「광운(廣韻)」, 「집운(集韻)」, 「운회(韻會)」, 「홍무 정운(洪武正韻)」 등의 내용을 인용하고 종합하여 1716년에 간행한 자전이다.[204]

「강희 자전」은 매응조(梅膺祚)의 「자휘(字彙)」[205](1615)를 감본으로 하여 명나라 말기에 장자열(張自烈)이 편찬한 「정자통」[206]을 감본으로 하여 만들어졌다(김현철 외, 옮김, 1997: 231~232). 보다 구체적으로 말하면, 이 자전은 「설문 해자」와 「옥편(玉篇)」 등 중국 전통 자서의 내용을 바탕으로 삼고, 「자휘」와 「정자통」에 등재되어 있는 한자와 「자휘보(字彙補)」와 「오음 편해(五音篇海)」(한효언(韓孝彦)·한도소(韓道昭), 1208)에 수록된 기자(奇字)[207]와 벽자(僻

---

204) 중국 운서에는 표제자의 뜻풀이를 기술한 경우도 있으므로 「강희 자전」에서 자서의 뜻풀이뿐만 아니라 「광운」 등 운서의 뜻풀이를 인용한 예를 쉽게 찾아볼 수 있다.

205) 「자회(字匯)」는 「자휘(字彙)」와 같은 책인데, 이 책은 획수에 따라 표제자를 찾는 최초의 자서이다. 「자휘」의 범례에서 「자휘」는 「정운(正韻)」을 토대로 「설문 해자(說文解字)」를 늘리고, 「운회(韻會)」를 참고하였다고 설명하였다. 33,179자를 수록한 「자휘」에서는 「설문 해자」의 부수를 합병하고 줄여서 214부를 설정했으며, 같은 부에서는 자획의 수가 적은 한자부터 많은 한자까지 차례대로 배열하였다.

206) 12권으로 이루어진 「정자통(正字通)」에서는 「자회(字匯)」의 부수와 표제자 배열 방법을 따랐다.

207) 기자(奇字)는 대전(大篆), 소전(小篆), 예서(隸書), 해서(楷書), 행서(行書), 초서(草書) 6가

字)208) 등을 표제자로 선정하여 편집한 것이다.

즉 「강희 자전」은 앞선 시기에 간행된 중국의 전통적인 자서인 「설문 해자」, 「옥편」, 「오음 편해」, 「자휘」, 「정자통」 등과 중국 왕조의 대표적인 운서 「광운」, 「집운」, 「운회」, 「정음」 등에 기술된 내용을 집대성하면서 자서 대신에 자전을 탄생시켰으며, 나중에 편찬된 「중화 대자전(中華大字典)」(육비규(陸費逵) 등, 1915), 「한어 대자전(漢語大字典)」(한어 대자전 편집위원회, 1991), 「중화 자해(中華字解)」(냉옥룡(冷玉龍) 등, 1994) 등에 중국 자전의 전통을 이을 수 있도록 기여하였다.

「강희 자전(康熙字典)」은 모두 42권으로 여러 종류의 이본들이 있으나, 내용은 대부분 동일하다. 청나라 내무부(內務府)에서 펴낸 초판 「강희 자전」은 내부본(內府本)이라 부른다. 왕의 칙령으로 왕인지(王引之)는 「강희 자전」에 수록된 내용 가운데 2,588개의 오류를 교정하여 「강희 자전 고증(康熙字典考證)」을 1827년에 중간(重刊)하였다.

「강희 자전」에서는 정자(正字) 47,035자와 고문(古文) 1,995자 모두 49,030자를 표제자로 선정하였다. 그리고 「강희 자전」에서는 「자휘」와 「정자통」에서 부수를 획수별로 배열한 방법을 따라 표제자를 배열함으로써 부수별로 배열한 자전의 본보기가 되었다.

「강희 자전」에서는 「설문 해자」처럼 표제자의 고문(古文) 등 옛 서체를 표제자 바로 다음에 제시하였는데, 표제자의 중문, 별체자, 속체자, 와변자 등은 「복고편(復古編)」처럼 뜻풀이 정보 다음에 제시하였다. 「집운」에서 표제자를 예서체로 적은 것을 인용했으며, 「간록 자서(干祿字書)」에서 제시한 중문, 별체자, 속체자, 와변자를 인용했다.

「강희 자전」에서 표제자의 발음은 「당운」, 「광운」, 「집운」, 「운회」, 「정운」

지 서체 가운데 소전(小篆)과 조금 다른 글자체이다.
208) 벽자는 잘 사용하지 않는 어려운 글자이다.

등의 운서에서 반절로 표시한 정보를 인용하여 제시하였으며, 방언의 성기 (聲氣) 차이와 고대의 음과 운도 표시하였다.

그리고 「강희 자전」에서는 「설문 해자」 등 여러 자서에서 제시한 뜻풀 이를 인용하였다. 또 경전, 역사서, 제자백가의 저서 등에서 인용한 예문을 제시하면서 출처를 밝혀놓았다.

---

**「강희 자전」 참고 논저**

① 명혜정, 1994, 「「강희자전」 부수 연구」, 석사 논문, 대전: 충남대 대학원. ② 김 현철 외 옮김·복지진 저, 1997, 「중국언어학사」, 서울: 신아사. ③ 이재석 역·호기 광 저, 1997, 「중국소학사」, 서울: 동문선. ④ 하영삼 옮김·황덕관 외 지음, 2000, 「한어문자학사」, 서울: 동문선. ⑤ 주강훈, 2002, 「「강희자전」 부수의 래원 연구」, 석사 논문, 서울: 성균관대 대학원. ⑥ 전일주, 2006, 「강희자전」과 한국 초기 자전 비교 연구 -「자전석요」와 「신자전」을 중심으로-, 「한문교육연구」, 26, 한국한문교육 학회. 357-386. ⑦ 강민구, 2008, 조선 후기 유서의 「강희자전」과 「운부군옥」 인용 양상 「「송남잡식」의 경우, 「한문교육연구」, 31, 한국한문교육학회. 533-559. ⑧ 김영 옥, 2011, '한문 교육용 기초 한자'의 자형 연구 -「강희자전」 자형과의 비교를 중 심으로-, 「한문교육연구」, 37, 한국한문교육학회. 541-588.

---

### (2) 「전운 옥편(全韻玉篇)」(1796년 이후)

「전운 옥편」의 간행 시기와 편찬자는 정확하게 알려지지 않고 있다. 다 만 「어정 규장 전운」(1796)의 '의례'에서 "새롭게 옥편을 지어 생생자(生生 字)와 정리자(整理字)로 인쇄하여 널리 편다."는 내용이 수록되어 있는 것을 확인할 수 있다. 이 기록을 참고하여 「전운 옥편」은 운서 「어정 규장 전운」 의 보충편으로 만들어진 옥편으로 추정한다. 그리고 생생자는 1794년에 만들어졌고, 정리자는 1796년에 만들어졌으며, 「어정 규장 전운」은 1796 년에 간행되었다. 따라서 「전운 옥편」의 간행 시기는 1796년 이후로 추산 한다.

「전운 옥편」은 2권 2책 목판본으로 간행되었으며, 여러 이본들이 있는데, 그 내용은 대부분 같다. 특히 신촌자(愼村子) 황필수(黃泌秀)가 「전운 옥편」의 한자음을 교정하고, 138개의 표제자 속음을 두주(頭註)[209]로 처리한 「교정 전운 옥편(校訂全韻玉篇)」의 원고를 1898년에 완성하였는데, 이 원고는 19세기 말엽에 간행된 것으로 추정한다(정경일, 2008: 265~269).

「전운 옥편」은 10,840자를 「강희 자전」처럼 214부수로 나누어 배열하였다. 1획에서 17획까지 분류하고, 각 획에 속하는 부수자를 나열하였다. 그런 다음 각 부수에 속하는 표제자를 획수가 적은 것부터 차례대로 배열하였다.

「전운 옥편」에서는 표제자의 바로 뒤에 표제자의 음을 한글로 적어 제시하였다. 그리고 「전운 옥편」에서는 「화동 정음 통석 운고」의 표제자 음을 기준으로 삼아 편찬한 「어정 규장 전운」에는 없는 620여 표제자의 정음과 속음을 제시하였다. 「전운 옥편」에서는 「화동 정음 통석 운고」에서 속음으로 표시한 것은 속음으로 처리하였고, 「삼운 성휘」와 「어정 규장 전운」에서 제시한 음이 「화동 정음 통석 운고」와 다를 경우에는 「화동 정음 통석 운고」의 음을 정음으로 처리하였다. 따라서 「전운 옥편」에서는 「어정 규장 전운」의 표제자 음을 기준으로 삼았으나, 「화동 정음 통석 운고」와 「삼운 성휘」에서 제시한 표제자의 음과 비교하여 속음과 정음으로 구분하여 표시하였음을 알 수 있다. 그런 다음 뜻풀이를 한자로 기술하였다. 그 뒤에 표제자가 속한 운목을 표시하였다. 또 표제자의 통용자, 동자(同字), 속자(俗字)를 열거하기도 하였다.

「전운 옥편」은 앞서 간행된 운서의 보충편인 「운회 옥편」, 「삼운 성휘보 옥편」 등보다 모든 표제자의 뜻풀이를 자세하게 기술하였다. 중국 운서와

---

209) 두주는 본문 상단에 적은 주를 가리킨다.

는 달리 한국 운서에서 찾아볼 수 없는 이러한 뜻풀이 기술 방법은 한국 근대 자전의 편찬 방법에 영향을 주었다.

---

**「전운 옥편」 참고 논저**

① 이기동, 1981, 「전운옥편」에 드러난 정속음 고 -차청자의 성모를 중심으로-, 「논문집」 3, 우석대. 107-119. ② 이기동, 1982, 「전운옥편」에 주기된 정속음에 대하여 -전청자의 성모를 중심으로-, 「어문논집」 23, 서울: 고려대 국어국문학연구회. 511-528. ③ 도르멜스(Dormels, Rainer), 1994, 「옥편류의 한자음 비교 연구 -「전운옥편」, 「신자전」, 「한한대사전」, 「대자원」을 중심으로-」, 석사 논문, 서울: 서울대 대학원. ④ 도르멜스(Dormels, Rainer), 1999, 18세기 한국 한자음의 규범화 과정에 숨겨진 동기, 「국어학」, 33, 국어학회. 125-144. ⑤ 유재원, 1996, 「전운옥편」의 속음자에 대한 연구 -아후음계의 ㄱ·ㅎ 반영음을 중심으로-, 「중국학연구」, 11, 중국학연구회. 63-95. ⑥ 이돈주, 1997, 「전운옥편」의 정속 한자음에 대한 연구, 「국어학」 30, 국어학회. 1-34. ⑦ 이돈주, 2000, 「화동정음통석운고」의 정·속음과 「전운옥편」 한자음의 비교 고찰, 「한글」 249, 한글학회. 51-85. ⑧ 김태경, 2002, 「광운(廣韻)」의 반절음과 「전운옥편」·「삼운성휘」의 한자음 비교, 「중국어문학논집」 19, 중국어문학연구회. 213-240. ⑨ 이돈주, 2002, 한국 한자음 중 속음의 정음성에 대하여 -「전운옥편」의 정·속음 표시를 대상으로-, 「한국언어문학」 48, 한국언어문학회. 223-240. ⑩ 이승자, 2003, 「조선조 운서 한자음의 전승 양상과 정리 규범」, 서울: 역락. ⑪ 정경일, 2004, 「조선 후기 운서 한자음 연구」, 서울: 고려대 민족문화연구원. ⑫ 이준환, 2006, 한자음 속음의 발생과 의미와의 관련성, 「어문연구」 34-1, 한국어문교육연구회. 57-81. ⑬ 최미현, 2006ㄱ, 「한국 한자음의 이중음 연구 -「전운옥편」의 복수 한자음을 중심으로-」, 박사 논문, 부산: 동의대 대학원. ⑭ 최미현, 2006ㄴ, 「전운옥편」에 반영된 지섭의 양상에 대하여, 「새얼어문논집」 18, 새얼어문학회. 213-231. ⑮ 정경일, 2006, 「교정 전운옥편」 속음의 유형별 고찰, 「우리어문연구」 27, 우리어문학회. 527-558. ⑯ 정경일, 2008, 「규장전운·전운옥편」, 서울: 신구문화사. ⑰ 형신보(邢愼寶)·양서방(楊瑞芳), 2011, 「전운옥편」 연구, 「한자연구」 5, 부산: 경성대 한국한자연구소. 293-322.

## 자전 참고 논저


강민구, 2008, 조선 후기 유서의 「강희자전」과 「운부군옥」 인용 양상 「「송남잡식」의 경우, 「한문교육연구」 31, 한국한문교육학회. 533-559.

김영옥, 2011, '한문 교육용 기초 한자'의 자형 연구 -「강희자전」 자형과의 비교를 중심으로-, 「한문교육연구」 37, 한국한문교육학회. 541-588.

김태경, 2002, 「광운(廣韻)」의 반절음과 「전운옥편」·「삼운성휘」의 한자음 비교, 「중국어문학논집」 19, 중국어문학연구회. 213-240.

김현철 외 옮김·복지진 저, 1997, 「중국언어학사」, 서울: 신아사.

도르멜스(Dormels, Rainer), 1994, 「옥편류의 한자음 비교 연구 -「전운옥편」, 「신자전」, 「한한대사전」, 「대자원」을 중심으로-」, 석사 논문, 서울: 서울대 대학원.

도르멜스(Dormels, Rainer), 1999, 18세기 한국 한자음의 규범화 과정에 숨겨진 동기, 「국어학」 33, 국어학회. 125-144.

명혜정, 1994, 「「강희자전」 부수 연구」, 석사 논문, 대전: 충남대 대학원.

유재원, 1996, 「전운옥편」의 속음자에 대한 연구 -아후음계의 ㄱ·ㅎ 반영음을 중심으로-, 「중국학연구」 11, 중국학연구회. 63-95.

이기동, 1981, 「전운옥편」에 드러난 정속음 고 -차청자의 성모를 중심으로-, 「논문집」 3, 우석대. 107-119.

이기동, 1982, 「전운옥편」에 주기된 정속음에 대하여 -전청자의 성모를 중심으로-, 「어문논집」 23, 서울: 고려대 국어국문학연구회. 511-528.

이돈주, 1997, 「전운옥편」의 정속 한자음에 대한 연구, 「국어학」 30, 국어학회. 1-34.

이돈주, 2000, 「화동정음통석운고」의 정·속음과 「전운옥편」 한자음의 비교 고찰, 「한글」 249, 한글학회. 51-85.

이돈주, 2002, 한국 한자음 중 속음의 정음성에 대하여 -「전운옥편」의 정·속음 표시를 대상으로-, 「한국언어문학」 48, 한국언어문학회. 223-240.

이승자, 2003, 「조선조 운서 한자음의 전승 양상과 정리 규범」, 서울: 역락.

이재석 역·호기광 저, 1997, 「중국소학사」, 서울: 동문선.

이준환, 2006, 한자음 속음의 발생과 의미와의 관련성, 「어문연구」 34-1, 한국어문교육연구회. 57-81.

전일주, 2006, 「강희자전」과 한국 초기 자전 비교 연구 -「자전석요」와 「신자전」을 중심으로-, 「한문교육연구」 26, 한국한문교육학회. 357-386.

정경일, 2004, 「조선 후기 운서 한자음 연구」, 서울: 고려대 민족문화연구원.

정경일, 2006, 「교정 전운옥편」 속음의 유형별 고찰, 「우리어문연구」 27, 우리어문학회. 527-558.

정경일, 2008, 「규장전운·전운옥편」, 서울: 신구문화사.

주강훈, 2002, 「「강희자전」 부수의 래원 연구」, 석사 논문, 서울: 성균관대 대학원.

최미현, 2006ㄱ, 「한국 한자음의 이중음 연구 -「전운옥편」의 복수 한자음을 중심으로-」, 박사 논문, 부산: 동의대 대학원.

최미현, 2006ㄴ, 「전운옥편」에 반영된 지섭의 양상에 대하여, 「새얼어문논집」 18, 새얼어문학회. 213-231.

하영삼 옮김·황덕관 외 지음, 2000, 「한어문자학사」, 서울: 동문선.

형신보(邢愼寶)·양서방(楊瑞芳), 2011, 「전운옥편」 연구, 「한자연구」 5, 부산: 경성대 한국한자연구소. 293-322.

# 3 자전 연구의 흐름

　우선 한국 자전 연구의 흐름을 조사하기 이전에 우리의 선조가 남겨놓은 문헌은 어떤 것들이 있는가를 도서 목록(서목)을 통해 살펴보는 선행 작업이 필요하다. 지금까지 간행된 대표적인 도서 목록들을 조사한 다음 각 도서 목록에 해제되어 있거나 수록되어 있는 책 중에서 훈고서, 자서, 운서, 자전 등에 관하여 논의한 것들을 찾아서 우리의 자전학사 즉 우리의 자전 연구사를 기술하는 데에 활용할 수 있을 것이다. 이러한 작업은 지금까지 간행된 자전의 목록을 작성하는 데나 자전 편찬 역사를 기술하는 데에도 활용할 수 있을 것이다.

　여기에서는 우리 역사를 기술해 놓은 문헌에서 찾아볼 수 있는 자전에 관한 기록과 몇몇 백과 사전에서 찾아볼 수 있는 자전에 관한 기록과 조선 시대의 실학자들의 자전에 관한 초기의 논의들을 찾아보고자 한다. 그런 다음 한국어학과 중국어학 등의 자전을 다룰 수 있는 관련 분야에서 발표된 한국 자전에 관한 연구 논저들을 중심으로 살펴보기로 한다.

　그리하여 훈고서, 자서, 운서, 자전에 관한 논저의 발표 시기에 따라 시대 구분을 하고, 자전의 대표적인 논의들을 살펴보기로 한다. 여기에서는 자전 내용의 일부분에 해당되는 운서에 관한 서문 등의 내용도 포함하여 살펴보기로 하는데, 신숙주(1417년~1475년)가 쓴 「홍무 정운 역훈(洪武正韻譯訓)」(신숙주 외, 1445)의 서문과 「사성 통해(四聲通解)」(최세진, 1517) 서문이 그 예이다.

실제로 실학의 선구자 이수광(李睟光, 1563년~1628년)의 「지봉 유설(芝峰類說)」(1634), 실학자 이익(李瀷, 1681년~1763년)의 「성호 사설(星湖僿說)」(1761?)[210] 등 실학자들의 자전에 관한 논의가 등장하기 이전에는 자전에 관한 본격적인 논의는 찾아보기 어렵고, 몇몇 역사서나 개인 문집 등에서 훈고서, 자서, 운서 등을 사용했거나 그 내용을 인용한 경우를 엿볼 수 있는 단편적인 기록들이 있을 뿐이다.

따라서 여기에서는 우선 실학자의 등장을 기준으로 삼아 자전 연구사의 시대 구분을 하고자 한다. 즉 실학자들이 등장하기 이전인 17세기 이전의 자전에 관한 논의, 실학자들이 자전에 관심을 가졌던 17세기부터 19세기까지의 자전에 관한 논의, 그리고 실학 시대가 마감을 하고, 서양 언어학의 연구 결과를 직접 또는 간접으로 도입하기 시작한 20세기 이후의 자전에 관한 논의들을 20세기 전반기와 20세기 후반기로 나누어 살펴보기로 한다.

---

210) 「성호 사설」의 간행 시기는 명확하지 않는데, 흔히 이익이 40세(1721년) 전후부터 기록해 놓은 내용을 정리하여 80세(1761년) 무렵에 그의 조카들이 30권 30책으로 펴냈다고 한다. 다음(www.daum.net)의 '어학 사전' 가운데 '국어 사전(http://dic.daum.net)'에서는 「성호 사설」은 1740년경에 집안 조카들이 정리한 책으로 소개하고 있다. 네이버(www.naver..com)의 '어학 사전' 가운데 '국어 사전'에서는 「성호 사설」의 간행 시기는 언급하지 않았다. 이 두 포털 사이트의 '어학 사전'은 실제로 '어학 사전'이 아닌 '언어 사전'임에 주의해야 한다.

## 3.1. 17세기 이전

다양한 실용 학문을 연구한 실학자들이 자전에 관한 관심을 가지기 시작한 18세기 이전까지 국내에서 이루어진 본격적인 자전에 관한 논의는 찾아보기 어렵다. 따라서 17세기 이전의 자전 논의 부분에서는 자전과 관련된 간략한 기록이나 자전의 내용을 인용하는 경우를 찾아보는 데에 만족해야 할 것이다.

우선 17세기 이전에 이루어진 자전에 관한 논의들을 찾아보기 위해서 한국 서지학에서 자주 소개되고 또 널리 알려진 도서 목록, 논저 해제집, 연감 등을 활용할 수 있다. 또 도서관, 학회, 연구 단체 등의 홈페이지에서 자전에 관한 논저를 검색할 수 있을 것이다. 그리고 우리 역사에 관한 문헌이나 개인 문집과 자서, 운서, 옥편, 자전 등의 서문과 범례 등에서도 자전에 관한 논의를 찾아볼 수 있다.

여기에서는 「삼국 사기(三國史記)」(김부식, 1145), 「고려사(高麗史)」(김종서 외, 1449~1451), 「조선 왕조 실록(朝鮮王朝實錄)」(1413~1865) 등 주로 널리 알려진 역사 문헌211)과 운서인 「동국 정운」(1448), 「홍무 정운 역훈」(1455), 「사성 통해」(1517) 등의 서문과 개인 문집 「가정집(稼亭集)」(이곡, 1364)에서 자전에 관한 설명한 부분을 찾아보기로 한다.

---

211) 「삼국 사기」를 기술할 때에 참고한 국내 문헌으로는 「고기(古記)」, 「삼한 고기(三韓古記)」, 「신라 고사(新羅古史)」, 「구삼국사(舊三國史)」, 「고승전(高僧傳)」(김대문), 「화랑 세기(花郎世記)」, 「계림 잡전(鷄林雜傳)」, 「제왕 연대력(帝王年代曆)」 등이 있다. 그리고 참고한 중국 문헌으로는 「삼국지(三國志)」, 「후한서(後漢書)」, 「진서(晉書)」, 「위서(魏書)」, 「송서(宋書)」, 「남북사(南北史)」, 「신당서(新唐書)」, 「구당서(舊唐書)」, 「자치 통감(資治通鑑)」 등이 있다. 역사 문헌들의 자전에 관한 내용을 국사 편찬 위원회(http://db.history.go.kr)의 한국사 데이터베이스에서 검색하여 찾아보는 작업도 흥미로울 것이다.

### (1) 「삼국 사기(三國史記)」[212]

「삼국 사기」는 고려(918년~1392년) 17대 왕 인종(仁宗, 1109년~1146년; 1122년~1146년 재위)의 명령을 받아서 김부식(金富軾, 1075년~1151년) 등이 1145년에 편찬하였다. 「삼국 사기」는 50권으로 이루어진 고구려(서기전 37년~668년), 백제(서기전 18년~660년), 신라(서기전 57년~935년) 세 나라의 정사를 기록한 기전체[213] 역사책이다.

「삼국 사기」 '권 제46 열전(列傳) 제6 강수(强首, ?~?)'에는 "드디어 스승을 찾아가 「효경(孝經)」, 「곡례(曲禮)」, 「이아(爾雅)」, 「문선(文選)」을 읽었다(遂就師讀 孝經 曲禮 爾雅 文選 所聞)."는 기록이 있다.

여기에서 강수가 「이아」를 읽었다는 기록은 중국의 전국 시대(기원전 403년~221년) 말기에서 전한 시대(기원전 206년~8년) 사이에 편찬된 훈고서인 「이아」가 7세기에 신라로 유입되어 사용했던 사실을 확인하게 해준다.

또 「삼국 사기」 '권 제46 열전 제6 설총(薛聰, 655년~?)'에는 "방언으로 9경을 풀이하여 후학들을 가르쳤으므로 지금(고려)까지 학자들이 그를 종주

---

212) 성암 고서 박물관 소장본, 옥산 서원(玉山書院) 소장본, 이병익(李炳翼) 소장본이 있는데, 각각 보물 제722호, 보물 제525호, 보물 제723호로 지정되었다. 이 세 소장본의 원문은 국사 편찬 위원회(http://db.history.go.kr)의 한국사 데이터베이스에서 볼 수 있다. 1174년(명종 4년) 고려의 사신을 통해 「삼국 사기」를 송나라에 보냈다는 기록이 「옥해(玉海)」에 있으므로 초간본은 12세기 중엽(1149년~1174년)에 간행되었음을 짐작할 수 있는데, 이 초간본은 현재 전해지지 않는다. 13세기 후기 2차 판각본으로는 잔존본인 성암 고서 박물관 소장본, 일본 궁내청(宮內廳) 소장본 등이 있다. 김거두(金居斗)가 쓴 발문이 있는 1394년(태조 3년) 3차 판각본은 현재 전해지지 않으며, 이계복(李繼福)이 발문을 쓴 1512년(중종 7년) 4차 판각본은 중종 임신본, 정덕(正德) 임신본, 정덕본으로 부르는데, 완질본으로 이병익 소장본과 옥산 서원 소장본이 있다. 조선의 마지막 판본은 '헌종 실록자'로 간행하였는데, 이 판본은 러시아 과학원 동방연구소 상트페테부르그 지부 도서관에서 소장하고 있다. 한편 윤병태(1983)의 부록2에는 '삼국 사기·삼국 유사 음순 서명 일람'이 수록되어 있다.

213) 기전체(紀傳體)는 왕의 통치 기록인 본기(本紀)와 신하들의 전기인 열전, 문문, 경제, 자연 현상 등을 주제별로 분류하여 적은 지(志), 그리고 연표 등으로 나누어 역사를 기록하는 방법을 가리킨다. 기전체는 중국의 사마 천(司馬遷)의 「사기(史記)」에서 시작하여, 후한(後漢) 반고(班固)의 「한서(漢書)」에서 정착되었다.

로 받든다(以方言讀九經訓導後生至今學者宗之).”는 내용이 있다. 여기에서 9경214) 은 보통 「역경(易經)」, 「서경(書經)」, 「시경(詩經)」, 「예기(禮記)」, 「춘추(春秋)」, 「효경(孝經)」, 「논어(論語)」, 「맹자(孟子)」, 「이아(爾雅)」를 가리키는데, 「이아」가 9경에 포함되므로 설총은 「이아」를 당시의 언어인 방언으로 풀이하였음을 짐작할 수 있다.

따라서 설총이 「이아」를 연구한 사실은 확인할 수 있으나, 연구물로 남은 것은 찾아볼 수 없다. 다만 중국의 사서 「이아」를 7세기에 신라에서 사용하였음을 알 수 있다.

### (2) 「고려사(高麗史)」215)

「고려사」 '권10 세가 제10, 선종 신미 8년(1091)'에는 이자의(李資義) 등이 송나라에서 귀국하여 왕에게 보고하는 내용 가운데 송나라 임금이 우리나라에 있는 서적 목록을 써주면서 꼭 베껴서 보내라고 한 부분이 있다. 이 목록에는 「여침 자림(呂忱字林)」 7권, 「고옥편(古玉篇)」 30권, 「삼창(三蒼)」 3권, 「이아 도찬(爾雅圖贊)」 2권 등 자서들이 포함되어 있다.

또 「고려사」 '제74권-지 제28, 선거 2, 학교, 국학'에서 학생들은 여가가 있으면 글씨를 하루에 1장씩 쓰며 「국어(國語)」, 「설문(說文)」, 「자림(字林)」, 「삼창(三蒼)」, 「이아(爾雅)」를 학습한다는 기록을 찾아볼 수 있다.

이러한 내용에 따르면 고려에서 사용한 자전으로 「여침 자림(呂忱字林)」,

---

214) 9경에 포함되는 서적은 시대에 따라 조금씩 차이가 난다.

215) 조선 초기에 김종서(1390년~1453년), 정인지(1396년~1478년) 등이 세종의 교지를 받아 1449년부터 펴내기 시작하여 1451년에 완성한 고려 시대의 역사책이다. 고려사의 원문은 국사 편찬 위원회(http://db.history.go.kr)의 한국사 데이터베이스에서 찾아볼 수 있는데, 본문의 번역은 아직 이루어지지 않아 한자로 적은 원문만 찾아볼 수 있다. 동아대학교 석당학술원에서 「고려사」를 완역한 것을 경인문화사에서 2008년에 펴냈다. 한국의 지식 콘텐츠(http://www.krpia.co.kr)에서 원문과 번역문을 검색할 수 있다. 한편 한국 고전 번역원(http://db.itkc.or.kr)에서는 「고려사」의 내용을 축약한 「고려사 절요」의 번역문을 찾아볼 수 있다.

「고옥편(古玉篇)」, 「삼창(三蒼)」, 「이아 도찬(爾雅圖贊)」, 「설문(說文)」, 「자림(字林)」, 「이아(爾雅)」 등이 있었음을 알 수 있을 뿐 자전에 관한 구체적인 논의는 찾아보기 어렵다.

### (3) 「조선 왕조 실록(朝鮮王朝實錄)」(1413~1865)

조선 태조(太祖, 1335년~1408년; 1392년~1398년 재위)로부터 철종(哲宗, 1831년~1863년, 1849~1863년 재위)까지 25대 472년 동안의 역사를 연월일 순서에 따라 편년체로 기록한 「조선 왕조 실록」에는 다음과 같은 자전에 관련된 내용을 찾아볼 수 있다.

① 「조선 왕조 실록」, '태종 24권 12년(1412년) 8월 7일'에는 사관 김상직(金尙直)에게 충주 사고의 서적 중에서 「대광익회 옥편」, 「광운」, 「이아」 등을 가져고 오라고 명령하였다는 기록이 있다. 이 기록에 따르면 15세기 초기에 조선에서 사용했던 자전과 운서의 종류를 확인할 수 있다.

② 「조선 왕조 실록」, '세종 32권 8년(1426년) 5월 19일', '세종 50권 12년(1430년) 12월 27일'과 '윤 12월 8일', '영조 72권 26년(1750년) 12월 19일' 등에서는 「설문 해자」, 「이아」 등에 수록된 내용을 단순하게 인용한 경우를 쉽게 찾아볼 수 있다.

③ 「조선 왕조 실록」, '세종 103권 26년(1444년 2월 16일)'[216] 첫 번째 기사에는 집현전 학자들에게 「운회(韻會)」를 언문으로 번역하게 하였다는 아래와 같은 내용이 수록되어 있다.

집현전 교리 최항, 부교리 박팽년, 부수찬 신숙주, 부수찬 이선로, 부수

---

216) 유창균(1982: 122)에는 「조선 왕조 실록」의 내용과는 달리 26년 2월 14일로 기록되어 있다.

찬 이개, 돈녕부 주부 강희안 등에게 명령하여 의사청에 나아가 「운회」를
언문으로 번역하게 하고, 동궁과 진양 대군 이유, 안평 대군 이용으로 하
여금 이 일을 관장하게 하였다.

여기서 「운회」는 「고금 운회 거요(古今韻會擧要)」(1297)을 가리킨다. 「고금
운회 거요」는 원나라 황공소(黃公紹)의 「고금 운회(古今韻會)」(1292)를 그의 제
자 웅충(熊忠)이 「몽고 운략(蒙古韻略)」(팍스파 라마, 원나라 때)을 참고하여 간략
하게 정리한 중국 운서이다.

1434년(세종 16년)에 신인손(辛引孫, 1384년~1445년) 등이 번각한[217] 「고금
운회 거요」에 수록된 반절음을 1444년에 최항 등이 언문으로 번역하기 시
작하였다. 그러나 「고금 운회 거요」의 반절음을 언문으로 번역한 책은 완
성되지 못했으며 이 번역 사업은 중단되고 다른 사업으로 대체되었다.[218]
그리하여 먼저 「고금 운회 거요」의 체계를 본받아 「동국 정운(東國正韻)」
(1447)을 편찬하였다. 그리고 「고금 운회 거요」의 언문 번역 사업 대신에
중국 북경음을 표준으로 삼아 펴낸 명나라 운서 「홍무 정운(洪武正韻)」[219]
(악소봉(樂韶鳳) 외, 1375)의 언문 번역 사업으로 전환하였다. 「홍무 정운」에
수록된 표제자의 한자음을 1444(또는 1448년)부터 언문으로 번역하기 시작
하여 1455년에 「홍무 정운 역훈(洪武正韻譯訓)」을 펴냈다.

세종은 1443년에 언문 28자를 만들고[220] 난 다음 1444년 2월부터 「운

---

217) 간행된 책을 원형 그대로 모방하여 새로 판을 만들어 다시 책을 간행하는 작업을 복각
(復刻)이라고 하고, 복각하여 펴낸 책을 복각본 또는 복각판이라고 한다. 선조 때에 이
식(李植, 1584년~1647년)은 「고금 운회 거요」를 30권 12책으로 복각하였다.

218) 「고금 운회 거요」의 반절음을 언문으로 완역하였다는 기록은 찾아볼 수 없으므로 이
책의 번역 편찬 사업은 중단되었을 것이라고 추정할 수 있다. 한편 1537년에 최세진은
「고금 운회 거요」에 실린 한자를 찾아보기 쉽게 색인처럼 사용하기 위하여 표제자의
운모만을 기술하여 「운회 옥편」을 펴냈다.

219) 이 운서를 편찬한 사람들은 대부분 남방 사람들이었다. 성모와 입성은 중국 남방음 체
계를 따랐고, 운모는 중국 북방음 체계를 따랐다.

220) 세종 102권 25년(1443년 12월 30일) 두 번째 기사에서 이 달에 임금이 친히 언문 28자

"그대가 운서를 아느냐? 4성과 7음을 알며, 자모가 몇인지 아느냐? 만
일에 내가 저 운서를 바로 잡지 않는다면, 그 누가 이것을 바로 잡겠는가?"

여기에서 '운서'는 「고금 운회」(황공소(黃公紹), 1292)를 원나라 웅충(熊忠)
이 보완하고 주석을 첨가하여 편찬한 「고금 운회 거요」(1297)를 가리킨다.
그리고 황당한 언문을 붙여 펴내려는 책은 '고금 운회 거요 역훈'이라는
제목을 붙일 책에 해당하나, 이 책은 편찬되지 않았고, 표준 한국 한자음
사전인 「동국 정운」과 명나라 표준 한자음 사전인 「홍무 정운」에서 발음
기호로 사용했던 반절 대신에 언문으로 표기한 「홍무 정운 역훈」을 펴냈다.
최만리 등의 상소문과 세종의 이야기에서 세종은 사성, 칠음, 자모의 수
등 운서 「고금 운회 거요」의 내용을 정확하게 이해하고 있었음을 짐작할
수 있다.
⑤ 「조선 왕조 실록」 '중종 86권 32년(1537년) 12월 15일'에는 최세진이
「운회 옥편」과 「소학 편몽」을 가지고 와서 "우리 나라에는 「운회」는 있으
나 「옥편」이 없기 때문에 한자를 찾아보기 어려워 글자를 유별로 모아 「운
회 옥편」을 만들어 바친다."고 하였다.

이밖에도 「조선 왕조 실록」에는 「운회」(명종 23권 12년(1557년) 6월 5일), 「용
감 수경」(명종 23권 12년(1557년) 6월 5일), 「운부군옥」(세종 실록, 오례), 운서(세
종 80권 20년(1438년) 1월 5일, 세종 89권 22년(1440년) 6월 26일, 세종 103권 26년
(1444년) 2월 20일) 등에 관한 기록도 찾아볼 수 있다.

## (4) '동국 정운 서(東國正韻序)'

신숙주[230](申叔舟, 1417년~1475년) 등이 1447년 9월에 집필을 완료하고,

---

230) 보한재(保閒齊) 신숙주는 1442년 집현전 부수찬, 1443년 집현전 부교리, 1447년 집현

1448년 10월에 간행된 「동국 정운」은 당시의 조선 한자음을 정리하여 표준화하기 위하여 펴낸 규범적인 운서이다. 6권으로 이루어진 조선 한자음 사전인 「동국 정운」과 「홍무 정운 역훈」은 「고금 운회 거요」의 언문 번역 사업의 대체 작업으로 편찬된 것이다.

　신숙주는 「동국 정운(東國正韻)」 권1에 실려 있는 서문을 썼다. 이 서문은 그의 문집 「보한재집(保閒齋集)」 권11에도 수록되어 있다. 그는 이 서문에서 아래와 같은 내용을 설명하였다.

> ① 심약(沈約)과 육법언(陸法言)에 이르러 한자음을 휘(彙)로 나누고 유(類)로 모아 성(聲)을 고르게 하고 운(韻)을 맞추었으므로 비로소 성운(聲韻)[231]에 관한 연구가 시작되었다. 그 뒤에 학자들이 제각기 다른 주장을 하자, 이것에 관한 여러 논의가 있었고, 그에 따라 과오도 적지 않았다. 이때에 온공(溫公) 사마 광(司馬光)이 운도(韻圖)[232]를 만들고, 강절(康節) 소옹(邵雍)이 소리의 수를 밝혀 여러 설이 하나로 통일되었다. 그러나 각 지방의 말소리가 각각 달라서 옳고 그름의 논의가 아직도 그치지 않고 있다.
>
> ② 비록 음은 변하지만 청탁과 사성(四聲)은 옛날과 같으므로 일찍이 이에 관한 책을 만들어 바른 것을 전하지 않았다.
>
> ③ 옛 중국 사람들의 운서와 운도에는 음화(音和), 유격(類隔), 정절(正切), 회절(回切) 등 한자음 표시 방법이 매우 상세하게 이루어져 있다. 그러나 우리는 아직도 얼버무림과 머뭇거림을 면하지 못하여 한자음을 맞추어 운을 고르게 하는 일에 어둡다. 그런데 정음이 만들어진 다음부터는 입에서 나는 어떤 소리라도 털끝만큼도 다르지 않게 적을 수 있게 되었으니, 정음은 실제로 음을 전하는 데에 있

---

전 응교, 1451년 집현전 직제학을 역임하였다. 신숙주에 관하여 집중적으로 논의한 것으로는 강신항(2002), 안병희(2002) 등이 있다.

231) 한자의 음은 성(聲)과 운(韻)으로 나눈다. 성(聲)은 한자의 첫 자음(子音)을 가리키고, 운(韻)은 성(聲)을 제외한 나머지 부분을 가리킨다.

232) 사마 광이 작성한 등운도인 '절운도(切韻圖)'를 가리킨다.

어 중심이 되었다.

①에서는 중국 성운학233)은 심약(沈約)의 「사성보(四聲譜)」와 육법언(陸法言)의 「절운(切韻)」에 의해 시작되었고, 사마 광(司馬光)이 운도를 작성하고 소옹(邵雍)의 「황극 경세서(皇極經世書)」에서 이론적인 한자음의 수는 모두 17,024개라고 밝힘으로써 여러 논의들이 어느 정도 정리되었다는 것이다. 그런데 지방마다 소리가 달라 논의는 그치지 않고 있다고 하였다.

②에서는 청탁과 사성에 관한 책 즉 우리가 펴낸 운서가 없었다는 사실을 밝히고 있다.

③에서는 중국의 운서와 운도(韻圖)에 한자음을 매우 자세히 기술해 놓았지만 우리는 사용하기가 쉽지 않았다. 정음을 만들고 난 다음에 정확하게 한자음을 표기할 수 있었다고 하였다.

또 신숙주는 조선어 발음과 중국어 발음은 서로 다른 것은 당연하지만 조선어의 한자음은 한어의 한자음과 부합되어야 한다고 생각하였다. 당시의 조선 한자음이 중국 한자음과 다르게 잘못 변화되어 있으므로 원래의 상태로 바로 잡아야 한다고 설명하였다.

다만 「동국 정운」에서는 7세기에서 10세기 중국의 중고음보다 이전의 중국 한자음의 체계에 따라 당시 조선의 한자음을 23성모 체계로 잡아 4성으로 분류하였고, 13세기 한어의 자모운 체계를 기준으로 삼은 「고금 운회 거요」처럼 91운으로 정리하였다. 이렇게 「동국 정운」에서 언문으로 기술해 놓은 우리 한자음을 「석보 상절」(1447), 「월인천강지곡」, 「원각경」 등

---

233) 성운학(聲韻學)은 편운학(編韻學)과 등운학(等韻學)으로 나눌 수 있다. 편운학은 운서를 편찬하기 위한 규범적인 연구이다. 등운학은 운서의 성운 체계와 현실음을 등운도(等韻圖)로 기술하는 분야인데 송나라 성리학과 밀접한 관계를 맺고 있다. 중국의 대표적 운서는 수나라 「절운(切韻)」, 당나라 「당운(唐韻)」, 송나라 「광운(廣韻)」, 「집운(集韻)」, 「예부 운략(禮部韻略)」, 원나라 「몽고 운략(蒙古韻略)」, 명나라 「홍무 정운(洪武正韻)」 등을 들 수 있다. 이 운서들은 중국의 언어를 통일하려는 목적으로 편찬되었다.

불경 언해본에서 한자 아래에 적어 놓았다.[234]

### (5) '홍무 정운 역훈 서(洪武正韻譯訓序)'

신숙주는 성삼문, 조변안, 김증, 손수산 등과 함께 명나라의 표준 한자음 사전이었던 「홍무 정운」에 반절로 기술되어 있는 한자음을 언문으로 번역한 「홍무 정운 역훈」(1455)을 펴냈다. 그들은 이 책의 반절을 정리하여 31자모를 찾아내어 이것을 기반으로 중국 한자음을 언문으로 표기하였다.

특히 신숙주는 '홍무 정운 역훈 서(洪武正韻譯訓序)'를 썼는데, 그의 문집 「보한재집」에도 이 서문이 수록되어 있다. 그는 이 서문에서 아래와 같은 내용을 설명하였다.

① 중국 사신들로부터 한자음을 실제로 듣고 한자의 정음과 속음을 구분하여 언문으로 표기하였다. 「홍무 정운」의 성모 순서가 맞지 않았지만 그대로 두고, 운을 표시하는 글자들의 위에 성모를 나타내는 자모를 분류하여 기입하고, 반절을 대신하여 훈민 정음 즉 언문으로 음을 표시하였다. 만일에 이해하기 어려운 음이 있으면 간단히 주를 달고 그 예를 보였으며, 또 세종이 '사성 통고'[235]라고 책 이름을 지어 준 것을 따로 첫머리에 붙이고 다시 범례를 실어 기준이 되도록 하였다.

② 운모와 사성에 관한 고찰은 남조(南朝)에서 시작되었고, 성모에 관한 고찰은 인도에서 불교가 전래된 이후에 시작되었으나 송나라 학자들이 운도를 만들어 종횡으로 배열된 성모와 운모가 비로소 결합되어 한자음을 표기하게 되었다.

234) 성종(1469년~1494년 재위) 때까지 「동국 정운」의 표기 방식대로 한자음을 한글로 적다가 그 이후로는 「동국 정운」의 표기 방식은 사용되지 않았다.
235) 「사성 통해」의 서문에서 최세진은 다음과 같이 설명하였다. 세종은 「홍무 정운」을 번역하여 「홍무 정운 역훈」을 편찬하도록 했다. 그런데 16권으로 완성된 이 책은 분량이 너무 많아 읽는 사람이 어려워할 것 같았다. 그래서 신숙주에게 한글로 표기한 한자음 위주로 책을 편찬하도록 하였고, 그 책 이름을 '사성 통고'라고 정해주었다.

① 「홍무 정운 역훈」은 방대하여 열람하기 매우 불편하여 세종은 신숙주에게 명령하여 여러 글자를 한 곳에 모아 성질에 따라 취합하여 책을 만들게 하였다.

② 언문으로 적은 한자음을 맨 앞에 내세우고 이것을 사성의 차례에 맞추고 청탁의 이치에 맞게 조화롭게 하여 거기에 자모(字母)를 붙여 신숙주가 만든 이 책의 이름을 세종은 '사성 통고'로 하라고 했다.

③ 중국어를 처음 배우는 사람은 「노걸대」와 「박통사」를 읽어서 중국어의 기초를 익힌 다음에 반드시 「사성 통고」를 통해 중국어의 운서 전래음과 현실음을 정확하게 알 수 있도록 하였다.

④ 그런데 「노걸대」와 「박통사」에는 뜻풀이에 잘못이 많다. 이 잘못이 후대로 이어지는 폐단이 생겼다. 그리고 「사성 통고」는 표제자의 자음(字音)은 제시되어 있지만 자석(字釋) 즉 뜻풀이가 없다. 따라서 동일한 글자가 두 번 이상 사용되면 그 뜻을 정확하게 알 수 없다.

⑤ 그리하여 최세진은 「노걸대」와 「박통사」를 다시 언문으로 풀어 쓰고, 이 두 책에 나오는 어휘를 따로 모아 「노박 집람」을 만들어 참고서로 사용할 것을 요청했었다.

⑥ 이제 「사성 통고」의 내용을 토대로 삼고 옛날 운서[245]에 기술되어 있는 표제자의 발음과 뜻풀이를 인용하고 검증하여 4년 만에 상하 2권으로 된 「사성 통해」라는 책을 만들었다.

⑦ 「사성 통해」는 사용자가 검색하기 편리하고, 한자음의 연원과 뜻풀이를 분명하게 이해할 수 있고, 또 하나의 한자가 여러 가지 음으로 발음되는 것도 분명하게 알 수 있게 편찬되었다.

⑧ 한 글자의 음이 서로 비슷한 것들을 분류하여 모은 책을 운서라 하고, 한자의 편방(偏旁)이 같은 것끼리 형태적으로 분류하여 모아 엮은 것을 옥편이라고 한다.

⑨ 운서와 옥편은 표리의 관계를 맺고 있으므로 이 둘 중에서 하나라도 없으면 책으로서 구실을 못하게 된다.

---

서울대 규장각에 소장되어 있다.

245) 「고금 운회 거요(古今韻會擧要)」, 「몽고 운략(蒙古韻略)」, 「집운(集韻)」, 「중원 음운(中原音韻)」, 「운학 집성(韻學集成)」, 「중원 아음(中原雅音)」, 「고운 지음(古韻之音)」 등을 가리킨다.

⑩ 「홍무 정운」의 편운 체계를 살펴보면, 한자음은 유추하였으나 자형
은 무시하였다. 이것은 운은 있으나 편이 없는 것과 같다.


①은 세종이 신숙주에게 「사성 통고」를 펴낼 것을 지시한 내용을 설명
한 부분이다. 최세진은 「홍무 정운 역훈」의 내용이 방대하여 검색하기 어
렵다는 점을 비판하였다. 그래서 ②에서는 검색을 보다 편리하게 할 수 있
도록 표제자를 배열한 「사성 통고」의 장점을 지적하였다.

③에서는 중국어를 학습할 때에 「노걸대」와 「박통사」 그리고 「사성 통
고」를 활용하는 현재의 상황을 설명하였다.

④에서는 ③의 세 가지 책의 단점을 지적하였다. 그리하여 최세진은 ⑤
의 설명처럼 이 단점을 보완하기 위해서 「노걸대」와 「박통사」를 다시 언문
으로 풀이하고, 참고서 「노박 집람」을 만들었다. 그리고 ⑥에서 그는 「사성
통고」를 토대로 하고 중국의 옛날 운서를 참고하여 「사성 통해」를 만들었
다고 설명하면서, 「사성 통해」의 구조적인 장점을 ⑦에서 열거하였다.

⑧에서는 운서와 옥편의 정의를 제시했으며, ⑨에서는 이 둘은 표리 관
계를 가지므로 둘 다 구비해야 한다고 하였고,246) ⑩에서는 「홍무 정운」에
서 자형을 무시한 점을 비판하였다. 실제로 그는 1537년에 「고금 운회 거
요」에 실린 한자를 찾아보기 쉽게 색인처럼 사용하기 위하여 표제자의 운
모만을 기술하여 「운회 옥편」을 펴내기도 하였다.

한편 「사성 통해」의 부록247)으로 붙인 '번역 노걸대 박통사 범례(飜譯老
乞大朴通事凡例)'에서는 「홍무 정운 역훈」의 내용을 수정한 이유를 밝히고

---

246) 「예부 운략」과 「옥편 직언」, 「신간 배자 예부 운략」과 「신간 배자 예부 운략 옥편」, 「삼
운 성휘」와 「삼운 성휘보 옥편」, 「규장 전운」과 「전운 옥편」 등과 같은 운서와 운서의
보충편인 옥편의 짝이 그 예이다.
247) '사성 통고 범례(四聲通攷凡例)', '번역 노걸대 박통사 범례', '동정 자음(動靜字音)'을
부록으로 붙였다.

있다. 국가 차원에서 편찬된 「홍무 정운 역훈」이 널리 사용되지 못하고 수정할 내용이 많아 최세진은 그 대안으로 「사성 통해」를 펴내면서 편찬 동기를 자세하게 설명하지 않을 수 없었을 것이다. 그리고 '번역 노걸대 박통사 범례'에서 당시 중국어 발음을 언문으로 주음하는 원칙과 중국어와 조선어의 차이점을 설명하였다.

최세진은 한자 초학서 「훈몽 자회」 인(引)에서 「천자문」과 「유합」의 내용을 비판하였다. 그는 한자를 처음 배우는 아동들이 「천자문」에 있는 고사에 속하는 문장의 뜻을 알 수 없어, 「천자문」은 한자의 기본 학습서로 적당하지 않다고 주장하였다. 그리고 「유합」은 실자보다는 허자가 많아 사물을 나타내는 형명(形名)의 실상을 알 수 없다고 비판하였다.

최세진은 「고금 운회 거요」의 보편으로 이 운서에 수록된 표제자를 쉽게 찾아볼 수 있도록 한자 색인 「운회 옥편」을 펴냈다. 「운회 옥편」의 '인(引)'에서는 「고금 운회」에서 표제자를 선택하였다고 했으나, 「사성 통해」 서문에서는 「사성 통해」에 수록된 표제자를 선택했다고 다르게 설명했다.248)

그리고 최세진은 명나라와 주고받은 외교 문서를 모아 만든 「이문」과 「이문 속집」 등에 나오는 어려운 한자어들을 한자, 언문, 이두 등으로 풀이하거나 대역하여 집람(輯覽)249)을 펴냈다. 그는 유대용(柳大容)과 어숙권(魚叔權) 등과 함께 「이문 집람(吏文輯覽)」(1539), 「박고 집람(駁稿輯覽)」, 「이문 속집 집람(吏文續集輯覽)」, 「우공주의 집람(于公奏議輯覽)」, 「주의택고 집람(奏議擇稿輯覽)」, 「비부초의 집람(比部招議輯覽)」 등을 펴냈다.250)

---

248) 「운회 옥편」의 '인(引)'에 나오는 「고금 운회」는 오구라 신페이(1920)과 최현배(1940)에서는 황공소의 「고금 운회」를 가리킨다고 하였지만 웅충의 「고금 운회 거요」로 보는 것이 타당하다.

249) 집람은 '集覽'과 '輯覽'으로 구별하여 사용하였다. '노걸대 집람'과 '박통사 집람'에서는 '集覽'으로 표기하였고, 「이문 집람」에서는 '輯覽'으로 표기하였다.

　이밖에도 고려 말기의 학자 이곡(李穀, 1298년~1351년)은 그의 문집 「가정집(稼亭集)」(1364) '제1권 잡저(雜著) 석문(石問)'에서 대표적인 중국 자서인 허신(許愼)의 「설문 해자」와 곽박(郭璞)의 「이아주」를 참고하여 '폄(砭)'에 관한 설명의 차이점을 제시하였다. 즉 「설문」에 '폄(砭)'이라는 글자가 있는데, 허신(許愼)은 "돌로 병근(病根)을 찌르는 것이다(以石刺病也)."라고 설명했으며, 곽박(郭璞)은 "그것으로 돌침을 만들 수 있다."고 인용하였다.

　지금까지 살펴본 것처럼 「삼국 사기」, 「고려사」, 「조선 왕조 실록」 등의 역사책이나 「가정집」과 같은 개인 문집에서는 자전 내용의 장단점을 지적하거나 자전의 특징을 제시한 예는 찾아보기 어렵다. 다만 자전의 내용을 단순하게 인용하거나 자전의 존재 여부만을 확인할 수 있는 초보적인 수준에 머물고 있을 뿐이다. 그런데 「동국 정운」, 「홍무 정운 역훈」, 「사성 통해」 등의 운서 서문에서는 운서에 관한 전문적인 내용이 논의되고 있음을 확인할 수 있다. 이러한 점으로 미루어보면 17세기 이전 조선에서는 신숙주와 최세진이 쓴 운서의 서문과 성삼문 등의 논의를 제외하면 대부분 자전의 내용을 단순하게 인용하거나 소개하는 수준에 머물고 있다고 볼 수 있다.


## 17세기 이전 참고 논저

강식진, 1999, 최세진의 번역 활동, 「최세진 선생의 학문과 인간」, 서울: 국립국어연구

---

250) 안병희(2007: 109~139)에서는 「우공주의 집람」, 「박고 집람」, 「주의택고 집람」을 합부한 일본 동경의 존경각 소장본, 「증정 이문 집람」, 「증정 이문 속집 집람」, 「비부초의 집람」을 합부한 동국대 도서관 소장본, 「증정 우공주의 집람」, 「증정 박고 집람」, 「증정 주의택고 집람」을 합부한 고려대 만송 문고 소장본 등이 어숙권의 「패관 잡기」 권2에 나오는 '이문 제서 집람(吏文諸書輯覽)'에 해당하는 것으로 보았다.

원. 31-54.

강신항, 1973, 『『사성통해』 연구』, 서울: 신아사.

강신항, 1999, 최세진의 음운 연구, 『최세진 선생의 학문과 인간』, 서울: 국립국어연구원. 55-68.

강신항, 2002ㄱ, 신숙주와 운서, 『새국어생활』 12-3, 서울: 국립국어연구원. 43-56.

강신항, 2002ㄴ, 『10월의 문화 인물 신숙주』, 서울: 문화관광부·한국문화예술진흥원.

국사 편찬 위원회 http://db.history.go.kr

김부식 외, 1145, 『삼국사기』.

김완진, 1994, 중인과 언어 생활 -최세진을 중심으로 하여-, 『진단학보』 77, 진단학회. 73-92.

김종서 외, 1449~1451, 『고려사』.

김희진, 1999, 최세진의 저서 해설, 『최세진 선생의 학문과 인간』, 서울: 국립국어연구원. 69-83.

류탁일, 1969, 실록을 통해 본 최세진의 일생, 『국어국문학』 9, 부산: 부산대 국어국문학과.

박태권, 1973, 『최세진 연구 -그의 언어학적 업적을 중심으로-』, 박사 논문, 부산: 부산대 대학원.

박태권, 1999, 최세진 선생의 언어학적 업적 연구, 『한힘샘 주시경 연구』 12, 한글학회. 95-122.

박태권, 2006, 최세진의 학문 세계와 『사성통해』, 『국어사 연구』 6, 국어사학회. 7-18.

신숙주, 1447, 동국정운 서, 신숙주 외, 『동국정운』.

신숙주, 1455, 홍무정운 역훈 서, 신숙주 외, 『홍무정운 역훈』.

신숙주, 1487, 『보한재집』.

안병희, 2007, 『최세진 연구』, 서울: 태학사.

유창균, 1959, 『국어학사』, 대구: 영문사.

유창균, 1982, 『동국정운』, 서울: 형설출판사.

윤병태, 1983, 신라의 전적 문화, 『백제연구』 14, 대전: 충남대 백제연구소. 67-101.

이 곡, 1364, 『가정집』.

이 익, 1761?, 『성호사설』.

이병주 편교, 1966, 『노박집람』 고, 서울: 진수당.

이상혁, 1996, 최세진의 사회적 위치에 대한 국어학사적 의의, 『한국어학』 4, 한국어학회. 301-313.

이수광, 1634, 『지봉유설』.

이숭녕, 1959, 『홍무정운 역훈』에 관하여, 『국어국문학』 20, 국어국문학회. 51-53.

이숭녕, 1959, 「홍무정운 역훈」의 연구, 「진단학보」 20, 진단학회. 115-179.
이숭녕, 1965, 최세진 연구 -특히 이조에서의 '중인' 출신 학자의 위치의 고찰-, 「아세아학보」 1, 아세아학회. 21-41.
장향실, 2008, 「번역 박통사」 편찬자에 대한 재고, 「어문논집」 57, 민족어문학회. 121-144.
전임 사관 외, 1413~1865, 「조선 왕조 실록」.
정  광, 1977, 최세진 연구, 「덕성여대 논문집」 5·6 합집, 서울: 덕성여대. 117-158.
정  광, 1995, 「번역 노박」 범례의 국음·한음·언음에 대하여, 「대동문화연구」 30, 서울: 성균관대 대동문화연구소.
정  광, 1999, 최세진의 생애와 업적, 「최세진 선생의 학문과 인간」, 서울: 국립국어연구원. 5-18.
정  광, 2000ㄱ, 「노박집람」과 「노걸대」, 「박통사」의 구분, 「진단학보」 89, 진단학회. 155-189.
정  광, 2000ㄴ, 최세진 생애의 연구에 대한 재고와 반성, 「어문연구」 105, 한국어문교육연구회. 49-61.
정  광, 2006, 「훈민정음의 사람들」, 서울: 제이앤씨.
정  광·양오진, 2011, 「노박집람 역주」, 서울: 태학사.
정연찬, 1972, 「「홍무정운 역훈」의 연구」, 서울: 일조각.
조오현, 2010, 15세기 성운학자 계보 연구, 「한말연구」 27, 한말연구학회. 347-377.
최세진, 1517, 사성통해 서, 최세진, 「사성통해」.
최세진, 1537, 「운회옥편」.
한국 민족 문화 대백과 사전 http://encykorea.aks.ac.kr
한국 고전 번역원 http://db.itkc.or.kr
한국어문교육연구회·한국어문회 편, 1999, 「최세진의 생애와 학문」, 서울: 한국어문교육연구회·한국어문회.

## 3.2. 17세기~19세기

17세기부터 조선에는 중세로부터 근대로의 사회 체제의 변화 요구가 있어 왔다.[251] 이러한 시대적 요청에 따라 실학이 태두되어 18세기 전반부터 실학이 부흥하기 시작하였다. 이러한 조선 실학은 18세기 전반부터 19세기 전반까지 서울과 근기 지방 출신의 학자들이 주도한 현실 개혁적인 새로운 학문이었다. 이 실학은 시기에 따라 아래와 같이 3가지 학파로 나눌 수 있다.

18세기 전반에는 유형원의 학풍을 이어받은 이익(李瀷)을 중심으로 소농민을 위한 토지 제도의 개혁과 행정 기구 등에 관한 제도의 개혁을 하고자 했던 경세치용파(經世致用派)가 있었다. 그리고 19세기 전반에는 박지원(朴趾源)을 중심으로 이루어진 연암학파는 영세 영업자와 소생산자들을 위하여 상공업의 유통의 확대와 생산 기술의 혁신을 지향하는 이용후생파(利用厚生派)를 형성하였다. 또 19세기 후반에는 사실에 바탕을 두고 진리를 탐구하고자 하는 김정희 등의 실사구시파(實事求是派)가 활동하였다(이우성, 1982: 9-25).

당시 이러한 실학을 주장했거나 실학 운동에 동참했던 사람들을 실학자라고 한다. 이러한 실학자의 등장으로 앞선 시대에 운서 내용을 단순하게 인용한 정도에 그쳤던 상황은 확연하게 달라졌다. 실학자들은 자전에 관하여 큰 관심을 가지고, 자전에 기술된 내용을 인용하는 데에 만족하지 않고 자전에 기술된 내용의 잘못을 구체적으로 지적하고 있다. 이뿐만 아니라 실학자들은 자전의 서체를 활용하여 생생자를 만들었으며, 자전에 수록되어 있는 한자의 수를 구체적으로 소개하기도 하였다. 따라서 이들의 논의들을 구체적으로 살펴볼 필요가 있다.

여기에서는 우선 실학자들을 열거한 다음 자서, 운서, 자전 등을 연구한

---

251) 흔히 실학의 비조로 반계(磻溪) 유형원(柳馨遠, 1622년~1673년)을 꼽는다. 그리고 실학적 사고를 형성하는 데에 영향을 미쳤던 학자로는 이수광(李睟光, 1563년~1628년)과 한백겸(韓百謙, 1552년~1615년) 등을 든다(이우성, 1982: 13). 이들은 모두 17세기에 활동한 학자이다.

실학자의 논의들을 찾아보기로 한다. 그런 다음 17세기부터 19세까지 활약한 조선의 실학자가 아닌 학자 중에서 운서나 자전 등을 편찬했거나 관심을 가졌던 최석정(崔錫鼎, 1646년~1715년), 정제두(鄭齊斗, 1649년~1736년), 홍계희(洪啓禧, 1703년~1771년) 등의 논의도 함께 살펴볼 것이다.

### 3.2.1. 실학자의 논의

조선의 실학자로는 한백겸252)(韓百謙, 1552년~1615년), 박승종(朴承宗, 1562년~1623년), 이수광(李睟光, 1563년~1628년), 조익253)(趙翼, 1579년~1655년), 김육254)(金堉, 1580년~1658년), 허목255)(許穆, 1595년~1682년), 윤휴256)(尹鑴, 1617년~1680년), 유형원257)(柳馨遠, 1622년~1673년), 박세당258)(朴世堂, 1629년~1703년), 윤증259)(尹拯, 1629~1714년), 홍만선260)(洪萬選, 1643년~1715년), 정제

---

252) 구암(久菴) 한백겸은 서경덕(徐敬德)의 문인이었던 민순(閔純)에게 배웠으며, 「기전 유제설(箕田遺制說)」(1607), 「기전도(箕田圖)」(1607), 「동국 지리지(東國地理志)」(1615)를 지었으며, 「구암집(久庵集)」(1640)을 남겼다.

253) 이정구(李廷龜)와 유근수(尹根壽)에게 배웠던 조익은 「중용 곤득(中庸困得)」(1615), 「논어 천설(論語淺說)」(1615), 「대학 곤득(大學困得)」(1615), 「서경 천설(書經淺說)」(1638), 「역상 개략(易象槪略)」(1638), 「맹자 천설(孟子淺說)」(1638)을 지었으며, 「포저집(浦渚集)」(1691)을 남겼다.

254) 조호익(曺好益)에게 배웠으며, 성혼(成渾)의 문인이었던 김육은 「사문 유취(事文類聚)」의 체제를 모방한 백과 사전이며 유서로도 알려져 있는 「유원 총보(類苑叢寶)」(1643)를 지었다. 이 책은 목판본으로 47권 22책으로 이루어져 있으며, 규장각, 장서각, 국립 중앙 도서관 등에 소장되어 있다. 한편 그는 「구황 촬요(救荒撮要)」도 지었다.

255) 정구(鄭逑)의 제자였던 허목은 「경례 유찬(經禮類纂)」(1647), 「동사(東事)」(1667), 「청사 열전(淸士列傳)」(1667), 「경설(經說)」(1677)을 지었으며, 「미수 기언(眉叟記言)」(1682)를 남겼다.

256) 윤휴의 직계손인 윤용진은 윤휴가 쓴 글을 모두 모아 「백호 전서(白湖全書)」 1974년에 펴냈다.

257) 반계 유형원은 철학, 지리학, 역사학, 군사학 등에 관한 저서를 지었으며, 대표적인 것으로는 국가 제도의 개혁안을 제시한 「반계 수록(磻溪隨錄)」이 있다. 음운론 저서로 「정음 지남(正音指南)」(1652)이 있는데, 규장각에 소장되어 있다.

258) 박세당은 주자학에 반대하는 경학 사상을 담은 「사변록(思辨錄)」을 14년에 걸쳐 저술했다. 그의 경학 사상은 정약용에게 영향을 주었다.

259) 윤증은 「명재 유고(明齋遺稿)」, 「명재 의례 문답(明齋儀禮問答)」, 「명재 유서(明齋遺書)」

두261)(鄭齊斗, 1649년~1736년), 김석문262)(金錫文, 1658년~1735년), 정상기263)(鄭尙驥, 1678년~1752년), 이익(李瀷, 1681년~1763년), 이중환264)(李重煥, 1690년~1752년), 유수원265)(柳壽垣, 1694년~1755년), 정항령(鄭恒齡, 1700년~?), 신후담266)(愼後聃, 1702년~1761년), 신경준(申景濬, 1712년~1781년), 안정복(安鼎福, 1712년~1791년), 채제공(蔡濟恭, 1720년~1799년), 위백규267)(魏伯珪, 1727년~1798년), 홍양호(洪良浩, 1724년~1802년), 황윤석(黃胤錫, 1729년~1791년), 홍대용268)(洪大容, 1731년~1783년), 이종휘269)(李種徽, 1731년~1797년), 서호수270)(徐浩修, 1736년~1799년), 권철신271)(權哲身, 1736년~1801년), 이긍익(李肯翊, 1736년~1806년), 박지원(朴趾源, 1737년~1805년), 유련272)(柳璉, 1741년~

를 지었다.

260) 홍만선은 「산림 경제(山林經濟)」(1710년 이후)를 지었다.

261) 정제두는 「심경 집의(心經集義)」(1711)과 「중용설(中庸說)」(1720)을 지었다.

262) 김육과 같은 문중에 속하는 족손 김석문은 「역학 도해(易學圖解)」(1697), 「역학 도상(易學圖象)」(1726), 「역학 이십사 도해(易學二十四圖解)」(1726)을 지었다.

263) 정상기는 「농포 문답(農圃問答)」(1750)을 지었고, 「동국 지도(東國地圖)」를 만들었다.

264) 이중환은 「택리지(擇里志)」(1751)을 지었다.

265) 유수원은 「우서(迂書)」(1737)을 지었다.

266) 이익의 문하생이었던 신후담은 100여 권의 저서를 지었다. 그는 「서학변(西學辨)」, 「소학 차의(小學箚疑)」, 「주역상 신편(周易象新編)」, 「중용해(中庸解)」, 「하빈집(河濱集)」, 「역통의(易通義)」, 「온릉지(溫陵誌)」 등을 지었다. 그리고 한문 소설인 「속열선전(續列仙傳)」, 「태평 유기(太平遺記)」, 「금화 외편(金華外篇)」, 「남흥 기사(南興記事)」, 「김화 외전(金華外傳)」, 「용왕기(龍王記)」, 「홍장전(紅粧傳)」 등을 썼다.

267) 윤봉구(尹鳳九)에게 수학한 위백규는 「고금(古琴)」(1769), 「정현 신보(政絃新譜)」(1769), 「환영지(寰瀛誌)」(1770), 「논어 차의(論語箚義)」(1792), 「격물설(格物說)」(1792)를 지었으며, 「존재집(存齋集)」(1875)를 남겼다.

268) 김원행(金元行)의 문하생이었던 홍대용은 「의산 문답(毉山問答)」(1773), 「주해 수용(籌解需用)」(1773)을 지었다.

269) 이종휘는 「수산집(修山集)」(1803)을 남겼다.

270) 천문학자 서호수는 서명응의 아들이며, 「임원 경제지」를 지은 서유구의 아버지이다. 그는 「해동 농서(海東農書)」, 「신법 중성기(新法中星記)」, 「신법 누주 통의(新法漏籌通義)」를 지었으며, 김영과 성주덕과 함께 「국조 역상고(國朝曆象考)」를 지었다.

271) 이익의 문하생이었던 권철신은 안정복과 편지로 경학, 양명학, 심학, 사칠설에 관해 토론하였다.

272) 1771년에 유금(柳琴)으로 개명한 유련은 「기하실 시 고략(幾何室詩藁略)」(1770)을 지었

1788년), 이덕무(李德懋, 1741년~1793년), 우하영273)(禹夏永, 1741년~1812년), 이가환274)(李家煥, 1742년~1801년), 유득공275)(柳得恭, 1748년~?), 박제가(朴齊家, 1750년~1805년), 빙허각 이 씨276)(憑虛閣李氏, 1759년~1824년), 정약전277)(鄭若銓, 1758년~1816년), 정약용(丁若鏞, 1762년~1836년), 서유구278)(徐有榘, 1764년~1845년), 한치윤279)(韓致奫, 1765년~1814년), 유희(柳僖, 1773년~1837년), 김정희280)(金正喜, 1786년~1856년), 이규경(李奎景, 1788년~?), 최한기(崔漢綺, 1803년~1877년), 김정호281)(金正浩, ?~1866년), 심대윤282)(沈大允, 1806년~1872년),

고, 1787년에 휴대용 별시계 아스트로라브를 제작하였다.

273) 우하영은 「천일록(千一錄)」(1804)를 지었다.

274) 이가환은 「금대전책(錦帶殿策)」(1801)를 남겼다.

275) 북학파 박지원, 이덕무, 박제가 등과 교유했던 유득공은 「이십일도 회고시(二十一都懷古詩)」(1776), 「발해고(渤海考)」(1784), 「연행 기행시(燕行記行詩)」(1790), 「난양록(灤陽錄)」(1794), 「병세집(竝世集)」(1796), 「경도 잡지(京都雜誌)」(1796), 「연대 재유록(燕臺再游錄)」(1801)을 지었다.

276) 조선의 유일한 여성 실학자였으며, 서유구의 형수였던 빙허각 이 씨는 여성 생활 백과사전 「규합 총서(閨閤叢書)」(1809), 「빙허각 시집(憑虛閣詩集)」, 「청규 박물지(淸閨博物志)」(1809)를 지었다. 3부 11책으로 이루어진 「빙허각 전서(憑虛閣全書)」 제1부는 「규합 총서」이고, 제2부는 「청규 박물지」이며, 제3부는 「빙허각고(憑虛閣稿)」이다.

277) 정약전은 흑산도에서 유배 생활을 하면서 1814년에 「자산 어보(玆山魚譜)」(또는 「현산 어보(玆山魚譜)」)를 지었다.

278) 서유구는 「농대(農對)」(1790), 「행포지(杏浦志)」(1825), 「완영 일록(完營日錄)」(1834), 「종저보(種藷譜)」(1834), 「임원 경제지(林園經濟志)」(1835), 「화영 일록(華營日錄)」(1836)을 지었다.

279) 한치윤은 성리학을 반대하는 입장에서 역사학의 독자성과 조선 역사의 정통성을 체계화한 조선 후기 실학파의 대표적 연구자였다. 그는 「해동 역사(海東繹史)」를 10여 년 동안 저술하다가 완성하지 못하고 죽었는데, 그의 조카 한진서(韓鎭書)가 미완성이던 「지리고」를 속찬하여 1823년에 완성했다.

280) 박제가 문하생이었던 김정희는 9년 동안 제주도에 귀양살이를 하면서 1840년에 추사체를 완성하였다. 그리고 그는 「예당 금석 과안록(禮堂金石過眼錄)」(1852)를 지었으며, 「완당집(阮堂集)」(1868)이 남아 있다.

281) 김정호는 「청구도(靑邱圖)」(1834), 「동여도지(東輿圖志)」(1844), 「수선 전도(首善全圖)」(1844), 「여도 비지(輿圖備志)」(1856), 「동여도(東輿圖)」(1857), 「대동 여지도(大東輿地圖)」(1861, 초간), 「대동 지지(大東地志)」(1864), 「대동 여지도」(1864, 재간)을 편찬하였다.

282) 심대윤은 「정법 수록(政法隨錄)」(1854), 「대순 신서(大順新書)」(1854), 「흠서 박론(欽書駁論)」, 「복리 전서(福利全書)」(1862)를 지었다.

박규수283)(朴珪壽, 1807년~1877년), 남병철284)(南秉哲, 1817년~1863년), 남병길285)(南秉吉, 1820년~1869년), 이제마286)(李濟馬, 1837년~1900년), 서경창287)(徐慶昌, ?~?) 등이 있다.

이들 실학자 중에는 이수광, 김육 등처럼 자전이나 백과 사전을 직접 저술한 사람도 있다. 실학은 실생활에 이용할 수 있는 실용적인 학문을 추구하는 것이었으므로 실학자들이 일상생활에서 널리 사용한 자전이나 백과 사전에 관심을 가진 것은 자연스러운 일이라고 볼 수 있다.

실학자의 조선 언어, 언문, 한자 등에 관한 연구에 관하여 논의한 것으로는 유재영(1968, 1969, 1970), 박태권(1970), 김석득(1975), 정경일(2001) 등을 들 수 있다.

아래에서 실학자들이 자서, 운서, 훈서, 자전 등에 관하여 논의했던 내용들을 살펴보기로 하자.

### (1) 「지봉 유설(芝峰類設)」(이수광, 1634)

실학의 선구자인 지봉 이수광(李晬光, 1563년~1628년)은 1614년에 「지봉유설(芝峰類設)」288)을 완성하였다. 그의 아들 이성구와 이민구가 「지봉집」과

---

283) 박지원의 손자인 박규수는 「상고 도회 문의례(尚古圖會文儀例)」(1827), 「거가 잡복고(居家雜服攷)」(1841), 「동여도(東輿圖)」(1849)를 지었다. 박지원의 「연암집(燕巖集)」을 찬진하였으며, 「환재집(瓛齋集)」(1913)을 남겼다.
284) 남병철은 「의기 집설(儀器輯說)」(1859), 「동곽 연음집(東郭聯吟集)」(1862), 「추보 속해(推步續解)」(1862), 「규재 유고(圭齋遺藁)」(1864)를 지었다.
285) 남병길은 「중성 신표(中星新表)」(1853), 「항성 출중입표(恒星出中入表)」(1854), 「설양도의 도설(說量度儀圖說)」(1855), 「시헌 기요(時憲紀要)」(1860), 「성경(星鏡)」(1861), 「추보 첩례(推步捷例)」(8161), 「중수 중성표(重修中星表)」(1864), 「태양 출입표(太陽出入表)」(1867), 「춘관 통고(春官通考)」(1869)를 지었다.
286) 사상(四象) 의학을 연구했던 이제마는 「동의 수세보원(東醫壽世保元)」(1894)를 지었다.
287) 조선 후기의 실학자 서경창은 구황 작물인 고구마 재배에 관하여 설명한 「종저방(種藷方)」(1813)과 시문과 실학에 관한 글을 수록한 「학포헌집(學圃軒集)」(1815)를 지었다.
288) 「지봉 유설」에서 "왜놈들이 의죽도를 점거하였는데, 의죽도는 곧 울릉도이다."라고 하였다. 「여지 승람」에서도 "울릉도는 우리 땅이다."라고 하였다.

함께 1634년(인조 12년)에 「지봉 유설」 20권 10책을 목판본으로 펴냈다.

서학을 최초로 도입한 이수광은 우리 나라 최초의 일반 백과 사전[289]으로 알려진 이 책에서 서양과 천주교에 관한 내용을 우리 나라에 처음으로 소개하였으며, 언문 글자는 모두 고대 인도의 글자를 모방한 것이라고 설명하였다(남만성 역, 1975: 360).[290]

여기에서는 이수광이 「지봉 유설」에서 자서, 운서, 옥편 등에 관하여 설명한 내용만 골라 소개하고자 한다.

① ‘고려(高麗)’라는 나라 이름은 산이 높고 물이 곱다는 뜻을 취했으므로 ‘려’는 마땅히 거성으로 발음해야 한다. 그런데 운서에서 평음이라고 했으니 무슨 뜻인지 모르겠다.  <「지봉 유설」 권2 지리부(地理部) 정(井)>

② 과거 시험장에 들어가는 응시자가 서책을 끼고 들어가는 것을 금지하는 법이 예전에는 대단히 엄격했다. 오직 운서[291] 이외에는 사사로이 1권의 책도 가져가지 못했다. <「지봉 유설」 권4 관직부(官職部) 과목(科目)>

③ 「천자문」은 무제(武帝)가 1,000개의 한자를 1자씩 종이 조각에 적어 뒤섞어 놓고 운문으로 글을 만들기를 주흥사(周興嗣)에게 명령하여 만든 책이다. 그런데 ‘여모정결(女慕貞潔)’과 ‘환선원결(紈扇圓潔)’에서 ‘결(潔)’이 중복되어 있다. 그래서 ‘정결’의 ‘결’은 ‘혈(絜)’로 고쳐야 한다는 주장도 있다. 「진본기(秦本紀)」에서 남녀가 성의로 약속한다는 뜻의 ‘남녀혈성(男女絜誠)’을 찾아볼 수 있고, 「악의전(樂毅傳)」에서는 그 이름을 조촐히 여기지 않는다는 뜻의 ‘불혈기명(不絜其名)’이 나타나며, 「장자(莊子)」에서는 나의 조행을 바르게 간추린

---

289) 백과 사전은 일반 백과 사전과 전문 백과 사전이 있다. 전문 백과 사전은 「의방 유취」와 같은 의학 백과 사전 등을 들 수 있다.

290) 이 번역과는 달리 김민수(1981: 162)에서는 ‘아국언서자양(我國諺書字樣) 전방범자(全倣梵字)’를 훈민 정음의 기원을 범자(梵字)에 있는 것으로 해석하였다.

291) 최현배(1940: 190)에서는 「삼운 통고」는 과거 시험장에 필수적인 책이었다고 설명하였다.

다는 뜻의 '이혈오행(以絜吾行)'을 찾아볼 수 있다. 따라서 '결(潔)'과 '혈(絜)'을 통용했던 것 같다. 한호(韓濩)가 쓴 「천자문」에는 '정렬(貞烈)'이라고 되어 있는데 그 근거가 무엇인지 모르겠다. <「지봉 유설」 권7 경서부3(經書部三) 서적(書籍)>

④ 「운회(韻會)」는 모두 12,652자이고, 「예부 운략(禮部韻略)」은 다만 9,590자이다. 그런데 「용감 수감(龍龕手鑑)」은 160,000여 자나 된다. 거란 때에 요나라 스님이 편찬한 것이다. 「삼운 통고(三韻通考)」는 왜나라에서 나온 책인데 「예부 운략」과 비교해도 더 적다. 그러나 한꺼번에 곧 모두 볼 수 있어 고열에 편리하다. 그러므로 현재 그것을 사용하고 있다. <「지봉 유설」 권7 경서부3(經書部三) 서적(書籍)>

⑤ 「운부군옥(韻府郡玉)」에서 '낙하(落霞)'를 새의 이름이라고 설명한 것은 옳지 않다. <「지봉 유설」 권7 문자부(文字部) 문의(文義)>

⑥ 「이아」와 「설문 해자」에서는 '양(恙)'을 '걱정'이라고 풀이했으며, 다른 「설문」에서는 '뱀'이라고 했다. 이것은 아마 상고 시대에는 뱀을 걱정하여 서로 '다른 일 없는가?'라고 물었을 것이다. 그래서 현재 풍속에서도 편지의 첫머리에 '무타(無他)'라고 쓰는 것이다. <「지봉 유설」 권7 문자부(文字部) 문의(文義)>

⑦ 운서에서 '뇌(餒)'는 '위(餧)'와 같은 뜻을 가지고 있다는 설명은 잘못된 것 같다. <「지봉 유설」 권7 문자부(文字部) 문의(文義)>

⑧ 김시습의 「유금오록(遊金鰲錄)」에 '북명사(北榠寺)에서 모란을 본다'라는 시가 수록되어 있는데, '명(榠)'이라는 글자는 운서에 보이지 않는다. <「지봉 유설」 권7 문자부(文字部) 문의(文義)>

⑨ 운서에 '상서(尙書)'는 벼슬 이름이니 '상(尙)'은 평성으로 읽는다고 하였다. 그런데 위소(韋昭)는 '상(尙)'은 '상(上)'이라는 뜻으로 가장 위에서 총리하는 것이라고 하였다. 그리고 여순(如淳)은 천자의 문서를 주관하는 사람을 '상서(尙書)'라고 하는데, 공주의 남편을 '상주(尙主)'라고 하는 것과 같다고 하였다. 따라서 '상(尙)'은 거성으로 읽어야 한다. <「지봉 유설」 문자부(文字部) 자음(字音)>

⑩ 「운부(韻府)」에는 「장자(莊子)」에 나오는 '누가 이것을 주재하는가(孰主張是)'에서 '장(張)'을 평성이라고 하였다. 그런데 안숙원(晏叔原)의

시에 나오는 '봄바람은 본래 인간의 손님이다. 번화를 얼마나 주재할 수 있겠는가(春風自是人間客 主張繁華得幾時).' 그리고 「한서(漢書)」에 적혀 있는 '동도문 밖에 장막을 친다(供張東都門外).'와 「좌전(左傳)」에 나타나는 '우리 삼군을 크게 벌여 놓았다(張吾三軍).' 등에서 '장(張)'은 거성이니 어찌 된 까닭인가? <「지봉 유설」 권7 문자부(文字部) 자음(字音)>

⑪ 우리는 자학에 뜻을 두는 사람이 드물다. 글자의 뜻, 음, 고저를 알지 못하는 경우가 많다. 양성재(楊誠齋)는 일이 없어 운서 보기를 좋아한다고 하였고, 조경우(晁景迂)는 일과로 하루에 15자씩 기억한다고 하였다. 이것은 본받을 만하다. <「지봉 유설」 권7 문자부(文字部) 자음(字音)>

⑫ 최세진이 한음(漢音)을 제일 환히 알아서 「사성 통해(四聲通解)」를 지어 세상에 전해지고 있다. <「지봉 유설」 권7 문자부(文字部) 자음(字音)>

⑬ '한(瀚)'은 평성인데 운서에는 거성으로 되어 있다. <「지봉 유설」 권7 문자부(文字部) 자음(字音)>

⑭ 「완위여편(宛委餘篇)」에는 '오원(伍員)'의 '원(員)'을 거성이라고 하였는데, 「운부군옥」에는 평성이라고 하였다. 어느 것이 옳은 것인지 알 수 없다. <「지봉 유설」 권7 문자부(文字部) 자음(字音)>

⑮ 「훈몽 자회(訓蒙字會)」는 중종 때 최세진이 만든 책이다. 그런데 거기에 기술한 방음(方音)은 이미 지금 세상에 쓰는 것과 같지 않은 것이 많다. 이것으로 보면 속음은 변하기 쉽다는 것을 알 수 있다. <「지봉 유설」 권16 어언어(語言部) 방언(方言)>


위의 ①, ⑨, ⑬은 운서에서 성조에 관한 내용이 잘못 기술되어 있는 것을 지적한 것이다. ⑩은 「운부군옥」이라는 운서에서 잘못된 기술된 '장(張)'의 성조를 비판한 것이다. ⑭는 왕세정(王世貞)의 「완위여편」과 「운부군옥」에 기술되어 있는 '원(員)'의 성조에 관한 내용이 서로 다른 점을 제시한 것이다. ②는 과거 시험장에 운서만을 이용할 수 있었다는 점을 설명한 것이다.

③은 '결(潔)'과 '혈(絜)'을 통용하는 사실을 「천자문」, 「진본기」, 「악의전」, 「장자」에서 찾은 예를 제시하면서 설명한 것이다. 특히 '정결(貞烈)'이나 '정혈(貞烈)'이 아닌 '정렬(貞烈)'로 되어 있는 한호 「천자문」의 내용을 비판한 것이다.

④에서는 「운회」, 「예부 운략」, 「용감 수감」, 「삼운 통고」에 수록되어 있는 표제자의 수를 비교하면서, 표제자의 수보다는 이용자의 검색의 편리성 때문에 「삼운 통고」를 사용하고 있다는 점을 설명하였다. 「삼운 통고」가 일본에서 나온 것이라는 설명은 오구라 신페이(1940)에서 이 책은 중국에서 만들어진 것은 아닌데, 조선 또는 일본에서 편찬된 것인지는 분명하지 않다(최현배, 1940: 190)는 주장을 제기할 수 있도록 한 것 같다.

⑤와 ⑦은 운서에 기술된 표제자의 뜻풀이의 잘못을 지적한 것이다.

⑥은 '무타(無他)'의 뜻을 훈고서에 기술된 표제자의 뜻풀이를 인용하여 설명한 것이다.

⑧은 운서에 수록된 표제자에 '명(榠)'이 선정되어 있지 않은 점을 지적한 것이다.

⑪은 자서와 운서 학습의 중요성을 제기한 것이다.

⑫와 ⑮에서는 최세진과 그의 저서 「사성 통해」와 「훈몽 자회」를 소개하였다. 「사성 통해」의 내용에 관한 구체적인 설명은 없다. 「훈몽 자회」에 기술되어 있는 속음[292]인 방음은 현실음과 다른 것이 많다고 비판하면서 속음은 변하기 쉽다고 주장하였다.

---

[292] 김무림(2006: 42)에서는 「홍무 정운 역훈」의 속음의 유형별 성격을 제시하였다. 즉 정음에 반대되는 통속음으로서의 속음, 정음의 위치를 잃은 옛날 음으로서의 속음, 한자 1자가 여러 음으로 발음되는 일자 다음을 표시하기 위한 수단으로서의 속음, 체계적 대역에서 놓친 음성적 대역으로서의 속음 4가지이다.

지금까지 살펴본 것과 같이 이수광은 훈고서, 자서, 운서의 중요성을 강조하였다. 그리고 그는 특히 운서에 기술되어 있는 발음 정보뿐만 아니라 뜻풀이 정보의 잘못을 지적하였다. 따라서 운서 등에 수록되어 있는 특정한 내용을 단순하게 인용하는 데에 그치지 않고, 기술된 내용의 잘못을 비판한 것을 그의 장점으로 내세울 수 있다. 그러나 앞선 시대의 논의와는 다른 이와 같은 장점에도 불구하고 이수광의 논의는 어떤 특정한 운서의 구조를 구체적으로 분석하거나 통시적인 관점에서 서술하지 못한 한계성을 지니고 있다.

「지봉 유설」 참고 논저

① 임창순, 1965, 「지봉유설」 해제, 「국회도서관보」, 2-10, 서울: 대한민국 국회도서관. 84-87. ② 이숭녕, 1970, 「지봉유설」 해제, 「지봉유설」, 서울: 경인문화사. ③ 남만성 역, 1975, 「지봉유설」 상·하, 서울: 경인문화사. ④ 이춘희, 1977, 「지봉유설」에 대하여, 「한국학」, 13, 서울: 영신 아카데미 한국학연구소. 21-27. ⑤ 백태남, 1983, 「「지봉유설」 연구」, 석사 논문, 서울: 단국대 교육대학원. ⑥ 최은숙, 1991, 「「지봉유설」의 서지학적 연구」, 석사 논문, 서울: 이화여대 대학원. ⑦ 한영우, 1992, 이수광의 학문과 사상, 「한국문화」, 13, 서울: 서울대 한국문화연구소 359-431. ⑧ 이병근, 1995, 「지봉유설」의 국어학사상의 성격, 「대동문화연구」 30, 서울: 성균관대 대동문화연구원. 209-231. ⑨ 정해렴 역주, 2000, 「지봉유설 유선」, 서울: 현대실학사. ⑩ 신병주, 2001, 「지봉유설」 최초의 문화 백과사전, 「문헌과해석」, 14, 서울: 문헌과해석사. 46-58. ⑪ 부유섭. 2001, 명가 전주 이 씨 지봉가, 「문헌과해석」, 15, 서울: 문헌과해석사. 50-67. ⑫ 노명호 외, 2004, 「지봉유설」의 종합적 검토, 「진단학보」, 98, 진단학회. 301-318. ⑬ 안대회, 2004, 이수광의 「지봉유설」과 조선 후기 명물고증학의 전통, 「진단학보」 98, 진단학회. 267-289. ⑭ 이현희, 2004, 이수광의 국어학적 인식에 대하여, 「진단학보」, 98, 진단학회. 291-299. ⑮ 신병주, 2008, 이수광: 박학과 소통을 추구한 실학의 선구자, 「한국사 시민 강좌」, 42, 서울: 일조각. 159-176. ⑯ 강민구, 2010, 조선 3대 유서의 편찬 의식에 대한 연구, 「다산과 현대」, 3, 연세대 강진다산실학연구원. 79-114. ⑰ 강민구, 2011, 조선 3대 유서의 형성 경로에 대한 연구, 「동방한문학」, 47, 동방한문학회. 149-173.

### (2) 「성호 사설(星湖僿說)」(이익, 1740?)

실학파의 개척자인 유형원(柳馨遠, 1622년~1673년)의 사상을 계승한 이익(李瀷, 1681년~1763년)은 「성호 사설(星湖僿說)」293)을 지었다. 「성호 사설」은 30권 30책으로 이루어진 필사본이다. 이 책은 이익이 우리 나라의 정치, 경제, 사회, 문화, 지리, 풍속, 사상, 역사, 서학 등에 관하여 쓴 글들과 제자의 질문에 대답한 내용을 1761년에 그의 조카들이 정리한 백과 사전적인 전서이다.

「성호 사설」에서는 자전에 관련된 내용도 수록되어 있는데 구체적으로 살펴보면 다음과 같다.

제12권 '인사문(人事門) 문무두(文無頭) 무무미(武無尾)'에서는 한자 '개(卡)'는 운서에는 없으나 「강희 자전」에는 있다고 하였다. '개(卡)'에 한정되기는 하였지만 운서와 「강희 자전」의 표제자를 비교한 예이다.

또 제28권 '시문문(詩文門) 운고(韻考)'에서는 매응조(梅膺祚)의 「자휘(字彙)」

293) '성호'는 이익의 호이며, '사설'은 '매우 가늘고 작은 설명'이라는 뜻을 나타낸다. 「성호 사설」은 국립 중앙 도서관, 규장각, 재산루(在山樓), 일본의 도요 문고, 와세다 대학 등에 소장되어 있으며, 한국어 번역본의 내용은 한국 고전 번역원(http://www.itkc.or.kr)의 한국 고전 종합 DB(http://db.itkc.or.kr)에서 검색할 수 있다. 그런데 이 책에는 여러 이질적인 내용이 한 부문에 혼재되어 있고 또 중복되어 게재된 부분도 있으며, 그 내용이 부문별로 세분되어 있지 않다. 그래서 이익에게서 유선(類選)을 부탁받은 그의 제자 안정복(安鼎福, 1712년~1791년)은 분야별로 중요한 내용을 골라 담은 1,332편의 글들을 새롭게 분류하여 「성호 사설 유선(星湖僿說類選)」을 펴냈다. 규장각 소장본 「성호 사설 유선」은 10권 10책 필사본으로 이루어져 있다. 이 책에서는 「성호 사설」의 중요한 부분을 선정하여, '문(門)'을 '편(篇)'으로 바꾸고, 각 편을 다시 20개의 문으로 나누었고, 20문에는 1,332개의 '칙(則)'으로 세분하였다. 권1 천지편, 권2~5의 인사편, 권6~9 경사편, 권10 만물편과 시문편으로 나누었다. 그리고 안정복 자신의 견해는 '소주(小註)'로 붙였다. 그리하여 30책으로 이루어진 「성호 사설」의 분량이 1/3 정도로 축소되었다. 1915년 조선고서간행회에서 안정복의 「성호 사설 유선」을 상하 2책으로 발행하였다. 또 1929년 정인보가 교열하여 문광서림(文光書林)에서 「성호 사설 유선」에 변영만의 서문과 정인보의 서문 그리고 부록으로 「곽우록(藿憂錄)」을 첨가하여 발행하였다. 그리고 1967년 이익의 조카 이병휴의 후손인 이돈형이 소장하고 있던 원본 「성호 사설」 30책을 경희출판사에서 상하 2책으로 영인하여 발행하였다. 원본의 한국어로 번역한 「국역 성호 사설」 11권을 민족 문화 추진회에서 1977년부터 1979년까지 발행하였다.

는 번다한 것을 삭제하고 요점만 간추린 것으로 33,179자를 수록했다고 설명하였다. 여기에서는 「자휘」의 특징을 간략하게 설명하고, 「자휘」의 서문에 설명해 놓은 수록된 표제자의 수를 인용하였음을 확인할 수 있다. 그리고 지금 세상에 돌아다니는 「운고(韻考)」는 심약(沈約)의 글294)을 증보한 것인데, 서거정(徐居正)의 「필원 잡기(筆苑雜記)」에서 세종이 신하에게 찬집을 명령하여 만든 책이 바로 이 「운고」라는 것이다. 그런데 이 「운고」에는 「시경(詩經)」이나 「서경(書經)」에 나오는 글자들도 빠진 것이 많아 수치스럽다고 하였다. 그는 6경(六經)에는 수록되어 있으나 「운고」에는 없는 글자들을 찾아 「운고」에 편입하려고 노력하고 있다고 하였다. 그의 이러한 표제자 보완 작업은 「운고」의 표제자와 6경에 쓰인 모든 한자들을 비교한 후에 이루어질 수 있는데, 6경을 기본 자료로 선택하여 6경에 사용된 모든 한자들을 표제자의 선정 기준으로 삼고 있음을 알 수 있다.

그리고 제30권 '시문문(詩文門) 이소해(離騷解)'에서 "자서에 '초나라 사람은 풀을 맺고 대가지를 꺾어 점치는 것을 정전(筳篿)이라고 말한다.' 하였으니, 맺었다면 역시 끈이 있었을 것이나 그 제도가 그렇게 된 것인지 듣지 못했다."고 하였다.

지금까지 살펴본 것처럼 이익은 「성호 사설」에서는 운서와 자전의 표제자를 비교하였고, 「자휘」의 특징을 설명하였다. 그리고 「운고」의 표제자 선정에 관한 문제점을 지적하면서 6경에 수록된 한자를 기준으로 삼아 「운고」의 표제자를 보충하고자 노력하고 있다는 것을 밝혔으며, 자서의 표제자의 뜻풀이 내용에 관하여 비판하였다. 그런데 이와 같은 자전에 관한 단편적인 내용은 대부분 표제자의 문제에 치우쳐 있어서 이익이 표제자의 선정에 관하여 깊은 관심을 가지고 있었음을 짐작할 수 있다.

---

294) 심약이 지은 운서 「사성(四聲)」을 가리킨다.

「성호 사설」 참고 논저

① 정석종, 1969, 성호 이익, 「창작과 비평」 14, 서울: 창작과비평사. ② 이가원, 1967, 「성호사설」 해제, 「성호사설」 상, 서울: 경희출판사. ③ 한우근, 1977, 「성호사설」 해제, 「국역 성호사설」 1, 서울: 민족 문화 추진회. ④ 정해렴 편역, 1998, 「성호사설 유선」 상·중·하, 서울: 현대실학사. ⑤ 최석기 역, 1999, 「성호사설」, 서울: 한길사. ⑥ 강경원, 2001, 「이익–인간 소외 극복의 철학자」, 서울: 성균관대학교 출판부. ⑦ 신병주, 2003, 「성호사설」의 체제와 주요 내용, 「성호학연구」 1, 성호기념관. 19-49. ⑧ 이선영, 2004, 「성호사설」에 대한 국어학사적 검토, 「애산학보」 30, 애산학회. 39-67. ⑨ 강민구, 2010, 조선 3대 유서의 편찬 의식에 대한 연구, 「다산과 현대」 3, 서울: 연세대 강진 다산 실학 연구원. 79-114. ⑩ 신두환, 2010, 성호 이익의 「리소해」 연구, 「한국한문학연구」 46, 한국한문학회. 215-249. ⑪ 강민구, 2011ㄱ, 「성호사설」의 「지봉유설」, 「송남잡식」의 「지봉유설」, 「성호사설」 인용 양상에 대한 연구, 「한문학보」 24, 우리한문학회. 495~533. ⑫ 강민구, 2011ㄴ, 조선 3대 유서의 형성 경로에 대한 연구, 「동방한문학」 47, 동방한문학회. 149-174. ⑬ 김채식, 2011, 「성호사설」과 「오주연문장전산고」의 저술 성향 비교 검토, 「동아시아고대학」 26, 동아시아고대학회. 61~99.

### (3) 「운해(韻解)」(신경준, 1750)

신경준(申景濬, 1712년~1781년)은 소옹(邵雍, 1011년~1077년)의 「황극 경세 성음도(皇極經世聲音圖)」[295]를 본보기로 하여 그의 대표 저서인 「운해(韻解)」[296]

---

295) 이 책은 「정성 정음도(正聲正音圖)」라고도 한다.

296) 보통 한적본의 표제는 원래의 책 이름을 줄인 형태로 적고(예: 맹해(孟解)), 내제에서 원래의 책 이름을 적는다(예: 맹자 언해(孟子諺解)). 국립 중앙 도서관 소장본의 표제는 '훈민 정음 운해(訓民正音韻解)'이고, 내제는 '운해(韻解)'이다. 내제를 따르면 이 책의 제목은 '운해'라고 해야 할 것이다. 그러나 표제가 내제의 줄인 형태로 되어 있는 보통 경우와는 달리 이 경우는 내제가 표제의 생략된 형태로 되어 있다. 숭실대 소장본은 표제가 '운해 훈민 정음'으로 되어 있다. 이 책을 김민수(1964), 배윤덕(2005) 등에서는 '운해'라고 하였으며, 김윤경(1938)과 유창균(1959: 176), 김석득(1975: 138~139), 서병국(1973: 198) 등에서는 '훈민정음 운해'라고 하였고, 최현배(1961: 290~291)에서는 '훈민 정음 도해'라 하였으며, 강신항(1967: 19/1978: 9)과 박태권(1976: 146) 등에서는 '운해 훈민 정음'이라고 하였다. 또 '행장(行狀)'에서는 이 책을 '오성 운해(五聲韻解)'라고 하였다. 「운해」에 관한 논의로는 정인보(1937, 1938), 강신항(1958, 1959, 1963, 1967, 1978), 배윤덕(1988ㄱ, 1988ㄴ, 1991, 2005), 이토 하이데토(伊藤英人, 1995), 김

(1750)를 펴냈다.[297]

이 책에는 '역대 운서(歷代韻書)'라는 글이 수록되어 있는데, 이 글에서 신경준은 「설문 해자」와 「자휘」의 내용을 인용하여 '운(韻)'을 설명하였다. 그리고 그는 운서로는 가장 오래 된 위나라 이등(李登)의 「성류(聲類)」, 진나라 여정(呂靜)의 「운집(韻集)」, 제나라 주옹(周顒)의 「사성 절운(四聲切韻)」, 양나라 심약(沈約)의 「사성(四聲)」, 수나라 진왕준(秦王俊)의 「운찬(韻纂)」과 육법언(陸法言)의 「광운(廣韻)」, 당나라 손면(孫愐)의 「당운(唐韻)」, 송나라 진팽년(陳彭年)의 「대송 중수 광운(大宋重修廣韻)」, 정도(丁度)의 「집운(集韻)」, 금나라 한도소(韓道昭)의 「오음 집운(五音集韻)」, 원나라 황공소(黃公紹)의 「운회 거요(韻會擧要)」, 명나라 송렴(宋濂) 등이 펴낸 「홍무 정운(洪武正韻)」 등이 있다고 하였다.

또 그는 최세진의 운에 관한 설명을 인용하면서, 「광운」 36자모, 「운회」 35자모, 「홍무 정운」 31자모, 「운해」 36자모를 도표로 정리하여 제시하였다. 이 책에서 신경준이 쓴 자서, 훈고서, 운서 등에 관한 사전학적인 내용은 찾아보기 어렵다. 다만 중국 운서들을 단순하게 소개하는 부분만을 찾아볼 수 있을 뿐이다. 게다가 중국 운서를 단순하게 활용하여 훈민 정음 원리의 분석과 한자음 운도의 작성을 위하여 운학을 연구한 그의 논의는 앞선 실학자 이수광과 이익의 운서에 관한 사전학적 논의와는 다른 관점에서 이루어진 것이다.

「운해」 참고 논저

① 정인보, 1937, 「훈민정음 운해」 해제, 「한글」 5-4, 한글학회. 455-456. ② 강신항, 1958, 「이조 중기 국어학사 시론 -특히 신경준을 중심으로-」, 석사 논문, 서울:

일(2001) 등이 있다.

297) 그는 「일본 증운(日本證韻)」, 「언서 음해(諺書音解)」(또는 「동음해(東音解)」) 등도 지었다.

서울대 대학원. ③ 강신항, 1959, 신경준의 기본적 국어학 연구 태도, 「국어국문학」 20, 국어국문학회. 30-32. ④ 강신항, 1963, 「훈민정음 운해」 예리론과 「성리대전」과의 연관성, 「국어국문학」, 26, 국어국문학회. 177-185. ⑤ 강신항, 1967, 「운해 훈민정음」 연구, 서울: 한국연구원. ⑥ 박태권, 1970, 이조 실학파 학자들의학설이 국어학에 미친 영향 -신경준의 어학설을 중심으로-, 「논문집」 11-1, 부산: 부산대. 1-23. ⑦ 강신항, 1982, 「운해 훈민정음」, 서울: 형설출판사. ⑧ 배윤덕, 1988ㄱ, 「운해」 연구사, 「돈암어문학」, 1, 돈암어문학회. 113-125. ⑨ 배윤덕, 1988ㄴ, 「신경준의 「운해」 연구 -「사성통해」와 관련하여-」, 박사 논문, 서울: 연세대 대학원. ⑩ 배윤덕, 1991, 신경준의 「운해」 연구, 「이중언어학」, 8, 이중언어학회. 538-552. ⑪ 이토 하이데토(伊藤英人), 1995, 신경준의 「운해 훈민정음」에 대하여, 「국어학」, 25, 국어학회. 293-306. ⑫ 김일, 2001, 신경준의 「훈민정음 운해」와 그의 역학적 언어관, 「중국조선어문」, 113, 길림성민족사무위원회. 23-26. ⑬ 배윤덕, 2005, 「우리말 운서의 연구」, 서울: 성신여자대학교 출판부.

### (4) 「이수 신편(理數新編)」(황윤석, 1774)

조선 후기의 운학자 이재(頤齋) 황윤석(黃胤錫, 1729년~1791년)이 1774년에 펴낸 백과 사전의 성격을 지닌 「이수 신편(理數新編)」[298]은 23권 목판본으로 국립 중앙 도서관, 장서각 등에 소장되어 있다. 1975년에 아세아 문화사에서 이 책을 영인하였다.

「이수 신편」 권12에는 「홍무 정운(洪武正韻)」, 「옥편(玉篇)」, 「훈몽 자회(訓蒙字會)」 언문 자모 등에 관한 내용을 찾아볼 수 있다. 또 「이수 신편」 권20에는 「홍무 정운」 자모(字母), 「화동 정운 삼운 통석(華東正音三韻通釋)」, 「자휘(字彙)」 서(序), 「강희 자전(康熙字典)」 성음(聲音) 예 등이 수록되어 있다.

따라서 황윤석은 운서, 옥편, 자서, 자전 등에 관심을 가지면서 다른 분야보다 특히 한자음을 언문으로 기록하는 데에 각별한 주의를 기울였던

---

298) '이수(理數)'는 이학의 총체 또는 물리의 연원을 가리킨다. 황윤석은 「이재 난고」, 「이재 유고」(1829) 등도 남겼다.

것으로 짐작할 수 있다.

---

「이수 신편」 참고 논저

① 이숭녕, 1972, 황윤석의 「이수신편」 고찰 -특히 어학 연구를 중심으로 하여-, 이숭녕, 「국어학 연구」, 서울: 형설출판사. 167-176. ② 이종철, 1981, 「화음방언자의해」에서 본 몇 가지 국어 어원에 대하여, 「국어교육」, 38, 한국국어교육연구회. 151-172. ③ 김석득, 1983, 이재 황윤석의 「화음방언자의해」, 「동방학지」 40, 서울: 연세대 국학연구원. 61-91. ④ 최전승, 1994, 이재 황윤석의 「화음방언자의해」와 「이수신편」 등에 반영된 어휘 연구의 성격, 「이재 황윤석」, 최삼룡 외, 서울: 민음사. 161-226. ⑤ 배윤덕, 1997, 황윤석의 「이수신편」 연구 -「사성통해」와 관련하여-, 「동방학지」, 97, 서울: 연세대 국학연구원. 169-192. ⑥ 노혜경, 2003, 황윤석의 문헌 자료 검토, 「장서각」, 9, 성남: 한국학중앙연구원. 79-108. ⑦ 배윤덕, 2010, 한결 선생의 조선 시대 운학 연구, 「애산학보」, 36, 애산학회. 131-150. ⑧ 심소희, 2010ㄱ, 황윤석의 정음관 연구 1: 「이수신편」 권12의 경세사상체용지수도를 중심으로, 「중국어문학논집」, 62, 중국어문학연구회. 81-109. ⑨ 심소희, 2010ㄴ, 황윤석의 정음관 연구 2: 「이수신편」 권20의 '운학본원'을 중심으로, 「중국어문학논집」, 64, 중국어문학연구회. 89-118.

---

### (5) 「육서 경위(六書經緯)」(홍양호, 1843)

이계(耳溪) 홍양호(洪良浩, 1724년~1802년)의 손자 홍경모(洪敬謨)는 1843년 홍양호의 시문집인 「이계집(耳溪集)」[299] 38권 17책을 활자본으로 간행하였다. 「이계집」 권10에는 당시 일상 생활에서 사용하고 있는 한자 1,700여 자의 뜻을 풀이해 놓은 「육서 경위(六書經緯)」가 수록되어 있다.

그리고 홍경모는 「이계집」에 홍양호의 다른 원고들을 합하여 「이계 삼편 전서(耳溪三編全書)」라는 제목을 붙여 필사본 94권을 만들었다. 이 책의 권72에도 「육서 경위」가 수록되어 있다.

홍양호는 「육서 경위」 서문에서 「주역(周易)」 '계사전(繫辭傳)'[300]에 따라

---

299) 「이계집」은 국립 중앙 도서관, 규장각 등에 소장되어 있다.

책 전체 내용의 분류 체제를 정했으며,301) 내용은 「이아」와 「석명」을 본뜬 것이라고 설명하였다.

그리고 홍양호는 역(易)을 바탕으로 삼아 당시의 통용 한자 1,700여 자의 어원을 풀이한 「만물 원시(萬物原始)」302)에서 적용한 방법을 바탕으로 삼고, 한자의 형상에 따라 뜻을 풀이하는 방법303)을 활용하여 「육서 경위」의 표제자를 뜻풀이하였다.

홍양호는 성운을 중심으로 편찬한 당시의 자서를 비판하면서 자의를 중심으로 편찬한 「설문 해자」가 있다고 소개하였다. 그런데 그는 「설문 해자」에서는 표제자의 뜻풀이를 기술할 때에 육서의 원리를 적용했는데, 형성자에서 뜻을 나타내는 부분은 원래의 뜻과는 다르게 해석되는 경우가 있다고 설명하였다. 그리고 그는 「설문 해자」는 모(母)를 들고 자(子)를 빼는 방법을 선택하여 표제자의 상세한 뜻을 다 담을 수가 없었다고 주장하였다. 그리하여 그는 상형, 회의, 지사, 형성의 원리에 따라서 표제자의 뜻풀이를 새롭게 시도한 자서인 「육서 경위」를 지었다.

홍양호가 쓴 「육서 경위」의 서문에는 「이아(爾雅)」 「석명(釋名)」과 명나라 태상 위교(魏校)가 지은 「육서 정온(六書精蘊)」을 참고하였다고 밝히고 있다. 그런데 그는 중국을 유람하면서 얻은 「육서 정온」에서 선택한 표제자의 서체에 관하여 비판하였다. 즉 그는 이 책에 수록된 글자는 1,000여 자인데,

---

300) 천·지·인 삼재 사상에 따라 분류한 것을 가리킨다.
301) 이런 분류 방법은 「설문 해자」, 「육서 정온(六書精蘊)」 등과도 동일하다.
302) 「만물 원시」는 「육서 경위」 이전에 홍양호가 쓴 책으로 이 둘의 편명은 동일하다. 「만물 원시」에서는 글자체를 자세히 설명하고, 「이아(爾雅)」처럼 동일한 부류에 속하는 한자들을 열거하여 뜻풀이하였다. 이 책은 국립 중앙 도서관에 소장되어 있으며, 원문의 내용을 국립 중앙 도서관 홈페이지(http://www.dibrary.net)에서 찾아볼 수 있다.
303) 홍양호는 다음 3가지 방법을 제시하였다. 첫째, 글자의 형태에서 뜻을 찾는 방법인데, 회의 문자의 뜻풀이에 적용하였다. 둘째, 사물의 형태에서 글자의 뜻을 찾는 방법인데, 상형 문자의 뜻풀이에 적용하였다. 셋째, 사유 체계를 바탕으로 글자의 뜻을 찾는 방법인데, 비슷한 뜻을 지닌 한자들의 뜻풀이에 적용하였다.

저자 스스로 육서의 자취를 거의 얻었다고 하였으나, 표제자의 서체로 대부분 고전(古篆)을 선택하였기 때문에 지금의 사람들은 글자의 뜻을 알 수 없다고 설명하였다. 따라서 그는 현재의 세상에 살면서 현재 사용하고 있는 문자를 폐지하고자 하는 것은 옳지 않다고 주장하였다. 그리하여 「육서 경위」에서는 당시의 자서들이 채택하고 있는 표제자의 옛 서체 대신에 금문(今文)인 해서(楷書)를 표제자의 서체로 선택하였다.

---

**「육서 경위」 참고 논저**

① 홍양호, 1982, 「이계 홍양호 전서」 상·하, 서울: 민족문화사. ② 김성규, 1998, 「경세정운도설」에 대한 홍양호의 서평, 「문헌과 해석」, 3, 서울: 태학사. 117-124. ③ 김현미, 1999, 「이계 홍양호의 「육서 경위」에 관한 연구」, 석사 논문, 서울: 성균관대 교육대학원. ④ 서인원, 2000, 이계 홍양호 연구의 현황과 과제, 「동국사학」, 34, 동국대 사학회. 99-118. ⑤ 서인원, 2003, 이계 홍양호의 실학 사상, 「동아시아 문화 연구」, 37, 서울: 한양대 동아시아문화연구소. 5-27. ⑥ 강석화, 2005, 이계 홍양호의 생애와 학문관, 「진단학보」, 100, 진단학회. 301-325. ⑦ 정재훈 외, 2005, 토론 「이계집」의 종합적 검토 녹취문, 「진단학보」, 100, 진단학회. 395-415. ⑧ 김병건, 2010, 육서와 자형을 이용한 한자 교육 일고찰 –「육서책」과 「육서 경위」를 중심으로–, 「동방한문학」, 43, 동방한문학회. 129-165.

---

### (6) 「청장관 전서(靑莊館全書)」(1795)

이덕무(李德懋, 1741년~1793년)는 규장각의 도서 편찬 사업에 활동하면서 「규장 전운(奎章全韻)」(1792), 「도서 집성(圖書集成)」, 「홍문관지(弘文館志)」, 「대전 회통(大典會通)」 등을 정리하고 교감하였다. 저서로는 「열상 방언(洌上方言)」, 「편찬 잡고(編纂雜稿)」, 「사소절(士小節)」 등이 있다.

그의 아들 이광규(李光葵)는 1795년에 이덕무의 저술을 모두 모아 「청장관 전서(靑莊館全書)」 33책 71권을 펴냈다.[304] 이덕무는 자전에 관하여 논의한 대표적인 조선 시대 실학자인 손자 이규경에게 사상적으로나 학문적으로 많은 영향을 주었다.

「청장관 전서」에서 찾아볼 수 있는 자서, 훈고서, 운서에 관한 글은 다음과 같은 것들이 있다.


(ㄱ) 「옥편」에 관한 글

　성사집(成士執)에게(제16권 아정 유고 8-서2)
　교습(教習)(제27권~제29권 사소절 3-사전 3)
　이목구심서 6(제53권)
　맥(제57권 앙엽기 4)
　목천 자전의 기이한 글자(제57권 앙엽기 4)
　불령(不逞)(제59권 앙엽기 6)


(ㄴ) 「설문 해자」에 관한 글

　① 육서책(六書策)(제20권 아정 유고(雅亭遺稿) 12-응지각체(應旨各體))
　달구 장운(제69권 한죽당섭필 하)


(ㄷ) 운서에 관한 글

　성사집(成士執)에게(제16권 아정 유고 8-서2)
　유연옥(柳連玉)에게(제19권 아정 유고 11)
　이우촌(李雨邨)에게(제19권 아정 유고 11-서5)
　문(文)(간본 아정 유고 제5권)
　이낙서(李洛瑞)에게 주는 편지(간본 아정 유고 제6권 문(文)-서(書))
　선고부군(先考府君)의 유사(遺事)(간본 아정 유고 제8권 부록)
　행장(行狀)(간본 아정 유고 제8권 부록)
　묘갈명(墓碣銘)(간본 아정 유고 제8권 부록)

---

304) 「청장관 장서」는 규장각과 미국 캘리포니아 대학교의 아사미 문고에 소장되어 있다. 이
　　책의 번역문은 한국 고전 번역원(http://www.itkc.or.kr)의 한국 고전 종합 디비(http://
　　db.itkc.or.kr/itkcdb/mainIndexframe.jsp)에서 찾아볼 수 있다.

규장 전운 범례(제24권 편서 잡고(編書雜稿) 4)

② 교습(敎習)(제31권 사소절 제8-동규 3)

③ 「자전(字典)」에 요사(遼史)를 인용하다(제54권 앙엽기 1)

대장 정련(제33권 청비록 2)

만(卍)(제57권 앙엽기 4)

④ 정한강(鄭寒岡)의 서학(書學)(제59권 앙엽기 6)

요·금·원·청의 문자(제60권 앙엽기 7)

삼운 통고(제60권 앙엽기 7)

운해경원(雲海鏡源)(제61권 앙엽기 8)

인물(人物)(제64권 청령국지 1)

정조 2년 5월(제67권 입연기(入燕記) 하(下))

정조 2년 6월(제67권 입연기(入燕記) 하(下))

선고(先考) 적성 현감(積城縣監) 부군(府君) 연보(年譜) 상(上)(제70권 부록 상)

선고(先考) 적성 현감(積城縣監) 부군(府君) 연보(年譜) 하(下)(제71권 부록 하)


위에서 표시한 ①, ②, ③, ④의 내용을 살펴보도록 한다.

① '육서책'에서는 "고문(古文)이 처음으로 나왔는데 대전(大篆)과 소전(小篆)으로 나뉘고, 그리고 예서(隸書), 장초(章草), 비백(飛白)이 생기자 서체가 비로소 다양해져 하나로 통일될 수 없었다. 후한의 허신(許愼)이 「설문」 14편 540부를 펴냈는데, 「창힐편」의 9,353자에 따랐으니 진나라 전자의 전부이다. 「설문」에 실려 있는 고문 396개와 주문(籀文) 145개에는 황제와 주나라 선왕(宣王)의 자취가 남아 있으니 소학(小學)이 끊어지지 않고 전해지는 것은 「설문」에 힘입은 것이다."라고 하였다.

그리고 자(字)와 운(韻)은 새의 두 날개와 같아서 어느 한편도 없앨 수 없으니, 「설문」과 「광운」의 학관을 세워 곽충서(郭忠恕)의 한간(汗簡)과 주백기(周伯琦)의 정와(正譌)로 자서의 날개로 삼고, 고염무(顧炎武)의 「음학(音學)」과 소장형(邵長蘅)의 「운략(韻略)」으로 운서의 날개로 삼아 좋은 판본을 사서 번각하여 널리 전하여 모두 익혀 경서의 내용을 쉽게 깨닫게 하자고 왕에게 건의하였다.

② '교습'에서는 「훈몽 자회(訓蒙字會)」는 어린아이들이 배울 책인데, 반드시 방언으로 사물을 풀이한 이름을 자세히 안 다음 「이아(爾雅)」, 「급취장(急就章)」, 「소학 감주(小學紺珠)」 등을 공부해야 하며, 자서와 운서를 공부하여 편방(偏旁), 자모(子母), 음의(音義)를 정밀하게 익히고, 「정운(正韻)」, 「자전(字典)」, 「정위(正譌)」, 「설문(說文)」 등을 모두 통달하면 모든 경서(經書)와 사서(史書)를 막힘없이 통할 것이라고 하였다. 이 글은 경서와 사서를 읽기 위한 교육 과정을 설명한 내용인데, 「이아」, 「자전」, 「설문」 등이 한자 학습서로 활용되는 점을 알 수 있다.

③ '「자전」에 요사를 인용하다'에서는 「자전」에서는 표제자 '원(源)'의 주(註)에 "「요사(遼史)」 세조기(世祖紀)에 고려 왕의 세자 왕원(王源)이 와서 조회하였다."라고 인용하였는데, 이 인용문은 요나라 때에는 세조가 없으니 「요사」는 「원사(元史)」를 잘못 기록한 것이라고 지적하였다. 이 글은 「자전」에서 인용문이 잘못 기술된 예를 찾아 구체적으로 제시한 것이다.

④ '정한강의 서학'에서는 신라 때에 선비를 뽑는 데에 「설문(說文)」과 「자림(字林)」을 썼는데, 지금 중국에는 「자림」이 전하지 않고, 우리 나라의 선비들 가운데에도 「설문」을 아는 사람이 아주 드물다고 하였다. 이 글에서는 신라 때의 「설문 해자」과 「자림」의 활용 방법, 중국에서 「자림」의 존재 여부, 당시 「설문 해자」의 인지도 등에 관하여 설명하였다.

「청장관 전서」 참고 논저

① 이을환, 1979, 「사소절」의 언어 규범 연구 -사전 언어편을 중심으로-, 「논문집」 19, 서울: 숙명여대. 231-257. ② 민족문화추진위원회 역, 1977, 「국역 청장관전서」

1-13, 서울: 민족문화추진위원회. ③ 강헌규, 1986, 「한국어 어원 연구사 연구 –대상 어휘 및 방법론을 중심으로–」, 박사 논문, 서울: 경희대학교. ④ 박문열, 1987, 청장관 이덕무의 생애와 저술, 「인문과학논총」, 6, 청주: 청주대 인문과학연구소. 187-214. ⑤ 리상용, 2006, 청장관 이덕무의 교감 기사에 대한 고찰, 「서지학연구」, 33, 서지학회. 375-394. ⑥ 심경호, 2008, 조선 후기 지식인과 고염무(顧炎武), 「한문학보」, 19, 우리한문학회. 509-533. ⑦ 오용섭, 2008, 「청장관전서」 정고본의 서지적 연구, 「서지학연구」, 39, 서지학회. 87-111. ⑧ 리상용, 2010, 청장관 이덕무의 목록론에 대한 고찰, 「서지학연구」, 46, 서지학회. 237-266. ⑨ 서한용, 2010, 이덕무의 중국 문자학 인식, 「한문학논집」, 30, 근역한문학회. 413-439. ⑩ 안대회, 2010, 18·19세기 조선의 백과전서파와 「화한삼재도회」, 「대동문화연구」 69, 서울: 성균관대학교 유교문화연구소. 419-445. ⑪ 서한용, 2011, 18·9세기 한중 학자의 명물 고증 –이덕무와 완원(阮元)의 '규(葵)'에 대한 고증을 중심으로–, 「한문학논집」, 32, 근역한문학회. 81-106. ⑫ 문준혜, 2012, 조선 시대 문집에 보이는 중국 언어 문자 연구 조망 –이덕무의 「청장관전서」를 중심으로–, 「중국어문학지」, 38, 중국어문학회. 175-196.

### (7) 「주영편(晝永編)」(1806)

실학자 정동유(鄭東愈, 1744년~1808년)는 천문, 풍속, 언어, 문학, 물산 등에 관하여 고증하고 비판한 만필집 「주영편(晝永編)」(1806)을 저술하였다. 그는 「주영편」의 전반부는 1805년에 집필하였고, 후반부는 1806년에 집필하였다. 「주영편」은 2권 2책의 가람 문고 소장본과 일사 문고 소장본, 그리고 4권 4책의 규장각 소장본 등이 있다. 이 책은 정동유의 제자인 유희(柳僖)가 쓴 「언문지(諺文志)」에 영향을 주었다.

4권 2책의 필사본으로 전해온 이 책은 조선 고서 간행회에서 출판하였는데, 1971년에 을유문화사에서 남만성이 번역한 내용에 원본을 영인한 것을 붙여 발행하였다. 그리고 1971년에 서울대 고전 간행회에서 규장각 소장본을 영인하여 출간하였다.

「주영편」 2(2ㄱ~3ㄱ)에서 그는 「사성 통고」는 세종이 지은 것과 이것을 신숙주가 증보한 것 두 종류가 있으며, 신숙주가 지은 「사성 통고」의 앞부분에 세종의 「통고」를 첨부하였다고 하였다. 그리고 최세진은 「사성 통고」를 수정하고 자석을 덧붙여 「사성 통해」를 편찬하였다고 「사성 통해」의 서문에서 설명하였다. 그러나 세종의 「사성 통고」와 신숙주의 「사성 통고」는 동일한 것으로 보인다. 1455년(단종 3년) 단종의 명령으로 간행한 「홍무 정운 역훈」의 서문 내용에 따르면, 세종이 신숙주에게 명령을 내려 짓게 한 「사성 통고」를 이 책의 머리에 붙여 합본으로 간행하였음을 확인할 수 있다.

또 정동유는 「사성 통고」의 범례에서 치음을 치두음과 정치음으로 구분한 내용을 비판하였다. 신숙주는 중국 한자음에서 치두음과 정치음이 구분되기 때문에 우리 한자음 정리를 위해 이러한 구분을 수용하여 이 음들을 나타내는 새로운 변형된 글자들을 제시하였다. 그러나 정동유는 신숙주가 말하는 정치음은 실제로는 설상음으로 치음과 다르므로 치음을 치두음과 정치음으로 나누는 것은 잘못이며, 새로운 글자를 사용할 필요가 없다고 하였다. 그러나 우리의 현실 발음을 근거로 한자음 문제를 해결하려고 하는 이러한 정동유의 주장은 신숙주가 「사성 통고」에서 중국 한자음을 기술하기 위한 방법을 제시한 것과는 관점이 다른 잘못된 것이다.

그리고 자전에 없는 지명(예: 杆城을 迶(音 슈)城이라 한다.), 인명(예: 軍(音 쇼)氏), 어류 명칭(예: 舡(音 망)魚) 등의 한국 한자들을 열거하였다. 또 음이 없는 한자(예: 땔나무 묶음을 '迖'이라 적고 '자리'라고 말하는데 글자는 있으나 음은 없다), 음은 있고 뜻이 없는 한자(예: 荶(늣), 旀(며), 亇(머)), 자전에는 있으나 우리 나라에서 사용하는 음도 아니고 뜻도 아닌 한자(예: 娚, 荶), 두 글자를 합하여 하나의 한자로 만든 것(예: '水'와 '田'을 합쳐 '畓'으로 사용한다.), 한 글자를 나누어 두 개의 한자로 만든 것('鮬魚'를 '大口魚'로 사용한다.) 등의 예를 제시하였다.

「주영편」 참고 논저

① 홍이섭, 1953, 정동유의 「주영편」에 보인 이국어에 취하여, 「역사학보」, 4, 역사학회. 85-100. ② 임창순, 1966ㄱ, 「주영편」, 고서 해제 1, 「국회도서관보」 3-10, 서울: 국회도서관. 70-72. ③ 임창순, 1966ㄴ, 「주영편」, 고서 해제 2, 「국회도서관보」 3-11, 서울: 국회도서관. 42-44. ④ 정동유 지음·남만성 옮김, 1971, 「주영편」 상·하, 서울: 을유문화사. ⑤ 고병익, 1972, 「주영편 해제」, 서울: 서울대출판부. ⑥ 이재곤 해제, 1984, 「주영편」, 정동유 저, 「국회도서관보」 173, 서울: 국회도서관. 61-69. ⑦ 이충구, 1984, 「주영편」에 수집된 한국 한자의 분석 연구, 「수선논집」 8, 서울: 성균관대 대학원. 65-96. ⑧ 강신항, 1986ㄱ, 「주영편」 내 훈민정음 관련 기사에 대하여, 「박붕배 박사 회갑 기념 논문집」, 서울: 배영사. 556-567. ⑨ 강신항, 1986ㄴ, 조선 후기 정음학자들의 정음관, 「국어학 신연구(약천 김민수 교수 화갑 기념)」, 서울: 탑출판사. 937-946. ⑩ 강신항, 1986ㄷ, 실학 시대 학자들의 업적에 대하여, 「교육논총」 1, 서울: 성균관대 교육대학원. ⑪ 도수희, 1992, 정동유의 언어관, 「춘강 유재영 박사 화갑 기념 논총」, 서울: 이회문화사. 163-172. ⑫ 도수희, 1993, 정동유의 어휘·어원론, 「어문연구」 24, 대전: 어문연구회. 461-470. ⑬ 김일, 2003, 「주영편」을 통해본 정동유의 언어관, 「중국조선어문」 3, 길림성민족사무위원회. 22-25. ⑭ 양정호, 2004, 「주영편」의 국어학사적 고찰, 「애산학보」 30, 애산학회. 69-97. ⑮ 조성산, 2005, 현동 정동유(1744~1808)와 「주영편」에 관한 연구, 「한국인물사연구」 3, 서울: 한국인물사연구소 241-270. ⑯ 김동준, 2007, 소론계 학자들의 자국어문 연구 활동과 양상, 「민족문화사연구」 35, 민족문화사학회. 8-39. ⑰ 심호수, 2007, 「「주영편」에 나타난 정동유의 언어관 연구」, 석사논문, 서울: 연세대학교. ⑱ 김양진, 2009, 18세기 후반의 국어학과 정동유의 「주영편」, 「대동문화연구」 68, 서울: 성균관대 유교문화연구소. 255-289. ⑲ 이종묵, 2010, 정동유와 그 일문의 저술, 「진단학보」, 110, 진단학회. 301-328. ⑳ 정승철, 2010, 「주영편」의 국어 연구, 「진단학보」, 110, 진단학회. 395-411. ㉑ 정호훈, 2010, 「주영편」의 자료 구성과 지식 체계, 「진단학보」, 110, 진단학회. 329-361.

### (8) 「경세 유표(經世遺表)」(정약용, 1817)

유형원과 이익의 학문을 계승한[305] 다산(茶山) 정약용(丁若鏞, 1762년~1836

---

305) 퇴계학은 영남학파와 근기학파로 나누어진다. 영남학파는 김성일(金誠一, 1538년~1593년), 유성룡(柳成龍, 1542년~1607년), 정구(鄭逑, 1543년~1620년)로 다시 나누어

년)306)은 조선 후기의 실학 사상을 집대성하였다. 그는 1801년 포항 장기에 유배되어 자서 「고삼창 고훈(考三倉詁訓)」과 훈고서 「이아술(爾雅述)」 등을 지었으나 전해지지 않고, 널리 알려진 초학자를 위한 한자 학습서인 「아학편(兒學編)」307)이 남아 있다. 그는 500여 권에 이르는 그의 저서를 정리하여 「여유당 전서(與猶堂全書)」를 펴냈다.

장서각, 규장각 등에 소장되어 있는 그의 저서 「경세 유표(經世遺表)」308)(1817)에서 자전의 활용에 관한 다음과 같은 내용을 찾아볼 수 있다.

> ① 「경세 유표」 '제1권 '춘관예조(春官禮曹) 예관지속(禮官之屬)''에서 당
>   나라의 과거 제도를 설명하면서 서학과(書學科)는 「설문(說文)」과 「자

진다. 근기학파는 허목(許穆, 1595년~1682년)에서 시작되었는데, 허목의 학문은 이익으로 이어진다. 이익의 학맥은 좌파와 우파로 나뉘어진다. 우파는 안정복(安鼎福, 1712년~1791년), 황덕길(黃德吉, 1750년~1827년), 허전(許傳, 1797년~1886년) 등으로 이어진다. 좌파는 권철신(權哲身, 1736년~1801년), 정약전(丁若銓, 1758년~1816년), 정약용으로 이어진다. 따라서 정약용은 성호 이익 학맥의 좌파에 속한다(이우성, 1982).

306) 다산(茶山), 여유당(與猶堂), 사암(俟菴), 채산(茱山) 등의 호를 사용한 정약용은 조선 후기의 실학자로 육경과 사서를 연구하여 사회 개혁안을 제시한 「경세 유표」, 「목민 심서」, 「흠흠 신서」 등의 저서를 펴냈다. 그리고 정약용은 초학자를 위한 한자 학습서 「아학편(兒學編)」(발행 시기 미상), 「백언시(百諺時)」(1801)을 보완하여 만든 속담집 「이담 속찬(耳談續纂)」(1820), 잘못 쓰는 어휘와 문자를 바로잡기 위해 쓴 「아언 각비(雅言覺非)」(1819), 여러 사물의 명칭을 분류하여 나열한 「청관 물명고(青館物名考)」 등도 저술하였다. 그의 외현손 김성진(金誠鎭)은 정약용의 저술을 모두 모아 정인보(鄭寅普)와 안재홍(安在鴻)의 교열을 거쳐 「여유당 전서」라는 제목의 문집으로 1934년부터 1938년에 걸쳐 신조선사에서 154권 76책을 발행하였다.

307) 「천자문」의 단점을 보완하기 위해 펴낸 「아학편」은 2권 1책으로 상하 각 권에 1,000자의 한자가 수록되어 있다. 즉 「아학편」 상권에 형태가 존재하는 유형 1,000자와 하권에 형태가 없는 무형 1,000자가 수록되어 있다.

308) 장서각과 규장각에 소장되어 있는 「경세 유표」는 15책 44권 필사본으로 이루어져 있다. 안병직(2011: 171-172)에 따르면 현재 19종의 「경세 유표」 필사본이 남아 있는데, 이것 중에서 12종은 전질이며, 7종은 결질본이다. 1914년 조선 광문회에서 「여유당 전서」에 「경세 유표」를 포함하여 발행하였으며, 1960년에 문헌 편찬 위원회에서 신조선사에서 영인한 것에 「민보의」와 다산의 연보를 더하여 4책으로 영인하여 발행하였다. 1987년에 경인문화사에서 「경세 유표」가 포함되어 있는 신조선사의 「여유당 전서(與猶堂全書)」에 '보유'와 '부록' 1책을 합쳐 7책으로 영인하여 발행하였다. 그리고 1973년부터 1975년까지 다산학회에서 「보유」 5책을 편집하여 발행하였다.

림(字林)」 20조를 시험한다고 하였다. 「설문」과 「자림」이 과거 시험의 과목으로 선정되어 있으므로, 자서가 당시 관료 지망생들이 필독해야 할 서적이었음을 확인할 수 있다.

② 「경세 유표」 '제6권 지관수제(地官修制) 전제(田制) 4'에서 "은나라 사람은 70묘로써 조(助)를 하였으니, 조는 1/9을 부세로 바치는 조법이다."라는 「설문」의 내용을 인용하였다.

③ 「경세 유표」 '제9권 지관수제(地官修制) 전제 별고(田制別考)'에서 「설문」에서 "기(畸)는 남은 전지이다."라는 내용을 인용했으며, 또 「정자통」에서는 "정전(井田)이 정(正)이 되고, 정(井)으로 할 수 없는 남은 전지가 기가 된다. 지세(地勢)는 바르지 못한 것이 많은데, 정전은 반듯하게 하는 것으로 전지에는 반드시 기령(畸耇)이 있다. 정전을 구획하는 사람은 반드시 남은 것을 계산하여 그 수효에 보탠다고 하였다."는 내용을 인용하였다. 「설문」과 「정자통」의 내용을 인용한 것으로 보아 당시 학자들은 이 자서들을 활용하였음을 짐작할 수 있다.

④ 「경세 유표」 제13권 '지관수제(地官修制) 교민지법(敎民之法)'에서는 동자의 학업은 육서(六書)에 전력하는 것을 주로 하고, 곁들이는 것으로 「유의(幼儀)」, 「이아(爾雅)」, 「설문(說文)」, 「옥편(玉篇)」, 「급취편(急就篇)」을 1과로 하고 「설문」은 서현(徐鉉)의 「장전(長箋)」을 이용함이 마땅하다고 하였다. 따라서 정약용은 유교 경전을 학습하는 데에 반드시 필요한 서적으로 여러 자서들을 꼽은 점은 그가 자서의 중요성을 나름대로 인식하고 있었음을 나타내어 준다.


이상과 같이 살펴본 바에 따르면, 「경세 유표」에는 자전의 내용을 인용하거나 자전의 활용 방법에 관한 내용만 수록되어 있고, 자전의 내용에 관한 분석이나 평가 등에 관한 내용은 찾아볼 수 없다. 이러한 이유는 「경세 유표」의 내용이 책의 제목에 나타나 있듯이 '경세(經世)' 즉 세상을 다스리는 문제에 관하여 쓴 글로 이루어져 있기 때문인 것으로 생각할 수 있다. 실제로 「경세 유표」에서 자전 내용의 단순한 인용이나 자전의 활용 방법을 제시한 태도와는 달리 그의 「다산 시문집」에서는 자전의 내용에 관하여 보다 구체적으로 설명한 내용을 아래에서처럼 찾아볼 수 있다.

---

**「경세 유표」 참고 논저**

① 최남선 편, 1914, 「경세유표」, 경성: 조선광문회. ② 신조선사 편, 1934~1938, 경세유표, 「여유당전서」, 경성: 신조선사. ③ 이익성 역, 1977, 「국역 경세유표」, 서울: 민족문화추진회. ④ 김병린, 1987, 다산학 논저 목록, 「다산 서세 150주년 기념 다산학 논총」, 하, 서울: 다산학연구원. ⑤ 윤사순 편, 1990, 「정약용」, 서울: 고려대학교 출판부. ⑥ 이우성, 1982, 「한국의 역사상」, 서울: 창작과비평사. ⑦ 정해렴 역주, 2004, 「역주 경세유표」 1~3, 서울: 현대실학사. ⑧ 조성을, 2007, 「경세유표」의 문헌학적 제문제 −성립 과정과 저술 시기 중심으로−, 「다산학」, 10, 다산학술문화재단. 259-311. ⑨ 안병직, 2011, 「여유당전서」 출간 배경과 다산 저술의 필사본 「경세유표」에 대한 서지적 검토, 「다산학」, 18, 다산학술문화재단. 167-197.

---

### (9) 「다산 시문집(茶山詩文集)」(정약용, 1865)

1982년부터 1994년까지 한국 고전 번역원에서 번역하여 민족 문화 추진회에서 원문의 영인본을 붙여 발행한 「국역 다산 시문집」[309]에서 정약용의 다음과 같은 자전에 관한 글을 찾아볼 수 있다.[310]

① 「다산 시문집(茶山詩文集)」 제15권 '정헌(貞軒)의 묘지명'에서는 소보

---

309) 「국역 다산 시문집」은 모두 10권이다. 각 권마다 번역자와 발행일이 다르다. 1936년에 신조선사에서 발행한 「여유당 전서」를 대본으로 하고 규장각 소장본 「여유당집」을 참고하여 번역하였다. 이 책의 1권(송기채 번역, 1994)에는 「다산 시문집」 권1~권2의 번역문이 실려 있다. 2권(양홍렬 번역, 1994)에는 권3~권5의 번역문, 3권(임정기 번역, 1994)에는 권6~권7의 번역문, 4권(김신호 외 번역, 1982)에는 권8~권9의 번역문, 5권(양홍렬 외, 1983)에는 권10~권12의 번역문, 6권(이정섭 외, 1984)에는 권12~권14의 번역문, 7권(정태현 외, 1985)에는 권15~권17의 번역문, 8권(박석무·정태현, 1986)에는 권18~20의 번역문, 9권(성백효·장범순, 1986)에는 권21~권22의 번역문이 수록되어 있다. 그리고 10권(임승표, 1997)은 1권부터 9권까지의 색인이다.
310) 한국 고전 종합 디비(http://db.itkc.or.kr)에서 이 책의 원문을 찾아볼 수 있다.

(邵寶)의 「용춘당집(容春堂集)」에 '나모전(攠母傳)'이 있는데, '나(攠)'
자를 알 수 없어 자서를 두루 찾아보았으나 이 글자가 없었다고 하
였다.

② 「다산 시문집」 제22권 '잡평(雜評)'에 수록되어 있는 '천문(千文)에
대한 평'에서는 「이아」, 「설문」, 「급취장(急就章)」, 「옥편」 등은 자모
(子母) 상생(相生)의 법칙과 편방(偏房) 이합(離合)의 방법을 연구하여
그 근본 원리를 통하게 하기 위하여 펴낸 것이라고 하였다. 그리고
「이아」나 「설문」을 가르치던 제도를 복구할 수 없다면 「천자문」보
다는 서거정이 지은 「유합」을 가르치는 것이 오히려 나을 것이라고
하였다.

위의 글에서 다산은 자서에서 표제자로 등재하지 않은 한자를 제시하였
다. 그리고 그는 「이아」나 「설문」을 가르치던 제도의 중요함을 강조하면서
중국의 어려운 고사의 내용을 이해하여야 하고, 4자 성구의 형식적인 체계
를 갖춘 중국 주흥사(周興嗣)의 「천자문」보다는 실제 생활에서 사용하는 우
리 어휘를 선정하여 의미별로 나열하여 만든 「유합」이 초학자를 위한 교재
로서 더 적합한 것으로 생각하였음을 알 수 있다.

한편 정약용이 지은 「삼창 고훈(三倉詁訓)」은 한나라 초기의 이사(李斯)의
「창힐편(倉頡編)」과 조고(趙高)의 「애력편(愛歷篇)」과 호모경(胡母敬)의 「박학편
(博學篇)」을 합친 자서로 「삼창(三倉)」311)을 고증한 책이다. 그리고 1801년 2
월에 유배지인 장기(長鬐: 현재의 포항시 장기면)로 가게 되어 그곳에 머물면
서 「삼창 고훈」을 상고하여 훈고서 「이아(爾雅)」를 해석한 「이아술(爾雅述)」
6권을 지었다. 이 둘은 자학 즉 소학에 관한 중국의 대표적인 두 책을 고

---

311) 한나라 때에 편찬된 자서 「삼창」은 '창힐편', '원력편(爰歷篇)', '박학편'의 3편으로 이
    루어져 있는데, 맨 앞의 편면을 따서 「창힐편」이라고도 부른다. 앞에서 살펴본 것처럼
    「고려사」에 따르면 고려 때에도 국학에서는 「삼창」은 「국어」, 「설문 해자」, 「자림」, 「이
    아」 등과 더불어 학습하였음을 확인할 수 있다.

증한 것인데, 정약용이 그해 겨울 다시 감옥에 갇히게 되어 옥중에서 잃어
버리고 말았다고 한다.

「다산 시문집」 참고 논저

① 신조선사 편, 1934~1938, 경세유표, 「여유당전서」, 경성: 신조선사. ② 민족문
화추진회 편, 1982~1994, 「국역 다산시문집」 1-9, 서울: 민족문화추진회. ③ 한우
근, 1983, 「정다산 연구의 현황」, 서울: 민음사. ④ 김영호, 1986, 다산학 연구사 서
설 -다산 실학에 대한 연구 성과와 그 문제점-, 「다산학보」, 9, 서울: 다산학연구원.
⑤ 심경호, 2007, 「여유당전서」 시문집 정본 편찬을 위한 기초 연구 -시편의 계년
방법을 중심으로-, 「다산학」, 11, 서울: 다산학술문화재단. 355-395. ⑥ 김보름, 2011,
「여유당전서」 출간 배경과 다산 저술의 필사본 전승: 「여유당집」의 성립에 관한 고
찰, 「다산학」, 18, 서울: 다산학술문화재단. 197-235.


(10) 「해동 역사(海東繹史)」(한치윤, 19세기 초기)

조선 후기 실학자 한치윤(韓致奫, 1765년~1814년)이 19세기 초기에 펴낸
「해동 역사」 '인용 서목'의 '중국서 목록'에서는 「이아(爾雅)」, 「이아주(爾雅
註)」, 「석명(釋名)」, 「급취편주(急就篇註)」, 「급취편 성씨주(急就篇姓氏註)」, 「통아
(通雅)」, 「설문(說文)」, 「정자통(正字通)」, 「자휘(字彙)」, 「강희 자전(康熙字典)」 등
의 저자, 책의 분량, 내용, 수록한 한자 수 등을 소개하였다. 특히 「자휘」에
는 33,172자를 수록하였으며, 「강희 자전」에는 400,545자를 수록하였다고
설명하였다.

「해동 역사」 참고 논저

① 이병도, 1982, 「해동역사」의 종합적 검토 개회사, 「진단학보」, 53, 진단학회. 230.
② 이우성 외, 1982, 「해동역사」의 종합적 검토 토론 속기록, 「진단학보」, 53, 진단
학회. 250-261. ③ 이태진, 1982, 「해동역사」의 학술사적 검토, 「진단학보」, 53, 진
단학회. 231-242. ④ 한영우, 1985, 「해동역사」의 연구, 「한국학보」, 11-1, 서울: 일
지사. 1132-1189.

(11) 「언문지(諺文志)」(유희, 1824)

「언문지(諺文志)」는 서파(西陂) 유희[312](柳僖, 1773년~1837년)의 문집 「문통(文通)」[313]에 수록되어 있다. 김구경(金九經) 교간본 「교간 유 씨 언문지(校刊柳氏諺文志)」[314](1934)가 있으며, 1938년 조선어학회에서 간행한 활자본 「언문지」와 진주 유 씨 가장본 「문통」, 「언문지」가 있다. 한양대 부설 국학 연구원에서 1974년 「언문지」를 영인하여 간행하였고, 한국학 중앙 연구원에서 진주 유 씨 가장본을 「진주 유 씨 서파 유희 전서」에 수록하여 2007년에 발행하였다.

「언문지」는 한자음을 정확하게 표기하기 위하여 언문을 정리한 규범적인 논의로, '서문, 초성례, 중성례, 종성례, 전자례'로 이루어져 있다. 유희는 '언문지 초성례(初聲例)'에서 수나라 육법언(陸法言)의 「광운(廣韻)」 36자모, 송나라 사마 온공(司馬溫公)과 정도(丁度)의 「집운(集韻)」 36자모, 명나라 황공소(黃公紹)의 「운회(韻會)」 35자모, 악소봉(樂韶鳳)과 송렴(宋濂) 등의 「홍무 정운(洪武正韻)」 31자모를 표로 제시한 다음 자신의 의견을 간략하게 기술해 놓았다. 또 '중성례'에서는 '정음 통석 중성 11형'과 '유 씨 교정 중성 정례 15형'을 설명하였다. 그리고 '종성례'에서는 '정음 통석 종성 8운'과 '유 씨 교정 종성 정례 6운'에 관하여 설명하였다. 끝으로 '전자례'에서는

---

312) 유희는 현동 정동유(1744년~1808년)에게 사사하였다.

313) 「문통」에는 '시물명고(詩物名攷), 언문지, 물명 유고(物名類攷), 만물 유설(萬物類說)' 등이 수록되어 있다.

314) 김구경은 중국 심양(瀋陽)에서 이 책을 간행하였다. 이희승 교수는 경성 제국 대학 일본인 교수 이마니시류(今西龍, 1875년~1932년)가 소장하고 있었던 「언문지」를 빌려서 등사본을 만들었다. 이 등사본을 유인한 책이 당시 유통되었는데, 김구경과 친하게 지냈던 중국 봉천(奉天) 보통 학교의 교사 이정근(李定根)도 이 책을 구해 보관하고 있었다. 이정근이 가지고 있던 유인본을 본 김구경은 이것을 교정한 다음에 활자본으로 발행하고자 하였다. 김구경은 '언문지'를 교정할 때에 이능화의 「조선 불교 통사」에 수록되어 있는 '언문지' 서문과 발문, 그리고 인용한 원문을 활용하였다. 1938년 3월 조선 어학회에서도 이희승이 소장하고 있었던 '언문지' 등사본을 이희승의 해제를 붙여 활자본으로 발행하였다.

초성자, 중성자, 종성자의 결합 방법을 열거하면서 언문자의 총수 12,150
개를 계산하고, 언문이 한자보다 우수한 점을 설명하였다.

　「언문지」에서 「광운」, 「사성 통해」 등의 운서에 관하여 설명한 내용과
「정음 통석」, 「삼운 성휘」 등의 운서를 비판한 내용을 '언문지'에 수록된
차례대로 소개하면 다음과 같다.

① 유희는 최세진의 「사성 통해」에서는 「광운」 자모에 각각 언문을 달
아서 「운회」의 용례와 같이 하였으니 「광운」에 원래 언문이 없었으
므로 「광운」에 언문을 달지 않는다고 했다.

② 「운회」에서는 35초성을 제시했는데, 몽고의 발음법에 따라 적은 것
이다. 「몽고 운략」은 원나라 때에 편찬된 서적이다. 최세진은 '魚
(어)'는 '疑(의)'와 음이 같아 이것을 둘로 나누는 것은 옳지 않다고
했다. 그런데 「운회」에서 이것을 둘로 나눈 것은 둘의 음은 같지만
그 몽고 글자는 다르기 때문이다. 즉 유희는 「운회」는 몽고 운을 따라
자모를 설정하였으므로 다른 운서의 자모와 다르다고 설명하였다.

③ 최세진의 「사성 통해」에서 「홍무 정운」 언문 자모표를 인용하여 명
나라 태조가 사신들에게 명령하여 모황(毛晃) 부자의 「증수 호주 예
부 운략(增修互註禮部韻略)」에 따라 지은 「홍무 정운」의 31자모를 표
로 제시하였다.

④ 박성원의 「정음 통석」 17초성은 「훈민 정음」과 같지 않다.

⑤ 「광운」에서 '非母(비모)'와 '奉母(봉모)'는 취순음(吹脣音)[315]으로 설
정하지 않았다. 나중에 취순(吹脣) 자음(字音)이 생겼기 때문에 내가
새로운 자모(字母)를 내세웠다. 이 취순음 '非母(비모)'와 '奉母(봉
모)'는 「광운」에서 순경음으로 처리한 '非母(비모)'와 '奉母(봉모)'와
는 다르다. 그래서 「광운」의 '非(비)'와 '奉(봉)'과는 다른 것임을 나
타내기 위해서 '匪(비)'와 '俸(봉)'으로 바꾸어 썼다. '奉(봉)'은 속음
이 청음이고 탁음이 아니기 때문에 이렇게 고쳐 쓸 수밖에 없다.

---

315) 유창돈(1958: 13)의 원문에는 '취순음(吹脣音)'으로 적혀 있다. 그런데 유창돈(1958: 69-
70)에는 '취진음(吹脣音)'으로 잘못 표기되어 있다.

⑥ 「사성 통해」에 수록되어 있는 '번역 노걸대 박통사 범례'에서 지금 '밍'라는 음은 또한 위로도 발음된다고 한 것은 「정음 통석」에서 '몽'과 같은 '◇'이 'ㅇ'과 합한 것과 같은 이유이다. 그래서 '몽'을 사용하지 않는다.

⑦ 「정음 통석」에서는 각(角), 치(徵), 우(羽), 상(商), 궁(宮)의 5음과 변치(變徵), 변궁(變宮) 두 변음을 합쳐 7음이 되는 이치를 이해하여 변치와 변궁이라고 하였으나, 'ㅿ'을 변궁이라 한 것은 잘못이다. 'ㅿ'은 후음이 아니기 때문이다. 따라서 「광운」에서 반치(半徵), 반상(半商)이라고 한 것은 이미 근거가 없다. 「운회」에서 이 두 음을 반치상(半徵商)이라고 하였고, '궁(宮)'에 차궁을 두고, '상(商)'에 차상을 두었다. 이것들은 악률(樂律)에 없으므로 글자가 있을 수 없다. 또 「운회」에서는 후음을 '우(羽)'라고 하고, 순음을 '궁(宮)'이라고 하였지만 모두 이치에 맞지 않다. 그리고 「집운」에서 '影母(영모)'를 '匣母(갑모, ㆅ)' 뒤에 놓은 것도 알 수 없는 일이다.

⑧ 'ㅿ母(요모, ㆆ)'는 '影母(영모, ㆆ)'과 같아서 원래 'ㅿ母(요모)'를 쓰지 않는다. 요즘 '疑母(의모, ㆁ)'는 'ㅇ'으로 변하고 있으므로 'ㆁ'과 'ㅇ'의 혼동을 막기 위해 '疑母(의모)'를 쓰지 않고 '魚母(어모)'를 쓴다. 「운회」에는 'ㅿ母(요모)'와 '魚母(어모)'가 다 있다.

⑨ 'ㅇ'은 「광운」에서는 '疑(의)'로 표기하고, 「정음 통석」에서는 '伊(이)'로 적었다. 지금 보통 사람들은 '疑(의)'와 '伊(이)'를 '喩母(유모)'에 속하는 'ㅇ' 음으로 발음한다. 그리고 「정음 통석」에서는 종성 'ㅇ'은 있어도 종성 'ㆁ'은 없다. 그러나 'ㆁ'은 아음으로 울림소리이고, 'ㅇ'은 후음이니 잦아드는 소리이다. '東(동)'과 '陽(양)'의 받침은 울림소리이니 'ㆁ'으로 적어야 한다. 이 종성 'ㆁ'은 초성의 'ㅇ'으로 읽을 수 있고, 'ㆁ'은 아음에서 시작하나 결국 비공으로 공명되어 사람들이 발음하기 어려워 'ㆁ'을 '疑母(의모, ㆁ)'과 '伊母(이모, ㅇ)'의 음가를 동일하게 보아 'ㅇ'으로 쓴다. 그런데 「정음 통석」에서는 이런 점을 이해하지 못하여 'ㆁ, ㅇ, ◇'은 서로 발음이 유사하여 따로 구별하여 쓸 필요가 없다고 설명한 것은 모호한 견해이다.

⑩ 「정음 통석」에서는 중국음 '수'는 '수'와 '우'의 사잇소리이고, '부'

는 '부'와 '우'의 사잇소리인데, 이 두 음은 우리 나라에는 없다고 설명하였다. 그런데 우리 발음에 이 두 음이 없다고 언문에서까지 이 자모를 뺄 수는 없다. 보통 'ㅿ'은 원래 'ㅅ'과 'ㅇ'의 간음이다. 따라서 나는 'ㅿ모'를 치음의 불탁음으로 처리하였다. 훈민 정음 제자의 원래 뜻을 살펴보면, 'ㅸ'과 'ㅹ'은 'ㅂ'와 'ㅃ'을 발음할 때에 김을 불어내면서 입술을 둥글게 하여 가볍게 날리라는 뜻을 나타낸 것이다. 「정음 통석」에서는 이 음을 제외하였지만, 'ㅸ'이 '부'와 '우'의 사잇소리가 될 수는 없다.

⑪ 「운회」 이후로 나온 여러 운서들에서는 모두 치두음은 왼쪽의 변을 길게 뻗치고, 정치음은 오른쪽의 변을 길게 적는다. 그러나 이 두 형태는 그 음이 동일하므로 구별하여 적을 필요는 없다.

⑫ 「정음 통석」에서는 중성을 11개를 설정하였는데, 「훈민 정음」과 「삼운 성휘」에서도 마찬가지이다.

⑬ 「정음 통석」에서는 「노걸대 언해」와 「박통사 언해」에서 사용한 절요 중성(折腰中聲) 6개(ㅋ, ㅛ, ㅛ, ㅛ, ㅠ, ㅠ)를 설정하였다.

⑭ 신숙주는 「사성 통고」에서 모음 'ㅏ'는 'ㅏ'와 'ㆍ'의 사잇소리처럼 읽고, 'ㅑ'는 'ㅑ'와 'ㆍ'의 사잇소리처럼 읽으며, 'ㅓ, ㅕ, ㅗ, ㅛ, ㅜ, ㅠ, ㅡ'도 'ㅓ와 ㅡ, ㅕ와 ㅡ, ㅗ와 ㆍ, ㅛ와 ㆍ, ㅜ와 ㅡ, ㅠ와 ㅡ, ㅡ와 ㆍ'의 사잇소리처럼 읽고, 'ㅣ'는 'ㅣ'와 'ㅡ'의 사잇소리로 읽어야 중국음에 맞게 발음된다고 했다. 그는 북경음에 여음(餘音)이 있기 때문에 이처럼 설명했다. 그러나 언문은 원래 여음과는 아무런 상관이 없이 만들어졌다. 그리고 중국 북방음은 늦추어 발음하여 여음을 만드나, 남방음은 여음이 없도록 짧게 끊어 발음한다.

⑮ 「삼운 성휘」에서는 3가지 모음 'ㅘ, ㅝ, ㅣ'를 중성(中聲)으로 처리하였다. 그러나 'ㅘ, ㅝ'는 제자 방법으로 보면 글자의 중복으로 만들었지만 발음은 원래 중복된 것이 아니다. 글자의 형태를 고려하지 않고 소리만 따진다면 'ㅘ, ㅝ'는 'ㅏ, ㅓ'와 다를 바 없다. 따라서 나는 'ㅘ'는 'ㅏ' 밑에 놓고, 'ㅝ'는 'ㅓ' 밑에 놓아 같은 종류로 처리하였다.

⑯ 「몽운」에는 모음 'ㅓ'가 있는데, 발음은 'ㅘ'와 같다. 'ㅓ'와 'ㅘ'의 차이는 초성에서 '疑母(의모)'와 '魚母(어모)'의 차이 또는 '影母(영

모)’와 ‘ㅛ母(요모)’의 차이에 불과하리만큼 별로 차이가 없으므로 나는 이 모음은 설정하지 않았다.

⑰ 「노걸대 언해」, 「박통사 언해」, 「정음 통석」에서 사용하고 있는 중국 음 ‘ㅛ, ㅑ, ㅠ, ㆌ, ㅕ, ㆊ’와 지금의 중국 속음 ‘ㅗ, ㅛ’는 모두 중복 음인 절요 중성이다. 「몽운」, 「사성 통고」, 「사성 통해」에서는 이것을 종성으로 처리하였다. 그러나 이것들은 중성도 아니고, 종성도 아니다. 다만 하나의 글자로 두 개의 음을 겹친 것이다. 따라서 이것들을 언문으로 적을 때에는 두 글자로 풀어 적어야 한다. 예를 들면, ‘챠션’은 ‘차오션’으로 적어야 한다. 이런 중복 중성은 불필요한 것이므로 모두 삭제하였다.

⑱ 「정음 통석」, 「훈민 정음」, 「삼운 성휘」에서는 모두 종성 8운을 설정하였다.

⑲ 「사성 통고」, 「몽고 운략」, 「노걸대 언해」, 「박통사 언해」, 「사성 통해」에서는 모두 ‘東(동)’과 ‘陽(양)’의 운자들은 ‘疑母(의모)’인 ‘ㆁ’을 받침으로 적었고, ‘ㅇ’을 받침으로 적지 않았다. 「정음 통석」에서는 ‘疑(의)’로 하였으나 ‘ㆁ’이 아닌 ‘ㅇ’으로 적었다.

⑳ 「사성 통고」에서는 ‘支(지)’ 운 안에서의 치음 여러 자 ‘支(지), 絺(치), 痔(치), 施(시), 士(사)’ 등은 ‘日母(일모)’ △을 받침으로 적었다. 독법은 받침이 없는 것과 같다. 그러나 「노걸대 언해」, 「박통사 언해」, 「사성 통해」에서는 이것을 사용하지 않았다. 그리고 「정음 통석」에서도 사용하지 않았으나, ‘日母(일모)’의 여러 글자의 받침을 ‘ㄹ’로 적었다.

㉑ 「사성 통고」의 입성은 ‘藥(약)’ 운만 제외하고 나머지는 모두 ‘影母(영모)’ ‘ㆆ’으로 받침을 적었다. 그러나 「사성 통해」에서는 이것을 사용하지 않았다.

㉒ 「사성 통고」, 「능엄경 언해」, 「금강경 언해」, 「삼경·사서 언해」에서는 모두 心母(심모) ‘ㅅ’ 받침이 없다. ‘ㅅ’ 받침은 「사성 통해」 주해어와 「동의 보감」 물명에 나타난다. 그리고 신식(申湜)의 「가례 언해」에 이르러서 마침내 ‘ㄷ’ 종성은 없어진다.

㉓ ‘質(질)’과 ‘曷(갈)’의 ‘ㄹ’은 우리 나라에서 잘못 전성된 음이고, 중국음에서는 원래 모두 ‘ㄷ’ 종성이다. 이것은 신숙주의 「사성 통고」

를 보면 능히 증거를 찾을 수 있다. 「사성 통고」 범례에서는 입성이 되기 위해서는 아음, 설음, 순음의 전청이 종성이 되고, 빨리 끝나야 한다고 설명하였다. 종성 'ㄱ, ㄷ, ㅂ'를 그대로 발음하면 남음(南音)과 같으므로 글자마다 속음을 쓰고, 여러 운에는 'ㆆ'을 쓰고, '樂(악)' 운에는 'ㅸ'을 반절 아래에 적어 구별하였다고 하였다. 이러한 신숙주의 논의는 모두 중국음을 대상으로 한 것인데, 당시 오나라와 초나라의 남방에는 아직 입성이 있었으므로 남음(南音)이라 하고, 회수(淮水) 이북에는 입성이 없으므로 속음이라고 한 것이다.

㉔ 황공소(黃公紹)의 「운회」에는 '颶(율)', '卒(졸)' 등은 '屋(옥)' 운에 속해 있고, '閤(합)', '榼(합)' 등은 '曷(갈)' 운에 속해 있다. 이것은 북음에는 입성이 없기 때문에 구분하지 못한 것이다.

㉕ 「사성 통고」는 세종 말년에 완성되었고, 70년이 지난 이후에 최세진이 「사성 통해」를 저술하였다. 「사성 통해」 범례에서는 입성은 'ㄹ, ㄱ, ㅂ' 3성인데 한나라 속음에서는 사용하지 않고 남방음에서 많이 쓴다고 하였다. 이처럼 많이 쓴다고 한 것은 그 때에 오나라와 초나라의 남방음이 점점 호음(胡音) 즉 북방음에 전염(傳染)됨으로써 입성을 쓰지 않았기 때문이다. 최세진은 이것에 익숙하지 못하여 우리 발음에서 'ㄷ' 대신에 'ㄹ'로 썼다. 그러나 'ㄹ'은 원래 입성이 아니고, 북방음에서 간간이 쓰고 있어 '支' 운 안에서의 '日母(일모)' 여러 글자는 지금도 'ㄹ' 종성으로 읽고 있다. 그래서 최세진이 'ㄹ'을 많이 쓴다고 한 것은 이와 같은 사정을 들었기 때문일 것이다. 한나라 사람의 발음에 이미 입성이 없어졌는데 어찌 홀로 'ㄷ'에만 제한하여 'ㄹ'로 고쳐 읽을 이유가 없다. 「사성 통고」에서만 'ㄷ' 종성을 쓴 것은 아니고, 그 이전에도 그렇게 쓴 예를 간혹 찾아볼 수 있다.

㉖ 「사성 통해」에서는 'ㅇ'을 종성이 없는 문자의 받침으로 써 초성, 중성, 종성의 체재를 갖추려고 하였다. 그러나 '支', '齊' 등의 운은 입성이 없고, 입성이 없는 것은 종성이 없는 것이므로 「사성 통해」에서는 'ㅇ'을 받침으로 쓰려고 하였으나 결국 쓰지는 않았다. '喩母(유모)' 'ㅇ' 받침은 필요하지 않다.

㉗ '蕭(소), 肴(효), 尤(우), 藥(약)' 등 절요 중성은 본래 고음(古音)이 아

니고 원나라 이후부터 있었던 것이다. 「몽운」에서는 이것을 종성으로 처리하여 억지로 ‘ㅱ’을 받침으로 하였다. 「사성 통고」에서는 ‘藥(약)’ 운이 본래 입성에 속하는 것으로 보아 전청음에 따라 ‘ㅸ’으로 고쳤다. 그러나 ‘ㅗ’와 ‘ㅜ’의 소리는 취순(吹脣) 초성에 가깝지 않다. 「노걸대 언해」와 「박통사 언해」에서 중성으로 고친 것은 옳았다. 따라서 ‘ㅱ’ 받침과 ‘ㅸ’ 받침은 필요하지 않다.

㉘ 신숙주의 「사성 통고」에서는 ‘支(지)’ 운 안에서의 여러 치음 글자는 구설(口舌)이 변하지 않으므로 ‘ㅿ’으로 받침을 하여 그 묘미를 다하는 것이라고 하였으나 실제로는 의미가 없다.

㉙ 「사성 통해」에서는 ‘篷(봉)’을 풀이하여 ‘비ㅅ돍’이라고 하였는데, ‘비 안에 있는 돗자리’라는 뜻이다. 그런데 ‘舟(주)’은 ‘비’라고 적을 수 있지만, ‘빗’으로는 적을 수 없다. ‘席(석)’은 ‘돍’으로 적을 수는 있지만, ‘쏡’으로는 적을 수 없다. 다만 두 말을 이을 때에 ‘ㅅ’ 음이 스스로 생기므로 3개의 글자 자리를 차지하게 된다. ‘ㅅ’은 경서 언해에서는 앞 글자에 붙여 ‘ㄷ’ 종성 대신에 쓰기도 하고, 또는 뒤의 글자에 붙어 탁음으로 쓰기도 하여 옳은 자리에 쓰이지 못하고 있다. 언문의 조직은 한자와 달라서 2자나 3자가 서로 통용되는 것이 가능하니 ‘ㄷ’과 ‘ㅅ’이 그 예이다.


이와 같이 유희는 「광운」, 「운회」, 「몽고 운략」, 「홍무 정운」, 「사성 통고」, 「사성 통해」, 「정음 통석」, 「삼운 성휘」 등의 국내외 여러 운서의 내용을 인용하거나 비판하여 자신의 의견을 제시하였다. ‘언문지’에서 훈고서, 자서, 자전에 관하여 논의한 내용은 찾아보기 어렵지만, 유희의 이러한 운서에 관한 본격적인 논의는 국내에서 처음으로 이루어진 값진 것이다.

한편 김구경이 쓴 ‘교간 유 씨 언문지 서’에는 다음과 같은 운서와 자서에 관한 내용이 있다.


㉚ 언문이 반포되기 2년 전인 갑자년 2월에 주상께서 집현전 교리 최항 등에게 명령을 내리어 언문으로 황공소(黃公邵)의 「몽고 운회」와

「용비어천가」 등을 번역하게 하였다.

㉛ 세종 31년 기사년에 최항에게 명령하여 「홍무 정운」을 번역하게 하였는데, 이것을 「동국 정운」이라 하였다. 또 신숙주에게 명령하여 「사성 통고」를 찬술하게 하였다. 중종 12년 정축년(1517년)에 최세진이 「사성 통해」 2권을 펴냈고, 22년 정해년에는 최세진이 「훈몽 자회」를 펴냈다. 영조 23년 정묘년(1724년)에 박성원과 역관 이군언(李君彦)이 「삼운 통고」의 글자 아래에 중국음으로 주를 달았는데 모두 최세진의 「사성 통해」를 따랐으며, 책명은 「화동 정음 통석 운고」라고 하였다. 유희는 이상의 여러 책을 모두 인용하였는데, 신경준의 「훈민 정음 도해」, 홍계희의 「삼운 성휘」, 정조의 「어정 규장 전운」 등도 참고하였다.

㉜ 유희의 「언문지」는 순조 24년 갑신년(1824년)에 지어졌으며, 전체가 1만 자에 불과하다. 그렇지만 그 내용은 간단하면서도 분명하고 간략하면서 정밀하다.

위에서 김구경은 유희가 참고한 운서와 자서를 열거하고, 「언문지」의 내용을 긍정적으로 평가하였음을 알 수 있다.

끝으로 「언문지」 이후에 19세기 중반에 간행된 이규경의 「오주 연문 장전 산고」에 수록된 자전의 논의와 「언문지」의 논의를 연구 대상의 범위에서 비교해 볼 수 있다. 즉 유희는 운서의 논의에 집중하였다. 반면에 이규경은 「광운」, 「홍무 정운」, 「삼운 통고」, 「어정 규장 전운」 등의 운서에 관한 논의도 하였지만, 유희와는 달리 「이아」, 「설문 해자」, 「자림」, 「강희 자전」 등 운서보다는 자서와 자전에 관하여 더 많은 관심을 가지고 논의했다는 점에서 차이가 난다. 그런데 유희는 어휘집 「시물명고(詩物名攷)」와 「물명 유고(物名類攷)」 등도 지어 운서에만 그의 관심이 국한되어 있다고 단정적으로 말할 수는 없을 것이다. 아무튼 이 두 사람의 논의는 각각 19세기의 운서와 자전의 연구의 대표적인 업적으로 꼽을 수 있다.

「언문지」 참고 논저

① 이희승, 1937, 언문지 해제, 「한글」 5-1, 조선어학회. 7-8. ② 이희승, 1938, 「언문지」, 경성: 조선어학회. ③ 정인보, 1955, 「문통」 해제, 「담원 국학 산고」, 서울: 문교사. 15-18. ④ 유창돈, 1958, 「언문지 주해」, 서울: 신구문화사. ⑤ 박태권, 1959, 유희의 어학사적 위치, 「문리대학보」, 2, 부산: 부산대 문리과대학. 1-28. ⑥ 김민수, 1964, 유희의 전기, 「도남 조윤제 박사 회갑 기념 논문집」, 서울: 신아사. 185-208. ⑦ 김민수, 2000, 유희 선생의 생애와 학문, 「유희의 생애와 국어학 자료집」, 한국어문교육연구회·사단법인 한국어문회. 21-35. ⑧ 조건상, 1978, 「해설 역주 언문지」, 서울: 형설출판사. ⑨ 도수희, 1992, 유희의 언문지에 대하여, 「훈민정음과 국어학」, 광주: 전남대학교 출판부. ⑩ 강신항, 2000, 언문지에 나타난 유희의 음운 연구, 「유희의 생애와 국어학 자료집」, 한국어문교육연구회·사단법인 한국어문회. 1-19. ⑪ 정양완, 2000, 유희의 학문과 생애, 「새국어생활」 10-3, 서울: 국립국어연구원. 5-26. ⑫ 신수영, 2001, 「언문지의 체제와 유희의 언어관 연구」, 석사 논문, 서울: 이화여대 대학원. ⑬ 김지홍, 2010, 언문지의 이본들에 대하여, 「서지학보」, 36, 한국서지학회. 154-194. ⑭ 김언종 외, 20??, 「유희의 언문지 역주」.

(12) 「오주 연문 장전 산고(五洲衍文長箋散稿)」(이규경, 185?)

오주(五洲) 이규경(李奎景, 1788년~1863년)은 그의 할아버지 이덕무(李德懋, 1741년~1793년)의 학문을 계승하여 실학의 영역을 넓힌 백과 전서파이다. 그는 조선과 청나라(1616년~1912년)의 여러 책들의 내용을 정리하여 1,400여 항목으로 정리하여 「오주 연문 장전 산고(五洲衍文長箋散稿)」(185?)를 펴냈다. 이밖에도 그는 새로운 지식을 소개한 「오주 서종 박물 고변(五洲書種博物攷辨)」과 농업 정책을 제시한 「백운필(白雲筆)」 등을 저술하였다.

조선 시대의 자전에 관한 본격적인 논의는 이규경이 185?년에 편찬한 백과 사전적인 내용을 담은 「오주 연문 장전 산고」에서 찾아볼 수 있다.316) 이 책은 우리 나라와 외국의 문물과 제도에 관한 1,400여 개의 항

---

316) 이 책은 원고본으로 남아 있는데, 최남선이 필사 원본을 소장하고 있었으나 6·25 전쟁으로 없어지고 이것을 필사한 것이 규장각에 소장되어 있다. 원본도 권1과 권2가 유실

목을 설명한 것으로 60권 60책으로 이루어져 있다.

특히 「오주 연문 장전 산고」에는 다음과 같은 자서와 자전에 관한 글들
이 실려 있어 우리의 주목을 끈다. 이 논의들을 구체적으로 소개하면 다음
과 같다.

① '두역의 신이 있다는 데 대한 변증설'('인사편 1-인사류 2 질병')에
서는 「강희 자전(康熙字典)」에는 '치(魅)' 자는 없고, 귀(鬼) 부 아래 '치(魅)'
자가 있다고 하였다.

② '「이아」에 대한 변증설'(경사편 1-경전류 1(속), 이아, 고전 간행회
본 권59)에서는 「이아」의 성격, 육경(六經)과의 관련성,[317] 표제자의 수,[318]
「이아」의 저자와 주소(注疏)한 사람, 「이아」의 명칭 해석, 「이아」의 관련
서적 등에 관하여 설명하였다.

③ '소학의 고금 이학(二學)에 대한 변증설'(경사편 1-경전류2 소학-소
학, 고전 간행회본 권51)에서는 6서와 6체[319]와 그리고 「사주편(史籀篇)」,
「창힐편(蒼頡篇)」, 「범장편(凡將篇)」, 「급취편(急就篇)」, 「원상편(元尙篇)」, 「훈
찬편(訓纂篇)」 등의 중국 소학서 즉 자서의 형성 과정을 소개하였다.

그런데 우리는 자서를 가지고 소학으로 한 적이 없으며, 조선의 소학
서로 「천자문」, 「유합」, 「신증 유합」, 「훈몽 자회」를 예로 들었다. 그리고
이런 소학과는 다른 또 다른 하나의 소학으로 주자(朱子)가 편집한 「소학

---

되었으며, 필사본도 권1~권4가 없어 56권만 남아 있다. 부록으로 특수한 병기에 의한
화공법과 수공법에 관하여 설명한 「오주 서종(五洲書種)」과 박물지인 「오주 서종 박물
고변(五洲書種博物考辨)」이 있다. 최남선 소장본을 전사하여 1959년 고전 간행회에서
펴냈다. 번역문은 한국 고전 번역원(http://www.itkc.or.kr)의 한국 고전 종합 디비(http://
db.itkc.or.kr)에서 찾아볼 수 있다. 1978년과 1985년에 민족 문화 추진회(한국고전번역
원)에서 5와 16~20을 번역하여 고전 국역 총서 141, 152, 153, 154, 155, 156으로 간
행하였다.

317) 육경은 「역(易)」, 「시(詩)」, 「서(書)」, 「예(禮)」, 「악(樂)」, 「춘추(春秋)」를 가리킨다.

318) 청나라의 주이준(朱彝尊), 대진(戴震)과 고염무(顧炎武)의 「금석 문자기(金石文字記)」에서
당 국자학 석경의 발문에 「이아」에는 10,791자가 수록되어 있다는 사실을 인용하였다.

319) 6서(六書)는 상형(象形), 상사(象事), 상의(象意), 상성(象聲), 전주(轉注), 가차(假借)를 가
리키는 것으로 글자를 만든 근본이다. 그리고 6체(六體)는 고문(古文), 기자(奇字), 전서
(篆書), 예서(隷書), 무전(繆篆), 충서(蟲書)이다.

(小學)」을 들고, 이이(李珥)의 「집주 소학」 등의 주석서와 우리의 소학서인
이이의 「격몽 요결(擊蒙要訣)」, 유언집(兪彦鏶)의 「대동 가언 선행(大東嘉言
善行)」, 박세무(朴世茂)의 「동몽 선습(童蒙先習)」과 어숙권(魚叔權)의 「동몽
선습(童蒙先習)」 등을 소개하였다.

그리하여 자학도 소학이고, 어린이의 학도 소학이므로 소학은 이 둘로
이루어져 있다고 보았다.

④ '자서의 글자 수에 대한 변증설'(경사편1-경전류2, 소학-자서, 고전
간행회본 권8)에서는 표제자의 수를 설명하였는데, 자서(字書)와 운보(韻
譜)가 병행하여 분리될 수 없으므로 글을 짓는 사람들은 모두 글자의 수
를 알아야 한다고 주장했다. 이 글에서 소개한 자서와 운서에 수록된 표
제자의 수를 도표로 정리하면 다음과 같다.

| 저자 및 편자 | 자서 및 운서 | 표제자 수 |
|---|---|---|
| 양웅(揚雄) | 「훈찬편(訓纂篇)」 | 5,340자 |
| 고야왕(顧野王) | 「옥편(玉篇)」 | 27,726자 |
| 정초(鄭樵, 鄭夾漈) | 「육서략(六書略)」 | 24,235자 |
| | 「삼운 통고(三韻通攷)」 | 9,722자(김제겸(金濟謙)이 1,798자를 증보함) |
| 매응조(梅膺祚) | 「자휘(字彙)」 | 33,179자 |
| | 「통지(通志)」의 「육서략(六書略)」 | 24,235자 |
| 허신(許愼) | 「설문(說文)」 | 9,593자 |
| 심약(沈約) | 「사성보(四聲譜)」 | 11,520자 |
| 육법언(陸法言) | 「광운(廣韻)」 | 26,194자(주(註)는 191,692자)[320] |
| 악소봉(樂韶鳳) 외 | 「홍무 정운(洪武正韻)」(모황(毛晃) 정정본) | 12,146자(또는 12,600여 자) |
| 육진(陸秦)·범두(范斗) | 「운보(韻譜)」 | 14,522자 |
| 손면(孫愐) | 「당운(唐韻)」 | 45,500여 자 |
| 행균(行均) | 「용감 수경(龍龕手鏡)」 | 26,430자(주(註)는 163,100여 자) |
| | 「예부 운략(禮部韻略)」 | 9,590자 |
| | 「신명속항(申明續降)」 | 9,407자 |

| 저자 및 편자 | 자서 및 운서 | 표제자 수 |
|---|---|---|
| 정도(丁度) | 「광운략(廣韻略)」 | 53,525자 |
| | 「집운(集韻)」 | 80,856자 |
| | 「사성 운보(四聲韻譜)」 | 10,404자(원래는 8,852자) |
| 세종이 여러 신하에게 명령하여 편찬함 | 「운고(韻考)」 | 9,827자(주문(籀文) 479자 포함) |
| 이덕무 외 | 「어정 규장 전운(御定奎章全韻)」 | 13,345자[321] |

특히 자서로는 청나라 때에 나온 「강희 자전」이 해내(海內) 자서의 으뜸이고, 장자열(張自烈)의 「정자통(正字通)」과 왕석후(王錫侯)의 「자관(字貫)」도 자서 중에 큰 것이라고 하면서 후세에 나온 것일수록 더욱 공교하다고는 하나 이전 사람들의 학설을 모아 놓은 초설(剿說)에 불과하니 필요가 없는 것이라고 하였다.

⑤ '「설문(說文)」에 대한 변증설'(경사편1-경전류2, 소학-자서, 고전간행회본 권9)에서는 허신(許愼)이 「설문 해자(說文解字)」를 만들 때에 참고한 훈고 자료의 한계성, 이체자의 부족과 동일한 내용을 똑같이 인용하지 않은 점, 경전의 내용을 고쳐 「설문 해자」에 맞추려는 점 등 여러 문제점들을 지적하였다. 그리고 「설문 해자」에서 사람과 관련된 '곽(郭)', '시(始)' 등의 뜻풀이가 잘못된 것을 설명하였으며, '조(詔)', '지(志)', '문(文)' 등 누락된 한자들과 '흔(釁)' 등 잘못 표기된 한자들을 제시하였다. 또 「설문 해자」의 이본들과 주해서 그리고 여침(呂忱)의 「자림(字林)」, 고야왕(顧野王)의 「옥편(玉篇)」, 서개(徐鍇)의 「설문 계전(說文繫傳)」 등 「설문 해자」의 내용을 보완하거나 정정한 서적들을 소개하였다. 마지막으로 「설문 해자」의 인용한 내용이 육경의 그것과 다른 것은 허신이 육경의 다른 이본을

---

320) 고염무(顧炎武)의 「음론(音論)」에서는 「옥해(玉海)」에 따르면 「대송 중수 광운(大宋重修廣韻)」은 모두 26,194자에 주가 191,692자가 수록되어 있다고 하였지만 현재는 겨우 25,902자에 주가 153,421자이니, 주에서 산거된 것이 38,271자이고, 정문(正文)도 292자가 적다고 하였다. 그리고 황공소(黃公紹)의 「고금 운회 거요(古今韻會擧要)」의 범례에 따르면 「예부 운략(禮部韻略)」은 겨우 9,590자이며, 「신명속항(申明續降)」은 그보다 183자나 적다고 하였다.

321) 「어정 규장 전운(御定奎章全韻)」은 원(原)이 10,964자, 증(增)이 2,102자, 협(叶)이 279자로 모두 13,345자로 소개하였다.

참고하지 않고 자기 집안에 있는 당시의 이본만을 읽고 인용하였기 때문
이라고 주장하였다.

⑥ '획이 적은 글자와 음이 많은 글자에 대한 변증설'(경사편 1-경전류
2, 소학-자서, 고전 간행회본 권55)에서는 오늘날 세상에 쓰이는 문언(文
言) 중에서 늘 사용하는 것은 수백 자만 있어도 충분한데 「자휘」나 「자전」
에 실린 수만 글자는 죽을 때까지 한 번도 쓰일 곳이 없을 것이니 사람들
의 눈과 마음을 어지럽힐 뿐이라고 하였다.

⑦ '역대로 문자를 변개했던 데 대한 변증설'(경사편 1-경전류 2, 소학
-자서, 고전 간행회본 권59)에서는 당나라 때부터 국자감(國子監)에 서학
박사(書學博士)를 두고 「설문」, 「석경(石經)」, 「자림」의 학을 정립하여 안원
손(顔元孫)이 「간록 자서(干祿字書)」를 짓고, 장삼(張參)이 「오경 문자(五經
文字)」를 지으며, 당나라 현도(玄度)가 「구경 자양(九經字樣)」을 짓자 세상
의 글이 비로소 점점 한군데로 돌아오게 되었다고 하였다.

그리고 「위서(魏書)」에 도무제(道武帝) 천흥(天興) 4년 12월에 박사와 유
생들을 모아 놓고 여러 경(經)의 문자를 비교하여 뜻과 유(類)별대로 4만
여 자를 배열하여 「중문경(衆文經)」을 만든 내용을 인용한 다음, 천흥 때
에 모은 것은 경전에 있었던 것들이지만 시광 때에 만든 것은 당시의 세
간에 쓰이던 것으로 미처 「중문경」에 수록되지 않았던 것이라고 하였다.
따라서 「설문」에 본래 없었던 것으로 후세에 덧붙인 글자들은 전부 여기
서 나온 것이라고 주장하였다.

⑧ '홍양길(洪亮吉)의 자학(字學)에 대한 변증설'(경사편 1-경전류 2, 소
학-자서)에서는 홍양길의 자전에 관한 논의를 소개하면서 그는 고증과
논술에 능숙하여 고염무(顧炎武)와 주이존(朱彝尊)과 비슷하다고 하였다.
홍양길은 서개(徐鍇)의 소서본(小徐本) 「설문」이 서현(徐鉉)의 대서본(大徐
本) 「설문 해자」보다 조금 낫지만 때로는 개인적인 의견을 더 넣기도 하
고 빼기도 하여 후세 학자들을 그릇된 길로 이끈 것이 많다고 하면서 잘
못된 경우를 구체적으로 열거하였다. 예를 들면, '피(賧)'는 「설문」에는
'옮겨주는 것이다'로 풀이하였고, 「옥편」에는 '더하는 것이다'로 풀이하여
'하고자 한다(욕(欲))'는 뜻을 나타내는 풀이가 없는데도, 소서본에서는
'하고자 한다'는 뜻으로 잘못 풀이하였다고 하였다.

⑨ '천(芊)·건(犍)·홀동(曶董)·진(梠) 자에 대한 변증설'(경사편 1-경전류

2 소학-자서)에서는 '천(牮)·건(犍)·홀동(圔董)·진(桼) 자는 모두 자서에 있으나 요즘은 아는 사람이 없다고 하였다.

⑩ '운학이 곧 음학이라는 데에 대한 변증설'(경사편 1-경전류 2' '소학-운서)에서는 「자전」에는 등운(等韻)의 법이 있고, 고염무(顧炎武)는 「음론(音論)」을 지었다고 설명하였다.

⑪ '패문 운부가 소루한 데 대한 변증설'(경사편 4-경사잡류 2' '기타 전적-중국 전적)에서는 자서나 운부(韻府)는 청 성조에 이르러 집대성되었는데, 「강희 자전」과 「패문 운부」가 방대하지만 간혹 틀린 것과 빠진 것이 많다. 그래서 왕석후(王錫侯)가 「자휘」와 「자전」을 부연하여 「자관(字貫)」을 지었는데 화를 입었다고 설명하였다.

⑫ '자학 집성에 대한 변증설'(경사편 4-경사잡류 2 전적잡설, 고전 간행회본 권23)에서는 육서를 근본으로 삼고 「설문」을 조상으로 삼는 것은 의론이다. 매응조(梅膺祚)의 「자휘」와 장자열(張自烈)의 「정자통(正字通)」은 집대성한 자서인데, 이 둘을 절충하여 만든 것이 「강희 자전」이라고 설명하였다. 왕석후(王錫侯)는 「강희 자전」에 만족하지 않고 보다 정밀한 「자관(字貫)」을 펴냈다고 하였다.

---

**「오주 연문 장전 산고」 참고 논저**

① 김춘경, 1964, 노두 인생 -「오주연문장전산고」에 취하여, 「민족문화연구」, 1, 서울: 고려대 민족문화연구소. 223-233. ② 이현희, 1968, 「오주연문장전산고」, 「국회도서관보」, 5-3, 서울: 국회도서관. 52-58. ③ 이현종, 1975, 이규경의 생애와 사상, 「실학논총」, 광주: 전남대 출판부. ④ 강신항, 1982, 이규경의 언어, 문자 연구, 「대동문화연구」, 16, 서울: 성균관대 대동문화연구원. 57-75. ⑤ 강헌규, 1985, 국어 어원 탐구의 사적 전개 과정 연구, 「공주대학교 논문집」, 23, 공주: 공주대. 67-119. ⑥ 강헌규, 1986, 「한국어 어원 탐구사 연구 -대상 어휘 및 방법론을 중심으로-」, 박사 논문, 서울: 경희대 대학원. ⑦ 강헌규, 1989, '계(契)'와 '보(寶)'의 어원, 「공주대학교 논문집」, 27, 공주: 공주대. 7-24. ⑧ 임선영, 1992, 「오주 이규경의 실학 사상 연구」, 석사 논문, 서울: 성균관대 대학원. ⑨ 신병주, 1994, 19세기 중엽 이규경의 학풍과 사상, 「한국학보」, 20-2, 서울: 일지사. 144-173. ⑩ 허륜, 2005, 우리 나라 근대적인 문헌의 시원을 열어 놓은 「오주연문장전산고」, 「국제고려학회 서울 지회논문집」, 국제고려학회 서울 지회. 65-72. ⑪ 박상영, 2007, 오주 이규경의 공

부법과 「오주연문장전산고」의 성립, 「한자한문교육」 19, 한국한자한문교육학회. 351-373. ⑫ 양원석, 2007, 「조선 후기 문자훈고학 연구」, 박사 논문, 서울: 고려대 대학원. ⑬ 박상영·안상우, 2008, 오주 이규경의 생애 연구, 「민족문화」 31, 서울: 한국고전번역원. ⑭ 김채식, 2009, 이규경의 「오주연문장전산고」 연구, 박사 논문, 서울: 성균관대 대학원. ⑮ 허륜, 2010, 「「오주연문장전산고」에 대한 문헌학적 연구」, 평양: 사회과학출판사. ⑯ 김채식, 2011, 「성호사설」과 「오주연문장전산고」의 저술 성향 비교 검토, 「동아시아고대학」 26, 동아시아고대학회. 61-99.

### (13) 「인정(人政)」(최한기, 1860)

최한기(崔漢綺, 1803년~1877년)는 1860년에 지은 「인정(人政)」[322] 제8권의 '문자(文字)'에서 상용 문자 6,000자에서 9,000자 정도만 익히고 그 나머지 글자는 자서를 찾아보도록 하면 된다고 하였다. 즉 「이아」와 「설문」 이후로 양나라의 「옥편」, 당나라의 「광운」, 송나라의 「집운」, 금나라의 「오음 집운」, 원나라의 「운회」, 명나라 「홍무 정운」, 지금의 「강희 자전」 등이 있는데, 이것들은 시대에 따라 연혁되어 간략하고 번거로움이 다르다. 따라서 그 중에서 상용 문자 6~7천 자 또는 8~9천 자를 익혀서 구두와 참고하여 쓰고 나머지 글자는 자서에서 찾아보도록 하면 일일이 기억할 필요가 없다고 하였다.

「인정」 참고 논저

① 이돈녕, 1969, 혜강 최한기, 「창작과 비평」 15, 서울: 창작과 비평사. 743-771. ② 권오영, 1999, 「최한기의 학문과 사상 연구」, 서울: 집문당. ③ 권오영 외, 2000, 「혜강 최한기」, 서울: 청계.

---

322) 「인정」은 인사 행정의 문제를 정치, 경제, 사회, 교육 등의 다양한 분야의 원리에 관하여 논의하고 개혁의 구체적인 방안을 제시한 책으로 25권 9책으로 이루어져 있다. 「인정」은 「명남루 총서(明南樓叢書)」의 권1에서 권25에 걸쳐 수록되어 있다. 한국 고전 종합 디비(htpp://db.itkc.or.kr)에서 번역문을 찾아볼 수 있다.

지금까지 살펴본 실학자들의 자전에 관한 글들은 이규경의 논의를 제외하면 주로 중국 자전에 관한 단견으로서 한국 자전 연구사에서 차지하는 위상은 그리 중대하지 않다고 볼 수 있다.

그런데 이규경의 논의들은 중국의 자서와 운서뿐만 아니라 중국의 대표적인 자전인 「강희 자전」, 「이아」, 「설문 해자」, 「자림」, 「옥편」, 「자관」 등에 관한 것으로 그의 자전에 관한 관심이 몇몇 자전에만 그친 것은 아니다.

그가 논의한 내용 또한 「강희 자전」의 표제자, 「이아」와 육경의 관련성, 자서의 형성 과정, 자전과 운서의 표제자 수, 「설문 해자」의 문제점, 「설문 해자」의 내용을 보완하거나 정정한 자전 등 여러 자전의 내용을 분석한 것이다. 따라서 이규경의 이러한 구체적인 자전에 관한 논의는 우리의 자전 연구사에서 효시로 삼기에 충분하다.

### 3.2.2. 운서와 자서의 편찬자와 범례 작성자의 논의

위에서 설명한 실학자가 아닌 학자로 운서나 자서를 편찬하였거나 서문이나 범례를 쓴 사람들로 최석정, 정제두, 박성원, 홍계희, 김재로, 이사질, 금영택, 유희, 윤정현, 정윤용 등이 있다. 아래에서 이들의 논의를 살펴보도록 한다.

#### (1) 「경세 정운(經世正韻)」(최석정, 1678)·「하곡집(霞谷集)」(정제두)·「명곡집(明谷集)」 (최석정)

명곡(明谷) 최석정(崔錫鼎, 1646년~1715년)은 훈민 정음을 이용하여 송나라 소옹(邵雍)의 '황극 경세 성음 창화도(皇極經世聲音唱和圖)'를 해석하여 '성음 율려 창화 전수도(聲音律呂唱和全數圖)'로 제시하고, 또 참고한 운서들의 내용을 분석하고 설명한 「경세 정운(經世正韻)」323)을 지었다. 그리고 최석정의 시문집 「명곡집(明谷集)」324)에서는 '오음 편운 후서(五音篇韻 後序)', '운회 전요(韻會箋要)’, ‘육서보(六書譜)’, ‘구수략(九數略)’ 등의 운학과 자학에 관한 글도 찾아볼 수 있다. 또 최석정(崔錫鼎, 1646년~1715년)의 「명곡집(明谷集)」 권 13 서독(書牘) ‘여정 사앙 서(與鄭士仰書)’ 정제두에게 보낸 두 번째 편지에는 「경세 정운」에 관하여 문의하는 내용이 담겨 있다.

우선 「경세 정운」을 살펴보기로 하자. 「경세 정운」은 건(乾)과 곤(坤)의 2책으로 이루어져 있다. 「경세 정운」 건(乾)은 훈민 정음의 제자 원리와 음가를 제시하고, 소옹(邵雍)의 ‘황극 경세 성음 창화도’를 훈민 정음을 이용하여 설명한 부분으로 ‘경세 정음 서설(經世正音序說)’과 ‘운섭도(韻攝圖)’로 나누어져 있다. 「경세 정운」 곤(坤)은 ‘경세 정음 오찬(經世正音五贊)’, ‘성음편(聲音篇)’, ‘군서 절충(羣書折衷)’, ‘박물 전휘(博物典彙)’로 구성되어 있다.325)

---

323) 장서각에 소장되어 있는 홍양호(洪良浩, 1724년~1802년)의 문집 「이계집(耳溪集)」 권 10 ‘서(序)’에 ‘경세 정운 도설 서(經世正韻圖說序)’가 수록되어 있다. 홍양호가 쓴 이 글은 최석정의 저서 「경세 정운(經世正韻)」 서문으로 알려져 있다. 그런데 일본 교토 대학(京都大學) 도서관 가아이분꼬(河合文庫) 소장본을 영인하여 수록한 「경세 훈민 정음 도설」(최석정 저, 김지용 해제, 2011, 명문당)에는 홍양호의 ‘경세 정운 도설 서(經世正韻圖說序)’가 없다. 이 책은 필사본으로 건과 곤 2책으로 이루어져 있으며, ‘경세 정운 서설(經世正韻序說)’로 시작된다. 그리고 이 책의 표제는 ‘경세 훈민 정음(經世訓民正音)’이고, 내제는 ‘경세 정운(經世正韻)’이다. 여기에서는 내제를 따라 책명을 「경세 정운」으로 적었다. 「경세 정운」의 번역본은 아직 간행되지 않았는데, 이 책의 번역 작업은 빨리 이루어져야 할 것이다. 규장각 한국학 연구원 일사 문고에는 「경서 정운 도설」이라는 필사본(一蓑古 181.1 C456g)이 소장되어 있는데, ‘경세(經世)’가 ‘경서(經書)’로 되어 있다. 한편 홍양호의 「이계 외집(耳溪外集)」 권12에 실려 있는 「북새 기략(北塞記略)」의 ‘공주 풍토기(公州風土記)’에서는 당시의 함경도 방언을 수록하였다(예: 전(前): 남(南), 후(後): 북(北)).

324) 한국 고전 종합 디비(http://www.db.itkc.or.kr)에서 원문을 찾아볼 수 있다.

325) 유창균(1997: 189~190)에서는 경세 정운 서설, 운섭도, 경세 정운 오찬, 성음편, 군서 절충 5부분으로 나누었다. 정경일(2002: 336~337)에서는 경세 정운 서설, 경세 정운 오찬, 성음편, 군서 절충, 박물 전휘 5부분으로 나누었다. 배윤덕(2005: 116~117)에서는 건은 경세 정음 서설, 운섭도, 성음 창화 수합 384효도 제7, 서운섭(序韻攝) 4부분으로 나누었고, 곤은 경세 정운 오찬, 성음편, 군서 절충 3부분으로 나누었다. 서병국(1973: 192~193)에서는 건은 경세 정운 서설, 곤은 경세 정운 오찬, 성음론, 군서 절충, 박물 전휘로 나누었다. 이 책의 원문을 영인하여 수록하고 해제한 김지용(2011: 220~221)에서도 이런 체계 분류와는 다르다. 이렇게 책의 내용을 나누는 방법이 모두 다른 것은 이 책의 목록이 없을 뿐만 아니라, 이 책의 구조를 각자 다르게 이해하였기

「경세 정운」곤(坤)의 '군서 절충'에서는 「광운(廣韻)」36자모(字母),326) 심 씨(沈氏)의 「사성 운보(四聲韻譜)」, 소 씨(邵氏)의 「황극 경세 천지 사상 체용지 수도(皇極經世天地四象體用之數圖)」,327) 축 씨(祝氏)의 「성음 운보(聲音韻譜)」, 「운 회(韻會)」35자모(字母),328) 범자(梵字) 50모(母), 유 씨(劉氏)의 「절운 지남(切韻 指南)」, 「예부운(禮部韻)」, 「삼운 통고(三韻通考)」,329) 「동국 정운(東國正韻)」, 「자 휘(字彙)」330) 등에서 제시한 운목의 수를 제시하고 그 내용을 분석하여 간 략하게 소개하였다. 그런 다음 「정운 도설(正韻圖說)」에 관하여 논의한 '논 정운 도설(論正韻圖說)'과 「경세 정운 오찬」에 관하여 주를 단 '오찬주(五贊 註)'도 수록하였다.

한편 하곡(霞谷)331) 정제두(鄭齊斗, 1649~1736년)의 「하곡집(霞谷集)」332) 권2 10서~13서에 수록되어 있는 '답 최여화 서(答崔汝和書)', '여 최여화 문목(與 崔汝和問目)', '답 최여화 문목 갑신(答崔汝和問目 甲申)', '여 최여화 문목 을유 (與崔汝和問目 乙酉)'에는 「경세 정운」에 관한 내용이 적혀 있다.

최석정(崔錫鼎, 1646년~1715년)의 「명곡집(明谷集)」권13 서독(書牘) '여 정 사앙 서(與鄭士仰書)' 정제두에게 보낸 두 번째 편지에는 「경세 정운」에 관

---

때문이다.

326) 유창균(1997: 189)에는 '廣韻三十六字圖'로 잘못 적었다. '자도(字圖)'가 아니고, '자모 (字母)'이다.

327) '경세(經世)'는 천지의 운행을 가리킨다. '사상(四象)'은 네 가지 수가 지니는 기본 의미 를 나타낸다. '체용(體用)'은 물체의 속성을 '체'와 '용'으로 구분하여 설명하는 것을 가 리킨다. 유창균(1997: 189)에는 이 부분이 빠져 있다.

328) 유창균(1997: 189)에는 '韻會三十五字圖'로 잘못 적었다. '자도(字圖)'가 아니고, '자모 (字母)'이다.

329) 김지용 해제(2011: 220)에는 '일운통고(一韻通考)'로 잘못 적었다.

330) 유창균(1997: 189)에는 이것이 빠져 있다.

331) 정제두의 자는 사앙(士仰)이고 호는 하곡(霞谷)이다.

332) 「하곡집」은 정제두가 죽은 이후 5년이 지나 그의 아들 정후일(鄭厚一)과 문인 심육(沈 錥), 윤순(尹淳), 이진병(李震炳) 등이 편집하였으나 완성하지 못했다. 정제두의 증손 정 술인(鄭述仁)이 신대우(申大羽)에게 위촉하여 다시 편집을 추진했으나 신대우의 죽음으 로 중단되었다. 그러다가 1856년 현손 정문승(鄭文昇)이 간행한 것으로 알려져 있다.

하여 문의하는 내용이 담겨 있다.

정제두는 최석정에게 보내는 답신 '답 최여화 서(答崔汝和書)'를 보냈다. 이 편지에는 「운음도(韻音圖)」가 「경세설(經世說)」에 보이지만 학자들은 그 용도를 알지 못하는데, 이 책을 본다면 대략의 줄거리와 자세한 조목이 갖추어지게 되어 분명히 이해할 것이며, 이 책은 성음에 관한 종합 전서라는 내용이 담겨 있다. 또 이 편지는 진팽년(陳彭年)의 「대송 중수 광운(大宋重修廣韻)」에 관해서 알고 싶다고 요청하는 내용으로 끝을 맺고 있다.

그리고 정제두는 「경세 정운」에 관하여 질문을 적은 '여 최여화 문목(與崔汝和問目)'을 최석정에게 보냈다. 운서의 내용에 관한 질문은 다음과 같다.

> ① 「운회(韻會)」 등의 책에서는 「광운(廣韻)」의 청탁으로 표제자를 분류 하였는데 때로 의미가 다른 것은 무슨 이유입니까?
> ② 섭(攝)으로 분류된 운으로 반절자를 배정한 것은 어떤 방법을 따른 것입니까? 「예부 운략(禮部韻略)」의 반절에만 근거한 것입니까?
> ③ 「예부 운략」 부록에는 'ㅣ(伊)'가 있고, 'ㆍ(兒)'가 없습니다. 그런데 「도설(圖說)」에는 'ㆍ(兒)'가 있고 'ㅣ(伊)'가 없는 것은 무슨 이유입 니까?
> ④ 도섭(圖攝) 가운데 증가된 글자는 「예부 운략」에도 없는데 어느 책 을 근거로 한 것입니까?
> ⑤ 「광운」이 심약(沈約)의 운서보다 낫다고 하는 것은 음모(音母)가 앞 서기 때문입니까?

최석정은 답신으로 '여 정사앙 서 우(與鄭士仰書 又)'를 보냈다. 그 내용을 요약하면 다음과 같다.

> ⑥ 「광운」의 청탁은 서승(西僧)의 번절(翻切)에서 온 것입니다. 「운회」의 자모는 「광운」의 36자모에 조금 변화가 생겨 황공소(黃公紹)가 현재 의 속음으로 만든 것입니다.

⑦ 「예부 운략」의 반절하는 방법은 그 근거를 살펴볼 수 있습니다. 그런데 현재의 통용음과 속음으로만 살펴본다면 이해할 수 없을 것입니다.

⑧ 「예부 운략」 부록은 소 씨(邵氏)의 28성에 따라 배열한 것입니다. 현재 정음은 32개이므로 「경세(經世)」에서 소홀하여 빠진 것도 있을 수 있습니다. ' ·(兒)'가 있고 'ㅣ(伊)'가 없는 것은 '伊' 음이 '의'에 있어 'ㅣ(伊)' 음과 'ㅡ(應)' 음의 가운데 있기 때문입니다.

⑨ 「예부 운략」에 수록된 글자는 9,000자인데, 반절에 음은 있지만 글자가 없는 것도 많습니다. 따라서 한유(韓愈)의 후손인 한도소(韓道昭)가 「집운(集韻)」을 수정하여 편찬한 「오음 집운(五音集韻)」을 따랐는데, 수록한 글자가 8만에 이릅니다.

⑩ 「광운」이 심약의 운서보다 나은 것은 36자모를 위주로 하였기 때문입니다.

그리하여 정제두는 다시 1704년 최석정에게 '답 최여화 문목 갑신(答崔汝和問目 甲申)'을 보냈으며, 또 정제두는 추가 질문으로 '여 최여화 문목 을유(與崔汝和問目 乙酉)'를 최석정에게 보냈다. 이 두 편지에는 운서나 자서에 관한 설명이 없어 여기에서 소개하지 않도록 한다.

**「경세 정운」·「하곡집」·「명곡집」 참고 논저**

① 유창균, 1962, 「경세정운」 고, 「논문집」 5, 대구: 청구대학. 15-39; 유창균, 1984, 「국어학논고」, 대구: 계명대학교출판부. 477-518. ② 김지용, 1968, 「경세훈민정음도설」 해제, 「인문과학」, 19, 서울: 연세대 인문과학연구소. 202-202. ③ 김석득, 1972, 「경세훈민정음도설」의 역리적 구조, 「동방학지」, 13, 서울: 연세대 동방학연구소. 135-170. ④ 김석득, 1975, 실학과 국어학의 전개 -최석정과 신경준과의 학문적 거리-, 「동방학지」 16, 서울: 연세대 국학연구원. 117-143. ⑤ 김필규, 1979, 「경세훈민정음」 연구, 「수련어문논집」, 7, 수련어문학회. 1-27. ⑥ 최석정, 1982, 「명곡집」 1~4, 서울: 태학사. ⑦ 유창균, 1987, 소강절(邵康節)의 '경세사상체용지수도'에 대하여, 「우해 이병선 박사 화갑 기념 논총」, 부산: 간행위원회. 83-106. ⑧ 유창균, 1989, 「황극경세서」가 국어학에 끼친 영향, 「석당논총」, 15, 부산: 동아대 석당

전통문화연구원. 69-102. ⑨ 배윤덕, 1990, 최석정의 「경세정운」 연구 -운섭도와 관련하여-, 「국어국문학」, 104, 국어국문학회. 1-13. ⑩ 배윤덕, 1991, 최석정의 「경세정운」 연구, 「동방학지」, 71·72, 서울: 연세대 국학연구원. 433-455. ⑪ 신병주, 1994, 17세기 후반 소론학자의 사상 -윤증·최석정을 중심으로-, 「역사와 현실」 13, 한국역사연구회. 115-137. ⑫ 배윤덕, 1995, 최석정의 「경세정운」 연구 -외내 4섭부터 외내 8섭까지-, 「국어국문학」 114, 국어국문학회. 61-77. ⑬ 김성규, 1997, 최석정의 「경세정운도설」 1, 「문헌과 해석」 1, 서울: 태학사. 132-140. ⑭ 유창균, 1997, 「국어학사」, 서울: 형설출판사. ⑮ 김성규, 1998ㄱ, 최석정의 「경세정운도설」 2, 「문헌과 해석」 2, 서울: 태학사. 84-94. ⑯ 김성규, 1998ㄴ, 「경세정운도설」에 대한 홍양호의 서평, 「문헌과 해석」 3, 서울: 태학사. 117-124. ⑰ 정경일, 2002, 「한국 운서의 이해」, 서울: 아카넷. ⑱ 배윤덕, 2005, 「우리말 운서의 연구」, 서울: 성신여자대학교 출판부. ⑲ 민족문화추진회 역, 2007, 「신편 국역 하곡집」, 서울: 한국학술정보. ⑳ 김석득, 2009, 「우리말 연구사」, 서울: 태학사. ㉑ 최석정 저·김지용 해제, 2011, 「경세훈민정음도설」, 서울: 명문당. ㉒ 심소희, 2012ㄱ, 최석정의 「경세훈민정음도설」 연구, 「중국어문학논집」 73, 중국어문학연구회. 89-112. ㉓ 심소희, 2012ㄴ, '경서정운도설' 역주, 「중국어문논역총간」, 30, 중국어문논역학회. 561-581. ㉔ 심소희, 2012ㄷ, 조선 후기문인들의 서신을 통한 성운 인식 고찰-최석정과 정제두의 서신을 중심으로-, 「중국언어연구」 38, 한국중국언어학회. 21-45.

(2) 「삼운 성휘보 옥편(三韻聲彙補 玉篇)」(홍계희, 1751)과 「삼운 성휘」 서문(김재로)·
   범례(홍계희)·발문(홍계희)

홍계희(洪啓禧, 1703년~1771년)는 「홍무 정운」, 「사성 통해」, 「삼운 통고」 등의 운서를 참고하여 조선 한자음을 기술한 운서인 「삼운 성휘(三韻聲彙)」(1751)를 펴냈다.

「삼운 성휘」는 목판본으로 상권, 하권, 보충편인 옥편 3책으로 이루어져 있다. 상권은 김재로가 쓴 서문, 범례, 홍무운 자모지도, 언자 초중성지도(諺字初中聲之圖), 목록, 본문으로 이루어져 있다. 하권은 본문과 발문으로 이루어져 있다. 그리고 「삼운 성휘보 옥편」은 '옥편 목록' 4장, 본문 63장으로 이루어져 있다.

　여기에서는 『삼운 성휘보 옥편』과 『삼운 성휘』의 서문, 범례, 발문에서 훈고서, 자서, 운서, 자전 등에 관한 내용을 찾아보기로 한다.

　첫째, 『삼운 성휘보 옥편』의 본문 '一部'의 바로 앞에 6줄의 내용이 있는데 그것을 번역하면 다음과 같다.

　　한나라 허신이 편찬한 『설문 해자』의 전통을 잇고자 하는 사람에게는 남당 서개가 편찬한 『운보』와 양나라 고야왕이 편찬한 『옥편』이 있다. 대체로 소리와 모양에 따라 분류한 것으로 하나라도 빠트릴 수가 없다. 최세진은 『운회』와 『통해』에서 또한 『옥편』을 따랐는데, 이러한 까닭으로 이 책은 거의 백 수십 판 글자를 엄격히 하였으니 진실로 흠잡을 곳이 없다. 그러나 오히려 벽자를 갑자기 찾아 상고하였고, 또한 스스로 쉽게 물리치고 취할 수가 없었는데, 이 책에 수록된 글자와 어휘의 문목은 거의 『옥편』에서 찾을 수 있는 것이니, 그 소재가 불분명한 것은 아니다(繼說文 漢許愼撰 者有韻譜 南唐徐鍇撰 有玉篇 梁顧野王撰 蓋類聲類形不可闕一崔世珍 於韻會通解亦必附以玉篇者以此此書則僅百數十板覈字固無難而猶有僻字倉卒搜 攷亦自不易遂取本書所鈔用字彙門目編爲玉篇庶索字者不迷其所在也).

　이 내용에 따르면 『삼운 성휘보 옥편』은 최세진의 『운회 옥편』과 『사성 통해』처럼 고야왕의 『옥편』의 내용을 따랐다고 한다. 그런데 『삼운 성휘』의 범례에 따르면 증운 작업에 『운회 옥편』을 참고하여 보충하였다. 또 『삼운 성휘』의 서문에서 설명했듯이, 『삼운 성휘』에서는 『사성 통해』에서 한글로 주음한 음을 따랐을 뿐이다. 그러나 이 두 내용은 자전인 『삼운 성휘보 옥편』의 서두에 소개할 내용으로는 적합하지 않다.

　앞에서 살펴보았듯이 최세진의 『운회 옥편』은 『고금 운회 거요』에 수록된 표제자들을 찾아보기 쉽게 자획별로 분류하여 색인으로 펴낸 것으로 『고금 운회 거요』의 보편이다. 그리고 『사성 통해』는 『사성 통고』를 보완하기 위해 펴낸 것으로 표제자를 운에 따라 배열해놓았다. 그런데 『사성 통해』

에 수록된 표제자들을 찾아보기 쉽게 보편으로 만든 책은 없다.

따라서 여기에서는 「운회 옥편」처럼 「삼운 성휘」의 보편으로 옥편을 펴낸다는 내용 즉 「고금 운회 거요」의 보편으로 「운회 옥편」을 펴낸 것처럼 「삼운 성휘」의 보편으로 「삼운 성휘보 옥편」을 펴냈다는 점을 밝혔으면 좋았을 것이다.

둘째, 「삼운 성휘」 상권에는 1751년(영조 27년) 신미(辛未) 맹추(孟秋)에 당시 영의정이었던 김재로(金在魯)가 쓴 서문이 있다. 이 서문에는 그가 사역원의 제조가 되어 「삼운 통고」를 가지고 글자마다 중국 음과 우리 나라 음을 기록하여 읽는 사람으로 하여금 같고 다름을 잘 알게 하려고 하였지만 직무에 바빠 그대로 두었는데 나중에 순보(純甫) 홍계희에게 저술을 부탁하였다는 사실을 알 수 있다.

또 이 서문에서는 「삼운 성휘」에서 채택한 발음 기준을 설명하였는데, 그 내용 가운데 중국 음은 「홍무 정운」을 주로 따르되 「사성 통해」에서 한글로 주음한 음을 따랐다는 내용이 포함되어 있다.

그런데 「설문」, 「운회」, 「자휘」 등의 여러 한자음과 반절이 서로 어긋나는 것이 많아서 어떤 글자의 음과 어떤 반절로 표시된 음과 맞지 않는다고 비판하였다. 그리하여 이미 잘못된 우리 한자음의 영향을 받아 하나의 음을 바로잡고자 하여도 여러 글자를 두루 살펴야 하므로 몇 시간씩 시간을 허비하는 일이 많다고 토로하였다.

그리고 서문에서 홍계희는 영조의 명령으로 「홍무 정운(洪武正韻)」을 교정하여 개간하였음을 확인할 수 있다. 게다가 홍계희는 「홍무 정운」의 자모도를 「삼운 성휘」의 권두에 수록하면서 한자음을 기술하는 데에 기준으로 삼았다. 따라서 홍계희는 「홍무 정운」을 매우 중요한 운서로 다루었음을 알 수 있다.

셋째, 「삼운 성휘」 범례에서는 「삼운 통고」는 너무 간략하여 미비한 점이 많아 「운회」와 「홍무 정운」을 참고하여 다시 보충하였으며, 운의 순서는 옛 것 그대로 하였다는 내용을 찾아볼 수 있다. 그리고 옛 운서에 잘못 수록되어 있는 것은 다른 곳으로 옮겼거나(예: '종(嵷)'은 '동(冬)' 운에서 '동(東)' 운으로 옮겼고, '근(懂)'은 '문(吻)' 운에서 '문(問)' 운으로 옮겼으며, '연(姫)'은 '산(霰)' 운에서 '선(銑)' 운으로 옮겼고, '병(絣)'은 '형(逈)' 운에서 '경(梗)' 운으로 옮겼다.) 또는 생략했다(예: '염(琰)' 운에 있는 '협(脥)')은 내용도 찾아볼 수 있다.

끝으로 「삼운 성휘」 발문에는 훈고서, 운서에 관한 다음과 같은 내용을 찾아볼 수 있다.

① 형태에 관한 것은 「설문 해자」에 갖추어져 있고, 소리에 관한 것은 「운해 정운」 등과 같은 책을 참고할 수 있다.
② 최세진의 「사성 통해」는 중국 음에만 밝고 우리 음에는 미치지 못했으니 중국의 음이 사용되기 이전에 겨우 역관들이 익혀서 우리 음의 그릇됨이 있었다.
③ 나는 「삼운 통고」를 구해서 운, 어휘, 소리의 잘못된 점을 수정하고 빠진 부분을 보충하여 세로로 우리 음을 적고, 가로로 중국 음을 정리하였다.
④ 이전의 책들을 살펴보니 자못 글자에 상세하였는데, 「설문 해자」를 기준으로 삼았다. 대체로 뜻과 형태에 있어서도 일찍이 힘쓰지 않은 적이 없었으나, 끝내 소리가 기본이 되었다.

지금까지 살펴본 내용에 따르면, 홍계희는 「운회 옥편」, 「사성 통해」, 「옥편」 등을 참고하여 「삼운 성휘보 옥편」을 편집하였고, 또 「삼운 통고」, 「운회」, 「홍무 정운」, 「사성 통해」 등을 참고하여 「삼운 성휘」를 만들었음을 알 수 있다. 또 김재로는 「삼운 성휘」의 중국 음은 「홍무 정운」을 대부분 따른 것으로 「사성 통해」에서 한글로 주음한 음을 따랐다고 설명하면서, 「설문」, 「운회」, 「자휘」 등의 여러 한자음과 반절이 서로 어긋나는 것이 많아서 글자의 음과 반절로 표시한 음과 맞지 않는다는 의견을 제시하였음을 확인할 수 있다.

---

**「삼운 성휘보 옥편」 참고 논저**

① 박상균, 1979, 한국 고사서 종합 해제 5, 「도서관」, 235, 서울: 국립 중앙 도서관. 56-63. ② 박상균, 1986, 한국 자서의 서지적 연구, 「경기대학 논문집」 19-1, 수원: 경기대. 243-270.

---

### (3) 「어정 규장 전운(御定奎章全韻)」(1796) 범례

「어정 규장 전운」에는 '의례(儀例)'만 있고, 범례(凡例)는 없다. 범례는 이 운서에 수록되어 있지 않고, 이덕무의 「청장관 전서」 제24권 '편서 잡고' 4권에 실려 있다. 이 범례 가운데 운서에 관한 내용을 살펴보면 다음과 같다.

① 「삼운 통고(三韻通考)」는 언제 만들어졌는지 알 수 없다. 아마 세종 때에 유신들에게 명령하여 편찬한 것으로 보인다. 4성은 심약(沈約)에서 시작된 것인데 이것을 3운으로 나눈 것은 이름과 실제가 다른 것이다.

② 장보(章黼)[333]의 「운학 집성(韻學集成)」에서 처음으로 입성 17부와 평성 30부를 설정하였다.

③ 「삼운 통고」는 「예부 운략(禮部韻略)」, 「운부군옥(韻府群玉)」, 「홍무 정운(洪武正韻)」을 참고하여 만든 것이다. 수록하고 있는 내용이 아주 간략하여 뜻은 2~3자의 한자로 풀이하였다.

④ 김제겸(金濟謙)과 성효기(成孝基)가 함께 증보편[334]을 만들었는데 참으로 바르게 되었다. 원운(原韻)과 증운(增韻)은 물론이고 간혹 보이는 궁벽한 한자를 하나도 빼지 않은 것은 이미 오랫 동안 세상에 널리 그것이 사용되어서 사람들이 습관이 되었기 때문이다.

---

333) 명나라의 운학자이다.
334) 「증보 삼운 통고」를 가리킨다.

⑤ 지금 중국에서 사용하는 「고금 운략(古今韻略))」이나 「강희 시운(康熙
詩韻)」과 비교해도 그다지 부족하지 않고 도리어 나은 점이 있다.

⑥ 고(高) 황제335)가 천하를 얻은 이후에 송렴(宋濂) 등에게 「중원 아음
(中原雅音)」336)을 모범으로 삼아 운서를 고치도록 명령하였다.337)

⑦ 근세의 한 종류의 운서338)는 우리 한자음을 한글로 크게 쓰고, 그
아래에 중국 한자음을 작게 표시하였는데, 위차가 거꾸로 되어 명
분에 흠이 있기 때문에 모두 개정하고 따르지 않았다.

⑧ 박성원의 「정음 통석」339)은 중국 한자음에서 이음을 삭제하지 않았
으며, 조선 한자음에서는 속음을 특별히 기술해 놓아서 실제로 적
용하기에 적합한 책이다. 지금 만드는 운서는 문인과 학자의 길잡
이가 될 것이고, 「정음 통석」은 역관의 지침이 되니, 이 둘을 함께
병행하더라도 서로 어긋남이 없을 것이다.

⑨ 「정음 통석」에서는 '侵(침), 覃(담), 鹽(염), 咸(함)' 4운의 종성은 중국
속음에 모두 [ㄴ]로 말하는 것을 따랐다. 그런데 「사성 통해」와 「사
성 통고」에서는 모두 'ㅁ'로 표기하였으므로 여기에서는 이것을 따
랐다.

⑩ 송나라에 이르러 오역(吳棫)이 「운보(韻譜)」를 지어 비로소 운서가
나오게 되었다. 소장형(邵長蘅)의 「운략(韻略)」은 근세 널리 통용되
는 책으로, 이 책은 각 운의 아래에 오 씨의 「운보(韻譜)」와 양신(楊
愼)340)의 「전주 고음(轉註古音)」과 소장형(邵長蘅)이 조금 보완한 내
용을 합하여 편찬한 것이다. 요즘 널리 사용하는 것으로는 고염무
(顧炎武)341)의 「음학 오서(音學五書)」가 있을 뿐인데, 이 책은 너무
간략하여 상세하지 않다.

---

335) 고 황제는 명나라 태조 주원장(朱元璋, 1328년~1398년)을 가리킨다. 시호는 고(高)이
고, 연호는 홍무(洪武)이다.
336) 「중원 아음」은 원나라 주덕청(周德淸)이 1324년에 지은 「중원 음운(中原音韻)」을 가리킨다.
337) 이렇게 하여 새로 만들어진 운서는 「홍무 정운」이다.
338) 이 운서는 홍계희의 「삼운 성휘」를 가리킨다.
339) 「정음 통석」은 「화동 정음 통석 운고」를 줄여서 부른 책명인데, 「화동 정음」이라고도
한다.
340) 양신은 명나라 학자이다.
341) 고염무는 청나라 고증학자이다.

①은 「삼운 통고」에서 3운으로 나눈 것을 비판한 내용이고, ③은 「삼운 통고」의 소략한 뜻풀이를 지적한 내용이다. ④는 「증보 삼운 통고」의 운의 기술 방법과 표제자의 선정에 관한 장점을 내세운 내용이다. ⑤에서는 「어정 규장 전운」이 「고금 운략(古今韻略)」이나 「강희 시운(康熙詩韻)」과 비교해도 낫다는 점을 설명하였다. ⑥은 「홍무 정운」의 편찬자와 편찬 과정에 관하여 설명한 글이다. ⑦은 「삼운 성휘」의 한자음 기술 방법에 관하여 비판한 내용인데, 중국에 사대하는 이덕무의 태도를 엿볼 수 있다. ⑧은 「정음 통석」의 한자음의 기술 방법을 설명하고, 역관의 지침이 된다고 하면서 문인과 학자들의 길잡이인 「어정 규장 전운」과 함께 사용하는 데 어려움이 없다는 점을 강조하였다. ⑨에서는 「정음 통석」, 「사성 통해」, 「사성 통고」에 '侵(침), 覃(담), 鹽(염), 咸(함)' 4운의 종성의 처리 방법의 차이점을 설명하였다. ⑩에서는 소장형(邵長蘅)의 「운략(韻略)」의 편찬 방법을 소개하였으며, 고염무(顧炎武)의 「음학 오서(音學五書)」에 기술되어 있는 내용이 너무 간략한 점을 비판하였다.

한편 「어정 규장 전운」의 내용과 거의 동일한 윤정현(尹定鉉, 1793년~1874년)의 「어정 시운(御定詩韻)」342)(1846)에도 범례343)가 수록되어 있다. 「어

---

342) 「어정 시운(御定詩韻)」은 다산 정약용의 교정본을 헌종(憲宗)의 명령을 받아 당시 규장각에서 근무했던 윤정현(尹定鉉)이 1846년에 연경제(研經齊)에서 펴낸 것이다. 이 책은 '어정 규장 전운'이라는 제목을 '어정 시운'으로 바꾸어 복각한 것인데, 「어정 규장 전운」(1796)의 '의례' 대신에 '범례'를 새롭게 붙였다. 미양서방(美陽書坊) 재행본(梓行本)(1889)으로도 발행된 이 교정본은 「어정 규장 전운」(1796)과 내용이 동일하나 수록된 한자의 수가 13,343자로 「어정 규장 전운」(1796)보다 2자가 감소하였다. 이회문화출판사에서 이가원 소장본 연경제 장판 「어정 시운」을 1999년에 영인하여 발행하였다.

343) 「규장 전운」 판본이 세월이 오래되어 닳고 빠져서, 개간하라는 임금의 명령을 받아 수진본을 모방하여 열람하기 편리하게 만들었다. 임금이 어필 '어정 시운(御定詩韻)' 4자를 내려보냈으므로 이 네 글자를 서명으로 삼았다. 그러나 4격의 횡간(橫看)과 자모의 배차(排次), 또는 협운(叶韻), 통운(通韻), 음주(音註), 표광(標匡) 등은 「규장 전운」의 옛 예를 그대로 따랐다. 또 글자마다 그 주해 아래에 한글로 적었는데, 화음은 환광(圜匡, ○) 안에, 동음은 방광(方匡, □) 안에 넣었다. 한 글자가 4성에 모두 나타나면 평성은 백광(白匡, ○), 상성은 흑광(黑匡, ●), 거성은 반백광(◗), 입성은 반흑광(◖)으로 표시하

정 규장 전운」의 '의례'344)의 내용을 축소한 「어정 시운」의 범례는 이덕무의 「청장관 전서」 제24권 '편서 잡고' 4권에 실려 있는 '규장 전운 범례'의 내용과 다르며, 1엽의 분량으로 이루어져 있다.

---

**「어정 규장 전운」 범례 참고 논저**

① 정경일, 1984, 「규장전운 연구」, 석사 논문, 서울: 고려대 대학원. ② 정경일, 2002, 「한국 운서의 이해」, 서울: 아카넷. ③ 정경일, 2008, 「규장정운·전운옥편」, 서울: 신구문화사.

---

### (4) 「자류 주석(字類註釋)」(정윤용, 1856)

수암 정윤용(鄭允容, 1792년~1865년)이 지은 「자류 주석(字類註釋)」(1856)은 10,800여 개의 한자를 '천도부(天道部)', '지도부(地道部)', '인도부(人道部)', '물류부(物類部)'로 분류하여 한글과 한자로 뜻풀이를 해놓은 분류 어휘집이다(예: 天 하눌 텬, 至高無上). 김일근 교수 소장본을 성원경·김승곤 두 교수가 해제하고 영인하여 1974년 건국대학교 출판부에서 간행하였다. 그리고 1985년에 부수별 색인과 훈음별 색인을 붙여 건국대학교 출판부에서 중간하였다.

---

였다. 한 글자가 다른 운목에 보이는 경우는 부수에 환광을 더하고 바른 음을 표시하였다. 한 운목 안에 있는 한자가 음과 뜻이 서로 다른 것은 언음으로 적고 아광(亞匡)을 더해 주를 달아 바른 음을 제시하였다. 동음이 같고 화음의 자모와 뜻이 다른 것은 소환(小圓, o)으로써 경계를 지었고, 뜻이 다른 경우에는 화음에는 환광을 더했다.
헌종 12년 병오 6월 일 통정 대부, 승정원 부승지 겸 경연 참찬관, 춘추관 수찬관, 규장각 검교 직각 신하 윤정현 봉정(御定詩韻凡例　奎章全韻板本歲久刊缺承　命改刊仿袖珍本用便於閱覽也　御筆書下御定詩韻四字　命題卷面仍作書名而　四格橫看字母排次叶韻通韻音註標匡一依全韻舊例　各字註解之下諺書華音圓匡東音方匡一字互見四聲字傍標平聲白匡上聲黑匡去聲半白匡入聲半黑匡一字互見他韻字註部首字加圓匡一韻內字全而音異字書諺音加亞匡東音全而華音母義異者界以小圓訓別義書華音加圓匡　上之十二年丙午六月　日通政大夫承政院同副承旨兼　經筵參贊官春秋館修撰官奎章閣檢校直閣知製　教臣尹定鉉奉　教謹識)
344) 정경일(2008: 85~99)에서 '의례'의 원문과 번역문을 찾아볼 수 있다.

이 책은 2책 필사본으로 먹남 김일근 교수 소장본과 규장각 소장본이 전해진다. 「자류 주석」은 '자류 주석 서, 자류 주석 목록, 자류 주석 총론, 자류 주석 상, 자류 주석 하, 부록'으로 이루어져 있다.

이 가운데 '자류 주석 총론'에서는 '자서(字書), 운서(韻書), 언석(諺釋), 자음(字音), 자표(字標), 자수(字數)'에 관하여 설명한 내용을 수록하였다. 여기에서는 '운서'에 수록된 내용과 '부록'의 '정음 문견 기략(正音聞見記略)'의 내용을 살펴보도록 한다.

'운서'에는 다음과 같은 운서에 관한 내용을 찾아볼 수 있다.

> 세종 때 「사성 통고」를 제일 오래된 최고의 정본으로 여기는데, 세간에 전해지지 않아 명산 사찰에 소장되어 있지 않을까? 근간에 사용되는 것은 「화동 정음」과 「삼운 성휘」 그리고 정조 때에 간행된 「규장 전운」이다. 「규장 전운」이 간행될 때에 「전운 옥편」도 같이 나왔는데, 「옥편」은 양나라 고야왕이 지은 운서로 빼놓을 수 없는 것이다. 따라서 우리 「동운회통해(東韻會通解)」와 「삼운 성휘」도 부록으로 옥편을 펴냈다.

그리고 '부록'의 '정음 문견 기략(正音聞見記略)'에는 다음과 같은 내용이 포함되어 있다.

> 「사성 통고(四聲通攷)」는 두 가지가 있는데, 하나는 세종이 정한 간단한 「사성 통고」이고, 다른 하나는 신숙주가 이것을 증보하여 똑같은 책명을 붙인 「사성 통고」이다. 한편 최세진이 「사성 통해」의 마지막 부분에 수록한 「사성 통고」 범례는 신숙주의 「사성 통고」 범례이다. 이 범례에서 신숙주는 세종 당시 「사성 통고」는 전해지지 않아 구할 수가 없었는데, 이 책은 비밀 부서의 장서에 소장되어 있는 것으로 추측하였다.

「자류 주석」 참고 논저

① 임경조, 1993, 『「자류주석」의 언어적 성격과 사전적 성격』, 석사 논문, 서울: 서울대 대학원. ② 이영숙, 1994, 「자류주석」의 음운론적인 특징과 언어 의식, 「자하어문논집」, 9·10집, 상명여대 상명어문학회. 17-52. ③ 성원경, 1996, 「자류주석」 연구, 「인문과학논총」, 28, 서울: 건국대 인문과학연구소. 145-164. ④ 서수백, 2002, 『「자류주석」의 새김말 연구』, 석사 논문, 경산: 대구가톨릭대학교 대학원. ⑤ 서수백, 2006, 「훈몽자회」와 「자류주석」의 새김 비교 연구 -한문 주석의 비교를 중심으로-, 「한국말글학」, 23, 한국말글학회. 93-131. ⑥ 서수백, 2007, 「자류주석」 초목류에 나오는 자석 '성할'의 사전적 분석 -의미 정보를 중심으로-, 「한국말글학」, 24, 한국말글학회. 33-53. ⑦ 서수백, 2008, 「자류주석」 신체부의 이자동석 '볼' 연구 -의미 분석과 사전적 처리 양상을 중심으로-, 「한국말글학」, 25, 한국말글학회. 39-65. ⑧ 서수백, 2009, 『「자류주석」의 사전적 체재 연구』, 박사 논문, 경산: 대구가톨릭대학교 대학원. ⑨ 신상현, 2009, 조선 후기 문자언어학 연구 흐름과 자서 편찬, 「한자한문연구」, 5, 서울: 고려대 한자한문연구소. 187-222. ⑩ 서수백·김선희, 2010, 「자류주석」 수록 한문 주석의 사전적 특성 연구, 「국어사연구」, 10, 국어사학회. 175-198.

### (5) 「언음 첩고(諺音捷考)」(1846)

이 책의 내제는 「언음 첩고」이고, 표제는 '석범 언음고(石帆諺音考)'로 되어 있다. 표제에 따르면 지은이는 '석범'이고, 상권 첫째 장에서는 '숭정사 병오 하 오월 시곡병부(崇禎四丙午夏五月詩谷病夫)'라고 적혀 있어 '시곡병부'를 저자로 볼 수 있다. 이 두 호가 동일인을 지칭하는 것인지 확인되지 않고 있다. 석범이라면 서염순(徐念淳, 1800년~?) 또는 이건필(李健弼, 1830년~?)일 가능성이 있다.

「언음 첩고」에서는 한자와 한자어 709개를 한자로 적어 배열하고 뜻과 음을 한글로 달거나(예: 夏 이바디연) 조선어 대역어를 한글로 적었다(예: 最後 민후, 佗人 눕).

상권 'ㄷ 종성 고'에는 「훈몽 자회」, 「동의 보감」, 「소학 언해」, 「사성 통해」에서 'ㄷ' 종성을 가진 체언과 용언 70여 개를 소개하였다. 하권에는 '홍무 정운 자모지도'를 소개하고, '훈민 정음 발성 17자 병성 6자'에서 「홍무 정운」의 내용을 인용하였다.

'언문 원류'에서는 「훈몽 자회」의 초성은 'ㆆ'이 없어 27자가 되었는데, 225년이 지나 「삼운 성휘」에 이르러서 'ㆁ, ㅿ'이 없어져 25자가 되었으며, 'ㆅ'도 역시 소리를 이루지 못한다고 하였다.

그리고 「훈몽 자회」에서는 'ㅇ'이 없으면 글자를 이루지 못하는 것으로 보아 중성 11자는 '阿 아, 也 야' 등으로 제시하고, 초종성 통용 8자를 '其 기, 尼 니' 등으로 열거하였다. 그리고 종성에서 'ㄱ, ㄷ, ㅅ,'을 '기역, 디귿, 시옷'으로 부르므로 8자 모두 '으'로 소리를 이룬다고 하지는 않는다. 「삼운 성휘」에서도 이러한 설명을 따르고 있다고 하였다.

---

**「언음 첩고」 참고 논저**

① 최현배, 1961, 「고친 한글갈」, 서울: 정음사. ② 이병기, 1940, 「언음첩고」 해설, 「한글」 8-9, 조선어학회. 1-2. ③ 안춘근, 1973, 「석범 음운(언음)첩고」 저자 고, 「국학자료」, 7, 성남: 장서각. ④ 정우택, 2004, 국어학사 자료로 본 「언음첩고」, 「애산학보」, 30, 애산학회. 17-37. ⑤ 박철상, 2010, 「언음첩고」의 저자 고증, 「문헌과 해석」, 51, 서울: 문헌과 해석사. 89-96.

---

(6) '오음정(五音正)'(이광사, 필사 시기 미상) 서문

정제두에게 양명학[345]을 배웠으며 서예가로 널리 알려진 원교(圓嶠) 이광사(李匡師, 1705년~1777년)는 그의 문집 「원교 집선(圓嶠集選)」[346](필사 시기

---

345) 양명학은 중국 명나라 양명(陽明) 왕수인(王守仁, 1472년~1528년)이 주창한 유학의 한 계파이다. 그는 사물은 궁극적으로 마음으로만 존재한다는 유심론을 펴면서 지식과 행위를 하나로 합쳐야 한다는 지행합일(知行合一)을 주장했다.
346) 「원교 집선」의 원문은 한국 고전 종합 디비(http://db.itkc.or.kr)에서 찾아볼 수 있다.

미상) 권제8 '잡문'에 수록되어 있는 '오음정(五音正)'의 서문에서 운학 연구의 중요성을 강조하면서 「사성 통해」와 「동국 정운」에 기술된 한자음을 평가하였다.

첫째, 이광사는 최세진의 「사성 통해」에는 중국음(화음(華音))과 오랑캐음(이음(夷音))이 서로 뒤섞여 있는데, 잘못된 원인을 따지지 않고 함부로 선정하였으니 준거할 것이 못 된다고 하였다. 그러면서 송나라 유학자 사마 광(司馬光)이 펴낸 「절운 지장(切韻指掌)」이 후세 자학(字學)의 으뜸이 될 만한 것이라고 하였다(유창균, 1969: 127).

둘째, 이광사는 「동국 정운」은 임진 왜란을 계기로 볼 수 없게 되었는데, 「동국 정운」 방식의 한자음은 세조 때 불경을 언해한 책에서 찾아볼 수 있다고 하였다. 이 한자음은 경서를 언해한 책에서 찾아볼 수 있는 한자음과는 체계적으로 차이가 많이 나는데, 「동국 정운」에 기술된 한자음이 따를 만한 원칙이 된다고 하였다(유창균, 1969: 127-128).

따라서 이광사는 「사성 통해」에서 기술한 한자음은 부정적으로 비판하였으며, 「동국 정운」의 한자음을 수용하는 입장을 표명하였음을 확인할 수 있다.

---

「오음정」 참고 논저

① 유창균, 1969, 「신고 국어학사」, 서울: 형설출판사.

### (7) 「광견 잡록(廣見雜錄)」[347](노정섭, 1885)

유학자 노정섭(盧正燮, 1894년~1902년)이 1885년(고종 22년)에 지은 「연곡집(蓮谷集)」 권13에 수록되어 있는 「광견 잡록」에는 「삼운 성휘」와 「사성

---

347) 그의 문집 「연곡집(蓮谷集)」 권13에 수록되어 있다.

통해」에 관한 다음과 같은 내용을 찾아볼 수 있다.

「삼운 성휘」(홍계희, 1751)의 초성 통용 8자, 초성 독용 6자, 중성 11자, 합중성 2자도를 제시하였다. 또 '자모 총도'라고 하여 「광운」 36자, 「홍무 정운」 31자, 「훈민 정음」 23자를 하나의 그림에 넣어 보기 쉽게 소개하였 다. 그리고 「사성 통고」는 세종 소정본과 신숙주가 증보한 두 이본이 있는 데, 둘 다 전해지지 않지만 최세진의 「사성 통해」는 신숙주가 증보한 것을 토대로 삼았다고 하였다(유창균, 1997: 295~296).


「광견 잡록」 참고 논저

① 유창균, 1997, 「국어학사」, 서울: 형설출판사.


이밖에도 「화담집(花潭集)」(서경덕, 1605), 「계곡집(谿谷集)」(장유, 1643), 「백호 문집(白湖文集)」(윤휴, 1927) 등의 문집에서도 운서나 자서의 내용을 인용하거 나 설명한 내용을 찾아볼 수 있다.

서경덕(徐敬德, 1489~1546년)의 제자 박민헌(朴民獻)과 허엽(許曄) 등이 편집 하여 1605년(선조 38년) 은산 현감 홍방(洪雩)이 간행한 서경덕의 문집 「화담 집(花潭集)」[348] 권2 '성음해(聲音解)'와 '발전 성음해 미진처(跋前聲音解未盡處)' 에서 소옹(邵雍)의 「경세 성음(經世聲音)」에 관하여 설명하였다.

장유(張維, 1587년~1638년)가 지은 「계곡집(谿谷集)」(1643)에서는 송나라 사 람 장유(張有)는 소전(지금의 전서)를 잘 썼는데, 허신의 「설문 해자」를 근본 으로 하여 한 점 한 획도 함부로 어긋나게 하지 않았다는 인용 부분을 찾 아볼 수 있다.

---

348) 4권 1책으로 이루어진 「화담집」(1605)은 규장각, 장서각, 국립 중앙 도서관 등에 소장 되어 있다.

그리고 윤휴(尹鑴, 1617년~1680년)의 문집 「백호 전서(白湖全書)」349) '제41권 잡저 독서기 고시(古詩)'에는 「설문」에는 주(洲)는 주(州)라고 되어 있고, 참(參)은 참(槮)으로 되어 있다는 내용을 인용하고 있다. 또 「이아」의 이른바 "상의는 모두 옷깃(襟)을 만드는데 금(衿)은 교령(交領)이다."라는 말과 「설문」의 이른바 "교임(交衽)을 금(襟)이라고 하니 임(衽)은 옷깃이다."라는 내용을 인용하였다.

끝으로 「조선 왕조 실록」 정조 44권 20년(1796년)에는 임자년에 중국 사고 전서(四庫全書) 취진판식(聚珍板式)을 모방하여 자전(字典)의 글자체를 모아서 황양목(黃楊木)으로 크고 작은 32만여 자를 새겨 생생자(生生字)라고 하였다는 기록이 있다. 이 내용은 「국조 보감」(1909) 제74권 정조조 6, 20년(1796년)과 「연려실 기술」(이긍익, 1776 이전) 별집 제14권 '주자(鑄字)'에서도 찾아볼 수 있다. 이처럼 「강희 자전」에 적힌 한자들을 이용하여 목활자인 생생자를 만든 것은 자전의 활용 방법 중의 하나로 내세울 만하다.

## 17~19세기 참고 논저

강경원, 2001, 「이익 -인간 소외 극복의 철학자」, 서울: 성균관대학교 출판부.
강민구, 2010, 조선 3대 유서의 편찬 의식에 대한 연구, 「다산과 현대」 3, 서울: 연세대 강진 다산 실학 연구원. 79-114.
강민구, 2011ㄱ, 「성호사설」의 「지봉유설」, 「송남잡식」의 「지봉유설」, 「성호사설」 인용 양상에 대한 연구, 「한문학보」, 24, 우리한문학회. 495-533.
강민구, 2011ㄴ, 조선 3대 유서의 형성 경로에 대한 연구, 「동방한문학」 47, 동방한문

---

349) 윤휴의 문집은 그의 두 아들 윤하제와 윤경제가 간행하려다가 18세기 이후에 정치적 적대 세력인 서인과 노론 계열이 계속 집권하여 출간되지 못했다. 그러다가 1927년 진주 용강 서당에서 「백호 문집」을 석판본으로 간행하였으며, 1974년에 직계손 윤용진이 전해오던 원고들을 모두 수록하여 「백호 전서」라는 책명으로 출판하였다. 이 책의 번역문은 한국 고전 종합 디비(http://db.itkc.or.kr)에서 찾아볼 수 있다.

학회. 149-174.

강석화, 2005, 이계 홍양호의 생애와 학문관, 「진단학보」 100, 진단학회. 301-325.

강신항, 1958, 「이조 중기 국어학사 시론 −특히 신경준을 중심으로−」, 석사 논문, 서울: 서울대 대학원.

강신항, 1959, 신경준의 기본적 국어학 연구 태도, 「국어국문학」 20, 국어국문학회. 30-32.

강신항, 1963, 「훈민정음 운해」 예리론과 「성리대전」과의 연관성, 「국어국문학」 26, 국어국문학회. 177-185.

강신항, 1967, 「운해 훈민정음」 연구, 서울: 한국연구원.

강신항, 1982ㄱ, 이규경의 언어, 문자 연구, 「대동문화연구」 16, 서울: 성균관대 대동문화연구원. 57-75.

강신항, 1982ㄴ, 「운해 훈민정음」, 서울: 형설출판사.

강신항, 1985, 실학 시대 학자들의 업적에 대하여, 「교육논총」 1, 서울: 성균관대 교육대학원. 7-20.

강신항, 1986ㄱ, 「주영편」 내 훈민정음 관련 기사에 대하여, 「박붕배 박사 회갑 기념 논문집」, 서울: 배영사. 556-567.

강신항, 1986ㄴ, 조선 후기 정음학자들의 정음관, 「국어학 신연구(약천 김민수 교수 화갑 기념)」, 서울: 탑출판사. 937-946.

강신항, 1986ㄷ, 실학 시대 학자들의 업적에 대하여, 「교육논총」 1, 서울: 성균관대 교육대학원.

강신항, 2000, 언문지에 나타난 유희의 음운 연구, 「유희의 생애와 국어학 자료집」, 한국어문교육연구회·사단법인 한국어문회. 1-19.

강헌규, 1985, 국어 어원 탐구의 사적 전개 과정 연구, 「공주대학교 논문집」 23, 공주: 공주대. 67-119.

강헌규, 1986, 「한국어 어원 연구사 연구 −대상 어휘 및 방법론을 중심으로−」, 박사 논문, 서울: 경희대학교.

강헌규, 1989, '계(契)'와 '보(寶)'의 어원, 「공주대학교 논문집」 27, 공주: 공주대. 7-24.

고병익, 1972, 「주영편 해제」, 서울: 서울대출판부.

권오영, 1999, 「최한기의 학문과 사상 연구」, 서울: 집문당.

권오영 외, 2000, 「혜강 최한기」, 서울: 청계.

김동준, 2007, 소론계 학자들의 자국어문 연구 활동과 양상, 「민족문화사연구」 35, 민족문화사학회. 8-39.

김민수, 1964, 유희의 전기, 「도남 조윤제 박사 회갑 기념 논문집」, 서울: 신아사. 185-208.

김민수, 2000, 유희 선생의 생애와 학문, 「유희의 생애와 국어학 자료집」, 한국어문교육연구회·사단법인 한국어문회. 21-35.

김병건, 2010, 육서와 자형을 이용한 한자 교육 일고찰 -「육서책」과 「육서 경위」를 중심으로-, 「동방한문학」, 43, 동방한문학회. 129-165.

김병린, 1987, 다산학 논저 목록, 「다산 서세 150주년 기념 다산학 논총」 하, 다산학연구원.

김석득, 1972, 「경세훈민정음도설」의 역리적 구조, 「동방학지」 13, 서울: 연세대 동방학연구소. 135-170.

김석득, 1975, 실학과 국어학의 전개 -최석정과 신경준과의 학문적 거리-, 「동방학지」, 16, 서울: 연세대 국학연구소. 117-144.

김석득, 1983, 이재 황윤석의 「화음방언자의해」, 「동방학지」, 40, 서울: 연세대 국학연구원. 61-91.

김석득, 2003, 실학과 국어학의 전개 -최석정과 신경준과의 학문적 거리-, 「연세 실학 강좌 II-실학 공개 강좌 2」, 서울: 혜안.

김석득, 2009, 「우리말 연구사」, 서울: 태학사.

김성규, 1997, 최석정의 「경세정운도설」 1, 「문헌과 해석」 1, 서울: 태학사. 132-140.

김성규, 1998ㄱ, 최석정의 「경세정운도설」 2, 「문헌과 해석」 2, 서울: 태학사. 84-94.

김성규, 1998ㄴ, 「경세정운도설」에 대한 홍양호의 서평, 「문헌과 해석」 3, 서울: 태학사. 117-124.

김아리, 1994, 「실학 산책」 상·하, 서울: 서해문집.

김양진, 2009, 18세기 후반의 국어학과 정동유의 「주영편」, 「대동문화연구」 68, 서울: 성균관대 유교문화연구소. 255~289.

김언종 외, 20??, 「유희의 언문지 역주」.

김윤경, 1938, 「조선 문자 급 어학사」, 경성: 조선기념도서출판관.

김  일, 2001, 신경준의 「훈민정음 운해」와 그의 역학적 언어관, 「중국조선어문」 113, 길림성민족사무위원회. 23-26.

김  일, 2003, 「주영편」을 통해본 정동유의 언어관, 「중국조선어문」 3, 길림성민족사무위원회. 22-25.

김지용, 1968, 「경세훈민정음도설」 해제, 「인문과학」 19, 서울: 연세대 인문과학연구소. 202.

김지홍, 2010, 언문지의 이본들에 대하여, 「서지학보」 36, 한국서지학회. 154-194.

김채식, 2009, 「이규경의 「오주연문장전산고」 연구」, 박사 논문, 서울: 성균관대 대학원.

김채식, 2011, 「성호사설」과 「오주연문장전산고」의 저술 성향 비교 검토, 「동아시아고대학」 26, 동아시아고대학회. 61-99.

김춘경, 1964, 노두 인생 -「오주연문장전산고」에 취하여, 「민족문화연구」 1, 서울: 고려대 민족문화연구소. 223-233.

김필규, 1979, 「경세훈민정음」 연구, 「수련어문논집」 7, 수련어문학회. 1-27.

김현미, 1999, 「이계 홍양호의 「육서 경위」에 관한 연구」, 석사 논문, 서울: 성균관대 교육대학원.

남만성 역, 1975, 「지봉유설」 상·하, 서울: 경인문화사.

노명호 외, 2004, 「지봉유설」의 종합적 검토, 「진단학보」 98, 진단학회. 301-318.

노혜경, 2003, 황윤석의 문헌 자료 검토, 「장서각」 9, 성남: 한국학중앙연구원. 79-108.

도수희, 1992ㄱ, 유희의 언문지에 대하여, 「훈민정음과 국어학」, 광주: 전남대학교 출판부. 1-30.

도수희, 1992ㄴ, 정동유의 언어관, 「춘강 유재영 박사 화갑 기념 논총」, 서울: 이회문화사. 163~172.

도수희, 1993, 정동유의 어휘·어원론, 「어문연구」 24, 대전: 어문연구회. 461-470.

리상용, 2006, 청장관 이덕무의 교감 기사에 대한 고찰, 「서지학연구」 33, 서지학회. 375-394.

리상용, 2010, 청장관 이덕무의 목록론에 대한 고찰, 「서지학연구」 46, 서지학회. 237-266.

문준혜, 2012, 조선 시대 문집에 보이는 중국 언어 문자 연구 조망 -이덕무의 「청장관전서」를 중심으로-, 「중국어문학지」 38, 중국어문학회. 175-196.

민족문화추진위원회 역, 1977, 「국역 청장관전서」 1~13, 서울: 민족문화추진위원회.

민족문화추진회 역, 2007, 「신편 국역 하곡집」, 서울: 한국학술정보

박문열, 1987, 청장관 이덕무의 생애와 저술, 「인문과학논총」 6, 청주: 청주대 인문과학연구소. 187-214.

박상균, 1979, 한국 고사서 종합 해제 5, 「도서관」 235, 서울: 국립 중앙 도서관. 56-63.

박상균, 1986, 한국 자서의 서지적 연구, 「경기대학 논문집」 19-1, 수원: 경기대. 243-270.

박상영, 2007, 오주 이규경의 공부법과 「오주연문장전산고」의 성립, 「한자한문교육」 19, 한국한자한문교육학회. 351-373.

박상영·안상우, 2008, 오주 이규경의 생애 연구, 「민족문화」 31, 서울: 한국고전번역원.

박철상, 2010, 「언음첩고」의 저자 고증, 「문헌과 해석」 51, 서울: 문헌과 해석사. 89-96.

박태권, 1959, 유희의 어학사적 위치, 「문리대학보」 2, 부산: 부산대 문리과대학. 1-28.

박태권, 1970, 이조 실학파 학자들의 학설이 국어학에 미친 영향 -신경준의 어학설을 중심으로-, 「논문집」 11-1, 부산: 부산대. 1-23.

박태권, 1976, 「국어학사 논고」, 서울: 샘문화사.

배윤덕, 1988ㄱ, 「운해」 연구사, 『돈암어문학』, 1, 돈암어문학회. 113-125.

배윤덕, 1988ㄴ, 「신경준의 「운해」 연구 -「사성통해」와 관련하여-」, 박사 논문, 서울: 연세대 대학원.

배윤덕, 1990, 최석정의 「경세정운」 연구 -운섭도와 관련하여-, 『국어국문학』, 104, 국어국문학회. 1-13.

배윤덕, 1991ㄱ, 신경준의 「운해」 연구, 『이중언어학』, 8, 이중언어학회. 538-552.

배윤덕, 1991ㄴ, 최석정의 「경세정운」 연구, 『동방학지』, 71·72, 서울: 연세대 국학연구원. 433-455.

배윤덕, 1995, 최석정의 「경세정운」 연구 -외내 4섭부터 외내 8섭까지-, 『국어국문학』, 114, 국어국문학회. 61-77.

배윤덕, 1997, 황윤석의 「이수신편」 연구 -「사성통해」와 관련하여-, 『동방학지』, 97, 서울: 연세대 국학연구원. 169-192.

배윤덕, 2005, 『우리말 운서의 연구』, 서울: 성신여자대학교 출판부.

배윤덕, 2010, 한결 선생의 조선 시대 운학 연구, 『애산학보』, 36, 애산학회. 131-150.

백태남, 1983, 『『지봉유설』 연구』, 석사 논문, 서울: 단국대 교육대학원.

부유섭. 2001, 명가 전주 이 씨 지봉가, 『문헌과해석』, 15, 서울: 문헌과해석사. 50-67.

서병국, 1965, 훈민정음 해례본 이후의 이조 국어학사 시비 -「훈몽자회」에서 「언문지」까지를 중심으로-, 『논문집 -인문사회과학 편-』, 9, 대구: 경북대학교.

서병국, 1973, 『신강 국어학사』, 서울: 형설출판사.

서수백, 2002, 『『자류주석』의 새김말 연구』, 석사 논문, 경산: 대구가톨릭대학교 대학원.

서수백, 2006, 「훈몽자회」와 「자류주석」의 새김 비교 연구 -한문 주석의 비교를 중심으로-, 『한국말글학』, 23, 한국말글학회. 93-131.

서수백, 2007, 「자류주석」 초목류에 나오는 자석 '성할'의 사전적 분석 -의미 정보를 중심으로-, 『한국말글학』, 24, 한국말글학회. 33-53.

서수백, 2008, 「자류주석」 신체부의 이자동석 '볼' 연구 -의미 분석과 사전적 처리 양상을 중심으로-, 『한국말글학』, 25, 한국말글학회. 39-65.

서수백, 2009, 『『자류주석』의 사전적 체재 연구』, 박사 논문, 경산: 대구가톨릭대학교 대학원.

서수백·김선희, 2010, 「자류주석」 수록 한문 주석의 사전적 특성 연구, 『국어사연구』, 10, 국어사학회. 175-198.

서인원, 2000, 이계 홍양호 연구의 현황과 과제, 『동국사학』, 34, 동국대 사학회. 99-118.

서인원, 2003, 이계 홍양호의 실학 사상, 『동아시아 문화 연구』, 37, 서울: 한양대 동아시아문화연구소. 5-27.

서한용, 2010, 이덕무의 중국 문자학 인식, 「한문학논집」 30, 근역한문학회. 413~439.

서한용, 2011, 18·9세기 한중 학자의 명물 고증 −이덕무와 완원(阮元)의 '규(葵)'에 대한 고증을 중심으로−, 「한문학논집」 32, 근역한문학회, 81-106.

성원경, 1996, 「자류주석」 연구, 「인문과학논총」 28, 서울: 건국대 인문과학연구소. 145-164.

신두환, 2010, 성호 이익의 「리소해」 연구, 「한국한문학연구」 46, 한국한문학회. 215-249.

신병주, 1994ㄱ, 17세기 후반 소론학자의 사상 −윤증·최석정을 중심으로−, 「역사와 현실」 13, 한국역사연구회. 115-137.

신병주, 1994ㄴ, 19세기 중엽 이규경의 학풍과 사상, 「한국학보」 20-2, 서울: 일지사. 144-173.

신병주, 2001, 「지봉유설」 최초의 문화 백과사전, 「문헌과해석」 14, 서울: 문헌과해석사. 46-58.

신병주, 2003, 「성호사설」의 체제와 주요 내용, 「성호학연구」 1, 성호기념관. 19-49.

신병주, 2008, 이수광: 박학과 소통을 추구한 실학의 선구자, 「한국사 시민 강좌」 42, 서울: 일조각. 159-176.

신상현, 2009, 조선 후기 문자언어학 연구 흐름과 자서 편찬, 「한자한문연구」 5, 서울: 고려대 한자한문연구소. 187-222.

신수영, 2001, 「언문지의 체제와 유희의 언어관 연구」, 석사 논문, 서울: 이화여대 대학원.

신조선사 편, 1934~1938, 경세유표, 「여유당전서」, 경성: 신조선사.

실학 박물관 http://www.silhakmuseum.or.kr

심경호, 2008, 조선 후기 지식인과 고염무(顧炎武), 「한문학보」 19, 우리한문학회. 509-533.

심소희, 2010ㄱ, 황윤석의 정음관 연구 1: 「이수신편」 권12의 경세사상체용지수도를 중심으로, 「중국어문학논집」 62, 중국어문학연구회. 81-109.

심소희, 2010ㄴ, 황윤석의 정음관 연구 2: 「이수신편」 권20의 '운학본원'을 중심으로, 「중국어문학논집」 64, 중국어문학연구회. 89-118.

심소희, 2012ㄱ, 최석정의 「경세훈민정음도설」 연구, 「중국어문학논집」 73, 중국어문학연구회. 89-112.

심소희, 2012ㄴ, '경서정운도설' 역주, 「중국어문논역총간」 30, 중국어문논역학회. 561-581.

심소희, 2012ㄷ, 조선 후기 문인들의 서신을 통한 성운 인식 고찰 −최석정과 정제두의 서신을 중심으로−, 「중국언어연구」 38, 한국중국언어학회. 21-45.

심호수, 2007, 「『주영편』에 나타난 정동유의 언어관 연구」, 석사 논문, 서울: 연세대학교

안대회, 2004, 이수광의 「지봉유설」과 조선 후기 명물고증학의 전통, 「진단학보」 98, 진단학회. 267-289.

안대회, 2010, 18·19세기 조선의 백과전서파와 「화한삼재도회」, 「대동문화연구」 69, 서울: 성균관대학교 유교문화연구소. 419-445.

안병직, 2011, 「여유당전서」 출간 배경과 다산 저술의 필사본 「경세유표」에 대한 서지적 검토, 「다산학」 18, 다산학술문화재단. 167-197.

안춘근, 1973, 「석범 음운(언음)첩고」 저자 고, 「국학자료」 7, 성남: 장서각.

양원석, 2007, 「조선 후기 문자훈고학 연구」, 박사 논문, 서울: 고려대 대학원.

양정호, 2004, 「주영편」의 국어학사적 고찰, 「애산학보」 30, 애산학회. 69-97.

오용섭, 2008, 「청장관전서」 정고본의 서지적 연구, 「서지학연구」 39, 서지학회. 87-111.

유재영, 1968, 「이조 후기 국어학에 공헌한 실학 사상: 특히 이재 황윤석을 중심으로」 (연구보고서), 익산: 원광대학교.

유재영, 1969, 이조 후기 국어학에 공헌한 실학 사상: 특히 이재 황윤석을 중심으로, 「논문집」 4, 익산: 원광대학교. 373-418.

유재영, 1970, 이조 후기 국어학에 공헌한 실학 사상: 특히 이재 황윤석을 중심으로, 「논문집」 5, 익산: 원광대학교. 9-43.

유창균, 1959, 「국어학사」, 대구: 영문사.

유창균, 1962, 「경세정운」 고, 「논문집」 5, 대구: 청구대학. 15-39; 유창균, 1984, 「국어학논고」, 대구: 계명대학교출판부. 477-518.

유창균, 1969, 「신고 국어학사」, 서울: 형설출판사.

유창균, 1987, 소강절(邵康節)의 '경세사상체용지수도'에 대하여, 「우해 이병선 박사 화갑 기념 논총」, 부산: 간행위원회. 83-106.

유창균, 1989, 「황극경세서」가 국어학에 끼친 영향, 「석당논총」 15, 부산: 동아대 석당전통문화연구원. 69-102.

유창균, 1997, 「국어학사」, 서울: 형설출판사.

유창돈, 1958, 「언문지 주해」, 서울: 신구문화사.

윤사순 편, 1990, 「정약용」, 서울: 고려대학교 출판부.

이가원, 1967, 「성호사설」 해제, 「성호사설」 상, 서울: 경희출판사.

이돈녕, 1969, 혜강 최한기, 「창작과 비평」 15, 서울: 창작과 비평사. 743-771.

이병근, 1995, 「지봉유설」의 국어학사상의 성격, 「대동문화연구」 30, 서울: 성균관대 대동문화연구원. 209-231.

이병기, 1940ㄱ, 조선어문학 명저 해제, 「문장」 2-8, 문장사. 215-231.

이병기, 1940ㄴ, 「언음첩고」 해설, 「한글」 8-9, 조선어학회. 1-2.

이병도, 1982, 「해동역사」의 종합적 검토 개회사, 「진단학보」 53, 진단학회. 230.

이선영, 2004, 「성호사설」에 대한 국어학사적 검토, 「애산학보」 30, 애산학회. 39-67.

이숭녕, 1970, 「지봉유설」 해제, 「지봉유설」, 서울: 경인문화사.

이숭녕, 1972, 황윤석의 「이수신편」 고찰 -특히 어학 연구를 중심으로 하여-, 이숭녕, 「국어학 연구」, 서울: 형설출판사. 167-176.

이영숙, 1994, 「자류주석」의 음운론적인 특징과 언어 의식, 「자하어문논집」 9·10집, 상명여대 상명어문학회. 17-52.

이우성, 1982, 「한국의 역사상」, 서울: 창작과비평사.

이우성 외, 1982, 「해동역사」의 종합적 검토 토론 속기록, 「진단학보」 53, 진단학회. 250-261.

이을환, 1979, 「사소절」의 언어 규범 연구 -사전 언어편을 중심으로-, 「논문집」 19, 서울: 숙명여대. 231-257.

이익성 역, 1977, 「국역 경세유표」, 서울: 민족문화추진회.

이재곤 해제, 1984, 「주영편」, 정동유 저, 「국회도서관보」 173, 서울: 국회도서관. 61-69.

이종묵, 2010, 정동유와 그 일문의 저술, 「진단학보」 110, 진단학회. 301-328.

이종철, 1981, 「화음방언자의해」에서 본 몇 가지 국어 어원에 대하여, 「국어교육」 38, 한국국어교육연구회. 151-172.

이춘희, 1977, 「지봉유설」에 대하여, 「한국학」 13, 서울: 영신 아카데미 한국학연구소. 21-27.

이충구, 1984, 「주영편」에 수집된 한국 한자의 분석 연구, 「수선논집」 8, 서울: 성균관대 대학원. 65-96.

이태진, 1982, 「해동역사」의 학술사적 검토, 「진단학보」 53, 진단학회. 231-242.

이토 하이데토(伊藤英人), 1995, 신경준의 「운해 훈민정음」에 대하여, 「국어학」 25, 국어학회. 293-306.

이현종, 1975, 이규경의 생애와 사상, 「실학논총」, 광주: 전남대 출판부.

이현희, 1968, 「오주연문장전산고」, 「국회도서관보 5-3」, 서울: 국회도서관. 52-58.

이현희, 2004, 이수광의 국어학적 인식에 대하여, 「진단학보」 98, 진단학회. 291-299.

이희승, 1937, 언문지 해제, 「한글」 5-1, 조선어학회. 7-8.

이희승, 1938, 「언문지」, 경성: 조선어학회.

임경조, 1993, 「「자류주석」의 언어적 성격과 사전적 성격」, 석사 논문, 서울: 서울대 대학원.

임선영, 1992, 「오주 이규경의 실학 사상 연구」, 석사 논문, 서울: 성균관대 대학원.

임창순, 1965, 「지봉유설」 해제, 「국회도서관보」 2-10, 서울: 국회도서관. 84-87.

임창순, 1966ㄱ, 「주영편」, 고서 해제 1, 「국회도서관보」 3-10, 서울: 국회도서관. 70-72.

임창순, 1966ㄴ, 「주영편」, 고서 해제 2, 「국회도서관보」 3-11, 서울: 국회도서관. 42-44.

장소원 외, 2003, 「조선 시대 국어학사 자료에 대한 기초 연구」, 서울대 한국학 장기 기초 연구비 지원 연구 과제 결과보고서.

정경일, 1984, 「규장전운 연구」, 석사 논문, 서울: 고려대 대학원.

정경일, 2001, 조선 후기 국어 연구의 실학적 경향, 「한국어학」 14, 한국어학회. 261-282.

정경일, 2002, 「한국 운서의 이해」, 서울: 아카넷.

정경일, 2008, 「규장정운·전운옥편」, 서울: 신구문화사.

정동유 지음·남만성 옮김, 1971, 「주영편」 상·하, 서울: 을유문화사.

정석종, 1969, 성호 이익, 「창작과 비평」 14, 서울: 창작과비평사.

정승철, 2010, 「주영편」의 국어 연구, 「진단학보」 110, 진단학회. 395-411.

정양완, 2000, 유희의 학문과 생애, 「새국어생활」 10-3, 서울: 국립국어연구원.

정우택, 2004, 국어학사 자료로 본 「언음첩고」, 「애산학보」 30, 애산학회. 17-37.

정인보, 1937, 「훈민정음 운해」 해제, 「한글」 5-4, 한글학회. 455-456.

정인보, 1955, 「문통」 해제, 「담원 국학 산고」, 서울: 문교사. 15-18.

정재훈 외, 2005, 토론 「이계집」의 종합적 검토 녹취문, 「진단학보」 100, 진단학회. 395-415.

정해렴 역주, 2000, 「지봉유설 유선」, 서울: 현대실학사.

정해렴 역주, 2004, 「역주 경세유표」 1~3, 서울: 현대실학사.

정해렴 편역, 1998, 「성호사설 유선」 상·중·하, 서울: 현대실학사.

정호훈, 2010, 「주영편」의 자료 구성과 지식 체계, 「진단학보」 110, 진단학회. 329-361.

조건상, 1978, 「해설 역주 언문지」, 서울: 형설출판사.

조성산, 2005, 현동 정동유(1744~1808)와 「주영편」에 관한 연구, 「한국인물사연구」 3, 한국인물사연구소. 241-270.

조성을, 2007, 「경세유표」의 문헌학적 제문제-성립 과정과 저술 시기 중심으로-, 「다산학」 10, 다산학술문화재단. 259-311.

최남선 편, 1914, 「경세유표」, 경성: 조선광문회.

최석기 역, 1999, 「성호사설」, 서울: 한길사.

최석정, 1982, 「명곡집」 1~4, 서울: 태학사.

최석정 저·김지용 해제, 2011, 「경세훈민정음도설」, 서울: 명문당.
최은숙, 1991, 「「지봉유설」의 서지학적 연구」, 석사 논문, 서울: 이화여대 대학원.
최전승, 1994, 이재 황윤석의 「화음방언자의해」와 「이수신편」 등에 반영된 어휘 연구
    의 성격, 「이재 황윤석」, 최삼룡 외, 서울: 민음사. 161-226.
최현배, 1961, 「고친 한글갈」, 서울: 정음사.
한국철학사연구회, 2000, 「한국 실학 사상사」, 서울: 다운샘.
한영우, 1985, 「해동역사」의 연구, 「한국학보」, 11-1, 서울: 일지사. 1132-1189.
한영우, 1992, 이수광의 학문과 사상, 「한국문화」, 13, 서울: 서울대 한국문화연구소
    359-431.
한우근, 1977, 「성호사설」 해제, 「국역 성호사설」 1, 서울: 민족문화추진회.
허  륜, 2005, 우리 나라 근대적인 문헌의 시원을 열어 놓은 「오주연문장전산고」, 「국
    제고려학회 서울 지회 논문집」, 국제고려학회 서울 지회. 65-72.
허  륜, 2010, 「「오주연문장전산고」에 대한 문헌학적 연구」, 평양: 사회과학출판사.
홍양호, 1982, 「이계 홍양호 전서」, 상·하, 서울: 민족문화사.
홍이섭, 1953, 정동유의 「주영편」에 보인 이국어에 취하여, 「역사학보」, 4, 역사학회.
    85-100.

## 3.3. 20세기 전반

여기에서는 20세기 전반에 이루어진 자전에 관한 연구 논저들을 살펴보기로 한다.

우선 대한 제국 이후로 국가의 제도가 많이 변경되었으므로 1903년 법무국장 김석규가 「문헌 비고」의 수정을 건의함에 따라 칙명으로 1908년에 간행된 「증보 문헌 비고」에 수록된 운서, 자서 등에 관한 내용을 찾아보고자 한다.

그런 다음 국내에서 발행된 '어학사, 한글갈, 정음 발달사' 등의 명칭을 붙인 한국어 연구 논저에 관하여 설명한 단행본인 김윤경(1938(초판)/1938(재판)/1946/1954), 최현배(1940/1942/1961), 홍기문(1946), 방종현(1948) 등에서 자

서, 운서, 자전 등에 관한 논의들을 찾아보기로 한다.350)

그리고 끝으로 한국어학 개론서351)의 내용을 담은 고정옥(1949: 303~324)의 제3편 어문학 1. 어학 '4 사전류'에서 사전을 분류하고 각 사전별로 설명한 내용을 소개해보기로 한다.


### (1)「증보 문헌 비고(增補文獻備考)」(박용대 외, 1908)

대한 제국에서 1790년 이후에 변경된 국가 제도에 관련된 여러 사항들을 반영하기 위하여 1903년 법무국장 김석규(金錫圭)가 「문헌 비고(文獻備考)」352)

---

350) 「조선 문자 급 어학사」(김윤경, 1936: 922~1007)와 「국어학 연구사」(고영근 편, 1995: 445~447)에서 '총류'로 분류하여 열거한 목록 가운데에서 20세기 전반에 단행본으로 발행된 것으로는 김윤경(1938), 최현배(1942), 홍기문(1946), 방종현(1948) 등을 찾아볼 수 있다.
　한편 일본인 오구라 신페이(小昌進平, 1882년~1944년))의 「朝鮮語學史」(1920(초판)/1940(증정판)/1964(증정 보주판))가 일본에서 발행되었다. 오구라 신페이는 일본 동경 대학 언어학과 출신으로 조선 총독부에 파견되었다. 그는 일본 강점기 때에 조선총독부가 지금의 서울 종로 5가 혜화동에 설립한 대학이며, 서울 대학교의 전신인 경성 제국 대학의 교수였다. 그에게 배운 제자로는 이희승, 방종현, 이숭녕 등이 있다. 그가 일본어로 쓴 「朝鮮語學史」 초판은 도쿄의 대판 옥호 서점(大阪屋號書店)에서 발행되었고, 1940년에 도강 서원(刀江書院)에서 이 책의 증정판이 나왔으며, 1964년에 도강 서원(刀江書院)에서 증정 보주판을 발행하였다. 오구라 신페이(1964: 527~542)에서는 '획인 자전(畫引字典)'에 속하는 「용감 수경」, 「대광익회 옥편」, 「옥편 직음」, 「신간 배자 예부 운략 옥편」, 「운회 옥편」(최세진, 가정 15년), 「신간 배자 예부 옥편」, 「삼운 성휘보 옥편」, 「전운 옥편」, 「교정 옥편」, 「자전 석요」, 「국한문 신옥편」, 「신자전」 등 13권을 간략하게 해제하였다. 그런데 이 해제 부분을 제외하고 우리가 여기에서 설명한 유희, 이규경 등 여러 학자들의 자전에 관한 논의나 자전 연구사에 관하여 특히 조선어학사 측면에서 살펴본 구체적인 내용은 찾아볼 수 없다. 게다가 이 책은 아직 한국어로 번역되지 않아 일본어를 읽을 수 있는 독자들만이 이용할 수 있다는 한계점을 지니고 있다. 오구라 신페이에 관한 논의로는 김근수(1965), 최성옥(1998), 이태환(2003), 이진호·이이다 사오리(飯田綾織) 역주(2009) 등이 있다.

351) 20세기 전반기에 발행된 한국어학 개론서로는 박승빈(1935), 고정옥(1949), 김형규(1949) 등이 있다. 그런데 박승빈(1935)와 김형규(1949)에는 자서, 훈고서, 운서, 자전 등에 관한 설명을 찾아볼 수 없다.

352) 1770년(영조 46년)에 왕의 명령을 받아 서명응, 채제공, 서호수, 신경준 등이 주도하여 6개월 만에 「동국 문헌 비고(東國文獻備考)」를 편찬하여 1770년에 인쇄하여 간행하였다. 그런데 이 책에는 착오가 많아 1782년(정조 6년)에 이만운 등이 재편찬 작업을 착

의 수정을 건의함에 따라 홍문관에 문헌 비고 찬집청을 설치하여 증보 작업을 착수하였다.

그리하여 박용대, 조정구, 김교헌, 김택영, 장지연 등 33인 찬집, 박제순 등 17인 교정, 한창수 등 9인 감인, 김영한 등 3인 인쇄로 분담하여 1907년에 「증보 문헌 비고(增補文獻備考)」 250권의 편찬 작업을 완성하고, 1908년에 50책으로 간행하였다.

칙명으로 편찬된 「증보 문헌 비고」[353] 제243권 '예문고 역대 저술 조선'에는 김건서(金健瑞)가 1795년(정조 19년)에 편찬한 「첩해 신어 문석(捷解新語文釋)」 12편과 「어정 규장 전운(御定奎章全韻)」에 관한 설명이 있다. 특히 「어정 규장 전운」에 수록된 글자나 내용을 살펴서 잘못된 것을 바로잡은 내용을 밝힌 교서(校書)에는 다음과 같은 내용이 있어 우리의 주목을 끈다.

① 우리 나라의 운서는 3운에다가 별도로 입성을 두었는데, 이것은 4성 운의 근본 의의는 아니다. 게다가 증운(增韻)과 입성을 쓰지 않고 또 운이 서로 통하는 통운(通韻)과 어떤 운의 문자가 다른 운에 통용되는 협음(叶音)의 격을 알지 못하여 착오가 막심하므로, 많은 고증에 의해 이 책을 편찬한 것이니, 이후로 공공의 일이나 개인의 일에 사용하는 압운은 이 의례에 따르도록 하라고 하였다.

② 우리 나라에서 처음 나온 운서는 「삼운 통고(三韻通考)」인데, 그것을 준행한 지가 오래 되어서 학문하는 선비들의 규범이 되었다. 그런데 다만 그 글자 수가 적고 훈주(訓註)가 소략하여 포괄적이고 해박한 책은 될 수 없었다. 또 4성으로 3운을 삼았는데, 이것은 이름이 실제와 같지 않다. 김제겸(金濟謙, 1680년~1722년)과 성효기(成孝基, 1701년~?)가 비록 증보하였으나 옛날 것을 약간 더 자세하게 한 것

수하여 1790년에 완료하였다. 그러나 정조 즉위 이후의 사실이 많이 빠져 있어 1797년 이만운이 죽기 이전까지 계속 증보하였다. 이 책은 「증정 동국 문헌 비고(增訂東國文獻備考)」 또는 「증보 동국 문헌 비고」로 불린다.

353) 한국의 지식 콘텐츠(http://www.krpia.co.kr)에서 원문을 찾아볼 수 있다.

에 지나지 않는다.

③ 최세진의 「통해(通解)」와 박성원(朴性源, 1697년~1757년)의 「통석(通釋)」은 음절에 관해서는 매우 자세하나, 자수가 적고 주해가 소략하다. 그리고 3운에 입성을 따로 두었으니, 4성 운의 근본 뜻을 상실했음은 마찬가지이다. 이것은 대개 우리 나라 과거 시험에 입성 운자를 쓰지 않았기 때문이다. 그래서 천하고 더러운 구습에 따라 입성 1운을 3운에 포함하지 않음으로써 어디에도 속할 곳이 없어 쓸데없는 글자가 되어버렸으니, 그 오류의 가소로움이 비교할 데가 없다. 따라서 이 두 운서는 학관(學官)354)의 법식과 예원(藝苑)355)의 규범이 될 수는 없다.

④ 그래서 검서관 이덕무(李德懋, 1741년~1793년)에게 명령하여 여러 대가의 운서를 가지고 널리 고증을 들어 「전운(全韻)」 1부를 만들었다. 평성·상성·거성·입성을 종류에 따라 음을 모아 4격(四格)으로 늘리고, 글자를 배열함에 있어서는 옛 운서의 자모를 배열하는 방법을 모방하고, 국문(언문)으로 반절하는 음을 번역하여 운서에 따라 배정하였다. 또 증보에 증보를 더하여 여러 대가의 해석보다 더 소상한 해석이 되게 하였다. 그리고 한 자가 여러 운에 통용되는 것과 같은 글자가 음과 뜻이 다른 것과 우리 음과 중국 음이 다르게 읽히는 것은 글자 옆에 표를 붙이고 괄호를 넣어 표시하였으며, 국문으로 주를 붙였다.

⑤ 그리고 오역(吳棫)의 「운보(韻譜)」, 양신(楊愼)의 「고음(古音)」, 소광조(邵光祖)의 「운략(韻略)」에서 약간 협음을 추려 넣음으로써 간략하지만 번잡하지 않게 함은 운서 저작을 신중하게 하기 위한 것이다. 통운의 분별에 관해서는 송사에 증거를 대듯이 고악부(古樂府)와 두보(杜甫, 712년~770년), 한유(韓愈, 768년~824년)의 시에서 가장 증거가 될 만한 것을 골라 각 운자 밑에 붙였다.


　①에서는 「어정 규장 전운」에서 4성을 채택한 이유를 설명하였다. ②에

---

354) 학관은 교육을 맡았던 관리를 가리킨다.
355) 예원은 예술가들의 사회를 아름답게 이르는 말이다.

서는 「삼운 통고」와 「증보 삼운 통고」의 내용을 비판하였으며, ③에서는 「사성 통해」와 「화동 정음 통석 운고」의 내용과 체계를 비판하였다. ④에서는 「전운 옥편」의 편찬 방법을 설명하였으며, ⑤에서는 중국 운서의 협음과 중국 시를 인용한 사실을 설명하였다.

또 「증보 문헌 비고」 제246권 '예문고 5 자서류'에서는 아래와 같이 자서와 운서 등을 열거하면서, 괄호 속에 약간의 설명을 붙였다.

> 「사성 통해」(최세진) 2권, 「훈몽 자회」(최세진) 1권, 「유합」(동방(東方)에서 나온 것으로 누가 만든 것인지 알 수 없다. 유희춘(柳希春, 1513년~1577년)이 보충하고 편수하여 27항목으로 모두 3,000자를 수록하였다.) 1권, 「택당 자훈(澤堂字訓)」(이식(李植)) 1권, 「전운 편람(篆韻便覽)」(경유겸(景惟謙)) 1권, 「전해 심경(篆海心鏡)」(김진흥(金振興)) 2권, 「증보 운고(增補韻考)」(김제겸(金濟謙)) 1권, 「삼운 성휘」(박성원. 본래는 '화음 정운'이라고 하였는데 임금이 '정음 통석'이라는 이름을 내렸다.) 3권, 「규장각 운서(奎章閣韻書)」(서명응) 6권, 「조선부(朝鮮賦)」(동월(董越), 주에서 국음이 두 가지가 있으니 글을 읽을 때 평성이 거성과 같이 '성(星)'이 '성(聖)'이 되고, '연(煙)'이 '연(燕)'이 되는 종류가 허다하여 1자가 3, 4자씩 되며, 또 1자가 2자씩 발음되는 것이 허다하다라고 설명하였다.), 「자수(字數)」(한구(韓構)) 1권, 「신정 자수(新訂字數)」 1권, 「생생자보(生生字譜)」 1권, 「협음고(叶音考)」 1권, 「증보 운고(增補韻考)」 2권, 「운각 자수(芸閣字數)」 22권, 「규장 자수(奎章字數)」 1권, 「실록 자수(實錄字數)」 1권, 「자훈(字訓)」(허전(許傳)) 50권.

또 「증보 문헌 비고」 제246권 '역설류(譯舌類)'에서는 다음과 같은 역학서에 관한 내용도 찾아볼 수 있다.

> 「박통사(朴通事)」 4권, 「박통사 언해(朴通事諺解)」(최세진), 「노걸대(老乞大)」 2권, 「노걸대 언해(老乞大諺解)」 3권, 「노걸대 신석(老乞大新釋)」(변헌(邊憲)) 1권, 「청어 노걸대(淸語老乞大)」 4권, 「첩해 신어(捷解新語)」 12권, 「속

첩해 신어(續捷解新語)」 12권, 「왜어 첩해(倭語捷解)」 4권, 「한청 문감(漢淸文鑑)」(이수(李洙) 외) 15권, 「첩해 신어 문석(捷解新語文釋)」(김건서(金健瑞)) 4권을 열거하였다. 그리고 「한청 문감」은 청어(淸語)를 근본으로 하고 한어(漢語)로 번역하였다.

그리고 김학진(金鶴鎭)이 쓴 발문에는 이 책의 증보판과 속판에 관한 서지 사항이 다음과 같이 적혀 있다.

16고(考) 250편으로 구성된 이 책은 고종이 문원의 여러 신하에게 명령하여 편찬한 것이다. 1770년(영조 46년)에 원편 13고를 20고로 증보하여 편찬했다가 지금에 와서 속편을 완성하였다.

「증보 문헌 비고」 참고 논저

① 정중환, 1974, 「문헌비고」의 연구, 「동아논총」, 11-1, 부산: 동아대. 1-31. ② 김상열, 1983, 「「증보문헌비고」의 서지적 연구」, 석사 논문, 서울: 성균관대 대학원. ③ 옥영정, 2007, 「동국문헌비고」에 대한 서지적 고찰, 「진단학보」, 104, 진단학회. 227-253. ④ 한국의 지식 콘텐츠 http://www.krpia.co.kr

(2) '고려판 「용감 수경」 해설'356)(김창기 역, 1930)

경성 제국 대학 법문학부에서 1929년 3월 25일에 최남선 소장본(거성 권 제3 일부와 입성 권제 4) 「용감 수경」을 영인하여 발행하였으며, 1929년 4월 3일에는 금강산 유점사 소장본(평성 권제 1)인 고려판 「용감 수경」을 영인하여 발행하였다.357)

---

356) 이 글은 경성 제국 대학의 일본인 교수가 일본어로 작성한 것이지만, 김창기가 한국어로 번역하여 1930년에 「불교」 67호에 발표하였다. 김창기가 번역한 이 논문을 우리의 연구물로 보아 여기에서 선택하였다.

357) 이 두 책에다가 권2에 해당하는 「사부 총간(四部叢刊)」에 수록되어 있는 '속고일 총서본(續古逸叢書本)'을 첨가하여 1975년에 아세아 문화사에서 영인하여 발행하였다.

그리고 경성 제국 대학 후지츠카 지카시(藤塚隣, 1879년~1948년) 교수가 일본어로 쓰고 1929년 10월 18일에 인쇄한 '고려판 「용감 수경」 해설(高麗版龍龕手鏡解說)'이 별책으로 첨부되어 있다. 이것을 1930년에 김창기(金昌基)가 조선어로 번역하여 「불교」 67호(29~38)에 발표하였다. 이 해설에는 다음과 같은 내용이 수록되어 있다.

① 요(遼)나라 판본 「용감 수경」은 지금 그 소재를 모른다. 송나라 판본 「용감 수경」은 요나라 판본을 복각한 것인데 어느 정도까지 원형을 전했을까 하는 의문이 든다.

② 「고려판 용감 수경」 금강산 유점사 소장본 제1권과 최남선 소장본 제3권과 제4권은 모두 요나라 판본을 본받아 고려에서 번각한 것으로 볼 수 있다. 이 책은 송나라 판본과는 전혀 다른 계통에 속하는 것이다. 고려판과 송나라 판본을 비교하면 고려판의 내용이 우수하고 양호하다.

③ 원본 「용감 수경」은 932년 전(요나라 성종 통화 15년, 고려 성종 16년)에 행균(行均) 스님이 편찬한 자전인데, 「설문」 이래의 체재를 일변하여 창의적으로 부를 나누고, 부수의 자는 4성으로써 차례대로 배열하고, 평성 97부, 상성 60부, 거성 26부, 입성 59부로 나누었다.

④ 각 표제자 아래에 당나라 안현손(顏玄孫)의 「간록 자서(干祿字書)」의 예를 모방하여 반드시 정속, 금고 또는 만들어진 여러 서체들을 주입해놓았다.

⑤ 수록한 표제자는 모두 26,430여 자이고, 주(注)는 163,170여 자로 모두 189,610여 자를 4권에 펴냈다. 그러나 송나라 판본에는 평성 8,509자, 상성 9,545자, 거성 1,061자, 입성 8,028자 모두 27,143자가 수록되어 있어 서문에서 제시한 수보다 710자 내외를 초과하였다. 이러한 차이는 서문의 잘못된 기록이나 후인의 첨가 또는 계산법의 다름 등에 기인하는 것이지도 모른다.

⑥ 행균이 「용감 수경」을 편술한 목적은 불전의 송독(誦讀) 연구 자료에 적합한 자전을 만들고자 함에 있었다.

⑦ 이체자와 어려운 글자를 수집하고, 6서의 부족함을 보충하였다. 후

한 허신(許愼)의 「설문 해자」, 양나라 고야왕(顧野王)의 「옥편」, 진나라 가홍(可洪)의 「장경 음의 수함록(藏經音義隨函錄)」, 당나라 곽준(郭逡)의 「음결(音訣)」 등의 고사서를 참고하고 인용하였다.

⑧ 「오음 유취(五音類聚)」, 「사성 편해(四聲篇海)」, 「강희 자전(康熙字典)」 등에서 「용감 수경」을 많이 인용하였다.

⑨ 「용감 수경」의 부록인 '오음 도식(五音圖式)'은 그 이름만 서문에서 찾아볼 수 있을 뿐이고 전해지지는 않는다.

⑩ 요나라 판본은 북송에 들어왔다가 다시 고려에 전해진 듯하다. 북송판에는 '鏡(경)'을 '鑑(감)'으로 고치거나, '鏡(경)'의 마지막 획을 삭제하였다. 그 이유는 '鏡(경)'의 음이 송나라 익조(翼祖)의 휘(諱)[358] 인 '敬(경)'에 저촉된다고 하여 '경' 음을 피하기 위함이다. 이것은 당나라 안진경(顏眞卿)의 「운해 경원(韻解鏡源)」을 「운해 감원(韻解鑑源)」으로 바꾼 것과 같다.

⑪ 유점사 소장본은 수권(首卷) 1책으로 하(下) 3권 2책이 빠져 있다. 수권에는 '신수 용감 수경 서(新修龍龕手鏡序)'가 수록되어 있다. 그 가운데 제1엽은 나중에 보사한 것이고, 그 다음에 목차가 있다. 본문의 장수는 98엽인데, '興' 부 이하 1엽이 떨어져나가고 없다. 최남선 소장본은 제3권 13엽과 제4권 93엽의 합책인데, 체제, 방식, 지질 등이 유점사 소장본과 같다.

⑫ 고려 판본과 송나라 판본을 대교(對校)하면, 고려판본을 가지고 송나라 판본의 착오를 정정할 곳이 많다. 따라서 고려 판본이 송나라 판본보다 요나라 원판본에 가깝다는 것을 알 수 있다.

⑬ 송나라 판본과 고려 판본에는 '鏡(경), 敬(경), 殷(은), 恆(긍), 讓(양), 樹(수), 桓(환), 愼(신), 擴(광), 昀(전)' 등이 수록되어 있지 않다. 이 점에서 고려 판본은 송나라 판본의 영향을 받은 것이라고 생각할 수도 있다. 그러나 행균의 원본에 처음부터 이 한자들이 수록되지 않았을 것으로 생각한다. 「용감 수경」는 특수 자전으로 편찬할 당시의 난해 문자에 집중하였고, 특히 훈고가 필요하지 않은 상용 문

---

358) '휘'는 죽은 사람이 살아 있을 때에 사용한 이름을 가리키는데, 살아 있는 사람의 이름인 '명(名)'에 대응된다.

자는 일일이 채록하지 않았기 때문이다.

⑭ 고려 판본은 송나라 판본보다 월등히 우량하며, 요나라 판본을 연
구하는 데에 귀중한 자료이다. 고려 판본은 조선 전후 2차례에 걸
쳐 증보하여 개판된 「용감 수감」과 함께 소중한 문헌이다.

이 글은 「용감 수경」의 미시 정보를 분석한 것은 아니며, 부수 분류와
표제자의 선정 방법에 관한 내용을 제외하면 대부분 「용감 수경」의 문헌학
적인 설명으로 이루어져 있다.

「용감 수경」 참고 논저

① 한국학문헌연구소 편, 1975, 「용감수감」 해제, 서울: 아세아문화사. ② 심중규,
1983, 「용감수감」과 사본 각본의 관계, 「민족문화논총」 4, 경산: 영남대 민족문화연
구소. ③ 김경일, 1987, 「용감수감」 소고, 「중국어문학」 13-1, 영남중국어문학회.
277-291. ④ 김애영, 1988, 「「용감수감」 부수 연구」, 석사 논문, 서울: 연세대 대학
원. ⑤ 신상현, 2006, 조선본 「용감수감」의 판본과 특징에 대한 고찰, 「한문학보」
14, 우리한문학회. 393-424.

### (3) 「조선 문자 급 어학사(朝鮮文字及語學史)」(김윤경, 1938)

김윤경(1894년~1969년)의 「조선 문자 급 어학사」는 1938년 1월 25일에
조선어학회에서 초판(849쪽)을 발행하였다.[359]

「조선 문자 급 어학사」(1954: 251~288)에서는 최세진의 「훈몽 자회」 범
례, 박성원의 「화동 정음 통석 운고」 범례, 신경준의 「훈민 정음 운해」, 홍
계희의 「삼운 성휘」 범례, 홍양호의 「경세 정운 도설」 서문 등의 내용을
소개하였다.

---

359) 재판(1938년 2월 28일, 조선어학회), 3판(1946, 진학출판협회), 4판(1954, 동국문화사),
5판(1982, 동국문화사, 1015+27쪽), 그리고 「김윤경 전집」 1(1985, 연세대학교 출판부,
544쪽) 등이 발행되었다. 여기에서는 4판을 이용하였다.

그리고 '30. 한글 연구의 교재 문헌(936~937쪽)'에서는 「삼운 통고」, 「증보 삼운 통고」, 「동국 정운」(신숙주 외, 1447), 「사성 통고」(신숙주 외, 1419~1449), 「홍무 정운 통고」(신숙주 외, 1451~1452), 「약운도(約韻圖)」(최발), 「사성 통해」(최세진, 1517), 「삼운보 유」(박두세, 1702), 「화동 정음 통석 운고」(박성원, 1747), 「화동 협음 통석」(박성원, 1788), 「삼운 성휘」(홍순보, 1751), 「어정 규장 전운」(1796), 「운회 옥편」(최세진, 1536), 「삼운 성휘보 옥편」(홍순보, 1751), 「전운 옥편」(1796?), 「자전 석요」(지석영, 1909), 「국한문 신옥편」(정익로, 1911),360) 「신자전」(최남선, 1915), 「모범 선화 사전」(정경석 외, 1928)361) 등의 사서류를 열거하였다. 또 유별 사서류로 「훈몽 자회」(최세진, 1527), 「자류 주석」(정윤용, 1856), 「천자문」, 「유합」을 나열하였다.

### (4) 「한글갈」(최현배, 1940)

최현배(1894년~1970년)의 「한글갈」(1940: 189~221)에서는 언해한 한자책을 운서, 옥편, 유별 자서 셋으로 나누어 다음과 같이 설명하였다.362)

① 중국 운서를 한국에서 중간한 것으로는 「예부 운략(禮部韻略)」363) (1574), 「고금 운회(古今韻會)」(황공소(黃公紹), 송나라 때), 「고금 운

---

360) 초판은 1908년 11월 6일에 발행되었고, 재판 정정본은 1909년 3월 25일에 발행되었으며, 여기에서 소개한 것은 1911년 8월 15일 발행된 정정 증보 보유 초판이다.

361) 「모범 선화 사전」은 정경석, 민대호, 조남희 공저이다.

362) 1940년 정음사에서 「한글갈」 초판이 발행된 이후에 「고친 한글갈」(1961, 정음사; 1982, 정음문화사), 「외솔 최현배 전집」 14(「한글갈」 1940년판, 연세대학교 출판문화원), 「외솔 최현배 전집」 15(「고친 한글갈」 1961년판, 연세대학교 출판문화원)도 간행되었다. 여기에서는 1961년 정음사에서 발행한 「고친 한글갈」을 사용하였다.

363) 송나라 정도(丁度)가 1037년에 펴낸 것으로 고려 중기 이후부터 「홍무 정운」을 사용하기 이전에는 이 책을 과거 시험에서 사용하였다. 한편 「배자 예부 운략」(1615, 1678, 1679)과 「예부 운략」은 여러 차례 간행되었는데, 1678년(숙종 4년)에는 「훈민 정음」과 「훈민 정음 여경세수 배합도(訓民正音與經世數配合圖)」 등을 붙여 놓은 「배자 예부 운략(排字禮部韻略)」이 간행되었다.

회 거요(古今韻會擧要)」[364](1434)가 있고, 한국에서 편찬한 것으로는
「삼운 통고(三韻通考)」(지은이 미상, 편찬 시기 미상), 「삼운 보유(三
韻補遺)」, 「증보 삼운 통고(增補三韻通考)」가 있는데 한글을 사용하
지는 않았다.

② 국내에서 편찬하고 한글을 사용한 운서로는 「동국 정운」, 「홍무 정
운 통고」, 「사성 통고」, 「사성 통해」, 「화동 정음 통석 운고」, 「화동
협음 통석」, 「삼운 성휘」, 「어정 규장 전운」을 제시하였다.

③ 「사성 통고」는 세종의 명령을 받아 신숙주 등이 펴냈는데, 세종이
펴낸 「사성 통고」와 신숙주 등이 펴낸 「사성 통고」 두 종류가 있는
것은 아니라고 설명하였다. 「화동 정음 통석 운고」는 「화동 정음」
또는 「정음 통석」으로 부르기도 한다.

④ '언해한 옥편'에서는 중국에서 간행된 옥편을 국내에서 다시 펴낸
「용감 수경」, 「대광익회 옥편」, 「옥편 직언(玉篇直言)」, 「신간 배자 예
부 운략 옥편」을 소개하였다. 한국 사람이 펴냈지만 언해는 하지
않은 옥편으로 「운회 옥편」과 「삼운 성휘보 옥편」을 제시하였으며,
한국 사람이 펴내고 언해한 옥편으로는 「전운 옥편」, 「자전 석요」,
「동문 신자전」, 「국한문 신옥편」, 「신자전」 등을 들었다.

⑤ 「전운 옥편」은 「규장 전운」의 표제자 색인에 그치지 않고 독립적인
옥편으로 다룰 수 있는 것은 운서의 보편인 옥편이 운서보다 더 자
세한 정보를 기술하고 있기 때문에 운서를 찾아볼 필요가 없다고
하였다. 그래서 「전운 옥편」은 운서에 실린 표제자를 찾아보기 위
한 색인의 차원을 뛰어 넘는 우리 옥편의 선구자라고 평가하였다.

⑥ 유별 자서로는 「훈몽 자회」, 「천자문」, 「주해 천자문」, 「유합」, 「자류
주석」 등을 소개하였다.


위의 ⑤에서는 「자전 석요」(지석영, 1909)를 글자의 음뿐만 아니라 글자

---

364) 「고금 운회 거요」는 원나라 사람 웅충(熊忠)이 지었다. 최현배(1940: 189)에서는 「사성
통고」와 「사성 통해」에서 「운회」의 입성을 언급한 사실, 최세진의 「운회 옥편」이 「고금
운회」에 기초를 둔 사실, 그리고 이식(李植, 1584년~1647년)이 「고금 운회 거요」를 복
각한 사실을 근거로 「고금 운회」와 「고금 운회 거요」가 중요하게 사용되었다고 설명하
였다.

의 뜻까지 한글로 달게 된 옥편의 처음이라고 잘못 설명하였다. 「자전 석요」에 앞서 발행된 자전으로 「국한문 신옥편」(정익로, 1908)이 있다.

### (5) 「정음 발달사(상)」(홍기문, 1946)

홍기문의 「정음 발달사」(1946: 101~105)에서는 운서에 관한 다음과 같은 내용을 찾아볼 수 있다.[365]

① 세종 실록 정묘 9월의 기록에 따르면 같은 해에 「동국 정운」 6권이 완성되었음을 알 수 있고, 또 신숙주의 서문에 따르면 「동국 정운」은 정인지와 「훈민 정음 해례」를 지은 7명과 승문원 관원 조변안과 김증 두 사람이 찬수한 것이며, 조선 한자음 즉 동음 본위의 운서임을 알 수 있다. 최근 제1권과 제6권 두 권이 해례와 같이 출현되고, 오직 4권이 전하지 않지만 다행히 제1권의 운부 표로 그 전모를 추정하기에 충분하다.

② 신숙주가 쓴 「홍무 정운 역훈」의 서문을 통해 「홍무 정운 역훈」은 「홍무 정운」 중국음을 역훈한 것이며, 성삼문 등 5명이 찬수한 것을 짐작할 수 있다. 신숙주는 서문을 단종 3년에 썼으므로, 같은 해에 「홍무 정운 역훈」이 완성된 것으로 본다.

③ 세종 소정(所定)의 「사성 통고」가 있고, 그것이 「홍무 정운 역훈」의 첫머리에 덧붙여 간행된 것이 사실이다. '세종 소정'이면 적어도 경오 이전이므로 「사성 통고」는 「홍무 정운 역훈」보다 6~7년 이전의 저작이다. 그런데 최세진의 「사성 통해」의 서문에서는 「사성 통고」는 신숙주의 봉교(奉敎) 편찬으로 설명하였지만, 신숙주는 '세종 소정'이라고 한 것은 문제이다. 물론 신숙주는 '소정'이라고 하였지 '어제'라고는 하지 않았지만 그렇다고 꼭 그 자신이 세종이 정한대로 그 편찬에 종사하였다는 설명은 찾아 볼 수 없다.

④ 「사성 통고」는 훈민 정음으로 음을 표시하고, 동일한 음의 한자를

---

365) 이 책은 1946년 8월 30일 초판이 발행되었고, 서울신문사 출판국에서 1947년 5월 10일에 재판을 간행하였다. 여기에서는 재판을 참고하였다.

한곳에 분류하여 모은 한자음 일람표와 비슷한 것이다. 이 책은 훈의는 없고, 사성은 다시 방점으로 구별할 수 있도록 만든 것이다. 또 「사성 통해」의 권말에 붙어 있는 '사성 통고 범례'에는 순경음의 부모(敷母)가 비모(非母)와 합치고, 치음이 치두와 정치로 나뉘어서, '홍무 정운 역훈 서'에서 설상 4모와 순경 차청 1모만은 쓰지 않는다는 그 31모와 일치하며, 또 「홍무 정운」을 본운으로 부르고 있어 그와의 밀접한 관계를 스스로 증명한다.

⑤ 정동유의 「주영편」에서는 세종의 「사성 통고」와 신숙주의 「사성 통고」가 따로 있음을 가상하고, 그 이유로 4가지를 들었다. 첫째, 「홍무 정운」 권두에 「사성 통고」를 덧붙여 간행한 때는 이미 세종 재세 때가 아니라고 하였으나, 세종 재세 때가 아닌 것은 세종 '소정'이라는 그 묘호(廟號)가 증명하는 것이다. 둘째, 「사성 통고」가 거질이라고 하였으나, 그 거질이 될 수 없는 내용은 「사성 통해」의 서문과 범례가 증명하고 있다.366) 셋째, 범례를 만든 것은 세종 소정의 「사성 통고」와 다른 내용을 밝히기 위해 지남의 범례를 만든다는 뜻일 뿐만 아니라 그 범례 자체에 한마디도 자가의 증보를 말하지 않았다. 넷째, 설상 4모와 순경 1모가 세종 소정의 「사성 통고」와 다른 내용이라고 억측하였으나, 그것은 「홍무 정운」의 자모가 예전의 자모와 다른 것을 설명한 것이지 임의로 「사성 통고」의 자모를 변경한다는 뜻은 아니다.

⑥ 신숙주의 서문에서는 '세종 소정'으로 말하고, 최세진은 신숙주의 편찬으로 봄으로써 정동유의 착각이 일어났다. 다시 「사성 통해」의 저고(底稿)가 된 「사성 통고」는 필시 거질인데, 반면에 '세종 소정'은 거질이 아닐 것이라는 점에서 그의 착각은 드디어 굳어지고 말았다. 맨처음 발단은 최세진 자신이 책임을 져야 하나, 나중에는 최세진이 서문과 범례에서 거질이 아님을 이미 명시하였으므로 정동유가 세밀히 보지 못한 책임이 있다. 더구나 최세진은 그 권말에서 「통고」의 범례를 덧붙여 간행하였는데 정동유는 그 범례도 마치 오

---

366) 「정음 발달사」 본문 104쪽에는 "사성 통고가 거질이 아니라고 하얏스나 그 거질이 될 수 업는 내용은 사성 통해 서와 범례가 증명하고"로 되어 있으나, 여기에서는 '사성 통고가 거질이라고 하였으나'로 수정하였다.

해한 것 같다. 설상 4모와 순경 차청에 대한 것이 범례의 일항인 것은 사실이나, 범례 그 자체가 신숙주 자가의 증보에 관한 규례를 설명한 것은 결코 아니다.

⑦ 최세진은 「사성 통해」 서문에서 「홍무 정운 역훈」과 아울러 「사성 통고」를 말한 것이 「역훈」 권두에 붙은 그 「통고」인 것이다. 또 서문과 범례에서 소개한 「통고」의 내용도 「역훈」 권두에 붙은 그 「통고」인 것이다. 그리고 「사성 통해」에 덧붙인 「통고」 범례도 「역훈」 권두에 붙인 그 「통고」인 것이다. 단지 '세종 소정'을 신숙주의 편찬으로 본 것이 다르나 역시 '소정'이라는 말은 '어제'와는 다른 동시에 어느 정도 세종의 예재(睿裁)가 포함된 것을 부인하는 것도 아니다.

⑧ 「사성 통고」가 「홍무 정운 역훈」 권두에 덧붙여 간행되고 또 범례까지 만들어진 것은 신숙주 개인의 편찬이라기보다 「홍무 정운 역훈」의 편찬자가 함께 편찬한 것이 아닐까 한다. 신숙주 서문에서도 「사성 통고」를 그 첫머리 면에 붙이고 또 범례를 만드는 등 자기 단독의 의견을 명기한 것이 아닌 이상 그 역시 편찬의 일종으로 오직 성삼문 이하 여러 편찬자의 의견을 대변한 것이라고 보아야 옳다. 물론 성삼문은 중종 때까지도 역신이요, 그 이하는 모두 무명인이다. 최세진이 고령 부원군(신숙주)만을 든 것은 결코 무리는 아니다.

①에서는 「동국 정운」의 완성된 시기, 편찬자, 내용 등을 설명하였다. ②에서는 「홍무 정운 역훈」의 내용, 편찬자, 완성 시기에 관하여 설명하였다. ③에서는 「사성 통고」의 저작 시기, 편찬자에 관하여 설명하였다. ④에서는 「사성 통고」의 특징과 「홍무 정운」과의 밀접한 관계 등에 관하여 설명하였다. ⑤와 ⑥에서는 정동유의 두 종류의 「사성 통고」에 관한 내용을 비판하였다. ⑦에서는 「사성 통해」의 서문과 범례에 나오는 「통고」에 관하여 설명하였다. ⑧에서는 「사성 통고」의 편찬자에 관한 의견을 제시하였다.

이밖에도 홍기문의 「정음 발달사」(1946: 111~120)에는 「운회」의 번역, 자모, 운부, 그리고 「동국 정운」의 정체와 「홍무 정운 역훈」의 준비 등에 관한 내용이 수록되어 있다. 그리고 「삼운 통고」 등의 운서에 관하여 논의한 홍기문(1941)도 있다. 여기에서는 이것들에 관한 자세한 설명은 더 이상 소개하지 않도록 한다.


### (6)「훈민 정음 통사」(방종현, 1948)

방종현(1905년~1952년)의 「훈민 정음 통사」367)에서는 '훈민 정음 이전', '훈민 정음의 저작', '훈민 정음 이후'의 3시기로 나누어 각 시기별로 사용한 문자에 관하여 설명하였다.

이 책에는 자서, 운서 등에 관한 다음과 같은 내용이 수록되어 있다.

① 「동국 정운」, 「사성 통고」, 「언문지」, 「사성 통해」, 「훈몽 자회」, 「운회 옥편」, 「화동 정음 통석 운고」, 「삼운 성휘」, 「경세 정음 도설」 등의 내용을 소개하였다.

② 최세진은 「사성 통해」와 「운회 옥편」에서 한자음의 정속을 밝히려고 노력하였으며, 「화동 정음 통석 운고」와 「삼운 성휘」 등의 운서는 「훈민 정음」과 관계가 깊다고 강조하였다.

③ 「화동 정음 통석 운고」와 「삼운 성휘」는 「사성 통해」와 「삼운 통고」를 기초로 하여 편찬한 것이라고 설명하였다.

④ 제5절 '운서'에서는 우리 나라에서 가장 많이 인용된 운서는 중국의 「운회」, 「예부 운략」, 「홍무 정운」이라고 하였다.


그는 유고로 '사성 통해 연구'라는 논문을 남겼는데, 방종현(1963: 285~ 310)에 수록되어 있다. 그리고 운서 「삼운 통고」를 해제한 방종현(1935)과 자서 「유합」을 해제한 방종현(1946) 등도 있다.

---

367) 이 책의 초판은 1948년 1월 20일 일성당 서점에서 발행하였다. 여기에서는 1988년 3월 25일 홍문각에서 영인하여 발행한 것을 참고하였다.

### (7) 「국어국문학 요강」(고정옥, 1949)

고정옥(1949: 303~324)에서는 사전류를 백과 사전, 특수 사전, 한자 언해 사전, 중국어 사전, 외국어 사전 등으로 분류하였다.[368] 이 사전들 가운데 한자 언해 사전과 중국어 사전은 중국 글자와 그 합성된 말을 우리 말로 알 수 있게 번역한 일종의 외한(外韓) 사전이지만 언해의 경우와 마찬가지로 그 노력이 크기 때문에 달리 한 종류로 설정하였다고 밝혔다.

① 백과 사전으로 「대동 운부군옥(大東韻府群玉)」(권문해, 1588), 「지봉 유설(芝峰類設)」(이수광, 1614), 「옥휘 운고(玉彙韻考)」(이경우, 1631), 「유원 총보(類苑叢寶)」(김육, 1643), 「고사 신서(攷事新書)」(서명응, 1770), 「성호 사설 유선(星湖僿說類選)」(안정복, 숙종~정조 사이), 「재물보(才物譜)」(이성지, 정조 때), 「만가 총옥(萬家叢玉)」(편자 불명, 편찬 연대 불명), 「신편 옥총(新編玉叢)」(편자 불명, 편찬 연대 불명)을 소개하였다.

② 특수 사전으로는 법제 사전, 지리 사전, 처세 사전, 인명 사전을 들고 각 사전에 속하는 예들을 제시하였다. 즉 법제 사전으로 「동국 문헌 비고(東國文獻備考)」(홍봉한, 1770), 「증보 동국 문헌 비고(增補東國文獻備考)」(박용대 외, 1908), 「반계 수록(磻溪隧錄)」(유성원, 1737)을 나열하였다. 지리 사전으로 「신증 동국 여지 승람(新增東國輿地勝覽)」(노사신 외, 1530), 처세 사전으로 「증보 산림 경제(增補山林經濟)」(박세당)을 들었다. 인명 사전으로는 「국조 명신록(國朝名臣錄)」(김육), 「명신록(名臣錄)」, 「국조 명신 언행록(國朝名臣言行錄)」(송징은(宋徵殷)), 「해동 명신록(海東名臣錄)」(홍양호), 「국조 명신록(國朝名臣錄)」(이재중), 「국조 인물고(國朝人物考)」(편찬자 불명), 「인물고(人物考)」(정조 때 초계 문신), 「영남 인물고(嶺南人物考)」(채홍원), 「국조 인물

---

368) 이 책은 '고문, 현대문, 어문학' 3편으로 이루어져 있다. '어문학'은 '어학'과 '문학' 둘로 나누었는데, '어학' 부분은 '이두, 훈민 정음, 언해, 사전류, 국자 발전 과정, 어학 기관' 6부분으로 나누어 설명하였다. 여기에서는 1949년 2월 20일 대학출판사에서 발행한 「국어국문학 요강」에 수록되어 있는 '사전류'에 관한 내용을 살펴보았다.

지(國朝人物志)」(안종화 편찬)를 열거하였다.

③ 한자 언해 사전은 운서, 옥편, 유별 사서의 3종류로 나누어 설명하였다. 운서는 글자의 소리를 기준으로 분류하여 그 뜻을 밝힌 사서이고, 옥편은 글자의 형상을 기준으로 분류하여 그 소리와 뜻을 밝힌 사서이며, 유별 사서는 글자의 뜻에 따라 분류하여 그 소리와 뜻을 밝힌 사서라고 정의하였다.

④ 언문 운서가 나오기 이전에 「예부 운략(禮部韻略)」(정도(丁度)), 「고금 운회(古今韻會)」(황공소(黃公紹)), 「고금 운회 거요(古今韻會擧要)」(웅충(熊忠)) 등의 중국 운서가 과거 시험을 보는 사람들의 수요로 여러 차례 복각되었다. 그리고 그 뒤에 조선 사람들이 순한문으로 운서를 만들었는데, 「삼운 통고(三韻通考)」(편찬자 불명, 편찬 연도 불명), 「삼운 보유(三韻補遺)」(박두세, 숙종 28년), 「증보 삼운 통고(增補三韻通考)」(김제겸·성효기, 숙종 조간)이 있다고 하였다.

⑤ 언해 운서의 시초인 「동국 정운」과 그리고 「홍무 정운 역훈」, 「홍무 정운 통고」, 「사성 통고」 등은 전해지지 않고, 지금까지 전해지는 운서로는 「사성 통해」(최세진, 1517), 「화동 정음 통고 운고」(박성원, 1747), 「화동 협음 통석」(박성원, 영조 때), 「삼운 성휘」(홍순보, 1751), 「어정 규장 전운」(1796)이 있다고 하였다.

⑥ 조선에서 복각한 중국 옥편이 있었는데, 조선 사람들이 처음에 만든 옥편은 중국 옥편을 모방하는 수준에 머물렀다. 최세진이 자신의 「사성 통해」를 보충하여 만든 「운회 옥편」은 송나라 황공소(黃公紹)의 「고금 운회(古今韻會)」에 수록된 글자를 자형으로 분류하여 음과 뜻은 달지 않고 운모(韻母)만을 붙인 것이었다. 그러나 그 부수 분류의 옛 형식은 진귀한 것으로 부수의 원류를 연구하는 데에 귀중한 자료가 될 것이라고 하면서, 이밖에도 「삼운 성휘보 옥편」(홍계희) 등이 있다고 하였다.

⑦ 언해 옥편의 시초는 「전운 옥편」(저자 불명)이며, 처음으로 나온 근대적인 옥편 「자전 석요」(지석영, 1909), 복해 사전(複解辭典)의 효시인 「동문 신사전」(한자통일회 편, 1909), '음운 자휘(音韻字彙)'를 붙여 찾아보기 쉽게 만든 「국한문 신옥편」(정익로 편, 1911), 「전운 옥편」을 보완하고 '신자 신의(新字新義)'를 붙인 「신자전」(조선 광문회

편, 1915)를 소개하였다.

⑧ 자류 사전은 한자를 여러 부문으로 분류하여 각 한자에 국자로 음과 훈을 달거나 한문으로 간단한 설명을 붙인 것으로 주로 초학자의 학습 교본이라고 설명하였다. 그리고 자류 사전으로 「훈몽 자회」(최세진, 1527), 「자류 주석」(정윤용, 1856), 「천자문」(한호 씀, 1601), 「주해 천자문」(홍태운(洪泰運)), 「유합」(서거정 편찬, 언해자 불명)을 제시하였다.

⑨ 중국어 사전은 주로 근세에 언해한 숙어 사전을 가리킨다고 하였다. 「역어 지남」(이극배, 1478)은 전해지지 않고, 전해지는 책 중에서 중국 속어집인 「어록해」(정양 편찬, 1657)가 제일 오래 된 것이라고 하였다. 정양은 이황의 문인들이 펴낸 「어록해」를 증보하여 「어록해」를 펴냈는데, 이 「어록해」를 정정한 「어록해」(남이성 편찬, 1669)도 나왔다고 하였다. 그리고 「역어 유해」(김경준 등 편찬, 1775), 「역어 유해보」(김홍철 편찬, 1775), 「방언 집석」(홍명복 편찬, 1778), 「화어 유초」(편찬자 불명, 편찬 시기 불명), 「노박 집람」(최세진 편찬), 「소설 어록해」(저자 불명, 발행 시기 불명)을 소개하였다.

⑩ 몽고어 사전으로는 「몽한 운요」, 「몽어 유해」, 「몽어 유해 보편」, 「삼학 역어」를 제시하였고, 일본어 사전으로는 「왜어 유해」, 「방언 집석」, 「삼학 역어」를 나열하였다. 그밖에 우리 말과 서양 말의 번역 사전 중에서 제일 첫 번째 사전인 「노한 사전」(푸칠로, 1874),[369] 「한불 사전」(프랑스 선교사 등, 1880), 「한불 사전」(조르주 코스트, 1880), 「법한 자전」(샤를르 알레베크, 1901), 「수진 한어 자전」(언더우드, H. G., 1890), 「영한 사전」(제임즈 스코트, 1891), 「한영 자전」(게일, J. S., 1897), 「영한 사전」(하지, J. W., 1897), 「한영 자전」(게일, J. S., 1911), 「나한 자전」(방달지사·다블류 공편, 1891)을 열거하였다.

위에서 살펴본 것처럼 고정옥(1949)에서는 사전의 종류를 분류한 다음 각 종류에 포함되는 여러 사전들을 소개하였다. 이러한 내용은 당시의 다

---

369) 이 사전보다 앞서 프랑스 신부 페롱(Féron)이 1869년 2월에 완성한 필사본 조선어-프랑스어 사전(*Dictionnaire Français Coréen*)이 있다.

른 논의에서 찾아보기 어려운 우수한 것으로 평가할 수 있다. 그리고 한자 언해 사전을 설정하여 운서, 옥편, 유별 사서의 3종류로 나누어 설명한 점과 초학자 한자 학습서를 유별 사전으로 분류한 점도 특기할 만하다. 그러나 「자전 석요」과 「노한 사전」을 제일 처음 나온 사전으로 잘못 소개한 것과 각 사전의 특징을 소개한 내용이 너무 소략한 점은 아쉬움을 남긴다.

특히 ⑦에서 정익로가 1911년에 펴낸 보유판 「국한문 신옥편」을 「자전 석요」가 나온 뒤에 발행된 것으로 보고 이 「국한문 신옥편」은 「자전 석요」와 같은 형식이라고 잘못 설명하였다. 1909년(융희 3년) 3월 25일에 발행된 정익로의 「국한문 신옥편」의 정정 재판(본문 288쪽+음운 자휘 103쪽)의 판권지에 따르면, 이 책의 초판은 「자전 석요」의 초판 발행일보다 앞선 1908년(융희 2년) 11월 6일에 발행되었음을 알 수 있다. 정익로의 「국한문 신옥편」 1911년판은 1909년에 발행된 초판의 보유판으로 본문 288쪽+보유 142쪽+음운 자휘 103쪽으로 이루어져 있으며, 표제는 '정정 증보 신옥편'이고, 내제는 '국한문 신옥편'이다. 이 보유판의 3판 판권지에 따르면 1911년(명치 44년) 8월 15일에 보유판 초판이 발행되었고, 1914년(대정 3년) 3월 5일에 재판이 발행되었으며, 1918년(대정 7년) 6월 18일에 3판이 발행되었음을 알 수 있다. 따라서 「국한문 신옥편」 보유판의 초판 발행일과 「자전 석요」의 초판 발행일을 비교하여 「자전 석요」를 처음으로 나온 근대적인 옥편이라고 잘못 설명한 것을 알 수 있다.

김윤경의 「조선 문자 급 어학사」(1938), 최현배의 「한글갈」(1942)에서도 이렇게 잘못 설명하고 있으므로, 고정옥(1949)의 이러한 설명은 자료의 확인을 거치지 않고 김윤경(1938)과 최현배(1942)의 잘못된 설명을 단순하게 인용하여 초래한 것으로 짐작할 수 있다.[370]

---

370) 오구라 신페이(1920), 최현배(1940), 김윤경(1963: 351), 박상균(1986, 1989), 신용하(1976), 이충구(1994), 심경호(2003), 「한한 대자전」(민중서림), 「한국 민족 문화 대백과

지금까지 살펴본 내용과 같이 20세기 전반에 이루어진 자전에 관한 논의는 몇몇 운서나 자서에 관한 해제를 제외하면 대부분 한국어학사를 기술한 개론서에서만 찾아볼 수 있는 한계를 지니고 있다.

## 20세기 전반 참고 논저


고정옥, 1949, 『국어 국문학 요강』, 서울: 대학출판사.

김경일, 1987, 『용감수감』 소고, 『중국어문학』 13-1, 영남중국어문학회. 277-291.

김상열, 1983, 『『증보문헌비고』의 서지적 연구』, 석사 논문, 서울: 성균관대 대학원.

김석득, 1985, 최현배 『한글갈』, 『한글』 190, 한글학회. 69-88.

김애영, 1988, 『『용감수감』 부수 연구』, 석사 논문, 서울: 연세대 대학원.

김윤경, 1938, 『조선 문자 급 어학사』, 경성: 조선어학회.

김창기 역, 1930, 고려판 『용감수경』 해설, 『불교』 67, 경성: 불교사. 29-38; 후지스카 지카시(藤塚隣), 高麗版龍龕手鏡解說, 경성: 경성제국대학 법문학부.

김형규, 1949, 『국어학 개론』, 서울: 일조각.

문효근, 1985, 김윤경 『조선 문자 급 어학사』, 『한글』 190, 한글학회. 33-68.

박승빈, 1935, 『조선어학』, 경성: 조선어학연구회.

박형익, 2004, 한국의 자전, 『한국어학』 23, 한국어학회. 1-22.

방종현, 1935, 한글 연구 도서 해제(2) 『삼운통고』, 『한글』 3-2, 조선어학회; 방종현, 1963, 『일사 국어학 논집』, 서울: 민중서관. 275-277.

방종현, 1946, 『유합』의 해제, 『한글문화』 창간호, 서울: 한글문화보급회; 방종현, 1963, 『일사 국어학 논집』, 서울: 민중서관. 316-321.

방종현, 1947, 『훈민정음』과 『훈몽자회』와의 비교, 『국학』 2, 국학전문학교 학생회 편집부. 10-18.


사전』(한국학 중앙 연구원), 『두산 대백과 사전』, 『국어국문학 자료 사전』(이응백 감수, 1994, 한국사전연구사) 등에서도 『자전 석요』(1909)를 초판이 아닌 보유판 『국한문 신옥편』(1911)보다 앞서 발행된 것으로 보았다. 이러한 잘못은 최범훈(1976) '추고'에서 『국한문 신옥편』(정익로, 1908)을 소개함으로써 비로소 수정의 발판이 마련되었다. 그리하여 전일주(2002ㄴ, 2002ㄷ, 2003), 박형익(2004ㄱ, 2004ㄴ), 하강진(2005, 2006, 2010) 등에서 『국한문 신옥편』이 『자전 석요』보다 앞서 편찬된 것으로 바로잡았다.

방종현, 1948, 「훈민정음 통사」, 서울: 일성당서점.

신상현, 2006, 조선본 「용감수감」의 판본과 특징에 대한 고찰, 「한문학보」 14, 우리한문학회. 393-424.

심중규, 1983, 「용감수감」과 사본 각본의 관계, 「민족문화논총」 4, 경산: 영남대 민족문화연구소.

옥영정, 2007, 「동국문헌비고」에 대한 서지적 고찰, 「진단학보」 104, 진단학회. 227-253.

이기문, 2002, 일사 방종현 선생님의 생애와 학문, 「어문연구」 116, 한국어문교육연구회. 5-15

이숭녕, 1953, 고 방종현 씨의 인간과 학문, 「신천지」 8-1, 서울: 서울신문사. 152-158.

이진호·이이다 사오리(飯田綾織) 역주, 2009, 「『언어』의 구축 小倉進平과 식민지 조선」, 서울: 제이엔씨; 야스다 도시아키(安田敏朗), 1999, 「言語の構築─小倉進平と植民地朝鮮」, 東京: 三元社.

이태환, 2003, 「小倉進平의 우리말 연구」, 석사 논문, 성남: 경원대학교 대학원.

이호권, 2002, 일사 방종현 선생과 국어사 자료, 「어문연구」 116, 한국어문교육연구회.

전일주, 2003, 「한국 한자 자전 연구」, 대구: 중문출판사.

정인보, 1937, 「훈민정음 운해」 해제, 「한글」 44, 조선어학회. 7-8.

정중환, 1974, 「문헌비고」의 연구, 「동아논총」 11-1, 부산: 동아대. 1-31.

최범훈, 1976, 「자전석요」에 나타난 난해 자석에 대하여, 「국어국문학」 70, 국어국문학회. 47-75.

최성옥. 1998, 일제 시대의 조선어 연구사 개관: 小倉進平(오그라 신뻬)를 중심으로, 「논문집」 15, 용인: 용인대학교. 109-129.

최현배, 1940, 「한글갈」, 경성: 정음사.

하강진, 2005, 한국 최초의 근대 자전 「국한문 신옥편」의 편찬 동기, 「한국문학논총」 41, 한국문학회. 237-266.

하강진, 2006, 한국 최초의 근대 자전 정익로의 「국한문 신옥편」, 「한글한자문화」 79, 전국한자교육추진총연합회. 80-85.

한국의 지식 콘텐츠 http://www.krpia.co.kr

한국학문헌연구소 편, 1975, 「용감수감」 해제, 서울: 아세아문화사.

홍기문, 1941, 한자 운서의 변천, 「조광」 7-7, 경성: 조선일보사. 162-171.

홍기문, 1946, 「정음발달사」 상, 서울: 서울신문사 출판국.

## 3.4. 20세기 후반

여기에서는 20세기 후반부터 이루어진 자전에 관한 논의들을 살펴보기로 한다. 우선 고정옥(1949) 이후에 발행된 한국어학 개론서에서 자전 연구사에 관한 내용을 찾아보고, 한국어학사 개론서에서 자전 연구사에 관한 내용을 살펴보도록 한다. 그런 다음 한국어학 및 한국학 논저 목록에서 훈고서, 자서, 운서, 자전, 한자어 사전 등에 관하여 발표한 논의들을 찾아 살펴보도록 한다.

### 3.4.1. 한국어학 개론서

편집부에서 펴낸 책과 독학사 등 시험 준비를 위한 책을 제외하고 초판으로 발행된 한국어학에 관한 개설서로는 다음과 같은 것들을 들 수 있다. 다만 김형규(1949)는 논의의 편의를 위해 예외적으로 20세기 전반에서 다루지 않고 여기에서 다루기로 한다. 20세기 전반에는 대부분 한국어학사에 관한 논의들을 다루었으며, 한국어학 개론서들이 20세기 후반에 집중적으로 발행되었기 때문이다.

> 김형규, 1949, 「국어학 개론」, 서울: 일성당서점.[371]
> 이희승, 1950, 「국어학 개설」, 서울: 민중서관.[372]

---

371) 이 책은 1954(개정 증보판. 249쪽. 일성당서점), 1957(249쪽. 일성당서점), 1958(249쪽. 일성당서점), 1962(270쪽. 일조각), 1963(272쪽. 일조각), 1968(272쪽. 일조각), 1971(274쪽. 일조각), 1974(274쪽. 일조각), 1975(증보판. 266쪽. 일조각), 1976(일조각), 1977(243쪽. 일조각), 1978(234쪽. 일조각), 1981(개정 증보판. 249쪽. 보고사), 1982(244쪽. 일조각), 1983(244쪽. 일조각), 1984(증보 중판. 244쪽), 1985(244쪽. 일조각), 1989(249쪽. 영인본. 이회문화사), 1995(244쪽. 일조각), 1996(244쪽. 일조각) 등의 개정판으로 발행되었다.

372) 이 책은 1955(451쪽. 민중서관), 1956(450쪽. 민중서관), 1958(439쪽. 민중서관), 1960(449쪽. 민중서관), 1962(410쪽. 민중서관), 1970(5판), 1971(6판. 410쪽. 민중서관),

이진모, 1953, 「국어학 개론」, 서울: 신문학사.[373]

이숭녕, 1954, 「국어학 개설」 상, 서울: 진문사.

김기동, 1955, 「국어학 개론」, 서울: 문창문화사.

양염규, 1956, 「국어 신연구」, 서울: 기독교출판사.

김근수, 1961, 「국어학 신강」, 서울: 동국대학교 국문과.

이병기, 1961, 「국어학 개론」, 서울: 일조각.

김민수, 1964, 「신국어학」, 서울: 일조각.

어문학연구회 편, 1965, 「국어학 개론」, 서울: 수도출판사.

강복수 외, 1966, 「국어학 개론」, 대구: 형설출판사.

한국어문학회, 1971, 「국어학 개론」, 서울: 형설출판사.

이을환 외, 1973, 「국어학 신강」, 서울: 개문사.

김종택, 1975, 「국어학 요론」, 서울: 문교출판사.

서정수 외, 1980, 「신국어학 개론」, 서울: 형설출판사.

박태권 외, 1982, 「국어학 개론」, 서울: 정화출판문화사.

조문제·정우상, 1982, 「국어학 개론」, 서울: 학문사.

허   웅, 1983, 「국어학」, 서울: 샘문화사.

김완진·도수희, 1985, 「국어학 개론」, 서울: 한국방송통신대학 출판부.

박태권·이돈주·류재영, 1986, 「국어학 개론」, 서울: 교학연구사.

이익섭, 1986, 「국어학 개설」, 서울: 학연사.

노대규 외, 1987, 「국어학 서설」, 서울: 신원문화사.

이기백, 1988, 「국어학 개론」, 서울: 한국방송통신대학.

전재호 외, 1988, 「신국어학 개론」, 서울: 형설출판사.

김종택 외, 1994, 「신국어학」, 서울: 형설출판사.

이석주·이주행, 1994, 「국어학 개론」, 서울: 대한교과서주식회사.

이익섭·장소원, 1994, 「국어학 개론」, 서울: 한국방송대학교 출판부.

이익섭 외, 1997, 「한국의 언어」, 서울: 신구문화사.

김경훈, 1998, 「국어학 개론」, 서울: 서울산업대학교 출판부.

----

1972(7판. 민중서관), 1974(8판. 410쪽. 민중서관), 1977(9판. 410쪽. 민중서관), 1978
(410쪽. 민중서관) 등으로 발행되었다.

373) 1954년 증정판은 광주 창문사에서 발행하였으며, 1957년판은 전남대학교 출판부에서
발행하였다.

김광해 외, 1999, 「국어 지식 탐구: 국어 교육을 위한 국어학 개론」, 서울: 박이정.

최전승 외, 1999, 「국어학의 이해: 새롭게 펴낸 국어학 입문서」, 서울: 태학사.

정경일 외, 2000, 「한국어의 탐구와 이해」, 서울: 박이정.

김기혁, 2001, 「국어학」, 서울: 박이정.

김종택 외, 1993, 「신국어학」. 서울: 형설출판사.

김태엽, 2006, 「국어학 개요」, 대구: 대구대학교 출판부.

이석주·이주행, 2006, 「한국어학 개론」, 서울: 보고사.

김진호, 2008, 「외국어로서의 한국어학 개론」, 서울: 박이정.

김태엽, 2008, 「국어학 개론」, 서울: 역락.

조오현 외, 2008, 「한국어학의 이해: 새로 쓰는 국어학 개론」, 서울: 소통.

엄정호, 2009, 「국어학 개론」, 부산: 동아대학교 출판부.

박상규 외, 2010, 「한국어학의 이해」, 서울: 역락.

서상준, 2011, 「국어의 이해와 탐구」, 서울: 역락.

신지영 외, 2012, 「쉽게 읽는 한국어학의 이해」, 서울: 지식과 교양.

이진모(1953), 이숭녕(1954) 등에서는 자서, 훈고서, 운서, 자전에 관한 설명을 찾아볼 수 없다. 응용 한국어학은 제외하고 순수 한국어학에 관한 내용만을 담고 있는 이러한 경향은 대부분의 다른 한국어학 개론서에서도 마찬가지이다. 게다가 조오현 외(2008)과 신지영 외(2012) 등을 제외하면 자전뿐만 아니라 사전 또는 사전학에 관한 내용이 소개되는 경우는 극히 드물다.

여기에서는 이희승(1955)에서 자서, 훈고서, 운서, 자전에 관하여 설명한 내용을 살펴보는 데에 그치기로 한다.

### (1) 「국어학 개설」(이희승, 1955)

이희승(1896년~1989년)의 「국어학 개설」 33쪽부터 39쪽까지 다음과 같은 운서와 자서에 관한 내용이 수록되어 있다.

① 세종이 신숙주, 최항, 성삼문, 박팽년 등에게 명령하여 「홍무 정운」을 번역하게 한 것이 완성되어 1447년에 「동국 정운」이라는 이름으로 간행되었다고 하였다. 이 책은 6권 중에서 1권과 6권만 남아 전한다고 하였다.

② 세종은 신숙주에게 명령하여 「사성 통고」를 편찬하게 하였으나, 이 책은 전하지 않고, 중종 12년에 최세진이 「사성 통해」를 편찬하였으니, 이것은 「사성 통고」를 증보하고 개정한 것이라고 하였다.

③ 「훈몽 자회」(최세진, 1527) 범례에서 초성과 종성에 통용하는 8개의 글자(ㄱ, ㄴ, ㄷ, ㄹ, ㅁ, ㅂ, ㅅ, ㅇ)와 초성에만 사용하고 종성으로 사용할 수 없는 8개의 글자(ㅋ, ㅌ, ㅍ, ㅈ, ㅊ, ㅿ, ㆁ, ㅎ)를 제시함으로써 귀중한 규정이 되었으며, 한글 재보급에 큰 공로를 미쳤다고 하였다.

### 3.4.2. 한국어학사

20세기 후반에 발행된 한국어학사 단행본은 다음과 같은 것들이 있다.[374]

> 김형규, 1955, 「국어사(국어사 급 국어학사)」, 서울: 백영사.[375] <1959 (4판)>
>
> 이숭녕·김동욱 편, 1955, 「국어국문학사」, 서울: 을유문화사.
>
> 유창균, 1959, 「국어학사」, 대구: 영문사. <1968(개고판), 1969, 1979,

---

374) 1956년에 이숭녕이 「사상계」 4-5부터 4-12까지 발표한 '국어학사'는 단행본으로 발행된 것이 아니어서 여기에서는 제외하였다. 마찬가지 이유로 「사상계」 4-12에 실린 허웅의 '국어학의 숙제', '이기문, 1995, 국어학 일백년, 「광복 50주년의 국학의 성과」, 성남: 한국정신문화원.' 그리고 '이현희, 1995, 국어학사 연구 50년, 「광복 50주년 국학의 성과」, 성남: 한국정신문화연구원.'도 제외하였다. 출판사에서 발행한 것이 아니고 프린트 판으로 제작된 '박지홍, 1977, 「국어학사」, 부산: 부산대학교 사범대.'도 제외하였다.

375) '김형규, 1954, 「국어학사」 상, 서울: 백영사.'와 '김형규, 1955, 「국어학사」 하, 서울: 백영사.'를 합하여 1955년에 「국어사: 국어사 급 국어학사」로 책명을 고쳐 백영사에서 펴냈다.

1982, 1984(6판), 1985, 1987(「국어학사」, 형설출판사. 450쪽), 1988, 1991, 1997(「국어학사」. 형설출판사. 450쪽), 2000>

국학연구논저총람간행회 편, 1960, 「국학 연구 논저 총람」, 서울: 을유문화사.

유창균·강신항, 1961, 「국어학사」, 서울: 민중서관. <1962, 1969, 1973, 1974>

김윤경, 1963, 「새로 지은 국어학사」, 서울: 을유문화사. <초판>

김민수, 1964, 「신국어학사」, 서울: 일조각. <1978, 1980(전정 2판), 1983(전정 중판), 1990, 1997(전정 2판)>

김영황, 1964, 「조선어학사」, 평양: 고등교육도서출판사.

고대 민족문화연구소 편, 1967, 「한국 문화사 대계」 V(언어·문학사 상), 서울: 고대 민족문화연구소.

서병국, 1973, 「신강 국어학사」, 서울: 형설출판사. <1977(학문사)>

김석득, 1975, 「한국어 연구사」 상·하, 서울: 연세대학교 출판부. <1983(개정 증보판)>

박태권, 1976, 「국어학사 논고」, 서울: 샘문화사.

이숭녕, 1976, 「혁신 국어학사」, 서울: 박영사. <박영문고 101>

강신항, 1979, 「국어학사」, 서울: 보성문화사. <1981(개정판), 1984, 1986, 1988, 1990>

김형주, 1982, 「국어학사」, 대구: 영문사. <1983(학문사), 1991, 1992(개정판)>

김석득, 1983, 「우리말 연구사」, 서울: 정음문화사. <1990, 1999>

김병제, 1984, 「조선어학사」, 평양: 과학백과사전출판사.

김완진·안병희·이병근, 1985, 「국어 연구의 발자취(1)」, 서울: 서울대학교 출판부.

고영근 편, 1985, 「국어학 연구사」, 서울: 학연사.

김종훈·황용수·박동규, 1986, 「국어학사 논고」, 서울: 집문당. <1993 (235쪽)>

김민수, 1987, 「국어학사의 기본 이해」, 서울: 집문당.

이응백·이기백, 1987, 「국어학사」, 서울: 한국방송통신대학 출판사. <1992(6판), 1993(276쪽)>

권재선, 1988, 「국어학 발전사」, 대구: 우골탑.

김영황, 1989, 「조선언어학사」, 평양: 김일성대학종합출판사.

권재선, 1990, 「간추린 국어학 발전사」, 대구: 우골탑.

서울대학교 대학원 국어연구회 편, 1990, 「국어 연구 어디까지 왔나 –
주제별 국어학 연구사–」, 서울: 동아출판사.

고영근·성광수·심재기·홍종선 편, 1992, 「국어학 연구 백년사」 I~IV,
서울: 일조각.

김민수, 1993, 「현대 국어 연구사」, 서울: 서광학술자료사.

박종국, 1994, 「국어학사」, 서울: 문지사.

김영황, 1996, 「조선언어학사 연구」, 평양: 김일성 종합 대학 출판사.
<1999(박이정. 영인본)>

한국정신문화연구원 연구부, 1996, 「광복 50주년 국학의 성과」, 성남:
한국정신문화연구원.

김완진·정광·장소원, 1997, 「국어학사」, 서울: 한국방송대학교출판부.

김형주, 1997, 「우리말 연구사」, 부산: 세종출판사.

박동규, 1998, 「국어 연구사」, 전주: 전주대학교 출판부.

허동진, 1998, 「조선어학사」, 서울: 한글학회.

고영근, 2001, 「한국의 언어 연구」, 서울: 역락.

김영황·권승모 편, 2001, 「주체의 조선어 연구 50년사: 1945.8~1995.8」,
서울: 박이정. <영인본>

박태권, 2002, 「국어학사 연구」, 부산: 세종출판사.

이화여대 한국문화연구원 편, 2002, 「국어학 연구 50년」, 서울: 혜안.

김석득, 2009, 「우리말 연구사」, 서울: 태학사.

고영근, 2010, 「민족어학의 건설과 발전」, 서울: 제이앤씨.


위에서 나열한 단행본에서는 대부분 '국어학사'라는 표현을 사용하고 있다. 그런데 김석득(1975), 김완진 외(1985), 서울대학교 대학원 국어연구회 편(1990), 김민수(1993) 등과 같이 '국어 연구사'를 사용하거나 또는 고영근(1985), 권재선(1988)처럼 '국어학 연구사'라는 용어를 사용하는 경우도 있다.

김형규(1955), 이숭녕·김동욱 편(1955), 유창균·강신항(1961), 김윤경(1963), 강신항(1979), 김병제(1984), 박동규(1998), 김영황(1989), 고영근(2010) 등 위의 대부분 단행본에서는 자전 연구사에 관한 내용을 찾아볼 수 없다.

여기에서는 운서에 관한 내용이 포함되어 있는 김형규(1955)와 유창균(1959), 그리고 김민수(1964, 1987)과 서병국(1973)의 내용을 간략하게 살펴보기로 한다.

### (1) 「국어사(국어사 급 국어학사)」(김형규, 1955)

김형규(1955: 159~160)에서는 운서 「화동 정음 통석 운고」, 「삼운 성휘」, 「훈민 정음 운해」 등에 관한 내용을 찾아볼 수 있다.

① 「화동 정음 통석 운고」(박성원) 범례의 내용을 소개하면서 한자음을 밝히기 위한 책이라서 그 이론도 한자음을 중심으로 하였으므로 우리 어문 연구에는 참고할 수 있는 점이 그리 많지 않다고 비판하였다.

② 김형규(1955: 160~161)에서는 「삼운 성휘」(홍계희)는 이 책 이전의 운서는 모두 중국 한자음을 중심으로 한 것이며, 이 책은 조선 한자음에 중점을 두고 조선 사람이 사용하기 편리하게 만든 것이라고 설명하였다. 「화동 정음 통석 운고」나 「훈민 정음 운해」와는 달리 글자의 자수나 순서 또는 자형은 현재 우리의 것과 가장 가깝다고 하였다.

③ 김형규(1955: 162~164)에서는 「언문지」(유희)는 「훈민 정음 운해」의 음양오행설에 근거한 신비주의 언어관을 비판하고 당시 우리 어음을 실증적인 관점에서 연구한 장점을 가지고 있으나, 한자음을 주로 하고 우리 어음은 거기에 붙여 논술하여 그 경계가 뚜렷하지 못한 것은 애석한 일이라고 지적하였다.

### (2) 「국어학사」[376)(유창균, 1959)

유창균의 「국어학사」에서는 운서 「광운」, 「예부 운략」, 「홍무 정운」, 「고금 운회」, 「동국 정운」, 「홍무 정운 역훈」, 「사성 통고」, 「동국 운략」 등에 관한 내용을 다음과 같이 설명하였다.

① 유창균(1959: 64~68)에서는 중국의 성운 연구는 운서의 편찬을 목표로 하여 행해졌고, 운서 편찬은 심음(審音)과 작문이라는 두 가지 실용적 효과를 얻기 위한 것이라고 설명하였다.

② 「광운(廣韻)」은 심음의 현실적 욕구를 충족시키기 위하여 편찬한 것이고, 「예부 운략(禮部韻略)」은 작문할 때에 사용하기 위하여 엮은 것이라고 예시하였다.

③ 중국에서는 왕조가 바뀌면 전국의 언어를 통일하는 언어 정책을 실시했는데, 새로 공용어가 된 방언으로 전국의 어음을 통일하는 방법과 모든 방언의 차이를 절충하여 만든 새로운 공용어로 전국의 어음을 통일하는 방법을 채택했다고 하였다. 이 두 방법에 따라 운서가 다르게 편찬되었는데, 전통적으로 첫 번째 방법으로 운서를 편찬해오다가 두 번째 방법으로 전환하였는데, 그 효시로 「홍무 정운(洪武正韻)」(1375)을 들었다.

④ 유창균(1959: 83~87)에서는 「홍무 정운」 자체가 지니고 있는 운서의 가치를 오늘날 우리가 따질 것이 아니라 「홍무 정운」을 중요하게 다룰 수밖에 없었던 당시의 내면적인 이유가 어디에 있었는가를 살펴보는 것이 중요하다고 하였다. 「홍무 정운」은 명나라의 언어 정책에 따라 중고운(中古韻)을 인위적으로 재구한 것으로 당시의 현실 발음과 다른 점이 많았다. 그럼에도 불구하고 우리가 당시 「홍무 정운」 체계를 중시한 것은 세종이 중국처럼 조선 한자음을 정리하여 통일하겠다는 이유에서 비롯된 것으로 보았다.

⑤ 유창균(1959: 95~97)에서는 처음에는 「고금 운회」의 번역을 시도하였지만 「동국정운」과 차이가 많고, 그들이 생각하는 이론 체계와 맞지 않아 표준 운서로서의 가치가 희박한 것으로 보고 「홍무 정운」

376) 「국어학사」(유창균, 1959)가 나온 이후에 이 책의 요약본에 해당하는 「국어학사」(유창균·강신항 공저, 1961), 또 내용의 일부를 고친 「신고 국어학사」(유창균, 1968)가 발행되었다. 그리고 이 단행본들의 내용을 수정한 「국어학사」(유창균, 1997)가 나왔다.

의 번역 사업으로 방향을 바꾼 것으로 설명하였다. 그리하여 만들
어진 운서가 「홍무 정운 역훈」이고, 이 책을 간편하게 만든 운서가
「사성 통고」라고 설명하였다. 이러한 일련의 운서 편찬과 「훈민 정
음」 해례 작업에 가장 적극적으로 활동한 학자는 신숙주와 성삼문
이었다고 유창균(1959: 112~114)에서 설명하고 있다.

⑥ 유창균·강신항(1961: 19~20)에서는 중국 운학은 일종의 음성학과
음운론의 연구로서 그 주된 목적은 운서 편찬에 있었으며, 운서는
운모 연구에 치중한 일종의 발음 사전과도 같은 것이라고 설명하
였다. 그리고 우리 나라에서 중국 운서를 복각하여 인쇄하기 시작
한 것은 고려 충렬왕 때에 '대덕 경자 양월 매계 서원 간(大德更子
良月梅溪書院刊)'[377]이라는 간기가 있는 「신간 배자 예부 운략」 5권
부터이므로 이 무렵에 중국 운학이 도입된 것으로 보았다. 그리고
조선 시대에 들어와 1416년(태종 16년)에 운서 「동국 운략(東國韻略)」
이 간행되었다고 하였다.[378]

김형규(1955)처럼 이 책에서도 자전에 관한 연구를 분석하거나 자전 연
구 흐름을 구체적으로 기술한 내용은 찾아보기 어렵고, 대부분 운서에 관
한 내용을 설명하는 데에 그치고 있다. 다만 유창균(1959)에서 중국 운서와
한국 운서의 관계를 분명히 밝힌 점과 ③에서 언어 정책에 따라 운서 편
찬의 방법이 달라졌던 것을 설명한 부분은 특기할 만하다.

### (3) 「신국어학사」[379] (김민수, 1964)

김민수의 「신국어학사」에서는 운서의 복간과 사서 편찬에 관한 다음과
같은 내용이 수록되어 있다.

---

377) '대덕'은 원나라 연호이고, '경자년'는 충렬왕 26년인 1300년이다.

378) '태종 실록' 권31 병신 5월 정축 조에 '명인 좌의정 하륜 찬진 「동국 운략」 반제중외(命
印左議政河崙撰進東國韻略 頒諸中外)'이라는 내용을 찾아볼 수 있다.

379) 여기에서는 1997년 8월 25일에 발행된 전정(全訂) 2판을 참고하였다.

① 원래 운서는 운별로 배열하여 한자음을 표기하는 것이 주된 목적이
나, 나중에 글자의 뜻을 덧붙여 자서를 겸하게 되었다. 자서는 자형
별로 배열하여 글자의 뜻을 주석한 자전이나, 나중에 운을 붙여 자
운도 표시하게 되었다. 게다가 운서에는 자서인 옥편을 색인으로
덧붙이고, 자서에는 운도를 편람으로 보충하게 되었다. 따라서 중세
이후의 운서를 검토할 경우에는 자서도 대상으로 하여 살펴야 할
필요가 있고, 반대로 자서의 경우에도 운서도 대상으로 하여 살펴
야 할 것이다(김민수, 1997: 93).
② 지석영의 국한문 교본 「언문」(1909)와 4개 국어 교본 「아학편」(1908)
은 그의 새로운 옥편 「자전 석요」(1909)와 함께 당시 그 학습에 이
바지하였다. 또 조선 광문회의 「신자전」(1915)는 정성들인 옥편의
개혁판이었다(김민수, 1997: 207).


①의 내용은 앞 장에서 살펴본 것처럼 훈고서, 자서, 운서의 순서로 전
개되다가, 운서의 색인으로 붙인 옥편이 자전으로 발전되었다는 점을 전제
하여야 정확하게 이해할 수 있을 것이다. 자서는 표제자를 의미별로 분류
하여 그 의미를 기술한 책이다.

한편 김민수(1987: 245~247)에서는 「자전 석요」의 특징을 다음과 같이
설명하였다.

③ 「자전 석요」는 「전운 옥편」을 처음으로 근대화한 자전으로서 1906
년에 완성되었으며, 모든 국문에 고저음을 표시한 점이 큰 특징이
다. 그리고 1909년에 「자전 석요」 상하권이 석판본 1권으로 출판되
었는데, 이 자전은 훈몽을 위하여 16,000여 표제자를 간결하게 주
석하고, 속자는 한중일에 걸쳐 수록하였다. 한자의 원음과 현행음
을 표기한 것은 이 책만의 특징이다.


③에서는 「자전 석요」가 1906년에 완성되어 1909년에 출판되었다고 하
면서 표제자의 수와 음의 기술 방법을 설명하였다.

결국 김민수(1964, 1987)에서도 자전에 관한 연구를 분석하거나 자전 연구의 흐름을 구체적으로 기술한 내용은 찾아보기 어렵다.

### (4) 「신강 국어학사」(서병국, 1973)

서병국(1973: 177)에는 「운회 옥편」에 관한 내용을 찾아볼 수 있고, 서병국(1973: 207~208)에서는 「전운 옥편」에 관한 내용이 수록되어 있다.

① 「운회 옥편」은 원나라 웅충(熊忠)의 「고금 운회」를 수정한 황공소(黃公紹)의 「고금 운회 거요」에 수록된 한자들을 자획별로 분류하여 자음과 뜻을 달지 않고 운모만 붙인 「사성 통해」의 보조로 펴낸 것이다. 「고금 운회」나 「고금 운회 거요」에서는 운에 따라 글자를 검색하므로 불편하다. 따라서 자획으로 글자를 검색하는 옥편 방식의 자서가 필요하다.

② 「운회 옥편」은 「운회」에 수록된 표제자의 배열을 변경하여 만든 일종의 옥편이다. 「운회 옥편」은 「운회」의 색인과 같은 것인데, 최세진은 일부 내용을 정정하고 보완하였다.

③ 운서가 있으면 이것에 따른 옥편이 있어야 한다는 이원 주의는 최세진의 「사성 통해」와 「운회 옥편」에서 비롯된 것은 아니고, 운서는 한자음(사성)에 따랐기 때문에 한자를 검색하기 불편하므로 자형, 자획으로 글자를 검색하는 옥편과 운서를 함께 간행한 것은 일찍부터 있었다.

④ 운서에 따르는 옥편 편찬은 송나라 때에 「광운 옥편」이 있었고, 고려 충렬왕 때에 복각된 것으로 보이는 「신간 배자 예부 운략」에 따른 옥편이 있었는 듯하기에 「운회 옥편」이 우리 나라에서 편찬된 옥편의 효시는 아닌 듯하다. 조선에서도 「예부 운략」과 「옥편 직음」(1464), 「신간 배자 예부 운략」과 「신간 배자 예부 운략 옥편」(1524), 「운회 옥편」이 나온 뒤에도 「배자 예부 운략」과 「배자 예부 옥편」(1678), 「삼운 성휘」와 「삼운 성휘보 옥편」, 「규장 전운」과 「전운 옥편」이 간행되었다.

⑤ 「운회 옥편」은 내용보다 가치에 있어서 현전하는 우리 나라 옥편의 효시로 보는 사람도 있으나, 현재 우리가 말하는 옥편과는 성질이 다른 운서의 색인인 것이다. 「전운 옥편」은 독립적으로 사용할 수 있는 현재의 옥편과 같은 것이다.

⑥ 편찬자 미상의 「전운 옥편」 2권 2책은 「규장 전운」과 깊은 관계가 있다. 그런데 운서의 색인으로 붙은 종속적인 옥편과는 달리, 각 한자에 필요한 내용을 기입한 것으로 독립적인 체계를 갖추고 있는 점이 특이하다. 「전운 옥편」은 자전사에서 새로운 발달을 보인 것으로 「규장 전운」과 같은 시대에 거의 같은 사람에 의하여 만들어진 것 같다.

⑦ 「전운 옥편」은 이후 현재 사용하는 여러 종류의 옥편에 이르기까지 원조적 소임을 한 것이 아닌가 생각한다. 편자와 간행이 모두 미상인 「교정 옥편」과 신촌자(愼村子)의 글이 있는 「교정 전운 옥편」 등이 모두 「규장 전운」 이후에 나온 것으로 근원은 「규장 전운」인 듯하다.

서병국(1973)에서는 김민수(1964)와는 달리 운서와 옥편의 기능을 뚜렷하게 구분하면서, 「전운 옥편」은 운서의 색인편으로 운서에 종속된 것이 아닌 독립적인 자전으로서 기능을 갖추었다는 점을 강조하였다.

그러나 유창균(1987: 429)의 "우리는 국어 사전 대신에 수많은 옥편과 운서만으로써 자족하여 왔다. 이 얼마나 본말을 뒤엎은 소치인가?"라는 말에서 짐작할 수 있듯이, 사전보다는 운서에 치우쳐 논의하여 온 것이다. 그래서 한국어 연구사 또는 한국어학 연구사 단행본에서 한자 사전이나 한자어 사전에 관한 논의들의 분석을 통하여 한국 자전의 연구 흐름을 기술한 내용을 찾아보기가 어려운 것이다.

### 3.4.3. 자전 및 한자어 사전에 관한 논의

여기에서는 20세기 후반부터 우리 연구자들이 우리 자전에 관한 내용을 논의한 것만 살펴보도록 한다. 훈고서, 자서, 운서에 관한 논의와 고려판 「용감 수경」(1070), 「신간 배자 예부 운략」(1300), 「대광익회 옥편」(1414), 「고금 운회 거요」(1434) 등 국내에서 중국 책을 번각한 자전을 연구 대상으로 삼은 논의와 외국인이 쓴 글을 번역한 것을 제외하고, 우리 자전에 관한 내용만 집중하여 논의한 것을 선택하여 논의한 주제별로 설명하고자 한다. 즉 자전의 편찬 역사, 자전 해제 및 비평, 속자와 고유 한자 등 여러 주제로 분류하여 살펴보도록 한다.

### (1) 자전의 편찬 역사

자전의 편찬 역사에 관한 것으로는 정영아(1961), 박상균(1975), 이충구 (1991, 1994ㄴ) 등이 있다. 정영아(1961)에서는 「삼운 성휘보 옥편」(홍계희, 1751), 「전운 옥편」, 「자전 석요」(지석영, 1909), 「신자전」(유근 외, 1915), 「신자원」(사서출판사편집부, 1951), 「명문 신옥편」(김혁제, 1959) 등을 열거하면서 각 자전의 특색을 설명하였다. 박상균(1975)에서는 고사서 등을 해제하였다. 이충구(1991)에서는 자전은 자서, 운서, 훈고서를 종합한 것이며, 한국 자전은 「자전 석요」와 「신자전」으로 말미암아 성립되었다고 설명하였다. 이충구(1994ㄴ)에서는 한국 자전의 특징과 문제점 그리고 한국 자전이 지향해야 할 점을 제시하였다. 그런데 논의의 대상으로 선택한 자전은 9권으로 조선 광문회에서 1915년에 발행한 「신자전」과 1963년에 홍자 출판사에서 펴낸 「국한 최신 대자원」 사이에 발행된 자전은 1권도 없다. 그리고 1960년대에 발행된 자전이 4권으로 너무 많은 비중을 차지하고 있는 문제점도 지적하지 않을 수 없다. 또 이 글에서는 「자전 석요」를 최초의 한국 음훈 병기 자전이라고 잘못 설명하였다.380)

---

380) 주 370)을 참고할 것.

### (2) 자전 해제 및 비평

김근수(1976)은 「자전 석요」를 해제한 것이다. 박상균(1978~1979, 1986)은 고사서를 해제한 것이다.

### (3) 속자와 고유 한자

김종훈(1975)는 종래의 운서나 옥편에는 수록되어 있지 않은 「신자전(新字典)」의 '조선 속자부(朝鮮俗字部)'에 실린 조선 속자 106자를 45개의 국자(國字),[381] 25개의 국음자(國音字),[382] 36개의 국의자(國意字)[383]로 나누어 분석하고 비판한 것이다. 그리고 속자라고 하는 것보다 고유 한자라고 하는 것이 타당하다고 주장하였다.[384]

### (4) 표제자 수와 표제자 분류

허벽(1978)은 한중일 자전의 표제자 수를 비교한 것이며, 정형도(2009)는 자전 표제자의 동사 의항을 분류한 것이다.

### (5) 자전의 분석

① 「용감 수경」에 관한 논의로는 김경일(1987), 김영애(1989), 신상현(2006) 등이 있다.

② 「전운 옥편」에 관한 논의로는 이기동(1981, 1982), 유재원(1996), 이돈주(1997), 정경일(2008) 등이 있다.

③ 「자림 보주」에 관한 논의로는 전일주(2001, 2002, 2003), 권정후(2008)

---

381) 중국 한자와는 별도로 우리가 직접 만들어 사용한 한자로 조자(造字)를 가리킨다.
382) 종래의 한자에 새로운 음을 부여하여 사용한 한자를 가리킨다.
383) 종래의 한자에 새로운 뜻을 부여하여 사용한 한자를 가리킨다.
384) 고유 한자에 관한 자세한 내용은 김종훈(1972, 1973, 1975, 1982, 1983), 신상현(2005), 하영삼(1996) 등을 참고할 수 있다.

등이 있다.

④ 「육서 심원」에 관한 논의로는 하수용(2003), 나현미(2005) 등이 있다.

⑤ 「국한문 신옥편」에 관한 논의로는 최범훈(1976), 전일주(2002ㄴ, 2002
ㄷ, 2003), 박형익(2004ㄱ, 2004ㄴ), 하강진(2005, 2006, 2010), 권정후(2008) 등
이 있다.

⑥ 「자전 석요」에 관한 논의로는 김병욱(1992), 한종호(2002), 여찬영(2003
ㄱ, 2003ㄴ), 권정후(2008), 하강진(2010) 등이 있다.

⑦ 「신자전」의 근대 자전으로서 지니고 있는 여러 특징에 관하여 논의
한 것으로는 오종갑(1975ㄱ, 1975ㄴ), 이충구(1994ㄱ, 2000), 권정후(2008), 이
준환(2012) 등이 있다.

### (6) 자전의 부수 체계와 검색 방법

자전의 부수 체계에 관한 논의로는 차상원(1954), 김영애(1989), 하영삼
(1997), 나현미(2005), 정형도(2009), 한상덕(2009) 등이 있다. 또 속부자에 관
한 논의로는 진광호(2001), 하수용(2003) 등이 있다.

그리고 자전 검색 방법에 관한 논의로는 박추현(2001) 등이 있다.

### (7) 자전의 자원과 한자 자형

자원을 활용한 한자 교육 방법을 제시한 논의로는 양원숙(2005, 2006ㄱ)
등이 있다. 그리고 양동숙(2006ㄱ, 2006ㄴ, 2006ㄷ, 2007ㄱ, 2007ㄴ, 2007ㄷ,
2007ㄹ, 2007ㅁ, 2007ㅂ, 2007ㅅ, 2008ㄱ, 2008ㄴ, 2008ㄷ, 2008ㄹ)은 갑골문을
통하여 한국 5종 자전의 자원을 분석하여 「설문」과 비교한 것이다.

### (8) 자전의 발음 정보

① 「전운 옥편」의 정음과 속음에 관하여 논의한 이기동(1981, 1982), 유

재원(1996), 이돈주(1997), 정경일(2006), 최미현(2006) 등이 있다.

② 「육서 심원」의 성계 배열 체계에 관한 논의로는 나현미(2006) 등이 있다.

③ 「자전 석요」의 음운 현상을 논의한 김병욱(1992)와 어음 변화를 논의한 한종호(2002) 등이 있다.

④ 「신자전」의 한자음의 운모에 관하여 살펴본 것으로는 오종갑(1975ㄱ, 1975ㄴ) 등이 있다.

⑤ 도르멜스(Dormels, R., 1994)는 「전운 옥편」, 「신자전」, 「한한 대사전」, 「대자원」의 한자음을 비교한 것이다. 그리고 전일주(2002)는 「국한문 신옥편」, 「신옥편」, 「동문 신옥편」 등에 등재된 표제자의 한국 음에 관하여 논의한 것이다.

### (9) 뜻풀이 정보

① 「신자전」에 등재된 체언, 용언, 형용사 등의 새김말을 논의한 나영규(1976), 서재극(1976), 이호천(1976), 황선봉(1976), 양용석(1982) 등이 있다. 새김말의 형용사를 논의한 것으로는 이호천(1976)이 있다.

② 「자전 석요」의 난해 자석에 관한 최범훈(1976) 등이 있다. 특히 최범훈(1976) '추고'에서는 「국한문 신옥편」(정익로, 1908)을 소개하였다. 「자전 석요」의 한자 자석에 관한 논의로는 여찬영(2003ㄱ, 2003ㄴ)이 있다.

③ 양용석(1982)는 조선의 한자 학습서와 자전의 표제자 훈을 비교한 것이다.

④ 남광우(1984ㄱ, 1984ㄴ, 1987)은 「한국 한자 음훈 자전」에 수록된 기초 한자의 음과 훈이 「자전 석요」, 「신자전」 등에 어떻게 기술되어 있는가를 조사한 것이다.

(10) 자전의 비교

① 허벽(1978)에서는 한중일 3개국의 자전의 표제자와 상용 한자에 관하여 비교하였다.

② 이충구(2000)에서는 한국, 중국, 일본에서 편찬된 자전에서 표제자의 형태, 음, 의미를 기술한 방법을 비교하여 현대 자전이 지향해야 할 점을 제시하였다.

③ 정도상(2001)에서는 「이아」와 「아언 각비」를 비교하였다.

④ 김태경(2002ㄴ)은 「광운」의 반절음과 「전운 옥편」·「삼운 성휘」의 한자음을 비교한 것이다.

⑤ 전일주(2006)에서는 「강희 자전」과 한국 초기 자전 「자전 석요」와 「신자전」을 비교하였다.

⑥ 박상수(2011)에서는 편제 방식과 자해를 중심으로 「설문 해자」와 「육서 심원」의 부수를 비교하였다.

(11) 전자 자전

유경열 외(1998)은 유사 한자 검색 방식의 전자 옥편 소프트웨어 개발에 관한 논의이다.

(12) 자전의 활용 방법

송병렬(2006)은 자전의 활용 학습과 협동 학습의 결합에 관하여 논의한 것이다. 또 노용필(2010)은 중국 자전 「옥편」, 「자통」, 「자림」의 고구려와 신라에서의 활용에 관하여 논의한 것이며, 박동규(2009)는 자전 활용의 극대화에 관한 것이다.

### (13) 자전과 사전 비교

강헌규(1996)은 우리 말 사전과 한자 자전의 오류에 관한 논의이다. 그리고 김철수(2010)은 국어 대사전의 표제어에 나타나는 한자 정보에 관하여 논의한 것이다.

### (14) 자전 편찬 방법

이준석·이경원(1999)는 한자 이체 자전 편찬 체제를 논의한 것이다.

이밖에도 단국대 동양학 연구소에서 「한국 한자어 사전」과 「한한 대사전」의 편찬 작업을 하면서 제기된 문제점들을 검토한 논의들이 「동양학 간보」를 통해 발표되었는데, 주요 논의들을 소개하면 다음과 같다.

① 박상균(1985)에서는 중국의 자서, 훈고서, 운서에 관하여 설명하였으며, 최범훈(1985)에서는 「국한문 신옥편」(정익로, 1908), 「자전 석요」, 「신자전」(1915)의 특징을 소개하였다.

② 김동길(1985)에서는 「훈몽 자회」, 「자전 석요」, 「신자전」, 「강희 자전」 등에 기술된 '歪(왜)'의 음에 관하여 논의하였다.

③ 한자어 표제어 선정 기준에 관하여 논의한 이강로(1985)에서는 단자어 또는 복자어로 처리하는 실태를 「대한화 사전(大漢和辭典)」과 「중문 대사전(中文大辭典)」을 통해 살펴보았다. 그리고 이강로(1987)에서는 사전 편찬에 있어 한문 해석의 중요성에 관하여 설명하였다. 그리고 「대한화 사전(大漢和辭典)」과 「중문 대사전(中文大辭典)」의 오류에 관한 논의로는 김능하(1985, 1986), 최신호(1988), 정석룡(2001) 등이 있고, 사전의 주석에 관한 논의로는 김우정(2001), 정석룡(2001)이 있다.

④ 「한한 대사전」 시안본에 관한 의견으로는 김민수(1986), 김이곤(1986), 김지룡(1986), 남풍현(1986), 박병채(1986), 최범훈(1986), 황패강(1986)이 있다. 또 「한한 대사전」의 편찬 방법에 관한 논의로는 서지원(1985), 송방송(1986) 이 있다. 그리고 「한한 대사전」의 자전적 분야에 관한 논의로는 김동길 (1986ㄱ, 1986ㄴ, 1987ㄱ, 1987ㄴ, 1988, 1989)이 있다. 「한한 대사전」의 편찬 중간 보고로 김동욱 외(1987)이 있다. 집필 및 편찬 방향에 관한 논의로는 한한 대사전 편찬실(1988)이 있다.

⑤ 「한국 한자어 사전」의 편찬과 교열에 관한 논의로는 차주환(1986), 송방송(1988)이 있고, 난해 어휘에 관한 논의로는 편찬실(1990)이 있다. 또 김동현(2001)은 사전과 교사에 관하여 설명하였고, 김세봉(2001)에서는 사전 편찬 낙수를 적었다.

그리고 단국대 동양학 연구소에서는 '동아시아의 사전학(II): 동아시아 한자 사전의 현황과 과제'라는 주제로 세미나를 개최하였다. 중국 조전 텍스트 사전의 현황과 과제에 관하여 발표한 이동철(2011ㄴ) 등이 수록되었다.


## 3.5. 맺음말

19세기까지 발표된 유희, 이규경 등의 논의들은 대부분 발표자의 한자와 한문에 관한 지식에 근거를 두고 중국 자전에 관하여 단편적으로 설명하고 비교하거나 또는 일부의 내용을 비판하였다.

이러한 연구 방법이나 연구물은 20세기에 들어 완전히 바뀌었다. 자전 연구자는 한학자에서 주로 국어학, 문헌학, 한문학 전공자로 전환되었다. 그리고 연구자들은 중국 문자학에 기대기보다는 서양의 언어 사전의 관점에서 자전을 바라보기 시작했다.

20세기 전반에는 주로 국어학사를 개설한 단행본에서 운서 편찬자에 관한 설명이 주종을 이룬다.

일본의 강제 점령으로 식민지 상태에 놓였던 조선의 독립 운동과 언어 대중의 계몽 운동의 실천 도구로 서양 선교사나 일본인이 아닌 우리가 직접 만든 조선어-조선어 사전을 펴내고자 하였다. 그리하여 조선어 철자법 통일과 조선어 문법의 연구가 요청되었다.

조선어-조선어 사전의 편찬 방해 공작으로 일어난 이른바 '조선어학회 사건'은 독립 운동과 직결되어 희생자를 낳게 되었다. 이러한 관점의 한글과 한국어 사랑의 태도는 광복 이후에도 지속되었다. 당시의 환경은 우리 언어 사전의 편찬에 관한 관심은 컸지만, 사전 편찬의 실무나 이론적인 준비는 매우 부족했다. 게다가 언어 사전에 관한 연구도 미비했으며,[385] 한자 사전 및 한자어 사전인 자전에 관한 분석과 연구사는 거의 이루어지지 않았다.

20세기 전반의 이러한 상황은 20세기 후반에 들어서면서 완전히 바뀌게 된다. 1960년대부터 한국 자전의 편찬 역사에 관한 논의가 이루어지기 시작하면서 자전의 해제와 표제자의 수, 표제자의 분류, 자전의 구조 분석에 관한 논의들이 발표되었다. 또 자원, 발음 정보, 뜻풀이 등 자전의 미시 구조에 관한 분석도 시도되었다. 게다가 자전의 비교, 전자 사전의 개발, 자전의 활용 방법, 자전과 사전의 비교, 자전의 편찬 방법 등에 관한 논의들이 발표되어 자전에 관한 연구 범위가 점차 확장되어 가는 것을 확인할 수 있다. 그러나 아직까지 한국 자전의 편찬 역사에 관한 구체적인 기술이

---

385) 1932년 5월 1일부터 1971년 12월 1일까지 「한글」에 발표된 논문 목록을 제시한 한글 학회 50돌 기념 사업회(1971: 550~592)에 따르면 발표자가 명기되어 있는 논문 가운데 자전에 관한 논저는 거의 없다.

원회.

민족 문화 추진 위원회 역, 1978, 「분류 오주 연문 장전 산고(五洲衍文長箋散稿)」 XVII, 서울: 민족 문화 문고 간행회.

민족 문화 추진회 역, 2007, 「신편 국역 하곡집」, 서울: 한국학술정보.

민족 문화 추진회 편, 1982~1994, 「국역 다산시문집」 1~9, 서울: 민족 문화 추진회.

박기영, 2000, 「명치자전」의 한글 표기에 대하여, 「진단학보」 89, 진단학회. 189-206.

박동규, 2009, 자전 활용의 극대화, 「한글한자문화」 120, 전국한자교육추진총연합회. 60-61.

박문열, 1987, 청장관 이덕무의 생애와 저술, 「인문과학논총」 6, 청주: 청주대 인문과 학연구소. 187-214.

박병채, 1986, 「한한대사전」 시안본에 대한 사견, 「동양학 간보」 5, 단국대 동양학 연 구소 편, 서울: 단대출판부. 9-10.

박상균, 1975, 「한국 고사서고」, 석사 논문, 서울: 연세대 교육대학원.

박상균, 1978~1979, 한국 고사서 종합 해제, 「도서관회지」, 서울: 국립중앙도서관.

박상균, 1979, 한국 고사서 종합 해제 5, 서울: 국회도서관.

박상균, 1985, 사전 이야기(II) 중국 고사서류, 「동양학 간보」 2, 단국대 동양학연구소 편, 서울: 단대출판부. 2-7.

박상균, 1986, 한국 자서의 서지적 연구, 「경기대학 논문집」 19-1, 수원: 경기대. 243- 270.

박상수, 2011, 「「설문해자」와 「육서심원」의 부수 비교 연구: 편제 방식과 자해를 중심 으로」, 석사 논문, 용인: 단국대 대학원.

박상영, 2007, 「오주 이규경의 공부법과 「오주연문장전산고」의 성립, 「한자한문교육」 19집, 한국한자한문교육학회. 351-373.

박상영·안상우, 2008, 오주 이규경의 생애 연구, 「민족문화」 31, 서울: 한국고전번역원.

박철상, 2010, 「언음첩고」의 저자 고증, 「문헌과 해석」 51, 서울: 문헌과 해석사. 89-96.

박추현, 2001, 중국어, 한자 사전의 몇 문제: 자전 검색법과 214부수, 「제2차 아시아 사전학회 국제 학술대회 발표 논문집」, 서울: 연세대 언어정보연구원. 331- 337.

박태권, 1959, 유희의 어학사적 위치, 「문리대학보」 2, 부산: 부산대 문리과대학. 1-28.

박태권, 1970, 이조 실학파 학자들의 학설이 국어학에 미친 영향 -신경준의 어학설을 중심으로-, 「논문집」 11-1, 부산: 부산대. 1-23.

박태권, 1973, 「최세진 연구 -그의 언어학적 업적을 중심으로-」, 박사 논문, 부산: 부 산대 대학원.

박태권, 1976, 「국어학사 논고」, 서울: 샘문화사.

박태권, 1999, 최세진 선생의 언어학적 업적 연구, 「한힘샘 주시경 연구」 12, 한글학
　　회. 95-122.
박태권, 2006, 최세진의 학문 세계와 「사성통해」, 「국어사연구」 6, 국어사학회. 8-16.
박형익, 2004ㄱ, 한국의 자전, 「한국어학」 23, 한국어학회. 1-22.
박형익, 2004ㄴ, 「한국의 사전과 사전학」, 서울: 월인.
배윤덕, 1988ㄱ, 「운해」 연구사, 「돈암어문학」 1, 돈암어문학회. 113-125.
배윤덕, 1988ㄴ, 「신경준의 「운해」 연구 -「사성통해」와 관련하여-」, 박사 논문, 서울:
　　연세대 대학원.
배윤덕, 1990, 최석정의 「경세정운」 연구 -운섭도와 관련하여-, 「국어국문학」 104, 국
　　어국문학회. 1-13.
배윤덕, 1991ㄱ, 신경준의 「운해」 연구, 「이중언어학」 8, 이중언어학회. 538-552.
배윤덕, 1991ㄴ, 최석정의 「경세정운」 연구, 「동방학지」 71·72, 서울: 연세대 국학연구
　　원. 433-455.
배윤덕, 1995, 최석정의 「경세정운」 연구 -외내 4섭부터 외내 8섭까지-, 「국어국문학」
　　114, 국어국문학회. 61-77.
배윤덕, 1997, 황윤석의 「이수신편」 연구 -「사성통해」와 관련하여-, 「동방학지」 97,
　　서울: 연세대 국학연구원. 169-192.
배윤덕, 2005, 「우리말 운서의 연구」, 서울: 성신여자대학교 출판부.
배윤덕, 2010, 한결 선생의 조선 시대 운학 연구, 「애산학보」 36, 애산학회. 131-150.
백태남, 1983, 「「지봉유설」 연구」, 석사 논문, 서울: 단국대 교육대학원.
부유섭. 2001, 명가 전주 이 씨 지봉가, 「문헌과해석」 15, 서울: 문헌과해석사. 50-67.
서남원, 2003, 중국 자서 편찬사에 대한 고찰, 「동양학」 34, 서울: 단국대 동양학 연구
　　소. 143-159.
서병국, 1965, 훈민정음 해례본 이후의 이조 국어학사 시비 -「훈몽자회」에서 「언문지」
　　까지를 중심으로-, 「논문집 -인문사회과학 편-」 9, 대구: 경북대학교.
서병국, 1973, 「신강 국어학사」, 서울: 형설출판사.
서수백, 2002, 「「자류주석」의 새김말 연구」, 석사 논문, 경산: 대구가톨릭대학교 대학원.
서수백, 2006, 「훈몽자회」와 「자류주석」의 새김 비교 연구 -한문 주석의 비교를 중심
　　으로-, 「한국말글학」 23, 한국말글학회. 93-131.
서수백, 2007, 「자류주석」 초목류에 나오는 자석 ‘성할’의 사전적 분석 -의미 정보를
　　중심으로-, 「한국말글학」 24, 한국말글학회. 33-53.
서수백, 2008, 「자류주석」 신체부의 이자동석 ‘볼’ 연구-의미 분석과 사전적 처리 양
　　상을 중심으로-, 「한국말글학」 25, 한국말글학회. 39-65.
서수백, 2009, 「「자류주석」의 사전적 체재 연구」, 박사 논문, 경산: 대구가톨릭대학교

대학원.

서수백·김선희, 2010, 「자류주석」 수록 한문 주석의 사전적 특성 연구, 「국어사연구」 10, 국어사학회. 175-198.

서인원, 2000, 이계 홍양호 연구의 현황과 과제, 「동국사학」 34, 동국대 사학회. 99-118.

서인원, 2003, 이계 홍양호의 실학 사상, 「동아시아 문화 연구」 37, 서울: 한양대 동아 시아문화연구소. 5-27.

서재극, 1976, 「신자전」의 새김말에 대하여, 「국문학연구」 5, 대구: 효성여대. 225-240.

서지원, 1985, 「한한대사전」 편찬·인쇄의 컴퓨터 활용 방안 검토, 「동양학 간보」 3, 단 국대 동양학 연구소 편, 서울: 단대출판부. 33-38.

서지원, 1986, 사전에 관한 단상, 「동양학 간보」 4, 단국대 동양학 연구소 편, 서울: 단 대출판부. 27-30.

서한용, 2010, 이덕무의 중국 문자학 인식, 「한문학논집」 30, 근역한문학회. 413-439.

서한용, 2011, 18·9세기 한중 학자의 명물 고증―이덕무와 완원(阮元)의 '규(葵)'에 대 한 고증을 중심으로―, 「한문학논집」 32, 근역한문학회. 81-106.

성원경, 1996, 「자류주석」 연구, 「인문과학논총」 28, 서울: 건국대 인문과학연구소. 145-164.

송방송, 1986, 「한한대사전」 시안본에 대한 의견, 「동양학 간보」 4, 단국대 동양학 연 구소 편, 서울: 단대출판부. 31-31.

송방송, 1988, 「한국 한자어 사전」 시안본에 대한 의견, 「동양학 간보」 8, 단국대 동양 학연구소 편, 서울: 단대출판부. 30-33.

신두환, 2010, 성호 이익의 「리소해」 연구, 「한국한문학연구」 46, 한국한문학회. 215-249.

신병주, 1994ㄱ, 17세기 후반 소론학자의 사상 ―윤증·최석정을 중심으로―, 「역사와 현 실」 13, 한국역사연구회. 115-137.

신병주, 1994ㄴ, 19세기 중엽 이규경의 학풍과 사상, 「한국학보」 20-2, 서울: 일지사. 144-173.

신병주, 2001, 「지봉유설」 최초의 문화 백과사전, 「문헌과해석」 14, 서울: 문헌과해석 사. 46-58.

신병주, 2003, 「성호사설」의 체제와 주요 내용, 「성호학연구」 1, 성호기념관. 19-49.

신병주, 2008, 이수광: 박학과 소통을 추구한 실학의 선구자, 「한국사 시민 강좌」 42, 서울: 일조각. 159-176.

신상현, 2006, 조선본 「용감수감」의 판본과 특징에 대한 고찰, 「한문학보」 14, 우리한 문학회. 393-424.

신상현, 2009, 조선 후기 문자언어학 연구 흐름과 자서 편찬, 「한자한문연구」 5, 서울: 고려대 한자한문연구소. 187-222.

신수영, 2001, 「언문지의 체제와 유희의 언어관 연구」, 석사 논문, 서울: 이화여대 대학원.

신숙주, 1447, 동국정운 서, 신숙주 외, 「동국정운」.

신숙주, 1455, 홍무정운 역훈 서, 신숙주 외, 「홍무정운 역훈」.

신숙주, 1487, 「보한재집」.

신용태, 1987, 사전 이야기(V) -일본의 한자 사전-, 「동양학 간보」 6, 단국대 동양학연구소 편, 서울: 단대출판부. 2-4.

신조선사 편, 1934~1938, 경세유표, 「여유당전서」, 경성: 신조선사.

실학 박물관 http://www.silhakmuseum.or.kr

심경호, 2007, 「여유당전서」 시문집 정본 편찬을 위한 기초 연구 -시편의 계년 방법을 중심으로-, 「다산학」 11, 355-395.

심경호, 2008, 조선 후기 지식인과 고염무(顧炎武), 「한문학보」 19, 우리한문학회. 509-533.

심소희, 2010ㄱ, 황윤석의 정음관 연구 1: 「이수신편」 권12의 경세사상체용지수도를 중심으로, 「중국어문학논집」 62, 중국어문학연구회. 81-109.

심소희, 2010ㄴ, 황윤석의 정음관 연구 2: 「이수신편」 권20의 '운학본원'을 중심으로, 「중국어문학논집」 64, 중국어문학연구회. 89-118.

심소희, 2012ㄱ, 최석정의 「경세훈민정음도설」 연구, 「중국어문학논집」 73, 중국어문학연구회. 89-112.

심소희, 2012ㄴ, '경서정운도설' 역주, 「중국어문논역총간」 30, 중국어문논역학회. 561-581.

심소희, 2012ㄷ, 조선 후기 문인들의 서신을 통한 성운 인식 고찰 -최석정과 정제두의 서신을 중심으로-, 「중국언어연구」 38, 한국중국언어학회. 21-45.

심중규, 1983, 「용감수감」과 사본 각본의 관계, 「민족문화논총」 4, 경산: 영남대 민족문화연구소.

심호수, 2007, 「「주영편」에 나타난 정동유의 언어관 연구」, 석사 논문, 서울: 연세대학교.

안대회, 2004, 이수광의 「지봉유설」과 조선 후기 명물고증학의 전통, 「진단학보」 98, 진단학회. 267-289.

안대회, 2010, 18·19세기 조선의 백과전서파와 「화한삼재도회」, 「대동문화연구」 69, 서울: 성균관대학교 유교문화연구소. 419-445.

안병직, 2011, 「여유당전서」 출간 배경과 다산 저술의 필사본 「경세유표」에 대한 서지적 검토, 「다산학」 18, 다산학술문화재단. 167-197.

안병희 외, 2002, 「신숙주의 학문과 인간」, 서울: 국립국어연구원.

안병희, 2007, 「최세진 연구」, 서울: 태학사.

안춘근, 1973, 「석범 음운(언음)첩고」 저자 고, 「국학자료」, 7, 성남: 장서각.

양기정, 2011, 한국고전번역원 출간 한문 번역 관련 공구서 현황과 과제, 「민족문화」 38, 서울: 한국고전번역원. 191-215.

양동숙, 2006ㄱ, 한국 5종 자전의 자원 분석과 갑골문 -「설문」과의 비교 연구- (I), 「중국어문논집」, 37, 중국어문학연구회. 29-62.

양동숙, 2006ㄴ, 한국 5종 자전의 자원 분석과 갑골문 -「설문」과의 비교 연구- (II), 「중국어문논집」, 39, 중국어문학연구회. 7-39.

양동숙, 2006ㄷ, 한국 5종 자전의 자원 분석과 갑골문 -「설문」과의 비교 연구- (III), 「중국어문논집」, 40, 중국어문학연구회. 7-14.

양동숙, 2007ㄱ, 한국 5종 자전의 자원 분석과 갑골문 -「설문」과의 비교연구- (IV), 「중국어문학논집」, 42, 중국어문학연구회. 7-42.

양동숙, 2007ㄴ, 한국 5종 자전의 자원 분석과 갑골문 -「설문」과의 비교 연구- (V), 「중국어문논집」, 43, 중국어문학연구회. 51-80.

양동숙, 2007ㄷ, 한국 5종 자전의 자원 분석과 갑골문 -「설문」과의 비교 연구- (VI), 「중국어문논집」, 44, 중국어문학연구회. 19-47.

양동숙, 2007ㄹ, 한국 5종 자전의 자원 분석과 갑골문 -「설문」과의 비교 연구- (VII), 「중국어문논집」, 45, 중국어문학연구회. 19-47.

양동숙, 2007ㅁ, 한국 5종 자전의 자원 분석과 갑골문 -「설문」과의 비교 연구- (VIII), 「중국어문논집」, 46, 중국어문학연구회. 23-52.

양동숙, 2007ㅂ, 한국 5종 자전의 자원 분석과 갑골문 -「설문」과의 비교 연구- (IX), 「중국어문논집」, 47, 중국어문학연구회. 37-70.

양동숙, 2007ㅅ, 한국 5종 자전의 자원 분석과 갑골문 -「설문」과의 비교 연구- (X), 「중국문화연구」, 11, 중국문화연구학회. 33-66.

양동숙, 2008ㄱ, 한국 5종 자전의 자원 분석과 갑골문 -「설문」과의 비교 연구- (XI), 「중국어문논집」, 48, 중국어문학연구회. 33-60.

양동숙, 2008ㄴ, 한국 5종 자전의 자원 분석과 갑골문 -「설문」과의 비교 연구- (XII), 「중국어문논집」, 49, 중국어문학연구회. 29-58.

양동숙, 2008ㄷ, 한국 5종 자전의 자원 분석과 갑골문 -「설문」과의 비교 연구- (XIII), 「중국어문논집」, 50, 중국어문학연구회. 7-36.

양동숙, 2008ㄹ, 한국 5종 자전의 자원 분석과 갑골문 -「설문」과의 비교 연구- (XIV), 「중국어문논집」, 51, 중국어문학연구회. 7-37.

양오진, 2004, 조기 중국어 사전의 종류와 특징에 대하여, 「중국학보」 50, 한국중국학회. 135-161.

양용석, 1982, 「조선조 한자 학습서 및 자전류에 나타난 한자 훈 '얼굴'과 '낯'의 연구」, 석사 논문, 인천: 인하대 교육대학원.

양원석, 2007, 「조선 후기 문자훈고학 연구」, 박사 논문, 서울: 고려대 대학원.

양정호, 2004, 「주영편」의 국어학사적 고찰, 「애산학보」 30, 애산학회. 69-97.

여찬영, 2003ㄱ, 「자전석요」의 한자 자석 '고을일홈' 연구, 「언어과학연구」 25, 언어과학회. 195-214.

여찬영, 2003ㄴ, 지석영 「자전석요」의 한자 자석 연구, 「어문학」 79, 한국어문학회. 193-212.

오구라 신페이(小倉進平), 1964, 「증정 증주 조선어학사(增訂增註 朝鮮語學史)」, 동경: 도강서원(刀江書院).

오용섭, 2008, 「청장관전서」 정고본의 서지적 연구, 「서지학연구」 39, 서지학회. 87-111.

오종갑, 1975, 「신자전」의 한자음 연구 -특히 운모의 대응을 중심으로-, 「한민족어문학」 2, 한민족어문학회. 122-135.

옥영정, 2007, 「동국문헌비고」에 대한 서지적 고찰, 「진단학보」 104, 진단학회. 227-253.

유경열 외, 1998, 「유사 한자 검색 방식의 전자 옥편 S/W 개발(우수 신기술 지정·지원 사업 최종 보고서)」, 서울: 정보통신부.

유재영, 1969, 이조 후기 국어학에 공헌한 실학 사상: 특히 이재 황윤석을 중심으로, 「논문집」 4, 익산: 원광대학교. 373-418.

유재영, 1970, 이조 후기 국어학에 공헌한 실학 사상: 특히 이재 황윤석을 중심으로, 「논문집」 5, 익산: 원광대학교. 9-43.

유재원, 1996, 「전운옥편」의 속음자에 대한 연구, 「중국학연구」 11-1, 중국학연구회. 63-97.

유창균, 1959, 「국어학사」, 대구: 영문사.

유창균, 1962, 「경세정운」 고, 「논문집」 5, 대구: 청구대학. 15-39; 유창균, 1984, 「국어학논고」, 대구: 계명대학교출판부. 477-518.

유창균, 1969, 「신고 국어학사」, 서울: 형설출판사.

유창균, 1982, 「동국정운」, 서울: 형설출판사.

유창균, 1987, 소강절(邵康節)의 '경세사상체용지수도'에 대하여, 「우해 이병선 박사 화갑 기념 논총」, 부산: 간행위원회. 83-106.

유창균, 1989, 「황극경세서」가 국어학에 끼친 영향, 「석당논총」 15, 부산: 동아대 석당 전통문화연구원. 69-102.

유창균, 1997, 「국어학사」, 서울: 형설출판사.

유창돈, 1958, 「언문지 주해」, 서울: 신구문화사.

윤병태, 1983, 신라의 전적 문화, 「백제연구」 14, 대전: 충남대 백제연구소. 67-101.

윤사순 편, 1990, 「정약용」, 서울: 고려대학교 출판부.

이  곡, 1364, 「가정집」.

이  익, 1761, 「성호사설」.

이가원, 1967, 「성호사설」 해제, 「성호사설」 상, 서울: 경희출판사.

이강로, 1985, 표제어의 선정 기준에 대하여(III) -한자어를 중심으로-, 「동양학 간보」 3, 단국대 동양학 연구소 편, 서울: 단대출판부. 22-27.

이강로, 1987, 사전 편찬에 있어서의 한문 해석의 중요성 -임자말과 풀이말의 관계에서-, 「동양학 간보」 7, 단국대 동양학 연구소 편, 서울: 단대출판부. 25-29.

이기동, 1981, 「전운옥편」에 드러난 정속음고, 「논문집」 3, 우석대학교. 107-119.

이기동, 1982, 「전운옥편」에 주기된 정속음에 대하여, 「어문논집」 23-1, 고려대 국문학 연구회. 511-528.

이돈녕, 1969, 혜강 최한기, 「창작과 비평」 15, 서울: 창작과 비평사. 743-771.

이돈주, 1997, 「전운옥편」의 정·속 한자음에 대한 연구, 「국어학」 30, 국어학회. 1-34.

이동철, 2009, 현대 중국 공구서의 현황, 「2009년 하계 학술 대회: 한자 문화권의 사전과 공구서」, 서울: 고려대 한자한문연구소.

이동철, 2011ㄱ, 한국에서 한문 번역 관련 공구서의 현황과 과제: 1990년대 이후 주요한 성과를 중심으로, 「민족문화」 38, 서울: 한국고전번역원. 53-131.

이동철, 2011ㄴ, 중국 조전 텍스트 사전의 현황과 과제, 「동아시아의 사전학(II): 동아시아 한자 사전의 현황과 과제」, 용인: 단국대 동양학 연구소.

이병근, 1995, 「지봉유설」의 국어학사상의 성격, 「대동문화연구」 30, 서울: 성균관대 대동문화연구원. 209-231.

이병기, 1940ㄱ, 조선어문학 명저 해제, 「문장」 2-8, 경성: 문장사. 215-231.

이병기, 1940ㄴ, 「언음첩고」 해설, 「한글」 8-9, 조선어학회. 1-2.

이병도, 1982, 「해동역사」의 종합적 검토 개회사, 「진단학보」 53, 진단학회. 230.

이병주 편교, 1966, 「노박집람」 고, 서울: 진수당.

이상혁, 1996, 최세진의 사회적 위치에 대한 국어학사적 의의, 「한국어학」 4, 한국어학회. 301-313.

이선영, 2004, 「성호사설」에 대한 국어학사적 검토, 「애산학보」 30, 애산학회. 39-67.

이수광, 1634, 「지봉유설」.

이숭녕, 1959ㄱ, 「홍무정운 역훈」에 관하여, 「국어국문학」 20, 국어국문학회. 51-53.

이숭녕, 1959ㄴ, 「홍무정운 역훈」의 연구, 「진단학보」 20, 진단학회. 115-179.

이숭녕, 1965, 최세진 연구 -특히 이조에서의 '중인' 출신 학자의 위치의 고찰-, 「아세아학보」 1, 아세아학회. 21-41.

이숭녕, 1970, 「지봉유설」 해제, 「지봉유설」, 서울: 경인문화사.

이숭녕, 1972, 황윤석의 「이수신편」 고찰 -특히 어학 연구를 중심으로 하여-, 이숭녕, 「국어학 연구」, 서울: 형설출판사. 167-176.

이숭녕, 1976, 「혁신 국어학사」, 서울: 박영사.

이승재, 2008, 한국 최초의 사전을 찾아서, 「한국사전학」 11, 한국사전학회. 7~30.

이영숙, 1994, 「자류주석」의 음운론적인 특징과 언어 의식, 「자하어문논집」 9·10집, 상명여대 상명어문학회. 17-52.

이우성 외, 1982, 「해동역사」의 종합적 검토 토론 속기록, 「진단학보」 53, 진단학회. 250-261.

이우성, 1982, 「한국의 역사상」, 서울: 창작과비평사.

이을환, 1979, 「사소절」의 언어 규범 연구 -사전 언어편을 중심으로-, 「논문집」 19, 서울: 숙명여대. 231-257.

이익성 역, 1977, 「국역 경세유표」, 서울: 민족문화추진회.

이재곤 해제, 1984, 「주영편」, 정동유 저, 「국회도서관보」 173, 서울: 국회도서관. 61-69.

이종묵, 2010, 정동유와 그 일문의 저술, 「진단학보」 110, 진단학회. 301-328.

이종철, 1981, 「화음방언자의해」에서 본 몇 가지 국어 어원에 대하여, 「국어교육」 38, 한국국어교육연구회. 151-172.

이준석·이경원, 1999, 한자 이체 자전 편찬 연구: 편찬 체제를 중심으로, 「새국어생활」 9-1, 서울: 국립국어연구원. 101-119.

이춘희, 1977, 「지봉유설」에 대하여, 「한국학」 13, 서울: 영신 아카데미 한국학연구소. 21-27.

이충구, 1984, 「주영편」에 수집된 한국 한자의 분석 연구, 「수선논집」 8, 서울: 성균관대 대학원. 65-96.

이충구, 1991, 한국 자전 성립의 고, 「반교어문연구」 3, 반교어문학회. 9-27.

이충구, 1994ㄱ, 신자전고, 「아주어문연구」 1, 수원: 아주대 국어국문학과. 103-125.

이충구, 1994ㄴ, 한국 자전의 실상, 「한국학논집」 2, 강남대학교 한국학연구소. 119-144.

이충구, 2000, 「신자전」의 근대 자전 성격에 대한 고찰, 「한중철학」 6, 한중철학회. 67-90.

이충구, 2000, 한중일 자전 비교 연구, 「반교어문학회지」 11권, 반교어문학회. 13-70.

이케다 쇼주, 오미령 번역, 2008, 일본 고사전의 연구 방법과 실제, 「한국문화」 44, 서

울: 서울대 규장각 한국학연구원. 297-318.

이태진, 1982, 「해동역사」의 학술사적 검토, 「진단학보」 53, 진단학회. 231-242.

이토 하이데토(伊藤英人), 1995, 신경준의 「운해 훈민정음」에 대하여, 「국어학」 25, 국어학회. 293-306.

이현종, 1975, 이규경의 생애와 사상, 「실학논총」, 광주: 전남대 출판부.

이현희, 1968, 「오주연문장전산고」, 「국회도서관보」 5-3, 서울: 국회도서관. 52-58.

이현희, 2004, 이수광의 국어학적 인식에 대하여, 「진단학보」 98, 진단학회. 291-299.

이호천, 1976, 「「신자전」에 나타난 새김말의 형용사 연구」, 석사 논문, 대구: 계명대.

이희승, 1937, 언문지 해제, 「한글」 5-1, 조선어학회. 7-8.

이희승, 1938, 「언문지」, 경성: 조선어학회.

임경조, 1993, 「「자류주석」의 언어적 성격과 사전적 성격」, 석사 논문, 서울: 서울대 대학원.

임선영, 1992, 「오주 이규경의 실학 사상 연구」, 석사 논문, 서울: 성균관대 대학원.

임창순, 1965, 「지봉유설」 해제, 「국회도서관보」 2-10, 서울: 대한민국 국회도서관. 84-87.

임창순, 1966ㄱ, 「주영편」, 고서 해제 1, 「국회도서관보」 3-10, 서울: 국회도서관. 70-72.

임창순, 1966ㄴ, 「주영편」, 고서 해제 2, 「국회도서관보」 3-11, 서울: 국회도서관. 42-44.

장소원 외, 2003, 「조선 시대 국어학사 자료에 대한 기초 연구」, 서울대 한국학 장기 기초 연구비 지원 연구 과제 결과보고서.

장향실, 2008, 「번역 박통사」 편찬자에 대한 재고, 「어문논집」 57, 민족어문학회. 121-144.

전일주, 2001, 한자 자전 「자림보주」 연구, 「대동한문학」 14, 대한한문학회. 373-402.

전일주, 2002ㄱ, 「최근세 한국 한자 자전 연구」, 박사 논문, 경산: 영남대.

전일주, 2002ㄴ, 근대 계몽기의 사전 편찬과 그 역사적 의의 -특히 「국한문신옥편」을 중심으로-, 「대동한문학」 17, 대동한문학회. 77-104.

전일주, 2003, 「한국 한자 자전 연구」, 대구: 중문출판사.

전일주, 2006, 「강희자전」과 한국 초기 자전 비교 연구 -「자전석요」와 「신자전」을 중심으로-, 「한문교육연구」 26, 한국한문교육학회. 357-386.

전임 사관 외, 1413~1865, 「조선 왕조 실록」.

정 광, 1977, 최세진 연구, 「덕성여대 논문집」 5·6 합집, 서울: 덕성여대. 117-158.

정 광, 1982, 「명치자전(明治字典)」 국어 어휘에 대하여, 「덕성여대논문집」 11, 서울: 덕성여자대학교. 25-41.

정  광, 1995, 「번역 노박」 범례의 국음·한음·언음에 대하여, 「대동문화연구」 30, 서울: 성균관대 대동문화연구소.

정  광, 1999, 최세진의 생애와 업적, 「최세진 선생의 학문과 인간」, 서울: 국립국어연구원. 5-18.

정  광, 2000ㄱ, 「노박집람」과 「노걸대」, 「박통사」의 구분, 「진단학보」 89, 진단학회. 155-189.

정  광, 2000ㄴ, 최세진 생애의 연구에 대한 재고와 반성, 「어문연구」 105, 한국어문교육연구회. 49-61.

정  광, 2006, 「훈민정음의 사람들」, 서울: 제이앤씨.

정  광·양오진, 2011, 「노박집람 역주」, 서울: 태학사.

정경일, 1984, 「규장전운 연구」, 석사 논문, 서울: 고려대 대학원.

정경일, 2001, 조선 후기 국어 연구의 실학적 경향, 「한국어학」 14, 한국어학회. 261-282.

정경일, 2002, 「한국 운서의 이해」, 서울: 아카넷.

정경일, 2006, 「교정 전운옥편」 속음의 유형별 고찰, 「우리어문연구」 27, 우리어문학회. 527-558.

정경일, 2008, 「규장전운·전운옥편」, 서울: 신구문화사.

정동유 지음·남만성 옮김, 1971, 「주영편」 상·하, 서울: 을유문화사.

정석룡, 2001, 사전 주석과 기간 사전에서의 오류, 「동양학 간보」 11, 단국대 동양학연구소 편, 서울: 단대출판부. 8-10.

정석종, 1969, 성호 이익, 「창작과 비평」 14, 서울: 창작과비평사.

정순우, 1990, 다산 「아학편」 연구, 윤사순 편, 「정약용」, 서울: 고려대학교 출판부. 72-94.

정승철, 2010, 「주영편」의 국어 연구, 「진단학보」 110, 진단학회. 395-411.

정양완, 2000, 유희의 학문과 생애, 「새국어생활」 10-3, 서울: 국립국어연구원.

정연찬, 1972, 「「홍무정운 역훈」의 연구」, 서울: 일조각.

정영아, 1961, 「우리 나라 사전(辭典) 소고」, 석사 논문, 서울: 이화여대.

정우택, 2004, 국어학사 자료로 본 「언음첩고」, 「애산학보」 30, 애산학회. 17-37.

정인보, 1937, 「훈민정음 운해」 해제, 「한글」 5-4, 한글학회. 455-456.

정인보, 1955, 「문통」 해제, 「담원 국학 산고」, 서울: 문교사. 15-18.

정재훈 외, 2005, 토론 「이계집」의 종합적 검토 녹취문, 「진단학보」 100, 진단학회. 395-415.

정중환, 1974, 「문헌비고」의 연구, 「동아논총」 11-1, 부산: 동아대. 1-31.

정해렴 역주, 2000, 「지봉유설 유선」, 서울: 현대실학사.

정해렴 역주, 2004, 「역주 경세유표」 1~3, 서울: 현대실학사.

정해렴 편역, 1998, 「성호사설 유선」 상·중·하, 서울: 현대실학사.

정헌철, 1995, 우리 중국어 사전의 회고와 전망, 「중국어문논집」 10, 중국어문학회. 57-82.

정형도, 2009, 「한자 자전 표제자의 동사 의항 분류」, 석사 논문, 서울: 고려대 대학원.

정호훈, 2010, 「주영편」의 자료 구성과 지식 체계, 「진단학보」 110, 진단학회. 329-361.

조건상, 1978, 「해설 역주 언문지」, 서울: 형설출판사.

조성산, 2005, 현동 정동유(1744~1808)와 「주영편」에 관한 연구, 「한국인물사연구」 3, 한국인물사연구소. 241-270.

조성을, 2007, 「경세유표」의 문헌학적 제문제 -성립 과정과 저술 시기 중심으로-, 「다산학」 10, 다산학술문화재단. 259-311.

조오현, 2010. 15세기 성운학자 계보 연구, 「한말연구」 27, 한말연구학회. 347-377.

주성일, 2007, 「국음상용자휘(國音常用字彙)」에 순음 기록에 나타난 입성자 고찰, 「중국어문논역총간」 21, 중국어문논역학회. 169-186.

주영하 외, 2005, 「19세기 조선, 생활과 사유의 변화를 엿보다 -「오주연문장전산고」를 통해 본 조선 후기 생활 문화」, 파주: 돌베개.

진광호, 2001, 현자전의 속부자 문제, 「중국어문학」 36, 영남중국어문학회.

차주환, 1986, 한국 한자어 사전의 편찬과 교열, 「동양학 간보」 4, 단국대 동양학 연구소 편, 서울: 단대출판부. 22-26.

차주환, 1988, 사전 이야기, 「동양학 간보」 8, 단국대 동양학연구소 편, 서울: 단대출판부. 20-25.

최남선 편, 1914, 「경세유표」, 경성: 조선광문회.

최미현, 2006, 「전운옥편」에 반영된 지섭의 양상에 대하여, 「새얼어문논집」 18, 새얼어문학회. 213-231.

최범훈, 1976, 「자전석요」에 나타난 난해 자석에 대하여, 「국어국문학」 70, 국어국문학회. 47-75.

최범훈, 1985, 사전 이야기(III), 「동양학 간보」 3, 단국대 동양학연구소 편, 서울: 단대출판부. 2-4.

최범훈, 1986, 「한한대사전」 시안본을 보고, 「동양학 간보」 5, 단국대 동양학 연구소 편, 서울: 단대출판부. 10-11.

최석기 역, 1999, 「성호사설」, 서울: 한길사.

최석정 저·김지용 해제, 2011, 「경세훈민정음도설」, 서울: 명문당.

최석정, 1982, 「명곡집」 1~4, 서울: 태학사.

최세진, 1517, 사성통해 서, 최세진, 「사성통해」.

최세진, 1537, 「운회옥편」.

최신호, 1988, 「대한어사전(大韓語辭典)」 유감, 「동양학 간보」 8, 단국대 동양학 연구소 편, 서울: 단대출판부. 26-29.

최은숙, 1991, 「「지봉유설」의 서지학적 연구」, 석사 논문, 서울: 이화여대 대학원.

최전승, 1994, 이재 황윤석의 「화음방언자의해」와 「이수신편」 등에 반영된 어휘 연구의 성격, 「이재 황윤석」, 최삼룡 외, 서울: 민음사. 161-226.

최현배, 1961, 「고친 한글갈」, 서울: 정음사.

태광호, 2000, 중국어학: 현행 자전류(字典類)의 속부자(屬部字) 문제, 「중국어문학」 36-1, 영남중국어문학회. 165-194.

편찬실, 1990, 한국 한자어 사전에서의 난해 어휘, 「동양학 간보」 10, 단국대 동양학 연구소 편, 서울: 단대출판부. 2-20.

하강진, 2005, 한국 최초의 근대 자전 「국한문신옥편」의 편찬 동기, 「한국문학논총」 41, 한국문학회. 237-266.

하강진, 2006, 한국 최초의 근대 자전 정익로의 「국한문신옥편」, 「한글한자문화」 79, 전국한자교육추진총연합회. 80-85.

하강진, 2010, 「자전석요」의 편찬 과정과 판본별 체재 변화, 「한국문학논총」 56, 한국문학회. 663-728.

하수용, 2003ㄱ, 「육서심원」의 저자 성대(惺臺)의 육서관, 「한자한문교육」 10, 한국한자한문교육학회. 314-353.

하수용, 2003ㄴ, 「육서심원」의 부수 배열법과 속부자의 탐석, 「한자한문교육」 11, 한국한자한문교육학회. 189-218.

하영삼, 1995, 중국 한자 사전 부수 배열 체계의 변천, 「중국어문논집」 10, 대한중국학회. 31-56.

하영삼, 1997, 한국 한자 자전(옥편)의 부수 체계에 관한 연구, 「중국어문학」 29, 영남중국어문학회. 323-367.

한국 민족 문화 대백과 사전 http://encykorea.aks.ac.kr

한국 고전 번역원 http://db.itkc.or.kr

한국어문교육연구회, 2002, 「매죽헌 성삼문의 충의와 학문(한국어문교육연구회 제144회 학술대회)」, 서울: 한국어문교육연구회·한국어문회.

한국어문교육연구회·한국어문회 편, 1999, 「최세진의 생애와 학문」, 서울: 한국어문교육연구회·한국어문회.

한국의 지식 콘텐츠 http://www.krpia.co.kr

한국 철학사 연구회, 2000, 「한국 실학 사상사」, 서울: 다운샘.

한국학 문헌 연구소 편, 1975, 「용감수감」 해제, 서울: 아세아문화사.

한글 학회 50돌 기념 사업회, 1971, 「한글 학회 50년사」, 서울: 한글 학회.

한글 학회 http://www.hangeul.or.kr

한영우, 1985, 「해동역사」의 연구, 「한국학보」 11-1, 서울: 일지사. 1132-1189.

한영우, 1992, 이수광의 학문과 사상, 「한국문화」 13, 서울: 서울대 한국문화연구소 359-431.

한우근, 1977, 「성호사설」 해제, 「국역 성호사설」 1, 서울: 민족문화추진회.

한우근, 1983, 「정다산 연구의 현황」, 서울: 민음사.

한종호, 2002, 「자전석요」 知, 瑞 계자의 어음 변화 -어휘 확산 이론의 적용 가능성 검토-, 「중국학」 17, 대한중국학회. 23-38.

정형도, 2009, 「한자 자전 표제자의 동사 의항 분류」, 석사 논문, 서울: 고려대 대학원.

한한대사전 편찬실, 1988, 「한한대사전」의 집필 및 편찬 방향, 「동양학 간보」 8, 단국대 동양학 연구소 편, 서울: 단대출판부. 39-50.

허 륭, 2005, 우리 나라 근대적인 문헌의 시원을 열어 놓은 「오주연문장전산고」, 「국제고려학회 서울 지회 논문집」, 국제고려학회 서울 지회. 65-72.

허 륭, 2010, 「「오주연문장전산고」에 대한 문헌학적 연구」, 평양: 사회과학출판사.

허 벽, 1978, 역대 자전을 통해 본 한자와 상용한자 소고: 특히 한중일 3개국의 경우를 중심으로, 「인문과학」 39, 서울: 연세대 인문과학연구소. 29-56.

허성도, 2005, 「현대 한어 사전」의 사전학적 조명, 「한국 사전학」 5, 한국사전학회. 5-27.

홍양호, 1982, 「이계 홍양호 전서」 상·하, 서울: 민족문화사.

홍이섭, 1953, 정동유의 「주영편」에 보인 이국어에 취하여, 「역사학보」 4, 역사학회. 85-100.

황선봉, 1976, 「「신자전」 용어의 역훈 연구」, 석사 논문, 대구: 계명대 교육대학원.

황패강, 1986, 「한한대사전」 시안본에 대한 관견, 「동양학 간보」 5, 단국대 동양학 연구소 편, 서울: 단대출판부. 11-12.

# 4 한국 자전의 종류

자전은 상위 표제항이 1개의 한자로 선정되어 있는 언어 사전에 속한다. 자전은 한 개의 한자를 상위 표제항으로 선정해 놓고, 이 표제항의 미시 정보를 기술하고, 상위 표제항 즉 표제자를 포함하고 있는 한자어들을 하위 표제항으로 선정하여 뜻풀이를 기술해 놓은 한자 사전이다. 따라서 자전의 구조를 구성하고 있는 이 요소들을 기준으로 삼아 자전을 분류할 수 있다.

자전을 종류별로 나누기 위해서 일반적으로 사전을 분류하는 기준을 그대로 적용할 수 있다. 한국 자전을 구별할 수 있게 해주는 기준으로는 자전의 정보를 기술한 도구나 정보를 담은 매체의 종류, 자전의 외형적 형태, 자전의 크기, 표제자의 선정과 배열 방법, 미시 정보의 기술 방법, 사용한 문자의 개수와 종류, 출판 장소, 제작 방법 등을 들 수 있다.

이런 다양한 분류 기준은 하나의 자전이 여러 종류에 속하게 할 가능성을 높이므로 단순하고 획일적으로 자전을 분류할 수 없게 한다. 따라서 여기에서는 이러한 기준들을 적용하여 한국 자전을 분류할 수 있는 몇 가지 예를 살펴보는 데에 만족하도록 한다.

## 4.1. 한국 자전과 외국 자전

한자는 중국에서 만들어 사용하는 중국 문자이지만 한국, 일본, 베트남 등에서도 중국 한자를 차용하여 사용해왔다. 그뿐만 아니라 한국에서나 일본에서는 각각 독창적으로 그들만의 한자와 한자어를 만들어 사용하거나 원래의 의미와는 다른 의미로 한자와 한자어를 사용해왔으므로, 이 세 나라의 한자 자전은 그 내용이 다를 수밖에 없다.[386] 특히 중국은 많은 간자체를 새롭게 만들어 사용하고, 일본에서는 많은 약자를 만들어 사용하고 있으므로, 한국에서 사용하는 한자와는 글자의 형태나 의미가 달라 각각의 한자 자전이 필요하다. 따라서 자전은 이러한 한자의 특수한 사용 환경과 미시 정보를 기술한 언어의 종류를 고려하여 자전을 발행한 국가별로 중국 자전, 일본 자전, 한국 자전 등으로 나눌 수 있다.[387]

일본의 「대한화 사전(大漢和辭典)」은 모로하시 데쓰지(諸橋轍次, 1883년~1982년)가 1943년부터 1960년에 걸쳐 13권으로 펴낸 한자-일본어 사전이

---

386) 세 국가의 한자어의 쓰임이 다름을 논의한 것으로는 「한중일 한자 문헌 전산화의 현황과 과제」(1999, 국립국어연구원), 「한중일 한자어 대조 연구」(2005, 이준석 외, 국립 국어원) 등이 있다.

387) 심지어 우리가 예전에 사용했던 이두나 우리만이 사용한 이체자도 있을 뿐만 아니라 분단 이후 북한에서 사용하는 한자와도 차이점이 생겨났다. 한자로 표기된 우리 문헌 자료들의 컴퓨터 입력과 정보 검색 등을 위해서 이두, 이체자 등의 내용들을 모두 포함하는 새로운 한국 자전의 편찬 작업이 필요하다. 특히 한국에서 펴낸 모든 한자 자료들의 원문을 컴퓨터로 입력한 원시 말뭉치를 구축하기 위해서는 컴퓨터에 입력할 수 없는 한자와 이체자를 찾아 국제 문자 코드계의 한자 표준화 작업을 해야 한다. 한자 코드의 표준화에 관한 논의로는 「한자 코드 표준화 개선 방안에 대한 기초 연구」(1991/1992, 문화부), 「국제 문자 코드계 Ext.B 등재 한자의 비교 연구」(2003, 문화관광부), 「국제 문자 코드계의 한자 표준화에 대한 연구」(2001/2002, 문화관광부), 「국제 문자 코드 한자 Super CJK 연구」(2000, 이재훈), 「국제 표준 코드 한자 Ext.B의 한자 표준음 연구」 등이 있다. 이체자에 관한 논의로는 「한국 한자 이체자 조사」(2002, 이준석) 등이 있고, 북한의 한자어에 관해서는 「남북한 언어 차이 조사(II. 한자어·외래어 편)」(1990, 국어연구소), 「남북한 한자어 어떻게 다른가」(1999, 국립국어연구원) 등을 참고할 수 있다.

다. 일본 대수관(大修館) 서점에서 이 사전을 발행하였는데, 2000년에는 보충 1권과 어휘 색인 1권을 포함하여 15권을 발행하였다. 약 48,902개의 표제자와 53만 개의 숙어를 수록하였다. 중국 고전에서 인용한 출처를 밝히고, 1만 개가 넘는 한자의 전서체를 수록하였다.

중국의 「한어 대사전(漢語大詞典)」(1994)은 중국의 국책 사업으로 43개 대학과 연구소가 협력하여 1975년부터 1994년까지 13권으로 펴낸 한자 사전이다. 이 사전에는 23,000개의 표제자, 54,665개의 한자와 38만 개의 한자어를 수록하였다.

타이완의 「중문 대자전(中文大字典)」은 타이완의 국방위원회가 중심이 되고 중국학술원이 편찬 실무를 맡아 10년에 걸쳐 작업하여 1962년에 10권을 완간하였다. 5만여 개의 한자와 40만 한자어를 수록하였다.

한국의 「한한 대사전(漢韓大辭典)」(1999~2008)은 단국대학교 동양학 연구소에서 1977년부터 편찬 작업을 진행하여 1999년 3월 25일에 제1권을 발행하였고, 2008년 10월 28일에 제13권에서 제16권을 발행하여 30년 4개월 만에 모두 16권을 완간하였다. 이 사전은 53,667개의 표제자와 420,269개의 한자어를 수록하였다. 그리고 「한국 한자어 사전」은 단국대학교 동양학 연구소에서 한국에서만 사용하는 한자를 상위 표제항으로 선정하고 표제자로 시작하는 한자어들을 하위 표제항으로 수록한 한자어 사전이다. 이 한자어 사전은 약 15년 동안 작업하여, 4권으로 펴낸 것이다. 1992년 9월 20일에 제1권을 출간하였고, 1996년 11월 3일에 제4권을 출간하였다. 약 84,000개의 한자어의 뜻을 풀이하고 출전을 밝혔다.

## 4.2. 종이 자전과 전자 자전

한국 자전은 정보를 담은 매체에 따라 나눌 수 있다. 종이에 인쇄하여 아날로그 형태로 펴낸 종이 자전과 컴퓨터 등을 이용하여 사용할 수 있는 디지털 형태의 전자 자전으로 구분할 수 있다.

한국의 아날로그 자전은 전통적인 방식으로 펴낸 것으로, 붓으로 직접적은 필사본과 목판이나 활자를 이용하여 인쇄한 목판본, 활판본 등이 있는데, 종이에 인쇄하는 방법은 자전이 발행된 이후부터 지금까지 널리 통용되었다.

한지에 인쇄하여 발행한 「운회 옥편」(최세진, 1536), 「삼운 성휘보 옥편」(홍계희, 1751), 「전운 옥편」(1819) 등과 같은 한적본이 있고, 반양장본으로 발행된 「국한문 신옥편」(정익로, 1908), 「자전 석요」(지석영, 1909) 등이 있다. 또 양장본으로 발행된 「일선 대자전」(박중화 편찬, 1912)와 발행되지 못하고 미완성의 원고인 필사본으로 남은 「제오유」(심유진) 등도 있다.

전자 자전으로는 디스크, 유에스비(USB) 등에 저장하여 컴퓨터, 전자 수첩, 네비게이션 등과 같은 특수한 단말기 형태에서 사용할 수 있는 것(예: 한누리비즈 X40, 아이리버 딕플 D31 EDU, 아이스테이션 M43 NAVI 30G)와 인터넷의 포털 사이트 등의 웹 사이트에서 이용할 수 있는 웹 자전이 있다. 네이버(http://dic.naver.com)와 다음(http://alldic.daum.net)에는 백과 사전, 영어 사전, 영영 사전, 국어 사전, 한자 사전, 일본어 사전, 중국어 사전, 용어 사전, 의약학 사전을 열거해 놓은 통합 웹 사전이 있다. 이 통합 사전에 포함되어 있는 웹 한자 사전에서는 '음, 한자, 뜻풀이, 고사 성어, 단어'와 전체 내용을 검색할 수 있도록 해놓았다. 특히 사용자들이 자유롭게 정보를 제공하여 자전을 만들 수 있는 위키피디아 또는 위키시크 형태의 웹 자전의 개설도 필요하다.

## 4.3. 한장본 자전과 양장본 자전

한국 자전은 책을 제본하는 방법에 따라 한장본과 양장본으로 나눌 수 있다. 우리 한장본은 한지에 인쇄한 것을 모아 5개의 구멍을 뚫어 붉은 색의 끈으로 책등을 묶어 책으로 만든 것으로 제본 형태가 표지에 내지를 붙여 제책한 양장본과는 전혀 다르다.

「운회 옥편」, 「삼운 성휘보 옥편」, 초간본 「전운 옥편」 등은 한장본 자전이며, 「일선 대자전」(박중화 편찬, 1912, 광동서국·보급서관), 「모범 선화 사전」(정경석 외, 1928, 동양서원), 「신수 일한선 대사전」(송완식 편, 1937, 영창서관) 등은 양장본 자전이다.

## 4.4. 활자본 자전과 목판본 자전

한국 자전은 책을 인쇄한 방법에 따라 활자본 자전, 목판본 자전으로 나눌 수 있다.[388]

활자본은 활자로 판을 만들어 종이에 인쇄하여 만든 책을 가리킨다. 활자는 1자 또는 관용어 몇 자를 붙여 만든다. 활자는 구리, 납, 무쇠 등으로 만든 금속 활자와 나무로 만든 목활자 등이 있다. 활자본 자전으로는 을해자본으로 추정하는 「운회 옥편」 등이 있다.

나무판에 글자를 새긴 목판(또는 책판)에 먹물을 바르고 한지로 찍어낸

---

388) 이밖에도 석판을 이용하여 인쇄한 석인본이 있는데, 석인본 자전으로는 「전운 옥편」(1890)과 「자전 석요」(지석영, 1909) 등을 들 수 있다. 석인본은 석판에 글자를 새긴 다음 파인 부분에 잉크를 넣어 인쇄하는 방법으로 만든 책을 가리킨다. 우리는 1899년 농상공부 인쇄국에서 석판 시설을 이용하여 우표, 지폐, 인지, 증서 등을 인쇄하였고, 1908년 광덕서관에서 「대가 법첩(大家法帖)」을 처음으로 석판으로 인쇄하여 발행하였다.

것을 모아 책으로 제본한 목판본이 있다. 제본하는 방법은 선장본, 권자본, 접철장, 호접장, 포배장 등이 있는데, 우리 선장본의 경우 책에 구멍을 5개를 뚫은 다음 붉은 끈으로 책등을 꿰매는 오침 철장법(또는 오침 안정법)을 사용하였다. 목판본 자전으로는 「삼운 성휘보 옥편」, 초간본 「전운 옥편」 등을 들 수 있다.

## 4.5. 대자전과 휴대용 자전

자전은 외형적 크기에 따라서 나눌 수도 있는데, 대형 자전이나 포켓판 등으로 구분할 수 있다. 작은 포켓판으로 편집한 자전으로는 「회중 한선문 신옥편」(현공렴, 1921)이나 「포케트 일선 자전」(문상당 편집부, 1928) 등을 들 수 있다. 특히 전자는 「한선문 신옥편」(현공렴, 1913)과 내용은 동일한 것으로 판형만 포켓판으로 작게 바꾸어 책명에 '회중'을 첨가하였을 뿐이다.

자전을 편찬할 때에 편찬자가 동일한 기술 방법을 일관적으로 적용하면서 표제자(친자, 친문자, 표제 한자)를 많이 선택하면 자연스럽게 거시 구조는 증대한다. 그리고 잘 사용하지 않는 벽자(僻字)나 전혀 사용하지 않지만 자전에 표제자로 수록되어 있는 유령 글자인 냉벽자(冷僻字) 또는 동일한 글자를 다른 형태로 표시한 이체자(異體字)들을 번체자(또는 정체자)[389]와 함께 표제자로 선택한다면 거시 정보의 양이 증가하여 자전의 규모는 당연히 커질 것이다. 예를 들면, 책명에 '대'를 사용한 「한한 대사전」(단국대학교 동양학 연구소)에서는 55,000개의 표제자를 16권의 분량에 수록하였다.[390] 이

---

[389] 중국 원래의 전통적인 글자는 번체자(타이완에서는 정체자라고 함)라고 한다. 그리고 하나의 한자 전체를 간략하게 만든 글자를 간체자라고 하고, 변이나 방을 간략하게 만든 글자는 간화자라고 한다.

[390] 일본의 「대한화 사전(大漢和辭典)」(모로하시 데쓰지, 1960)에서는 49,000여 개의 표제자

자전의 크기는 가로 21.5cm, 세로 27.8cm로 21,254쪽의 분량이다.

그런데 의서라는 특수한 분야에 한정하여 1,934개의 표제자를 선정한 자전으로는 「신정 의서 옥편」(김홍제, 1921)을 들 수 있는데, 다른 일반 자전보다 그 크기가 훨씬 작다. 이 자전의 크기는 가로 11.2cm, 세로 14.7cm인데, 본문은 82쪽의 분량으로 되어 있다. 전자에서 선정한 표제자의 개수는 후자의 약 28배가 되므로 두 자전의 거시 구조의 크기에서 엄청난 차이가 있음을 알 수 있다.

미시 정보를 자세하게 기술할수록 미시 정보의 양은 증가하여 자전의 크기가 커질 것이다. 보통 하위 표제항이나 용례 정보를 수록하지 않은 자전은 이것들을 수록한 자전보다 크기가 작은데, 하위 표제항이나 용례 정보로 수록하는 한자어의 양에 따라 자전의 크기는 달라진다. 그리고 만약 표제자의 서체 정보를 수록한다면, 이 정보를 수록하지 않은 자전보다 규모가 더 크질 것이다. 「모범 선화 사전」(정경석 외, 1928)처럼 표와 그림 등을 사용하는 경우도 있어 이것에 따라 자전의 크기가 증가될 수도 있다.


## 4.6. 정자 자전과 이체자 자전


보통 자전에서는 정자와 일부 이체자를 표제자로 선정하지만 고려 대장경에 쓰인 29,478개의 이체자를 표제자로 선정한 「고려 대장경 이체 자전」(이규갑, 2000, 고려 대장경 연구소)처럼 이체자만을 표제자로 선정한 이체자 자전도 있다.[391] 이체자는 정식 글자체인 정자(正字)와 대비되는데 정자와

와 39만 개의 한자어를 수록하였다. 중국의 12권의 「한어 대사전(漢語大詞典)」(1993)에서는 23,000여 개의 표제자와 38만 개의 한자어를 수록하였으며, 타이완의 「중문 대사전(中文大辭典)」(중국학술원, 1962)에서는 50,000여 개의 표제자와 40만 개의 한자어를 수록하였다.

발음과 의미는 같지만 글자체가 다른 한자를 가리킨다. 예를 들면, '辞(사)'
는 정자 '辭(사)'의 이체자이다. 따라서 이체자 자전에서는 표제자인 이체
자와 그 이체자의 정자를 함께 제시한다. 그런데 일반 자전에서는 이런 이
체자들을 모두 수집하여 체계적인 방법을 적용하여 표제항으로 선정하지
않고 있다. 문헌에 나타나는 이체자들을 조사하여 목록으로 만드는 작업이
선행되어야 하는 어려움이 있다. 이체자를 찾아야 하는 문헌의 종류와 이
체자의 수가 적지 않아392) 이체자를 일일이 찾아 정리하는 작업이 간단하
지 않기 때문이다.

일부 특정한 한자의 서체만을 표제자로 선정하는 경우도 있다. 행서나
초서만을 표제자로 선정한 「행초 대자전(行草大字典)」(1992) 등이 그 예이다.


## 4.7. 단일 문자 자전과 복수 문자 자전


정보를 기술하는 데에 사용한 문자의 개수에 따라 단일 문자 자전, 두
문자 자전, 세 문자 자전 등으로 나눌 수 있다. 한국 자전은 한자로만 기술
한 단일 문자 자전인 「운회 옥편」 등과 한자와 한글 두 문자를 사용한 두
문자 자전인 「전운 옥편」 등과 한자, 한글, 일본 문자(히타가나, 가타가나) 세

---

391) 1993년에 구성된 '고려 대장경 연구소 이체자 위원회'의 이규갑 연세대 교수는 29,478
개의 이체자를 찾아 1,000쪽에 가까운 이체자 자전을 2000년에 편찬하였다. 고려 대장
경 연구소에서는 대석 스님이 구축한 대장경 전산화 프로그램을 이용하여 2004년 말
까지 10년 동안 경판 162,516면을 컴퓨터에 입력하여 15장의 시디에 저장하는 작업을
완료하였다. 그리고 이체자를 정자로 변환하는 프로그램을 이용하여 디지털 고려 대장
경 정자 버전인 「고려 대장경 2004」를 2004년에 출시했다. 이 시디에는 표제항 9,944개
를 수록한 「불교 용어 사전」과 21,000여 개의 정자와 고려 대장경 이체자 29,478자가 수록
된 「전자 한자 자전」 등이 포함되어 있으며, 고려 대장경 연구소(http://www.sutra.re.kr)에
서도 '불교 용어 사전'과 '전자 한자 자전'을 검색할 수 있다.
392) 「고려 대장경 이체 자전」에서 가장 많은 이체자를 가진 한자는 '착(鑿)'으로 이 한자의
이체자 수는 65개에 이른다고 한다.

문자를 사용한 「일선 대자전」(박중화, 1912) 등이 있다. 다만 「한한 대사전」(단국대학교 동양학 연구소, 2008)에서처럼 표제자의 발음 정보를 국제 음성 부호 등으로 기술한 경우도 있는데, 이 경우는 표제자나 정의 정보를 기술하는 문자와는 달리 사용한 문자의 개수에서 제외하는 것이 보통이다. 흔히 책명에 '국한문(國漢文)', '일선(日鮮)', '일선문(日鮮文)', '한선문(漢鮮文)', '한일선(漢日鮮)', '일선화영(日鮮華英)', '선화(鮮和)', '한일선만(漢日鮮滿)', '내선(內鮮)', '언한문(諺漢文)' 등의 용어를 사용하여 자전에서 정보를 기술한 문자를 표시한다.

이것보다 더 세분하여 한글로 한자 표제자의 발음 정보와 정의 정보를 기술한 것과 한글, 일본 글자, 한자로 한자 표제자의 발음 정보와 정의 정보를 기술한 것 등으로 나눌 수 있다. 한자로만 미시 구조의 정보를 기술한 것으로는 「운회 옥편」, 「삼운 성휘보 옥편」 등이 있다. 한글과 한자로 미시 구조의 정보를 기술한 것도 있다. 즉 발음 정보는 한글로 기술하고 정의 정보는 한자로 기술한 것으로 「전운 옥편」 등이 있으며, 발음 정보는 한글로 기술하고 정의 정보는 한글과 한자로 기술한 것으로 「국한문 신옥편」(정익로, 1908), 「자전 석요」(지석영, 1909), 「한선문 신옥편」(대창서원·보급서관, 1913) 등이 있다. 그리고 한글, 한자, 일본 글자로 미시 구조의 정보를 기술한 것이 있다. 즉 표제자의 중국 발음 정보와 한국 발음 정보는 한글로 기술하고, 일본 발음 정보는 일본 글자로 기술하며, 정의 정보는 한글, 한자, 일본 글자로 기술한 것으로 「한일선 대자전」(이종정, 1918) 등을 들 수 있다.

업무를 맡았었다. 그는 중국어 학습서와 한자 학습서 등을 펴냈으며, 특히 한자음, 이문, 한글 등 실용적인 학문에 많은 관심을 가졌었다.

최세진이 1536년에 완성한 「운회 옥편」은 1537년 12월 이후에 간행되었는데, 그의 저서로 「사성 통해(四聲通解)」(1517)과 「속첨 홍무 정운(續添洪武正韻)」 등의 운서도 있다.

그리고 중국어 학습 교재인 「번역 노걸대(飜譯老乞大)」, 「박통사 언해(朴通事諺解)」, 「노박 집람(老朴集覽)」과 한자 학습서인 「훈몽 자회(訓蒙字會)」(1527), 「소학 편몽(小學便蒙)」(1537)이 있다.

또 번역서인 「언해 효경(諺解孝經)」, 「번역 여훈(飜譯女訓)」과 이문에 관한 「이문 집람(吏文輯覽)」(1539), 「이문 속집(吏文續集)」(1539), 「이문 속집 집람(吏文續集輯覽)」(1539) 등의 저서를 남겼다.

그리고 「우공 주의 집람(于公奏議輯覽)」(1539), 「박고 집람(駁稿輯覽)」(1539), 「택고 집람(擇稿輯覽)」(1539), 「친영 의주(親迎儀註)」, 「책빈 의주(冊嬪儀註)」 등의 저서도 지었다.

이와 같은 저술 작업을 통하여 우리는 최세진이 중국어와 한자 학습 교재를 개발하였으며, 중국어-한국어 번역과 이두 문자에 관하여 많은 관심을 가지고 연구하였음을 알 수 있다.


(ㄱ) '운회 옥편 범례'

'운회 옥편 범례'의 내용은 7가지로 나누어져 있는데 차례대로 원문을 번역하여 그 내용을 살펴보면 다음과 같다.


① 「운회 옥편」에서는 운서인 「고금 운회 거요」에 실린 한자를 찾아보기 쉽게 색인처럼 사용하기 위하여 표제자의 운모만을 기술하였다. 표제자를 부수별로 배열하고, 사성에 따라 다시 배열한 다음, 표제자의 운모를

제시하였다. 사용자가 찾아보려는 표제자의 부수를 확인하여 해당 부수에 배열된 한자를 찾은 다음에 표제자의 성조와 운모를 확인한다. 그런 다음 운모를 사성에 따라 배열해 놓은 「운회 옥편」의 '운회 운모 목록'에서 표제자의 운모를 찾으면 「고금 운회 거요」의 권수를 찾아볼 수 있도록 하였다. 예를 들면, 「고금 운회 거요」에서 '탄(呑)'의 음과 뜻을 찾아보려면 「운회 옥편」의 '운회 옥편 부두 목록'에서 '탄(呑)'이 속한 부수인 천부(天部)가 제1부임을 확인한다. 그리고 제1부인 천부에서 '탄(呑)'을 찾아보면 '탄(呑)'은 평성이며 운모는 '원(元)'임을 알 수 있다. 그런 다음 「운회 옥편」의 '운회 운모 목록'의 상평성 목록에서 '원(元)'이 「고금 운회 거요」의 5권에 수록되어 있음을 확인할 수 있다. 그래서 '탄(呑)'의 음과 뜻을 「고금 운회 거요」의 5권에서 찾아볼 수 있다.

② 「고금 운회 거요」에서는 한 개의 한자가 뜻이 다르게 쓰여 몇 개의 다른 운에 표제자로 나타나거나, 같은 운의 한자이면서 자모(성(聲))가 다른 경우에는 반드시 주(注)에 분리되어 수록된 운모를 '우동운(又東韻)', '우본운(又本韻)' 등과 같이 나타내는 것을 원칙으로 하고 있지만 간혹 빠졌거나 잘못된 부분이 있다. 그래서 「운회 옥편」에서는 「고금 운회 거요」에서 분리하여 수록한 여러 운으로 쓰이는 한자들의 운모를 표제자 아래에 상세하게 기재하였다. 즉 비록 본운은 싣지 못했지만 빠졌거나 잘못된 것은 보충하기도 하고 바로잡기도 하였다.

「고금 운회 거요」의 주에서 빠진 예는 '공(倥)'에서 찾아 볼 수 있다. 표제자 '공(倥)'은 동운(東韻), 동운(董韻), 송운(送韻)에서 모두 찾아볼 수 있는데, 동운(東韻)의 주에는 '우동송운(又董送韻)'이라고 기술하여 '공(倥)'이 동운(董韻)과 송운에도 수록되어 있음을 나타냈다. 또 동운(董韻)의 주에도 '우동송운(又東送韻)'을 기술하여 '공(倥)'이 동운(東韻)과 송운에도 수록되어 있음을 나타냈다. 그러나 송운(送韻)의 주에는 '우동동운(又東董韻)'이라고 기술하지 않아 '공(倥)'이 동운(東韻)과 동운(董韻)에도 수록되어 있다는 정보가 빠져버렸다. 이렇게 하나의 한자를 3개의 다른 운의 표제자로 수록하였다는 주(注)의 정보가 빠진 것을 「운회 옥편」에서는 '공(倥) 동동송(東董送)'으로 보충했다.

그리고 주(注)의 정보를 틀리게 기술한 예는 표제자 '동(絧)'에서 찾아볼 수 있다. 동운(東韻) '동(絧)'의 주에서는 '우동송운(又董送韻)'으로 제시하였으며, 송운 '동(絧)'의 주에서는 '우동동운(又東董韻)'으로 제시하여 동운 '동(絧)'이 있는 것으로 기술하였으나, 실제로는 동운 '동(絧)'은 없으므로 이 정보는 잘못 기술한 예이다. 그래서 「운회 옥편」에서는 '동(絧) 동송(東送)'으로 바로 잡았다.

한편 「고금 운회 거요」에서는 같은 운에 속하는 표제자가 각각 다른 자모(성(聲))을 가지고 있는 경우에는 '우본운(又本韻)'으로 나타내었다. 예를 들면, '동(桐)'은 '통(通)'과 '동(同)'의 자모(성(聲))을 가지고 있는데 이런 경우 주에 '우본운(又本韻)'을 표시하였다. 그런데 「운회 옥편」에서는 이런 정보를 기술하지 않았다.

③ 「고금 운회 거요」에서 한 개의 한자가 여러 운에 실린 것을 나타내기 위하여 「운회 옥편」에서는 표제자 아래에 둘이나 세 모(母)의 운모를 수록한 것이 많은데, 원칙적으로 운모의 사성 순서로 배열하였다. 그러나 간혹 차례가 거꾸로 된 것이 있는 것은 주운을 사성에 관계없이 제일 먼저 놓고, 그 나머지를 사성의 순서에 따라 싣고 있기 때문이다.

④ 「고금 운회 거요」는 반드시 정본의 글자를 수록하고 상용의 서체를 수록하지 않은 것이 많은데, 「운회 옥편」에서는 상용의 서체를 찾을 수 있도록 하였다. 즉 정본자의 상용체를 실용주의적인 측면에서 「운회 옥편」에 편방을 따라 배열하였다.

⑤ 「고금 운회 거요」에서는 혹자(或字)나 속자(俗字)의 서체로 상용되는

한자들은 정본자의 주(注)에서만 제시하였으며, 이 상용자들을 별도의 표제자로 선정하지는 않았다. 그러나 「운회 옥편」에서는 이것들을 표제자로 선정하였다. 즉 정본자, 혹자, 속자가 모두 있을 경우에는 실용적인 점을 고려하여 혹자와 속자의 상용자를 표제자로 선정하여 편방에 따라 배열하였다. 그런데 혹자와 속자의 편방이 정본자의 편방과 같음과 다름에 따라 그것들을 다르게 배열하였다. 편방이 서로 다른 경우에는 혹자나 속자도 각각 해당 부두(部頭) 아래에 표제자로 선정하여 '모자주(某字注)'를 덧붙였다. 편방이 같은 경우에는 혹자나 속자를 정본자 아래에 하위 표제자로 배열하였다.

⑥ 「고금 운회 거요」에는 반드시 널리 사용되는 글자들을 수록하여 빠진 한자도 많다. 예를 들면, '층(蹭), 등(蹬)'의 두 한자 가운데 '등(蹬)'만 수록하고 '층(蹭)'은 수록하지 않았으며, '자(虸), 蚄(방)'의 두 한자 중에서 '자(虸)'는 수록하지 않았고, '로(鷺), 사(鵞)'의 두 한자 중에서 '사(鵞)'를 수록하지 않았다.

⑦ 「운회 옥편」에서 표제자를 수록할 때에는 반드시 평성, 상성, 거성, 입성의 사성 차례로 배열한 것은 「고금 운회 거요」에 실려 있는 차례에 따른 것이다.

(ㄴ) '운회 옥편 인'

'운회 옥편 인'의 내용에서는 「운회」의 편찬 동기를 알 수 있다. 즉 한자음을 정리하여 「홍무 정운」을 만들었으나, 사람들은 「예부 운략」을 참고하니, 이러한 잘못을 고치기 위해 「운회」를 만들었다는 사실을 밝혀놓았다. 그리고 「운회」는 소리를 기준으로 한자를 분류하여 찾아보기 어려우므로 「운회」에 수록한 한자를 형태를 기준으로 분류한 「운회 옥편」을 만들어 사용자가 한자를 찾아보기 쉽도록 편찬했다는 것을 알 수 있다.

### (ㄷ) '목록'

「운회 옥편」의 '목록'은 '운회 운모 목록', '운회 옥편 부두 목록 상(韻會 玉篇部頭目錄上)', '옥편 부두 목록 하(玉篇部頭目錄下)' 세 부분으로 나누어져 있다.

'운회 운모 목록'에는 107개의 운모들이 상평성(上平聲), 하평성(下平聲), 상성, 거성, 입성으로 나누어져 있다. 상평성은 15개 운모로 나누었다. 하평성은 15개 운모로 나누었다. 상성은 30개 운모로 나누었다. 거성은 30개의 운모로 나누었다. 입성은 17개의 운모로 나누었다.

'운회 옥편 부두 목록 상'에서는 109부로 나누었다. '옥편 부두 목록 하(玉篇部頭目錄下)'에서는 203부로 나누었다. 이러한 부의 분류는 획수에 따른 것은 아니며 의미별로 분류한 것이다. 기후, 자연, 식물, 동물, 무기 등 부수자의 의미를 기준으로 분류하여 배열한 것인데, 배열 순서를 쉽게 기억할 수 있도록 문구나 대구가 되도록 주로 4자로 배열하였다. 의미에 따라 분류할 수 없는 한자들은 글자의 형태를 기준으로 분류하여 배열하였다. 이러한 배열 방법은 540부의 「설문 해자」, 542부의 「대광익회 옥편」, 364부의 「신편 직음 예부 옥편」 등에서 적용한 한자의 형태에 따라 표제자를 배열한 방법과는 완전히 다르다.

### (ㄹ) 본문

「운회 옥편」 본문에서 '천부(天部)'와 '풍부(風部)'의 내용을 살펴보기로 하자.[412]

---

412) 세로로 쓴 것을 여기에서는 가로로 옮겨 적었다.

우선 ‘천부(天部)’에서는 부두 목록에서 정한 순서에 따라 ‘天部(천부)’를
진하고 크게 썼다. ‘天(천)’ 밑의 작은 글자로 쓴 ‘先(선)’은 ‘天’의 하평성
운모를 나타내고, ‘部(부)’ 밑의 작은 글자로 쓴 ‘第一(제일)’은 ‘운회 옥편
부두 목록 상’에서 제시한 것과 같이 ‘天部’가 109부 중에서 제1부에 속한
다는 것을 나타낸다. 그리고 ‘천부’에 속하는 두 개의 표제자 ‘吞(탄)’과 ‘槏
(견)’을 제시하였다. 우선 표제자 ‘吞’ 위에 이 표제자가 평성에 속한다는
정보를 약자인 ‘平(평)’으로 표시하였고, ‘吞’의 밑에는 상평성의 운모 ‘元
(원)’을 제시하였다. 그런데 「대한한 사전」(장삼식 편, 1979, 진현서관) 등 현재
우리가 사용하고 있는 자전에 따르면, ‘吞’은 ‘口(구)’ 부에 속하는 한자이
지 ‘天’ 부에 속하는 것은 아니다. 한편 상성에 속하는 ‘槏(견)’의 경우도
우선 표제자 위에는 상성의 약자인 ‘上(상)’을 제시하고, 표제자 밑에는 상
성의 운모 ‘銑(선)’을 표시하였다.

아래 ‘풍부(風部)’의 내용을 살펴보자.

風東 部第二

‘풍부(風部)’에서도 ‘천부(天部)’와 마찬가지 방법으로 ‘風(풍)’의 운모를
‘東(동)’으로 표시하고, ‘풍부(風部)’가 제2 부수에 속하는 것을 나타내었다.
그리고 표제자가 속하는 운모를 우선 평성, 상성, 거성, 입성의 순서로 배
열하고, 각 표제자의 운모를 작은 글자들로 표시하였다.

따라서 「운회 옥편」에서는 표제자를 먼저 부(部)별로 구분한 다음 표제
자의 운모를 평성, 상성, 거성, 입성의 순서에 따라 배열하고, 작은 글자로
제시한 것을 알 수 있다. 즉 「운회 옥편」은 표제자를 사성에 따라 분류하
여 각 표제자의 운모를 기술한 한자 발음 사전임을 알 수 있다.

「조선 왕조 실록」, 권86, 중종 32년(1537년)에는 최세진이 왕에게 「운회 옥편」의 특징에 관하여 보고한 내용이 실려 있는데 그 내용은 다음과 같다.

"우리 나라에는 「운회」는 있으나 옥편이 없기 때문에 살펴보기 어려우므로 신이 글자를 유별로 모아 「운회 옥편」을 만들어 바칩니다. 만약 간행하도록 명령하면 글자를 살펴보는 데에 아마도 도움이 될 것입니다(我國有「韻會」, 以無「玉篇」, 故難於考見臣玆曾字類作「韻會玉篇」以進若命刊行則庶有補於考字也)."

'운회'는 송(宋)의 황공소(黃公紹)가 지은 「고금 운회(古今韻會)」를 가리키거나 또는 웅충(熊忠)이 「예부 운략(禮部韻略)」의 체재에 「고금 운회」의 내용을 보완하여 만든 「고금 운회 거요(古今韻會擧要)」를 가리키기도 한다. 그리고 '운회'는 글자 그대로 운의 모음이라는 의미를 나타내며 '운서'의 통칭으로도 사용된다.

한편 '옥편'은 고야왕(顧野王)의 「대광익회 옥편」 또는 운서에 실린 한자를 찾아보기 쉽게 배열하여 펴낸 한자 색인집 또는 한자 사전을 가리키는 용어로 사용한다.

여기에서 '운회'는 「고금 운회 거요」에 「운회 옥편」을 넣어 펴낸 책도 있을 뿐만 아니라 「운회 옥편」과 「고금 운회 거요」의 관련성을 참고하여 실제로는 「고금 운회 거요」를 가리킨다고 말할 수 있다. 그런데 여기에서 '옥편'은 운서의 보편으로 펴낸 한자 색인집을 가리키므로 '옥편'의 대조적인 용어로 '운회'를 사용하였다고 생각할 수 있다. 그러나 「운회 옥편」 이전에 옥편이 포함되어 있는 「신간 배자 예부 운략」(1524) 등이 이미 간행되었으므로 '운회'를 운서의 통칭으로 사용한 것으로 보기에는 무리가 따른다.

실제로 최세진은 「사성 통해(四聲通解)」(1517)의 서문에서 옥편을 한자의 왼쪽과 오른쪽을 통틀어 가리키는 편방이 같은 것을 글자의 형태에 따라 모은 것(偏旁同字 以形而聚 目之爲玉篇)이라고 하였고, 「운회 옥편」 인(引)에서는 글자의 형태별로 모은 것을 옥편(類其形 而爲之玉篇)이라고 하였다.

「운회 옥편」은 최세진(崔世珍, 1473년~1542년)이 중국 사람 황공소(黃公紹)가 펴낸 「고금 운회(古今韻會)」 또는 웅충(熊忠)이 펴낸 「고금 운회 거요(古今韻會擧要)」를 토대로 하여 펴낸 옥편으로 알려져 있다. 그런데 「운회 옥편」의 범례에 따르면 「고금 운회 거요」에 수록된 한자의 색인집인 것을 알 수 있다. 「고금 운회 거요」는 표제자를 운에 따라 배열해 놓아 사용자가 한자를 찾아보기 어렵다. 그래서 최세진은 「고금 운회 거요」에서 표제자를 수집하여 표제자를 부수별로 분류한 다음 표제자의 운모만을 기술한 「운회 옥편」을 펴낸 것이다.

「운회 옥편」은 우리 나라 사람이 만든 최초의 옥편으로 알려져 있는데, 「사성 통해」의 보조편으로 펴낸 것으로 알려져 있다.[413] 그런데 「운회 옥편」에는 표제자의 발음 정보와 정의 정보가 기술되어 있지 않으므로 이 자전은 표제자의 운만 기술한 '한자 운 사전'으로서 운서의 색인으로 활용할 수 있다.

「운회 옥편」은 상하 2권 1책으로 이루어져 있다. 이 옥편에서는 표제자를 339개의 부수로 분류하여 배열하였으며, 다시 평성, 상성, 거성, 입성의 4성으로 순서로 배열하였다. 부의 종류는 중국 옥편과 다르며, 표제자의

---

413) 최세진은 「사성 통해」를 지을 때에 「고금 운회 거요」를 많이 참고하였는데, 전일주 (2003: 82)에서처럼 「운회 옥편」을 「사성 통해」의 보조편으로 판단하는 것은 문제가 있다. 「사성 통해」의 운모 목록과 「운회 옥편」에 있는 '운회 운모 목록'은 다르고, 책의 제목처럼 「고금 운회 거요」의 운모 목록과 일치하기 때문이다. 「사성 통해」는 「홍무 정운 역훈」과 「사성 통고」에 수록된 한자를 운에 따라 분류하여 배열한 운서이다. 「사성 통해」에서는 「사성 통고」(신숙주, 1455)에 없는 표제자의 뜻풀이를 한자와 한글로 기술하였지만 표제자를 운에 따라 배열해 놓았기 때문에 표제자를 찾기는 어렵다. 그런데 이 「사성 통해」의 보편으로 만들어진 옥편은 없으며, 「운회 옥편」은 「고금 운회 거요」의 보편이다.

운을 제시하였다.

**▎소장처**: 초간본은 일본의 존경각 문고(尊經閣文庫)에 소장되어 있는 활자본인 을해자본(乙亥字本)인 것으로 추정한다. 중간본은 규장각, 국립 중앙 도서관, 일본 궁내성, 일본 도요 문고(東洋文庫) 등에 소장되어 있다. 「운회 옥편」을 「고금 운회 거요」에 포함한 합질본으로도 간행되었는데, 이 합질본은 규장각(고 3914-1)에 소장되어 있다. 국립 중앙 도서관에서 1977년에 「운회 옥편」을 영인하여 발행하였다.

## 「운회 옥편」 참고 논저

① 방종현, 1948, 「일사국어학논집」, 서울: 민중서관. 285-310. ② 방종현, 1948, 「훈민정음통사」, 서울: 일성당서점. ③ 이숭녕, 1965, 최세진 연구, 「아세아학보」 제1집, 아세아 학술연구회. 21-41. ④ 이창교, 1966, '사성통해, 운회옥편' –진본순례-, 「고대신보」 9월 10일, 서울: 고려대학교. ⑤ 강신항, 1973, 「사성통해 연구」, 서울: 신아사. ⑥ 박태권, 1974, 「최세진 연구」, 박사 논문, 부산: 부산대. ⑦ 박태권, 1976, 「국어학사논고」, 서울: 샘문화사. ⑧ 이숭녕, 1976, 「혁신 국어학사」, 서울: 박영사. ⑨ 강신항, 1978, 「이조시대의 역학정책과 역학자」, 서울: 탑출판사. ⑩ 이숭녕, 1981, 「세종대왕의 학문과 사상」, 서울: 아세아문화사. ⑪ 유창균, 1985, 「신고 국어학사」, 서울: 형설출판사. ⑫ 박상균, 1986, 한국 「자서」의 서지적 연구, 「논문집」 19-1, 수원: 경기대학교. 243-270. ⑬ 윤인현, 1986, 「「운회옥편」의 「고금운회거요」에 대한 색인성」, 석사 논문, 서울: 중앙대학교. ⑭ 윤인현, 1987, 「운회옥편」 고, 「서지학연구」 2, 서지학회. 233-255. ⑮ 강호천, 1992, 조선 운학의 성립, 「우암논총」 8, 청주대학교 대학원 학생회. 1~38. ⑯ 김완진, 1994, 중인과 언어 생활: 최세진을 중심으로 하여, 「진단학보」 77, 진단학회. 73-92. ⑰ 이상도, 1995, 「최세진의 한어 교학에 대한 연구」, 박사 논문, 서울: 한국외국어대학교. ⑱ 정경일, 1998, 조선시대의 운서 사용 양상, 「한국어학」, 7, 한국어학회. 259-281. ⑲ 정광 외, 1998, 「국어학사」, 서울: 한국방송통신대학교. ⑳ 김희진, 1999, 최세진의 저서 해설, 「10월의 문화 인물」, 10, 서울: 국립국어연구원. 69-83. ㉑ 정광, 1999ㄱ, 「10월의 문화 인물 최세진」, 서울: 문화관광부. ㉒ 정광, 1999ㄴ, 최세진의 생애와 업적, 「새국어생활」 9-3, 서울: 국립국어연구원. 5-18. ㉓ 정광, 2000, 최세진 생애의 연구에 대한 재고와 반성, 「어문연구」 105, 한국어문교육연구회. 132-144. ㉔ 강식진, 2003, 조선의 운서 연구: 「고금운회거요」를 중심으로, 「인문논총」 59, 부산: 부산대학교 인문학연구소. 99-137. ㉕ 전일주, 2003, 「한국 한자 자전 연구」, 대구: 중문. ㉖ 배윤덕, 2005, 「우리말 운서의 연구」, 서울: 성신여자대학교 출판부. ㉗ 안병희, 2007, 「최세진 연구」, 서울: 태학사.

## 5.2. 「삼운 성휘보 옥편(三韻聲彙補 玉篇)」(홍계희, 1751)

三韻聲彙 補

玉篇

繼說文[漢許慎撰]者有韻譜[南唐徐鍇撰]
蓋類聲類形不可闕一崔世珍於韻會通解亦
必附以玉篇者以此此書則僅百數十板翏字
固無難而猶有僻字倉卒接孜亦自不易逐取
本書所鈔用字彙門目編爲玉篇庶索字者不
迷其所在也

畫一

一部

一七質丁庚［二］兀支万願下禑丈養上漾三覃
［三］丐泰丙銑不物尤有丑有［四］丕支且馬語世霽丙梗

〈「삼운 성휘보 옥편」 국립 중앙 도서관 소장본〉

「삼운 성휘」는 홍계희[414](洪啓禧, 1703년~1771년)가 1751년(영조 27년)에 펴냈는데, 운학에 밝은 전적(典籍) 정충언(鄭忠彦)이 편찬을 도왔다. 처음에는 김재로(金在魯)가 「삼운 통고(三韻通考)」를 바탕으로 그 내용을 개정하려고 계획하였으나 홍계희에게 이 개정 사업을 부탁했다. 이 책은 영조의 명령으로 비각에서 간행되었다.

「삼운 성휘」 상권과 하권 2책으로 이루어져 있으며, 보편인 「삼운 성휘 보 옥편」 1책이 있다. 1751년 원간본에는 '신미 계하(辛未季夏) 운각 개판 동(芸閣開板冬)'이라는 간기가 적혀 있다. 이본으로는 1769년 '을축 계추(乙丑季秋) 완영 개판(完營開板)', 을축 초추(己丑 初秋) 영영 개판(嶺營開板) 등이 있다. 표제자의 수는 이본에 따라 다른데, 12,965자를 수록한 것과 12,971자를 수록한 것이 있다.

홍계희가 쓴 발문에는 "자음에 중점을 두어 '삼운 성휘'라는 이름을 붙였으며, 병인년(1746년, 영조 22년) 겨울에 유신들의 주장을 받아들여 간행하라는 명령이 있었다."는 설명이 있다.[415] 그리고 「조선 왕조 실록」 권64 22년 병인 11월 을해조(乙亥條)에는 "수찬 홍익삼이 아뢰기를, '형조 참의 홍계희가 이에 뜻을 두어 책을 이룬 바가 있고, 국정 수행에도 참고가 될 정도로 내용이 자세하니 일이 끝나는 것을 기다려서 간행함이 좋을 듯하

---

414) 홍계희는 1703년(숙종 29년)에 태어나 1771년(영조 47년)에 사망하였다. 본관은 남양(南陽)이다. 자(字)는 순보(純甫)이며, 호는 담와(淡窩)이고, 시호는 문간(文簡)이다. 1737년(영조 13년)에 별시 문과에 장원하여 공조 참의, 형조 참의, 이조 판서, 병조 판서, 양관 제학, 중추 부판사, 부제학 등을 역임하였다. 1748년(영조 24년)에 통신사의 정사(正使)로 일본을 다녀왔다. 1777년(정조 1년)에 아들 홍술해(洪述海)와 손자 홍상간(洪相簡)이 대역죄로 사형을 받으면서 관직을 박탈당하였다. 홍계희는 1757년 편집 당상으로 「열성지(列聖誌)」를 증보하였으며, 영조의 명령으로 「해동악(海東樂)」을 지었다. 편저로 「주자 어류 대전(朱子語類大全)」, 「주문공 선생 행궁 편전 주차(朱文公先生行宮便殿奏箚)」, 「국조 상례 보편(國朝喪禮補編)」, 「경세 지장(經世指掌)」, 「균역 사실(均役事實)」, 「사곡록(寺谷錄)」, 「준천 사실(濬川事實)」, 「창상록(滄桑錄)」 등이 있다.

415) 홍계희가 쓴 '삼운 성휘 발'의 원문은 뒤의 '발문'에서 인용하였으니 이 부분의 원문을 찾아볼 수 있다. 그래서 여기에서는 원문을 붙이지 않았다.

다.'고 하니 임금이 이를 허락했다(洪益三日 刑曹參議洪啓禧 留意於此 又有成書 而 參證於百揆 規模詳密 待畢役刊行 似宜矣 上許之)."는 기록이 남아 있다.

「삼운 성휘」 상권은 '삼운 성휘서' 2장, '범례' 2장, '홍무운 자모지 도' 1장, '언자 초중종성지 도' 1장, 목록 2장과 본문 60장으로 이루어져 있다. 「삼운 성휘」 하권은 '肅(숙)'으로 시작하여 '洽(흡)'으로 끝난다. 그리고 그 다음에 홍계희가 쓴 발문이 있다.

「삼운 성휘보 옥편」은 '옥편 목록' 4장, 본문 63장으로 이루어져 있다. 위의 그림에서 보듯이 본문 '일부(一部)'의 바로 앞에 6줄의 내용이 있는데 이 내용에 따르면 「삼운 성휘보 옥편」은 최세진의 「운회 옥편」과 「사성 통해」처럼 고야왕(顧野王)의 「옥편」의 내용을 따랐다고 한다. 그런데 「삼운 성위」의 범례에 따르면 증운 작업에 「운회 옥편」을 참고하여 보충하였으며, 또 「삼운 성휘」의 서문에서 설명했듯이 「삼운 성휘」에서는 「사성 통해」에서 한글로 주음한 음을 따랐을 뿐이다. 그러나 이 두 내용은 자전인 「삼운 성휘보 옥편」의 서두에 소개할 내용으로는 적합하지 않다.

앞에서 살펴보았듯이, 최세진의 「운회 옥편」은 「고금 운회 거요」에 수록된 표제자들을 찾아보기 쉽게 자획별로 분류하여 펴낸 것으로 「고금 운회 거요」의 보편이다. 그리고 「사성 통해」는 「사성 통고」를 보완하기 위해 펴낸 것으로 표제자를 운에 따라 배열해놓았다. 그런데 「사성 통해」에 수록된 표제자들을 찾아보기 쉽게 보편으로 만든 책은 없다.

따라서 여기에서는 「운회 옥편」처럼 「삼운 성휘」의 보편으로 옥편을 펴낸다는 내용 즉 「고금 운회 거요」의 보편으로 「운회 옥편」을 펴낸 것처럼 「삼운 성휘」의 보편으로 「삼운 성휘보 옥편」을 펴냈다는 점을 밝혔으면 좋았을 것이다.

이 책의 표제는 '삼운 성휘보(三韻聲彙補)'이다. 내제는 '삼운 성휘보 옥편 (三韻聲彙補 玉篇)'인데, 첫째 행에는 '삼운 성휘보(三韻聲彙補)'로 '보(補)'는

'삼운 성휘(三韻聲彙)'보다 적은 글자로 적었으며, 행을 바꾸어 '옥편(玉篇)'을 적었다. 판심제는 '삼운 성휘보(三韻聲彙補)'이다.

「삼운 성휘」 상권에는 1751년(영조 27년) 신미(辛未) 맹추(孟秋)에 당시 영의정이었던 김재로가 쓴 서문이 있다. 이 서문에는 그가 사역원의 제조가 되어 「삼운 통고」를 가지고 글자마다 중국 음과 우리 나라 음을 기록하여 읽는 사람으로 하여금 같고 다름을 잘 알게 하려고 하였지만 직무에 바빠 그대로 두었는데 나중에 홍순보에게 저술을 부탁하였다는 사실을 알 수 있다.

이 서문에서는 「삼운 성휘」에서 채택한 발음 기준을 설명하였는데 그 내용은 다음과 같다.

    ① 중국 음은 「홍무 정운」을 주로 따르되 「사성 통해」에서 한글로 주음한 음을 따랐다.

    ② 우리 나라 음은 일반적으로 널리 쓰이고 있는 중국 음대로 적되 한글 자모 순서로 하고 7음 즉 아음, 설음, 순음, 치음, 후음, 반설, 반치음과 어긋나지 않는 것은 그대로 두었다.

    ③ 순경음, 정치음, 반치음, 후음의 전청음, 아음의 불청불탁음은 우리 나라에서 발음하기 어려운 자음들이어서 각각 하나의 음 안에서 발음이 가까운 것끼리는 합쳤다.

    ④ 중성이 다른 것 역시 모두 중국 음을 표준으로 하여 바로잡았다.

    ⑤ 글자 음은 우리 음을 반드시 먼저 크게 쓰고 중국 음을 나중에 썼다.

한편 한글 자모 초성, 중성, 종성을 그림 즉 '언자 초중종성지 도'로 설명하였다. 입성은 부록으로 책의 끝부분에 수록하였다. 한글 자모는 「훈민 정음」의 예의에 있는 한자를 이용하여 초중성을 설명하였고, 8종성은 「훈몽 자회」 범례의 초성 종성 통용 팔자에 나온 한자로 설명하였다. 그림에서 한글 자모의 배열 순서를 'ㄱㄴㄷㄹㅁㅂㅅㅇㅈㅊㅋㅌㅍㅎㅏ ㅑ ㅓ ㅕ

ㅗㅛㅜㅠㅡㅣㆍ’로 정하였다. 그리고 다른 모음 다음에 결합하여 중모음을 만드는 ‘ㅣ’를 중중성이라고 하였다.

한글 자모의 수를 25개로 하고, 주에서 훈민 정음 ‘ㆁ’과 ‘ㆆ’을 ‘속(俗)’에서 ‘궁(窮)’과 합해지고, ‘웅(熊)’은 ‘ㅅ’과 ‘ㅇ’의 간음이라고 하였다.

「삼운 성휘보 옥편(三韻聲彙補 玉篇)」의 본문의 일(一) 부의 일(一)에 표제자 ‘七(칠)’과 ‘丁(정)’이 있는데, 각각 밑에 ‘質(질)’과 ‘庚靑(경청)’이 작은 글씨로 적혀 있다.

만약 ‘卂(기)’ 자를 「삼운 성휘」에서 찾아보고 싶다면, 우선 「삼운 성휘보 옥편」에서 ‘일(一)’부를 찾는다. 그런 다음 ‘일(一)’을 제외한 나머지 획수인 2획 즉 (二(이))를 찾는다. 그곳에는 ‘卂(기)’를 포함하여 ‘万(만), 下(하), 丈(장), 上(상), 三(삼)’ 등 6개의 한자가 나열되어 있다. 찾고자 하는 한자인 표제자 ‘卂(기)’ 밑에는 작은 글씨로 ‘支(지)’라고 표시되어 있다. ‘支(지)’를 확인한 다음 「삼운 성휘」 상권의 ‘목록’에서 네 번째에 나열되어 있는 ‘支(지)’를 찾는다. 그리고 본문에서 ‘支(지)’ 항목을 찾은 다음 ‘卂(기)’를 찾는다. 그리고 ‘조(비)’를 찾아보고자 한다면 ‘卂(기)’와 마찬가지로 「삼운 성휘보 옥편」에서 ‘일(一)’부의 (四(사))에서 ‘조(비)’를 찾으면 그 밑에도 ‘支(지)’가 적혀 있다. 그런 다음 「삼운 성휘」 상권의 목록과 판심에 적혀 있는 ‘支(지)’를 찾고, ‘支(지), 紙(지), 寘(치)’에서 상단에 있는 ‘支(지)’의 왼쪽 칸에서 ‘조(비)’를 찾는다. 「삼운 성휘」 상권 ‘支(지)’에서는 한글 원문자로 한자음을 표시했는데, 그 배열 순서는 ‘규, 류, 슈, 유, 츄, 휴, 기, 니, 리, 미, 비, 시, 이, 지, 치, 피, 히, ᄉᆞ, ᄋᆞ, ᄌᆞ, 쇠, 최, 귀, 위, 휘, 취, 긔, ᄉᆡ, 의, 츼, 희’로 되어 있다.


홍계희가 쓴 발문의 내용을 인용하면 다음과 같다.

① 문자를 만드는 데는 뜻은 형태에 의탁하고 소리가 따르는 것이다. 비유하자면 사람에 있어서 의(義)는 성정(性情)과 같은데, 형태는 모양과 형상이 되고, 소리는 성(姓)과 이름이 된다. 음과 양, 굳셈과 부드러움이 한 번 열리고 한 번 합하여 청탁의 자음과 모음이 자연의 이치가 있지 않은 것이 없다.

② 대개 육서와 오성은 서로 따르는 것이어서 떨어질 수가 없다. 뜻에 관한 것은 경전에 있고, 형태에 관한 것은 「설문 해자」에 갖추어져 있고, 소리에 관한 것은 「운해 정운」 등과 같은 여러 책에서 상고해 볼 수 있다. 이것은 진실로 중국의 정음에 해당하는 것이고, 중국 이외의 나라의 경우는 풍토가 이미 다르고 호흡이 그에 따라 달라서 중국의 음과 같은 것이 없다. 우리 나라의 음은 참으로 중국과 아주 다르지 않은데도 터럭만큼의 차이가 변하여 자음과 모음이 이미 청탁이 섞여서 구별할 수 없고, 궁과 상의 위치가 바뀌는 데까지 이르렀다.

③ 세종 대왕께서 친히 훈민 정음을 만드셔서 백성의 풍속을 바르게 인도하시고, 이에 최세진의 「사성 통해」가 지어져 중국의 정음에는 비록 밝았으나, 이 책은 다만 중국의 음에 밝고 우리의 음에는 미치지 못했으니, 중국의 음이 쓰이기 이전에는 겨우 역관들이 익혀서 우리 음의 그릇됨이 있었다. 경서 언해의 경우 음독을 위한 책인데, 또한 그 잘못을 그대로 답습하여 능히 바르게 고쳐서 배우지 못하는 것을 한탄했다. 나는 일찍이 「삼운 통고」를 구해서 운, 어휘, 소리를 좇아 잘못된 것을 바로 잡고 빠진 부분을 보충하여 세로로 우리 음을 적고 가로로 중국 음을 정리하였다. 비록 일목요연하게 자음과 모음에 따르지는 못했지만, 요긴하게 오성에 어긋나지 않게 하여 한가하면 혹 상세하게 우리 풍속에 따라 반드시 큰 착오가 생기지 않게 하였다.

④ 이전의 책들을 자세히 살펴보니 자못 글자에 상세하였는데, 「설문 해자」를 기준으로 삼았다.

⑤ 「삼운 성휘」를 병인년 겨울에 신하들의 건의에 따라 간행하게 하였다. 비각에 명령하여 초고를 만들었지만 직무가 바빠 전적을 정돈할 겨를이 없었는데, 정충언이 운학에 밝아 즐거이 도와서 정리하

고 번갈아 엮고 다듬어서 반년 동안 살펴서 끝마쳤다.

「삼운 성휘」는 「삼운 통고」, 「사성 통해」, 「홍무 정운」 등을 참고하여 만들었다. 이 운서는 「삼운 통고」와 같은 체재로 평성, 상성, 거성의 한자를 동시에 배열하는 3단 형식으로 처리하였는데, 우리 한자음을 기준으로 한글 자모의 순서로 배열하였다.

「삼운 성휘」에서는 한국 한자음(동음)과 중국 한자음(화음)을 각각 다른 기준에 따라 한글로 병기하였다. 중국 한자음은 「홍무 정운」의 자모를 기준으로 하여 모두 「사성 통해」의 한글로 표기한 음을 따랐다. 한국 한자음을 한글로 표기한 다음 그 밑에 중국 한자음을 제시하였다.

「삼운 성휘」의 표제자 뜻풀이는 대부분 「증보 삼운 통고」와 같으나 가끔 자세하게 풀이한 경우도 있다. 우리 한자음이 혼란한 상태에 있다고 생각하여 일부 현실 음도 개정한 규범 음으로 표시했으며, 입성을 부록으로 처리하여 책의 끝부분에 붙였다.

「삼운 성휘」 보편인 「옥편」은 자획 순서로만 되어 있는데, 한글로 음을 기술하지는 않았다. 18세기에 사용했던 한글의 자모 수를 보여준다. 표제자의 뜻풀이를 간단하게 하였고, 표제자의 배열을 정음의 자모 순서에 따라 배열하였다.

▌**소장처**: 1751년 원간본 목판본인 신미 계하 운각 개판본(辛未 季夏 芸閣 開板本)은 국립 중앙 도서관, 장서각, 규장각 등에 소장되어 있다. 1769년 중간본, 기축 계추 완영 개판본(己丑 季秋 完營 開板本)은 국립 중앙 도서관, 규장각, 고려대 등에 소장되어 있다. 1769년 기축 초추 영영 개판본(己丑 初秋 嶺營 開板本)은 고려대 도서관에 소장되어 있다.
　영인본으로는 1969년 연세대학교 도서관과 2004년 한국학 중앙 연구원에서 마이크로필름으로 제작한 것이 있다. 그리고 2002년에 국립 중앙 도서관에서 메타데이터로 영인하였으며, 2005년에 홍문각에서 영인하여 발행하였다.

## 참고 논저

① 유창균, 1969, 「신고 국어학사」, 서울: 형설출판사. ② 하혜정, 1997, 「조선조 운서의 독자성 연구」, 박사 논문, 서울: 중앙대학교 대학원. ③ 정경일, 1998, 조선시대의 운서 이용 양상, 「한국어학」 17-1, 한국어학회. 259-281. ④ 이승자, 1999, 「『화동정음통석운고』와 『삼운성휘』의 한자음 연구」, 석사 논문, 연변: 연변대학; 이승자, 1999, 「조선언어연구」, 5, 서울: 천지. ⑤ 강신항, 2000, 「한국의 운서」, 서울: 탑출판사. ⑥ 박추현, 2000, 영정조간 세 운서의 한국 한자음 고, 「중국언어연구」 11, 한국중국언어학회. 1-33. ⑦ 이준환, 2002, 「『삼운성휘』 한자음 성모 체계 고찰」, 석사 논문, 서울: 성균관대학교. ⑧ 전일주, 2003, 「한국 한자 자전 연구」, 대구: 중문. ⑨ 이승영, 2009, 문화사적 관점에서의 한일 운서의 비교 대조 연구 -「삼운성휘」와 「취분운략(聚分韻略)」의 비교 대조를 중심으로-, 「일본학보」 80, 한국일본학회. 55-67.

## 5.3. 「전운 옥편(全韻玉篇)」

〈을묘 춘방장판을 1906년(병오)에 완서 신간으로 펴낸 「전운 옥편」 본문 첫째 장 앞부분〉

「전운 옥편」은 목판본으로 간행되었으며, 여러 종류의 이본들이 있으나, 그 형식과 내용은 큰 차이가 없다. 다만 교정본인 「교정 전운 옥편」에서는 본문의 상단에 「전운 옥편」의 138개 한자의 자형(字形)과 자음(字音)을 교정한 내용을 두주416)한 것이 「전운 옥편」과 다른 점이다.

「전운 옥편」은 상하 2권 2책으로 간행되었다. 상권은 총목(總目) 5장, 본문 70장으로 되어 있으며, 하권은 본문 77장으로 되어 있다.

「전운 옥편」의 정확한 편찬 시기와 편찬자는 모르나 정조의 명령으로 편찬되었다. 이 책은 「어정 규장 전운(御定奎章全韻)」을 참고하여 부획으로 표제자를 검색할 수 있도록 만든 자전이다. 「전운 옥편」은 운서의 보편으로 발행한 마지막 자전으로 1910년대까지 한적본으로 발행되었는데, 「전운 옥편」 초판의 정확한 편찬 시기와 편찬자는 알 수 없다. 이 책에는 서문과 발문이 없어 정확한 서지 사항을 확인할 수가 없기 때문이다.

그런데 「어정 규장 전운」의 '어정 규장 전운 의례(義例)' 마지막 부분에 "이제부터 과거 시험에서 입성을 압운할 수 있게 되었다. 또 새로 지은 옥편이 있어 생생자와 정리자로 인쇄하여 널리 펴낸다(自今科試許押入聲增韻 而又有新定玉篇 以生生字整理字印頒)."는 표현이 있다. 이 내용에 따르면 과거 시험을 볼 때에 입성을 압운할 수 있게 되었고, 새롭게 지은 옥편이 있으며, 그 옥편을 1794년에 만든 생생자와 1796년에 만든 정리자로 인쇄하여 반포했다는 사실을 확인할 수 있다.

여기에서 '새로 지은 옥편'은 「어정 규장 전운」의 보편인 「전운 옥편」으로 여겨진다. 따라서 「어정 규장 전운」의 초판이 1796년 가을(음력 8월)에 인쇄되었으므로 「전운 옥편」의 초판은 1796년 가을이나 또는 그 이후에 간행되었음을 추측할 수 있을 뿐이다.417) 그리고 이 두 책을 동시에 펴냈

---

416) 두주는 본문 상단에 적는 주석을 가리킨다.
417) 「어정 규장 전운」의 편찬 시기에 관해서는 이덕무의 「청장관 전서(青莊館全書)」의 '연보

을 가능성도 배제할 수 없다.

반양장본 자전의 편찬자들은 주로 출판사 사장으로 표시되어 있는데, 그렇지 않은 경우는 속표지나 본문의 첫 장에 편찬자의 이름을 적어놓았다.

이 자전은 '전운 옥편 총목'과 본문으로 이루어져 있는데, 본문은 전운 옥편 상과 전운 옥편 하로 나누어져 있다. 이 책에는 목록과 본문만 있으며 서문, 범례, 발문 등은 없다.

겉표지의 표제는 '전운 옥편 상하(全韻玉篇 上下)'로 되어 있고, 속표지의 표제는 '전운 옥편(全韻玉篇)'으로 되어 있다. 본문의 첫째 줄에 있는 내제는 '전운 옥편 상(全韻玉篇 上)'으로 표시되어 있으며, 내제의 오른쪽에는 '을묘(乙卯) 춘방장판(春坊藏板)'이 적혀 있고, 왼쪽에는 '병오(丙午) 완서 신간(完西新刊)'이 적혀 있다. 판심제는 '전운 옥편(全韻玉篇)'이다.

모두 17획으로 분류하여, 상권에서는 1획부터 4획까지 배열하였으며, 하권에서는 5획부터 17획까지 배열하였다. 표제자는 214부로 나누었는데, 이러한 부(部)의 분류 방법은 청나라 때에 편찬된 「강희 자전(康熙字典)」과 같으며, 그 배열 방법도 5획의 玉(옥)과 玄(현) 그리고 9획의 '飛(비)'와 '風(풍)'의 배열 순서가 바뀐 점을 제외하고 나머지는 동일하다.

이 자전에 선정된 표제자의 수는 모두 10,840개이다.418) 「어정 규장 전운」에는 13,345개로 차이가 난다.

「전운 옥편」의 본문에서는 획(畫) 항목과 부를 표시한 다음 원 안에 획수를 표시하고(예: ㊁, ㊂, ㊃, ㊄ 등), 그 아래에 표제자, 발음 정보, 정의 정보,

---

(年譜)'와 '정조 실록(正祖實錄)' '20년 8월', 「홍제 전서(弘齊全書)」 권165 '일득록' 등을 참고할 수 있다. 한편 전일주(2003: 35, 211)에서는 「전운 옥편」이 1792년(정조 16년)에 간행된 것으로 제시하였고, 정경일(2008: 252)에서는 1796년 이후로 설명하였다.

418) 「어정 규장 전운」에 선정된 표제자는 모두 13,345개인데, 원(原)에 속하는 표제자는 10,946개, 증(增)에 속하는 표제자는 2,102개, 협(叶)에 속하는 표제자는 279개이다. 다른 운서에 수록된 표제자의 수는 다음과 같다. 「예부 운략」은 9,596개, 「삼운 통고」는 9,732개, 「삼운 성휘」는 12,971개, 「화동 정음」은 11,377개이다.

용례 정보, 운자(韻字) 정보, 속음 정보, 통용자 정보 등을 세로 2행에 기술하였다. 일(一) 획 일(一) 부에서 표제자 '일(一)'을 예로 들어 설명해보기로 한다. 본문의 내용을 그대로 인용하면 다음과 같다.

一 [일]數之始畫之初均也同也誠也純也天地未分元氣泰一[質]壹通

즉 표제자 '一'의 발음 정보는 네모 안에 한글로 '[일]'로 기술하였으며, 정의 정보는 '數之始(수지시)', '畫之初(획지초)', '均也(균야)', '同也(동야)', '誠也(성야)', '純也(순야)', '天地未分元氣泰一(천지미분원기태일)'로 기술하였다. 그리고 운자 정보를 '[質]'로 표시하였으며, '壹(일)'이 통용자임을 제시하였다.[419]

이처럼 「전운 옥편」에서는 중국의 「강희 자전(康熙字典)」에서와 같이 운서의 반절법이나 출전은 제시하지 않았으나, '畫之初(획지초)'를 제외한 나머지 정의 정보는 모두 「강희 자전」과 동일하므로 「강희 자전」을 참고하여 「전운 옥편」의 의미 정보를 기술하였음을 확인할 수 있다.

따라서 정조(1777년~1800년) 때에 간행된 「전운 옥편」은 현대적인 자전의 체제를 갖춘 우리 나라 최초의 자전이며, 중국 청나라의 강희제(康熙帝, 1661년~1772년) 때에 진정경(陳廷敬), 장옥서(張玉書) 등 30명의 학자들이 지은 「강희 자전」을 본떠서 만든 한자 자전이라고 말할 수 있다.

「전운 옥편」은 미시 구조의 정보를 한글과 한자를 혼용하여 기술한 최초의 한국 목판본 한자 자전이다. 이 책은 운서인 「어정 규장 전운」의 보편(補篇)으로 간행된 옥편 즉 자전이다. 「어정 규장 전운」은 한자의 음을 운(韻)에 따라 배열한 한자 발음 사전인 운서인데, 수록된 한자의 운을 쉽고

---

419) 장삼식(1979)에서는 '數之始'는 '한 일', '同也'는 '같을 일', '誠也'는 '정성스러울 일', '純也'는 '순전할 일'로 기술하였는데, '畫之初', '均也', '天地未分元氣泰一' 등의 뜻은 빠져 있다.

빠르게 찾아볼 수 없기 때문에 이러한 점을 보완하기 위하여 「전운 옥편」을 펴낸 것이다. 다시 말하면, 「어정 규장 전운」에 수록된 한자를 부수와 획수로 찾아볼 수 있도록 「전운 옥편」을 만들어 사용자가 한자의 운을 편리하게 찾아볼 수 있도록 한 것이다. 이처럼 운서를 펴낸 다음 그 운서에 실린 한자를 부수와 획수에 따라 쉽게 찾아볼 수 있도록 하기 위하여 옥편을 펴냈는데, 운서와 옥편의 이러한 편찬 방법은 중국의 「광운(廣韻)」과 「대광익회 옥편(大廣益會玉篇)」, 「고금 운회 거요(古今韻會擧要)」와 최세진의 「운회 옥편(韻會玉篇)」, 홍계희의 「삼운 성휘(三韻聲彙)」와 「삼운 성휘보 옥편(三韻聲彙補玉篇)」 등에서도 찾아볼 수 있다.

「전운 옥편」은 주로 일상생활에서 사용하는 한자들만 표제자로 선정하였기 때문에 표제자의 수는 약 10,000개로 「강희 자전」의 약 1/5밖에 되지 않는다.

「전운 옥편」에서는 부수별, 획수별로 표제자를 배열하고, 표제자의 한국 속음, 통용자, 속자 등도 제시하였다. 표제자의 발음 정보와 의미 정보를 한글로 표기하였다. 자전 사용자가 한자의 중국 발음이 아닌 한국 발음을 확인할 수 있도록 하였다. 그러나 표제자의 의미 즉 자의(字義: 훈)은 한글이 아닌 한자로 표기하였는데, 「강희 자전」에서 기술한 표제자의 정의 정보의 일부를 간략하게 한문으로 제시하였다.

그리고 한시를 짓는 사람들을 위하여 사성의 운자를 붙여 놓았다. 그러나 표제자가 사용된 한자어 용례는 제시하지 않았다.

「규장 전운」에서는 "一 數始이일"로 간단하게 기술하였는데, 「전운 옥편」에서는 표제자의 미시 정보를 보다 구체적으로 기술하고 있다. 따라서 「전운 옥편」은 「규장 전운」에서 선정한 표제자를 찾아보기 쉽게 단순한 색인으로 출간한 운서의 보편으로서 옥편이 아님을 알 수 있다. 즉 「전운 옥편」은 「예부 운략」의 보편인 「옥편 직언」, 「신간 배자 예부 운략」의 보편인「신간 배자 예부 운략 옥편」,「삼운 성휘」의 보편인「삼운 성휘보 옥편」등의 옥편과는 다른 성격을 지니고 있다.

「전운 옥편」의 발음 정보는「화동 정음 통석 운고」에서 정음을 인용하여 기술하였다. 그리고「전운 옥편」은 언더우드(Underwood, Horace, Grant; 元杜尤, 1859년~1916년)가「한영 ㅈ뎐(韓英字典; A Concise Dictionary of the Korean Language in two parts Korean-English & English-Korean)」(1890)을 만들 때에 참고하였는데, 특히 한글 철자법은 정조 때에 간행된「전운 옥편」과 리델(Ridel)의「한불 자전」에 준거하였다고 설명하였다.

▌**이본과 소장처**: ① 1796년 이후.「전운 옥편」.〈초간본, 간행 시기 미상, 편찬자 미상, 목판본, 2권 2책〉② 1819-00-00.「전운 옥편」.〈을묘(乙卯) 신간, 춘방장판(春坊藏板). 목판본 2권 2책, 10행 유계, 상흑어미, 사주쌍변, 책의 크기는 214×153cm, '춘방(春坊)'은 세자 시강원(侍講院)의 별칭이며, 춘방본은 세자의 교육을 위하여 간행한 판본이다.〉③ 1850-00-00.「전운 옥편」.〈경술(庚戌) 중추(仲秋) 유동(由洞) 중간(重刊), 철종 1년〉〈박형익 교수 소장본〉④ 1889-00-00.「전운 옥편」.〈을축(乙丑) 신간, 2권 1책, 201×131cm.〉⑤ 1890-10-00.「전운 옥편」, 상해(上海): 해문신서국(積山書局).〈광서(光緖) 경인(庚寅) 10월, 고종 27년, 석인본〉〈박형익 교수 소장본〉⑥ 1898-00-00.「전운 옥편」.〈광무 2년, 무술(戊戌) 중추에 간행, 편찬자 미상, 목판본 2권 2책, 10행 상흑어미, 유계 사주쌍변, 214×151cm. 대구 신간본〉〈박형익 교수 소장본〉⑦ 1898-00-00.「교정 전운 옥편」.〈무술년 겨울 신촌자(愼村子) 황필수(黃泌秀) 교정본〉⑧ 1899-00-00.「전운 옥편」.〈을해(己亥) 국월(菊月)〉⑨ 1903-00-00.「전운 옥편」, 상해(上海): 문래국(文來局).〈2권 1책〉⑩ 1904-00-00.「전운 옥편」,〈갑진(甲辰) 중추(仲秋) 완서(完西) 신간(新刊)〉⑪ 1905-00-00.「전운 옥편」.〈을사(乙巳) 신간, 완산 장판본〉⑫ 1906-00-00.「전운 옥편」.〈을묘(乙卯) 춘방 장판본을 병오(丙午)년에 간행한 완서(完西) 신간본〉〈박형익 교수 소장본〉⑬ 1908-00-00.「전운 옥편」, 경성: 회동서관.〈2권 1책, 76장〉〈박형익 교수 소장본〉⑭ 1909-02-00.「전운 옥편」, 경성: 해문신서국(海文新書局).〈융희 3년, 상하 2권, 석인본(石印本). 10행 상흑 어미, 유계 사주 쌍변, 70+77쪽〉〈박형익 교수 소장본〉⑮ 1910-00-00.「전운 옥편」.〈경술(庚戌) 중추(仲秋)에 간행, 유동(由洞) 중간(重刊), 편찬자 미상, 목판본 2권 2책, 10행 유계, 상흑 어미, 사주 쌍변, 216×150cm〉〈박형익 교수 소장본〉⑯ 1911-08-22.「전운 옥편」, 양완득(梁完德), 전주: 문명서관(文明書舘).〈초판, 을사 신간, 완산 장판〉〈1916-11-25(재판)〉⑰ 1911-08-22.「전운 옥편」, 탁종길(卓鍾㐀), 전주: 서계서포(西溪書鋪).〈박형익 교수 소장본〉⑱ 1912-00-00.「교정 옥편(校訂玉篇)」상·하, 이종성(李鍾星), 경성: 지물서책포.⑲ 1913-08-20.「교정 전운 옥편」, 지송욱(池松旭), 경성: 신구서림(新舊書林).⑳ 1913-09-26.「전운 옥편」, 김기홍(金琪鴻), 대구: 재전당서포(在田堂書鋪).〈무술 중추 대구 신간본을 다시 펴낸 것〉㉑ 1913-00-00.「교정 옥편」상·하, 이종성, 경성: 지물서책포.〈박형익 교수 소장본〉㉒ 1916-06-30.「전운 옥편」, 백두용(白斗鏞), 경성: 한남서림(翰南書林).〈박형익 교수 소장본〉㉓ 1916-11-25.「전운 옥편」상·하, 양완득(梁完得), 전주: 문명서관(文明書舘)〈1911-08-22의 재판〉〈박형익 교수 소장본〉㉔ 1917-00-00.「전운 옥편」, 백두용(白斗鏞), 경성: 한남서림(翰南書林).㉕ 1918-00-00.「교정 옥편(校訂玉篇)」, 고유상(高裕相), 경성: 회동서관(滙東書館).

　영인본으로는 「규장 전운·전운 옥편」(서광 학술 자료사, 1991), 「규장 전운·전운 옥편」(박이정, 1993/1995/2000), 「전운 옥편·규장 전운」(학민문화사, 1998), 「전운 옥편」(국립 중앙 도서관, 1999/2000), 「전운 옥편」(세종 대왕 기념 사업회, 2003) 등이 있다. 이 영인본들은 목판본 「전운 옥편」을 영인하고 간략한 해제를 붙여 놓았다.

「전운 옥편」 참고 논저

① 박병채, 1969, 향가 표기 당용자 색인, 「민족문화연구」, 3, 서울: 고려대 민족문화연구소. 219-280. ② 이기동, 1981, 「전운옥편」에 드러난 정속음고, 「논문집」, 3, 우석대학교. 107-119. ③ 이기동, 1982, 「전운옥편」에 주기된 정속음에 대하여 −전청자의 성모를 중심으로−, 「어문논집」, 23, 안암어문학회. 511-528. ④ 강신항, 1991, 규장전운에 대하여, 「규장전운·전운옥편」, 서울: 서광학술자료사. ⑤ 도르멜스(Dormels, Rainer), 1994, 「옥편류의 한자음 비교 연구 −「전운옥편」, 「신자전」, 「한한대자전」, 「대자원」을 중심으로−」, 석사 논문, 서울: 서울대. ⑥ 유재원, 1996, 「전운옥편」의 속음자에 대한 연구, 「중국학연구」, 11, 중국학연구회. 63-95. ⑦ 이돈주, 1997, 「전운옥편」의 정속 한자음에 대한 연구, 「국어학」, 30, 국어학회. 1-34. ⑧ 도르멜스(Dormels, Rainer), 1999, 18세기 한국 한자음의 규범화 과정에 숨겨진 동기, 「국어학」, 33, 국어학회. 125-143. ⑨ 이돈주, 2000, 「화동정음통속운고」의 정속음과 「전운옥편」 한자음의 비교 고찰, 「한글」, 249, 한글학회. 51-86. ⑩ 김태경, 2002, 「광운」의 반절음과 「전운옥편」, 「삼운성휘」의 한자음 비교, 「중국어문학논집」, 19, 중국어문학연구회. 213-240. ⑪ 이돈주, 2002, 한국 한자음 중 속음의 정음성에 대하여 −「전운옥편」의 정·속음 표시를 대상으로−, 「한국언어문학」, 48, 한국언어문학회. 223-240. ⑫ 이승자, 2003, 「조선조 운서 한자음의 전승 양상과 정리 규범」, 서울: 역락. ⑬ 배윤덕, 2005, 「우리말 운서의 연구」, 서울: 성신여자대학교 출판부. 255-275. ⑭ 이준환, 2006, 한자음 속음의 발생과 의미와의 관련성, 「어문연구」, 34-1, 한국어문교육연구회. 57-81. ⑮ 정경일, 2006, 「교정전운옥편」 속음의 유형별 고찰, 「우리어문연구」, 26, 우리어문학회. 527-558. ⑯ 최미현, 2006ㄱ, 「한국 한자음의 이중음 연구 −「전운옥편」의 복수 한자음을 중심으로−」, 박사 논문, 부산: 동의대. ⑰ 최미현, 2006ㄴ, 「전운옥편」에 반영된 지섭의 양상에 대하여, 「새얼어문논집」, 18, 새얼어문학회. 213-231. ⑱ 최미현, 2006ㄷ, 이중 한자음에 나타나는 입성 운미 /t/의 변화 양상에 대하여, 「한말연구」, 18, 한말연구학회. 249-265. ⑲ 강미훈, 2008, 남북한 한자음의 비교 연구, 「중국어문논총」, 39, 중국어문연구회. 83-110. ⑳ 정경일, 2008, 「규장전운·전운옥편」, 서울: 신구문화사. ㉑ 김혈조, 2011, 한자 독음 연구, 「대동한문학」, 35, 대동한문학회. 415-449. ㉒ 디지털 한글 박물관 http://www.hangeulmuseum.org

## 5.4. 「국한문 신옥편(國漢文新玉篇)」(정익로, 1908)

〈「국한문 신옥편」(1908, 야소 교서원)〉

「국한문 신옥편」의 편집 겸 발행자는 한국 평양부(平壤府) 관동(貫洞) 상우(上隅)에 있었던 야소 교서원(耶蘇敎書院)420)에 주소를 둔 기독교 장로인 정익로(鄭益魯, 1863년~1928년)이다. 정익로는 평양 산정현 교회의 교인으로 1895년 기독교인이 되어 1903년에 장로가 되었으며, 장로회 공의회 교육위원을 지냈다. 그는 「국한문 신옥편」을 인쇄하기 위하여 1908년에 일본 도쿄에 가 있는 동안 김정식 와이엠시에이(YMCA) 총무와 유학생들과 함께 도쿄 교회를 설립하였으며, 조선 예수교 장로회에 목사 파견을 요청함으로써 일본에서 한국 교포들을 위한 선교가 본격적으로 시작되었다. '105인 사건'421)에 연루되어 옥고를 치루었으며, 출옥 후에는 기독교 서적의 보급 활동을 주로 하였다.

「국한문 신옥편」은 1908년 11월 6일에 초판이 발행되었는데, 1909년 3월 25일에 정정판이 발행되었다. 그리고 1911년 8월 15일에 발행된 정정 증보 보유 초판에는 142쪽의 분량이 첨가되어 있다. 1914년에는 정정 증보 보유 재판과 1918년에는 정정 증보 보유 3판이 발행되었다.

그런데 정익로의 「국한문 신옥편」의 발행 시기를 유창균이 기술한 「한국 민족 문화 대백과 사전」(1991)의 표제어 '옥편', 「한한 대자전」(민중서림 편집국, 1997) 등에서는 1910년으로 잘못 설명하고 있고, 오구라 신페이(小昌進平, 1920/1964: 542), 최현배(1940/1961: 216), 이충구(1991) 등에서는 1911년으로 잘못 설명하고 있다.

그리하여 근대적 체계를 갖춘 최초의 활자본 자전으로 지석영(池錫永, 1855년~1935년)의 「자전 석요(字典釋要)」를 들고 있다. 「자전 석요」는 1909

---

420) '야소(耶蘇)'는 '예수'를 한자로 표기한 것이다.
421) 105인 사건은 1911년 일본 총독부가 민족 해방 운동을 탄압하기 위하여 조작한 사건이다. 데라우치 마사타케(寺內正毅) 총독의 암살 사건을 조작하여 105명의 독립 운동가를 감옥에 가두어 신민회를 해체시켰다.

「국한문 신옥편」은 표제자의 뜻을 한글로 표기한 최초의 한국 자전이다. 표제자의 훈을 한글로 표기한 다음 표제자의 발음 정보를 기술하였다. 그리고 표제자의 뜻풀이는 한글과 한자로 기술하였다.

▌**소장처**: ① 1908-11-06. 「국한문 신옥편」, 정익로, 평양: 야소교서원. 〈초판〉 ② 1909-03-25. 「국한문 신옥편」, 정익로, 평양: 야소교서원. 〈정정(訂正) 재판. 본문 288+음운 자휘 103쪽. 박형익 교수 소장본. 단국대 율곡 기념 도서관 소장본〉 ③ 1911-08-15. 「국한문 신옥편」, 정익로, 평양: 야소교서원. 〈정정 증보 보유 초판. 서문 2쪽+총목 6쪽+ 본문 288쪽+ 보유 142쪽+ 음운 자휘 102쪽. 박형익 교수 소장본〉 ④ 1914-03-05. 「국한문 신옥편」, 정익로, 평양: 야소교서원. 〈정정 증보 보유 재판. 박형익 교수 소장본(낙장본)〉 ⑤ 1918-06-18. 「국한문 신옥편」, 정익로, 평양: 야소교서원. 〈정정 증보 보유 3판. 박형익 교수 소장본(낙장본)〉

---

**「국한문 신옥편」 참고 논저**

① 기독교새사전편찬위원회, 1970, 「기독교 새사전」, 서울: 기독교문사. ② 최범훈, 1976, 「자전석요」에 나타난 난해 자석에 대하여, 「국어국문학」, 70, 국어국문학회. 47-75. ③ 전일주, 2002, 근대 계몽기의 사전 편찬과 그 역사적 의의 -특히 「국한문 신옥편」을 중심으로-, 「대동한문학」 17. 77-104. ④ 박형익, 2004, 「한국의 사전과 사전학」, 서울: 월인. 116-138. ⑤ 김원극, 2005, 히비야 공원 유람기, 「식민지 지식인의 개화 세상 유학기」, 서울: 태학사. ⑥ 하강진, 2005, 한국 최초의 근대 자전 「국한문 신옥편」의 편찬 동기, 「한국문학논총」 41, 한국문학회. 237-266. ⑦ 하강진, 2006, 한국 최초의 근대 자전 정익로의 「국한문 신옥편」, 「한글한자문화」 79, 전국한자교육추진총연합회. 80-85.

## 5.5. 「자전 석요(字典釋要)」(지석영, 1909)

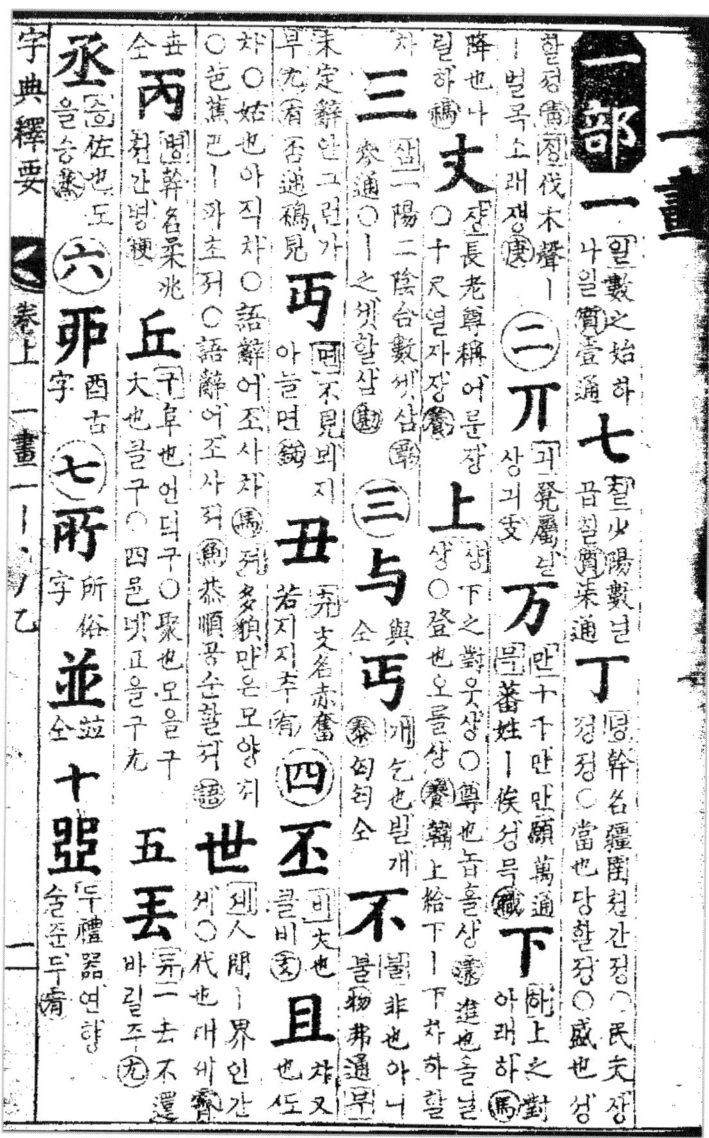

〈「자전 석요」(1909, 회동서관)〉

「자전 석요」의 크기는 가로 13cm, 세로 19.5cm이다. 재판의 분량은 저자 사진 1장, '자전 석요 서(字典釋要序)' 1장, '자전 석요 범례(字典釋要凡例)' 4장, '자전 석요 목록(字典釋要目錄)' 7장, '자전 석요 권상(字典釋要卷上)' 94장, '자전 석요 권하(字典釋要卷下)' 122장, '발(跋)' 1장, 판권지 1장으로 모두 230장으로 이루어져 있다. 그러나 8판에서는 목록을 5장으로 줄였으며, '검자(檢字)' 6장을 새롭게 첨가하였다. 그리고 15판부터는 이전 판에는 없었던 부도를 20장 덧붙였다.

서문의 내용은 변함이 없으나 제목은 재판의 '자전 석요 서(字典釋要序)'에서 8판과 15판에는 '자전 석요 원서(字典釋要原序)'로 바뀌었다.

범례는 제목과 내용이 다르다. 1910년 재판에는 있는 '자전 석요 범례(字典釋要凡例)'가 1913년 8판의 증보판에는 '증보 자전 석요 범례(增補 字典釋要凡例)'로 바뀌어져 있고, 1920년 15판에는 '증정 부도 자전 석요 범례(增正 附圖 字典釋要凡例)'로 '증정 부도'라는 표현이 첨가되어 있다. 범례의 내용도 조금씩 다른데, 재판의 '국문(國文)'은 8판과 15판에는 '언문(諺文)'으로 바뀌어져 있으며, 내용의 가감도 있다. 목록도 범례와 마찬가지로 재판에는 '자전 석요 목록(字典釋要目錄)'으로 하였으나, 8판에는 '증보 자전 석요 목록(增補字典釋要目錄)'으로 표시하였고, 15판에는 '증정 부도 자전 석요 목록(增正 附圖 字典釋要目錄)'으로 바꾸었다. 재판의 본문 상단에는 아무것도 없는데, 8판에는 해자(楷字)와 전자(篆字)를 본문의 상단에 제시하였다.

「자전 석요」의 저자는 지석영(池錫永, 1855년~1935년)이고, 발행자는 고유상(高裕相)이며, 발행소는 경성 남부 대광교 37통 4호에 있었던 회동서관(滙東書館)이다. 이 책은 상해(上海) 대동문내(大東門內) 당가항(唐家衖)에 위치한 인쇄소 주월기서국(周月記書局)에서 석판본으로 인쇄되었다. 「자전 석요」 15판은 박문관 인쇄소에서 인쇄되었다.

지석영은 한의사 지익용의 아들로 태어났다. 우두법의 보급과 새로운 의학 도입을 시도하여 현대 의학의 토대를 세웠다. 28세 때에 과거 시험 을과에 합격하였다. 1876년 일본 수신사였던 박영선이 가져온 「종두 귀감」을 전해 받아 종두법에 관심을 가졌다. 부산 제생의원에서 종두법을 익혔으며, 1880년에는 2차 수신사 수행원으로 참가하여 우두법을 직접 익히고 귀국하였다. 1887년 나쁜 풍습을 논하다가 전라남도 강진에 유배되었다. 형조 참의, 승지를 거쳐 1896년 동래 부사로 재임하였으며, 관립 의학교 교장을 역임하였다. 그는 국문 연구소 위원으로도 임명되었다.

그는 「동문 자모 분해(東文字母分解)」(1869)의 저자 강위(姜瑋, 1820년~1884년)를 선생으로 모시고 유길준과 함께 공부했다. 그는 1905년 '신정 국문(新訂國文)' 6개 조를 상소하여 학부에 국문 연구소를 설치하도록 하였으며, 국문 연구소의 연구 위원으로 활동하여 '국문 의정안'을 제출하였으며, 조선 총독부 학무국의 '보통학교용 언문 철자법'을 제정하는 위원으로도 활동하였다. 그리고 1921년에 그는 국내에서 처음으로 천연두 예방 접종을 시행한 의사이기도 하였다.

지석영은 부산의 일본 해군 병원인 제생 병원에서 종두법을 배우기 위해 일종의 조선어–일본어 사전인 「인어 대방(隣語大方)」의 한글 교정 작업을 해주었다. 그리고 그는 「우두 신설(牛痘新說)」(1885), 「신학 신설(新學新説)」(1891), 「국문론」(1896), 「훈몽 자략(訓蒙字略)」(1901), 「신정 국문(新訂國文)」(1905), 「언문(言文)」(1909), 「자전 석요(字典釋要)」(1909) 등을 저술하였다.

1909년 6월 20일에 「언문(言文)」을 광학서포에서 펴냈다.[423] 「언문」은 2음절 이상의 한자어 목록과 한자 목록으로 이루어져 있다. 1쪽부터 171쪽까지 한글과 한자로 적은 한자어들을 '가'부터 '훼'까지 아무른 다른 설명 없이 단순하게 가나다 순서로 배열하였다(예: 가로 街路, 황토슈 黃土水). 그리

---

[423] 「역대 한국 문법 대계」 3-12 영인본으로 발행되었다.

고 쪽수를 다시 새롭게 매겨 1쪽부터 36쪽까지 한글과 한자를 적고 한자의 뜻을 한글로 적어 '가'부터 '훼'까지 배열해 놓았다(예: 가 街 거리, 歌 노래, 嘉 아름다울 등). 이 한자 목록은 흔히 자전의 부록으로 붙여 놓은 음운 자휘(音韻字彙)와 같은 것이다.

한편 1908년 3월에 지석영은 정약용의 「아학편」에다 한국어, 중국어, 일본어, 영어를 붙여 동일한 책명으로 광학서포에서 발행하였다(예: 天 하날 천, 텐, 아메 덴, 스카이).

「자전 석요」의 초판 발행일은 판권지에 있는 것처럼 1909년(융희 3년) 7월 30일이다. 지석영이 쓴 서문은 1906년(광무 10년)이었는데, 서문을 쓰고 3년이나 지난 후에 이 자전이 비로소 발행되었다. 이와 같이 서문을 쓴 시기와 발행일이 다른 것은 자연스러운 일이나, 이 자전의 서문을 쓴 시기를 초판의 발행일로 잘못 생각하여 이 자전을 우리 나라 최초의 근대적인 자전으로 널리 잘못 알려져 있다.

최현배(1961: 215) 등에서는 한글로 표제자의 음과 뜻을 기술한 한국 최초의 자전으로 「자전 석요」를 소개하였다. 그러나 이것보다 1년 먼저 1908년 11월 6일에 초판이 발행된 정익로의 「국한문 신옥편」이 있다. 최현배(1961: 216)에서는 1911년 8월에 출간된 정익로의 「국한문 신옥편」 증보 초판을 소개하였다. 이러한 사실은 「자전 석요」 15판의 판권지에 기록되어 있는 발행일을 살펴보면 쉽게 확인할 수 있다. 「자전 석요」는 초판이 발행된 후 약 7개월이 지난 1910년(융희 4년) 3월 10일에 재판이 발행되었으며, 1913년(대정 2년) 5월 31일에 8판을 발행하였는데, 이 8판은 증보판이다. 그리고 1920년(대정 9년) 10월10일에 다시 증보판인 15판을 발행하였다. 재판, 3판, 15판 등 발행일이 다른 여러 가지 「자전 석요」를 살펴보면, 이 자전의 초판에서 7판까지는 '범례'와 발문 바로 앞면에 '자전 석요(字典釋要)'라고 적혀 있는데, 8판 증보판부터 14판까지는 '증보 자전 석요(增補 字

典釋要)'라고 적혀 있고, 1920년(대정 9년) 10월 15일에 발행된 15판부터는 증정 부도 자전 석요(增正附圖 字典釋要)라고 적혀 있다. 14판까지는 없었던 '부도' 즉 20장의 그림을 15판부터 붙인 것을 확인할 수 있다. 따라서 「자전 석요」는 1920년까지 2번의 증보가 이루어졌음을 확인할 수 있다.

「자전 석요」는 앞표지, 초상, 서, 범례, 목록, 본문 권상, 본문 권하, 발, 판권지, 뒤표지로 이루어져 있다. 「자전 석요」의 초판은 앞표지 1장, '지송촌(池松村) 선생 상(像)' 1장, '자전 석요 서(字典釋要序)' 1장, '자전 석요 범례' 4장, '자전 석요 목록' 7장, '자전 석요 상' 94장, '자전 석요 하' 122장, '발(跋)' 1장, 판권지 1장, 뒤표지 1장으로 모두 233장의 분량으로 이루어져 있다.

표제는 '자전 석요(字典釋要)'이고, 내제는 '자전 석요 권상(字典釋要卷上)'과 '자전 석요 권하(字典釋要卷下)'이다. 우리 나라에서는 자전을 가리키는 책명으로 '옥편'이라는 용어를 사용해왔는데, 이 책에서 처음으로 '자전'이라는 용어를 책명으로 사용하였다.

'자전 석요 서(字典釋要序)'는 송촌 거사(松村居士) 지석영이 1906년(광무 10년) 중추(음력 8월)에 쓴 것으로 1910년 10월 1일에 발행된 3판을 참고하여 번역한 내용은 다음과 같다.

① 우리 나라의 국문(한글)으로 뜻을 풀이한 훈몽 자서로는 「천자문」, 「유합」, 「훈몽 자회」와 같은 부류에 불과하고, 우리 말로 풀이하는 방법에서도 그 고저를 밝히지는 못했다. 그래서 '눈 설(雪)'과 '눈 목(目)'의 뜻이 혼동되고, '동녘 동(東)'과 '움직일 동(動)'의 음은 같으니, 만약 한문에 따르지 않으면 변별할 수가 없다.

② 「강희 자전」을 보고 그 글자의 핵심을 모으고, 그 뜻의 간이함을 취해 국문(한글)으로 풀이하고, 글자 음의 상성과 거성은 「소학 언해」 범례에 남겨진 옛 전통 방식에 따라 방점으로 구별하였다.

「자전 석요」는 「전운 옥편」을 참고하였는데, 부(部)의 분류 방법은 「전운 옥편」과 같으며, 그 배열 방법도 동일하다. 즉 권상에서는 1획에서 4획까지, 권하에서는 5획부터 17획까지 분류하고 각 획에 속하는 부를 포함시켰다.

표제자의 선정과 배열 방법도 「전운 옥편」의 그것과 비슷하다. 부수도 「전운 옥편」과 마찬가지로 1부 6부, 1획 23부, 3획 31부, 4획 34부, 5획 23부, 6획 29부, 7획 20부, 8획 9부, 9획 11부, 10획 8부, 11획 6부, 12획 6부, 13획 1부, 14획 3부, 15획 1부, 16획 1부, 17획 2부로 전체 214부수를 선정했다.

이 자전을 만들 때에 「규장 전운」, 「전운 옥편」 등을 참고하였는데, 특히 「전운 옥편」과 「자전 석요」의 부 분류와 배열 방법은 동일하다. 「전운 옥편」의 표제자에 몇몇 표제자를 첨가하였는데, 수록된 표제자는 모두 16,298자이다. 게다가 「전운 옥편」의 정의 정보를 간략하게 그대로 인용하였는데, 「전운 옥편」과는 달리 「천자문」이나 「유합」 등에서와 같이 표제자의 뜻과 음을 한글로 적어 놓았다. 표제자의 발음 정보도 「전운 옥편」의 내용을 따랐는데, 옛날 발음과 현실 발음을 같이 제시하였다.

본문에서는 획수를 먼저 표시한 다음, 부를 표시하고, 그 아래에 표제자를 열거하였다. 표제자의 바로 아래의 네모 안에 한글로 원음 정보를 기술하였다. 그리고 이어서 한자로 정의 정보를 제시하고, 또 자훈과 속음을 한글로 적어 놓았다. 예를 들면, 1획의 一부에서 표제자 '丁(정)'의 청운(靑韻) 부분에서는 발음 정보 '뎡'을 제시하고, 그 정의 정보를 한자로 기술한 다음 훈과 음을 한글로 적어 '朝名疆圉 천간 정, 民夫 장정 정, 當也 당할 정, 盛也 성할 정'처럼 다의자(多義字)로 처리하여 기술하였다. 그리고 경운(庚韻) 부분에서는 발음 정보 '징'을 제시하고, '伐木聲丁丁 벌목소래 쟁'으로 기술하였다. 「자전 석요」의 이러한 한자음의 기술 방법은 「간명 법률 경제 숙어 사해」[424] 등에서도 적용되었다.

　본문이 끝난 다음에 붙여 놓은 민준호의 '발(跋)'의 중요한 내용은 다음과 같다.[425]

① 글을 배우는 처음에 자전(字典)이 없어서는 안 된다.
② 우리 나라에서 글을 배우는 데 자전은 모두 중국의 어휘 책 같은 것을 써왔다. 그러다가 「전운 옥편」이 간행되었는데, 글자의 음은 국문으로 적고, 글자의 뜻은 한문으로 풀이하였으니, 비록 큰 학자와 뛰어난 선비라도 오히려 그 명칭이 어떠한지 상세히 알지 못하는데, 하물며 초학자는 어떠하겠는가.
③ 「자전 석요」는 2권 1책으로 무릇 16,300자였다. 선생께서는 이 책을 만들면서 찌는 더위와 혹한과 풍파와 모진 고난을 겪으면서도 노고를 마다하지 않고 책 상자를 끼고 살은 지가 지금으로부터 15년이다.
④ 광무 10년 9월에 여양 민준호가 발문을 쓰다.

**┃소장처**: ① 1909-07-30. 「자전 석요」, 지석영, 경성: 회동서관. 〈융희 3년 초판. 고려대 중앙 도서관 소장본. 동국대 도서관 소장본〉 ② 1910-03-10. 「자전 석요」, 지석영, 경성: 회동서관. 〈재판. 한국학 중앙 연구원 도서관 소장본. 박형익 교수 소장본〉 ③ 1910-10-01. 「자전 석요」, 지석영, 경성: 회동서관. 〈3판. 국립 중앙 도서관 소장본. 고려대 중앙 도서관 소장본. 박형익 교수 소장본〉 ④ 1911-06-13. 「자전 석요」, 지석영, 경성: 회동서관. 〈4판. 고려대 중앙 도서관 소장본. 건국대 도서관 소장본〉 ⑤ 1911-11-24. 「자전 석요」, 지석영, 경성: 회동서관. 〈5판. 연세대 도서관 소장본〉 ⑥ 1912-03-29. 「자전 석요」, 지석영, 경성: 회동서관. 〈6판. 서울대 중앙 도서관 소장본. 고려대 중앙 도서관 소장본〉 ⑦ 1912-10-07. 「자전 석요」, 지석영, 경성: 회동서관. 〈7판〉 ⑧ 1913- 05-31. 「증보 자전 석요」, 지석영, 경성: 회동서관. 〈8판 증보판. 서울대 중앙 도서관 소장본〉 ⑨ 1914-05-08. 「증보 자전 석요」, 지석영, 경성: 회동서관. 〈9판〉 ⑩ 1915-03-12. 「증보 자전 석요」, 지석영, 경성: 회동서관. 〈10판〉 ⑪ 1916-02-18. 「증보 자전 석요」, 지석영, 경성: 회동서관. 〈11판. 이화여대 도서관 소장본〉 ⑫ 1917-05-01. 「증보 자전 석요」, 지석영, 경성: 회동서관. 〈12판. 국립 중앙 도서관 소장본〉 ⑬ 1917-05-21. 「증보 자전 석요」, 지석영, 경성: 회동서관. 〈13판. 국립 중앙 도서관 소장본〉 ⑭ 1918-05-29. 「증보 자전 석요」, 지석영, 경성: 회동서관. 〈14판. 국회 도서관 소장본〉 ⑮ 1920-10-10. 「증정(增正) 부도(附圖) 자전 석요」, 지석영, 경성: 회동서관. 〈15판, 증정 부도 초판. 경북대 도서관 소장본. 박형익 교수 소장본〉 ⑯ 1925-06-20. 「증정 부도

---

424) 1917-02-05. 「간명 법률 경제 숙어 사해(簡明 法律經濟熟語辭解)」, 신문사 편집국 편찬 (竹內錄之助 저작겸 발행자), 경성: 신문사(新文社). 715쪽. 디지털 한글 박물관(http://www.hangeulmuseum.org)에서 이 책의 원문과 해제를 찾아볼 수 있다.
425) 「증정 부도 자전 석요」에는 발문을 삭제하여 수록하지 않았다.

자전 석요」, 지석영, 경성: 회동서관. 〈16판, 서울대 중앙 도서관 소장본. 세종대 도서관 소장본〉
⑰ 1928-06-10. 「증정 부도 자전 석요」, 지석영, 경성: 회동서관. 〈17판, 서울대 중앙 도서관 소장
본, 세종대 도서관 소장본〉 ⑱ 1929-00-00. 「증정 부도 자전 석요」, 지석영, 경성: 영창서관. 〈고
려대 중앙도서관 소장본〉 ⑲ 1936-03-30. 「증정 부도 자전 석요」, 지석영, 경성: 영창서관. ⑳
1943-04-20. 「증정 부도 자전 석요」, 지성주, 경성: 영창서관. 〈고려대 중앙 도서관 소장본. 박형
익 교수 소장본〉 ㉑ 1949-08-20. 「증정 부도 자전 석요」, 지석영, 서울: 영창서관. 〈재판. 박형익
교수 소장본〉 ㉒ 1950-02-28. 「증정 부도 자전 석요」, 지석영, 서울: 영창서관. ㉓ 1952-00-00.
「증정 부도 자전 석요」, 지석영, 서울: 영창서관. 〈고려대 중앙 도서관 소장본〉

이 목록에서는 내용의 증보나 부도의 첨가와는 관계없이 「자전 석요」의
발행일을 기준으로 일률적으로 열거하면서 판수를 표시하였다. 초판은
1909년(융희 3년) 7월 15일에 인쇄되어 그해 7월 30일에 발행되었다.[426]
판권지의 발행일과 서문을 적은 날짜는 같을 수 없는 당연한 일이다. 아세
아 문화사에서 1975년, 1976년, 1977년에 「자전 석요」 영인본을 펴냈다.

---

**「자전 석요」 참고 논저**

① 김근수, 1975, 「자전석요」 해제, 「자전석요」 영인본, 서울: 아세아문화사. ② 최
범훈, 1976, 「자전석요」에 나타난 난해 자석에 대하여, 「국어국문학」, 70, 국어국문
학회. 47-75. ③ 김병욱, 1991, 「자전석요」의 음운 현상 연구, 「논문집」, 41, 한국국
어교육연구회. 1-23. ④ 이충구, 1991, 한국 자전 성립의 고, 「반교어문연구」, 3, 반
교어문학회. 9-27. ⑤ 김병욱, 1991, 「자전석요」의 음운 현상 연구, 「한국국어교육
연구회 논문집」, 41, 한국국어교육연구학회. 1-25. ⑥ 한종호, 2002, 「자전석요」 지
(知), 단(端) 계자의 어음 변화 -어휘 확장 이론의 적용 가능성 검토-, 「중국학」, 17,
대한중국학회. 23-38. ⑦ 여찬영, 2003ㄱ, 지석영 「자전석요」의 한자 자석 연구, 「어
문학」, 79, 한국어문학회. 193-212. ⑧ 여찬영, 2003ㄴ, 「자전석요」의 한자 자석 '고
을일홈' 연구, 「언어과학연구」, 25, 언어과학회. 195-214. ⑨ 전일주, 2003, 「한국 한
자 자전 연구」, 대구: 중문출판사. ⑩ 전일주, 2006, 「강희자전」과 한국 초기 자전
비교 연구 -「자전석요」와 「신자전」을 중심으로-, 「한문교육연구」, 26, 한국한문교육

---

426) 경기대, 경희대, 고려대, 단국대 등 여러 도서관의 홈페이지에서 지석영이 서문을 쓴
　　　날짜인 광무 10년 1906년을 발행일로 표시한 것은 잘못이며, 발행 장소와 발행자를 불
　　　명으로 설명한 것도 잘못이다. 그리고 국립 중앙 도서관 홈페이지의 추정 발행일도 틀
　　　린 것이다.

학회. 357-386. ⑪ 권정후, 2009, 「근대계몽기 한자 자전 연구」, 석사 논문, 부산:부산대 대학원. ⑫ 김선희·서수백, 2010, 「훈몽자회」와 「자전석요」의 한자 자석의 의미 정보 수록 양상 비교 연구, 「언어과학연구」 55, 언어과학회. 117-140. ⑬ 하강진, 2010, 「자전석요」의 편찬 과정과 판본별 체재 변화, 「한국문학논총」 56, 한국문학회. 663-728. ⑭ 이준환, 2012, 「자전석요」의 체재상의 특징과 언어적 특징, 「반교어문연구」 32, 반교어문학회. 113-144. ⑮ 디지털 한글 박물관 http://www.hangeulmuseum.org

## 5.6. 「일선 대자전(日鮮大字典)」(박중화 편찬, 1912)

〈「일선 대자전」(1912, 광동서국 · 보급서관)〉

「일선 대자전」의 크기는 가로 12.5cm, 세로 19cm이다. 하드 커버로 장정되어 있으며, 1면을 세로로 8행으로 선을 그어 나누어 본문을 기술하고 있다.

분량은 속표지 1장, 서문 2쪽, '예언(例言)' 3쪽, '목차' 6쪽, '일선 대자전 상' 544쪽, '일선 대자전 하' 593쪽, '부록 국자(附錄國字)' 10쪽, 판권지 1장으로 이루어져 있다.

1912년에 발행된 이 책밖에 볼 수 없어 이후에도 다시 발행하였는지 아니면 이 책으로 절판이 되었는지 현재로서는 정확하게 알 수가 없다. 다만 이 자전의 내용은 「한일선 대자전」(이종정, 1918, 한성서관·이문당)과 동일하다는 것을 확인할 수 있을 뿐이다.

「일선 대자전」의 편찬자는 경성 남부 하다동(下茶洞) 17통 3호에 주소를 둔 박중화(朴重華, ?~?)이다. 박중화는 신민회에 가입하여 애국 계몽 운동을 하였으며, 조선 노동 공제회 회장을 역임했다.

이 책의 발행자는 광동서국(光東書局)의 사장이었던 이종정(李鍾楨)이며, 발행소는 광동서국과 보급서관(普及書舘)이다. 이 책의 인쇄자는 신창균(申昌均)이며, 휘문관(徽文舘)에서 인쇄하였다. 1912년(명치 15년) 5월 6일에 인쇄하여, 같은 해 5월 15일에 발행하였다. 「일선 대자전」(1912)는 국민대 성곡 도서관 소장본, 박형익 교수 소장본 등이 있다.

목차에서는 1획에서부터 17획까지 모두 214부로 나누어 제시하였다. 즉 1획은 6부, 2획은 23부, 3획은 31부, 4획은 34부, 5획은 23부, 6획은 29획, 7획은 20부, 8획은 9부, 9획은 11부, 10획은 8부, 11획은 6부, 12획과 13획은 각각 4부, 14획은 2부, 15획과 16획은 각각 1부, 17획은 2부로 나누었다.

1면에 8행씩 세로로 나누어 기술하였다. 표제자의 한국 훈과 음을 괄호 속에 넣어 한글로 제시하고, 표제자의 뜻을 한자로 풀이해 놓았다. 그런 다음 표제자의 일본 문자로 일본 훈과 뜻을 기술하였다.

'부록 국자'에서는 먼저 '국자'의 의미를 풀이하였는데, '국자'는 우리 나라에서 만들어서 사용하는 한자로 의미만 있고, 음이 없는 것이다. 그러나 우리는 한자의 훈과 음을 같이 붙여 읽으므로 편찬자가 이 국자들을 따로 모아 훈과 음을 붙여 부록으로 제시하였다. 이 부록에서 선정한 표제자는 모두 89개인데, 우리 나라에만 있는 나무, 고기, 자연 등을 가리키는 명사가 많다(예: 椙スギ。(삼나무창)杉也。).

한편 「일선 대자전」(1912)의 내용에 중국 한자음 '이'를 괄호 속에 넣어 표제자 바로 뒤에 첨가한 자전으로 「한일선 대자전」(1918)이 있다. 표제자 '一'의 내용을 옮기면 다음과 같다.

> 「한일선 대자전」(1918):　一(이)　하나⑪數之始。畫之初。均也。同也。壹通質
> 　　　　　　　　　　　　　　[イチ][イツ]ヒトツ。ハジメ。ヒトシ。オ
> 　　　　　　　　　　　　　　ナジ。

## 5.7. 「한선문 신옥편(漢鮮文 新玉篇)」(1913)

〈「한선문 신옥편」(1913, 대창서원 · 보급서관)〉

「한선문 신옥편(漢鮮文新玉篇)」(1913)은 1930년까지 거듭하여 발행되었는데, 이 자전은 「국한문 신옥편」(정익로, 1908)의 체계를 그대로 유지하면서 아래의 예처럼 한자로 기술한 부분 앞에 한글로 훈음을 첨가하였다.

이 자전의 판권지에 따르면 저작 겸 발행자는 현공렴(玄公廉)이다. 그리고 책을 인쇄한 곳은 일한 인쇄소(日韓印刷所)이며, 발행소는 대창서원(大昌書院)이고, 발행 겸 총판매소는 보급서관(普及書舘)이다. 표지와 서문 그리고 본문이 시작되는 내제 밑에도 편자의 이름이 없다. 다만 서문 끝 부분에 '편자식(編者識)'이라는 표시만 있을 뿐이다.

분량은 속표지 1장, 서문 2쪽, '상권 목록' 2쪽, '하권 목록' 3쪽, '한선문 신옥편 상권' 196쪽, '한선문 신옥편 하권' 242쪽, 광고지 1장, 판권지 1장으로 이루어져 있다. 범례는 없다. 표제와 내제는 모두 '한선문 신옥편(漢鮮文 新玉篇)'이다.

목차는 상권 목차와 하권 목차가 따로 제시되어 있다. 상권 목차에는 1획에서 4획까지, 하권 목차에는 5획부터 17획까지 열거되어 있다.

본문의 왼쪽 첫째 줄에는 '한선문 신옥편 상권'이라는 제목이 적혀 있고, 그 다음 줄에는 획수를 표시한 다음, 다시 줄을 바꾸어 부를 적고 그 바로 밑에서부터 표제자를 배열하였다.

표제자의 훈과 음을 한글로 제시한 다음 한자로 뜻풀이를 기술하였다. 표제자 '일(一)'의 기술 내용을 인용하면 다음과 같다.

① 「전운 옥편」: 一 일數之始畫之初均也同也誠也純也天地未分元氣泰-質
　　　　　　　壹通

② 「국한문 신옥편」(1908): 一 혼[일]數之始畫之初均也同也誠也純也天地
　　　　　　　未分元氣泰一(質)壹通

③ 「자전 석요」(1909): 一 [일]數之始하나일(質)壹通

④ 「일선 대자전」(1912): 一 [하나일]數之始。畫之初。均也。同也。壹通(質)

[イチ][イツ]ヒトツ。ハジメ。ヒトシ。オナ
ジ。

⑤ 「한선문 신옥편」(1913): 一 하나⑪數之始畫之初 고를⑪均也 갓흘⑪同
也 정성⑪誠也 숟일 홀⑪純也 혼 갈⑪專也
天地未分元氣泰一質壹通

①에서는 「운회 옥편」이나 「삼운 성휘보 옥편」과는 달리 표제자 '일(一)'
의 뜻풀이를 처음으로 기술하기 시작하였다. ②는 ①의 뜻풀이를 그대로
수용하면서 표제자의 훈 '혼'을 제시하였다. ③에서는 뜻풀이를 아주 간략
하게 기술하면서 표제자의 훈과 음을 한글로 표기하였다. ④에서는 일본
어로 기술한 부분을 보탰다. ⑤는 ②를 바탕으로 뜻풀이에 사용된 한자의
훈과 음을 한글로 달았으며, ①, ②, ③, ④에서 기술하지 않은 '一'의 '혼
갈(專)' 의미를 첨가하여 기술하였다.

▌**소장처**: ① 1913-02-25. 「한선문 신옥편」, 현공렴, 경성: 대창서원 · 보급서관. 〈초판〉 ② 1914-09-22. 「한선문 신옥편」, 현공렴, 경성: 대창서원 · 보급서관. 〈재판. 단국대 퇴계 기념 도서관 소장본〉 ③ 1917-03-10. 「한선문 신옥편」, 현공렴, 경성: 대창서원 · 보급서관. 〈3판〉 ④ 1918-08-18. 「한선문 신옥편」, 현공렴, 경성: 대창서원 · 보급서관. 〈4판. 박형익 교수 소장본〉 ⑤ 1918-09-22. 「부음고 한선문 신옥편」, 현공렴, 경성: 회동서관. 〈부음고 초판〉 ⑥ 1921-06-20. 「회중 한선문 신옥편」, 현공렴, 경성: 대창서원 · 보급서관. 〈196+242쪽〉 ⑦ 1922-05-13. 「회중 한일선 신옥편」, 현공렴, 경성: 대창서원 · 보급서관. 〈초판. 박형익 교수 소장본〉 ⑧ 1923-05-13. 「일선 회중 신옥편」, 현공렴, 경성: 영창서관. 〈초판〉 ⑨ 1924-12-30. 「부음고 한선문 신옥편」, 현공렴, 경성: 회동서관. 〈⑤의 5판. 박형익 교수 소장본〉 ⑩ 1926-06-14. 「일선 회중 신옥편」, 현공렴, 경성: 영창서관. 〈⑧의 재판〉 ⑪ 1927-11-25. 「일선 회중 신옥편」, 현공렴, 경성: 영창서관. 〈⑧의 3판〉 ⑫ 1930-02-20. 「일선 회중 신옥편」, 현공렴, 경성: 영창서관. 〈⑧의 4판. 박형익 교수 소장본〉

1918년 회동서관에서 펴낸 자전은 '가나다 음부'를 부록으로 붙여 놓았
으며, 나머지 내용은 1913년에 발행한 자전과 동일하다. 포켓판으로 발행
되어 '회중'이 붙은 현공렴(1921, 1922, 1923) 등도 모두 현공렴(1913)과 내용
이 같다. 그리고 아래의 두 자전도 현공렴(1913)의 내용과 동일하다.

1917-03-20. 「부음고 한선문 신옥편」, 정기성(鄭基誠), 경성: 유일서관·
중앙서관·광문서시. <초판>

1918-03-10. 「부음고 한선문 신옥편」, 정기성(鄭基誠), 경성: 유일서관·
중앙서관·광문서시. <재판. 하권 박형익 교수 소장본>

이 책에는 부록인 '음부'를 첨부하였는데, 이 '음부'는 「한일선 신옥편」
(이종정, 1916, 1922)의 '음부'와 똑같다.

「한선문 신옥편」 참고 논저

① 전일주, 2003, 「한국 한자 자전 연구」, 대구: 중문출판사. ② 박형익, 2004, 「한
국의 사전과 사전학」, 서울: 월인. ③ 권정후, 2009, 「근대계몽기 한자 자전 연구」,
석사 논문, 부산: 부산대 교육대학원.

## 5.8. 「신자전(新字典)」(1915)

〈「신자전」(1915. 신문관)〉

「신자전(新字典)」은 연활자본[427]으로 책의 크기는 가로 15.3cm이고, 세로 22.8cm이며, 책의 분량은 모두 255장이다. 「신자전」은 속표지 1장, 유근이 쓴 ‘신자전 서(新字典序)’ 1장, 최남선이 쓴 ‘신자전 서(新字典敍)’ 3장, ‘신자전 예(新字典例)’ 1장, ‘신자전 부수 목록(新字典部首目錄)’ 1장, ‘검자(檢字)’ 3장, 본문 권1 52장, 권2 67장, 권3 68장, 권4 59장, 판권지 1장 모두 257장의 분량으로 이루어져 있다. 표제와 내제는 모두 ‘신자전(新字典)’이다.

「신자전」에는 두 개의 서문이 실려 있는데, 하나는 54세의 석농(石儂) 유근(柳瑾, 1861년~1921년)이 순전히 한자로만 쓴 「신자전 서(新字典序)」이고, 다른 하나는 25세의 육당(六堂) 최남선(崔南善, 1890년~1957년)이 한글과 한자(국한문 혼용)로 작성한 「신자전 서(新字典敍)」이다. 하나는 ‘서(序)’이고 다른 하나는 ‘서(敍)’이다. 이 서문들을 통하여 「신자전」의 편찬에 관한 사항들을 살펴보기로 한다.

‘신자전 서(新字典序)’를 쓴 유근은 1861년 9월 26일 경기도 용인군 용인읍 남리에서 태어났다. 그는 1895년 4월부터 1896년 2월까지 김홍집 내각에서 탁부의 주사로 근무하였다. 그는 1896년 7월에 결성된 독립 협회에 가입하여 각종 토론회를 지도하면서 계몽 운동을 폈다. 그는 1898년에 남궁 억, 나수연, 장지연 등과 함께 「황성 신문」을 창간했으며 주필, 사장 등을 역임했다. 1905년에 사돈인 장지연이 ‘시일야 방성 대곡(是日也放聲大哭)’이라는 「황성 신문」 논설을 쓸 때에 너무 격분하여 원고의 마지막 부분을 쓰지 못한 것을 유근이 완성하였다는 일화가 남아 있다. 그는 만민 공동회의 간부로 활동하다가 체포되어 감금되었는데, 1906년에 결성된 대한 자강회, 대한 협회, 1907년에 국권 회복을 목적으로 조직된 신민회, 그리고 조선 광문회 등에서 활동하였다. 그는 중앙학교 초대 교장을 지냈고, 동아

---

427) 연활자는 납으로 만든 활자이며, 연활자본은 납으로 만든 활자로 인쇄한 책을 가리킨다.

일보 편집 고문을 맡았으며, 1919년 한성 임시 정부 수립 운동에도 참여하였다. 애국 계몽 운동가로 활동한 언론인이었으며, 대종교 지도자였던 그는 「신정 동국 역사」(1906), 「초등 본국 역사」(1908), 「신찬 초등 역사」(1910), 「신자전」(1915) 등의 저서를 펴냈다. 안종화(安鍾和)와 함께 「초등 대한 지지」(1907)도 지었다.428)

유근이 쓴 「신자전」의 서문을 살펴보면 「신자전」의 편찬 동기, 편찬자 등에 관한 내용을 알 수 있는데, 소개하면 다음과 같다. 「신자전」의 원고를 유근 혼자 스스로 작성한 것은 아니었다. 우선 조선 광문회 동인이 유근에게 「한문 대자전」의 원고를 부탁하였다. 그는 긍사(肯沙) 이인승(李寅承)과 원천(圓泉) 남기원(南基元)의 협조를 얻어 원고를 작성해 나갔다. 그 후 5년 가까운 시간이 흘러 이 「한문 대자전」을 완성하였다. 이 자전은 분량이 많아 급하게 간행하기가 어려웠다. 그런데 조선 광문회에서는 자전을 급하게 간행하기를 원했다. 유근은 그가 작성한 원고 가운데 간이하고 긴요한 것을 선택하고 편집하여 「신자전」이라는 책명을 붙였다. 이 「신자전」은 경성의 신문관에서 1915년에 초판을 발행하였다. 신문관은 최남선이 1907년 여름 일본에서 귀국하여 부친에게 받은 돈으로 만든 출판사였다. 유근이 완성한 「한문 대자전」의 원고는 출판 사정으로 간행되지 못하고 「신자전」이라는 축소판 자전이 간행되었다.429)

유근의 서문에는 최남선에 관한 언급은 없고 단지 '광문회 동인'이 「한문 대자전」의 원고를 부탁했다는 설명만 있을 뿐이다. 유근은 원고를 5년 만에 완성하였으며, 조선광문회는 1910년 12월 초기에 발족하였으므로 유근에게 「한문 대자전」의 원고를 부탁한 시기는 대략 1910년 12월경으로

---

428) 1907-09-10. 「초등 대한 지지(大韓地志)」, 안종화(安鍾和)·유근(柳瑾), 경성: 광학서관. <54쪽. 초판> <1908-10-10(재판)>
429) 이 「한문 대자전」의 원고는 현재 찾아볼 수 없다.

추정할 수 있다. 여기서 '광문회'는 조선 광문회를 가리키는데, 최남선은 1910년 12월 초에 신문관 2층에서 조선 광문회를 발족했다. 조선 광문회의 목적은 고전 간행, 귀중 문서의 수집, 편찬, 개간을 통하여 보존하고 전파하는 것이었고, 3대 지표로 수사(修史), 이언(理言), 입학(立學)을 내세웠다. 「동국 통감」과 「열하 일기」의 간행이 첫 사업이었고, 「한문 대자전」 간행이 두 번째 사업이었다. 180여 종류의 고전을 중간할 계획은 수포로 돌아가고 겨우 「동국 통감」, 「해동 역사」, 「대동 운부군옥」, 「경세 유표」, 「삼국 사기」, 「삼국 유사」, 「발해고」, 「택리지」, 「산경표」, 「용비어천가」, 「성호 사설」, 「이 충무공 전서」 등 20여 종류밖에 간행하지 못했다.

조선 광문회의 두 번째 간행 사업인 「한문 대자전」의 원고를 유근에게 부탁할 당시 조선 광문회의 주요 간부는 장지연(張志淵, 1864년~1921년), 유근, 이인승, 김교헌(金敎獻, 1868년~1923년) 등이었다. 황성신문사 사장이자 유근의 사돈이었던 장지연과 독립 운동가이자 대종교 제2대 교주였던 김교헌은 유근과 절친한 사이였다.

'신자전 서(新字典敍)'를 쓴 최남선은 시인이자 역사학자였으며, 민족 문화를 전파하는 출판인으로 활동하였다. 그는 1890년 관상감에 근무했던 부친 최헌규와 모친 강성녀의 3남 3녀 중의 둘째 아들로 서울에서 태어났다.

최남선은 12세였던 1901년에 「황성 신문」에 '대학 흥국책'을 투고했고, 「제국 신문」, 「독립 신문」 등에도 글을 투고하였다. 그는 1902년에 경성학당에 입학하였고, 1904년 10월 황실 유학생으로 뽑혀 일본의 동경 부립 제일중학교에 입학하였으나 3달 만에 자퇴하고 귀국하였다. 그는 1906년에 일본 와세다 대학 고등사범부 지리 역사학과에 입학하였지만, 1907년 6월 학교에서 개최된 모의 국회에서 경술 국치 문제를 의제로 내걸자 격분한 한국 유학생들과 함께 자퇴하고 귀국하였다.

최남선은 17세였던 1907년에 도쿄의 슈에이사(秀英社)에서 인쇄 기계와 기술자 5명을 데리고 귀국하여 아버지의 돈으로 신문관이라는 출판사를 경성에 설립하였다. 신문관에서는 한국 최초의 종합 잡지인 「소년」과 「붉은 저고리」, 「아이들 보이」, 「새별」, 「청춘」 등의 잡지를 발행하였다.

최남선은 1909년 안창호와 청년 학우회의 설립 위원이 되었으며, 1910년에 우리 민족 문화를 보호하고 전파하기 위해 조선 광문회를 설립하였다. 그는 1919년 '기미 독립 선언문'을 기초하여 투옥되었으며, 1921년 10월까지 2년 6개월 동안 수감되었다가 가출옥하였다.

그는 출옥한 이후에 1922년 동명사(東明社)라는 출판사를 세워 「동명」을 발간하였으며, 역사 연구에 전념하였다. 또 그는 1925년 동아일보 객원으로 논설을 썼으며, 1928년 조선 총독부의 역사 왜곡 기관인 조선사 편수 위원회 촉탁 편수 위원과 1938년 조선 총독부의 최고 영예직인 중추원 참의로 임명되었고, 만몽 일보사의 고문을 맡았다.

최남선은 1939년부터 만주 건국 대학 교수로 지내면서, 1940년에 조직된 독립군의 귀순 공작을 주임무로 하는 '동남 지구 특별 공작 후원회 본부'의 고문을 맡았다. 또 그는 1943년에는 이광수와 함께 일본 동경 메이지 대학 대강당에서 학도 궐기 대강연회의 연사로 참가하였다. 1921년 출옥 이후의 이와 같은 친일 행각으로 그는 1949년 친일 반민족 행위자로 마포 형무소에 수감되었는데, 감옥에서 자신 스스로 친일 행위를 변명하는 자열서(自列書)를 썼으며,430) 이후에 병보석으로 출감하였다. 그의 한일 동조론, 학병 지원 권고 강연 등과 같은 친일 행각은 1948년 반민 특위가 해산되면서 처벌되지 않았다.

그는 1957년 「한국 역사 대사전」을 편찬하던 중에 병으로 사망하였다. 저서로는 「백팔 번뇌」(1926), 「심춘 순례」(1926), 「백두산 근참기」(1927), 「시

---

430) 최남선의 자열서는 1949년 3월 9일과 3월 10일 두 차례에 걸쳐 「자유 신문」에 게재되었다.

조 유취」(1928), 「조선 불교」(1930), 「고사통」(1939), 「조선 독립 운동사」(1946), 「조선 역사」(1946) 등이 있다.

유근이 1915년 가을에 작성한 「신자전」 서문의 내용에 따르면 「신자전」의 편찬에 관한 다음과 같은 내용을 알 수 있다.

① 중국에는 「설문」, 「옥편」, 「자휘」, 「자전」 등이 있는데, 우리의 문자와 어휘로 글자의 뜻을 모아 둔 것이 없다. 간략하게 요약한 「전운 옥편」과 「규장 전운」만 있어 한자를 배우기 어렵다. 그래서 광문회에서 새로운 자전을 펴내고자 하였다.

② 광문회 동인은 「한문 대자전」의 원고 청탁을 유근에게 요청하였는데, 새롭게 편찬할 자전의 책명은 「한문 대자전」이었다.

③ 유근은 이인승과 남기원과 함께 강론하고 토론하기 5년이 지나 「한문 대자전」의 원고 작성을 비로소 마쳤다.

④ 「한문 대자전」은 「강희 자전」의 표제자로 본위를 삼았으며, 우리 문자와 언어로 바른 뜻을 풀이하였다.

⑤ 자전을 급하게 간행하지 않으면 안 될 상황이었다. 그러나 「한문 대자전」의 원고 분량이 많아 급히 간행하기 어려웠다. 그래서 원고 중에서 간이하고 긴요한 것을 새로 골라서 한 권으로 편성하여 「신자전」으로 이름을 붙였다.

④에서 「신자전」은 「강희 자전」을 대본으로 삼았음을 확인할 수 있다.

최남선이 쓴 서문에서 자전과 관련된 주요 내용을 번역하고 간추려서 제시하면 다음과 같다.

① 자전(字典)은 학문의 근원이요, 여러 서적의 창고이다.

② 광문회의 3대 기치는 수사, 이언, 입학이다. 광문회의 언어 정리의 양대 목표는 사전(辭典) 편찬과 문법 정리이다. 우리의 언어와 관계가 깊은 어문의 대역 사서(辭書)를 작성함은 사전(辭典) 계획의 한 요건이다. 머지않아 이어서 나올 아어(我語) 소전(小典)과 아문(我文)

소법(小法)이 있다.

③ 우리 나라에 한자가 유입된 것은 3천 년이 되었는데, 한자의 뜻을 정확하게 정하지 못하여 글자의 형태와 의미의 추정과 범람이 심하게 되었다. 위로 2천 년은 우리 한자의 음과 뜻이 아주 혼란하였다. 세종은 우리 어문의 새로운 국면을 타개하고자 정음청을 설치하여 국학을 진장(振張)하는 한편 운서소를 세워 한문을 외국 문자로 보는 큰 뜻을 소저(昭著)했다. 이때에 만든 「삼운 통고」가 참으로 두 음을 대역한 자서(字書)의 시작이다.

④ 「사성 통해」와 「삼운 성휘」 등 여러 서적이 나왔으나 음운을 번역하였을 뿐이요 뜻풀이는 빠트렸으며, 서거정의 「유합」과 최세진의 「훈몽 자회」에 이르러서야 음과 뜻을 아울러 번역하였으나, 그 책명과 같이 어린아이나 초보자의 서적이지 글자를 찾아보는 자전(字典)이 아니다.

⑤ 정조 때에 이르러 「전운 옥편」과 「규장 전운」이 나왔으니, 전자는 실로 조선에서 부수를 구별한 자서의 시작이요, 겸하여 체례(體例)를 조구(粗俱)한 자서의 효시이며, 후자는 운을 찾아보는 자서 가운데 가장 종합적으로 갖추어진 것이라 자서와 운서가 이에 조금 갖춰졌다.

⑥ 음과 운을 온전하게 번역하고, 명칭과 사물을 깊이 연구하여 규정한 자서에 있어서는 부문으로 분류한 「자류해(字類解)」와 종류로 구별한 「물명고(物名攷)」 등 몇 가지 종류의 알려지지 않은 서적 이외에 가히 내세울 것이 없다.

⑦ 최근에서야 없는 사전을 보충한다고 하여 몇 종류의 서적이 나왔으나, 편집의 핵심이 없고 훈역(訓譯)이 적당하지 않은 것이 많을 뿐이다. 자획의 그릇됨과 훈고(訓詁)의 잘못과 주해의 소략(疏略)이 아주 심하고, 자서의 요건이 되는 용례와 출전을 보여주는 것은 아직 하나도 없다.

⑧ 자서의 제작과 발간은 진실로 쉽지 않다. 편찬과 편집을 마쳐도 교감이 어렵고, 변증이 조사되어 보고되었어도, 인쇄 공정이 쉽지 않다. 그래서 책을 파는 서점이 가히 만들 수 없는 것이다. 서적 인쇄의 편리한 방법이 열린 후로 간출한 자서가 적지 않은데, 대개 작

자와 간행자의 뻔뻔스러움을 엄과(掩過)하지 못함이 참으로 유이(有
以)하다

⑨ 모든 책의 미비는 다 참을 수 있지만, 자서의 미비는 한 토막의 짧
은 시간도 참지 못할 것이다. 모든 책의 실정은 베풀음이 가능하지
만, 자서의 실정은 한 점도 베풀음이 가능하지 않다. 다른 책의 해
는 한 사람 한 때에 그치나 자서의 독은 만인 만세에 미친다.

⑩ 광문회에서는 「강희 자전」을 기본으로 하여 내외를 헤아려 잘 생각
하고 예전과 지금을 참작하여 근한(槿漢) 대역 자서를 찬수한 것이
이미 여러 해 지났다.

⑪ 모임 중에 나이 많은 스승에게 의논하여 서양 자서의 가장 진보한
형식을 모방하여 고사를 상고(稽古)하고 사실을 기록하여 매일 사용
하는 작은 자서를 우선 끝내기로 하고, 이미 완성한 원고본 중에서
죽어서 폐지된 것에 가까운 글자를 버리고, 시대에 사용함에 맞는
의미를 더하여, 글자를 연구하고 구를 다듬어 교열하여 비로소 편
집을 완성하였다. 한편으로 활자를 새로 만들고, 용지를 별도로 사
서, 옛 글자를 거두어들이고 속자를 바로잡고 자획을 고려하여 3년
만에 비로소 일을 마쳤다.

⑫ 주로 최남선이 전체의 입안과 내용의 설계와 구상을 했다. 유근이
자전 편찬을 맡았고, 이인승과 남기원이 섭렵과 검토, 연구에 힘을
다했다. 주시경과 김두봉이 조선 훈석을 맡았다. 최성우는 자획의
교감과 인쇄의 감독과 관리를 했다.


최남선은 ①에서 자전은 학문의 근원이며, 여러 서적의 창고라고 할 정
도로 자전의 중요성을 깨닫고 있었다. 그리고 ②에서 광문회의 언어 정리
의 양대 목표는 사전(辭典) 편찬과 문법 정리이라고 하면서, 사전과 문법에
큰 관심을 두었다. 머지않아 이어서 나올 우리 언어 소사전과 우리 말 소
문법이 나올 것이라고 하였지만, 조선 광문회의 이 두 작업은 완성되지 않
았다.431)

③에서는 「삼운 통고」가 참으로 두 음을 대역한 자서의 시작이라고 하

였는데, 보통 「삼운 통고」는 운서라고 하지 자서라고 하지는 않는다. 그런데 ⑤에서도 「규장 전운」을 운을 찾아보는 자서라고 설명하고 있어 최남선은 운서를 운을 찾아보는 자서로 생각하였음을 알 수 있다. 또 ④에서 「유합」과 「훈몽 자회」를 자서라고 하지 않고, 훈몽서 또는 초학서로 보아 사전(辭典)이 아니라고 하였다. 게다가 ⑥에서 「자류해(字類解)」와 「물명고(物名攷)」도 자서라고 하였다. 따라서 최남선이 사용한 '자서'라는 용어는 「설문 해자」, 「옥편」 등처럼 한자를 의미별로 분류하여 각 한자의 뜻을 제시하는 자서를 가리키지 않고, 자전 또는 한자 사전에 해당하는 의미를 나타내는 것을 알 수 있다. 최남선이 사용한 '자서'의 이러한 뜻은 ⑦, ⑧, ⑨, ⑩, ⑪에서도 확인할 수 있다. 또 ②에서는 대역 사서(辭書)를 작성함은 사전(辭典) 계획의 한 요건이라고 말함으로써 '사서'라는 용어를 '사전'의 하위어로 사용하고 있다. 따라서 최남선은 자서, 사서, 사전, 자전 등의 용어를 분명하게 구분하여 사용하지 않았음을 알 수 있다.

⑫에서는 「신자전」은 최남선이 기획하고, 유근이 편찬하고, 이인승과 남기원이 검토하고, 주시경과 김두봉이 조선 훈석을 맡았다는 사실을 밝히고 있다. 그런데 「신자전」의 속표지에는 '조선 광문회 편찬'으로 적혀 있고, 판권지에는 '편찬 겸 발행자'가 최남선으로 되어 있다. 이런 혼란스러운 편찬자의 제시 때문에 실제 「신자전」을 집필하고 편집한 유근보다는 최남선이 「신자전」의 편찬자로 널리 알려져 있다.

한편 부수 한자의 바로 밑에는 2개의 숫자가 나란히 표시되어 있다. 부수 한자 바로 아래의 오른쪽에 붙은 숫자는 권수를 나타내고, 왼쪽에 붙은 숫자는 장수를 나타낸다는 설명이 '신자전 부수 목록(新字典部首目錄)'이라는 제목 밑에 있다.

---

431) 최남선은 그가 만든 출판사 동명사에서 「조선어 사전」을 편찬하고자 했으나 이루지 못하고 편찬 사업은 계명 구락부로 넘어가 박승빈이 맡았다.

여기에서는 모두 17획으로 분류되어 있는데, 17획 바로 다음에 '조선 속자'와 '일본 속자' 그리고 '신자 신의(新字新義)' 3항을 나란히 첨가하였다. 이 첨가 부분을 부수 목록에 포함시키고, 본문에서는 조선 속자부, 일본 속자부, 신자 신의부로 부수가 아닌 것에 부수 명칭을 붙인 방법은 문제가 있다. 그리고 '검자'에서는 각 획에 속하는 부수 바로 밑에 '조선, 일본, 신자'를 표시하였다. 이러한 방법은 이전의 자전에서는 찾아볼 수 없는 전혀 새로운 것인데, 속자나 신자를 부수 목록에서는 제외하였으나 검자의 목록에는 포함시키고 있어 이 글자들의 배열 방법을 결정함에 있어 고민한 흔적을 엿볼 수 있다.

「신자전」에 수록된 표제자 수는 모두 13,321개인데, 「전운 옥편」과 마찬가지로 17획으로 분류하여 214부로 나누었다. 각 획에 포함된 부수자도 동일하다. 그리고 조선 속자부, 일본 속자부, 신자 신의부 3부를 마지막에 더 넣었다. 이 3부를 제외한 나머지는 「전운 옥편」의 부수 배열 방법과 동일하다. 따라서 「신자전」은 12, 13, 14획의 분류만 다르고 나머지는 모두 「전운 옥편」의 부수 배열 방법과 같은 「국한문 신옥편」(1908)과는 다르다. 「신자전」은 「국한문 신옥편」(1908)과는 달리 「전운 옥편」의 부수 배열 방법을 그대로 채택하였음을 확인할 수 있다.

'검자'의 제목 아래에 모든 의심스러운 어려운 한자는 그 부를 찾지 못해 거듭 획수를 찾아야 한다고 설명하였다. 우선 동일한 부수로 처리한 부들을 제시하였다. 즉 '인(亻)'은 '인(人)' 부에 속하므로 '인(人)' 부에서 찾으면 된다는 정보를 제시해 놓았는데, 이것들을 나열하면 다음과 같다.

인(亻=人), 도(刂=刀), 절(卩=卪), 왕(尣=尢), 천(巛=巛), 계(彑=彐), 계(彐=彐), 심(忄=心), 심(忄=心), 수(扌=手), 복(攵=攴), 무(旡=无), 알(歺=歹), 수(氵=水), 수(氺=水), 화(灬=火), 조(爫=爪), 우(牜=牛), 견(犭=犬), 왕(王=玉), 망(罒=网), 월(月=肉), 초(艹=艸), 서(覀=襾), 착(辶=辵), 부(阝(원

쪽)=邑), 부(阝(오른쪽)=阜), 장(镸=長).

그리고 1획부터 32획까지 각각 속하는 부수자와 찾기 어려운 한자의 부수자를 나열하였는데, 조선 속자, 일본 속자, 신자 등도 그 뒤에 배열하였다. 예를 들면, 2획에는 23부(二, 亠, 人, 儿, 入, 八, 冂, 冖, 冫, 几, 凵, 刀, 力, 勹, 匕, 匚, 匸, 十, 卜, 卩, 厂, 厶, 又)를 나열한 다음 끝 부수자인 '우(又)' 바로 다음에 '부수(部首)'라고 표시했다. 그런 다음 '정(丁), 칠(七)'은 일(一) 부, '예(乂), 내(乃)'는 별(丿) 부, '먀(也), 구(九)'는 을(乙) 부, '료(了)'는 궐(亅) 부, '조(刁)'는 도(刀) 부, '도(刀), 복(卜)'은 조선 속자부에서 찾아보라는 검자 정보를 제시하였다. 부수 목록에서 제시한 부수자를 다시 반복하여 나열하고 있지만 이 방법은 자전 사용자가 표제자를 손쉽게 찾아보도록 하기 위하여 첨가한 것이다.

본문은 4권으로 이루어져 있는데, 모두 246장이다. 권1은 52장, 권2는 67장, 권3은 68장, 권4는 59장으로 분류되어 있다. 권1은 '일(一)' 부에서 '척(彳)' 부까지, 권2에서는 '심(心)' 부에서 '견(犬)' 부까지, 권3에서는 '옥(玉)' 부에서 '아(襾)' 부까지, 권4는 '견(見)' 부에서 '신자 신의' 부까지 표제자의 미시 정보를 기술하였다. 본문은 가로로 3단으로 나누어 세로로 미시 정보를 기술하였다. 부수자의 미시 정보를 기술한 다음 칸을 나누어 획수를 표시한 다음 그 획수에 속하는 표제자를 나열하여 미시 정보를 기술하였다.

표제자 '일(一)'의 미시 정보의 기술 내용을 인용하여 다른 자전과 비교하면 다음과 같다.

① 「전운 옥편」: 一 일數之始畫之初均也同也誠也純也天地未分元氣泰—質壹
　　　通
② 「국한문 신옥편」(1908): 一 혼[일]數之始畫之初均也同也誠也純也天地

未分元氣泰一(質)壹通

③ 「자전 석요」(1909): 一 [일]數之始하나일(質)壹通

④ 「일선 대자전」(1912): 一 [하나일]數之始。畫之初。均也。同也。壹通(質)

⑤ 「한선문 신옥편」(1913): 一 하나㉕數之始畫之初고를㉕均也갓흘㉕同
也정셩㉕誠也슌일홀㉕純也호갈㉕專也
天地未分元氣泰一質壹通

⑥ 「신자전」(1915): 一【일】數之始한。한아凡物單箇曰-○誠也정셩[中庸]
所以行之者-○純也슌젼할凡道之純者曰-[書]惟
精惟-○尊也오로지如言-味-意[禮]欲-以窮之○
同也갓흘[孟子]前聖後聖其揆-也○統括之辭왼。왼
통如言-切-槪-家-門-國[詩]政事-埤益我○或然
之辭만약如言萬--旦[漢書]歲-不登民有飢色○第
-첫재○--낫낫(質)壹通


「신자전」에서는 '-'를 많이 사용하였는데, 「신자전」(1973, 현암사) 영인본
의 끝부분에 실려 있는 「보정 신자전(補訂 新字典)」의 교정 원고432)에서는
'-味-意'를 「-味」「-意」'로 교정하였다. 그리고 '-切-槪-家-門-國'은 '「-切」
「-槪」「-家」「-門」「-國」'로 바꾸었고, '萬--旦'은 '「萬-」「-旦」'으로 고쳐 놓
았다. 또 「한비자(韓非子)」, 「순자(荀子)」 등 인용한 출처를 밝혀놓았다.

「한선문 신옥편」(1913)에서는 '하나, 고를(均), 갓흘(同), 정셩(誠), 슌일(純),
호갈(專)'로 '일(一)'의 6가지 의미를 기술하였다. 그런데 「신자전」(1915)에서
는 '한/한아, 정셩(誠), 슌젼할(純), 오로지(尊), 갓흘(同)'의 '일(一)'의 의미와
'왼/왼통, 만약, 첫재, 낫낫' 등 '일(一)'을 포함하는 단어 즉 '일체, 일개, 일
가, 일문, 일국, 만일, 일단, 제일, 일일'의 '일(一)' 또는 단어 전체의 의미
를 한자로 기술하였다. 즉 「신자전」(1915)에서는 이전의 자전과는 다르게
'일(一)'의 미시 정보에 용례 정보에 해당하는 내용도 제시하였다. 그리고

---

432) 이 「보정 신자전」은 출간되지 못했다.

‘일(一)’의 의미도 「전운 옥편」에서 기술한 ‘고를(均)’과 「한선문 신옥편」 (1913)에서 기술한 ‘혼갈(專)’을 기술하지 않고, 다른 자전에서 기술하지 않은 ‘오로지(尊)’를 처음으로 제시하였다.

한편 ‘조선 속자부(朝鮮俗字部)’에서는 획수별로 2획에서부터 24획까지 분류하여 107개의 표제자를 배열하였다. “畓【답】水田논見公私文簿”처럼 발음 정보를 한글로 기술하였으며, 정의 정보를 한글과 한자로 기술하였다.

‘일본 속자부(日本俗字部)’에서는 25획을 제외하고 4획부터 26획에 포함되는 98개의 표제자들을 분류하고 배열하였다. “辻【ッジ】十字街, 네거리”와 같이 표제자의 발음 정보는 일본 가타가나로 표기하였으며, 정의 정보는 한자와 한글로 기술하였다.

‘신자 신의부(新字新義部)’에서는 5획~16획, 그리고 18획과 27획에 속하는 표제자 59개를 배열하였다. “哩【마일】(Mile)又讀如英里”처럼 서양 외래어 ‘마일’을 한자로 표기한 표제자의 발음 정보를 한글로 기술하였고, 어원 정보를 알파벳으로 기술하였으며, 정의 정보는 한자로 기술하였다.

▌**소장처**: ① 1915–12–05. 「신자전」, 조선광문회 편찬, 경성: 신문관. 〈초판. 국립 중앙 도서관 소장본, 박형익 교수 소장본〉 ② 1918–03–10. 「신자전」, 조선광문회 편찬, 경성: 신문관. 〈재판. 국립 국어원 소장본, 경북대 중앙 도서관 소장본, 성균관대 중앙 학술 정보관 소장본〉 ③ 1920–02–15. 「신자전」, 조선광문회 편찬, 경성: 신문관. 〈3판. 고려대 중앙 도서관 소장본, 동국대 경주 도서관 소장본, 박형익 교수 소장본〉 ④ 1924–00–00. 「신자전」, 조선광문회 편찬, 경성: 신문관. 〈4판. 동국대 중앙 도서관 소장본. 고려대 도서관 소장본, 서울대 중앙 도서관 소장본〉 ⑤ 1928–11–05. 「신자전」, 조선광문회 편찬, 경성: 신문관. 〈5판. 국립 중앙 도서관 소장본, 한국학 중앙 연구원 장서각 소장본, 서울대 중앙 도서관 소장본, 경북대 중앙 도서관 소장본〉 ⑥ 1947–00–00. 「신자전」, 조선광문회 편찬, 서울: 동명사. 〈498쪽. 고려대 중앙 도서관 소장본, 강남대 도서관 소장본〉 ⑦ 1960–00–00. 「신자전」, 조선광문회 편찬. 〈498쪽. 대구교육대학교 도서관 소장본, 순천대 도서관 소장본〉 ⑧ 1973–10–10. 「신자전」, 조선광문회 편찬, 서울: 현암사. 〈영인본〉

1973년에 고려대학교 아세아 문제 연구소의 육당 전집 편찬 위원회에서 편찬하여 「육당 최남선 전집」 7로 발행한 「신자전」 영인본의 끝 부분에는 「신자전」을 보충하고 교정한 「보정 신자전(補訂 新字典)」 원고 일부가 첨부되어 있다. 이밖에도 조용승(1978), 동양고전학회 편집부(1997) 등에서 발행한 「신자전」 영인본을 찾아볼 수 있다.

그리고 「신자전」의 원문과 해제[433]는 디지털 한글 박물관(http://www.hangeulmuseum.org)에서 찾아볼 수 있고, 21세기 세종 계획 홈페이지(http://www.sejong.or.kr)의 역사 자료 말뭉치, 국립 중앙 도서관 고전 운영실(http://www.nl.go.kr)에서도 원문을 찾아볼 수 있다.

---

**「신자전」 참고 논저**

① 「사상계」 1957년 12월호 육당 기념호, 서울: 사상계사. ② 홍일식, 1959, 「육당 연구」, 서울: 일신사. ③ 조용만, 1964, 「육당 최남선」, 서울: 삼중당. ④ 유목상, 1974, 신자전, 「한국학」 제2집, 서울: 중앙대학교 부설 아카데미 한국학연구소 ⑤ 김종훈, 1975, 육당의 「신자전」에 관한 연구, 「아카데미논총」 3-1, 세계평화교수협의회. 91-103. ⑥ 오종갑, 1975, 「신자전」의 한자음 연구 -특히 운모의 대응을 중심으로-, 「한민족어문학」 1, 한민족어문학회. 122-135. ⑦ 나영규, 1976, 『「신자전」 체언의 훈석 연구」, 석사 논문, 대구: 계명대 교육대학원. ⑧ 서재극, 1976, 「신자전」 의 새김말에 대하여, 「국문학연구」 5, 대구: 효성여대 국어국문학 연구실. 225-240. ⑨ 이호천, 1976, 『「신자전」에 나타난 새김말의 형용사 연구 -유의어를 중심으로 하여-」, 석사 논문, 대구: 계명대 교육대학원. ⑩ 황선봉, 1976, 『「신자전」 용언의 훈석 연구」, 석사 논문, 대구: 계명대 교육대학원. ⑪ 육당 최남선 선생 기념사업회 편, 1990, 「육당이 이 땅에 오신 지 백주년」, 서울: 동명사. ⑫ 이충구, 1991, 한국 자전 성립의 고, 「반교어문연구」 3, 반교어문학회. 9-27. ⑬ 이재철, 1992, 한자의 한국 표준음에 대한 일고찰 -尊의 자음을 중심으로-, 「인문과학」 제68집, 서울: 연세대학교 인문과학연구소. 167-222. ⑭ 도르멜스(Dormels, Rainer), 1994, 「옥편류의 한자음 비교 연구 -「전운옥편」, 「신자전」, 「한한 대사전」을 중심으로-」, 석사 논문, 서울: 서울대 대학원. ⑮ 이충구, 1994, 한국 자전의 실상, 「한국학논집」 2, 용인: 강남대 한국학연구소. 119-144. ⑯ 이충구, 2000, 「신자전」의 근대 자전 성격에 대한 고찰, 「한중철학」 6, 한중철학회. 67-90. ⑰ 현숙자, 2000, 한자음의 역사적 연구, 「일어일문학연구」 37집, 한국일어일문학회. 323-352. ⑱ 오영섭, 2001, 조선

---

433) 디지털 한글 박물관에서 1920년에 3판으로 발행한 「신자전」의 원문을 찾아볼 수 있으며, 박형익 교수가 쓴 「신자전」 해제도 읽어볼 수 있다.

광문회 연구, 「한국사학사학보」 3, 한국사학사학회. 79-140. ⑲ 전일주, 2003, 「한국 한자 자전 연구」, 대구: 중문출판사. ⑳ 박형익, 2004, 「한국의 사전과 사전학」, 서울: 월인. ㉑ 전일주, 2006, 「강희자전」과 한국 초기 자전 비교 연구 -「자전석요」와 「신자전」을 중심으로-, 「한문교육연구」 26, 한국한문교육학회. 357-386. ㉒ 권정후, 2009, 「근대 계몽기 한자 자전 연구」, 석사 논문, 부산: 부산대 교육대학원. ㉓ 류시현, 2009, 「최남선 연구 -제국의 근대와 식민지의 문화」, 서울: 역사비평사. ㉔ 권두연, 2010, 「신문관의 문화 운동 연구」, 박사 논문, 서울: 연세대 대학원. ㉕ 이준환, 2012, 조선광문회 편찬 「신자전」의 체재, 한자음, 뜻풀이, 「어문연구」 40-2, 한국어문교육연구회. 117-144. ㉖ 장병극, 「조선광문회 연구」, 석사 논문, 서울: 성균관대 대학원. ㉗ 디지털 한글 박물관 http://www.hangeulmuseum.org

## 5.9. 「한일선 신옥편(漢日鮮新玉篇)」(1916)

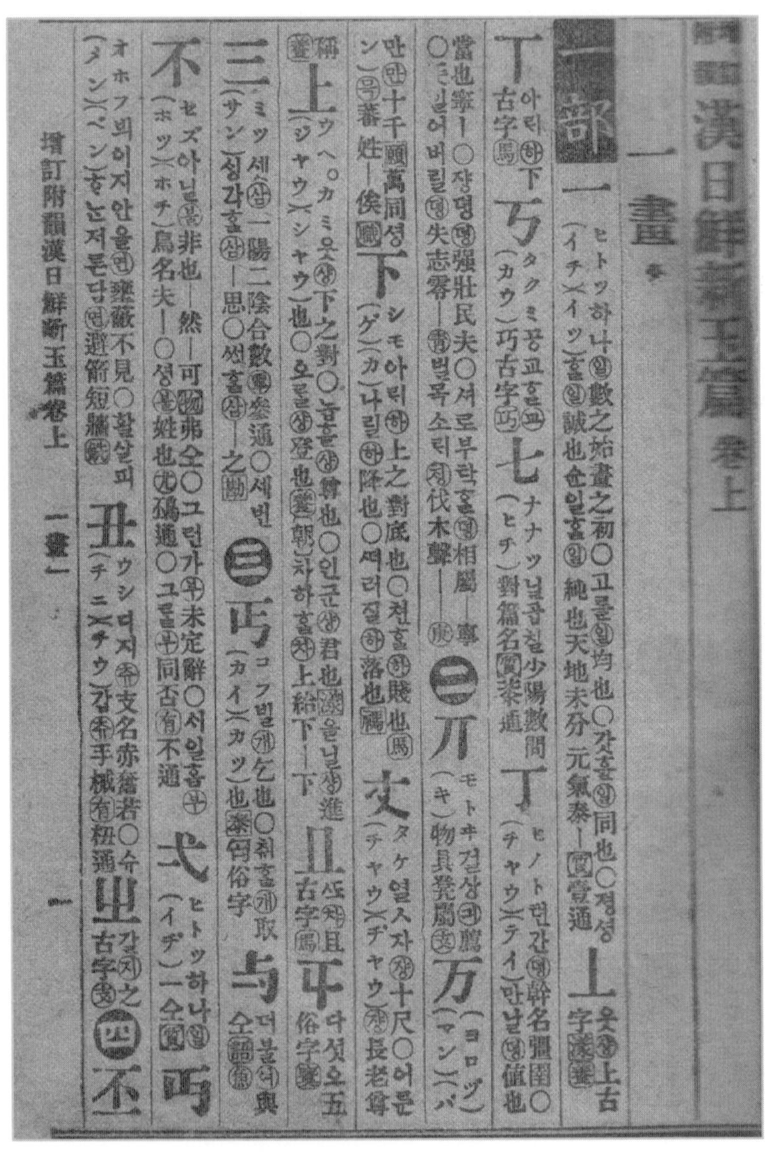

〈「한일선 신옥편」(1916, 광동서국)〉

「한일선 신옥편」은 1916년에 초판이 발행되었으며, 1922년에 6판이 발행되었다.

> 1916-11-30. 「한일선 신옥편(漢日鮮新玉篇)」, 편집자 이종정(李鍾楨), 경성: 광동서국(光東書局). <초판>
> 1922-06-20. 「증정 부운 한일선 신옥편(增訂 附韻 漢日鮮新玉篇)」, 이종정, 경성: 광동서국·태학서관(太學書舘). <6판. 박형익 교수 소장본>
> 1928-00-00. 「증정 부운 한일선 신옥편(增訂 附韻 漢日鮮新玉篇)」, 이종정, 경성: 광동서국·태학서관(太學書舘).

여기에서는 6판의 내용을 살펴보기로 한다. 이 자전의 속표지에는 '편집자 이종정(李鍾楨)'으로 되어 있으며, 1916년 경성의 광동서국과 태학서관에서 발행하였음을 적고 있다. 판권지에는 이종정이 저작 겸 발행자로 되어 있다. 이종정은 광동서국을 운영했던 사람으로,[434] 1913년에 「증보 자전 대해(增補 字典大海)」(광동서국)을 펴낸 적이 있다.[435]

이 자전은 앞표지 1장, 속표지 1장, 서문 1장, 목록 3장, 상권 247쪽, 하권 312쪽, '음부' 표지와 목차 1장, '가나다 음부' 104쪽, 판권지 1장으로 이루어져 있다. 표제, 서문, 본문, 음부 모두 각 면을 10줄로 나누어 세로쓰기를 하였다.

속표지의 표제는 '증정 부운 한일선 신옥편(增訂 附韻 漢日鮮新玉篇)'이다. 내제는 '증정 부운 한일선 신옥편 권상(增訂 附韻 漢日鮮新玉篇 卷上)'과 '증정 부운 한일선 신옥편 권하(增訂 附韻 漢日鮮新玉篇 卷下)'로 적혀 있다. 그리고 별도의 간지에 '부수(音部)'라는 표제를 붙여 놓았는데, 이 음부의 내제는

---

434) '박상균, 1977, 개화기 책 거간고, 「한국학연구」 2집, 서울: 동국대 한국학연구소.'를 참고할 수 있다.
435) 이 자전은 국립 중앙 도서관에 소장되어 있다.

'가나다 부수(部部)'이다.

서문은 1916년 3월 상한에 기원(綺園) 이홍우(李鴻雨)가 적었다. 이 서문은 1919년 5월에 광동서국·회동서관·신구서림·유일서관에서 발행한 「증보 규장 전운 한선문 신옥편(增補 奎章全韻 漢鮮文新玉篇)」의 서문과 비교해 보면 책명을 뺀 나머지 내용은 거의 같다. 즉 '증정 부운 한일선 신옥편(增訂附韻 漢日鮮新玉篇)'을 '증보 규장 한선문 신옥편(增補奎章漢鮮文新玉篇)'으로 바꿔 쓴 것에 지나지 않는다.

이 자전에서는 「전운 옥편」처럼 상권에는 1획부터 4획까지 배열하였으며, 하권에는 5획부터 17획까지 나열하여 모두 214부로 나누었다. 그러나 12획, 13획, 14획에 포함된 부수자는 다르다. 구체적으로 살펴보면 「전운 옥편」에서는 12획에는 5부(黃, 黍, 黑, 黹, 黽), 13획에는 3부(鼎, 鼓, 鼠), 14획에는 2부(鼻, 齊)로 나누어 표제자를 배열하였다. 그런데 이 자전에서는 12획에는 6부(黃, 黍, 黑, 黹, 黽, 鼎), 13획에는 1부(鼓), 14획에는 3부(鼠, 鼻, 齊)로 배열하였다. 즉 「전운 옥편」에서는 13획으로 분류한 '鼎' 부와 '鼠' 부를 이 자전에서는 각각 12획과 14획의 부수자로 분류한 것이다. 따라서 이 자전은 「전운 옥편」의 방식을 따르지 않고 「국한문 신옥편」(1908)의 부수 배열 방법을 채택하였음을 알 수 있다.

부수자를 목록에서 제시한 차례로 배열하였는데, 각각의 부수에 속하는 표제자의 획수를 표시하고 획수가 적은 것부터 차례로 배열하였다.

그리고 원래의 한자보다 획을 간단하게 하거나 새롭게 만들어 널리 쓰는 글자인 속자는 표제자의 미시 정보를 모두 기술한 다음 맨 끝에 제시하고 바로 그 밑에 '욱(勖/勗, 상권 29쪽)'처럼 상속자위(上俗字僞)' 또는 '요(幺, 상권 95쪽)'처럼 '상속자(上俗字)'를 붙여 놓았다.

표제자 '일(一)'의 미시 정보의 기술 내용을 인용하여 다른 자전과 비교하면 다음과 같다.

① 「일선 대자전」(1912): 一 [하나일]數之始。畵之初。均也。同也。壹通(質)
[イチ][イツ]ヒトツ。ハジメ。ヒトシ。オナ
ジ。

② 「한선문 신옥편」(1913): 一 하나㉕數之始畵之初고를㉕均也갓흘㉕同
也정셩㉕誠也슌일홀㉕純也혼갈㉕專也
天地未分元氣泰一質壹通

③ 「신자전」(1915): 一 【일】數之始한。한아凡物單箇曰-○誠也졍셩[中庸]
所以行之者-○純也슌젼할凡道之純者曰-[書]惟
精惟-○尊也오로지如言-味-意[禮]欲-以窮之○
同也갓흘[孟子]前聖後聖其揆-也 ○統括之辭왼。
왼통如言-切-槪-家-門-國[詩]政事-埤盆我○或
然之辭만약如言萬--旦[漢書]歲-不登民有飢色○
第-첫재○--낫낫(質)壹通

④ 「한일선 신옥편」(1916): 一 ヒトツ(イチ)(イツ)하나㉕數之始畵之初○
고를㉕均也○갓흘㉕同也○졍셩홀㉕誠也
슌일홀㉕純也天地未分元氣泰一質壹通

위에서 살펴보면 「한일선 신옥편」(1916)은 「한선문 신옥편」(1913)의 내용
에다 일본어 'ヒトツ', 'イチ', 'イツ'를 첨가하고, 「신자전」처럼 부호 '○'
를 사용하여 표제자 '一'의 의미를 구분하는 데에 사용하였다. 이처럼 표
제자의 미시 정보를 일본어로도 기술하였으므로 자전의 책명에 '한선문'
대신에 '한일선'을 사용하였다. 즉 여기서 '한일선'은 각각 한자로 표기한
표제자, 가나로 표기한 일본어, 한자와 한글을 섞어 표기한 조선어를 나타
낸다.

그리고 발음 정보를 「한선문 신옥편」(1913)처럼 각각의 의미에 따라 모
두 붙였으며, '혼갈㉕專也'와 같은 일부의 뜻풀이 정보의 내용을 삭제하거
나, '졍셩홀㉕誠也'처럼 뜻풀이 정보를 '졍셩'에서 '졍셩홀'로 약간 바꾸었
음을 알 수 있다.

따라서 「한일선 신옥편」(1916)과 「한선문 신옥편」(1913) 두 자전을 보다 자세하게 비교해 보는 작업이 필요하다. 「한일선 신옥편」(1916)에 있는 부록인 '음부'는 「한선문 신옥편」(1913)에는 없어 자전의 형식은 다소 다르나 상권과 하권으로 나눈 방법은 같고, 목록도 같아 획이나 부수자를 배열 방법은 동일하다.436)

위에서 살펴본 것과 같이 대부분의 표제자의 경우에는 발음과 뜻풀이 정보가 기술되어 있으나, 몇몇 표제자들은 속자, 상동 등과 같은 아주 간단한 정보만을 기술하였다. 아래에 그 예들을 제시해보기로 한다.437)

표제자 '욱(勖/勗, 상권 29쪽)' 등과 같이 상속자위(上俗字僞)' 또는 표제자 '요(厹, 상권 95쪽)', '타(橢, 상권 165쪽)', '잠(潛, 상권 217쪽)'처럼 '상속자(上俗字)'를 붙여 바로 위 표제자의 속자인 정보만을 기술하였다.

표제자 '만(卍, 상권 32쪽)'의 경우에는 발음이나 의미 등의 정보는 제시하지 않고 '불서만동(佛書萬同)'이라고만 기술하였다.

표제자 '원(羸, 상권 35쪽)', '거(厽, 상권 35쪽)', '미(咩, 상권 42쪽)', '소(壏, 상권 59쪽)', '타(憻, 상권 61쪽)', '자(姉, 상권 68쪽)', '호(嫭, 상권 74쪽)', '영(嬴, 상권 75쪽)', '련(孿, 상권 77쪽)', '선(尵, 상권 82쪽)', '수(岫, 상권 85쪽)' 등의 경우에는 아무런 정보를 제시하지 않고 '상동(上同)' 또는 '상동(上소)'이라고만 표시하였다.

표제자 '극(隙, 하권 246쪽)' 등의 경우에는 '상고자(上古字)'로만 제시하였다.

부록으로 붙여진 이 '음부'는 표제 1쪽, 음부 목차 1쪽, 본문 104쪽으로 이루어져 있다. 부록의 표제는 '음부(音部)'이나, 내제는 '가나다 음부(音部)'

---

436) 「한선문 신옥편」(1913)과 내용이 동일한 「부음고 한선문 신옥편」(정기성, 1917, 유일서관·중앙서관·광문서시)에 첨가된 '음부'는 「한일선 신옥편」(이종정, 1922)의 '음부'와 똑같다.

437) '훈글'로 입력할 수 없는 한자들은 여기에 제시하지 않았다.

로 되어 있다.

목차에서는 '가(1~16), 나(16~18), 다(18~25), 라(25~31), 마(31~36), 바(36~44), 사(44~54), 아(54~69), 자(69~79), 차(79~87), 카(87), 타(87~90), 파(91~94), 하(94~104)'[438] 14개 항으로 나누고 각각 해당 면을 괄호 안에 표시하여 세로로 나열한 표를 제시해 놓았다. 그런데 실제로 본문에서는 이 14개의 음절 항목으로만 구분하지 않았다. 본문에서는 '나 음부, 다 음부' 등으로 먼저 표시한 다음,[439] 각 표제자의 한글 음절별로 부호 'O'를 사용하여 표시하였고, 사용자가 음별로 한자를 찾아보기 쉽게 본문의 상단에 그 본문에 포함된 각 음절들을 다시 표시하였다.

이 자전은 「한선문 신옥편」(1913)의 내용을 저본으로 하여 일본어로 기술한 미시 정보를 첨가하고 '음부'인 부록을 덧붙인 점이 특징이다.

---

438) 이 자전에는 '하(七四-百四)'로 잘못 되어 있으나 여기에서는 바르게 고쳤다.
439) 이 자전에는 '가 음부(音部)'는 없고 '나 음부(音部)'부터 있다.

## 5.10. 「신정 의서 옥편(新訂 醫書玉篇)」(김홍제, 1921)

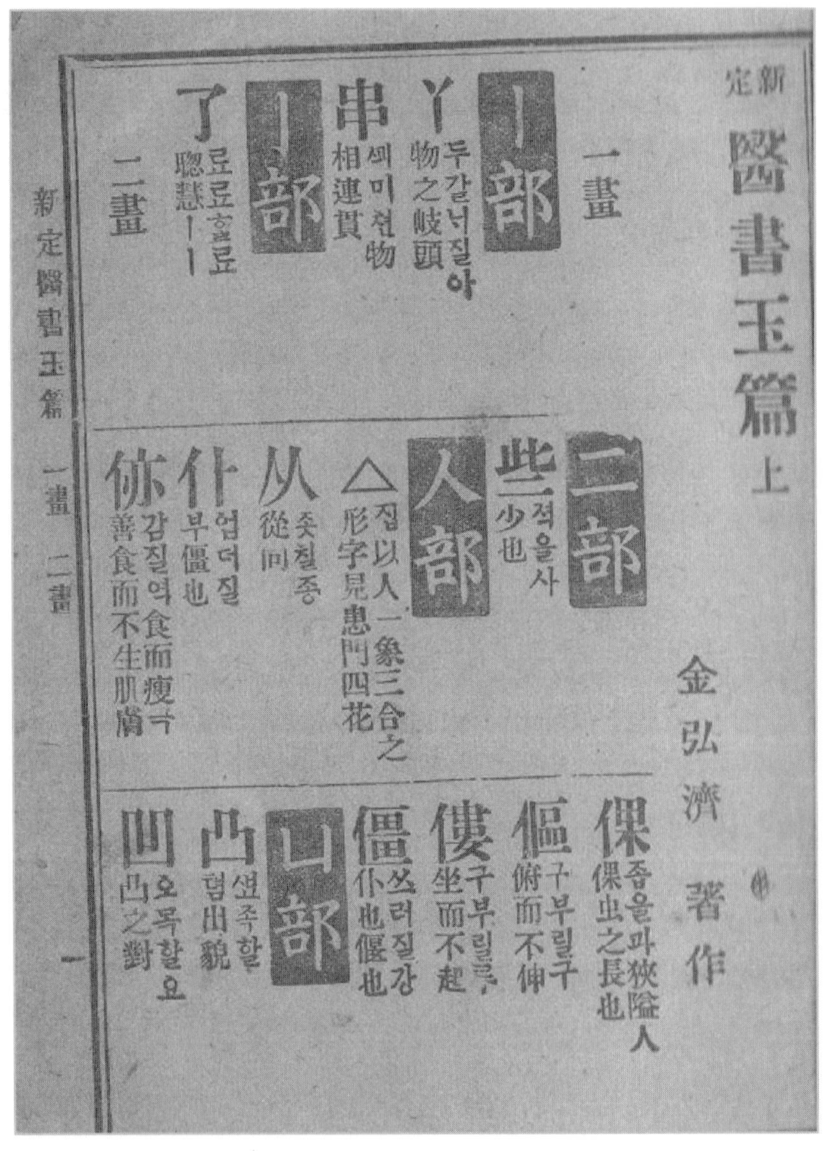

〈「신정 의서 옥편」(1921, 광동서국)〉

「신정 의서 옥편」의 판권지에 판수에 관한 표시가 없어 초판 발행일을 정확하게 알 수는 없으나, 1921년 이전에 나온 것을 현재 찾아볼 수 없어, 이 책이 초판일 것으로 짐작한다. 1929년판은 동양 대학당에서 발행하였으나, 둘의 내용은 동일하다. 그리고 1944년판도 내용은 같다.440)

> 1921-01-25. 「신정 의서 옥편(新訂 醫書玉篇)」, 김홍제(金弘濟), 경성: 광동서국(光東書局).
> 1929-03-18. 「신정 의서 옥편」, 김홍제(金弘濟), 경성: 동양대학당(東洋大學堂).
> 1944-06-15. 「신정 의서 옥편」, 명문당 편집부 편찬, 경성: 명문당(明文堂). <저작 겸 발행자는 김정청랑(金井淸郞)으로 되어 있다.>

1921년에 발행된 자전의 판권지 내용은 다음과 같다. 이 자전의 저작 겸 발행자는 광동서국의 대표 이종정(李鍾楨)이다.441) 인쇄자는 김중환(金重煥)이며, 경성부 공평동 55번지의 대동 인쇄 주식회사에서 1921년 1월 15일에 인쇄하였다. 발행소는 광동서국이며, 발매소는 태학서관(太學書舘)이다.

그런데 1921년에 발행된 이 자전과 내용이 동일한 1929년에 발행된 자전의 판권지 내용은 이와는 다르다. 저작 겸 발행자는 송경환(宋敬煥)이다. 인쇄자는 김교찬(金敎瓚)이고, 1929년 3월 10일에 경성부 황금정 2정목 21번지 신문관(新文舘)에서 인쇄하였다. 발행소는 경성부 서대문정 2정목 69번지의 동양 대학당이다.

---

440) 동양 의약 서적 편찬회에서 편찬하고 학생사에서 1963년에 발행한 「수정 증보 의서 옥편」도 대구 한의대 학술정보관에 소장되어 있다. 책의 분량은 4+92쪽이다.

441) 이 시기의 발행된 책의 판권지에 나타나 있는 저작 겸 발행자는 보통 출판사의 대표를 가리키므로 저자와 동일한 사람은 아니다. 저자를 밝히지 않은 책은 판권지에 적혀 있는 출판사 대표를 저자로 적기로 한다.

판권지에 판수에 관한 기록이 없어 정확한 초판 발행일을 확인할 수 없다. 이 두 자전의 저자는 표지에 나타나 있듯이 모두 김홍제인데, 발행자와 인쇄자는 다르지만 전체 내용은 모두 같다.

한편 명문당 편집부에서 편찬하여 1944년에 발행한 「신정 의서 옥편」도 1921년판과 1929년판의 내용과 동일하다.

이 자전의 크기는 가로 11.2cm, 세로 14.7cm이다. 본문은 82쪽의 분량으로 되어 있으며, 겉표지를 포함하여 모두 46장의 분량으로 이루어져 있다.

이 자전은 앞 겉표지 1장, 속표지 1장, 목록 4쪽, 신정 의서 옥편 상(1~21쪽), 신정 의서 옥편 하(22쪽~82쪽), 그리고 뒤의 겉표지 안쪽에 판권지가 있으며 겉쪽에는 출판사에서 펴낸 도서 목록이 나열되어 있다. 이 자전에는 서문, 범례, 부록은 없다.

겉표지는 세로로 3단으로 나누어 저작자, 책명, 발행소를 표시하였다. 저작자는 김홍제(金弘濟)로 되어 있고, 표제는 '신정 의서 옥편 전(新定 醫書 玉篇 全)'으로 되어 있다. 발행소는 '경성부 관수동 30번지 광동서국'이다.

목록과 본문의 부수가 다르다. 목록에는 1획 1부(丨)만 있으나 본문에는 '궐(亅)' 부도 있다. '문(文), 효(爻), 아(牙), 현(玄), 주(舟), 수(首)'의 경우도 마찬가지이다.

여기에서는 본문의 부수를 살펴보도록 한다. 모두 17획으로 분류하여, 권상에는 1획에서 4획까지 배열하였으며, 권하에서는 5획부터 17획까지 배열하였다. 모두 152개의 부로 나누었는데 이러한 부(部)의 배열 방법은 대체로 「전운 옥편」과 같은데, 다만 '구(韭)' 부를 '혈(頁)' 부와 '식(食)' 부 사이에 배열한 점이 다르다. 그리고 「전운 옥편」과는 달리 '정(鼎)'을 13획이 아닌 12획에 분류하고, '서(鼠)'를 13획이 아닌 14획으로 분류하였다.

표제자는 모두 1,934개인데, 이들의 선정 기준은 '의서 옥편'이라는 책명을 통해서 의서(醫書)를 볼 때에 자주 나오는 한자인 것으로 짐작할 수는 있으나, 서문이 없어 정확한 선정 기준은 확인할 수 없다.

약초와 관련된 '초(艸)' 부에 속하는 한자가 232개로 제일 많고, 병에 관련된 표제자들인 '녁(疒)' 부에 속하는 한자가 154개로 그 다음을 차지한다. 그리고 '충(虫)' 부에 속하는 표제자가 125개이며, '육(肉)' 부에 속하는 표제자가 121개로 그 뒤를 잇고 있다.

표제자 바로 밑에 세로로 뜻풀이와 발음 정보를 한글로 기술한 다음 한자로 뜻풀이를 기술하였다. 예를 들면, '呬 숨희 息也 <3쪽 1단>'에서처럼 '숨'으로 표제자의 뜻풀이를 한 다음 발음 정보 '희'를 제시하고, '식야(息也)'로 뜻풀이를 하였다. 그런데 '咕 두덜거릴구 <3쪽 1단>'처럼 한자로 뜻풀이를 하지 않은 경우도 있다. 그리고 '△ 집以人一象三合之形字見患門四花 <1쪽 2단>'처럼 발음 정보만 기술하고 뜻풀이를 한자로만 기술한 경우도 찾아볼 수 있다. 대체로 표제자의 뜻풀이는 하나만 기술하였다.

이 자전은 의서라는 한정된 특수한 분야의 책을 읽을 때에 편리하게 사용할 수 있도록 어려운 한자들을 표제자로 선정하여 편찬된 특수 한자 사전으로 최초의 것이다. 그리고 이 자전은 의사들이 왕진을 갔을 때에 치료 방법이나 처방의 내용을 확인할 수 있도록 휴대하기 좋게 작은 크기로 제작되었는데, 이러한 크기로 발행된 특수 자전은 이전에는 찾아볼 수 없다. 따라서 다른 일반 자전들과 비교해 보면 이 자전은 내용이나 크기에서 아주 독특한 특징을 지니고 있는 것을 쉽게 확인할 수 있다.

## 5.11. 「자림 보주(字林補註)」(유한익, 1921)

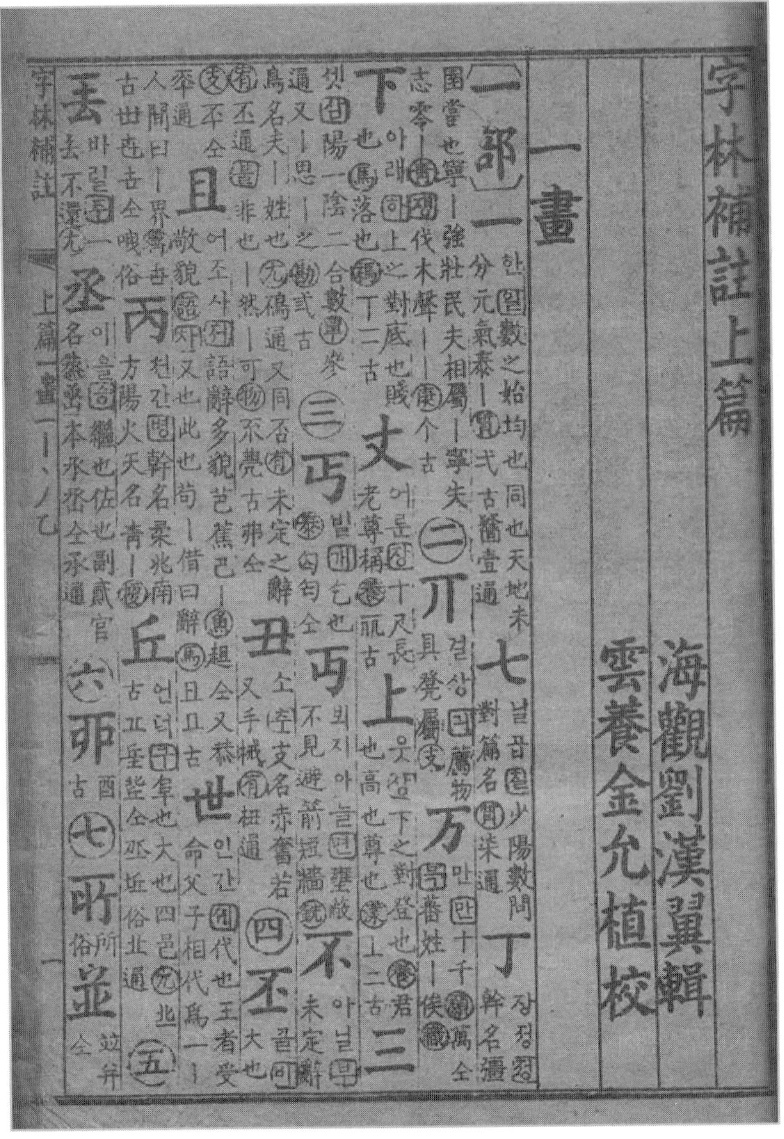

〈「자림 보주」(1921, 천경당 서국)〉

「자림 보주」의 저자는 금석문을 잘 썼던 서예가 해관(海觀) 유한익(劉漢翼, 1844년~1923년)이다. 「자림 보주」 초판은 1921년에 발행되었지만, 여기에서는 1924년 5월 20일에 경성 대광서림(大廣書林)에서 발행한 「자림 보주」를 참고하여 설명하도록 한다.

1924년에 발행된 자전의 판권지에는 원저자는 유한익이고, 저작자는 경성부 창신동 619번지의 유영상(劉永相)으로 되어 있다. 유한익은 초학 아동을 위한 한자 학습서인 「통학 경편(通學徑編)」(1971, 황응두)의 발문을 쓰기도 하였다.

발행자는 경성부 종로 3정목 65번의 박건회(朴健會)이며, 인쇄자는 중국 상해 2마로(馬路)의 천경당 서국(千頃堂書局)이며, 인쇄소는 중국 상해 9강로(江路) 289호의 천경당 인쇄소(千頃堂印刷所)이다. 발행 겸 총발매소는 경성부 종로 3정목 65번지의 대광 서림(大廣書林)이다. 교열은 운양(雲養) 김윤식(金允植, 1835년~1922년)이 맡았으며, 하정(荷汀) 민영휘(閔泳徽, 1852년~1935년)가 발문을 썼다.

이 자전은 앞 표지 1장, '자림 보주 서' 2쪽, '자림 보주 범례' 2쪽, '자림 보주 목록' 4쪽, '자림 보주 상편' 64장, '자림 보주 하편' 71장, 책명을 적은 저자의 서예 작품 1장, '자림 척기(字林摭奇) 목록' 6장, 끝장에 발문이 붙은 '자림 척기' 55장으로 이루어져 있다.

표제는 '자림 보주'이고, 내제는 '자림 보주 상편'과 '자림 보주 하편'으로 되어 있다. '자림(字林)'은 중국 진나라의 여침(呂忱)이 편찬한 「자림(字林)」과 글자가 같으나 그 내용은 다르다.

1924년 5월 20일에 대광 서림에서 발행한 책의 판권지에는 책명이 '무쌍 자전 대해 부 자림 척기(無雙 字典大海 附字林摭奇)'로 되어 있다.

「자림 보주」 목록은 1획부터 17획까지 분류하여, 권상에는 1획에서 4획까지 배열하였으며, 권하에서는 5획부터 17획까지 배열하였다. 목록에는 2

획의 '도(刀), 력(力), 포(勹), 비(匕), 방(匚), 혜(匸)' 부(部)들이 없지만, 본문에는 이 부들이 수록되어 있다. 부(部)의 분류 방법은 「전운 옥편」처럼 214부로 나누었다.

그런데 이 자전에서는 「강희 자전」, 「전운 옥편」, 「한선문 신옥편」(현공렴, 1913) 등에서 '정(鼎)'과 '서(鼠)'를 모두 13획으로 처리한 것과는 달리 「국한문 신옥편」(정익로, 1908), 「자전 석요」(지석영, 1909)처럼 '정(鼎)'은 12획에 배열하고, '서(鼠)'는 14획에 포함시켰다.

「자림 보주」에서는 「전운 옥편」, 「국한문 신옥편」(1908), 「자전 석요」(1909), 「한선문 신옥편」(1913)처럼 '비(飛), 풍(風)'으로 배열하지 않고, '풍(風), 비(飛)'의 순서로 배열하였다. 그러나 목록에서는 이렇게 배열해 놓았지만, 본문에는 '비(飛)' 부가 없다. 또 '발(癶)' 대신에 '계(癸)'를 5획에 배치하였다.

표제자는 모두 18,177개를 선정하였으며, 표제자 바로 밑에 세로로 표제자의 뜻과 발음을 한글로 기술한 다음 한자로 뜻풀이를 제시하였다.

표제자 '일(一)'의 미시 정보의 기술 내용을 인용하면 다음과 같다.

① 「전운 옥편」: 一 ⑪數之始畫之初均也同也誠也純也天地未分元氣泰-⑱壹通

② 「국한문 신옥편」(1908): 一 흔[일]數之始畫之初均也同也誠也純也天地未分元氣泰一(質)壹通

③ 「한선문 신옥편」(1913): 一 하나⑪數之始畫之初고를⑪均也갓흘⑪同也정성⑪誠也슌일홀⑪純也흔갈⑪專也天地未分元氣泰一質壹通

④ 「한일선 신옥편」(1916): 一 ヒトツ(イチ)(イツ)하나⑪數之始畫之初○고를⑪均也○갓흘⑪同也○정성홀⑪誠也슌일홀⑪純也天地未分元氣泰一質壹通

⑤ 「자림 보주」(1921): 一 한⑪數之始均也同也天地未分元氣泰-⑱弌古醫壹通

위에서 살펴보듯이 「자림 보주」는 「국한문 신옥편」(1908)의 형식과 내용이 비슷하다. 보다 구체적인 검토가 필요하지만, '자림 척기' 부분을 제외하면 「자림 보주」는 「국한문 신옥편」을 토대로 삼아 편집한 것으로 추정하여도 큰 무리가 없을 것이다.

'자림 척기 목록'과 끝 장에 발문이 붙어 있는 '자림 척기' 55장이 본문 뒤에 부록으로 붙어 있다. '자림 척기 목록'에는 한자의 모양을 분석하여 자형별로 아래와 같은 54개 종류의 한자로 분류하였는데, 본문에는 전패 비휴(顚沛匪虧), 전패 반대(顚沛反對), 언문 상사(諺文相似), 언문 합법(諺文合法)의 4개가 더 분류되어 있어 아래와 같은 58개 종류의 한자어와 한자가 분류되어 있다.

① 상하상반(上下相反) 136개: 상하가 서로 반대인 모양(예: 上下, 昏昬, 由甲 등)
② 상쌍하쌍(上雙下雙) 73개: 상하가 쌍을 이룬 모양(예: 琵, 筐, 棽 등)
③ 상승하접(上乘下接) 38개: 상하만 각각 같은 형태인 모양(예: 翁, 蓊, 蠶 등)
④ 상이층쌍(上二層雙) 84개: 위의 두 부분만 쌍을 이룬 모양(예: 簡, 篳, 蘭 등)
⑤ 하이층쌍(下二層雙) 14개: 아래의 두 부분만 쌍을 이룬 모양(예: 僉, 簽, 薟 등)
⑥ 상호일쌍(上護一雙) 159개: 위의 두 부분이 좌우 대칭을 이룬 모양(예: 坐, 幽, 覺 등)
⑦ 하호일쌍(下護一雙) 18개: 아래의 두 부분이 좌우 대칭을 이룬 모양(예: 乖, 轡 등)
⑧ 좌우반대(左右反對) 744개: 두 한자의 좌우가 서로 반대인 모양(예: 和咊, 少少, 部陪 등)
⑨ 좌보우필(左補右弼) 122개: 좌우가 중간 형태를 보필한 모양(예: 胤, 卿, 粥 등)

⑩ 좌쌍우쌍(左雙右雙) 11개: 좌우 모두 쌍을 이룬 모양(예: 翔, 獥 등)

⑪ 좌우배면(左右背面) 22개: 좌우가 등진 모양(예: 卅, 北, 卯 등)

⑫ 좌우부액(左右扶腋) 59개: 좌우가 중간 형태를 낀 모양(예: 巫, 來, 乘 등)

⑬ 좌우층쌍(左右層雙) 7개: 좌우의 쌍이 위 형태와 층을 이룬 모양(예: 彝 등)

⑭ 체변의동(體變義仝) 918개: 글자 일부분의 위치가 바뀌어 뜻이 같은 모양(예: 勈勇, 叽叴, 呸否 등)

⑮ 체변의이(體變義異) 594개: 글자 일부분의 위치가 바뀌어 뜻이 달라진 모양(예: 仛厃, 仟斤, 仜仐 등)

⑯ 체변불완(體變不完) 188개: 글자의 일부분을 바꾼 모양(예: 是昰, 脚脚 등)

⑰ 체변신기(體變神奇) 92개: 글자의 위치가 바뀌어 글자의 형태 달라진 모양(예: 卽皀, 潤闊 등)

⑱ 체이수동(體異首仝) 870개: 위의 부분은 같고 아래 부분이 다른 모양(예: 哉栽戈裁載截戴, 券券卷帣桊拳牮 등)

⑲ 체동수이(體仝首異) 29개: 아래 부분은 같고 위의 부분이 다른 모양(예: 虜, 鬻, 鬻 등)

⑳ 상화하목(上和下睦) 56개: 위와 아래가 똑같은 모양(예: 二, 仌, 厶, 爻, 炎, 哥, 圭, 多 등)

㉑ 이직상화(二直上和) 44개: 위의 같은 두 부분이 세로로 겹친 모양(예: 忢, 恚, 盍 등)

㉒ 이직중화(二直中和) 17개: 중간에 같은 두 부분이 세로로 겹친 모양(예: 厔, 亳, 夏 등)

㉓ 이직하목(二直下睦) 92개: 아래에 같은 두 부분이 세로로 겹친 모양(예: 츠, 쓴, 些 등)

㉔ 이직좌화(二直左和) 121개: 왼쪽에 같은 두 부분이 세로로 겹친 모양(예: 俎, 刲, 劼, 卦, 封 등)

㉕ 이직우목(二直右睦) 329개: 오른쪽에 같은 두 형태가 세로로 겹친 모양(예: 恔, 砓, 絞, 眧, 詨 등)

㉖ 부창부수(夫唱婦隨) 135개: 좌우가 같은 모양(예: 從, 兢, 双, 喆, 多, 孖, 比, 开 등)

㉗ 이횡상창(二橫上唱) 367개: 위에 같은 두 부분이 가로로 놓인 모양
    (예: 坒, 毛, 毖, 粜 등)
㉘ 이횡중창(二橫中唱) 63개: 중간에 같은 두 부분이 가로로 놓인 모양
    (예: 襄, 巖, 霤 등)
㉙ 이횡하수(二橫下隨) 233개: 아래에 같은 두 부분이 가로로 놓인 모
    양(예: 屁, 庇, 疕, 昴 등)
㉚ 이횡좌창(二橫左唱) 103개: 왼쪽에 같은 두 부분이 가로로 놓인 모
    양(예: 覞, 㿻, 狝, 狓 등)
㉛ 이횡우수(二橫右隨) 295개: 오른쪽에 같은 두 부분이 가로로 놓인
    모양(예: 此, 硏, 姚, 趀, 珊 등)
㉜ 삼직불의(三直不疑) 1개: 같은 세 형태가 세로로 겹친 모양(예: 㣻)
㉝ 삼횡안항(三橫鴈行) 20개: 같은 세 부분이 가로로 놓인 모양(예: 巛,
    彡, 川, 등)
㉞ 삼횡상안(三橫上鴈) 38개: 위에 같은 세 부분이 가로로 놓인 모양
    (예: 災, 巢, 鱻 등)
㉟ 삼횡중안(三橫中鴈) 28개: 중간에 같은 세 형태가 가로로 놓인 모양
    (예: 㞞, 莖, 靈 등)
㊱ 삼횡하항(三橫下行) 49개: 아래에 같은 세 형태가 가로로 놓인 모양
    (예: 参, 彦, 㡛 등)
㊲ 삼횡좌안(三橫左鴈) 10개: 왼쪽에 같은 세 형태가 가로로 놓인 모양
    (예: 須 등)
㊳ 삼횡우안(三橫右鴈) 71개: 오른쪽에 같은 세 형태가 가로로 놓인 모
    양(예: 玙, 杉, 珊 등)
㊴ 삼층쌍안(三層雙鴈) 17개: 위, 중간, 아래 세 부분이 각각 쌍을 이룬
    모양(예: 關 등)
㊵ 삼안곡항(三鴈曲行) 6개: 글자의 3/4이 각각 같은 부분으로 이루어진
    모양(예: 㸪, 畾 등)
㊶ 하형성자($\therefore$形成字) 79개: 같은 세 형태가 $\therefore$의 모양을 이룬 것(예:
    衆, 劦, 茘 등)
㊷ 하형상성($\therefore$形上成) 105개: 위의 세 형태가 같으며 $\therefore$의 모양을 이
    룬 것(예: 脅, 參叅 등)

㊸ 하형중성(∴形中成) 26개: 중간의 세 형태가 같으며 ∴의 모양을 이룬 것(예: 嵾, 蘁, 虆 등)

㊹ 하형하자(∴形下字) 74개: 아래의 세 형태가 같으며 ∴의 모양을 이룬 것(예: 悶, 奔, 鬭 등)

㊺ 하형좌성(∴形左成) 20개: 왼쪽의 세 형태가 같으며 ∴의 모양을 이룬 것(예: 猷, 姚, 勦 등)

㊻ 하형우자(∴形右字) 135개: 오른쪽의 세 형태가 같으며 ∴의 모양을 이룬 것(예: 旅, 協, 攜 등)

㊼ 사방평안(四方平安) 21개: 상하좌우의 형태가 모두 같은 모양(예: 叕, 甛, 羉 등)

㊽ 사방상평(四方上平) 24개: 위에는 같은 네 형태가 나란히 놓이고, 아래에는 다른 형태가 놓인 모양(예: 昝, 豐 등)

㊾ 사방중평(四方中平) 27개: 중간에 같은 네 형태가 놓인 모양(예: 窶 등)

㊿ 사방하안(四方下安) 4개: 아래에 같은 네 형태가 놓인 모양(예: 叕, 鬪 등)

(51) 사방좌평(四方左平) 13개: 왼쪽에 같은 네 형태가 놓인 모양(예: 鮤, 叕 등)

(52) 사방우안(四方右安) 41개: 오른쪽에 같은 네 형태가 놓인 모양(예: 啜, 惙 등)

(53) 사방구평(四方俱平) 28개: 중앙의 획을 중심으로 네 형태가 대칭으로 놓인 모양(예: 傘 등)

(54) 사방구안(四方俱安) 49개: 중앙을 중심으로 상하 네 형태가 같은 모양(예: 器, 畾 등)

(55) 전패비휴(顚沛匪虧) 13개: 글자를 이루는 형태의 위치를 바꾸어도 같은 모양(예: 日, 卍 등)

(56) 전패반대(顚沛反對) 29개: 글자를 이루는 형태의 위치를 바꾸면 상반되는 모양(예: 丌, 忉 등)

(57) 언문상사(諺文相似) 12개: 한글의 자모 글자와 한자가 비슷한 모양(예: 一, ㅣ, ㄱ 등)

(58) 언문합법(諺文合法): 한글의 자음 글자와 모음 글자가 결합된 모양(예: 가, 갸, 거, 겨 등)

그런데 위 분류에는 '상하(上下), 부배(部啤)'처럼 그 대상이 둘 이상의 한자로 이루어진 경우와 '비(琵)'처럼 한자 1자의 경우가 섞여 있어 분류 대상의 일관성이 없음을 알 수 있다.

특히 '언문 상사'와 '언문 합법'은 한글과 관련된 내용으로 한자 사전에서 다루지 않는 내용이다. '언문 상사'는 한글과 한자의 모양을 비교한 것이며, '언문 합법'은 한자와는 전혀 상관이 없는 한글의 자음 글자와 모음 글자가 결합하는 형태를 나열한 것이다.

한편 민영휘가 1916년 2월 상순에 쓴 발문에는 다음과 같은 내용이 포함되어 있다.

> ① 유해관 군이 「자림 보주」 2권과 「척기」 1권을 가지고 와서 보여주었다. 이 자서는 정교하게 갖추어진 것이었다.
> ② 대개 「이아」와 「설문」 등의 책은 오래 되었으며, 가장 정밀하고 박학한 것은 「강희 자전」이다.
> ③ 「전운 옥편」은 간략함을 취했고, 요즘 「신옥편」은 비록 훈민 정음으로 풀이를 하였으나 각주가 너무 간략하다.
> ④ 이 책은 옛 것을 참작하여 그 각주를 보완하였으며, 훈민 정음의 상세함을 겸비하였다. 또 상하, 좌우, 반변, 단쌍과 같은 것은 글씨를 쓸 때에 더욱 없어서는 안 되는 것이다.

▍**소장처**: ① 1921-00-00. 「자림보주」, 유한익(劉漢翼), 상해(上海): 천경당서국(千頃堂書局). 〈석판본. 동국대학교 중앙 도서관 소장본〉 ② 1922-00-00. 「자림보주」, 유한익, 상해: 천경당서국. 〈국립 중앙 도서관 소장본, 서울대 중앙 도서관 소장본. 계명대학교 동산 도서관 소장본〉 ③ 1924-05-20. 「자림보주」, 유한익, 경성: 대광서림(大廣書林). 〈박형익 교수 소장본〉

---

「자림 보주」 참고 논저

① 전일주, 2003, 「한국 한자 자전 연구」, 대구: 중문출판사. ② 권정후, 2009, 「근대 계몽기 한자 자전 연구」, 석사 논문, 부산: 부산대 교육대학원.

## 5.12. 「모범 선화 사전(模範 鮮和辭典)」(정경석 외, 1928)

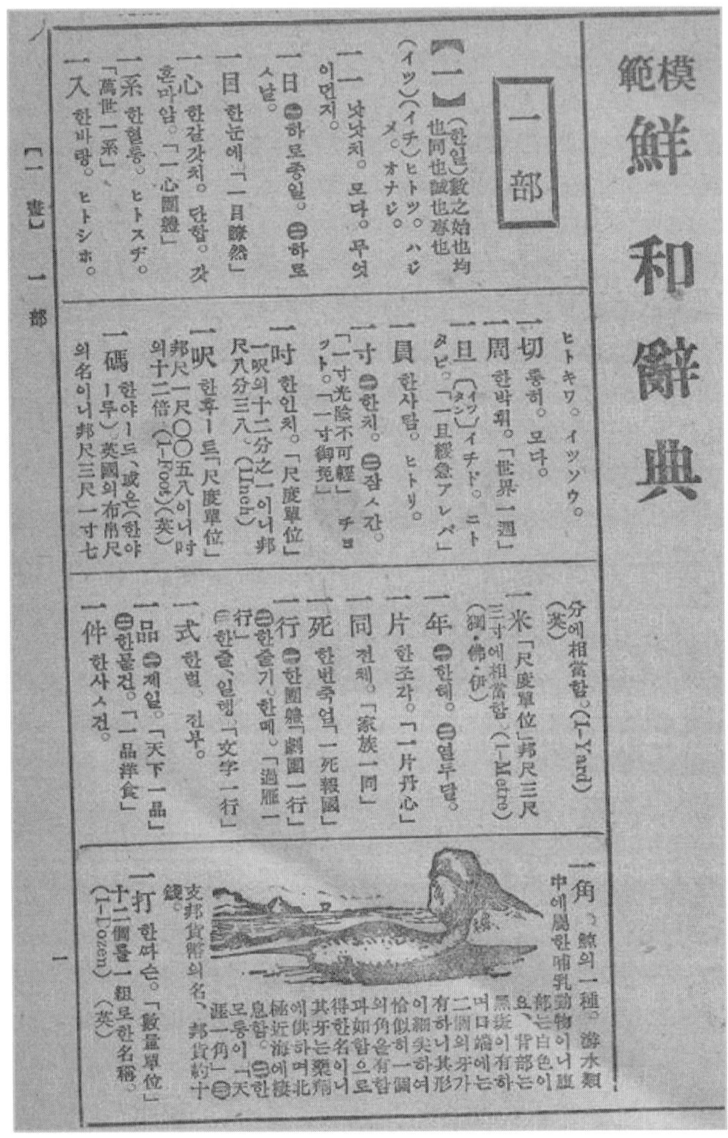

〈「모범 선화 사전」(1928. 동양서원)〉

1928년 동양 서원에서 발행한 「모범 선화 사전」은 1933년 4월 28일에 박문 서관에서 초판으로 발행한 「모범 선화 사전」과 그 내용이 동일하다. 다만 정경석(鄭敬晳)·민대호(閔大鎬)·조남희(趙男熙) 공저로 발행된 것이 박문 서관에서 편집한 것으로 바뀌었을 뿐이다.

정경석·민대호·조남희 공저로 동양 서원에서 초판과 재판이 발행된 「모범 선화 사전」은 그 내용과 책명은 바뀌지 않은 채로 1933년 박문 서관에서 편집한 것으로 바뀌어 다시 초판으로 발행되었다. 이렇게 발행된 까닭은 민대호와 조남희가 1925년 8월에 민준호(閔濬鎬, 1877년~1937년)로부터 인수한 동양 서원에서 이 자전의 판권을 박문 서관에 매도한 것으로 추측할 수 있다(「시대일보」 1925년 8월 28일자 참고).[442]

「조선 은행 회사 조합 요록」(1931판)에 따르면 동양 서원은 1931년 2월 25일에 경성부 종로 2정목 86에 강제모(姜齊模)가 설립한 도서 출판, 판매, 문방구상인 것으로 되어 있다. 그리고 1931년 3월부터 1942년 9월까지 동양 서원의 사장은 장제모로 되어 있다(「조선 은행 회사 조합 요록」(1931년판, 1933년판, 1935년판, 1937년판, 1939년판, 1942년판)). 이것은 강제모가 1931년 2월에 민대호와 조남희의 동양 서원을 인수하였기 때문이다.

정경석은 동양 서원에서 펴낸 「모범 선화 사전」의 서문을 썼는데, 이 서문은 1933년판에도 그대로 실려 있다. 정경석은 1919년에 「경향 통상 여행 척독(京鄕通商旅行尺牘)(상업 척독)」을 지어 광문 서시(廣文書市)에서 펴내기도 했다.

민대호는 진명 여학교에 선생으로 근무하였다. 그는 학교를 그만둔 뒤에 보성 고보에 선생으로 근무했던 조남희와 함께 종로에 있는 동양 서원을 1925년부터 인수하여 경영하였다(「시대일보」 1925년 8월 28일).

---

442) 민대호와 조남희는 동양 서원을 인수하여 「조선 숭배(祖先崇拜)에 대한 여(余)의 태도(態度)」(변영태, 1926), 「아시 조선(兒時朝鮮)」(최남선, 1927) 등을 펴냈다.

조남희는 보성 고보 간사였는데(「개벽」 제48호(1924), 제58호(1925)) 1925년 11월에 퇴직하여, 동양 서원에서 근무하였다(「별건곤」 제4호(1927), 「별건곤」 27호(1930)). 조남희는 적어도 1930년 3월 1일까지는 동양 서원에서 근무했었던 것으로 알려져 있다(「별건곤」 제27호, 1930년 3월 1일). 그는 「실용 서찰법」(1926, 동양 서원), 「신식 비문 척독」(1926, 동양 서원) 등을 펴냈다.

여기에서는 이 자전의 초판(1926년 3월 발행)을 볼 수 없어 1936년판을 참고하여 설명하기로 한다. 「모범 선화 사전」은 가로 12.5cm이고, 세로 18cm인 양장본으로 앞뒤 겉표지의 안쪽 면과 그 다음 면에 동일한 부수 색인을 붙였다. 겉표지 1쪽, 부수 색인 2쪽, 속표지 1장, 서문 3쪽, 범례 2쪽, '모범 선화 사전 특색' 2쪽, 본문 674쪽, '부음편(附音編)' 96쪽, 기타 23쪽, 판권지 1면으로 이루어져 있다.

겉표지와 속표지의 표제는 모두 '모범 선화 사전(模範 鮮和辭典)'이다. 자전의 책명에 '사전(辭典)'을 사용한 것은 이것이 처음이다. 여기서 '선화'라는 용어는 '조선어-일본어'의 의미를 나타내는데, 이 한자 사전이 두 언어 사전임을 표시하고 있다.

그런데 상위 표제항인 한자 표제자의 뜻풀이를 기술하기 위하여 이 자전에서 사용한 문자는 한글, 한자, 일본 글자 3개이다. 예를 들면 다음과 같다.

【心】 (마암심)行事之本也星名也　(シソ)ココロ.ムネ.オモヒ.タマツシ
　　　ヒ.マンナカ.

즉 표제자 '심(心)'의 뜻 '마암'과 발음 '심'을 우선 한글로 기술한 다음, 표제자의 두 가지 의미를 '행사지본아(行事之本也)'와 '성명아(星名也)'로 기술하였다. 그리고 표제자의 발음('シソ')과 5가지 의미('ココロ', 'ムネ', 'オモ

ヒ’, ‘タマツシヒ’, ‘マンナカ’)를 일본 글자로 기술하였다.

그리고 이 자전에서는 아래의 5개의 예에서 보듯이 하위 표제항으로 선정한 한자어의 뜻풀이는 한글과 한자를 혼용한 것, 한자만 사용한 것, 한글만 사용한 것, 또 영어로 번역한 것이 있다. 그리고 ‘평가명(平假名)’처럼 일본어를 뜻풀이에 사용한 예는 일본에만 있는 일본 고유의 사항에 관련된 것으로 아주 드물게 있다.


公正　밝고正直한것.
婚禮　婚姻禮式.
狹小　좁고작은것.
小刀　주머니칼. (나이푸 knife)
平假名　漢字의 草書로맨든 假名. (ヒラカナ)


따라서 책명에 사용한 ‘선화’라는 용어는 적절하게 선정한 것으로 보기는 어렵다.

한편 「모범 선화 사전」에서는 이전의 자전과는 달리 상위 표제항으로 선정한 표제자를 포함하고 있는 한자어들을 하위 표제항으로 제시하고 있어 기존의 자전처럼 사용할 수 있을 뿐만 아니라 한자어 사전으로도 활용할 수 있도록 하였다.

아래의 서문의 내용에서도 확인할 수 있듯이, 책명으로 ‘자전’ 대신에 ‘사전’을 사용한 것은 자전으로만 아니라 한자어를 하위 표제항으로 선정함으로써 한자어 사전으로도 활용할 수 있는 점을 강조하기 위한 것임을 알 수 있다.

서문은 1928년 무진(戊辰)년 3월 상순에 정경석이 작성하였다. 이 서문의 주요 내용을 옮겨보면 다음과 같다.

① 예로부터 「규장 전운(奎章全韻)」, 「자휘(字彙)」, 「옥편(玉篇)」이 있었고, 근래에는 「자전(字典)」이라는 것도 있어 모르는 글자를 찾아볼 수 있게 되었다.

② 이러한 책은 문자의 의의(義意)를 설명한 것, 체재를 해석한 것, 발음만을 해석한 것, 또는 이 셋을 모두 해석한 것이 있다.

③ 그러나 해석이 너무 간단하고 조잡하거나 너무 어려워 독자가 표제자의 의미를 모르는 것이 많다. 예를 들면, '塑(탈 소)'와 '燒(탈 소)'에서 '탈'이 '가면'의 뜻인지 '불에 타는' 의미인지 알 수 없다.

④ 따라서 표제자뿐만 아니라 그것이 포함된 어구(語句)도 알아야 한다. 사서의 사명은 독자가 모르는 한자의 의미를 사서를 통하여 편리하게 알 수 있도록 하는 것인데 재래의 옥편은 그렇지 못하다.

⑤ 우리 문자인 한글이 있음에도 사서의 최고급이 겨우 자전에 그치고 사전(辭典)이 하나도 없음은 큰 치욕임을 느껴 긴 시간에 걸쳐 정력을 기울려 원고를 마쳤다. 그리하여 원고를 인쇄하고자 활자를 모두 새롭게 주조하여 인쇄에 착수한 지 4년 만에 완료하였다.

「규장 전운」, 「자휘」, 「옥편」과 '자전'을 한자 사전의 예로 들었는데, 「규장 전운」은 운서이어서 「전운 옥편」으로 바꾸고, 아래의 '범례'에서 설명하고 있는 「강희 자전」을 보태는 것이 합리적이다.

여기에서는 '자전', '옥편', '사전', '사서'라는 용어를 사용하였다. '자전'과 '옥편'은 동일한 의미를 가진 용어로 사용하였으며, 재래의 자전에 한자어를 하위 표제항으로 새롭게 선정한 것을 '사전' 또는 '사서'라고 하였다. 즉 사서는 자전과 사전을 포함하는 개념을 나타내지는 않고 '사서'를 '사전'과 동일한 것으로 다루었다.

이처럼 서문에서는 표제자뿐만 아니라 표제자를 포함하는 2음절 이상의 한자어443)들을 하위 표제항으로 선정한 이유를 설명하고, 자전으로 멈추

---

443) 서문에서는 표제자가 포함된 '어구'로 설명하였으며, 범례에서는 '숙어'로 표현하였다.

지 않고 사서로서 사용할 수 있도록 만들었음을 강조하였다. 실제로 한자 표제자만 선정한 종래의 자전과는 달리 표제자를 포함하고 있는 한자어를 하위 표제항으로 선정함으로써 한자 사전과 한자어 사전을 합쳐놓은 형태로는 이 책이 처음이다.

그리고 이 책을 인쇄하기 시작한 시기는 1924년 3월이었으며, 4년이 지난 후인 1928년 3월 상순에 인쇄를 완료하였음을 밝히고 있다.

「모범 선화 사전」의 범례의 내용을 요약하면 다음과 같다.

① 실용 한자 8,000여 자를 표제자로 선택하여 조선 문자와 일본 문자로 새롭게 명확하게 해석했으며, 40,000여 개의 숙어를 해석하였다.
② 표제자는 「강희 자전」과 「옥편」의 순서에 따라 배열하였으며, 관련 숙어들도 편리하게 열람할 수 있도록 하였다.
③ 검색하기 곤란한 부수들은 '邑(阝右)'처럼 괄호 안에 넣어 찾아보기 쉽게 했다.
④ 실제로 널리 사용하는 한자들을 선정하고 벽자(僻字)들은 수록하지 않도록 하였다.
⑤ 약자(略字), 동자(同字), 고자(古字) 등도 모두 음훈을 붙였다.
⑥ 표제자의 음이 둘인 경우에는 둘을 나란히 제시하였다.
⑦ 하위 표제항으로 선정한 한자어의 의미가 여럿이 있는 경우는 ❶❷❸❹ 등으로 나누어 기술하였다.
⑧ 숙어의 음이 여럿이 있는 것은 '降雪(강설), 降服(항복)' 등과 같이 괄호 안에 차이를 표시하였다.
⑨ 숙어의 음이 일본음으로 보통 음보다 뚜렷한 차이가 있는 것은 '行在[アンサイ], 行燈[アン トン]'처럼 대괄호 안에 넣어 제시하였다.
⑩ 외래어는 원어를 제시하고 그 아래에 '英」, 「獨」'처럼 그 언어에서 사용하는 발음을 표시하였다.
⑪ 문자로 기술한 내용이 불충분할 때에는 삽도로 그 해석을 보완하였다.
⑫ 부록으로 '가나다 부음고', '각국 국문 일람표', '각종 기호 부첩(符

牒) 및 약자 해석’, ‘각종 비교표 및 조건표 일람’, ‘만국 국세 비교
표 도해’ 등을 붙여 편리하게 열람하도록 하였다.

이 범례의 내용에 따르면 상위 표제항은 약 8,000개이고 하위 표세항은
약 40,000개이다. 부수 배열은 「강희 자전」과 「옥편」을 참고하여 결정했음
을 알 수 있다. 부수 색인에는 221개의 부수를 선정하였는데, 이 자전에서
는 「강희 자전」, 「전운 옥편」, 「한선문 신옥편」(현공렴, 1913) 등에서 ‘정(鼎)’
과 ‘서(鼠)’를 모두 13획으로 처리하였으며, 「전운 옥편」, 「국한문 신옥편」
(1908), 「자전 석요」(1909), 「한선문 신옥편」(1913)처럼 ‘비(飛), 풍(風)’으로 배
열하지 않고, ‘풍(風), 비(飛)’의 순서로 배열하였다. ‘모범 선화 사전의 특
색’이라는 제목을 붙여서 내용, 삽도, 체재, 용지, 활자, 교정, 장정, 정가
등에 관하여 설명하였다. 그 내용을 살펴보면 다음과 같다.

① 내용: 풍부한 내용, 명료한 해석, 참신한 체재로 엮었으며, 820여 항
  의 분량으로 이루어져 있다.
② 삽도: 1,000여 종류의 삽도를 제시하였다.
③ 체재: 활자 호수는 4호, 5호, 6호, 7호, 6포인트 블랙 타입 등 4단조
  를 도입하여 조선의 간행물의 신기원을 만들었다.
④ 용지: 종이는 최고급 백양 42 근지(斤紙)를 사용했다.
⑤ 활자: 한문은 모두 수영사 자체(秀英舍字體)로 새롭게 만들어 인쇄하
  였고, 조선문은 한충(韓冲)이 고안한 것으로 인쇄하였다.
⑥ 교정: 착오가 없도록 교정을 철저히 보았다.
⑦ 장정: 편철이 풀어지지 않도록 크로스 양장본으로 하였다.
⑧ 정가: 정가는 2원 50전으로 저렴하다.

부수 색인은 앞표지의 뒷면과 바로 그 다음 면에 제시하였다. 1면을 가
로 7단으로 나누어 모두 14단에 걸쳐 획수와 부수를 오른쪽에서 왼쪽으로

나열하였으며, 각 부수자의 아래에 해당 부수자에 속하는 표제자가 수록되어 있는 페이지 수를 표시하였다. 겉표지에 부수 색인을 붙이는 이런 방법은 이 자전에서 처음으로 시도된 것으로 요즘의 한자 사전에서도 흔히 적용되는 것이다.

부수 색인에는 1획부터 17획까지 분류하여 각 획에 포함되는 획수 글자를 제시해놓았다. 모두 221개의 부수로 나누었는데, 부수의 배열 방법은 대체로 「전운 옥편」과 같다. 3획 '쇠(夊)'은 제시하지 않았으며, 이체 부수자는 다음과 같다.

人(亻), 刀(刂), 卩(巳), 巛(川), 彐(彑, 彐), 心(忄)[444], 手(扌, 龵), 攴(攵), 水(氵), 火(灬), 牛(牜), 犬(犭), 月(肉), 玉(王), 目(罒), 网(罒, 冗, 冖, 罓), 肉(月), 舌(舍), 艸(卄), 衣(衤), 辵(辶), 邑(阝右), 長(镸), 阜(阝左)

4획 '水' 부의 아래에는 이체 부수자 '氵'가 제시되어 있다. 그리고 이 이체 부수자 '氵'를 다시 3획에 부수자로 배열하였다. 이와 같이 처리한 이체 부수자는 '手(扌), 水(氵), 犬(犭), 月(肉), 玉(王), 肉(月), 艸(卄), 衣(衤), 辵(辶), 邑(阝右), 阜(阝左)'이 있다. 즉 동일한 이체 부수자를 해당 획의 부수자 아래에 제시함과 동시에 다시 독립적인 부수자로 해당 획에 배열함으로써 독자들이 이체 부수자들을 찾아보기 쉽도록 하였다.

그런데 이체 부수자 '人(亻), 刀(刂), 卩(巳), 巛(川), 彐(彑, 彐), 攴(攵), 火(灬), 牛(牜), 目(罒)'은 독립적인 부수자로 처리하지 않고 부수자 아래에만 표시해놓았다. 이처럼 처리한 것은 부수자와 이체 부수자의 획수가 같아 같은 획에 두 부수자를 배열하는 방법은 독자가 검색하는 데에 별로 편리하지 않을 것이라는 판단에서 비롯된 것으로 보인다.

---

444) 본문에는 '忄'과 '㣺' 두 이체 부수자를 제시하였다.

즉 4획인 '手(手)' 부수자와 이것의 이체 부수자인 3획인 'ㅈ(手)'처럼 부수자와 이체 부수자의 획수가 각각 다른 경우에는 위의 11개 이체 부수자처럼 독립적인 부수자로 처리하였다. 그런데 모두 2획인 '人'과 'イ'의 경우처럼 부수자와 이체 부수자의 획수가 같은 경우에는 이체 부수자를 독립적인 부수자로 처리하지 않고 부수자 아래에만 제시하였다.

그러나 '心(忄), 手(扌), 网(罒, 兀, 冖, 冈), 舌(舌), 長(镸)'처럼 기본 부수자와 이체 부수자의 획수가 다르지만 이체 부수자를 독립적인 부수자로 처리하지 않은 경우도 있다. 그리고 '忄'처럼 '心'의 이체 부수자로 처리하지 않아 부수자 '心'의 아래에 표시하지 않고, '忄'를 3획에 따로 부수자로 배열한 경우도 있다.

따라서 이 자전에서 이체 부수자를 배열하는 방법은 일정하지 않고, 또 특별히 정한 배열 기준도 찾아볼 수 없음을 확인할 수 있다. 그리고 이 부수 색인에는 이체 부수자 '尢(尣), 心(忄), 爪(爫)' 등은 없으며, '襾'가 아닌 '西'로 잘못 표기한 경우도 있다.

서문에 따르면 이 자전에서는 실용 한자 8,000여 자를 표제자로 선택하였으며, 40,000여 개의 한자어를 용례로 수록하였다. 그리고 표제자를 우선 배열하고 미시 정보를 기술한 다음 그 왼쪽에 하위 표제항을 배열하였다.

본문 1면을 가로로 4단으로 나누어 세로로 정보를 기술하였다. 먼저 표제자들이 해당하는 부(部)를 사각형에 넣어 표시하고, 【 】 안에 표제자를 굵은 글씨로 인쇄하여 넣었다. 그런 다음 표제자 바로 밑에 세로로 뜻과 발음 정보를 한글로 기술한 다음 한자로 한글을 혼용하여 뜻풀이를 기술하였다. 그리고 일본어로 표제자의 발음과 뜻을 제시하였다. 이런 방법은 『일선 대자전』(박중화, 1912)에서도 찾아볼 수 있다.

표제자 '일(一)'의 미시 정보의 기술 내용을 인용하면 다음과 같다.

① 「전운 옥편」: 一 (일)數之始畫之初均也同也誠也純也天地未分元氣泰-(質)
壹通

② 「국한문 신옥편」(1908): 一 호[일]數之始畫之初均也同也誠也純也天地
未分元氣泰一(質)壹通

③ 「일선 대자전」(1912): 一 [하나일]數之始。畫之初。均也。同也。壹通(質)
[イチ][イツ]ヒトツ。ハジメ。ヒトシ。オナ
ジ。

④ 「한선문 신옥편」(1913): 一 하나(일)數之始畫之初고를(일)均也갓흘(일)同
也정성(일)誠也슌일홀(일)純也혼 갈(일)專也
天地未分元氣泰一質壹通

⑤ 「신자전」(1915) : 一【일】數之始한。한아凡物單箇曰-○誠也정성[中庸]
所以行之者-○純也슌젼할凡道之純者曰-
[書]惟精惟-○尊也오로지如言-味-意[禮]欲
-以窮之○同也갓흘[孟子]前聖後聖其揆-也
○統括之辭왼。왼통如言-切-槪-家-門-國
[詩]政事-坤盒我○或然之辭만약如言萬--旦
[漢書]歲-不登民有飢色○第-첫재○--낫낫
(質)壹通

⑤ 「한일선 신옥편」(1916): 一 ヒトツ(イチ)(イツ)하나(일)數之始畫之初○
고를(일)均也○갓흘(일)同也○정성홀(일)誠也
슌일홀(일)純也天地未分元氣泰一質壹通

⑥ 「모범 선화 사전」(1928): 【一】(한일)數之始也均也同也誠也專也 (イ
ツ) (イチ)ヒトツ。ハジメ。オナジ。
一一 낫낫치。모다。무엇이던지。
<……생략……>

「모범 선화 사전」의 표제자 '일(一)'의 하위 표제항을 옮겨보면 다음과
같다.

'일일(一一), 일일(一日), 일목(一目), 일심(一心), 일계(一系), 일입(一入),

일체(一切), 일주(一周), 일단(一旦), 일원(一員), 일촌(一寸), 일시(一時), 일촌(一吋), 일척(一呎), 일마(一碼), 일미(一米), 일년(一年), 일편(一片), 일동(一同), 일사(一死), 일행(一行), 일식(一式), 일품(一品), 일건(一件), 일각(一角), 일타(一打), 일원(一圓), 일방(一磅), 일불(一佛), 일와(一瓦), 일톤(一噸), 일미(一味), 일생(一生), 일명(一命), 일정(一定), 일세(一世), 일견(一見), 일박(一泊), 일신(一身), 일가(一家), 일국(一國), 일곡(一曲), 일패(一敗), 일음(一音), 일치(一致), 일대(一代), 일제(一齊), 일망(一望), 일대(一對), 일보(一步), 일간(一間), 일리(一哩), 일륜(一輪), 일신(一新), 일점(一點), 일척(一隻), 일종(一種), 일좌(一座), 일군(一群), 일각(一刻), 일진(一陣), 일조(一朝), 일설(一說), 일편(一篇), 일말(一柲), 일괄(一括), 일우(一隅), 일단(一團), 일체(一體), 일관(一貫), 일절(一節), 일층(一層), 일시(一時), 일류(一流), 일대(一帶), 일부(一部), 일소(一笑), 일반(一般), 일호(一毫), 일기(一期), 일거(一擧), 일성(一聲), 일소(一掃), 일기(一騎), 일흥(一興), 일순(一瞬), 일전(一轉), 일쌍(一雙), 일단(一端), 일양(一樣), 일변(一變), 일목산(一目散), 일생애(一生涯), 일주기(一周忌), 일회기(一回忌), 일세기(一世紀), 일면식(一面識), 일찰나(一刹那), 일개인(一個人), 일기축(一機軸), 일목요연(一目瞭然), 일희일비(一喜一悲), 일리일해(一利一害), 일득일실(一得一失), 일세일원(一世一元), 일도양단(一刀兩斷), 일생현명(一生懸命), 일정불변(一定不變), 일조일석(一朝一夕), 일각천금(一刻千金), 일망천리(一望千里), 일확천금(一攫千金), 일각여삼추(一刻如三秋), 일촌광음불가경(一寸光陰不可輕)

표제자 '일(一)'이 포함된 2음절 한자어부터 음절의 수가 적은 것부터 많은 것의 순서로 나열하였는데, 이 하위 표제항들을 가나다 순서로 배열하지는 않았다.

하위 표제항의 한자어들은 발음 정보는 기술하지 않고, 뜻풀이 정보만을 한글과 한자를 혼용하여 기술하였다. 그리고 몇몇 한자어에는 일본어로 번역하여 붙여놓았다.

그리고 하위 표제항 '一目(일목)'의 뜻풀이 뒤에는 '「 」'를 사용하여 '「一目瞭然(일목요연)」'을 붙여놓았는데, 이것을 다시 하위 표제항으로 선정하였다. 그런데 '一心(일심)'에서는 '「一心團體(일심단체)」'를 제시하였으나, 이것을 '一'의 하위 표제항으로 선정하지는 않았다. 이렇게 용례 정보로만 처리한 것으로는 '만세 일계(萬世一系), 세계 일주(世界一周), 일단 완급(一旦緩急), 일촌 어면(一寸御免)' 등이 있다.

이러한 하위 표제항과 용례들의 출처는 정확하게 알 수 없으나 1920년대에 널리 사용했던 한자어들이 포함되어 있을 것으로 보아 한국어 어휘의 역사나 어원 등을 연구할 때에나 사전과 자전을 편찬할 때에 귀중한 어휘 자료로 활용할 수 있을 것이다.

부록으로 '부음편(附音編)', '일본 국문', '영국 문자', '불문 발음', '독일국 문자', '로서아국 문자(露西亞國文字)', '희랍 문자', '범서 자체(梵書字體)(인도 문자)', '에쓰페란토 문자', '기호 부첩(符牒)의 해석', '부첩용 한자 해석', '영어 약자의 해석', '만국 원자량 표', '중요 공식 일람표', '각종 발명과 발견', '각국 도량형 환산표', '신제 도량형 표', '각국 화폐 환산표', '이자 조견표', '복리 적산표', '연리 일보 환산표(年利日步換算表)', '세계 각지 표준시 비교표', '속도 비교', '만년산월표(滿年算月表)', '동서 기원 연표 급 만국 축제일 일람표', '만년 7요일 조견표', '열강 육군 세력 비교'를 붙여놓았다. 여기에서는 '부음편'의 내용을 살펴보기로 한다.

'부음표'에는 한자의 발음을 기준으로 한글 음절별로 한자들을 열거하고, 각 한자 아래에 뜻을 제시하였다. 첫 자음 글자를 'ㄱ, ㄴ, ㄷ, ㄹ, ㅁ, ㅂ, ㅅ, ㅇ, ㅈ, ㅊ, ㅋ, ㅌ, ㅍ, ㅎ'의 순서로 배열하였다. 그리고 모음 글자는 'ㅏ, ·, ㅑ, ㅓ, (ㅔ), ㅕ, ㅗ, ㅛ, ㅜ, ㅠ, ㅡ, ㅣ'의 순서로 배열하되, 자소의 수가 적은 음절 글자부터 배열하였다. 즉 자음 글자와 모음 글자 두 개의 자소로 이루어진 '기'를 자음 글자와 모음 글자 그리고 자음 글자의 3개의 자소로 이루어진 '각'보다 앞에 배열하였다. 그리고 자음 글자와 모음 글자 'ㅐ'와 '·ㅣ'는 받침 글자가 'ㅂ' 뒤에 배열하여 '갑, 개, 기, 강'

의 순서가 되었다. 즉 복모음 글자를 이루는 'ㅣ'를 받침 글자 'ㅂ'의 바로 뒤에 배열한 것이다. 'ㅔ'의 경우도 마찬가지로 '겁' 뒤에 '게'를 배열한 다음 '격'을 그 뒤에 놓았다. '겹, 계, 경', '골, 괴, 공', '굴, 귀, 궁', '급, 긔, 긍' 의 순서로 배열한 것도 같은 방법을 적용한 결과이다. 그러나 '김' 다음에 '객, 갱, 괵, 굉, 궉, 과, 곽, 관, 괄, 괘, 광, 권, 궐, 궤, 궉'의 순서로 배열한 것은 이상하다. 'ㅣ' 다음에 'ㅐ, ㅚ, ㅟ, ㅘ, ㅙ, ㅝ'의 순서로 배열하고, '궉, 과, 곽', '괄, 괘, 광', '궐, 궤, 궉'으로 배열한 것은 배열 기준을 동일하게 적용하지 않은 결과이다.

그런데 '괵(幗), 괵(摑), 괵(蟈)'의 경우 이 음편에는 그 음이 '궉'으로 되어 있지만, 본문의 183쪽의 표제자 '괵(幗)'은 '계집의관 귀'라고 다르게 기술하였다.

한편 이 '음편'에 수록한 한자들 중에는 '加(더할 가), 伽(절 가), 架(시렁 가), 家(집 가), 幗(귀 괵)' 등처럼 표제자로 올린 한자도 있지만, '摑(철 괵), 蟈(개고리 괵)' 등처럼 표제자로 등재하지 않은 한자들도 있다.

▌**소장처**: ① 1928-03-00. 「모범 선화 사전(模範 鮮和辭典)」, 정경석(鄭敬晢)·민대호(閔大鎬)·조남희(趙男熙) 공저, 경성: 동양서원(東洋書院). 〈초판〉 ② 1928-00-00. 「모범 선화 사전」, 정경석·민대호·조남희 공저, 경성: 동양서원. 〈재판〉 ③ 1933-04-28. 「모범 선화 사전」, 박문서관 편집, 경성: 박문서관. 674+70쪽 〈초판〉 〈계명대 동산 도서관 소장본〉 ④ 1935-02-18. 「모범 선화 사전」, 박문서관 편집, 경성: 박문서관. 〈재판〉 〈대구가톨릭대 중앙 도서관 소장본〉 ⑤ 1936- 05-10. 「모범 선화 사전」, 박문서관 편집, 경성: 박문서관. 674+96쪽 〈3판. 서울대 중앙 도서관 소장본. 인하대 도서관 소장본. 박형익 교수 소장본〉 ⑥ 1940-07-10. 「모범 선화 사전」, 박문서관 편집, 경성: 박문서관. 〈4판〉 ⑦ 1940-12-20. 「모범 선화 사전」, 경성: 박문서관. 〈5판. 2+2+674+96+8+20+16쪽. 국민대 성곡 도서관 소장본〉 ⑧ 1944-00-00. 「증보 정정 모범 선화 사전(增補訂正模範 鮮和辭典)」, 경성: 박문서관. 〈682+96쪽. 경희대 중앙 도서관 소장본, 영남대 도서관 소장본〉

## 한국의 대표 자전 참고 논저

강미훈, 2008, 남북한 한자음의 비교 연구, 「중국어문논총」 39, 중국어문연구회. 83-

110.

강식진, 2003, 조선의 운서 연구: 「고금운회거요」를 중심으로, 「인문논총」 59, 부산: 부산대학교 인문학연구소. 99-137.

강신항, 1973, 「사성통해 연구」, 서울: 신아사.

강신항, 1978, 「이조시대의 역학정책과 역학자」, 서울: 탑출판사.

강신항, 1991, 규장전운에 대하여, 「규장전운·전운옥편」, 서울: 서광학술자료사.

강신항, 2000, 「한국의 운서」, 서울: 탑출판사.

강호천, 1992, 조선 운학의 성립, 「우암논총」 8, 청주대학교 대학원 학생회. 1-38.

권두연, 2010, 「신문관의 문화 운동 연구」, 박사 논문, 서울: 연세대 대학원.

권정후, 2008, 「근대계몽기 한자 자전 연구」, 석사 논문, 부산: 부산대 대학원.

기독교새사전편찬위원회, 1970, 「기독교 새사전」, 서울: 기독교문사.

김근수, 1975, 「자전석요」 해제, 「자전석요」 영인본, 서울: 아세아문화사.

김병욱, 1991, 「자전석요」의 음운 현상 연구, 「한국국어교육연구회 논문집」 41, 한국국어교육연구학회. 1-25.

김선희·서수백, 2010, 「훈몽자회」와 「자전석요」의 한자 자석의 의미 정보 수록 양상 비교 연구, 「언어과학연구」 55, 언어과학회. 117-140.

김완진, 1994, 중인과 언어 생활: 최세진을 중심으로 하여, 「진단학보」 77, 진단학회. 73-92.

김원극, 2005, 히비야 공원 유람기, 「식민지 지식인의 개화 세상 유학기」, 서울: 태학사.

김종훈, 1975, 육당의 「신자전」에 관한 연구, 「아카데미논총」 3-1, 세계 평화 교수 협의회. 91-103.

김태경, 2002, 「광운」의 반절음과 「전운옥편」, 「삼운성휘」의 한자음 비교, 「중국어문학논집」19, 중국어문학연구회. 213-240.

김혈조, 2011, 한자 독음 연구, 「대동한문학」 35, 대동한문학회. 415-449.

김희진, 1999, 최세진의 저서 해설, 「10월의 문화 인물」 10, 서울: 국립 국어 연구원. 69-83.

나영규, 1976, 「「신자전」 체언의 훈석 연구」, 석사 논문, 대구: 계명대 교육대학원.

도르멜스(Dormels, Rainer), 1994, 「옥편류의 한자음 비교 연구 -「전운옥편」, 「신자전」, 「한한 대사전」을 중심으로-」, 석사 논문, 서울: 서울대 대학원.

도르멜스(Dormels, Rainer), 1999, 18세기 한국 한자음의 규범화 과정에 숨겨진 동기, 「국어학」 33, 국어학회. 125-143.

디지털 한글 박물관 http://www.hangeulmuseum.org

류시현, 2009, 「최남선 연구 -제국의 근대와 식민지의 문화-」, 서울: 역사비평사.

박병채, 1969, 향가 표기 당용자 색인, 「민족문화연구」 3, 서울: 고려대 민족문화연구소. 219-280.

박상균, 1986, 한국 「자서」의 서지적 연구, 「논문집」 19-1, 수원: 경기대학교. 243-270.

박추현, 2000, 영정조간 세 운서의 한국 한자음 고, 「중국언어연구」 11, 한국중국언어학회. 1-33.

박태권, 1974, 「최세진 연구」, 박사 논문, 부산: 부산대.

박태권, 1976, 「국어학사논고」, 서울: 샘문화사.

박형익, 2004, 「한국의 사전과 사전학」, 서울: 월인.

방종현, 1948, 「훈민정음 통사」, 서울: 일성당서점.

방종현, 1963, 「일사 국어학 논집」, 서울: 민중서관. 285-310.

배윤덕, 2005, 「우리말 운서의 연구」, 서울: 성신여자대학교 출판부.

사상계사, 1957, 「사상계(육당 기념호)」 12월호, 서울: 사상계사.

서재극, 1976, 「신자전」의 새김말에 대하여, 「국문학연구」 5, 대구: 효성여대 국어국문학 연구실. 225-240.

안병희, 2007, 「최세진 연구」, 서울: 태학사.

여찬영, 2003ㄱ, 지석영 「자전석요」의 한자 자석 연구, 「어문학」 79, 한국어문학회. 193-212.

여찬영, 2003ㄴ, 「자전석요」의 한자 자석 '고을일흠' 연구, 「언어과학연구」 25, 언어과학회. 195-214.

오영섭, 2001, 조선광문회 연구, 「한국사학사학보」 3, 한국사학사학회. 79-140.

오종갑, 1975, 「신자전」의 한자음 연구 -특히 운모의 대응을 중심으로-, 「한민족어문학」 1, 한민족언문학회. 122-135.

유목상, 1974, 신자전, 「한국학」 제2집, 서울: 중앙대학교 부설 아카데미 한국학연구소.

유재원, 1996, 「전운옥편」의 속음자에 대한 연구, 「중국학연구」 11, 중국학연구회. 63-95.

유창균, 1969/1985, 「신고 국어학사」, 서울: 형설출판사.

육당 최남선 선생 기념사업회 편, 1990, 「육당이 이 땅에 오신 지 백주년」, 서울: 동명사.

윤인현, 1986, 「「운회옥편」의 「고금운회거요」에 대한 색인성」, 석사 논문, 서울: 중앙대학교.

윤인현, 1987, 「운회옥편」 고, 「서지학연구」 2, 서지학회. 233-255.

이기동, 1981, 「전운옥편」에 드러난 정속음고, 「논문집」 3, 우석대학교. 107-119.

이기동, 1982, 「전운옥편」에 주기된 정속음에 대하여 -전청자의 성모를 중심으로-, 「어문논집」 23, 안암어문학회. 511-528.

이돈주, 1997, 「전운옥편」의 정속 한자음에 대한 연구, 「국어학」 30, 국어학회. 1-34.

이돈주, 2000, 「화동정음통속운고」의 정속음과 「전운옥편」 한자음의 비교 고찰, 「한글」 249, 한글학회. 51-86.

이돈주, 2002, 한국 한자음 중 속음의 정음성에 대하여 -「전운옥편」의 정·속음 표시를 대상으로-, 「한국언어문학」 48, 한국언어문학회. 223-240.

이상도, 1995, 「최세진의 한어 교학에 대한 연구」, 박사 논문, 서울: 한국외국어대학교.

이숭녕, 1965, 최세진 연구, 「아세아학보」 제1집, 아세아 학술 연구회. 21-41.

이숭녕, 1976, 「혁신 국어학사」, 서울: 박영사.

이숭녕, 1981, 「세종대왕의 학문과 사상」, 서울: 아세아문화사.

이승영, 2009, 문화사적 관점에서의 한일 운서의 비교 대조 연구 -「삼운성휘」와 「취분운략(聚分韻略)」의 비교 대조를 중심으로-, 「일본학보」 80, 한국일본학회. 55-67.

이승자, 1999, 「「화동정음통석운고」와 「삼운성휘」의 한자음 연구」, 석사 논문, 연변: 연변대학; 이승자, 1999, 「조선언어연구」 5, 서울: 천지.

이승자, 2003, 「조선조 운서 한자음의 전승 양상과 정리 규범」, 서울: 역락.

이재철, 1992, 한자의 한국 표준음에 대한 일고찰 -歪의 자음을 중심으로-, 「인문과학」 제68집, 서울: 연세대학교 인문과학연구소. 167-222.

이준환, 2002, 「「삼운성휘」 한자음 성모 체계 고찰」, 석사 논문, 서울: 성균관대학교.

이준환, 2006, 한자음 속음의 발생과 의미와의 관련성, 「어문연구」 34-1, 한국어문교육연구회. 57-81.

이준환, 2012, 「자전석요」의 체재상의 특징과 언어적 특징, 「반교어문연구」 32, 반교어문학회. 113-144.

이준환, 2012, 조선광문회 편찬 「신자전」의 체재, 한자음, 뜻풀이, 「어문연구」 40-2, 한국어문교육연구회. 117-144.

이창교, 1966, '사성통해, 운회옥편' -진본순례-, 「고대신보」 9월 10일, 서울: 고려대학교.

이충구, 1991, 한국 자전 성립의 고, 「반교어문연구」 3, 반교어문학회. 9-27.

이충구, 1994, 한국 자전의 실상, 「한국학논집」 2, 용인: 강남대 한국학연구소 119-144.

이충구, 2000, 「신자전」의 근대 자전 성격에 대한 고찰, 「한중철학」 6, 한중철학회. 67-90.

이호천, 1976, 「「신자전」에 나타난 새김말의 형용사 연구 -유의어를 중심으로 하여-」, 석사 논문, 대구: 계명대 교육대학원.

장병극, 「조선광문회 연구」, 석사 논문, 서울: 성균관대 대학원.

전일주, 2002, 근대 계몽기의 사전 편찬과 그 역사적 의의 -특히 「국한문 신옥편」을 중심으로-, 「대동한문학」 17, 대동한문학회. 77-104.

전일주, 2003, 「한국 한자 자전 연구」, 대구: 중문출판사.

전일주, 2006, 「강희자전」과 한국 초기 자전 비교 연구-「자전석요」와 「신자전」을 중심으로-, 「한문교육연구」, 26, 한국한문교육학회. 357-386.

정 광, 1999ㄱ, 「10월의 문화 인물 최세진」, 서울: 문화관광부.

정 광, 1999ㄴ, 최세진의 생애와 업적, 「새국어생활」 9-3, 서울: 국립국어연구원. 5-18.

정 광, 2000, 최세진 생애의 연구에 대한 재고와 반성, 「어문연구」 105.

정 광 외, 1998, 「국어학사」, 서울: 한국방송통신대학교.

정경일, 1998, 조선시대의 운서 사용 양상, 「한국어학」, 7, 한국어학회. 259-281.

정경일, 2006, 「교정전운옥편」 속음의 유형별 고찰, 「우리어문연구」, 26, 우리어문학회. 527-558.

정경일, 2008, 「규장전운·전운옥편」, 서울: 신구문화사.

조용만, 1964, 「육당 최남선」, 서울: 삼중당.

좌쥔도어(趙振鐸), 2001, 「자전론」, 상해: 상해사서출판사.

최미현, 2006ㄱ, 「전운옥편」에 반영된 지섭의 양상에 대하여, 「새얼어문논집」 18, 새얼어문학회. 213-231.

최미현, 2006ㄴ, 「한국 한자음의 이중음 연구 -「전운옥편」의 복수 한자음을 중심으로-」, 박사 논문, 부산: 동의대.

최미현, 2006ㄷ, 이중 한자음에 나타나는 입성 운미 /t/의 변화 양상에 대하여, 「한말연구」, 18, 한말연구학회. 249-265.

최범훈, 1976, 「자전석요」에 나타난 난해 자석에 대하여, 「국어국문학」, 70, 국어국문학회. 47-75.

하강진, 2005, 한국 최초의 근대 자전 「국한문 신옥편」의 편찬 동기, 「한국문학논총」 41, 한국문학회. 237-266.

하강진, 2006, 한국 최초의 근대 자전 정익로의 「국한문 신옥편」, 「한글한자문화」 79, 서울: 전국한자교육추진총연합회. 80-85.

하강진, 2010, 「자전석요」의 편찬 과정과 판본별 체재 변화, 「한국문학논총」 56, 한국문학회. 663-728.

하혜정, 1997, 「조선조 운서의 독자성 연구」, 박사 논문, 서울: 중앙대학교 대학원.

한종호, 2002, 「자전석요」 지(知), 단(端) 계자의 어음 변화 -어휘 확장 이론의 적용 가능성 검토-, 「중국학」, 17, 대한중국학회. 23-38.

현숙자, 2000, 한자음의 역사적 연구, 「일어일문학연구」, 37집, 한국일어일문학회. 323-352.

홍일식, 1959, 「육당 연구」, 서울: 일신사.

황선봉, 1976, 「「신자전」 용언의 훈석 연구」, 석사 논문, 대구: 계명대 교육대학원.

 # 자전 논저 목록(발표순)

김창기 역, 1930, 고려판 「용감수경」 해설, 「불교」 67호, 경성; 불교사. 29-38; 후지스
     카 지카시(藤塚隣), 1929, 고려판 「용감수경」 해설(高麗版龍龕手鏡解說), 경성:
     경성제국대학 법문학부.

정영아, 1961, 「우리 나라 사전(辭典) 소고」, 석사 논문, 서울: 이화여대.

김근수, 1975, 「용감수경」 해제, 「용감수경」, 서울: 아세아문화사.

김종운, 1975, 육당의 「신자전」에 관한 연구 조선 속자를 중심으로, 「아카데미논총」
     3, 서울: 세계평화교수 아카데미.

박상균, 1975, 「한국 고사서고」, 석사 논문, 서울: 연세대 교육대학원.

오종갑, 1975, 「신자전」의 한자음 연구특히 운모의 대응을 중심으로, 「한민족어문학」
     2, 한민족어문학회. 122-135.

김근수, 1976, 「자전석요」 해제, 「자전석요」 영인본, 서울: 아세아문화사.

나영규, 1976, 「「신자전」 체언의 훈석 연구」, 석사 논문, 대구: 계명대 교육대학원.

서재극, 1976, 「신자전」의 새김말에 대하여, 「국문학연구」 5, 대구: 효성여대. 225-240.

이효천, 1976, 「「신자전」에 나타난 새김말의 형용사 연구」, 석사 논문, 대구: 계명대.

최범훈, 1976, 「자전석요」에 나타난 난해 자석에 대하여, 「국어국문학」 70, 국어국문학
     회. 47-75.

황선봉, 1976, 「「신자전」 용어의 역훈 연구」, 석사 논문, 대구: 계명대 교육대학원.

허  벽, 1978, 역대 자전을 통해 본 한자와 상용한자 소고: 특히 한중일 3개국의 경우
     를 중심으로, 「인문과학」 39, 서울: 연세대 인문과학연구소. 29-56.

박상균, 1978~1979, 한국 고사서 종합 해제, 「도서관회지」, 서울: 국립중앙도서관.

공경신 역, 1981, 자전과 사서의 이용 방법, 「중국어문학」 2-1. 영남중국어문학회. 199-
     207.

이기동, 1981, 「전운옥편」에 드러난 정속음고, 「논문집」 3, 우석대학교. 107-119.

양용석, 1982, 「조선조 한자 학습서 및 자전류에 나타난 한자 훈 '얼굴'과 '낯'의 연구」,
     석사 논문, 인천: 인하대 교육대학원.

이기동, 1982, 「전운옥편」에 주기된 정속음에 대하여, 「어문논집」 23-1, 고려대 국문학

연구회. 511-528.

정  광, 1982, 「명치자전(明治字典)」 국어 어휘에 대하여, 「덕성여대논문집」 11, 서울: 덕성여자대학교. 25-41.

김태준, 1984, 사전 이야기(I), 「동양학 간보」 1, 단국대 동양학 연구소 편, 서울: 단대 출판부. 15-19.

남광우, 1984ㄱ, 「한국 한자 음훈 자전」 수록 한자 중 상용 한자 훈 연구 I, 「논문집」 10, 인천: 인하대.

남광우, 1984ㄴ, 「한국 한자 음훈 자전」에 나타난 한자 훈 연구 II, 「어문연구」 44, 한국어문교육연구회. 545-576.

김동길, 1985, '歪' 자음고(字音考), 「동양학 간보」 2, 단국대 동양학 연구소 편, 서울: 단대출판부. 16-18.

박상균, 1985, 사전 이야기(II) 중국 고사서류, 「동양학 간보」 2, 단국대 동양학 연구소 편, 서울: 단대출판부. 2-7.

김능하, 1985, 기간 사전에 나타난 오류고(I) -「대한화사전」·「중문대사전」을 중심으로-, 「동양학 간보」 3, 단국대 동양학연구소 편, 서울: 단대출판부. 28-32.

김선기, 1985, 「한한대사전」 편찬을 기리며, 「동양학 간보」 3, 단국대 동양학 연구소 편, 서울: 단대출판부. 44-47.

서지원, 1985, 「한한대사전」 편찬·인쇄의 컴퓨터 활용 방안 검토, 「동양학 간보」 3, 단국대 동양학연구소 편, 서울: 단대출판부. 33-38.

이강로, 1985, 표제어의 선정 기준에 대하여(III) -한자어를 중심으로-, 「동양학 간보」 3, 단국대 동양학연구소 편, 서울: 단대출판부. 22-27.

최범훈, 1985, 사전 이야기(III), 「동양학 간보」 3, 단국대 동양학 연구소 편, 서울: 단대출판부. 2-4.

김능하, 1986, 기간 사전에 나타난 오류고(II), 「동양학 간보」 4, 단국대 동양학 연구소 편, 서울: 단대출판부. 13-16.

김동길, 1986ㄱ, 「한한대사전」에서의 자전적 분야에 대한 소고(I), 「동양학 간보」 4, 단국대 동양학 연구소 편, 서울: 단대출판부. 2-7.

서지원, 1986, 사전에 관한 단상, 「동양학 간보」 4, 단국대 동양학 연구소 편, 서울: 단대출판부. 27-30.

송방송, 1986, 「한한대사전」 시안본에 대한 의견, 「동양학 간보」 4, 단국대 동양학 연구소 편, 서울: 단대출판부. 31-31.

차주환, 1986, 한국 한자어 사전의 편찬과 교열, 「동양학 간보」 4, 단국대 동양학 연구소 편, 서울: 단대출판부. 22-26.

김동길, 1986ㄴ, 「한한대사전」에서의 자전적 분야에 대한 소고(II), 「동양학 간보」 5,

단국대 동양학 연구소 편, 서울: 단대출판부. 21-26.

김민수, 1986, 「한한대사전」 시안본에 대하여, 「동양학 간보」 5, 단국대 동양학 연구소 편, 서울: 단대출판부. 2-4.

김이곤, 1986, 「한한대사전」 시안본에 대한 의견, 「동양학 간보」 5, 단국대 동양학 연구소 편, 서울: 단대출판부. 4-5.

김지룡, 1986, 諸橋轍次著 「대한화사전」 이용상 편·불편점, 「동양학 간보」 5, 단국대 동양학연구소 편, 서울: 단대출판부. 5-7.

남풍현, 1986, 「한한대사전」 시안본을 보고, 「동양학 간보」 5, 단국대 동양학 연구소 편, 서울: 단대출판부. 7-9.

박병채, 1986, 「한한대사전」 시안본에 대한 사견, 「동양학 간보」 5, 단국대 동양학 연구소 편, 서울: 단대출판부. 9-10.

최범훈, 1986, 「한한대사전」 시안본을 보고, 「동양학 간보」 5, 단국대 동양학 연구소 편, 서울: 단대출판부. 10-11.

황패강, 1986, 「한한대사전」 시안본에 대한 관견, 「동양학 간보」 5, 단국대 동양학 연구소 편, 서울: 단대출판부. 11-12.

김경일, 1987, 「용감수감」 소고, 「중국어문학」 13, 영남중국어문학회. 277-291.

김동길, 1987ㄱ, 「한한대사전」에서의 자전적 분야에 대한 소고(III), 「동양학 간보」 6, 단국대 동양학 연구소 편, 서울: 단대출판부. 10-15.

김동길, 1987ㄴ, 「한한대사전」에서의 자전적 분야에 대한 소고(IV), 「동양학 간보」 7, 단국대 동양학 연구소 편, 서울: 단대출판부. 2-8.

김동욱 외, 1987, 「한한대사전」 편찬 중간보고, 「동양학 간보」 6, 단국대 동양학 연구소 편, 서울: 단대출판부. 44-47.

남광우, 1987, 「한국 한자 음훈 자전」에 나타난 한자 훈 연구(IV), 「어문연구」 53, 한국어문교육연구회. 50-69.

신용태, 1987, 사전 이야기(V) -일본의 한자 사전-, 「동양학 간보」 6, 단국대 동양학 연구소 편, 서울: 단대출판부. 2-4.

이강로, 1987, 사전 편찬에 있어서의 한문 해석의 중요성-임자말과 풀이말의 관계에서-, 「동양학 간보」 7, 단국대 동양학 연구소 편, 서울: 단대출판부. 25-29.

김동길, 1988, 「한한대사전」에서의 자전적 분야에 대한 소고(V), 「동양학 간보」 8, 단국대 동양학 연구소 편, 서울: 단대출판부. 2-7.

송방송, 1988, 「한국 한자어 사전」 시안본에 대한 의견, 「동양학 간보」 8, 단국대 동양학 연구소 편, 서울: 단대출판부. 30-33.

차주환, 1988, 사전 이야기, 「동양학 간보」 8, 단국대 동양학 연구소 편, 서울: 단대출판부. 20-25.

최신호, 1988, 「대한어사전(大韓語辭典)」 유감, 「동양학 간보」 8, 단국대 동양학 연구소 편, 서울: 단대출판부. 26-29.

한한대사전 편찬실, 1988, 「한한대사전」의 집필 및 편찬 방향, 「동양학 간보」 8, 단국대 동양학 연구소 편, 서울: 단대출판부. 39-50.

김동길, 1989, 「한한대사전」에서의 자전적 분야에 대한 소고(VI), 「동양학 간보」 9, 단국대 동양학 연구소 편, 서울: 단대출판부. 2-9.

김영애, 1989, 「용감수경 부수 연구」, 석사 논문, 서울: 연세대.

편찬실, 1990, 한국 한자어 사전에서의 난해 어휘, 「동양학 간보」 10, 단국대 동양학연구소 편, 서울: 단대출판부. 2-20.

이충구, 1991, 한국 자전 성립의 고, 「반교어문연구」 3, 반교어문학회. 9-27.

김병욱, 1992, 「자전석요」의 음운 현상 연구, 「명지어문학」 20, 서울: 명지대학교 국어국문학과. 65-89.

도르멜스(Dormels, R.), 1994, 「옥편류의 한자음 비교 연구: 「전운옥편」, 「신자전」, 「한한대사전」, 「대자원」을 중심으로」, 석사 논문, 서울: 서울대 대학원.

이충구, 1994ㄱ, 신자전고, 「아주어문연구」 1, 수원: 아주대 국어국문학과.

이충구, 1994ㄴ, 한국 자전의 실상, 「한국학논집」 2, 용인: 강남대학교 한국학연구소. 119-144.

하영삼, 1995, 중국 한자 사전 부수 배열 체계의 변천, 「중국어문논집」 10, 대한중국학회. 31-56.

강헌규, 1996, 우리말 사전과 한자 자전의 오류에 관한 고찰, 「한어문교육」 4, 한국언어문학교육학회. 289-308.

유재원, 1996, 「전운옥편」의 속음자에 대한 연구, 「중국학연구」 11-1, 중국학연구회. 63-97.

이돈주, 1997, 「전운옥편」의 정·속 한자음에 대한 연구, 「국어학」 30, 국어학회. 1-34.

하영삼, 1997, 한국 한자 자전(옥편)의 부수 체계에 관한 연구, 「중국어문학」 29, 영남중국어문학회. 323-367.

유경열 외, 1998, 「유사 한자 검색 방식의 전자 옥편 S/W 개발(우수 신기술 지정·지원 사업 최종 보고서)」, 서울: 정보통신부.

김혈조, 1999, 중국 공구서의 현황과 그 특징, 「인문연구」 20, 경산: 영남대 인문과학연구소. 277-306.

이준석·이경원, 1999, 한자 이체 자전 편찬 연구: 편찬 체제를 중심으로, 「새국어생활」 9-1, 서울: 국립국어연구원. 101-119.

박기영, 2000, 「명치자전」의 한글 표기에 대하여, 「진단학보」 89, 진단학회. 189-206.

이충구, 2000, 「신자전」의 근대 자전 성격에 대한 고찰, 「한중철학」 6, 한중철학회. 67-

90.

이충구, 2000, 한중일 자전 비교 연구, 「반교어문학회지」 11권, 반교어문학회. 13-70.

태광호, 2000, 중국어학: 현행 자전류(字典類)의 속부자(屬部字) 문제, 「중국어문학」 36-1, 영남중국어문학회. 165-194.

김동현, 2001, 사전과 교사, 「동양학 간보」 11, 단국대 동양학 연구소 편, 서울: 단대출판부. 39-42.

김세봉, 2001, 사전 편찬 낙수, 「동양학 간보」 11, 단국대 동양학 연구소 편, 서울: 단대출판부. 27-29.

김우정, 2001, 사전 주석의 정확성과 유연성, 「동양학 간보」 11, 단국대 동양학 연구소 편, 서울: 단대출판부. 21-22.

박추현, 2001, 중국어, 한자 사전의 몇 문제: 자전 검색법과 214부수, 「제2차 아시아 사전학회 국제 학술대회 발표 논문집」, 서울: 연세대 언어정보연구원. 331-337.

전일주, 2001, 한자 자전 「자림보주」 연구, 「대동한문학」 14, 대한한문학회. 373-402.

정석룡, 2001, 사전 주석과 기간 사전에서의 오류, 「동양학 간보」 11, 단국대 동양학 연구소 편, 서울: 단대출판부. 8-10.

진광호, 2001, 현자전의 속부자 문제, 「중국어문학」 36, 영남중국어문학회.

김태경, 2002ㄴ, 「광운」의 반절음과 「전운옥편」·「삼운성휘」의 한자음 비교, 「중국어문학논집」 19, 중국어문학연구회. 213-240.

전일주, 2002ㄱ, 「최근세 한국 한자 자전 연구」, 박사 논문, 경산: 영남대.

전일주, 2002ㄴ, 근대 계몽기의 사전 편찬과 그 역사적 의의 ―특히 「국한문신옥편」을 중심으로―, 「대동한문학」 17, 대동한문학회. 77-104.

한종호, 2002, 「자전석요」 知, 瑞 계자의 어음 변화 ―어휘 확산 이론의 적용 가능성 검토―, 「중국학」 17, 대한중국학회. 23-38.

서남원, 2003, 중국 자서 편찬사에 대한 고찰, 「동양학」 34, 서울: 단국대 동양학연구소. 143-159.

여찬영, 2003ㄱ, 「자전석요」의 한자 자석 '고을일흠' 연구, 「언어과학연구」 25, 언어과학회. 195-214.

여찬영, 2003ㄴ, 지석영 「자전석요」의 한자 자석 연구, 「어문학」 79, 한국어문학회. 193-212.

전일주, 2003, 「한국 한자 자전 연구」, 대구: 중문출판사.

하수용, 2003ㄱ, 「육서심원」의 저자 성대(惺臺)의 육서관, 「한자한문교육」 10, 한국한자한문교육학회. 314-353.

하수용, 2003ㄴ, 「육서심원」의 부수 배열법과 속부자의 탐석, 「한자한문교육」 11, 한국 한자한문교육학회. 189-218.

박형익, 2004ㄱ, 한국의 자전, 「한국어학」 23, 한국어학회. 1-22.

박형익, 2004ㄴ, 「한국의 사전과 사전학」, 서울: 월인.

나현미, 2005ㄱ, 「『육서심원』 연구」, 박사 논문, 부산: 부산대 대학원.

나현미, 2005ㄴ, 「육서심원」 부수의 귀속 특징, 「중국학」 25, 대한중국학회. 1-20.

하강진, 2005, 한국 최초의 근대 자전 「국한문신옥편」의 편찬 동기, 「한국문학논총」 41, 한국문학회. 237-266.

나현미, 2006, 「육서심원」의 성계 배열 체계에 대한 고찰, 「중국언어연구」 22, 한국중국언어학회. 185-208.

신상현, 2006, 조선본 「용감수경」의 판본과 특징에 대한 고찰, 「한문학보」 14, 우리한문학회. 393-424.

양동숙, 2006ㄱ, 한국 5종 자전의 자원 분석과 갑골문 -「설문」과의 비교 연구-(I), 「중국어문논집」 37, 중국어문학연구회. 29-62.

양동숙, 2006ㄴ, 한국 5종 자전의 자원 분석과 갑골문 -「설문」과의 비교 연구-(II), 「중국어문논집」 39, 중국어문학연구회. 7-39.

양동숙, 2006ㄷ, 한국 5종 자전의 자원 분석과 갑골문 -「설문」과의 비교 연구-(III), 「중국어문논집」 40, 중국어문학연구회. 7-14.

전일주, 2006, 강희자전과 한국 초기 자전 비교 연구 -「자전석요」와 「신자전」을 중심으로-, 「한문교육연구」 26, 한국한문교육학회. 357-386.

정경일, 2006, 「교정 전운옥편」 속음의 유형별 고찰, 「우리어문연구」 27, 우리어문학회. 527-558.

최미현, 2006, 「전운옥편」에 반영된 지섭의 양상에 대하여, 「새얼어문논집」 18, 새얼어문학회. 213-231.

하강진, 2006, 한국 최초의 근대 자전 정익로의 「국한문 신옥편」, 「한글한자문화」 79, 전국한자교육추진총연합회. 80-85.

양동숙, 2007ㄱ, 한국 5종 자전의 자원 분석과 갑골문 -「설문」과의 비교연구-(IV), 「중국어문학논집」 42, 중국어문학연구회. 7-42.

양동숙, 2007ㄴ, 한국 5종 자전의 자원 분석과 갑골문 -「설문」과의 비교 연구-(V), 「중국어문논집」 43, 중국어문학연구회. 51-80.

양동숙, 2007ㄷ, 한국 5종 자전의 자원 분석과 갑골문 -「설문」과의 비교 연구-(VI), 「중국어문논집」 44, 중국어문학연구회. 19-47.

양동숙, 2007ㄹ, 한국 5종 자전의 자원 분석과 갑골문 -「설문」과의 비교 연구-(VII), 「중국어문논집」 45, 중국어문학연구회. 19-47.

양동숙, 2007ㅁ, 한국 5종 자전의 자원 분석과 갑골문 -「설문」과의 비교 연구-(VIII),

「중국어문논집」, 46, 중국어문학연구회. 23-52.

양동숙, 2007ㅂ, 한국 5종 자전의 자원 분석과 갑골문 -「설문」과의 비교 연구-(IX), 「중국어문논집」, 47, 중국어문학연구회. 37-70.

양동숙, 2007ㅅ, 한국 5종 자전의 자원 분석과 갑골문 -「설문」과의 비교 연구-(X), 「중국문화연구」, 11, 중국문화연구학회. 33-66.

양동숙, 2008ㄱ, 한국 5종 자전의 자원 분석과 갑골문 -「설문」과의 비교 연구-(XI), 「중국어문논집」, 48, 중국어문학연구회. 33-60.

양동숙, 2008ㄴ, 한국 5종 자전의 자원 분석과 갑골문 -「설문」과의 비교 연구-(XII), 「중국어문논집」, 49, 중국어문학연구회. 29-58.

양동숙, 2008ㄷ, 한국 5종 자전의 자원 분석과 갑골문 -「설문」과의 비교 연구-(XIII), 「중국어문논집」, 50, 중국어문학연구회. 7-36.

양동숙, 2008ㄹ, 한국 5종 자전의 자원 분석과 갑골문 -「설문」과의 비교 연구-(XIV), 「중국어문논집」, 51, 중국어문학연구회. 7-37.

이승재, 2008, 한국 최초의 사전을 찾아서, 「한국사전학」, 11, 한국사전학회. 7-30.

오미령 번역, 이케다 쇼주, 2008, 일본 고사전의 연구 방법과 실제, 「한국문화」, 44, 서울: 서울대 규장각 한국학연구원. 297-318.

정경일, 2008, 「규장전운·전운옥편」, 서울: 신구문화사.

권정후, 2009, 「근대계몽기 한자 자전 연구」, 석사 논문, 부산: 부산대 교육대학원.

박동규, 2009, 자전 활용의 극대화, 「한글한자문화」, 120, 전국한자교육추진총연합회. 60-61.

정형도, 2009, 「한자 자전 표제자의 동사 의항 분류」, 석사 논문, 서울: 고려대 대학원.

김양진·황국정, 2010, 고려시대 「용감수경」 한자음의 음운론적 특징, 「구결학회 제40회 전국학술대회 논문집」, 구결학회. 175-186.

김철수, 2010, 국어 대사전의 표제어에 나타나는 한자 정보, 「한국콘텐츠학회논문지」, 10-4, 한국콘텐츠학회. 438-446.

하강진, 2010, 「자전석요」의 편찬 과정과 판본별 체재 변화, 「한국문학논총」, 56, 한국문학회. 663-728.

박상수, 2011, 「「설문해자」와 「육서심원」의 부수 비교 연구: 편제 방식과 자해를 중심으로」, 석사 논문, 용인: 단국대 대학원.

붙임 2 ┃ **자전 논저 목록(저자순)**

강헌규, 1996, 우리말 사전과 한자 자전의 오류에 관한 고찰, 「한어문교육」, 4, 한국언어문학교육학회. 289-308.

공경신 역, 1981, 자전과 사서의 이용 방법, 「중국어문학」 2-1. 영남중국어문학회. 199-207.

권정후, 2009, 「근대계몽기 한자 자전 연구」, 석사 논문, 부산: 부산대 교육대학원.

김경일, 1987, 「용감수감」 소고, 「중국어문학」 13, 영남중국어문학회. 277-291.

김근수, 1975, 「용감수경」 해제, 「용감수경」, 서울: 아세아문화사.

김근수, 1976, 「자전석요」 해제, 「자전석요」 영인본, 서울: 아세아문화사.

김능하, 1985, 기간 사전에 나타난 오류고(I) -「대한화사전」·「중문대사전」을 중심으로-, 「동양학 간보」, 3, 단국대 동양학연구소 편, 서울: 단대출판부. 28-32.

김능하, 1986, 기간 사전에 나타난 오류고(II), 「동양학 간보」, 4, 단국대 동양학 연구소 편, 서울: 단대출판부. 13-16.

김동길, 1985, '歪' 자음고(字音考), 「동양학 간보」, 2, 단국대 동양학 연구소 편, 서울: 단대출판부. 16-18.

김동길, 1986ㄱ, 「한한대사전」에서의 자전적 분야에 대한 소고(I), 「동양학 간보」, 4, 단국대 동양학 연구소 편, 서울: 단대출판부. 2-7.

김동길, 1986ㄴ, 「한한대사전」에서의 자전적 분야에 대한 소고(II), 「동양학 간보」, 5, 단국대 동양학 연구소 편, 서울: 단대출판부. 21-26.

김동길, 1987ㄱ, 「한한대사전」에서의 자전적 분야에 대한 소고(III), 「동양학 간보」, 6, 단국대 동양학 연구소 편, 서울: 단대출판부. 10-15.

김동길, 1987ㄴ, 「한한대사전」에서의 자전적 분야에 대한 소고(IV), 「동양학 간보」, 7, 단국대 동양학 연구소 편, 서울: 단대출판부. 2-8.

김동길, 1988, 「한한대사전」에서의 자전적 분야에 대한 소고(V), 「동양학 간보」, 8, 단국대 동양학 연구소 편, 서울: 단대출판부. 2-7.

김동길, 1989, 「한한대사전」에서의 자전적 분야에 대한 소고(VI), 「동양학 간보」, 9, 단국대 동양학 연구소 편, 서울: 단대출판부. 2-9.

김동욱 외, 1987, 「한한대사전」 편찬 중간보고, 「동양학 간보」 6, 단국대 동양학 연구소 편, 서울: 단대출판부. 44-47.

김동현, 2001, 사전과 교사, 「동양학 간보」 11, 단국대 동양학 연구소 편, 서울: 단대출판부. 39-42.

김민수, 1986, 「한한대사전」 시안본에 대하여, 「동양학 간보」 5, 단국대 동양학 연구소 편, 서울: 단대출판부. 2-4.

김병욱, 1992, 「자전석요」의 음운 현상 연구, 「명지어문학」 20, 서울: 명지대학교 국어국문학과. 65-89.

김선기, 1985, 「한한대사전」 편찬을 기리며, 「동양학 간보」 3, 단국대 동양학 연구소 편, 서울: 단대출판부. 44-47.

김세봉, 2001, 사전 편찬 낙수, 「동양학 간보」 11, 단국대 동양학 연구소 편, 서울: 단대출판부. 27-29.

김양진·황국정, 2010, 고려시대 「용감수경」 한자음의 음운론적 특징, 「구결학회 제40회 전국학술대회 논문집」, 구결학회. 175-186.

김영애, 1989, 「용감수경 부수 연구」, 석사 논문, 서울: 연세대.

김우정, 2001, 사전 주석의 정확성과 유연성, 「동양학 간보」 11, 단국대 동양학 연구소 편, 서울: 단대출판부. 21-22.

김이곤, 1986, 「한한대사전」 시안본에 대한 의견, 「동양학 간보」 5, 단국대 동양학 연구소 편, 서울: 단대출판부. 4-5.

김종운, 1975, 육당의 「신자전」에 관한 연구 −조선 속자를 중심으로−, 「아카데미논총」 3, 서울: 세계 평화 교수 아카데미.

김지룡, 1986, 諸橋轍次著 「대한화사전」 이용상 편·불편점, 「동양학 간보」 5, 단국대 동양학연구소 편, 서울: 단대출판부. 5-7.

김창기 역, 1930, 고려판 「용감수경」 해설, 「불교」 67호, 경성: 불교사. 29-38; 후지스카 지카시(藤塚隣), 1929, 고려판 「용감수경」 해설(高麗版龍龕手鏡解說), 경성: 경성제국대학 법문학부.

김철수, 2010, 국어 대사전의 표제어에 나타나는 한자 정보, 「한국콘텐츠학회논문지」 10-4, 한국콘텐츠학회. 438-446.

김태경, 2002ㄴ, 「광운」의 반절음과 「전운옥편」·「삼운성휘」의 한자음 비교, 「중국어문학논집」 19, 중국어문학연구회. 213-240.

김태준, 1984, 사전 이야기(I), 「동양학 간보」 1, 단국대 동양학 연구소 편, 서울: 단대출판부. 15-19.

김혈조, 1999, 중국 공구서의 현황과 그 특징, 「인문연구」 20, 경산: 영남대 인문과학 연구소. 277-306.

나영규, 1976, 「「신자전」 체언의 훈석 연구」, 석사 논문, 대구: 계명대 교육대학원.

나현미, 2005ㄱ, 「「육서심원」 연구」, 박사 논문, 부산: 부산대 대학원.

나현미, 2005ㄴ, 「육서심원」 부수의 귀속 특징, 「중국학」 25, 대한중국학회. 1-20.

나현미, 2006, 「육서심원」의 성계 배열 체계에 대한 고찰, 「중국언어연구」 22, 한국중국언어학회. 185-208.

남광우, 1984ㄱ, 「한국 한자 음훈 자전」 수록 한자 중 상용 한자 훈 연구 I, 「논문집」 10, 인천: 인하대.

남광우, 1984ㄴ, 「한국 한자 음훈 자전」에 나타난 한자 훈 연구 II, 「어문연구」 44, 한국어문교육연구회. 545-576.

남광우, 1987, 「한국 한자 음훈 자전」에 나타난 한자 훈 연구(IV), 「어문연구」 53, 한국어문교육연구회. 50-69.

남풍현, 1986, 「한한대사전」 시안본을 보고, 「동양학 간보」 5, 단국대 동양학 연구소 편, 서울: 단대출판부. 7-9.

도르멜스(Dormels, R.), 1994, 「옥편류의 한자음 비교 연구: 「전운옥편」, 「신자전」, 「한한대사전」, 「대자원」을 중심으로」, 석사 논문, 서울: 서울대 대학원.

박기영, 2000, 「명치자전」의 한글 표기에 대하여, 「진단학보」 89, 진단학회. 189-206.

박동규, 2009, 자전 활용의 극대화, 「한글한자문화」 120, 전국한자교육추진총연합회. 60-61.

박병채, 1986, 「한한대사전」 시안본에 대한 사견, 「동양학 간보」 5, 단국대 동양학 연구소 편, 서울: 단대출판부. 9-10.

박상균, 1975, 「한국 고사서고」, 석사 논문, 서울: 연세대 교육대학원.

박상균, 1978~1979, 한국 고사서 종합 해제, 「도서관회지」, 서울: 국립중앙도서관.

박상균, 1985, 사전 이야기(II) 중국 고사서류, 「동양학 간보」 2, 단국대 동양학 연구소 편, 서울: 단대출판부. 2-7.

박상수, 2011, 「「설문해자」와 「육서심원」의 부수 비교 연구: 편제 방식과 자해를 중심으로」, 석사 논문, 용인: 단국대 대학원.

박추현, 2001, 중국어, 한자 사전의 몇 문제: 자전 검색법과 214부수, 「제2차 아시아 사전학회 국제 학술대회 발표 논문집」, 서울: 연세대 언어정보연구원. 331-337.

박형익, 2004ㄱ, 한국의 자전, 「한국어학」 23, 한국어학회. 1-22.

박형익, 2004ㄴ, 「한국의 사전과 사전학」, 서울: 월인.

서남원, 2003, 중국 자서 편찬사에 대한 고찰, 「동양학」 34, 서울: 단국대 동양학연구소. 143-159.

서재극, 1976, 「신자전」의 새김말에 대하여, 「국문학연구」 5, 대구: 효성여대. 225-240.

서지원, 1985, 「한한대사전」 편찬·인쇄의 컴퓨터 활용 방안 검토, 「동양학 간보」 3, 단국대 동양학연구소 편, 서울: 단대출판부. 33-38.

서지원, 1986, 사전에 관한 단상, 「동양학 간보」 4, 단국대 동양학 연구소 편, 서울: 단대출판부. 27-30.

송방송, 1986, 「한한대사전」 시안본에 대한 의견, 「동양학 간보」 4, 단국대 동양학 연구소 편, 서울: 단대출판부. 31-31.

송방송, 1988, 「한국 한자어 사전」 시안본에 대한 의견, 「동양학 간보」 8, 단국대 동양학 연구소 편, 서울: 단대출판부. 30-33.

신상현, 2006, 조선본 「용감수경」의 판본과 특징에 대한 고찰, 「한문학보」 14, 우리한문학회. 393-424.

신용태, 1987, 사전 이야기(V) -일본의 한자 사전-, 「동양학 간보」 6, 단국대 동양학 연구소 편, 서울: 단대출판부. 2-4.

양동숙, 2006ㄱ, 한국 5종 자전의 자원 분석과 갑골문 -「설문」과의 비교 연구-(I), 「중국어문논집」 37, 중국어문학연구회. 29-62.

양동숙, 2006ㄴ, 한국 5종 자전의 자원 분석과 갑골문 -「설문」과의 비교 연구-(II), 「중국어문논집」 39, 중국어문학연구회. 7-39.

양동숙, 2006ㄷ, 한국 5종 자전의 자원 분석과 갑골문 -「설문」과의 비교 연구-(III), 「중국어문논집」 40, 중국어문학연구회. 7-14.

양동숙, 2007ㄱ, 한국 5종 자전의 자원 분석과 갑골문 -「설문」과의 비교연구-(IV), 「중국어문학논집」 42, 중국어문학연구회. 7-42.

양동숙, 2007ㄴ, 한국 5종 자전의 자원 분석과 갑골문 -「설문」과의 비교 연구-(V), 「중국어문논집」 43, 중국어문학연구회. 51-80.

양동숙, 2007ㄷ, 한국 5종 자전의 자원 분석과 갑골문 -「설문」과의 비교 연구-(VI), 「중국어문논집」 44, 중국어문학연구회. 19-47.

양동숙, 2007ㄹ, 한국 5종 자전의 자원 분석과 갑골문 -「설문」과의 비교 연구-(VII), 「중국어문논집」 45, 중국어문학연구회. 19-47.

양동숙, 2007ㅁ, 한국 5종 자전의 자원 분석과 갑골문 -「설문」과의 비교 연구-(VIII), 「중국어문논집」 46, 중국어문학연구회. 23-52.

양동숙, 2007ㅂ, 한국 5종 자전의 자원 분석과 갑골문 -「설문」과의 비교 연구-(IX), 「중국어문논집」 47, 중국어문학연구회. 37-70.

양동숙, 2007ㅅ, 한국 5종 자전의 자원 분석과 갑골문 -「설문」과의 비교 연구-(X), 「중국문화연구」 11, 중국문화연구학회. 33-66.

양동숙, 2008ㄱ, 한국 5종 자전의 자원 분석과 갑골문 -「설문」과의 비교 연구-(XI), 「중국어문논집」 48, 중국어문학연구회. 33-60.

양동숙, 2008ㄴ, 한국 5종 자전의 자원 분석과 갑골문 -「설문」과의 비교 연구-(XII), 「중국어문논집」 49, 중국어문학연구회. 29-58.

양동숙, 2008ㄷ, 한국 5종 자전의 자원 분석과 갑골문 -「설문」과의 비교 연구-(XIII), 「중국어문논집」 50, 중국어문학연구회. 7-36.

양동숙, 2008ㄹ, 한국 5종 자전의 자원 분석과 갑골문 -「설문」과의 비교 연구-(XIV), 「중국어문논집」 51, 중국어문학연구회. 7-37.

양용석, 1982, 「조선조 한자 학습서 및 자전류에 나타난 한자 훈 '얼굴'과 '낯'의 연구」, 석사 논문, 인천: 인하대 교육대학원.

여찬영, 2003ㄱ, 「자전석요」의 한자 자석 '고을일흠' 연구, 「언어과학연구」 25, 언어과 학회. 195-214.

여찬영, 2003ㄴ, 지석영 「자전석요」의 한자 자석 연구, 「어문학」 79, 한국어문학회. 193-212.

오미령 번역, 이케다 쇼주, 2008, 일본 고사전의 연구 방법과 실제, 「한국문화」 44, 서 울: 서울대 규장각 한국학연구원. 297-318.

오종갑, 1975, 「신자전」의 한자음 연구 -특히 운모의 대응을 중심으로-, 「한민족어문 학」 2, 한민족어문학회. 122-135.

유경열 외, 1998, 「유사 한자 검색 방식의 전자 옥편 S/W 개발(우수 신기술 지정·지원 사업 최종 보고서)」, 서울: 정보통신부.

유재원, 1996, 「전운옥편」의 속음자에 대한 연구, 「중국학연구」 11-1, 중국학연구회. 63-97.

이강로, 1985, 표제어의 선정 기준에 대하여(III) -한자어를 중심으로-, 「동양학 간보」 3, 단국대 동양학연구소 편, 서울: 단대출판부. 22-27.

이강로, 1987, 사전 편찬에 있어서의 한문 해석의 중요성 -임자말과 풀이말의 관계에 서-, 「동양학 간보」 7, 단국대 동양학 연구소 편, 서울: 단대출판부. 25-29.

이기동, 1981, 「전운옥편」에 드러난 정속음고, 「논문집」 3, 우석대학교. 107-119.

이기동, 1982, 「전운옥편」에 주기된 정속음에 대하여, 「어문논집」 23-1, 고려대 국문학 연구회. 511-528.

이돈주, 1997, 「전운옥편」의 정·속 한자음에 대한 연구, 「국어학」 30, 국어학회. 1-34.

이승재, 2008, 한국 최초의 사전을 찾아서, 「한국사전학」 11, 한국사전학회. 7-30.

이준석·이경원, 1999, 한자 이체 자전 편찬 연구: 편찬 체제를 중심으로, 「새국어생활」 9-1, 서울: 국립국어연구원. 101-119.

이충구, 1991, 한국 자전 성립의 고, 「반교어문연구」 3, 반교어문학회. 9-27.

이충구, 1994ㄱ, 신자전고, 「아주어문연구」 1, 수원: 아주대 국어국문학과.

이충구, 1994ㄴ, 한국 자전의 실상, 「한국학논집」 2, 용인: 강남대학교 한국학연구소.

119-144.

이충구, 2000ㄱ, 「신자전」의 근대 자전 성격에 대한 고찰, 「한중철학」, 6, 한중철학회.
    67-90.

이충구, 2000ㄴ, 한중일 자전 비교 연구, 「반교어문학회지」, 11권, 반교어문학회. 13-70.

이효천, 1976, 「「신자전」에 나타난 새김말의 형용사 연구」, 석사 논문, 대구: 계명대.

전일주, 2001, 한자 자전 「자림보주」 연구, 「대동한문학」, 14, 대한한문학회. 373-402.

전일주, 2002ㄱ, 「최근세 한국 한자 자전 연구」, 박사 논문, 경산: 영남대.

전일주, 2002ㄴ, 근대 계몽기의 사전 편찬과 그 역사적 의의 -특히 「국한문신옥편」을
    중심으로-, 「대동한문학」, 17, 대동한문학회. 77-104.

전일주, 2003, 「한국 한자 자전 연구」, 대구: 중문출판사.

전일주, 2006, 강희자전과 한국 초기 자전 비교 연구 -「자전석요」와 「신자전」을 중심
    으로-, 「한문교육연구」, 26, 한국한문교육학회. 357-386.

정  광, 1982, 「명치자전(明治字典)」 국어 어휘에 대하여, 「덕성여대논문집」, 11, 서울:
    덕성여자대학교. 25-41.

정경일, 2006, 「교정 전운옥편」 속음의 유형별 고찰, 「우리어문연구」, 27, 우리어문학
    회. 527-558.

정경일, 2008, 「규장전운·전운옥편」, 서울: 신구문화사.

정석룡, 2001, 사전 주석과 기간 사전에서의 오류, 「동양학 간보」, 11, 단국대 동양학
    연구소 편, 서울: 단대출판부. 8-10.

정영아, 1961, 「우리 나라 사전(辭典) 소고」, 석사 논문, 서울: 이화여대.

정형도, 2009, 「한자 자전 표제자의 동사 의항 분류」, 석사 논문, 서울: 고려대 대학원.

진광호, 2001, 현자전의 속부자 문제, 「중국어문학」, 36, 영남중국어문학회.

차주환, 1986, 한국 한자어 사전의 편찬과 교열, 「동양학 간보」, 4, 단국대 동양학 연구
    소 편, 서울: 단대출판부. 22-26.

차주환, 1988, 사전 이야기, 「동양학 간보」, 8, 단국대 동양학 연구소 편, 서울: 단대출
    판부. 20-25.

최미현, 2006, 「전운옥편」에 반영된 지섭의 양상에 대하여, 「새얼어문논집」, 18, 새얼어
    문학회. 213-231.

최범훈, 1976, 「자전석요」에 나타난 난해 자석에 대하여, 「국어국문학」, 70, 국어국문학
    회. 47-75.

최범훈, 1985, 사전 이야기(III), 「동양학 간보」, 3, 단국대 동양학 연구소 편, 서울: 단
    대출판부. 2-4.

최범훈, 1986, 「한한대사전」 시안본을 보고, 「동양학 간보」, 5, 단국대 동양학 연구소
    편, 서울: 단대출판부. 10-11.

최신호, 1988, 「대한어사전(大韓語辭典)」 유감, 「동양학 간보」 8, 단국대 동양학 연구소 편, 서울: 단대출판부. 26-29.

태광호, 2000, 중국어학: 현행 자전류(字典類)의 속부자(屬部字) 문제, 「중국어문학」 36-1, 영남중국어문학회. 165-194.

편찬실, 1990, 한국 한자어 사전에서의 난해 어휘, 「동양학 간보」 10, 단국대 동양학연구소 편, 서울: 단대출판부. 2-20.

하강진, 2005, 한국 최초의 근대 자전 「국한문신옥편」의 편찬 동기, 「한국문학논총」 41, 한국문학회. 237-266.

하강진, 2006, 한국 최초의 근대 자전 정익로의 「국한문 신옥편」, 「한글한자문화」 79, 전국한자교육추진총연합회. 80-85.

하강진, 2010, 「자전석요」의 편찬 과정과 판본별 체재 변화, 「한국문학논총」 56, 한국문학회. 663-728.

하수용, 2003ㄱ, 「육서심원」의 저자 성대(惺臺)의 육서관, 「한자한문교육」 10, 한국한자한문교육학회. 314-353.

하수용, 2003ㄴ, 「육서심원」의 부수 배열법과 속부자의 탐석, 「한자한문교육」 11, 한국한자한문교육학회. 189-218.

하영삼, 1995, 중국 한자 사전 부수 배열 체계의 변천, 「중국어문논집」 10, 대한중국학회. 31-56.

하영삼, 1997, 한국 한자 자전(옥편)의 부수 체계에 관한 연구, 「중국어문학」 29, 영남중국어문학회. 323-367.

한종호, 2002, 「자전석요」 知, 瑞 계자의 어음 변화 -어휘 확산 이론의 적용 가능성 검토-, 「중국학」 17, 대한중국학회. 23-38.

한한 대사전 편찬실, 1988, 「한한대사전」의 집필 및 편찬 방향, 「동양학 간보」 8, 단국대 동양학 연구소 편, 서울: 단대출판부. 39-50.

허 벽, 1978, 역대 자전을 통해 본 한자와 상용한자 소고: 특히 한중일 3개국의 경우를 중심으로, 「인문과학」 39, 서울: 연세대 인문과학연구소. 29-56.

황선봉, 1976, 「「신자전」 용어의 역훈 연구」, 석사 논문, 대구: 계명대 교육대학원.

황패강, 1986, 「한한대사전」 시안본에 대한 관견, 「동양학 간보」 5, 단국대 동양학 연구소 편, 서울: 단대출판부. 11-12.

* 여기에서 중국 인명은 '허신(許愼)'처럼 괄호 속에 한자를 써넣었다.

게일  320
「격몽 요결」  271
「격물설」  234
「경도 잡지」  235
「경례 유찬」  233
「경림 아운」  148
경서  16, 59, 64, 69, 86, 89, 90, 113,
  252, 292
「경설」  233
「경세 유표」  76, 110, 131, 255, 256,
  257, 430
「경세 정운」  276, 277, 278, 279
「경세 정운 도설」  311, 317
「경세 정운 오찬」  278
「경세 지장」  392
「경세설」  279
경순(景純)  90
경연  158
「경우 운략」  153
경유겸  307
「경적 찬고」  81
「경전 분호 정자」  98
「경전 석문」  62, 64, 75
「경향 통상 여행 척독」  461
「계곡집」  102, 293
계덕해  75
「계림 잡전」  213
계복(桂復)  101
「계사주」  123
계양군  219
계유정난  159
「고금」  234
「고금 도서 집성」  145
「고금 문자」  99
「고금 운략」  187, 286, 287

「고금 운회」  147, 157, 158, 217, 220,
  228, 312, 319, 331, 334, 334, 388,
  389
「고금 운회 거요」  145, 148, 149, 150,
  154, 157, 158, 159, 160, 169, 190,
  217, 220, 221, 222, 225, 227, 228,
  282, 283, 313, 319, 334, 336, 380,
  381, 382, 383, 384, 385, 388, 389,
  393, 403
「고금 자고」  98
고금자  120, 121
「고기」  213
「고려 대장경 이체 자전」  369, 370
「고려사」  88, 92, 93, 94, 213, 215,
  229, 372, 373
「고려사 절요」  215
고문  100, 125, 164, 205, 251
「고문 효경주」  123
「고사 신서」  318
「고사통」  432
「고삼창 고훈」  256
「고승전」  213
고야왕(顧野王)  33, 38, 39, 94, 99,
  112, 113, 122, 123, 124, 129, 203,
  271, 272, 282, 310, 373, 388, 393
고염무(顧炎武)  251, 273, 274, 286,
  287
「고옥편」  94, 215, 216, 373
고운  186
「고운 지음」  226
고유 한자  336, 337
고유상  412
「고음」  306
「고음 약례」  187
고자  63, 110, 409, 465

## ㅇ